汽车专项维修资料速查丛书

图解国产车
正时校对速查大全
（2001—2018）

广州瑞佩尔信息科技有限公司　组编
胡欢贵　主编

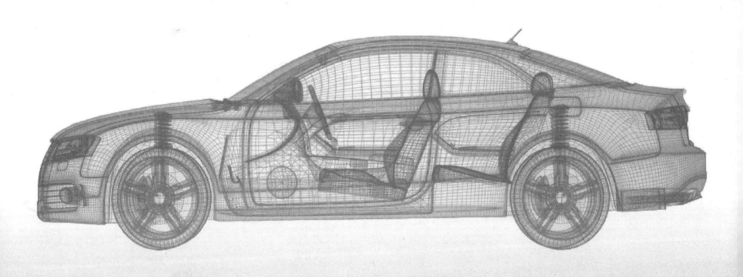

机械工业出版社
CHINA MACHINE PRESS

《图解国产车正时校对速查大全（2001—2018）》是国产汽车维修的必备工具书。本书综合了上汽大众、一汽大众、上汽通用别克、上汽通用雪佛兰、一汽丰田和广汽丰田等主流品牌和主流车型的正时校对常用数据。全书操作步骤讲解详细、图文结合、简洁易懂，非常适合汽车维修企业和维修技术人员作为便携工具书使用。

图书在版编目(CIP)数据

图解国产车正时校对速查大全：2001—2018／胡欢贵主编；广州瑞佩尔信息科技有限公司组编. —北京：机械工业出版社，2018.4

（汽车专项维修资料速查丛书）

ISBN 978-7-111-59173-3

Ⅰ.①图… Ⅱ.①胡…②广… Ⅲ.①汽车－发动机－车辆修理 Ⅳ.①U472.43

中国版本图书馆CIP数据核字（2018）第031065号

机械工业出版社（北京市百万庄大街22号 邮政编码100037）
策划编辑：赵海青 责任编辑：赵海青
责任校对：刘雅娜 封面设计：马精明
责任印制：张 博
三河市国英印务有限公司印刷
2018年6月第1版第1次印刷
210mm×285mm·30印张·890千字
0001—3000册
标准书号：ISBN 978-7-111-59173-3
定价：125.00元

凡购本书，如有缺页、倒页、脱页，由本社发行部调换

电话服务	网络服务
服务咨询热线：010-88361066	机 工 官 网：www.cmpbook.com
读者购书热线：010-68326294	机 工 官 博：weibo.com/cmp1952
010-88379203	金 书 网：www.golden-book.com
封面无防伪标均为盗版	教育服务网：www.cmpedu.com

丛书序

什么是发动机正时，相信每个汽车维修人员都懂得。正时就是发动机凸轮轴与曲轴的转角位置要相互对应，以此来保证进、排气门在正确的时刻开启或关闭。如果正时发生错误或正时带/链条损坏，就可能造成活塞顶气门的现象，会严重损坏发动机机体，必须大修才可复原。

在发动机的装配过程中，曲轴、凸轮轴、正时带/链条等正时系统部件都有相应的对齐标记，安装时必须保证三者之间的标记全部对齐，这就是正时校准。只有正时标记都校正了才能获得正确的正时。正确的正时单元（其主要部件为正时带或正时链条）分解图，重要安装标记的位置及其校对方法，正时单元的拆卸步骤及安装步骤、维修规范等资料可以为维修技术人员快捷准确的维修工作提供有力保障。

为满足上述需求，我们特组织专业技术人员编写了《图解进口车正时校对速查大全（2001—2018）》与《图解国产车正时校对速查大全（2001—2018）》这套资料图书。这两册正时资料图书相对其他已出版的各种正时图书，具有如下特点：

1）内容所涵盖的车型新颖而全面，车型年款从2001年到2018年，跨度为18年，车型涉及目前国内主流欧美日韩进口、合资及国产自主品牌车系数十个品牌几百种型号。

2）内容编写以正时带/链单元结构分解、正时系统拆卸步骤、正时系统安装及校正方法的结构来组织材料。正时单元结构相同，拆装及正时校对步骤方法相同的发动机以相互参照的方法进行内容精简，这样可以在有限的版面纳入更多的资料信息。

3）加入了一些搭载柴油发动机车型的正时维修资料。为方便快速查找，在标题上标明了车型起止年款及发动机排量、型号以及适用年款。

本套资料图书由广州瑞佩尔信息科技有限公司组织编写，由胡欢贵主编，参加编写的人员还有朱其谦、杨刚伟、吴龙、张祖良、汤耀宗、赵炎、陈金国、刘艳春、徐红玮、张志华、冯宇、赵太贵、宋兆杰、陈学清、邱晓龙、朱如盛、周金洪、刘滨、陈棋、孙丽佳、周方、彭斌、王坤、章军旗、满亚林、彭启凤、李丽娟、徐银泉。

囿于编者水平，书中错误在所难免，还请广大读者多提宝贵意见，不吝指正，以使本书在再版修订时更臻完美。电子邮箱：www@ruipeier.com。

编　者

检索速查

第 1 章	上汽大众	1
第 2 章	一汽大众	51
第 3 章	上汽通用别克	58
第 4 章	上汽通用雪佛兰	96
第 5 章	上汽通用凯迪拉克	101
第 6 章	一汽丰田	114
第 7 章	广汽丰田	173
第 8 章	广汽本田	190
第 9 章	东风本田	205
第 10 章	东风日产	208
第 11 章	郑州日产	249
第 12 章	东南三菱	251
第 13 章	广汽三菱	261
第 14 章	一汽马自达	266
第 15 章	长安马自达	272
第 16 章	长安铃木－昌河铃木	275
第 17 章	北京现代	284
第 18 章	东风悦达起亚	304
第 19 章	华晨宝马	309
第 20 章	北京奔驰	338
第 21 章	福建奔驰	350
第 22 章	一汽奥迪	354
第 23 章	长安福特	382
第 24 章	江铃福特	405
第 25 章	其他合资品牌	410
第 26 章	国产自主品牌	422

目 录

丛书序
检索速查

第1章　上汽大众 ·············· 1

1.1　辉昂（2016—2017 年款） ············ 1
1.1.1　大众 2.0T - CUHA 发动机（2016— ） ··· 1
1.1.2　大众 3.0T - CREB 发动机（2016— ） ········ 10

1.2　帕萨特（2005—2017 年款） ·········· 16
1.2.1　大众 1.4T - CFBA 发动机（2011—2015） ·········· 16
1.2.2　大众 1.4T - CSSA 发动机（2016— ） ······ 19
1.2.3　大众 1.8T - CEAA 发动机（2011—2016） ·········· 23
1.2.4　大众 1.8T - DBHA 发动机（2016— ） ·········· 29
1.2.5　大众 2.0T - CGMA 发动机（2011—2015） ·········· 29
1.2.6　大众 2.0T - DBJA 发动机（2016— ） ······ 29
1.2.7　大众 3.0L - CNGA 发动机（2011—2016） ·········· 30
1.2.8　大众 1.8L - BGC 发动机（2007—2011） ·········· 36
1.2.9　大众 2.0L - BNL 发动机（2005—2011） ·········· 36
1.2.10　大众 2.8L - BBG 发动机（2005—2009） ·········· 38
1.2.11　大众 1.8T - AWL 发动机（2001—2008） ·········· 39

1.3　凌渡（2014—2017 年款） ············ 40
1.3.1　大众 1.4T - CSSA 发动机（2014—2016） ·········· 40
1.3.2　大众 1.4T - CSTA 发动机（2014—2016） ·········· 40
1.3.3　大众 1.8T - CUFA 发动机（2016— ） ······ 41

1.3.4　大众 2.0T - CUGA 发动机（2016— ） ······ 41

1.4　朗逸 - 朗行 - 朗境（2008—2017 年款） ············ 41
1.4.1　大众 1.4T - CSSA 发动机（2015— ） ······ 41
1.4.2　大众 1.4T - CSTA 发动机（2013— ） ······ 41
1.4.3　大众 1.6L - CSRA 发动机（2013— ） ······ 41
1.4.4　大众 1.2T - CYAA 发动机（2015） ······ 41
1.4.5　大众 1.4T - CFBA 发动机（2009—2013） ······ 41
1.4.6　大众 1.6L - CPJA 发动机（2011—2013） ············ 41
1.4.7　大众 1.6L - CFNA 发动机（2010—2013） ············ 44
1.4.8　大众 2.0L - CENA 发动机（2008—2011） ············ 44
1.4.9　大众 1.6L - CDFA 发动机（2008—2009） ············ 44
1.4.10　大众 1.6L - CDEA 发动机（2009） ······ 44

1.5　波罗 - 劲情 - 劲取（2006 - 2017 年款） ······ 45
1.5.1　大众 1.4L - DAHA 发动机（2015—2017） ············ 45
1.5.2　大众 1.6L - CSRA 发动机（2015—2017） ············ 45
1.5.3　大众 1.4T - CSSA 发动机（2015—2017） ············ 45
1.5.4　大众 1.4L - CLPA 发动机（2010—2014） ············ 45
1.5.5　大众 1.6L - CLSA 发动机（2010—2014） ············ 45
1.5.6　大众 1.4L - CDDA 发动机（2008—2011） ············ 45
1.5.7　大众 1.6L - CDEA 发动机（2008—2011） ············ 45
1.5.8　大众 1.4L - BMG 发动机（2006—2007） ············ 45

1.5.9 大众 1.6L - BMH 发动机（2006—2007）……………………………………… 45
1.6 全新桑塔纳 - 浩纳（2013—2017 年款） …… 46
 1.6.1 大众 1.4L - CKAA 发动机（2013—2017）…………………………………… 46
 1.6.2 大众 1.6L - CPDA 发动机（2013—2017）…………………………………… 50
 1.6.3 大众 1.4T - CSTA 发动机（2015—2016）…………………………………… 50
1.7 途安 - 途安（2009—2017 年款） ……… 50
 1.7.1 大众 1.4T - CSSA 发动机（2016—2017）…………………………………… 50
 1.7.2 大众 1.8T CUFA 发动机（2016—2017）…………………………………… 50
 1.7.3 大众 1.4T - CFBA 发动机（2010—2015）…………………………………… 50
1.8 途观 - 途观（2009—2017 年款） ……… 50
 1.8.1 大众 1.4T - CFBA 发动机（2011—2015）…………………………………… 50
 1.8.2 大众 1.8T - CEAA 发动机（2009—2016）…………………………………… 50
 1.8.3 大众 2.0T - CGMA 发动机（2009—2016）…………………………………… 50
 1.8.4 大众 1.8T - CUFA 发动机（2017— ）……………………………………… 50
 1.8.5 大众 2.0T - CUGA 发动机（2017— ）……………………………………… 50
 1.8.6 大众 1.4T - CSSA 发动机（2017—2017）…………………………………… 50
1.9 途昂（2017—2017 年款） ……………… 50
 1.9.1 大众 2.0T - CUGA 发动机（2017— ）……………………………………… 50
 1.9.2 大众 2.0T - DBFC 发动机（2017— ）……………………………………… 50

第 2 章 一汽大众 ……………………… 51

2.1 迈腾 - B7L - B8L（2007—2017 年款） …… 51
 2.1.1 大众 1.4T - CSSA 发动机（2016—2017）…………………………………… 51
 2.1.2 大众 1.8T - CUFA 发动机（2016— ）……………………………………… 51
 2.1.3 大众 2.0T - CUGA 发动机（2016— ）……………………………………… 51
 2.1.4 大众 1.4T - CFBA 发动机（2010—2015）…………………………………… 51
 2.1.5 大众 1.8T - CEAA 发动机（2012—2016）…………………………………… 51
 2.1.6 大众 2.0T - CGMA 发动机（2012—2016）…………………………………… 51
 2.1.7 大众 3.0L - CNGA 发动机（2012—2015）…………………………………… 51
 2.1.8 大众 2.0L - BJZ 发动机（2007—2008）……………………………………… 51
 2.1.9 大众 1.8T - BYJ 发动机（2007—2011）……………………………………… 51
 2.1.10 大众 2.0T - CBLA 发动机（2008—2011）…………………………………… 51
2.2 速腾 - 全新速腾（2006—2017 年款） …… 51
 2.2.1 大众 1.4T - CFBA 发动机（2009—2015）…………………………………… 51
 2.2.2 大众 1.8T - CEAA 发动机（2012—2015）…………………………………… 51
 2.2.3 大众 2.0T - CGMA 发动机（2013—2016）…………………………………… 51
 2.2.4 大众 1.6L - CLRA 发动机（2012—2015）…………………………………… 51
 2.2.5 大众 1.6L - CPDA 发动机（2015—2016）…………………………………… 52
 2.2.6 大众 1.4T - CSSA 发动机（2015—2016）…………………………………… 52
 2.2.7 大众 1.4T - CSTA 发动机（2015—2017）…………………………………… 52
 2.2.8 大众 1.4T - DAGA 发动机（2014—2015）…………………………………… 52
 2.2.9 大众 1.8T - BYJ 发动机（2007—2012）……………………………………… 52
 2.2.10 大众 1.6L - BWH 发动机（2006—2012）…………………………………… 52
 2.2.11 大众 1.8L - BPL 发动机（2006—2008）……………………………………… 52
 2.2.12 大众 2.0L - BJZ 发动机（2006—2010）……………………………………… 53
2.3 宝来 - 新宝来（2001—2017 年款） …… 54
 2.3.1 大众 1.4T - CFBA 发动机（2010—2016）…………………………………… 54
 2.3.2 大众 1.6L - CLSA 发动机（2010—2016）…………………………………… 54
 2.3.3 大众 1.6L - CSRA 发动机（2016—2017）…………………………………… 56
 2.3.4 大众 1.4T - CSTA 发动机（2016—2017）…………………………………… 56
 2.3.5 大众 2.0L - CENA 发动机（2008—2010）…………………………………… 56
 2.3.6 大众 1.6L - BWH 发动机（2008—

2010) …………………………… 56

2.3.7 大众1.6L-BWG发动机（2006—2008） …………………………… 56

2.4 全新捷达（2013—2017年款） ………… 56

2.4.1 大众1.4L-CKAA发动机（2013—2017） …………………………… 56

2.4.2 大众1.6L-CPDA发动机（2013—2016） …………………………… 56

2.4.3 大众1.4T-CSTA发动机（2015—2017） …………………………… 56

2.4.4 大众1.5L-DCFA发动机（2017— ） …………………………… 56

2.5 高尔夫A6-A7-嘉旅（2001—2017年款） …… 56

2.5.1 大众1.4T-CSSA发动机（2014—2017） …………………………… 56

2.5.2 大众1.4T-CSTA发动机（2014—2017） …………………………… 56

2.5.3 大众1.6L-CSRA发动机（2014—2017） …………………………… 56

2.5.4 大众2.0T-CUGA发动机（2016— ） …………………………… 56

2.5.5 大众1.2T-CYAA发动机（2015—2017） …………………………… 57

2.5.6 大众1.4T-DBVA发动机（2015—2016） …………………………… 57

2.5.7 大众1.4T-CFBA发动机（2009—2014） …………………………… 57

2.5.8 大众2.0T-CGMA发动机（2009—2014） …………………………… 57

2.5.9 大众1.6L-CLRA发动机（2009—2014） …………………………… 57

2.5.10 大众1.6L-BWG发动机（2006—2008） …………………………… 57

2.5.11 大众1.8L-BAF发动机（2001—2008） …………………………… 57

2.6 CC（2010—2017年款） ………………… 57

2.6.1 大众3.0L-CNGA发动机（2012—2016） …………………………… 57

2.6.2 大众1.8T-CEAA发动机（2010—2016） …………………………… 57

2.6.3 大众2.0T-CGMA发动机（2010—2017） …………………………… 57

2.7 蔚领C（2017— ） ……………………… 57

2.7.1 大众1.4T-CSTA发动机（2017— ） …………………………… 57

2.7.2 大众1.6L-CSRA发动机（2017— ） …………………………… 57

第3章 上汽通用别克 ……………………………… 58

3.1 君越（2006—2017年款） ……………… 58

3.1.1 通用1.5T-LFV发动机（2016—2018） …………………………… 58

3.1.2 通用2.0T-LDK发动机（2011—2015） …………………………… 62

3.1.3 通用2.4L-LAF/LUK发动机（2011—2015） …………………………… 64

3.1.4 通用3.0L-LFW发动机（2011—2015） …………………………… 69

3.1.5 通用2.4L-LE5发动机（2006—2010） …………………………… 74

3.1.6 通用3.0L-LF1发动机（2008—2010） …………………………… 74

3.1.7 通用3.0L-LZD发动机（2006—2008） …………………………… 74

3.2 君威（2003—2017年款） ……………… 75

3.2.1 通用1.6T-LLU发动机（2010—2015） …………………………… 75

3.2.2 通用2.0T-LTD发动机（2009—2015） …………………………… 77

3.2.3 通用2.4L-LE5发动机（2009—2010） …………………………… 78

3.2.4 通用2.4L-LAF发动机（2011—2015） …………………………… 78

3.2.5 通用2.5L-LB8发动机（2003—2007） …………………………… 78

3.2.6 通用2.0L-L34发动机（2003—2007） …………………………… 79

3.2.7 通用3.0L-LW9发动机（2003—2007） …………………………… 81

3.2.8 通用3.0L-LZD发动机（2006） ……… 81

3.3 威朗（2015—2017年款） ……………… 82

3.3.1 通用1.5T-LFV发动机（2015—2017） …………………………… 82

3.3.2 通用1.5L-L3G发动机（2015—2017） …………………………… 82

3.4 英朗GT/XT（2010—2017年款） ………… 83

3.4.1 通用1.6T-LLU发动机（2010—2017） …………………………… 83

3.4.2 通用1.8L-2H0发动机（2015—2017） …………………………… 83

3.5 凯越（2005—2017年款） ……………… 83

3.5.1 通用1.5L-L2B发动机（2013—2017） …………………………… 83

3.5.2 通用1.6L-L91发动机（2005—

2012）…………………………………… 85

3.5.3 通用 1.8L-L79 发动机（2005—2010）…………………………………… 86

3.6 GL8-陆尊-豪华版（2006—2017 年款）…………………………………… 88

3.6.1 通用 2.4L-LE5 发动机（2011—2017）…………………………………… 88

3.6.2 通用 2.4L-LB8 发动机（2006—2010）…………………………………… 88

3.6.3 通用 3.0L-LFW 发动机（2013—2017）…………………………………… 88

3.7 昂科拉（2013—2017 年款）…………………………………… 88

3.7.1 通用 1.4T-LFF 发动机（2014—2017）…………………………………… 88

3.7.2 通用 1.4T-LUJ 发动机（2013）…… 88

3.8 昂科威（2015—2017 年款）…………… 93

3.8.1 通用 1.5T-LFV 发动机（2015—2017）…………………………………… 93

3.8.2 通用 2.0T-LTG 发动机（2015—2017）…………………………………… 93

第 4 章　上汽通用雪佛兰…………… 96

4.1 迈锐宝（2012—2017 年款）…………… 96

4.1.1 通用 1.5T-LFV 发动机（2016—2017）…………………………………… 96

4.1.2 通用 1.6T-LLU 发动机（2016）…… 96

4.1.3 通用 2.0L-LTD 发动机（2012—2017）…………………………………… 96

4.1.4 通用 2.4L-LAF 发动机（2012—2017）…………………………………… 96

4.1.5 通用 2.5L-LCV 发动机（2016—2017）…………………………………… 96

4.2 科鲁兹（2009—2017 年款）…………… 96

4.2.1 通用 1.5L-L3G 发动机（2015—2017）…………………………………… 96

4.2.2 通用 1.4L-LE2 发动机（2016—2017）…………………………………… 96

4.2.3 通用 1.6T-LLU 发动机（2011—2014）…………………………………… 96

4.2.4 通用 1.8L-2H0 发动机（2010—2014）…………………………………… 96

4.2.5 通用 1.6L-LDE 发动机（2010—2013）…………………………………… 96

4.2.6 通用 1.6L-LXV 发动机（2009）…… 96

4.3 科沃兹（2016—2017 年款）…………… 96

通用 1.5L-L2B 发动机（2016—2017）…… 96

4.4 乐风-乐骋……………………………… 96

通用 1.5L-L2B 发动机（2016—2017）…… 96

4.5 赛欧（2010—2017 年款）……………… 96

4.5.1 通用 1.5L-L2B 发动机（2015—2017）…………………………………… 96

4.5.2 通用 1.2L-LMU 发动机（2010—2014）…………………………………… 96

4.5.3 通用 1.4L-LCU 发动机（2010—2014）…………………………………… 98

4.6 科帕奇（2007—2017 年款）…………… 99

4.6.1 通用 2.4L-LE9 发动机（2011—2017）…………………………………… 99

4.6.2 通用 3.2L-LU1 发动机（2007—2010）…………………………………… 99

4.7 创酷（2014—2017 年款）……………… 100

通用 1.4T-LFF 发动机（2014—2017）…… 100

4.8 探界者（2017—　）…………………… 100

通用 2.0T-LTG 发动机（2017—　）…… 100

第 5 章　上汽通用凯迪拉克………… 101

5.1 ATS-L（2014—2017 年款）…………… 101

5.1.1 通用 2.0T-LTG 发动机（2014—2017）…………………………………… 101

5.1.2 通用 2.5L-LCV 发动机（2014）…… 101

5.2 XTS（2013—2017 年款）……………… 101

5.2.1 通用 2.0T-LTG 发动机（2013—2017）…………………………………… 101

5.2.2 通用 3.6L-LFX 发动机（2013）…… 101

5.3 CT6（2016—2017 年款）……………… 113

通用 2.0T-LTG 发动机（2016—2017）…… 113

5.4 XT5（2016—2017 年款）……………… 113

通用 2.0T-LTG 发动机（2016—2017）…… 113

第 6 章　一汽丰田…………………… 114

6.1 皇冠（2004—2017 年款）……………… 114

6.1.1 丰田 2.0T-8AR-FTS 发动机（2015—2017）……………………… 114

6.1.2 丰田 2.5L-5GR-FE 发动机（2009—2017）……………………… 118

6.1.3 丰田 3.0L-3GR-FE 发动机（2004—　）………………………… 118

6.1.4 丰田 4.3L-3UZ-FE 发动机（2009—　）………………………… 125

6.2 锐志（2005—2017 年款）……………… 127

6.2.1 丰田 2.5L-5GR-FE 发动机（2005—2017）……………………… 127

6.2.2 丰田 3.0L-3GR-FE 发动机（2005—2017）……………………… 127

- 6.3 卡罗拉-双擎（2007—2017年款） …… 127
  - 6.3.1 丰田1.6L-1ZR-FE发动机（2007—2017） …… 127
  - 6.3.2 丰田1.8L-2ZR-FE发动机（2007—2017） …… 130
  - 6.3.3 丰田2.0L-3ZR-FE发动机（2011—2017） …… 130
  - 6.3.4 丰田1.8L-8ZR-FXE发动机（2015—2017） …… 130
- 6.4 花冠（2000—2017年款） …… 135
  - 6.4.1 丰田1.6L-1ZR-FE发动机（2008—2017） …… 135
  - 6.4.2 丰田1.6L-3ZZ-FE发动机（2000—2007） …… 135
  - 6.4.3 丰田1.8L-1ZZ-FE发动机（2000—2007） …… 135
  - 6.4.4 丰田1.3L-2NZ-FE发动机（2000—2007） …… 137
  - 6.4.5 丰田1.5L-1NZ-FE发动机（2000—2007） …… 141
- 6.5 威驰（2002—2017年款） …… 142
  - 6.5.1 丰田1.3L-4NR-FE发动机（2014—2017） …… 142
  - 6.5.2 丰田1.5L-5NR-FE发动机（2014—2017） …… 144
  - 6.5.3 丰田1.6L-1ZR-FE发动机（2008—2013） …… 144
  - 6.5.4 丰田1.3L-2NZ-FE发动机（2008—2013） …… 144
  - 6.5.5 丰田1.3L-8A-FE发动机（2002—2007） …… 145
  - 6.5.6 丰田1.5L-5A-FE发动机（2002—2007） …… 147
- 6.6 普锐斯（2003—2016年款） …… 147
  - 6.6.1 丰田1.8L-5ZR-FXE发动机（2009—2016） …… 147
  - 6.6.2 丰田1.5L-1NZ-FXE发动机（2003—2008） …… 147
- 6.7 RAV4-荣放（2009—2017年款） …… 147
  - 6.7.1 丰田2.0L-6ZR-FE/6ZR-FAE发动机（2013—2017） …… 147
  - 6.7.2 丰田2.5L-5AR-FE发动机（2013—2016） …… 147
  - 6.7.3 丰田2.0L-1AZ-FE发动机（2009—2012） …… 152
  - 6.7.4 丰田2.4L-2AZ-FE发动机（2009—2012） …… 153
- 6.8 普拉多（2010—2017年款） …… 157
  - 6.8.1 丰田2.7L-2TR-FE发动机（2015—2017） …… 157
  - 6.8.2 丰田3.5L-7GR-FKS发动机（2016—2017） …… 159
  - 6.8.3 丰田4.0L-1GR-FE发动机（2010—2015） …… 163
- 6.9 兰德酷路泽 …… 167
  - 6.9.1 丰田4.0L-1GR-FE发动机（2008—2016） …… 167
  - 6.9.2 丰田4.6L-1UR-FE发动机（2008—2016） …… 167
  - 6.9.3 丰田4.7L-2UZ-FE发动机（2008—2011） …… 172
  - 6.9.4 丰田5.7L-3UR-FE发动机（2008—2016） …… 172

第7章 广汽丰田 …… 173

- 7.1 凯美瑞-双擎（2006—2017年款） …… 173
  - 7.1.1 丰田2.0L-6AR-FSE发动机（2015—2017） …… 173
  - 7.1.2 丰田2.5L-5AR-FE发动机（2012—2017） …… 177
  - 7.1.3 丰田2.5L-4AR-FXE发动机（2012—2017） …… 177
  - 7.1.4 丰田2.0L-1AZ-FE发动机（2006—2011） …… 179
  - 7.1.5 丰田2.4L-2AZ-FE发动机（2006—2011） …… 179
- 7.2 雷凌-双擎（2014—2017年款） …… 179
  - 7.2.1 丰田1.6L-4ZR-FE发动机（2014—2017） …… 179
  - 7.2.2 丰田1.8L-7ZR-FE发动机（2014—2017） …… 179
  - 7.2.3 丰田1.8L-8ZR-FXE发动机（2016—2017） …… 180
- 7.3 逸致EZ …… 180
  - 7.3.1 丰田1.6L-1ZR-FE发动机（2011—2017） …… 180
  - 7.3.2 丰田1.8L-2ZR-FE发动机（2011—2017） …… 180
- 7.4 雅力士-致炫-致享（2008—2017年款） …… 180
  - 7.4.1 丰田1.3L-6NR-FE发动机（2014—2017） …… 180
  - 7.4.2 丰田1.5L-7NR-FE发动机（2014—2017） …… 180
  - 7.4.3 丰田1.3L-2NZ-FE发动机（2008—

2013) …………………………………… 180
  7.4.4 丰田1.6L-1ZR-FE/4ZR-FE发动机
     (2008—2013) …………………… 180
 7.5 汉兰达（2007—2017年款） ………… 181
  7.5.1 丰田2.0T-8AR-FTS发动机（2015—
     2017） …………………………… 181
  7.5.2 丰田2.7L-1AR-FE发动机（2009—
     2014） …………………………… 181
  7.5.3 丰田3.5L-2GR-FE发动机（2007—
     2017） …………………………… 185

第8章 广汽本田 …………………………… 190

 8.1 雅阁（2003—2017年款） …………… 190
  8.1.1 本田2.0L-R20Z4发动机（2014—
     2017） …………………………… 190
  8.1.2 本田2.4L-K24W5发动机（2014—
     2017） …………………………… 192
  8.1.3 本田3.0L-J30A5发动机（2014—
     2017） …………………………… 194
  8.1.4 本田2.0L-R20A3发动机（2008—
     2013） …………………………… 196
  8.1.5 本田2.4L-K24Z2发动机（2008—
     2013） …………………………… 196
  8.1.6 本田3.5L-J35Z2发动机（2008—
     2013） …………………………… 196
  8.1.7 本田2.0L-K20A7/K20A8发动机（2003—
     2007） …………………………… 196
  8.1.8 本田2.4L-K24A4发动机（2003—
     2007） …………………………… 197
  8.1.9 本田3.0L-J30A4发动机（2003—
     2007） …………………………… 197
 8.2 冠道（2017年款起） ………………… 197
  本田2.0T-K20C3发动机（2017—   ） …… 197
 8.3 凌派（2014—2017年款） …………… 198
  本田1.8L-R18Z5发动机（2014—2017） …… 198
 8.4 锋范（2009—2017年款） …………… 198
  8.4.1 本田1.5L-L15A7发动机（2009—
     2017） …………………………… 198
  8.4.2 本田1.8L-R18A1发动机（2009—
     2012） …………………………… 201
 8.5 飞度（2003—2017年款） …………… 201
  8.5.1 本田1.5L-L15B2/L15B3发动机（2015—
     2017） …………………………… 201
  8.5.2 本田1.5L-L15A7发动机（2009—
     2013） …………………………… 203
  8.5.3 本田1.3L-L13A3发动机（2003—
     2005） …………………………… 203

  8.5.4 本田1.5L-L15A2发动机（2003—
     2008） …………………………… 203
  8.5.5 本田1.5L-L15A1发动机（2006—
     2008） …………………………… 203
  8.5.6 本田1.3L-L13Z1发动机（2009—
     2013） …………………………… 203
 8.6 缤智（2015—2017年款） …………… 204
  8.6.1 本田1.5L-L15B2/L15B3发动机（2015—
     2017） …………………………… 204
  8.6.2 本田1.8L-R18Z7/R18Z8发动机（2015—
     2017） …………………………… 204
 8.7 歌诗图（2010—2017年款） ………… 204
  8.7.1 本田2.4L-K24Y3发动机（2012—
     2017） …………………………… 204
  8.7.2 本田3.0L-J30A7发动机（2014—
     2017） …………………………… 204
  8.7.3 本田3.5L-J35Z2发动机（2010—
     2011） …………………………… 204
 8.8 奥德赛（2005—2017） ……………… 204
  8.8.1 本田2.4L-K24W5发动机（2015—
     2017） …………………………… 204
  8.8.2 本田2.4L-K24Z2发动机（2009—
     2014） …………………………… 204
  8.8.3 本田2.4L-K24A6发动机（2006—
     2008） …………………………… 204
  8.8.4 本田2.4L-K24A4发动机（2005） … 204

第9章 东风本田 …………………………… 205

 9.1 思铂睿（2010—2017年款） ………… 205
  9.1.1 本田2.0L-R20Z8发动机（2015—
     2017） …………………………… 205
  9.1.2 本田2.4L-K24V4发动机（2015—
     2017） …………………………… 205
  9.1.3 本田2.0L-R20A4发动机（2010—
     2014） …………………………… 205
  9.1.4 本田2.4L-K24Z5发动机（2010—
     2014） …………………………… 205
  9.1.5 本田2.4L-K24Y5发动机（2013—
     2014） …………………………… 205
 9.2 哥瑞（2016—2017年款） …………… 205
  本田1.5L-L15B5发动机（2016—2017） …… 205
 9.3 思域（2006—2017年款） …………… 205
  9.3.1 本田1.5T-L15B8发动机（2016—
     2017） …………………………… 205
  9.3.2 本田1.8L-R18Z2发动机（2012—
     2015） …………………………… 205
  9.3.3 本田2.0L-R20A6发动机（2012—

2015） ……………………………………… 206
9.3.4 本田1.8L-R18A1发动机（2006—
2011） ……………………………………… 206
9.4 竞瑞（2017年款起） ……………………… 206
本田1.5L-L15B5发动机（2017— ） …… 206
9.5 哥瑞（2016—2017年款） ………………… 206
本田1.5L-L15B5发动机（2017— ） …… 206
9.6 思铭（2012—2015年款） ………………… 206
本田1.8L-R18A1发动机（2012—2015） … 206
9.7 杰德（2014—2017年款） ………………… 206
本田1.8L-R18Z6发动机（2014—2017） … 206
9.8 艾力绅（2013—2017年款） ……………… 206
本田2.4L-K24Z5发动机（2013—2017） … 206
9.9 XR-V（2015—2017年款） ……………… 206
9.9.1 本田1.5L-L15B5发动机（2015—
2017） ……………………………………… 206
9.9.2 本田1.8L-R18ZA发动机（2015—
2017） ……………………………………… 206
9.10 CR-V（2004—2017年款） ……………… 206
9.10.1 本田2.4L-K24V6发动机（2015—
2017） ……………………………………… 206
9.10.2 本田2.0L-R20A7发动机（2012—
2017） ……………………………………… 206
9.10.3 本田2.4L-K24Z8发动机（2012—
2014） ……………………………………… 206
9.10.4 本田2.0L-R20A1发动机（2007—
2011） ……………………………………… 206
9.10.5 本田2.4L-K24Z1发动机（2007—
2011） ……………………………………… 207
9.10.6 本田2.0L-K24A4发动机（2004—
2006） ……………………………………… 207
9.11 UR-V（2017年款） ……………………… 207
9.11.1 本田1.5T-L15BD发动机
（2017— ） ………………………………… 207
9.11.2 本田2.0T-K20C3发动机
（2017— ） ………………………………… 207

第10章 东风日产 …………………………………… 208

10.1 天籁（2006—2017年款） ………………… 208
10.1.1 日产2.0L-MR20DE发动机（2013—
2017） ……………………………………… 208
10.1.2 日产2.5L-QR25DE发动机（2013—
2017） ……………………………………… 213
10.1.3 日产2.5L-VQ25DE发动机（2008—
2012） ……………………………………… 217
10.1.4 日产3.5L-VQ35DE发动机（2006—
2012） ……………………………………… 217

10.1.5 日产2.3L-VQ23DE发动机（2006—
2007） ……………………………………… 225
10.1.6 日产2.0L-QR20DE发动机（2006—
2007） ……………………………………… 225
10.2 轩逸（2006—2017年款） ………………… 226
10.2.1 日产1.6L-HR16DE发动机（2007—
2017） ……………………………………… 226
10.2.2 日产1.8L-MRA8DE发动机（2006—
2011） ……………………………………… 230
10.2.3 日产2.0L-MR20DE发动机（2006—
2011） ……………………………………… 236
10.3 蓝鸟（2015—2017年款） ………………… 241
日产1.6L-HR16DE发动机（2015—2017） … 241
10.4 阳光（2010—2017年款） ………………… 241
日产1.5L-HR15DE发动机（2010—2017） … 241
10.5 骊威（2007—2017年款） ………………… 241
日产1.6L-HR16DE发动机（2007—2017） … 241
10.6 颐达-骐达（2005—2017年款） ………… 241
10.6.1 日产1.6L-HR16DE发动机（2005—
2017） ……………………………………… 241
10.6.2 日产1.6T-MR16DDT发动机（2011—
2017） ……………………………………… 241
10.7 玛驰（2010—2017年款） ………………… 243
10.7.1 日产1.2L-HR12DE发动机（2010—
2017） ……………………………………… 243
10.7.2 日产1.5L-HR15DE发动机（2010—
2017） ……………………………………… 245
10.8 逍客（2008—2017年款） ………………… 245
10.8.1 日产1.2T-HRA2DDT发动机（2016—
2017） ……………………………………… 245
10.8.2 日产2.0L-MR20DE发动机（2008—
2017） ……………………………………… 248
10.8.3 日产1.6L-HR16DE发动机（2008—
2015） ……………………………………… 248
10.9 奇骏X-trail（2008—2017年款） ………… 248
10.9.1 日产2.0L-MR20DE发动机（2008—
2017） ……………………………………… 248
10.9.2 日产2.5L-QR25DE发动机（2008—
2017） ……………………………………… 248
10.10 楼兰（2011—2017年款） ………………… 248
10.10.1 日产2.5L-QR25DE发动机（2011—
2017） ……………………………………… 248
10.10.2 日产3.5L-VQ35DE发动机（2011—
2014） ……………………………………… 248
10.10.3 日产2.5L-QR25DER发动机（2015—
2017） ……………………………………… 248
10.11 西玛（2016—2017年款） ………………… 248

日产 2.5L-QR25DE 发动机（2016—2017） … 248

第 11 章　郑州日产 … 249

11.1　NV200（2016—2017 年款） … 249
日产 1.6L-HR16DE 发动机（2016—2017） … 249

11.2　帕拉丁（2013—2017 年款） … 249
日产 2.4L-KA24DE 发动机（2013—2017） … 249

11.3　D22 皮卡（2011—2017 年款） … 250
日产 2.4L-KA24DE 发动机（2013—2017） … 250

第 12 章　东南三菱 … 251

12.1　翼神（2015—2017 年款） … 251
12.1.1　三菱 1.6L-4A92 发动机（2015—2017） … 251
12.1.2　三菱 1.8L-4B10 发动机（2015—2017） … 252
12.1.3　三菱 2.0L-4B11 发动机（2015—2017） … 252

12.2　蓝瑟（2012—2017 年款） … 254
三菱 1.6L-4G18 发动机（2012—2017） … 254

12.3　戈蓝（2012—2017 年款） … 256
12.3.1　三菱 2.0L-4G63 发动机（2012—2017） … 256
12.3.2　三菱 2.4L-4G69 发动机（2012—2013） … 256

12.4　君阁（2011—2017 年款） … 260
三菱 2.0L-4G63 发动机（2011—2017） … 260

第 13 章　广汽三菱 … 261

13.1　欧蓝德（2016—2017 年款） … 261
13.1.1　三菱 2.0L-4J11 发动机（2016—2017） … 261
13.1.2　三菱 2.4L-4J12 发动机（2016—2017） … 262

13.2　帕杰罗-劲畅（2013—2017 年款） … 262
13.2.1　三菱 2.4L-4G64 发动机（2013—2017） … 262
13.2.2　三菱 3.0L-6B31 发动机（2013—2017） … 262

13.3　劲炫 ASX（2013—2017 年款） … 265
13.3.1　三菱 1.6L-4A92 发动机（2013—2017） … 265
13.3.2　三菱 2.0L-4B11 发动机（2013—2017） … 265

第 14 章　一汽马自达 … 266

14.1　马自达 6（2006—2017 年款） … 266
马自达 2.0L-LF 发动机（2006—2017） … 266

14.2　阿特兹（2013—2017 年款） … 267
14.2.1　马自达 2.0L-SKY 发动机（2013—2017） … 267
14.2.2　马自达 2.5L-SKY 发动机（2013—2017） … 269

14.3　睿翼（2009—2017 年款） … 269
14.3.1　马自达 2.0L-LF 发动机（2009—2017） … 269
14.3.2　马自达 2.5L-L5 发动机（2006—2017） … 269

14.4　马自达 8（2006—2017 年款） … 269
马自达 2.5L-L5 发动机（2006—2017） … 269

14.5　CX-4（2016—2017 年款） … 269
14.5.1　马自达 2.0L-SKY 发动机（2016—2017） … 269
14.5.2　马自达 2.5L-SKY 发动机（2016—2017） … 269

14.6　CX-7（2014—2017 年款） … 270
14.6.1　马自达 2.3T 发动机（2014—2017） … 270
14.6.2　马自达 2.5L-SKY 发动机（2014—2017） … 271

第 15 章　长安马自达 … 272

15.1　马自达 3 星骋（2011—2017 年款） … 272
15.1.1　马自达 1.6L-MZR 发动机（2011—2017） … 272
15.1.2　马自达 2.0L-MZR 发动机（2011—2017） … 273

15.2　马自达 2（2012—2017 年款） … 273
马自达 1.5L-ZY 发动机（2012—2017） … 273

15.3　昂克赛拉（2014—2017 年款） … 274
15.3.1　马自达 1.5L-SKY 发动机（2014—2017） … 274
15.3.2　马自达 2.0L-SKY 发动机（2014—2017） … 274

15.4　CX-5（2015—2017 年款） … 274
15.4.1　马自达 2.0L-SKY 发动机（2015—2017） … 274
15.4.2　马自达 2.5L-SKY 发动机（2015—2017） … 274

第 16 章　长安铃木-昌河铃木 … 275

16.1　长安维特拉（2016—2017 年款） … 275
16.1.1　铃木 1.4L-K14C 发动机

目 录

   （2016— ） ……………………… 275
 16.1.2　铃木 1.6L－M16A 发动机
   （2016— ） ……………………… 275
16.2　长安锋驭（2013—2017 年款） ……… 278
 16.2.1　锋驭 1.4T－K14C 发动机
   （2015— ） ……………………… 278
 16.2.2　锋驭 1.6L－M16A 发动机
   （2013— ） ……………………… 278
16.3　长安启悦（2015—2017 年款） ……… 278
 铃木 1.6L－GINOTEC 发动机（2015— ） …… 278
16.4　长安雨燕（2005—2017 年款） ……… 278
 16.4.1　铃木 1.3L－G13B 发动机
   （2011— ） ……………………… 278
 16.4.2　铃木 1.5L－M15A 发动机
   （2005— ） ……………………… 280
16.5　长安天语 SX4（2013—2017 年款）… 280
 铃木 SX4－1.6L－M16A 发动机
 （2013— ） ………………………………… 280
16.6　长安奥拓（2013—2017 年款） ……… 280
 铃木－1.0L－K10B 发动机（2013— ） …… 280
16.7　长安羚羊（2012—2017 年款） ……… 281
 铃木 1.3L－G13B 发动机（2012— ） …… 281
16.8　昌河北斗星（2013—2017 年款） …… 281
 16.8.1　铃木 1.4L－K14B 发动机
   （2013— ） ……………………… 281
 16.8.2　铃木 1.0L－K10B 发动机
   （2013— ） ……………………… 283
16.9　昌河利亚纳（2013—2017 年款） …… 283
 16.9.1　铃木 1.4L－K14B 发动机
   （2013— ） ……………………… 283
 16.9.1　铃木 1.5L－M15A 发动机
   （2013— ） ……………………… 283
16.10　昌河浪迪（2011—2017 年款） ……… 283
 16.10.1　铃木 1.2L－K12BA 发动机
   （2011— ） ……………………… 283
 16.10.2　铃木 1.4L－K14B 发动机
   （2011— ） ……………………… 283
16.11　昌河派喜（2013—2017 年款） ……… 283
 铃木 1.4L－K14B 发动机（2013— ） …… 283

第17章　北京现代 …………………………… 284

17.1　全新途胜（2013—2017 年款） ……… 284
 17.1.1　现代 1.6T－G4FJ 发动机
   （2013— ） ……………………… 284
 17.1.2　现代 2.0－G4NC 发动机
   （2013— ） ……………………… 284
17.2　全新胜达（2013—2017 年款） ……… 284

17.2.1　现代 2.0T－G4KH 发动机
  （2013— ） ……………………… 284
17.2.2　现代 2.4L－G4KJ 发动机
  （2013— ） ……………………… 286
17.3　IX25（2014—2017 年款） …………… 286
 17.3.1　现代 1.6L－G4FG 发动机
   （2015— ） ……………………… 286
 17.3.2　现代 1.6T－G4FJ 发动机
   （2016— ） ……………………… 286
 17.3.3　现代 2.0L－G4NA 发动机
   （2015— ） ……………………… 286
17.4　IX35（2013—2017 年款） …………… 287
 17.4.1　现代 2.0L－G4KD 发动机
   （2010— ） ……………………… 287
 17.4.2　现代 2.4L－G4KE 发动机
   （2010— ） ……………………… 287
 17.4.3　现代 2.0L－G4NA 发动机
   （2015— ） ……………………… 287
17.5　索纳塔九（2015—2017 年款） ……… 289
 17.5.1　现代 1.6T－G4FJ 发动机
   （2015— ） ……………………… 289
 17.5.2　现代 2.0L－G4NA 发动机
   （2015— ） ……………………… 289
 17.5.3　现代 2.4L－G4KJ 发动机
   （2015— ） ……………………… 289
17.6　索纳塔八（2013—2015 年款） ……… 289
 17.6.1　现代 2.0L－G4KD 发动机
   （2013— ） ……………………… 289
 17.6.2　现代 2.4L－G4KE 发动机
   （2013— ） ……………………… 293
17.7　名图 MISTRA（2014—2017 年款） …… 293
 17.7.1　现代 1.6T－G4FJ 发动机
   （2016— ） ……………………… 293
 17.7.2　现代 1.8L－G4NB 发动机
   （2014— ） ……………………… 293
 17.7.3　现代 2.0L－G4NA 发动机
   （2014— ） ……………………… 293
17.8　名驭（2009— ） ……………………… 293
 现代 2.0L－G4GF 发动机（2009— ） …… 293
17.9　朗动（2012—2017 年款） …………… 296
 17.9.1　现代 1.6L－G4FG 发动机
   （2012— ） ……………………… 296
 17.9.2　现代 1.8L－G4NB 发动机
   （2012— ） ……………………… 296
17.10　悦动（2015—2017 年款） …………… 296
 17.10.1　现代 1.6L－G4FC 发动机
   （2010— ） ……………………… 296

17.10.2 现代 1.6L – G4GB 发动机（2010— ）……296
17.11 悦纳（2017— ）……298
　17.11.1 现代 1.4L – G4LC 发动机（2017— ）……298
　17.11.2 现代 1.6L – G4FG 发动机（2017— ）……300
17.12 领动（2016—2017 年款）……300
　17.12.1 现代 1.4T – G4LD 发动机（2016— ）……300
　17.12.2 现代 1.6L – G4FD 发动机（2016— ）……300
17.13 瑞纳（2011—2017 年款）……301
　17.13.1 现代 1.4L – G4FA 发动机（2011— ）……301
　17.13.2 现代 1.6L – G4FC 发动机（2011— ）……302
17.14 瑞奕（2014—2017 年款）……302
　17.14.1 现代 1.4L – G4FA 发动机（2014— ）……302
　17.14.2 现代 1.6L – G4FC 发动机（2014— ）……302
17.15 伊兰特（2011— ）……302
　17.15.1 现代 1.6L – G4ED 发动机（2011— ）……302
　17.15.2 现代 1.5L – G4EC 发动机（2011— ）……303
17.16 雅绅特（2011— ）……303
　17.16.1 现代 1.4L – G4EA 发动机（2005— ）……303
　17.16.2 现代 1.6L – G4ED 发动机（2005— ）……303
17.17 领翔（2009— ）……303
　17.17.1 现代 2.0L – G4KD 发动机（2009— ）……303
　17.17.2 现代 2.4L – G4KE 发动机（2009— ）……303
17.18 御翔（2009— ）……303
　现代 2.4L – G4KC 发动机（2005— ）……303

第 18 章　东风悦达起亚……304

18.1 KX7（2017— 年款起）……304
　18.1.1 起亚 2.0L – G4NC 发动机（2017— ）……304
　18.1.2 起亚 2.0T – G4KH 发动机（2017— ）……304
　18.1.3 起亚 2.4L – G4KJ 发动机（2017— ）……304
18.2 KX5（2016—2017 年款）……304
　18.2.1 起亚 1.6T – G4FJ 发动机（2016— ）……304
　18.2.2 起亚 2.0L – G4NC 发动机（2016— ）……304
18.3 KX3（2017— 年款起）……304
　18.3.1 起亚 1.6T – G4FJ 发动机（2017— ）……304
　18.3.2 起亚 1.6L – G4FG 发动机（2017— ）……304
18.4 智跑（2015— 年款起）……304
　18.4.1 起亚 2.0L – G4NA 发动机（2015— ）……304
　18.4.2 起亚 2.4L – G4KE 发动机（2012— ）……304
18.5 狮跑（2012— 年款起）……304
　18.5.1 起亚 2.0L – G4GC 发动机（2005—2012）……304
　18.5.2 起亚 2.7L – G6BA 发动机（2005—2012）……304
18.6 K5（2015— 年款起）……306
　18.6.1 起亚 1.6T – G4FJ 发动机（2016— ）……306
　18.6.2 起亚 2.0L – G4KD 发动机（2011— ）……306
　18.6.3 起亚 2.4L – G4KE 发动机（2011— ）……306
　18.6.4 起亚 2.0T – G4KH 发动机（2015— ）……306
18.7 K4（2014— 年款起）……307
　18.7.1 起亚 1.6T – G4FJ 发动机（2014— ）……307
　18.7.2 起亚 1.8L – G4NB 发动机（2014— ）……307
　18.7.3 起亚 2.0L – G4NA 发动机（2014— ）……307
18.8 K3（2015— 年款起）……307
　18.8.1 1.4T – G4LD 发动机（2016— ）……307
　18.8.2 1.6L – G4FG 发动机（2014— ）……307
　18.8.3 1.8L – G4NB 发动机（2014— ）……307
18.9 K2（2015—2017 年款）……307
　18.9.1 起亚 1.4L – G4FA 发动机（2017— ）……307
　18.9.2 起亚 1.6L – G4FC 发动机（2015— ）……307
18.10 赛拉图（2005— 年款起）……307

- 18.10.1 起亚1.6L-G4ED发动机（2005— ） ... 307
- 18.10.2 起亚1.8L-G4GC发动机（2005— ） ... 307

18.11 福瑞迪（2009— 年款起） ... 307
- 18.11.1 起亚1.6L-G4FC发动机（2009— ） ... 307
- 18.11.2 起亚2.0L-G4KD发动机（2009— ） ... 307

18.12 秀尔（2010— 年款起） ... 307
- 18.12.1 起亚1.6L-G4FC发动机（2010— ） ... 307
- 18.12.2 起亚2.0L-G4GC发动机（2010— ） ... 308

18.13 锐欧（2005— 年款起） ... 308
- 18.13.1 起亚1.4L-G4EE发动机（2005— ） ... 308
- 18.13.2 起亚1.6L-G4ED发动机（2005— ） ... 308

18.14 千里马（2003— 年款起） ... 308
- 18.14.1 起亚1.3L-G4EA发动机（2003— ） ... 308
- 18.14.2 起亚1.6L-G4ED发动机（2003— ） ... 308

第19章 华晨宝马 ... 309

19.1 5系 E60/F18/G38（2003—2017年款） ... 309
- 19.1.1 宝马2.0T-B48B20发动机（2016— ） ... 309
- 19.1.2 宝马3.0T-B58B30发动机（2016— ） ... 311
- 19.1.3 宝马2.0T-N20B20发动机（2011—2016） ... 314
- 19.1.4 宝马2.5L-N52B25发动机（2006—2010） ... 317
- 19.1.5 宝马3.0L-N52B30发动机（2006—2014） ... 319
- 19.1.6 宝马3.0T-N55B30发动机（2009—2016） ... 319
- 19.1.7 宝马2.0T-N46B20发动机（2008—2010） ... 323
- 19.1.8 宝马2.2L-M54B22发动机（2004—2006） ... 327
- 19.1.9 宝马3.0L-M54B30发动机（2003—2005） ... 332

19.2 3系 E46/E90/F30/F35（2003—2017年款） ... 332
- 19.2.1 宝马1.5T-B38A15C发动机（2016—2017） ... 332
- 19.2.2 宝马2.0T-B48A20C发动机（2016—2017） ... 336
- 19.2.3 宝马2.0T-N20B20C发动机（2011—2016） ... 336
- 19.2.4 宝马2.0T-N20B20D发动机（2011—2016） ... 336
- 19.2.5 宝马2.0L-N46B20发动机（2004—2012） ... 336
- 19.2.6 宝马2.5L-N52B25发动机（2004—2012） ... 336
- 19.2.7 宝马3.0L-N52B30发动机（2004—2011） ... 336
- 19.2.8 宝马2.5L-M54B25发动机（2003—2005） ... 337

19.3 2系 F45（2016—2017年款） ... 337
- 19.3.1 宝马1.5T-B38A15C发动机（2016—2017） ... 337
- 19.3.2 宝马2.0T-B48A20C发动机（2016—2017） ... 337

19.4 1系 F52（2016—2017年款） ... 337
- 19.4.1 宝马1.5T-B38A15C发动机（2016—2017） ... 337
- 19.4.2 宝马2.0T-B48A20C发动机（2016—2017） ... 337
- 19.4.3 宝马2.0T-B48A20D发动机（2016—2017） ... 337

19.5 X1系 E84/F49（2009—2017年款） ... 337
- 19.5.1 宝马1.5T-B38A15C发动机（2016—2017） ... 337
- 19.5.2 宝马2.0T-B48A20C发动机（2016—2017） ... 337
- 19.5.3 宝马2.0T-N20B20C发动机（2011—2015） ... 337
- 19.5.4 宝马2.0T-N20B20D发动机（2011—2015） ... 337
- 19.5.5 宝马2.0T-N46B20发动机（2009—2015） ... 337

第20章 北京奔驰 ... 338

20.1 E级（2010—2017年款） ... 338
- 20.1.1 奔驰1.8L-M271.860发动机（2010—2015） ... 338
- 20.1.2 奔驰2.0T-M274.920发动机 ... 339
- 20.1.3 奔驰3.0T-M276.820发动机（2014— ） ... 341

- 20.2 C级（2010—2017年款） …………… 345
  - 20.2.1 奔驰1.6T - M274发动机 ……… 345
  - 20.2.2 奔驰1.6L - M271.910发动机
    （2010— ） ……………………… 345
  - 20.2.3 奔驰1.8L - M271.950发动机
    （2008— ） ……………………… 345
  - 20.2.4 奔驰1.8T - M271.860发动机
    （2010— 2015） ………………… 345
  - 20.2.5 奔驰2.0T - M274.920发动机
    （2014— ） ……………………… 345
  - 20.2.6 奔驰2.5L - M272.921发动机
    （2010— ） ……………………… 345
- 20.3 GLA级（2015—2017年款） ………… 347
  - 20.3.1 奔驰1.6T - M270.910发动机
    （2015— ） ……………………… 347
  - 20.3.2 奔驰2.0T - M270.920发动机
    （2015— ） ……………………… 349
- 20.4 GLC级（2016—2017年款） ………… 349
  - 奔驰2.0T - M274.920发动机 ……………… 349
- 20.5 GLK级（2014—2017年款） ………… 349
  - 20.5.1 奔驰2.0T - M274.920发动机
    （2015— ） ……………………… 349
  - 20.5.2 奔驰3.0T - M272.948发动机
    （2014— ） ……………………… 349

第21章 福建奔驰 ……………………………… 350

- 21.1 唯雅诺（2010—2017年款） ………… 350
  - 21.1.1 奔驰2.5L - M272.924发动机
    （2011— ） ……………………… 350
  - 21.1.2 奔驰3.0L - M272.924发动机
    （2011— ） ……………………… 350
- 21.2 威霆（2010—2017年款） …………… 350
  - 21.2.1 奔驰2.2L - M646.980发动机
    （2010— ） ……………………… 350
  - 21.2.2 奔驰2.5L - M272.924发动机
    （2011— ） ……………………… 352
  - 21.2.3 奔驰3.0L - M272.939发动机
    （2014— ） ……………………… 352
- 21.3 V级（2015—2017年款） …………… 352
  - 奔驰2.0T M274.920发动机（2015— ） … 352
- 21.4 凌特（2011—2017年款） …………… 352
  - 21.4.1 奔驰2.2T - M646.980发动机
    （2011— ） ……………………… 352
  - 21.4.2 奔驰2.1T - M651.955/956/957发
    动机（2011— ） ………………… 352

第22章 一汽奥迪 ……………………………… 354

- 22.1 A6L/C6/C7/C8（2005—2017年款） …… 354
  - 22.1.1 奥迪1.8T - CYYA发动机（2016—
    2017） ………………………………… 354
  - 22.1.2 奥迪2.5L - CLXB发动机（2016—
    2017） ………………………………… 354
  - 22.1.3 奥迪3.0T - CREC发动机（2016—
    2017） ………………………………… 354
  - 22.1.4 奥迪3.0T - CTDB发动机（2016—
    2017） ………………………………… 354
  - 22.1.5 奥迪2.0T - CDNB发动机（2013—
    2015） ………………………………… 354
  - 22.1.6 奥迪2.0T - CDZA发动机（2012—
    2015） ………………………………… 354
  - 22.1.7 奥迪2.5L - CLXA发动机（2012—
    2015） ………………………………… 354
  - 22.1.8 奥迪2.8L - CNYB发动机（2012—
    2015） ………………………………… 354
  - 22.1.9 奥迪3.0T - CHMA发动机（2012—
    2013） ………………………………… 354
  - 22.1.10 奥迪3.0T - CTTA发动机（2013—
    2015） ………………………………… 354
  - 22.1.11 奥迪2.0T - BPJ发动机（2005—
    2011） ………………………………… 354
  - 22.1.12 奥迪2.4L - BDW发动机（2005—
    2011） ………………………………… 356
  - 22.1.13 奥迪2.7T - CANA柴油发动机（2010—
    2011） ………………………………… 360
  - 22.1.14 奥迪2.8L - CCEA发动机（2009—
    2011） ………………………………… 367
  - 22.1.15 奥迪3.0T - CAJA发动机（2009—
    2011） ………………………………… 373
- 22.2 A4L/B8（2009—2017年款） ………… 373
  - 22.2.1 奥迪1.8T - CCUA发动机（2010—
    2017） ………………………………… 373
  - 22.2.2 奥迪2.0T - CUHA发动机（2014—
    2017） ………………………………… 373
  - 22.2.3 奥迪2.0T - CUJA发动机（2014—
    2017） ………………………………… 373
  - 22.2.4 奥迪2.0T - CADA发动机（2010—
    2014） ………………………………… 373
  - 22.2.5 奥迪2.0T - CDZA发动机（2009—
    2014） ………………………………… 380
  - 22.2.6 奥迪3.2L - CALA发动机（2009—
    2010） ………………………………… 380
- 22.3 A3L/A3（2014—2017年款） ………… 380
  - 22.3.1 奥迪1.4T - CSSA发动机（2015—
    2017） ………………………………… 380

22.3.2 奥迪1.8T – CUFA发动机（2014—2017） ……… 381
22.4 Q5（2010—2017年款） ……… 381
　22.4.1 奥迪2.0T – CUHA发动机（2015—2017） ……… 381
　22.4.2 奥迪2.0T – CUJA发动机（2015—2017） ……… 381
　22.4.3 奥迪2.0T – CADA发动机（2010—2015） ……… 381
　22.4.4 奥迪2.0T – CDZA发动机（2009—2014） ……… 381
22.5 Q3（2013—2017年款） ……… 381
　22.5.1 奥迪1.4T – CSSA发动机（2014—2017） ……… 381
　22.5.2 奥迪2.0T – DBRA发动机（2016—2017） ……… 381
　22.5.3 奥迪2.0T – DBSA发动机（2016—2017） ……… 381
　22.5.4 奥迪2.0T – CCZC发动机（2013—2015） ……… 381
　22.5.5 奥迪2.0T – CGMA发动机（2013—2015） ……… 381
　22.5.6 奥迪2.0T – CRHA发动机（2013—2015） ……… 381

第23章 长安福特 ……… 382

23.1 蒙迪欧（2007—2017年款） ……… 382
　23.1.1 福特1.5T – GTDI发动机（2013—2017） ……… 382
　23.1.2 福特2.0T – GTDI发动机（2013—2017） ……… 383
　23.1.3 福特2.3L – MI4发动机（2007—2013） ……… 383
23.2 金牛座（2015—2017年款） ……… 386
　23.2.1 福特1.5T – GTDI发动机（2015—2017） ……… 386
　23.2.2 福特2.0T – GTDI发动机（2015—2017） ……… 386
　23.2.3 福特2.7T – GTDI发动机（2015—2017） ……… 386
23.3 福睿斯（2015—2017年款） ……… 390
　福特1.5L – TIVCT发动机（2015—2017） ……… 390
23.4 福克斯 ……… 390
　23.4.1 福特1.0T – GTDI（2015—2017） ……… 390
　23.4.2 福特1.5T – GTDI（2015—2017） ……… 392
　23.4.3 福特1.8L – MI4（2013—2017） ……… 393
　23.4.4 福特1.6L – TIVCT（2005—2011） ……… 396

　23.4.5 福特2.0L – MI4（2005—2011） ……… 398
23.5 嘉年华 ……… 398
　23.5.1 福特1.5L – TIVCT发动机（2013—2017） ……… 398
　23.5.2 福特1.0T – GTDI发动机（2014—2017） ……… 398
　23.5.3 福特1.3L/1.5L发动机（2009—2012） ……… 398
23.6 翼虎（2013—2017年款） ……… 401
　23.6.1 福特1.5T – ECOBOOST发动机 ……… 401
　23.6.2 福特2.0T – ECOBOOST发动机 ……… 401
　23.6.3 福特1.6T – ECOBOOST发动机 ……… 401
23.7 翼博 ……… 402
　23.7.1 福特1.0T – GTDI发动机 ……… 402
　23.7.2 福特1.5L – TIVCT发动机 ……… 402
23.8 锐界 ……… 402
　23.8.1 福特2.0T – GTDI发动机 ……… 402
　23.8.2 福特2.3T – ECOBOOST发动机 ……… 402
　23.8.3 福特2.7T – GTDI发动机 ……… 403

第24章 江铃福特 ……… 405

24.1 全顺 ……… 405
　24.1.1 福特2.2T柴油发动机 ……… 405
　24.1.2 福特2.4T – PUMA柴油发动机 ……… 406
24.2 途睿欧 ……… 409
　福特2.0T – GTDI发动机 ……… 409
24.3 撼路者 ……… 409
　福特2.0T – GTDI发动机 ……… 409

第25章 其他合资品牌 ……… 410

25.1 奇瑞捷豹路虎 ……… 410
　25.1.1 捷豹XFL – 2.0T – GTDI发动机（2016—2017） ……… 410
　25.1.2 捷豹XFL – 3.0T – V6SC发动机（2016—2017） ……… 411
　25.1.3 路虎发现神行2.0T – GTDI发动机（2016—2017） ……… 415
　25.1.4 路虎揽胜极光2.0T – GTDI发动机（2016—2017） ……… 415
25.2 广汽讴歌 ……… 415
　CDX – 1.5T – L15B9发动机（2016— ） ……… 415
25.3 广汽菲亚特 ……… 415
　25.3.1 菲翔1.4T – THP发动机（2014— ） ……… 415
　25.3.2 致悦1.4T发动机（2014— ） ……… 417
25.4 广汽菲克 ……… 417
　25.4.1 指南者1.4T发动机（2017— ） ……… 417

25.4.2 指南者2.4L发动机（2017— ）…… 417	2014）………………………………… 420
25.4.3 自由光2.0L发动机（2016— ）… 417	25.7.16 明锐1.8T-BYJ发动机（2007—2010）………………………………… 420
25.4.4 自由光2.4L发动机（2016— ）… 419	25.7.17 明锐2.0T-CGMA发动机（2010）…………………………………… 420
25.4.5 自由侠1.4T发动机（2016— ）… 419	
25.4.6 自由侠2.0L发动机（2016— ）… 419	25.7.18 明锐1.6L-CDFA发动机（2008—2010）…………………………… 420
25.5 东风英菲尼迪……………………………… 419	
25.5.1 Q50L-2.0T-M274.930发动机（2015— ）……………………………… 419	25.7.19 明锐1.6L-CPJA发动机（2012—2016）…………………………… 420
25.5.2 QX50-2.5L-VQ25HR发动机（2015— ）……………………………… 419	25.7.20 明锐1.6L-CLRA发动机（2010—2014）…………………………… 420
25.6 东风雷诺…………………………………… 419	25.7.21 明锐2.0L-CGZA发动机（2009—2014）…………………………… 420
25.6.1 科雷傲2.0L-M5R发动机（2017— ）……………………………… 419	25.7.22 速派1.4T-CSSA发动机（2016— ）……………………………… 421
25.6.2 科雷傲2.5L-2TRA7发动机（2017— ）……………………………… 419	25.7.23 速派1.8T-CUFA发动机（2016— ）……………………………… 421
25.6.3 科雷嘉2.0L-M5R发动机（2016— ）……………………………… 419	25.7.24 速派2.0T-CUGA发动机（2016— ）……………………………… 421
25.7 上汽大众斯科达…………………………… 419	**第26章 国产自主品牌**………………………… 422
25.7.1 柯迪亚克1.8T-CUFA发动机（2017— ）……………………………… 419	**26.1 比亚迪**……………………………………… 422
25.7.2 柯迪亚克2.0T-CUGA发动机（2017— ）……………………………… 419	26.1.1 M6-2.4L-4G69发动机（2011—2012）…………………………………… 422
25.7.3 野帝1.4T-CSSA发动机（2016— ）……………………………… 419	26.1.2 M6-2.0L-483QB发动机（2011— ）……………………………… 422
25.7.4 野帝1.8T-CEAA发动机（2016— ）……………………………… 419	26.1.3 M6-2.4L-488QA发动机（2013— ）……………………………… 423
25.7.5 晶锐1.4L-DAHA发动机（2015—2016）…………………………… 419	26.1.4 S6-2.4L-4G69发动机（2011—2012）……………………………… 424
25.7.6 晶锐1.6L-CSRA发动机（2015—2016）…………………………… 420	26.1.5 S6-2.0L-483QB发动机（2011— ）……………………………… 424
25.7.7 昕锐1.4L-CKAA发动机（2013—2016）…………………………… 420	26.1.6 S6-2.4L-488QA发动机（2013— ）……………………………… 424
25.7.8 昕锐1.6L-CPDA发动机（2013—2016）…………………………… 420	26.1.7 S6-1.5T-476ZQA发动机（2014— ）……………………………… 424
25.7.9 昕动1.4T-CSTA发动机（2013—2016）…………………………… 420	26.1.8 S7-1.5T-476ZQA发动机（2015— ）……………………………… 426
25.7.10 昕动1.4L-CKAA发动机（2013—2016）…………………………… 420	26.1.9 S7-2.0T-487ZQA发动机（2015— ）……………………………… 426
25.7.11 昕动1.6L-CPDA发动机（2013—2016）…………………………… 420	26.1.10 唐-2.0T-487ZQA发动机（2016— ）……………………………… 427
25.7.12 明锐1.4T-CSSA发动机（2014—2016）…………………………… 420	26.1.11 宋-1.5T-476ZQA发动机（2016— ）……………………………… 427
25.7.13 明锐1.6T-CFBA发动机（2011—2014）…………………………… 420	26.1.12 宋-2.0T-487ZQA发动机（2016— ）……………………………… 427
25.7.14 明锐1.6L-CSRA发动机（2014—2016）…………………………… 420	26.1.13 宋-2.0L-483QB发动机
25.7.15 明锐1.8T-CEAA发动机（2011—	

26.1.14　元-1.5L-473QE 发动机
（2015— ） ………………… 427

26.1.14　元-1.5L-473QE 发动机
（2016— ） ………………… 427

26.1.15　元-1.5T-476ZQA 发动机
（2016— ） ………………… 427

26.1.16　秦-1.5T-476ZQA 发动机
（2015— ） ………………… 428

26.1.17　速锐-1.5L-473QB/QE 发动机（2012—
2015） ……………………… 428

26.1.18　速锐-1.5T-476ZQA 发动机（2012—
2015） ……………………… 428

26.1.19　思锐-1.5T-476ZQA 发动机
（2013— ） ………………… 428

26.1.20　G6-1.5T-476ZQA 发动机（2011—
2013） ……………………… 428

26.1.21　G6-2.0L-483QB 发动机（2011—
2013） ……………………… 428

26.1.22　G5-1.5L-473QB/QE 发动机
（2014— ） ………………… 428

26.1.23　G5-1.5T-476ZQA 发动机
（2014— ） ………………… 430

26.1.24　G3-1.5L-DA4G15S 发动机
（2011— ） ………………… 430

26.1.25　G3-1.8L-483QA 发动机
（2011— ） ………………… 430

26.1.26　G3-1.5L-473QB/QE 发动机
（2013— ） ………………… 430

26.1.27　F6-1.8L-483QA 发动机
（2011— ） ………………… 430

26.1.28　F6-2.0L-483QB 发动机
（2011— ） ………………… 430

26.1.29　F6-2.4L-4G69 发动机
（2011— ） ………………… 430

26.1.30　F3-1.5L-473QB/QE 发动机
（2012— ） ………………… 430

26.1.31　F0-1.0L-371QA/QB 发动机
（2013— ） ………………… 430

26.2　吉利 ……………………………… 431

26.2.1　博越 1.8T-4G18TD 发动机
（2016— ） ………………… 431

26.2.2　博越 2.0L-4G20 发动机
（2016— ） ………………… 433

26.2.3　博瑞 1.8T-4G18TD 发动机
（2015— ） ………………… 436

26.2.4　博瑞 2.4L-4G24 发动机
（2015— ） ………………… 436

26.2.5　博瑞 3.5L-6G35V 发动机

（2015— ） ………………… 436

26.2.6　帝豪 GS-1.3T-4G13TB 发动机
（2016— ） ………………… 438

26.2.7　帝豪 GS-1.8L-4G18 发动机
（2016— ） ………………… 440

26.2.8　帝豪 GL-1.3T-4G13TB 发动机
（2016— ） ………………… 441

26.2.9　帝豪 GL-1.8L-4G18 发动机
（2016— ） ………………… 441

26.2.10　新帝豪三厢-1.3T-4G13TB 发动机
（2017— ） ………………… 441

26.2.11　新帝豪三厢-1.5L-4G15 发动机
（2017— ） ………………… 441

26.2.12　帝豪 RS-1.3T-4G13TB 发动机
（2017— ） ………………… 442

26.2.13　帝豪 RS-1.5L-4G15 发动机
（2017— ） ………………… 442

26.2.14　远景 X1-1.3L 发动机
（2017— ） ………………… 442

26.2.15　远景 1.3T-4G13TB 发动机
（2017— ） ………………… 442

26.2.16　远景 1.5L-4G15 发动机
（2017— ） ………………… 442

26.2.17　远景 SUV-1.3T-4G13TB 发动机
（2016— ） ………………… 442

26.2.18　远景 SUV-1.8L-4G18 发动机
（2016— ） ………………… 442

26.2.19　金刚三厢 1.5L-4G15 发动机
（2016— ） ………………… 442

26.2.20　金刚 CROSS-1.5L-4G15 发动机
（2015— ） ………………… 442

26.2.21　吉利 GC7-1.5L-4G15 发动机
（2013— ） ………………… 442

26.2.22　海景 1.5L-4G15 发动机
（2015— ） ………………… 442

26.2.23　熊猫 1.0L-3G10 发动机
（2016— ） ………………… 442

26.3　奇瑞 ……………………………… 443

26.3.1　瑞虎 3-1.6L-E4G16 发动机
（2014— ） ………………… 443

26.3.2　瑞虎 3X-1.5L-E4G15 发动机
（2017— ） ………………… 443

26.3.3　瑞虎 5-1.5T-E4T15B 发动机
（2017— ） ………………… 443

26.3.4　瑞虎 7-1.5T-E4T15B 发动机
（2016— ） ………………… 445

26.3.5　瑞虎 7-2.0L-D4G20 发动机

(2016—)······················ 445
26.3.6 艾瑞泽 3 – 1.5L – D4G15 发动机
    (2015—)······················ 446
26.3.7 艾瑞泽 5 – 1.5L – E4G15 发动机
    (2016—)······················ 446
26.3.8 艾瑞泽 7 – 1.5L – E4G15 发动机
    (2016—)······················ 446
26.3.9 艾瑞泽 7 – 1.6L – E4G16 发动机
    (2016—)······················ 447
26.3.10 E3 – 1.5L – D4G15 发动机
    (2013—)······················ 449
26.3.11 E5 – 1.5L – 477F 发动机
    (2011—)······················ 449
26.3.12 E5 – 1.6L – E4G16 发动机
    (2014—)······················ 449
26.3.13 E5 – 1.8L – 481FC 发动机
    (2014—)······················ 449
26.3.14 旗云 2 – 1.5L – 477F 发动机
    (2012—)······················ 450
26.3.15 旗云 5 – 1.8L – 481FC 发动机
    (2012—)······················ 450
26.3.16 风云 2 – 1.5L – 477F 发动机
    (2015—)······················ 450
26.3.17 A3 – 1.6L – E4G16 发动机
    (2012—)······················ 450
26.3.18 QQ – 1.0L – 371F 发动机
    (2013—)······················ 450

26.4 五菱 – 宝骏·························· 452
26.4.1 五菱宏光 S – 1.2L – LMH 发动机········ 452
26.4.2 五菱宏光 S – 1.5L – L2B 发动机········ 453
26.4.3 五菱宏光 S1 – 1.5L – L2B 发动机······· 453
26.4.4 五菱宏光 – 1.2L – LMH 发动机········· 453
26.4.5 五菱宏光 – 1.5L – L2B 发动机········· 453
26.4.6 五菱荣光 – 1.2L – LJY 发动机·········· 454
26.4.7 五菱荣光 – 1.5L – L3C 发动机·········· 454
26.4.8 五菱之光 – 1.0L – LJ465Q 发动机······· 454
26.4.9 五菱之光 – 1.0L – L2Y 发动机·········· 454
26.4.10 五菱之光 – 1.2L – LJY 发动机········· 455
26.4.11 五菱征程 – 1.5L – L3C 发动机········· 455
26.4.12 五菱征程 – 1.8L – LJ479QE2
    发动机 ······················· 455
26.4.13 宝骏 310 – 1.2L – LMH 发动机
    (2016—)······················ 455
26.4.14 宝骏 330 – 1.5L – LGV 发动机
    (2015—)······················ 455
26.4.15 宝骏 510 – 1.5L – L2B 发动机
    (2017—)······················ 457
26.4.16 宝骏 560 – 1.8L – LJ479QNE2 发动机
    (2015—)······················ 457
26.4.17 宝骏 610 – 1.5L – L2B 发动机
    (2015—)······················ 459
26.4.18 宝骏 630 – 1.5L – L2B 发动机
    (2014—)······················ 459
26.4.19 宝骏 730 – 1.5L – L2B 发动机
    (2014—)······················ 460
26.4.20 宝骏 730 – 1.8L – LJ479QNE2 发动机
    (2014—)······················ 460

第1章 上汽大众

1.1 辉昂（2016—2017年款）

1.1.1 大众2.0T-CUHA发动机（2016— ）

1. 正时链单元部件分解

发动机正时链单元部件如图1-1、图1-4、图1-7所示。

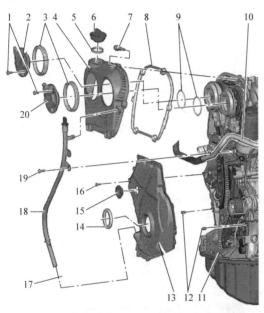

图1-1 正时链罩盖

1—螺栓，更换，铝合金螺栓：4N·m+继续转动45°，钢螺栓：9N·m 2—排气凸轮轴调节阀1（N318），更换O形圈 3—O形圈，更换，在安装之前上油 4—正时链上部盖板；用9N·m的力矩拧紧螺栓 5—密封件，损坏时更新 6—封盖 7—螺栓 8—密封件，损坏时更新 9—O形圈，更换，用机油浸润 10—前部冷却液管 11—发动机 12—固定销，封盖的定位销 13—正时链下盖板，带轴密封环 14—轴密封环，用于减振器 15—封盖，更换 16—螺栓，更换，15个螺栓的拧紧顺序见图1-2，带8个螺栓的拧紧顺序见图1-3 17—O形圈，更换，在安装之前上油 18—机油尺导向管 19—螺栓，9N·m 20—凸轮轴调节阀1（N205），更换O形圈

按图1-2所示顺序分两步拧紧螺栓1-15：①用8N·m的力矩拧紧螺栓。②继续转动螺栓45°。

按图1-3所示顺序分两步拧紧螺栓1-8：

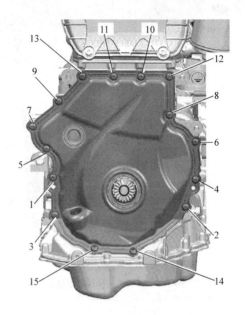

图1-2 正时链下方盖板拧紧顺序（15个螺栓）

①用8N·m的力矩拧紧螺栓。②继续转动螺栓45°。

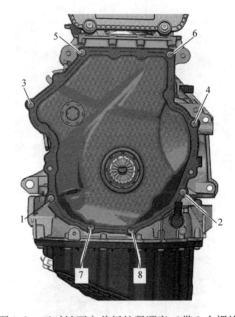

图1-3 正时链下方盖板拧紧顺序（带8个螺栓）

按图1-5所示顺序分步拧紧螺栓：

用于钢螺栓：第一次手动拧入至贴紧，第二次继续拧紧9N·m

用于铝螺栓：第一次手动拧入至贴紧，第二次预拧紧力矩 4N·m，第三次继续拧紧 180°

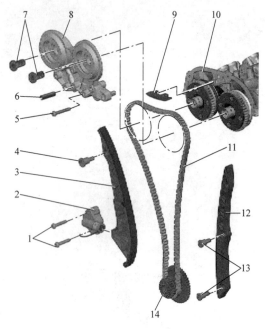

图 1-4　凸轮轴正时链

1—螺栓，更换，4N·m + 90°　2—链条张紧器，处于弹簧张紧状态，拆卸前用插入定位工具 T40267 固定　3—正时链张紧轨　4—导向销，20N·m　5—螺栓，更换，拧紧顺序见图 1-5　6—张紧套，根据结构情况，不是在每个轴承桥上都安装　7—控制阀，左旋螺纹，35N·m，用装配工具 T10352/2 进行拆卸　8—轴承桥　9—凸轮轴正时链的滑轨　10—凸轮轴外壳　11—凸轮轴正时链，拆卸前，用颜色标记转动方向　12—凸轮轴正时链的滑轨　13—导向销，20N·m　14—曲轴三级链轮，安装位置见图 1-6

图 1-5　轴承桥拧紧力矩和拧紧顺序

图 1-6　三级链轮安装位置
两面箭头－必须相对

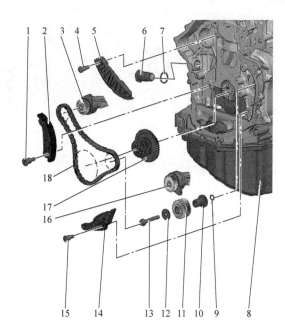

图 1-7　平衡轴驱动链

1—导向销，20N·m　2—张紧轨，用于正时链　3—平衡轴，排气侧，用机油涂抹支座，仅成对更新　4—导向销，20N·m　5—滑轨，用于正时链　6—链条张紧器，85N·m，涂防松剂后装入　7—密封环　8—气缸体　9—O 形圈，用机油涂抹　10—轴承螺栓，用机油涂抹，安装位置见图 1-8　11—中间齿轮，如果螺栓松开过，则必须更换中间齿轮　12—止推垫片　13—螺栓，更换，如果螺栓松开过，则必须更换中间齿轮，拧紧顺序见图 1-9　14—滑轨，用于平衡轴正时链　15—导向销，20N·m　16—平衡轴，进气侧，用机油涂抹支座，仅成对更新　17—三级链轮，安装位置见图 1-6　18—平衡轴驱动链

更换并用机油润滑 O 形圈 1；轴承螺栓的配合销（见图 1-8 中箭头）卡入气缸体孔中。用机油润滑轴承螺栓。

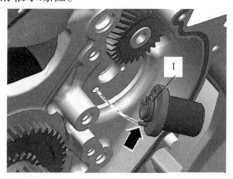

图 1-8　轴承螺栓安装位置

务必更换中间齿轮，否则无法调整齿隙，将致使发动机损坏。

新的中间齿轮带一层油漆减摩覆层，在短时运行后会被磨去，这样齿隙便会自动调整。

用新的螺栓按如下方式拧紧（见图1-9）。

图1-9 中间齿轮拧紧顺序

1）用扭力扳手以10N·m的力矩预紧。

2）旋转中间齿轮。中间齿轮不允许有间隙存在，否则松开并再次拧紧。

3）用扭力扳手以25N·m的力矩拧紧。

4）用扳手将螺栓继续转动90°。

2. 正时链单元拆卸步骤

1）拆卸正时链上部盖板。

2）用拆卸工具T10352/2沿箭头方向拆卸左侧和右侧控制阀，见图1-10。注意：控制阀采用左旋螺纹。

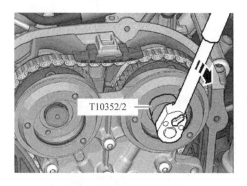

图1-10 拆卸控制阀

3）拧下轴承桥紧固螺栓，取下轴承桥。

4）用固定支架T10355将减振器转入位置"上止点"。减振器缺口必须对准正时链下盖板上的标记如图1-11箭头所指。凸轮轴链轮的标记1必须指向上。

5）拆卸正时链下部盖板。

6）再次检查"上止点位置"。

7）沿图1-12箭头方向按压机油泵的链条张紧器张紧卡箍，并用定位销T40011卡住。

8）拆卸机油泵链条张紧器（图1-12中的1）。

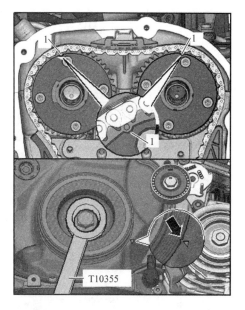

图1-11 设置减振器至上止点位置

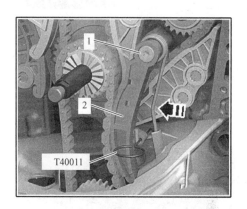

图1-12 拆卸链条张紧器

9）拧出如图1-13箭头所指处螺栓。

图1-13 拧出螺栓

10）拧入装配杆T40243。

11）压紧并固定链条张紧器的卡环。

12）沿图1-14箭头方向缓慢地按压并固定装

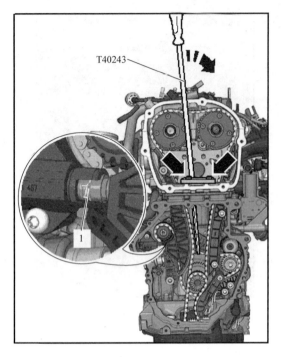

图1-14 装入装配杆

配杆T40243。

13）用插入定位工具T40267固定链条张紧器，见图1-15。

14）拆卸装配杆T40243。

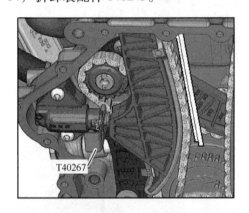

图1-15 插入定位工具

15）将凸轮轴固定装置T40271/2拧到气缸盖上，并沿图1-16箭头方向2推入链轮的啮合齿中，必要时用装配工具T40266，沿箭头方向1转动进气凸轮轴。

16）将凸轮轴固定装置T40271/1拧到气缸盖上。接下来的工作步骤需要另一位机械师协助。

17）将排气凸轮轴用装配工具T40266沿箭头方向B固定。拧出螺栓1，将张紧轨2向下推，

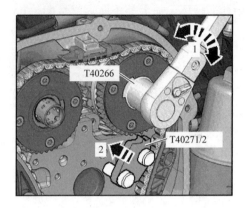

图1-16 安装凸轮轴固定工具

如图1-17所示。

18）将排气凸轮轴顺时针箭头方向A继续旋转，直到凸轮轴固定装置T40271/1能够推入链轮啮合齿C，如图1-17所示。

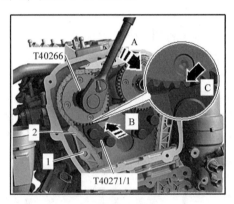

图1-17 凸轮轴固定工具安装方法

19）拆卸滑轨1，为此用旋具打开图1-18箭头处的卡子，然后将滑轨向前推开。

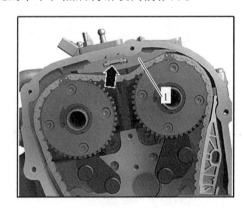

图1-18 拆卸滑轨1

20）拧下图1-19箭头所指处螺栓，拆下链条张紧器1。

21）如图1-20拧出螺栓1，拆下滑轨2。

第1章 上汽大众

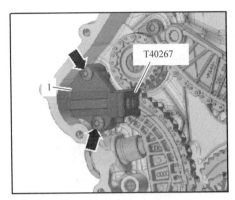

图1-19 拆卸张紧器

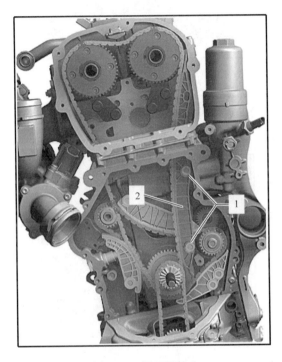

图1-20 拆下滑轨2

22）将凸轮轴正时链从凸轮轴齿轮上取下，并挂到凸轮轴的销轴上如图1-21箭头所指处。

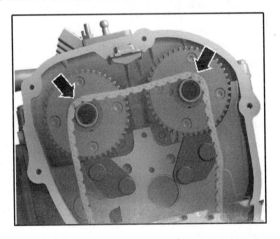

图1-21 正确放置正时链

23）拆卸平衡轴正时链的链条张紧器1，见图1-22。

图1-22 拆卸张紧器

24）如图1-23所示拧出螺栓1。拆卸张紧轨2、滑轨3和4。

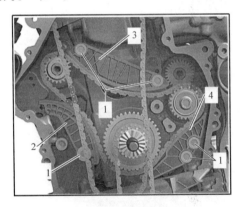

图1-23 拆卸滑轨

25）松开夹紧螺栓A，拧出夹紧螺栓B，如图1-24所示。

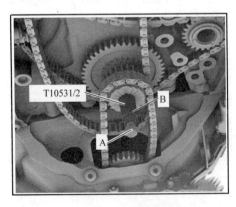

图1-24 松开夹紧螺栓

26）取出三级链轮，同时卸下机油泵驱动装置的正时链。

27）取下凸轮轴正时链和平衡轴驱动链。

3. 正时链单元安装步骤

1）检查曲轴的上止点，曲轴的平端如图1-25箭头所指处必须水平。

2）用防水销钉将标记标注到气缸体1上。

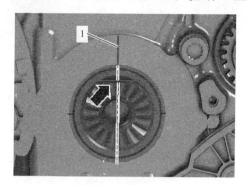

图1-25 做装配标记

3）用防水记号笔在三级链轮的齿1上做标记2，见图1-26。

图1-26 在三级链轮齿轮做标记

4）将中间齿轮和平衡轴转至标记如图1-27箭头处，螺栓1不得松开。

图1-27 安装中间齿轮和平衡轴

5）放上平衡轴驱动链，将彩色链节图1-28箭头所指处定位到链轮的标记上。链条的彩色链节必须定位在链轮的标记上。无需理会可能存在的附加彩色链节的位置。

图1-28 放上平衡轴驱动链

6）安装滑轨1，并拧紧图1-29箭头指处螺栓。

图1-29 安装滑轨

7）将带彩色链节的凸轮轴正时链挂到凸轮轴销轴上。

8）将机油泵驱动装置的正时链放到三级链轮上。

9）沿图1-30箭头B方向，将三级链轮向发动机侧翻转并在曲轴上固定。箭头A所指处标记必须相对。

① 将夹紧螺栓T10531/2拧入曲轴并用手拧紧。

② 装上旋转工具T10531/3。用手拧上带肩螺母T10531/4。用SW 32的呆扳手略微来回移动旋转工具，同时再拧紧带肩螺母，直到链轮牢固地装到曲轴啮合齿上。现在才拧紧夹紧螺栓A。如图1-31所示。

第1章 上汽大众

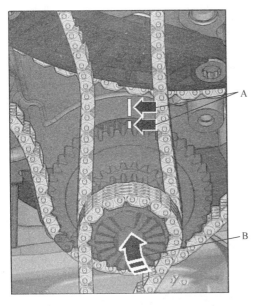

图1-30 对齐三级链轮安装标记

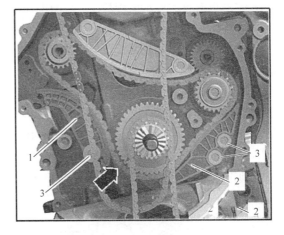

图1-32 安装张紧器和滑轨

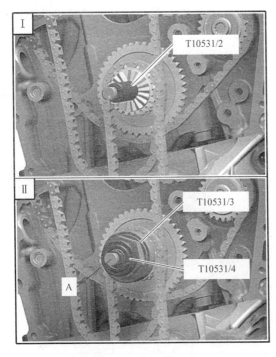

图1-31 安装夹紧螺栓

图1-33 对准链轮标记与彩色链节

10）将平衡轴驱动链的彩色链节按图1-32箭头所指处定位在三级链轮的标记上。安装张紧轨1和滑轨2。拧紧螺栓3。

11）安装链条张紧器1，见图1-22。

12）再次检查调整情况，彩色链节按图1-33箭头指处必须对准链轮的标记。

13）将凸轮轴正时链放到进气凸轮轴上，排气凸轮轴放到曲轴上。将彩色链节按图1-34箭头所指处定位到链轮的标记上。

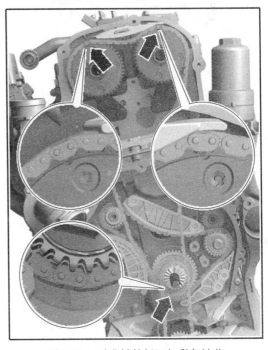

图1-34 对准链轮标记与彩色链节

14）安装滑轨2并拧紧螺栓1，见图1-20。

15）安装上部滑轨1，见图1-18。

注意：接下来的工作步骤需要有另一位机械师协助。

16）将排气凸轮轴用装配工具T40266沿图1-35箭头方向A略微转动，并将凸轮轴固定装置T40271/1从链轮的啮合齿中推出 箭头方向B。

17）如图1-35所示，将凸轮轴沿方向C松开，直到正时链紧贴到滑轨1上。将凸轮轴固定在这个位置，拧上张紧轨2并拧紧螺栓3。

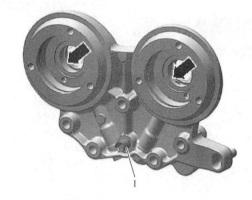

图1-36 润滑轴承桥开孔

25）套上轴承桥并用手拧紧螺栓。

26）拆除插入定位工具T40267。

27）拧紧用于轴承桥的螺栓。

28）安装控制阀。

29）将发动机沿发动机转动方向旋转两次。根据传动比，彩色链节在发动机转动之后不再相一致。其他安装以相反顺序进行

30）取下将旋转工具并安装正时链的下部盖板。

在安装减振器后才用继续旋转固定角度拧紧螺栓1和4。在安装减振器时，必须再次拧出螺栓，如图1-37所示。

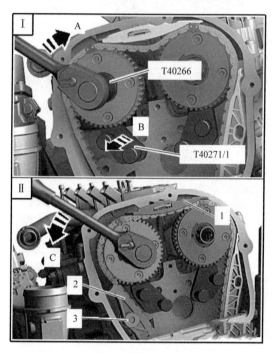

图1-35 固定排气凸轮轴

18）安装链条张紧器1并拧紧螺栓，见图1-19。

19）用装配工具T40266沿-箭头方向1转动进气凸轮轴，沿图1-16中的箭头方向2从链轮的啮合齿中推出 凸轮轴固定装置T40271/2并松开凸轮轴。参考图1-16。

20）拆卸凸轮轴固定装置T40271/2。

21）检查调整情况，正时链彩色链节必须对准链轮的标记。

22）安装链条张紧器2并拧紧螺栓1。拆下定位销T40011，钢丝夹必须在开口中（箭头指处）紧贴油底壳上部件。参考图1-12。

23）拧入并拧紧螺栓，螺栓位置见图1-13。

24）用机油润滑图1-36箭头所指处的开孔。

提示：不是每个轴承桥上都装有夹紧套1。

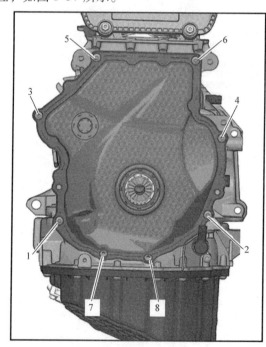

图1-37 下部正时罩盖螺栓拧紧顺序

31）安装减振器。

32）安装正时链的上部盖板。

33）安装多楔带的张紧装置。

34）安装多楔带。

35）操作链条传动后，必须调整链条长度。必须使用车辆诊断测试仪，进入"引导功能，01——链条长度诊断匹配"。

4. 正时链条长度检查方法

1）拆卸前隔音垫。

2）取下图1-38箭头所指处密封塞。

图1-38　密封塞位置

3）沿发动机转动方向转动减振器，直至链条张紧器活塞沿图1-39箭头B方向最大限度伸出。

4）数出可见的活塞齿数。可见齿数是指位于张紧器壳体图1-39中箭头A右侧的所有的齿。

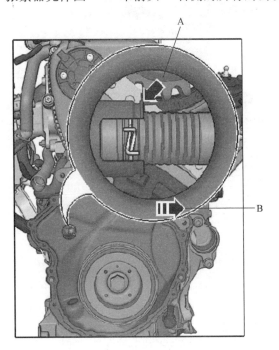

图1-39　张紧器活塞齿数

如可见齿数为6或更少：调整链条长度。必须使用车辆诊断测试仪，进入"引导功能，01——链条长度诊断匹配"，然后删除故障存储记忆。

如可见齿数为7或更多：更换凸轮轴正时链。

提示：如可见齿数为6或低于6则不可更换正时链。

5. 发动机正时检查步骤

1）拆卸正时链上部盖板。

2）拆卸隔音垫。

3）使用套筒扳手的工具头SW 24或固定支架T10355将减振器上的曲轴沿发动机转动方向转动，直至图1-40箭头处标记几乎位于上部。

图1-40　凸轮轴齿轮标记

4）拆卸气缸1的火花塞。

5）将千分表适配接头T10170/A拧入火花塞螺纹内至极限位置。

6）将千分表组件，4部分VAS 6341中的千分表用加长件T10170A/1插入到极限位置，用锁紧图1-41箭头所指处的螺母固定住。

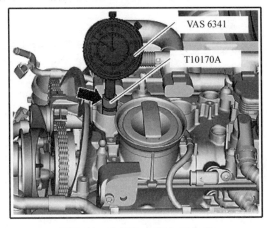

图1-41　在气缸1接入千分表

7）沿发动机转动方向缓慢转动曲轴，直到达到最大指针偏向角。当指针到达最大偏转位置（指针的反转点）时，活塞位于"上止点"。

为转动减振器，使用棘轮和套筒扳手的工具头 SW24 或 固定支架 T10355。

如果曲轴转到"上止点"上方，则将曲轴再次沿发动机转动方向转动 2 圈。请勿逆发动机转动方向转动发动机。

气缸盖上带有标记：减振器缺口必须对准正时链下盖板上的图 1-42 箭头处标记。凸轮轴链轮的标记 1 必须对准气缸盖上的标记 2 和 3。

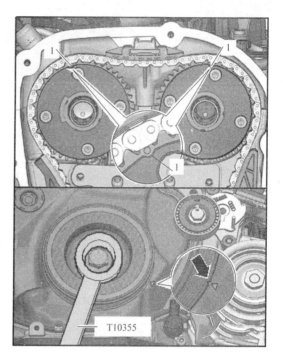

图 1-43 气缸盖上无标记的对位

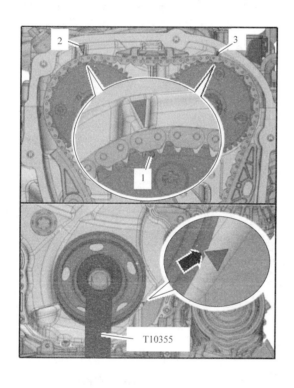

图 1-42 气缸盖有标记的对位

气缸盖上不带标记：减振器上的缺口和正时链下方盖板上的标记必须相互对着（箭头所指处）。凸轮轴链轮的标记 1 必须指向上，见图 1-43。

8）测量从棱边 1 到排气凸轮轴链轮上的标记 2 的距离，见图 1-44。标准值：74 ~ 77mm。

9）如果已达到标准值，则测量排气凸轮轴链轮上的标记 3 和进气凸轮轴链轮上的标记 4 之间的距离，见图 1-45。标准值：124 ~ 127mm。

提示：一个齿的偏差意味着和标准值偏差约 6mm。如果确认有偏差，则重新铺放正时链。

图 1-44 测量距离一

1.1.2 大众 3.0T – CREB 发动机（2016— ）

1. 正时链单元部件分解

发动机正时链部件分布如图 1-46、图 1-47、图 1-48、图 1-50 所示。

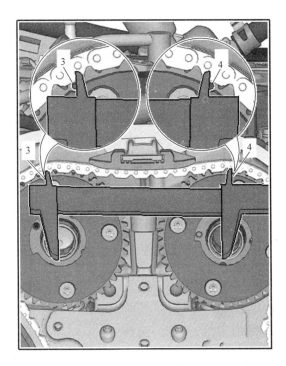

图1-45 测量距离二

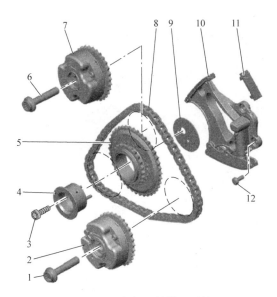

图1-47 右侧凸轮轴正时链

1—螺栓，拆卸后更换，80N·m+90° 2—凸轮轴调节器，用于排气凸轮轴，标记"EX" 3—螺栓 4—轴承螺栓，用于右侧凸轮轴正时链的驱动链轮，结构不对称 5—驱动链轮，用于右侧凸轮轴正时链 6—螺栓，拆卸后更换，80N·m+90° 7—凸轮轴调节器，用于进气凸轮轴，标记"IN" 8—右侧凸轮轴正时链，为了能够重新安装，要用颜色标出转动方向 9—止推垫片，用于右侧凸轮轴正时链的驱动链轮，结构不对称 10—链条张紧器，用于右侧凸轮轴正时链 11—滑块 12—螺栓，9N·m

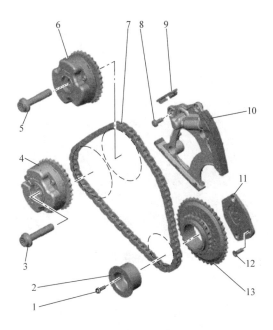

图1-46 左侧凸轮轴正时链

1—螺栓 2—轴承螺栓，用于左侧凸轮轴正时链的驱动链轮 3—螺栓，拆卸后更换，80N·m+90° 4—凸轮轴调节器，用于排气凸轮轴，标记"EX" 5—螺栓，拆卸后更换，80N·m+90° 6—凸轮轴调节器，用于进气凸轮轴，标记"IN" 7—左侧凸轮轴正时链，为了能够重新安装，要用颜色标出转动方向 8—螺栓，9N·m 9—滑块 10—链条张紧器，用于左侧凸轮轴正时链 11—轴承板，用于驱动链轮 12—螺栓 13—驱动链轮，用于左侧凸轮轴正时链

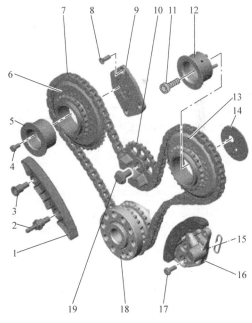

图1-48 正时驱动系统驱动链

1—滑轨 2、3—螺栓，16N·m 4—螺栓，拆卸后更换，5N·m+90° 5—轴承螺栓，用于左侧凸轮轴正时链的驱动链轮 6—驱动链轮，用于左侧凸轮轴正时链，为了能够重新安装，要用颜色标出转动方向 8—螺栓，拆卸后更换，8N·m+45° 9—轴承板，用于左侧凸轮轴正时链的驱动链轮 10—平衡轴的链轮，带变速器侧平衡重 11—螺栓，30N·m+90° 12—轴承螺栓，用于右侧凸轮轴正时链的驱动链轮，结构不对称 安装位置见图1-49 13—驱动链轮，用于右侧凸轮轴正时链，安装位置见图1-49 14—止推垫片，用于右侧凸轮轴正时链的驱动链轮，结构不对称，安装位置见图1-49 15—密封件，拆卸后更换 16—链条张紧器 17—螺栓，9N·m 18—曲轴 19—螺栓

图1-49 右侧凸轮轴正时链驱动链轮轴承螺栓的安装位置

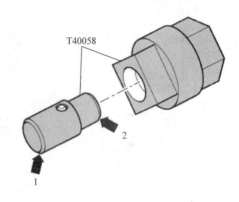

图1-51 连接适配接头

5）用适配接头T40058和弯曲的环形扳手沿发动机转动方向将曲轴转动到"上止点"。

转动发动机，使左侧（沿行驶方向）减振器上的小缺口1与气缸体和梯形架之间的外壳接合线2相对，见图1-52。这样稍后就可以方便地拧入固定螺栓T40069。减振器上的标记仅仅是辅助工具。只有拧入固定螺栓T40069后，才能达到准确的"上止点"位置。

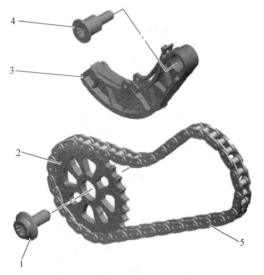

图1-50 机油泵驱动链

1—螺栓，拆卸后更换，30N·m+90° 2—驱动链轮，用于机油泵，安装位置：有字的一侧指向变速器。只能在一个位置上安装 3—链条张紧器，带滑轨 4—螺栓，20N·m 5—驱动链，用于机油泵，为了能够重新安装，要用颜色标出转动方向

安装说明：①右侧凸轮轴正时链驱动链轮轴承销3内的固定销，必须卡入止推垫片1的孔内和气缸体的孔内。②右侧凸轮轴正时链的驱动链轮4的螺栓。见图1-49。

2. 正时链单元拆卸步骤

说明：在下面的描述中，凸轮轴正时链保留在发动机上。即使只在一个气缸盖上实施工作，但是均必须在两个气缸列上进行该工作步骤。

1）拆卸正时链左侧和右侧盖板。
2）拆卸左右侧气缸盖罩。
3）拆卸隔音垫。
4）按下面方式插入适配接头T40058的导向销：大直径一端如图1-51中箭头1，指向发动机。小直径一端如图1-51中箭头2，指向适配接头。

图1-52 减振器对齐线

所有凸轮轴上的螺纹孔图1-53箭头所指处都必须朝上。当凸轮轴不在所述的位置时，将曲轴继续旋转一圈，然后再次转到"上止点"。

气缸列1（右）：

6）将凸轮轴固定装置T40133/1安装到气缸盖上，图1-54箭头所示处为固定螺栓，然后用25N·m拧紧。

气缸列2（左）：

7）将凸轮轴固定装置T40133/2安装到气缸盖上，图1-55箭头所示处为固定螺栓，然后用25N·m拧紧。

第1章 上汽大众

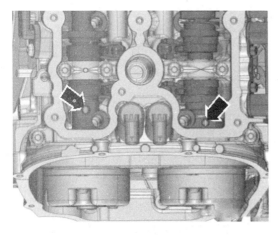

图1-53 凸轮轴螺纹孔朝上

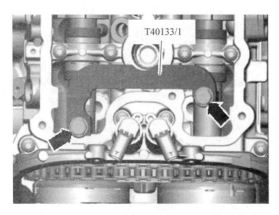

图1-54 安装凸轮轴固定工具 T40133/1

图1-55 安装凸轮轴固定工具 T40133/2

两个气缸列的后续操作：

8）将用于曲轴"上止点"标记的，图1-56箭头所示处的螺旋塞从气缸体中拧出。

9）如图1-57所示，将固定螺栓T40069用20N·m的力矩拧入孔中；必要时稍微来回转动曲轴1，以便完全对准螺栓。

气缸列1（右）：

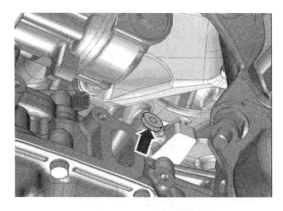

图1-56 拧出螺旋塞

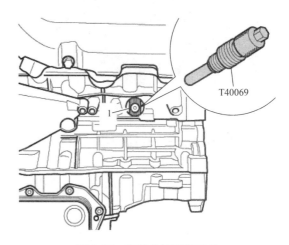

图1-57 安装曲轴固定工具

10）用旋具1向内按压右侧凸轮轴正时链链条张紧器的滑轨到极限位置，用定位销T40071卡住链条张紧器，见图1-58。链条张紧器以油减振，因此必须缓慢地均匀用力压紧。

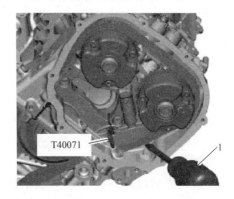

图1-58 固定张紧器

注意：松开凸轮轴调节器或凸轮轴链轮螺栓时，绝不允许将凸轮轴固定装置T40133用作固定支架。

11）为卡住相关的凸轮轴调节器，安装扳手

T40297与环形扳手2。

12）松开进气侧凸轮轴调节器的螺栓1。

13）松开排气侧凸轮轴调节器螺栓3，为此同样要用扳手T40297顶住。以上操作部件见图1-59。为了避免小零件通过正时链箱开口意外落入发动机内，请用干净的抹布遮住开口。

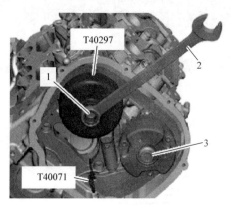

图1-59 松开凸轮轴调节器螺栓

14）用颜色标记凸轮轴调节器的安装位置，以便重新安装。

15）拧出螺栓，取下两个凸轮轴调节器。

气缸列2（左）：

16）用一把旋具向内按压左侧凸轮轴正时链链条张紧器的滑轨到极限位置，用定位销T40071卡住链条张紧器。链条张紧器以油减振，因此必须缓慢地均匀用力压紧。

17）为卡住相关的凸轮轴调节器，安装扳手T40297与环形扳手。

18）松开排气侧凸轮轴调节器的螺栓。

19）松开进气侧凸轮轴调节器螺栓，为此同样要用扳手T40297顶住。为了避免小零件通过正时链箱开口意外落入发动机内，请用干净的抹布遮住开口。

20）用颜色标记凸轮轴调节器的安装位置，以便重新安装。

21）拧出螺栓，取下两个凸轮轴调节器。

3. 正时链单元安装步骤

更新拧紧时需要继续旋转一个角度的螺栓。在旋转凸轮轴时，活塞不允许停在"上止点"。气门和活塞头有损坏的危险。

准备工作：

① 控制机构驱动链已安装。

② 将曲轴用固定螺栓T40069固定在"上止点"位置。

③ 将凸轮轴固定装置T40133/1在气缸列1（右侧）上用25N·m拧紧。

④ 将凸轮轴固定装置T40133/2在气缸列2（左侧）上用25N·m拧紧。

气缸列1（右）：

在执行以下工作步骤时，才允许如下所述安装凸轮轴调节器。

按照拆卸时所做标记重新安装凸轮轴调节器。凸轮轴调节器内的凹槽1或4必须正对着所涉及的调节窗口2或3，如图1-60所示。

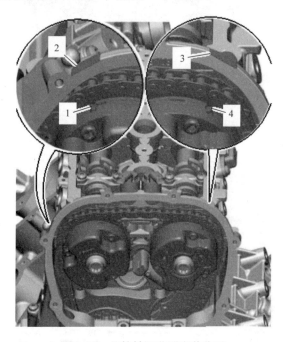

图1-60 凸轮轴调节器安装位置

1）按照拆卸时所做标记重新安装凸轮轴调节器。

2）将凸轮轴正时链放到驱动链轮和凸轮轴调节器上，并松松地拧入调节器固定螺栓。两个凸轮轴调节器必须在凸轮轴上还能旋转并且不得翻转。

3）拆除定位销T40071。

气缸列2（左）：

在执行以下工作步骤时，才允许按如下所述安装凸轮轴调节器。

按照拆卸时所做标记重新安装凸轮轴调节器。凸轮轴调节器内的凹槽1或4必须正对着所涉及的调节窗口2或3，如图1-61所示。

4）按照拆卸时所做标记重新安装凸轮轴调节器。

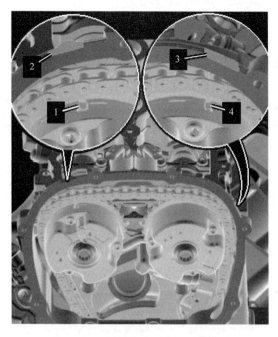

图 1-61　凸轮轴调节器安装位置

5）将凸轮轴正时链放到驱动链轮和凸轮轴调节器上，并松松地拧入螺栓。两个凸轮轴调节器必须在凸轮轴上还能旋转并且不得翻转。

6）拆除定位销 T40071。

以下操作参见图 1-62。

气缸列 1（右）：

7）将扳手 T40297 装到排气凸轮轴调节器上。

8）将扭力扳手 V.A.G 1332 用插入工具 V.A.G 1332/9 安装到扳手 T40297 上。

9）让另一位机械师用 40N·m 的力矩沿图 1-62 中箭头方向预紧凸轮轴调节器。

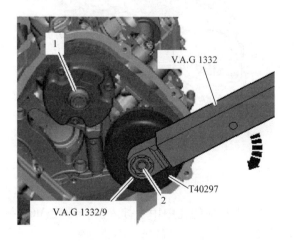

图 1-62　固定调节器螺栓

10）在凸轮轴调节器仍旧保持预紧期间，按如下方式拧紧螺栓：螺栓 1、2 在凸轮轴上 60N·m。

11）取下扳手 T40297。

12）拆除凸轮轴固定装置 T40133/1。

气缸列 2（左）：

13）将扳手 T40297 装到进气凸轮轴调节器上。

14）将扭力扳手 V.A.G 1332 用插入工具 V.A.G 1332/9 安装到扳手 T40297 上。

15）让另一位机械师用 40N·m 的力矩预紧凸轮轴调节器。

16）在凸轮轴调节器仍旧保持预紧期间，按如下方式拧紧螺栓：螺栓 1、2 在凸轮轴上 60N·m。

17）取下扳手 T40297。

18）拆除凸轮轴固定装置 T40133/2。

气缸列 1（右）：

19）按如下方式拧紧右侧气缸盖上的凸轮轴调节器螺栓：凸轮轴上的拧紧力矩 80N·m+90°。

气缸列 2（左）：

20）按如下方式拧紧左侧气缸盖上的凸轮轴调节器螺栓：凸轮轴上的拧紧力矩 80N·m+90°。

21）取下固定螺栓 T40069。

22）将曲轴用适配接头 T40058 和弯曲的环形扳手沿发动机转动方向转动 2 圈，直至曲轴重新到达"上止点"。

如果意外转过了"上止点"，则必须将曲轴再次转回约 30°，重新转到"上止点"。

气缸列 1（右）：

23）将凸轮轴固定装置 T40133/1 安装在气缸盖上并拧紧。拧紧力矩 25N·m。

气缸列 2（左）：

24）将凸轮轴固定装置 T40133/2 安装在气缸盖上并拧紧。拧紧力矩 25N·m。

两个气缸列的后续操作：

25）将固定螺栓 T40069 直接拧入孔内。固定螺栓 T40069 必须卡入曲轴的固定孔里，否则再次调整。

26）拆除两个气缸盖上的凸轮轴固定装置。

27）取下固定螺栓。

28）装气缸盖罩。

29）安装正时链左侧和右侧盖板。

1.2 帕萨特（2005—2017年款）

1.2.1 大众1.4T-CFBA发动机（2011—2015）

1. 正时链单元部件分解

发动机正时链单元部件如图1-63所示。

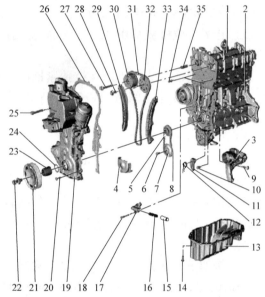

图1-63 大众CFBA发动机正时链单元

1—带有凸轮轴壳体的气缸盖，密封表面不得再次加工，集成了凸轮轴轴承，拆卸密封剂残余物，在安装前涂一层DCN154103Z1。安装时，从上部垂直安装，使得定位销进入气缸盖上的孔中　2—气缸体　3—辅助支架，用于张紧器和空调压缩机　4—罩盖　5—曲轴链轮，用于驱动机油泵和正时链条，接触表面必须无油脂和机油　6—螺栓，拧紧力矩：20N·m+继续旋转90°（1/4圈），更换　7—链轮，使用定位扳手T10172锁定链轮　8—正时链条，在拆卸之前，标出旋转方向（用于安装位置）　9—螺栓，拧紧力矩：23N·m　10—螺栓，拧紧力矩：15N·m　11—带有张紧板的链轮张紧器，用于驱动机油泵　12—张紧弹簧　13—油底壳，在安装之前清洁密封表面，用硅铜密封剂DCN176600Z1安装　14、18—螺栓，拧紧力矩：9N·m　15—活塞，用于驱动链轮张紧器　16—弹簧　17—链条张紧器　19—气门正时壳体，使用密封剂DCN176501Z1进行安装。安装时，在凸轮轴壳体和气缸体上安装两个M6×80无头螺栓作为导向，要导向气门正时壳体，用两个螺栓固定油底壳到位　20—螺栓，拧紧力矩：10N·m　21—曲轴带轮，接触表面必须无油脂和机油，用扳手3415固定曲轴带轮　22—螺栓，拧紧力矩：150N·m+继续旋转180°（1/2圈），更换。固定螺栓的接触表面必须无油脂，在安装之前对螺纹进行润滑，用扳手3415固定曲轴带轮，可以使用角度盘-Hazet 6690-测量角度　23—轴承套，接触表面必须无油脂　24—O形圈，更换　25—螺栓，拧紧力矩：50N·m　26—密封件　27—螺栓，拧紧力矩：40N·m+继续旋转90°（1/4圈），使用定位扳手-T10172-固定住排气凸轮轴链轮，螺栓是左螺纹，更换　28—螺栓，拧紧力矩：50N·m+继续旋转90°（1/4圈），更换　29—张紧导轨，用于正时链条　30—凸轮轴调节器，不得分解　31—正时链条，拆卸前标出旋转方向　32—链轮，用于排气凸轮轴，使用定位扳手T10172固定住链轮　33—导轨，用于正时链条　34—导向销，拧紧力矩：20N·m　35—导向套

2. 正时链单元拆卸步骤

1）拆下气缸1的火花塞。

2）将千分表适配接头T10170拧入火花塞螺纹孔至极限位置。

3）将带加长件T10170/1的千分表VAS 6079安装到千分表适配接头中至极限位置并拧紧夹紧螺母。

4）将曲轴朝发动机运转方向转到气缸1的上止点。记下千分表指针的位置。

5）凸轮轴上的孔必须处于图1-64所示的位置。必要时，将曲轴再旋转一圈（360°）。

提示：如果曲轴转动超过上止点0.01mm，则将曲轴逆着发动机运转方向再转约45°。接着将曲轴朝发动机运转方向转动到气缸1上止点位置。气缸1上止点允许的偏差：0.01mm。

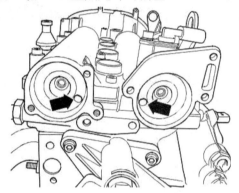

图1-64 凸轮轴孔位

6）如图1-65所示，将凸轮轴固定件T10171A插入到凸轮轴开口中，直到极限位置。定位销（箭头1）必须嵌入孔（箭头2）中。必须可以从上方看到标记"TOP"（箭头3）。

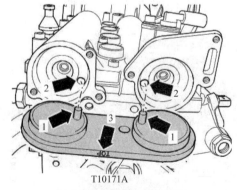

图1-65 专用工具的使用

7）在相应的孔中用手拧入一个螺栓M6，固定凸轮轴固定件T10171A，不要拧紧。

8）拆卸正时齿轮箱罩。

9）从机油泵上拔出盖板。

10）用记号笔标记正时链 3 的运转方向，如图 1-66 所示。

注意：凸轮轴调节器 1 的紧固螺栓 2 为左旋螺纹。

11）用固定支架 T10172 固定凸轮轴正时齿轮 5，松开螺栓 2 和 4，如图 1-66 所示。

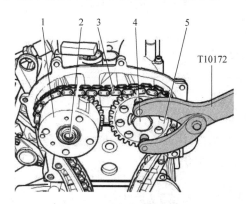

图 1-66　凸轮轴拆卸

12）如图 1-67 所示，沿箭头方向压张紧轨，并用定位销 T40011 固定链条张紧器的活塞。

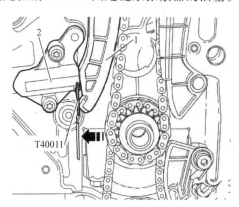

图 1-67　拆卸张紧器图

13）将凸轮轴调节器和正时链一起取下。

14）用固定支架 T10172 固定机油泵的链轮，并松开紧固螺栓。

15）将固定销上的张紧弹簧用旋具撬出并取出张紧弹簧。

16）旋出紧固螺栓并取下链条张紧器。

17）用记号笔标记机油泵驱动链的运转方向。

18）拧下链轮的紧固螺栓，并将链轮连同机油泵驱动链一起取下。

3. 正时链单元安装步骤

说明：曲轴必须位于气缸 1 的上止点位置。

1）如图 1-68 所示，沿箭头方向推链轮直到曲轴轴颈的极限位置。

注意：与链轮铸在一起的凸缘必须插入曲轴轴颈的凹槽中。

2）用记号笔标记链轮和气缸体、曲轴的位置。

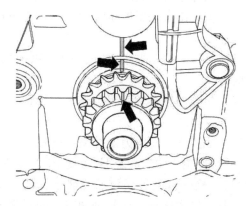

图 1-68　对正曲轴正时标记

3）将机油泵驱动链放到链轮上并同时将链轮放到机油泵的驱动轴上。

提示：注意机油泵驱动链上的运转方向标记。机油泵驱动轮只在一个位置与机油泵驱动轴（图 1-69 中箭头）匹配。

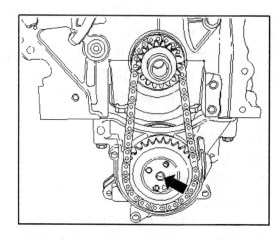

图 1-69　安装机油泵驱动链

4）将机油泵驱动轴用固定支架 T10172 固定。

5）将新的固定螺栓用 20N·m 的力矩拧紧，并继续转动圈（90°）。

6）将链条张紧器安装到机油泵驱动链上，并用 15N·m 的力矩拧紧紧固螺栓。

7）将张紧弹簧用旋具安装到固定销上。

8）用手给链轮拧上一个新的紧固螺栓。

9）将正时链装到曲轴链轮、排气凸轮轴链轮和凸轮轴调节器上，并用手给凸轮轴调节器拧上一个新的紧固螺栓。

注意：正时链上的运转方向标记。导向套安装在进气凸轮轴和凸轮轴调节器之间。凸轮轴调节器的紧固螺栓为左旋螺纹。

10）安装链条张紧器并用9N·m的力矩拧紧紧固螺栓。

11）从链条张紧器中拔出定位销T40011，张紧正时链。

12）检查曲轴链轮和气缸体上的标记，它们必须相互重叠。

13）用40N·m的力矩拧紧紧固螺栓，并用50N·m的力矩拧紧螺栓（使用固定支架T10172）。检查过配气相位后，继续转动1/4圈（90°）拧紧紧固螺栓。凸轮轴调节器的紧固螺栓为左旋螺纹。

14）拧下螺栓并将凸轮轴固定件T10171 A从凸轮轴箱上取下。

15）检查配气相位（方法如同拆卸步骤1）~6））。

16）将凸轮轴正时齿轮用固定支架T10172固定，并用呆扳手将紧固螺栓（左旋螺纹）继续转四分之一圈（90°）。

提示：凸轮轴调节器的紧固螺栓为左旋螺纹。在拧紧螺栓时，凸轮轴正时齿轮不允许转动。

17）安装机油泵齿轮盖板。

18）安装正时齿轮箱罩。

19）安装油底壳。

20）安装曲轴带轮。

21）安装多楔带。

4. 发动机正时调整方法

1）拆卸第1缸带功率输出级的点火线圈。

2）用火花塞扳手Hazet 4766-1拆下第1缸火花塞。

3）将测量表适配器T10170旋入到火花塞孔直到止位。

4）将百分表V/35.1和延长件T10170/1旋入到止位，并使用图1-70箭头所指处的锁止螺母锁定。

5）按照发动机运转方向转动曲轴直到第1缸的上止点。注意百分表上小针的位置。

6）然后将曲轴按照发动机旋转的相反方向

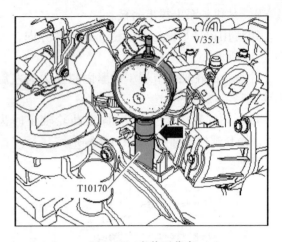

图1-70 安装百分表

转动45°。

7）沿图1-71的箭头方向压下张紧装置1，并用销子T40011锁止。

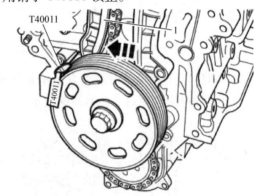

图1-71 固定张紧轨

步骤8）至11）的图示见图1-66。

8）使用彩色记号笔标记出正时链条3的旋转方向。凸轮轴调节器固定螺栓2是左旋螺纹。

9）使用定位扳手固定住排气凸轮轴正时齿轮5，旋出螺栓2和4并取下凸轮轴调节器1和正时链条3。

10）再次安装凸轮轴调节器1。

11）旋入螺栓2和4。使用定位扳手T10172固定螺栓2的拧紧力矩为：40N·m + 继续旋转90°（1/4圈），固定螺栓4的拧紧力矩为：50N·m + 继续旋转90°（1/4圈）。

步骤12）至13）的图示见图1-65。

12）转动进气和排气凸轮轴直到凸轮轴锁止器T10171 A可以插入到凸轮轴孔中直到止位。

13）箭头1处的锁止销必须卡入箭头2处的孔中。必须可以从上面看到"TOP"（箭头3）。凸轮轴在转动时不能轴向推动。

14）将一个 M6 螺栓用手拧紧到凸轮轴锁止器上的孔中（但是不要拧紧），以固定凸轮轴锁止器 T10171 A。

注意：凸轮轴锁止器 T10171 A 上有两个孔，适用于多种车型。

15）拆卸凸轮轴链轮螺栓。必须使用定位扳手 T10172。凸轮轴锁止器 T10171 A 不能被用作反向固定工具。

16）拆下一个凸轮轴链轮。

17）把正时链条放在凸轮轴链轮上，注意链条的转动方向，并重新安装凸轮轴链轮。

18）旋入新的凸轮轴螺栓，保证凸轮轴链轮仍然可以相对于凸轮轴转动。

19）通过拆下销子 T40011 张紧正时链条。

20）沿发动机转动方向将曲轴转动到 1 缸的上止点。与气缸 1 上止点的允许偏差：±0.01mm。

如果曲轴转动超过上止点 0.01mm，则将曲轴按发动机转动的相反方向转动 45°。按照发动机运转方向转动曲轴直到第 1 缸的上止点。

21）从曲轴箱上旋开塞子。

22）将定位销 T10340 旋入曲轴箱到止位。

23）拧紧定位销 T10340。拧紧力矩：30N·m。定位销 T10340 能够锁止曲轴，不让它按照发动机运转的方向转动。

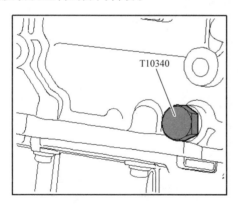

图 1-72　安装曲轴定位销

24）用定位扳手 T10172 固定住排气凸轮轴 5，拧紧螺栓 2（左旋螺纹）到 40N·m，把螺栓 4 拧紧到 50N·m。在拧紧凸轮轴螺栓时，不得转动曲轴，正时链条 3 必须保持两侧张紧。部件图示见图 1-66。

25）拆卸凸轮轴锁止器 T10171 A。

26）从曲轴箱上旋出定位销 T10340。

27）按照发动机运转方向转动曲轴直到第 1 缸的上止点。与第 1 缸上止点的允许偏差：±0.01mm。

28）将凸轮轴锁止器 T10171 A 插入到凸轮轴孔中直到止位。

29）如果不能安装凸轮轴锁止器 T10171 A。重复进行调整。

30）如果能安装凸轮轴锁止器 T10171 A。将定位销 T10340 旋入曲轴箱到止位。拧紧定位销 T10340，拧紧力矩：30N·m。拆卸凸轮轴锁止器 T10171 A，用定位扳手 T10172 把持住排气凸轮轴链轮并用扳手将螺栓 2（左旋螺纹）和螺栓 4 继续旋转 90°（1/4 圈）。部件图示见图 1-66。

提示：在拧紧时凸轮轴链轮不能在凸轮轴上转动。其余的安装以拆卸的相反顺序进行，安装过程中要注意下列事项：定位销 T10340 保持在曲轴箱内直到安装好曲轴带轮。

1.2.2　大众 1.4T–CSSA 发动机（2016—　）

1. 正时带单元部件分解

发动机正时带单元部件如图 1-73、图 1-74 所示。

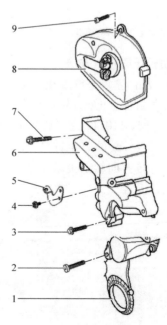

图 1-73　正时带罩盖

1—正时带下部盖罩　2—螺栓，拧紧力矩：8N·m　3—螺栓，拧紧力矩：40N·m + 继续旋转 90°　4—螺栓　5—支架，仅适用于新朗逸、朗行、朗境、全新桑塔纳、波罗 GTI、全新朗逸、浩纳　6—发动机支撑件　7—螺栓　8—正时带上部盖罩　9—螺栓，拧紧力矩：8N·m

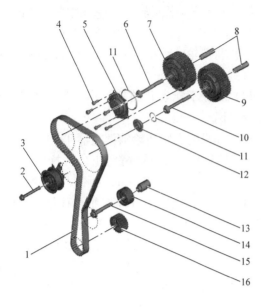

图1-74 正时带单元

1—正时带,拆卸正时带时,用粉笔或记号笔标出其运行方向,检查是否磨损 2—螺栓,拧紧力矩:25N·m 3—张紧轮 4—螺栓,更换,拧紧力矩:7N·m 5—密封盖 6—螺栓,更换,拧紧力矩:50N·m + 继续旋转135° 7—排气凸轮轴带轮,带凸轮轴调节装置 8—导向套 9—进气凸轮轴带轮,带凸轮轴调节装置 10—螺栓,更换,拧紧力矩:50N·m + 继续旋转135° 11—O形圈,更换 12—密封螺栓,拧紧力矩:20N·m 13—间距套 14—导向轮 15—螺栓,拧紧力矩:40N·m 16—正时带轮,正时带轮和曲轴带轮之间表面上不允许有油脂,只有一个安装位置

2. 发动机正时检查方法

1)将1缸活塞调整至上止点位置:

① 旋出气缸体上止点孔锁定螺栓,见图1-75。

② 将定位销T10340或CT10340旋入至极限位置,并以30N·m的力矩拧紧,将曲轴沿发动机工作时的运转方向转至极限位置,此时定位销与曲轴臂充分接触。

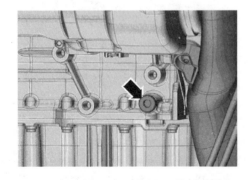

图1-75 气缸体"上止点"锁定螺栓安装位置

注意:定位销T10340或CT10340无法旋至极限位置时,说明1缸活塞必定不在上止点位置,可以通过允许旋入定位销的程度去判断1缸活塞所处的位置:

当允许旋入定位销长度较短时,1缸活塞处于上止点附近(已过上止点),此时应旋出定位销,将曲轴沿发动机工作时的运行方向旋转约270°。然后将定位销拧至极限位置,并以30N·m的力矩拧紧,继续将曲轴沿发动机工作时的运转方向旋转至止动位置。

当允许旋入定位销长度较长时,1缸活塞处于下止点附近(已过下止点),此时应旋出定位销,将曲轴沿发动机工作时的运行方向旋转约90°。然后将定位销拧至极限位置,并以30N·m的力矩拧紧,继续将曲轴沿发动机工作时的运转方向旋转至止动位置。

使用扳手3415或S 3415和固定工具CT80009转动曲轴,见图1-76(状态1)。

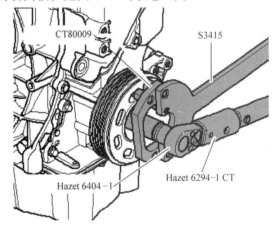

图1-76 曲轴转动专用扳手(状态1)

使用扳手3415或S 3415和固定工具CT80012转动曲轴,见图1-77(状态2)。

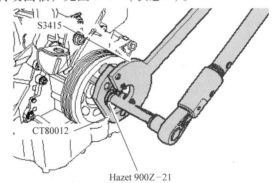

图1-77 曲轴转动专用扳手(状态2)

调整1缸活塞上止点时,可结合飞轮侧凸轮

轴的状态进行进一步判断。如图1-78所示，变速器侧的两个凸轮轴上，每个凸轮轴上各有两个不对称的槽（见箭头）。在排气凸轮轴上，可以通过冷却液泵带轮上的孔，看到凸轮轴上两个不对称的槽（见箭头）。在进气凸轮轴上，凹槽（见箭头）位于凸轮轴中部上方。

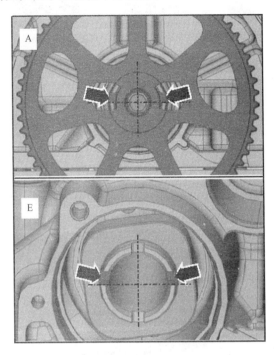

图1-78 凸轮轴位置状态

注：A—排气侧 E—进气侧

2）凸轮轴位置不在描述位置时，旋松定位销T10340或CT10340，并再转动曲轴，直至到达"上止点"位置。

如图1-79所示，凸轮轴固定工具T10494必须能很容易放入安装位置。不能使用其他工具敲击凸轮轴固定工具，以使其能安装到位。

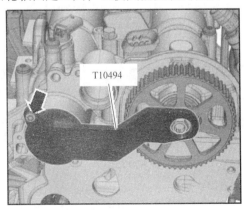

图1-79 安装凸轮轴固定工具

如果凸轮轴固定工具T10494不能很容易地放入安装位置，进行下述操作。

① 用手从上方向下按压正时带。

② 同时将凸轮轴固定工具T10494插入凸轮轴内，直至止动位置。

③ 用手拧紧固定工具上螺栓，图1-79箭头所指。

如果无法插入凸轮轴固定工具T10494，则调整正时，取下凸轮轴上的正时带。

如果可以插入凸轮轴固定工具T10494，则正时正常。

结束工作之前检查是否已经取下定位销T10340或CT10340和凸轮轴固定工具T10494。

3）其余的安装以拆卸的相反顺序进行。

更换采用角度控制方式拧紧的螺栓（如拧紧要求为30N·m+继续旋转90°）。

锁定螺栓O形圈损坏时必须及时更换。

3. 正时带单元拆卸步骤

1）设置气缸1位于上止点位置。

2）拆卸曲轴带轮。

3）旋出螺栓，取下正时带下部盖罩。

4）松开固定卡子，脱开燃油供油管和活性炭罐电磁阀连接管。

5）旋出上部盖罩固定螺栓。

6）松开固定卡子，取下正时带上部盖板。

7）旋出螺栓，取下排气凸轮轴密封盖。为了保护正时带，在排气凸轮轴密封盖下方放置一块抹布，用于收集溢出的发动机机油。

8）使用定位扳手T10172或CT10172、适配器T10172/2或CT10172/2和扭力扳手Hazet 6290-1 CT或V.A.G 1331旋出进气侧凸轮轴正时带轮的密封螺栓。

9）使用定位扳手T10172或CT10172、适配器T10172/2或CT10172/2和扭力扳手Hazet 6292-1 CT或V.A.G 1332旋松螺栓1一圈。

10）使用定位扳手T10172或CT10172、适配器T10172/1或CT10172/1和扭力扳手Hazet 6292-1 CT或V.A.G 1332旋松螺栓2一圈。螺栓位置见图1-80。

11）使用30mm特殊扳手T10499或CT10499固定偏心轮上的张紧轮，松开螺栓。

12）将正时带从凸轮轴上脱开。

正时带安装方向应与其原有运转方向保持一

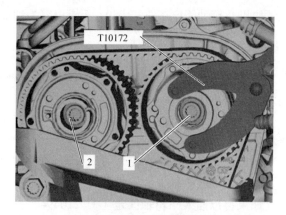

图 1-80　旋松凸轮轴齿轮螺栓

致,否则有损坏的危险。因此,拆卸正时带时,用粉笔或记号笔标出其运转方向,用于重新安装。

13) 取下正时带。

14) 取下正时带轮。

4. 正时带单元安装步骤(调整正时)

1) 调整 1 缸活塞至上止点位置。

2) 更换两个凸轮轴正时带轮螺栓,并将其拧入,但不要拧得很紧。只要凸轮轴正时带轮能够绕螺栓自由旋转,且转动过程中不会在螺栓轴向方向来回移动即可。

3) 检查张紧轮的凸耳是否啮合在气缸盖的铸造孔上。

4) 将正时带轮装到曲轴上。必须保证曲轴带轮和正时带轮的接触面无油脂。正时带轮铣切面的图 1-81 箭头指处,必须放在曲轴销铣切面上。

图 1-81　曲轴带轮安装

5) 首先将正时带套在正时带轮的下部。

6) 安装正时带下部盖罩。

7) 安装曲轴带轮。

8) 安装正时带时注意安装顺序(如图 1-82 所示):向上拉正时带,并置于导向轮 1、张紧轮 2、排气凸轮轴正时带轮 3 和进气凸轮轴正时带轮 4 上。

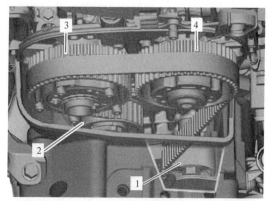

图 1-82　安装正时带

9) 沿图 1-83 箭头方向转动 30mm 特殊扳手 T10499 或 CT10499(即转动张紧轮偏心轮 2),直到设置指示针 3 位于设置窗右侧 10mm 处。

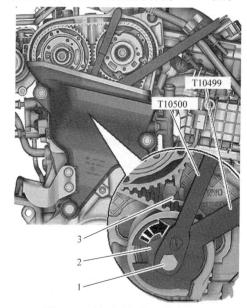

图 1-83　转动张紧轮到既定位置

10) 回转偏心轮,直到指示针正好位于设置窗口内。

11) 使用 13mm 特殊环形扳手 T10500 或 CT10500 将偏心轮保持在该位置,拧紧螺栓 1 至额定要求。发动机转动或运行后,指示针 3 位置和设置窗口之间的距离可能会出现细小差异,这对正时带张紧并没有影响。如图 1-83 所示。

12) 使用带适配器 T10172/1 或 CT10172/1 的定位扳手 T10172 或 CT10172 和扭力扳手 Hazet 6292-1 CT 或 V.A.G 1332 以 50N·m 的力矩拧紧两个凸轮轴带轮螺栓。

13）旋出定位销 T10340 或 CT10340。

14）旋出螺栓，取出凸轮轴固定工具 T10494。

15）检查正时。

16）使用带适配器 T10172/1 或 CT10172/1 的定位扳手 T10172 或 CT10172、扭力扳手 Hazet 6292-1 CT 或 V.A.G 1332 和角度盘 Hazet 6690 将凸轮轴正时带轮螺栓拧紧至额定要求。

17）使用带适配器 T10172/2 或 CT10172/2 -的定位扳手 T10172 或 CT10172 和扭力扳手 Hazet 6290-1 CT 或 V.A.G 1331 拧紧密封螺栓。

18）维修工作结束后，需检查是否已经取下定位销 T10340 或 CT10340，以及凸轮轴固定工具 T10494。

进一步的安装以拆卸的相反顺序进行。

1.2.3 大众 1.8T-CEAA 发动机（2011—2016）

1. 正时链单元部件分解

发动机正时链单元部件如图 1-84、图 1-87、图 1-89、图 1-90 所示。

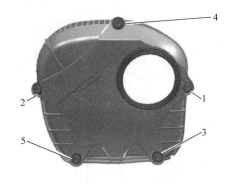

图 1-85 正时链上部盖板拧紧顺序

将螺栓 1~5 按图 1-85 所示的顺序拧紧。拧紧力矩：9N·m。

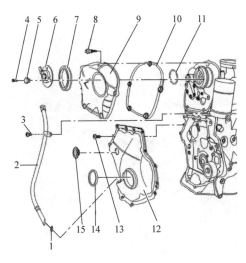

图 1-84 大众 CEAA/CGMA 发动机正时链罩盖
1—O 形圈，更换，安装前用机油浸润 2—机油尺导管 3—螺栓，拧紧力矩：9N·m 4—螺栓，拧紧力矩：9N·m 5—支架 6—凸轮轴调节阀 N205 7—密封圈，安装前用机油浸润，损坏时更换 8—螺栓，拧紧顺序见图 1-85。9—正时链上部盖板 10—密封件，损坏时更换 11—O 形圈，更换，安装前用机油浸润 12—正时链下部盖板 13—螺栓，更换，拧紧顺序见图 1-86。14—密封圈，用于带轮，更换 15—密封塞，更换

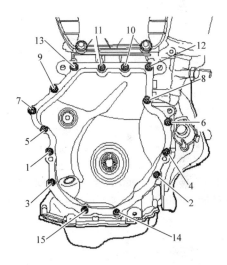

图 1-86 正时链下部盖板拧紧顺序

将螺栓 1~15 以图 1-86 所示顺序分两个步骤拧紧：步骤 1：将螺栓以 8N·m 的力矩拧紧。步骤 2：将螺栓继续旋转 90°。

两个表面上的标记（见图 1-88 中箭头所指）必须对准。

平衡轴管头部的凸起必须装入凹槽（见图 1-91 中箭头）。

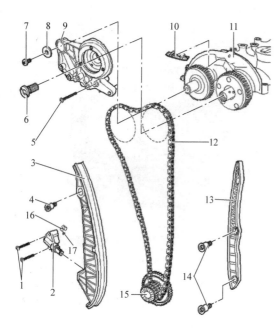

图1-87 凸轮轴正时链（投产于2012年8月之前的CEAA、CGMA发动机）

1—螺栓，拧紧力矩：9N·m 2—链条张紧器，处于弹簧压力下，在拆卸之前用定位销T40011或CT40011定位 3—凸轮轴正时链导轨 4—导向螺栓，拧紧力矩：20N·m 5—螺栓，拧紧力矩：9N·m 6—控制阀，左旋螺纹，拧紧力矩：35N·m，用拆卸工具CT 10352/1进行拆卸 7—螺栓，更换，M6螺栓：8N·m+继续旋转90°，M8螺栓：20N·m+继续旋转90° 8—垫圈 9—轴承座 10—凸轮轴正时链上部导轨 11—气缸盖罩 12—凸轮轴正时链，拆卸前用彩色笔标记转动方向 13—凸轮轴正时链导轨 14—导向螺栓，拧紧力矩：20N·m 15—曲轴链轮，安装位置见图1-88 16—锁定片 17—锁块

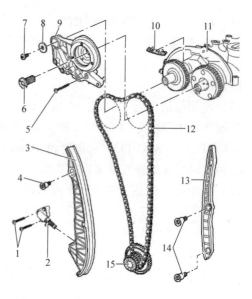

图1-89 凸轮轴正时链（投产于2012年8月之后的CEAA、CGMA发动机）

1—螺栓，拧紧力矩：9N·m 2—链条张紧器，处于弹簧压力下，在拆卸之前用定位销T40011或CT40011定位，活动杆上套有弹簧 3—凸轮轴正时链导轨 4—导向螺栓，拧紧力矩：20N·m 5—螺栓，拧紧力矩：9N·m 6—控制阀，左旋螺纹，拧紧力矩：35N·m，用拆卸工具CT 10352/1进行拆卸 7—螺栓，更换，M6螺栓：8N·m+继续旋转90°，M8螺栓：20N·m+继续旋转90° 8—垫圈 9—轴承座 10—凸轮轴正时链上部导轨 11—气缸盖罩 12—凸轮轴正时链，拆卸前用彩色笔标记转动方向 13—凸轮轴正时链导轨 14—导向螺栓，拧紧力矩：20N·m 15—曲轴链轮

图1-88 曲轴链轮安装位置

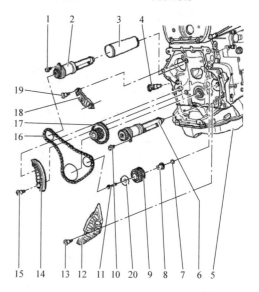

图1-90 大众CEA/CGM发动机平衡轴单元

1—螺栓，拧紧力矩：9N·m 2—排气凸轮轴侧的平衡轴，用机油润滑轴承，一旦拆卸须更换 3—平衡轴管，安装位置见图1-91 4—链条张紧器，拧紧力矩：65N·m 5—气缸总成 6—进气凸轮轴侧的平衡轴，用机油润滑轴承，一旦拆卸须更换 7—O形圈，用发动机油浸润 8—轴承销，用发动机油浸润，安装位置见图1-92 9—中间轴齿轮，如果螺栓被拧松，中间轴齿轮须更换 10—螺栓，拧紧力矩：9N·m 11—螺栓，带垫片，一旦螺栓被拧松，中间轴齿轮须更换，见图1-93 12—导轨，用于平衡轴正时链 13—导轨 14—导轨 15—导向螺栓，拧紧力矩：20N·m 16—平衡轴正时链 17—曲轴链轮 18—导轨，用于平衡轴正时链 19—导向螺栓，拧紧力矩：20N·m 20—垫片

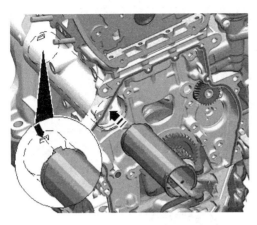

图1-91 平衡轴管安装位置

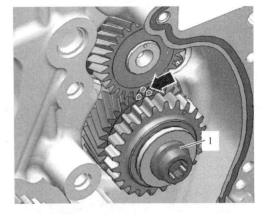

图1-93 中间轴齿轮安装位置和拧紧顺序

更换O形圈1并用机油浸润。轴承销的定位销（见图1-92中箭头）必须插入气缸体的孔中。安装前轴承销要用机油浸润。

图1-92 轴承销安装位置

中间轴齿轮必须更换，否则啮合齿间的间隙将无法达到要求，而有损坏发动机的危险。新的中间轴齿轮外部有涂层，当工作一段时间之后涂层将会磨损，啮合齿侧的间隙将会自动达到要求。

进气凸轮轴侧的平衡轴上的标记必须位于新中间轴齿轮上的标记（见图1-93中箭头）之间。

按照下列步骤拧紧新的固定螺栓：

1）用扭力扳手预紧螺栓（图1-93中1）至10N·m。

2）旋转中间轴齿轮。中间轴齿轮不允许有间隙，否则必须再次松开并重新拧紧。

3）用扭力扳手拧紧至30N·m。

4）继续将螺栓旋转90°。

2. 发动机正时检查

1）拆卸正时链上部盖板。

2）用止动工具T10355或CT10355缓慢转动带轮直至凸轮轴链轮上的标记（见箭头）指向的上方，见图1-94。

图1-94 使凸轮轴链轮标记向上

3）拆卸第1缸火花塞。

4）尽可能将千分表适配器T10170或T10170A拧入火花塞中。

5）使用延长件T10170/1或T10170A/1尽可能插入千分表V/35.1，并使用自锁螺母（见箭头）将其固定到位，见图1-95。

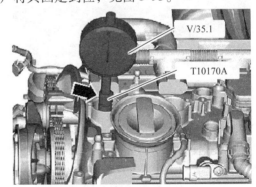

图1-95 安装千分表

6）缓慢地以发动机工作时曲轴运转方向旋转曲轴，直至千分表V/35.1指针达到最大偏转位置。一旦指针达到最大偏转位置（若继续转动曲轴,千分表将以相反的方向回转),活塞则处于"上止点"。

注意:如果曲轴已被旋转至超过"上止点",应以发动机工作时的曲轴运转方向转动曲轴2圈,禁止以其工作运转的相反方向回转曲轴!

7)如图1-96所示,测量气缸盖凸起左侧外缘A与进气凸轮轴链轮上的标记B的距离。额定值:61~64mm。

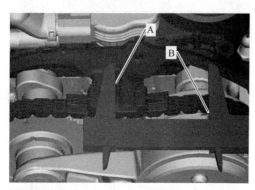

图1-96 测量正时数据一

8)如果达到了额定值,测量进气凸轮轴链轮上的标记B与排气凸轮轴链轮上的标记C之间的距离,见图1-97。额定值:124~126mm。如果发现测量值不在额定范围内,重新安装正时链条。

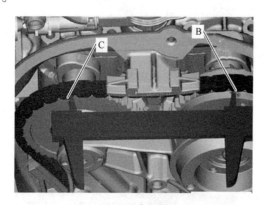

图1-97 测量正时数据二

3. 正时链单元拆卸方法

1)用拆卸工具CT 10352/1拆下控制阀。控制阀是左旋螺纹。

2)旋出螺栓,并取下轴承座。

3)用止动工具T10355将减振盘/带轮旋转到位置"上止点"。注意减振盘/带轮上的切口必须与正时链下部盖板的箭头标记相对。凸轮轴上的标记(1)必须指向上方,如图1-98所示。

4)拆下正时链下部盖板。

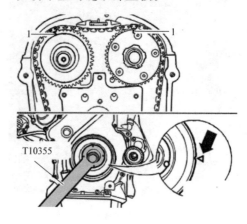

图1-98 对准发动机正时标记

5)按下压机油泵链条张紧器上的张紧弹簧,并用定位销T40011锁定,拆卸机油泵链条张紧器。

6)从曲轴链轮上取下机油泵链条。

7)如图1-99箭头所示旋出螺栓。

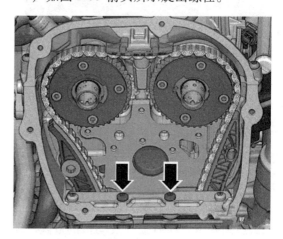

图1-99 旋出螺栓位置

8)目前有多种型号的链条张紧器装载在发动机上,必须根据实际情况进行操作。

A. 型号1

以下操作部件及位置见图1-100。

① 安装拉杆T40243或CT 40243,拧紧螺栓(见箭头A)。

② 将定位销T40011或CT40011插入链条张紧器中箭头1,沿箭头3方向稍微撬开链条张紧器锁块,并保持在该位置。避免损坏张紧器!继续操作时需格外小心。

③ 缓慢沿箭头2方向推动拉杆T40243或CT 40243,并保持该位置。

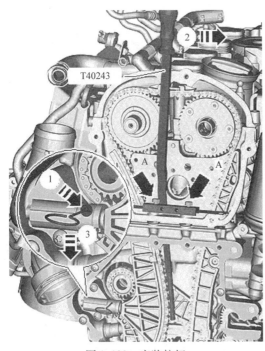

图 1-100 安装拉杆

④ 使用定位销 T40011 或 CT40011 锁定链条张紧器。

B. 型号 2

以下操作部件及位置见图 1-101。

① 安装拉杆 T40243 或 CT 40243，拧紧螺栓（见箭头 A）。

② 按压链条张紧器卡簧 1 并保持，使其直径增大。

③ 缓慢沿箭头 B 方向推动拉杆 T40243 或 CT40243，并保持该位置。

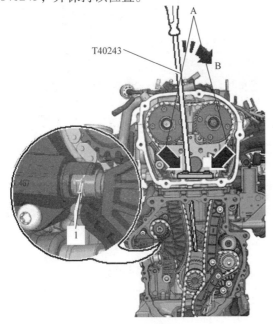

图 1-101 安装拉杆

④ 如图 1-102 所示，使用锁止工具 T40267 或 CT 40267 锁定链条张紧器。

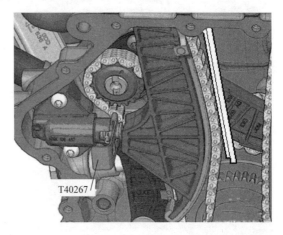

图 1-102 安装锁止工具

C. 所有车型

① 拆下拉杆 T40243 或 CT 40243。

② 将凸轮轴锁止工具 T40271/2 或 CT 40271/2 用螺栓固定至气缸盖，并沿箭头 1 方向按压，使其上齿能够与进气凸轮轴链轮齿啮合。如有必要，可稍微旋转进气凸轮轴。如图 1-103 所示。

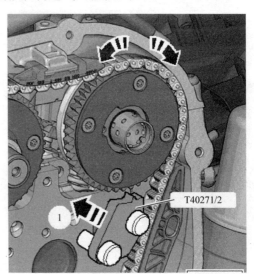

图 1-103 安装凸轮轴锁止工具

③ 将凸轮轴锁止工具 T40271/1 或 CT 40271/1 用螺栓固定至气缸盖。沿顺时针方向（见箭头）把持住凸轮轴，如图 1-104 所示。

④ 旋出导向螺栓 A，并拆下导轨。继续以顺时针方向把持住排气凸轮轴，以防止链条跳齿。如图 1-104 所示。

⑤ 沿箭头 1 方向按压凸轮轴锁止工具 T40271/1 或 CT 40271/1，使其上齿能够与排气凸

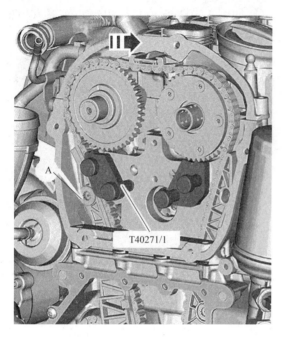

图1-104　安装排气凸轮轴锁止工具

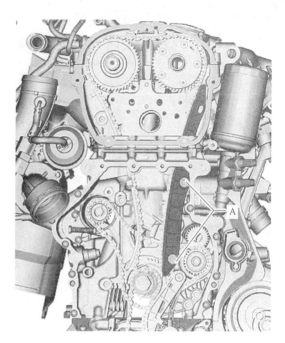

图1-106　取出导轨

轮轴链轮齿啮合。如有必要，可稍微以顺时针方向旋转排气凸轮轴。此时，链轮之间的凸轮轴正时链必须处于"松弛"状态。如图1-105所示。

完成，因此需要两名人员进行操作。凸轮轴正时链上的有色链节必须对准凸轮轴链轮上的标记。

1）将凸轮轴正时链放到排气凸轮轴上，使凸轮轴正时链上的有色链节对准排气凸轮轴链轮上的标记，如图1-107所示。

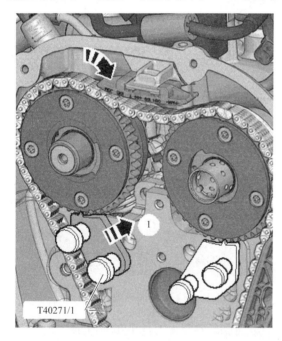

图1-105　安装排气凸轮轴锁定工具

⑥如图1-106所示，旋出导向螺栓A，拆下凸轮轴正时链导轨。

9）拆下正时链。

4. 正时链单元安装步骤

注意：以下工作步骤必须在一个工作程序内

图1-107　对准正时标记

2）转动TSI发动机进气凸轮轴调整工具SVW 9002，使凸轮轴正时链上的有色链节对准进气凸轮轴链轮上的标记。

3）同时转动 TSI 发动机排气凸轮轴调整工具 SVW 9001 和 TSI 发动机进气凸轮轴调整工具 SVW 9002，使正时链上的有色链节对准曲轴链轮上的标记。凸轮轴正时链上的有色链节对准曲轴链轮上的标记后，将 TSI 发动机排气凸轮轴调整工具 SVW 9001 和 TSI 发动机进气凸轮轴调整工具 SVW 9002 把持住再进行下一步操作。

4）安装凸轮轴正时链的导向夹板，拧紧两个导向螺栓，安装链条张紧器的固定螺栓，取下定位销 T40011。

5）松开并取 TSI 发动机排气凸轮轴调整工具 SVW 9001 和 TSI 发动机进气凸轮轴调整工具 SVW 9002。

6）安装轴承座，并用螺栓固定。

7）安装正时链下部盖板。

8）安装正时链上部盖板。

9）安装多楔带张紧装置。

5. 平衡轴正时链单元拆装

1）拆卸凸轮轴正时链。

2）旋出平衡轴正时链的链条张紧器螺栓1。

3）旋出导向螺栓2、3和4，如图1-108所示。

4）取下平衡轴正时链。

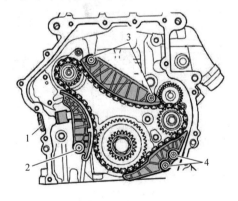

图 1-108　拆卸平衡轴正时链张紧器与导向轨

5）旋转中间链轮/进气凸轮轴的平衡轴。如图1-109所示，使进气凸轮轴的平衡轴上的标记位于中间链轮上的标记之间。

6）安装平衡轴正时链。如图1-110所示，使平衡轴正时链上的有色链节分别对准曲轴链轮上的标记和进/排气凸轮轴的平衡轴链轮上的标记。

7）安装平衡轴正时链的导向夹板，旋入导向螺栓并固定。

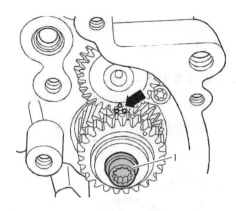

图 1-109　设置平衡轴安装标记

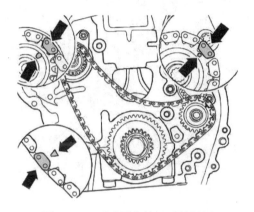

图 1-110　对准平衡轴正时链标记

8）安装链条张紧器。

9）再次检查中间链轮/进气凸轮轴的平衡轴上的标记。

10）再次检查平衡轴正时链的标记。其余的安装以拆卸的相反顺序进行

1.2.4　大众 1.8T – DBHA 发动机
（2016—　　）

该款发动机正时带单元结构及拆装调整方法与 CUHA 发动机相同，请参考 1.1.1 小节。

1.2.5　大众 2.0T – CGMA 发动机
（2011—2015）

该款发动机正时带单元结构、拆装与调整和 CEAA 发动机相同，相关内容请参考 1.2.3 小节。

1.2.6　大众 2.0T – DBJA 发动机
（2016—　　）

该款发动机正时带单元结构及拆装调整方法与 CUHA 发动机相同，请参考 1.1.1 小节。

1.2.7 大众 3.0L – CNGA 发动机（2011—2016）

1. 正时链单元部件分解

发动机正时链单元部件如图 1-111 所示。

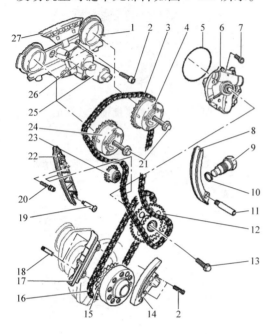

图 1-111 大众 CNGA 发动机正时链

1—配气机构壳体，在安装前，轻轻润滑油封的接触表面，在安装配气机构壳体前，检查滤网是否脏污 2—螺栓，拧紧力矩：8N·m + 继续旋转 90°（1/4 圈），更换 3—凸轮轴正时链，在拆卸前，标出旋转方向（安装位置） 4—排气凸轮轴调节器，标识：32A 5—密封圈，更换 6—机油泵 7—螺栓，拧紧力矩：8N·m 8—张紧导轨，用于凸轮轴正时链 9—张紧器，拧紧力矩：50N·m，用于凸轮轴正时链，只可在安装了链条张紧器时才能旋转发动机 10—密封件，如果损坏或泄漏，进行更换 11—导向螺栓，拧紧力矩：10N·m，用于张紧导轨 12—链轮，用于机油泵正时链 13—螺栓，拧紧力矩：60N·m + 继续旋转 90°（1/4 圈），更换 14—带张紧器的张紧导轨，用于正时链，只可在安装了带张紧器的张紧导轨时才能旋转发动机 15—驱动链轮，内置在曲轴中，驱动链轮上的磨平齿与轴承盖和气缸体的连接缝对齐 = 1 缸上止点，调整气门正时 16—机油泵正时链，在拆卸前，标出旋转方向（安装位置） 17—导轨，用于机油泵正时链，与机油泵正时链一起拆卸和安装。18—导向螺栓，拧紧力矩：10N·m，用于导轨 19—导向螺栓，拧紧力矩：10N·m 20—螺栓，拧紧力矩：23N·m 21—螺栓，拧紧力矩：60N·m + 继续旋转 90°（1/4 圈），更换，在安装时，螺栓头周围的凸轮轴调节器齿轮接触表面必须干燥，在拆卸和安装时，使用 27mm 的呆扳手反向固定住凸轮轴 22—导轨，用于凸轮轴正时链 23—高压泵传动链轮，用于高压泵，在安装前滚针轴承 24—进气凸轮轴调节器，标识：24E 25—排气凸轮轴调节阀 1（N318），用于排气凸轮轴，拔出连接插头之前，标识出它与哪个部件相连接 26—凸轮轴调节阀（N205） 27—滑轨，用于凸轮轴正时链，固定在配气机构壳体上

2. 发动机正时检查

1）拆卸护板。
2）拆卸进气歧管上部件。
3）拆下气缸盖罩。
4）如图 1-112 所示，沿发动机运转方向转动曲轴，转至气缸 1 的上止点标记处。

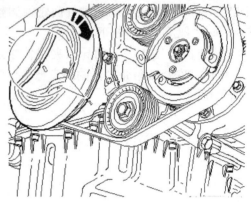

图 1-112 曲轴转到上止点位置

5）如图 1-113 所示，气缸 1 的凸轮 A 必须相对。

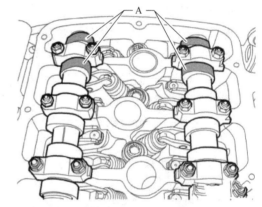

图 1-113 气缸 1 凸轮相对

6）在两个轴槽中插入凸轮轴尺 T10068 A，见图 1-114。

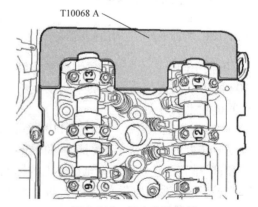

图 1-114 插入凸轮轴尺

由于凸轮轴调节器功能受限，有可能无法精确地水平放置凸轮轴的凹槽。因此，必要时用呆扳手来回小幅度地转动凸轮轴如图1-115所示（见图中箭头），从而装入凸轮轴尺T10068 A。

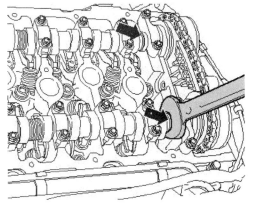

图1-115　使用扳手小幅调整

参照配气机构壳体上的标记来检查凸轮轴调节器的调节标记：

凸轮轴调节器上的如图1-116所示的箭头，必须与配气机构壳体最右侧的切口对齐。

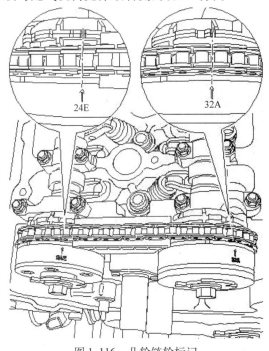

图1-116　凸轮链轮标记

标记"32A"和切口的位置稍有错开是允许的。无需注意铜色链环的位置，如图1-116所示。

7）凸轮轴调节器的标记之间的距离必须刚好等于凸轮轴正时链16个滚子的长度，见图1-117。如果标记不一致：调整正时。如果标记一致，继续以下步骤。

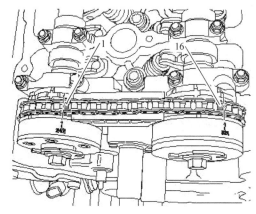

图1-117　标记之间距离

8）安装气缸盖罩。
9）安装进气歧管上部件。

配气机构壳体上的标记：

FSI发动机配气机构壳体上的标记如图1-118所示。

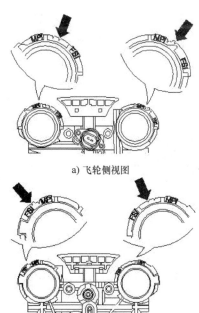

图1-118　配气机构壳体上标记

切口（箭头）是凸轮轴调节器标记的参考点。

3. 正时链单元拆卸步骤

1）拆下气缸盖罩。
2）沿发动机运转方向转动曲轴，转至气缸1上止点标记处。
3）将气缸盖内的凸轮轴至于1缸上止点处，气缸1的凸轮A必须相对，如图1-119所示。
4）拆下凸轮轴正时链上部盖板。

5）在两个凸轮轴端部槽中插入凸轮轴尺 T10068 A。

由于凸轮轴调节器功能受限，有可能无法精确地水平放置凸轮轴的凹槽。因此，必要时用呆扳手来回小幅度地转动凸轮轴（见图 1-119 中箭头 B），从而装入凸轮轴尺 T10068 A。

6）拆下凸轮轴正时链下部盖板。

7）将发动机转至带轮上的调节标记处。传动链轮磨平的轮齿（箭头 A）必须与轴瓦接缝对齐。中间轴链轮的小圆孔必须与后部凸缘对齐（箭头 B），如图 1-119 所示。

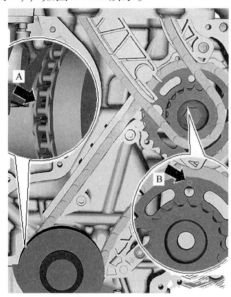

图 1-119　对齐标记

8）拆下凸轮轴正时链的链条张紧器。

9）用记号笔标记正时链的运转方向。

10）如图 1-120 所示，松开固定螺栓 5，取下张紧器导轨 4。松开固定螺栓 3 和 1，取下导轨 2。

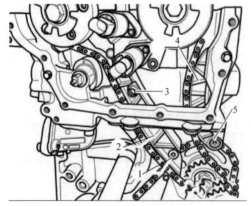

图 1-120　拆下外围部件

11）用呆扳手固定相应要松开的凸轮轴。提示此时不得插入凸轮轴尺 T10068 A。

12）如图 1-121 所示，松开调节器螺栓 1 和 2。将调节器 4 和 5 连同正时链 3 一起取下。

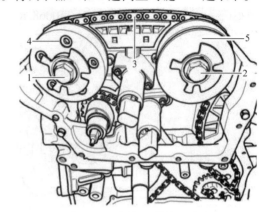

图 1-121　拆卸凸轮轴调节器

13）用记号笔标记机油泵正时链的转动方向。

14）如图 1-122 所示，松开链轮固定螺栓 1。

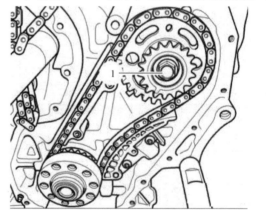

图 1-122　松开链轮固定螺栓

15）旋出链条张紧器的固定螺栓，取下张紧器。

16）旋出链轮固定螺栓 1，取下链轮。

17）取下链条 1 和导轨 2，如图 1-123 所示。

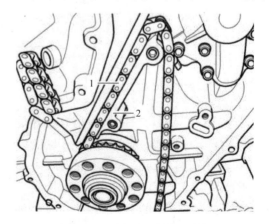

图 1-123　拆下正时链和导轨

4. 正时链单元安装步骤

1）将曲轴至于1缸上止点位置,此时传动链上的磨平轮齿(图1-124中箭头)必须与轴瓦接缝对齐,见图1-124。

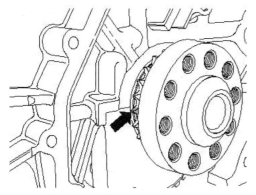

图1-124 曲轴置于一缸上止点

2）安装导轨的两个无凸肩螺栓2。拧紧力矩10N·m,如图1-125所示,将导轨1插到螺栓2上。

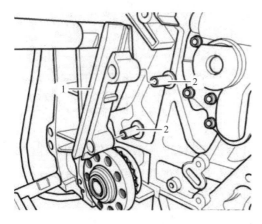

图1-125 安装导轨

3）将机油泵轴1的平面侧(图1-126中箭头)与标记2对齐放置,见图1-126。

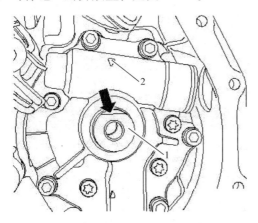

图1-126 对齐机油泵轴

4）将正时链插入导轨中,并装在曲轴上。提示按标记的转动方向安装链条。

5）将链条装到链轮上。

6）将链轮装到正时处,使链轮的小圆孔对准机油泵上的标记如图1-127中箭头B所示。

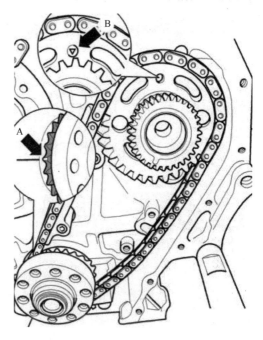

图1-127 对齐机油泵上标记

7）将链轮装到机油泵轴上。导轨中的正时链条应笔直的伸展至机油泵轴上。传动链轮的磨平轮齿必须与轴瓦接缝(图1-127中箭头A)对齐。机油泵链轮小圆孔必须与后部标记(图1-127中箭头B)对齐。

8）如果无法装入链轮,则略微转动机油泵。

9）安装链条张紧器。

10）将张紧轨压向链条张紧器,并用通用轴销1锁定,见图1-128。

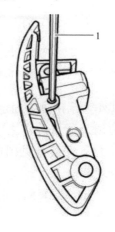

图1-128 固定张紧器

11）安装链条张紧器，并以 8N·m 的力矩拧紧固定螺栓。

12）拉出轴销 1，曲轴不允许转动，见图 1-128。

13）将气缸盖内的凸轮轴置于气缸 1 的上止点。

14）气缸 1 的凸轮 A 必须相对，见图 1-129。

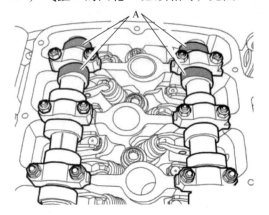

图 1-129　第 1 缸凸轮对齐

15）在两个凸轮轴端部槽中插入凸轮轴尺 T10068 A。

16）必要时用呆扳手小幅度地转动凸轮轴。

17）用调节工具 T10363 固定高压泵传动链轮的位置，如图 1-130 所示，高压泵传动凸轮上的标记 A 必须位于上部。

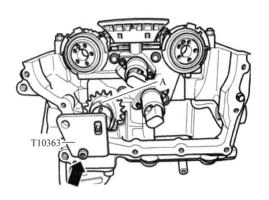

图 1-130　固定高压泵传动链轮

18）如图 1-131 所示用螺栓固定（见图中箭头）。由于凸轮轴调节器与凸轮之间有定位销，因此只能在同一个位置安装（见图中箭头）。按标记的转动方向安装链条。

19）先将进气凸轮轴安装到正时链上，然后一起装到进气凸轮轴上。

20）拧紧调节器固定螺栓 1，见图 1-132。

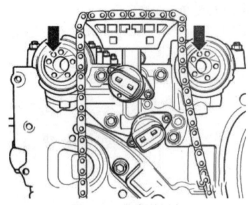

图 1-131　用螺栓固定

同时注意下列事项：连接高压泵传动链的正时链不得"下垂"。因此装在凸轮轴调节器上的正时链必须处于"绷紧"状态，才可拧紧。

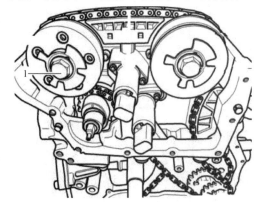

图 1-132　拧紧调节器螺栓

21）如图 1-133 所示，凸轮轴调节器"24E"上的箭头 1 必须和配气机构壳体右侧切口 2 对齐，配气机构壳体上的标记。

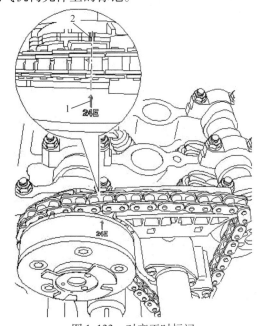

图 1-133　对齐正时标记

22）如图1-134所示，安装导轨2，拧上固定螺栓1和3。

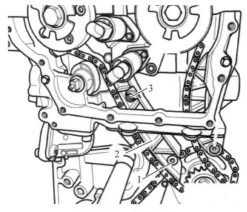

图1-134 安装导轨

23）然后从图1-135的箭头1和切口2对齐的轮齿开始，自右向左在正时链上数16个滚子。用记号笔标记。

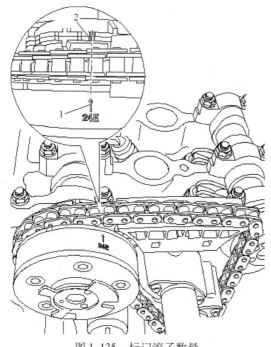

图1-135 标记滚子数量

凸轮轴调节器锁止在"静止状态"，因此在调整正时时不能旋转传感器。如果"静止状态"下的锁止装置没有卡入锁定，必须用手将调节器沿两个方向转动至锁止。如不能，则更换凸轮轴调节器。

24）将排气凸轮轴调节器"32A"置入凸轮轴正时链内，齿轮的箭头标记"24E"和"32A"之间必须有之前数出的16个滚子。

25）先将排气凸轮轴调节器装到凸轮轴正时链上。

26）接着装到凸轮轴上。

27）拧紧排气调节器固定螺栓。

同时注意下列事项：凸轮轴调节器"32A"上的箭头1必须和配气机构壳体右侧切口2对齐。配气机构壳体上的标记见图1-136。

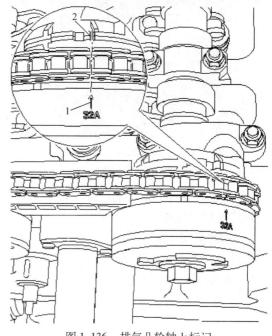

图1-136 排气凸轮轴上标记

排气凸轮调节器必须轻轻地安装到排气凸轮轴上，并拧紧。标记"32A"和切口位置稍有错开是允许的。

28）拆下高压泵轴上的调节工具T10363。

29）取出凸轮轴调节工具T10363。

30）安装张紧器导轨，拧紧固定螺栓。

31）安装正时链条张紧器。拧紧力矩：50N·m。

32）将发动机沿运转方向转2圈，并检测正时。

33）用呆扳手固定相应凸轮轴。

34）以60N·m的拧紧力矩拧紧进气和排气凸轮轴调节器的新螺栓，并继续旋转1/4圈（90°）。此时不可插入凸轮轴尺T10068 A。必须更换链轮的所有紧固螺栓。

其他安装步骤以倒序进行。

35）带有铜色链节的正时链安装。

有些正时链链节是铜色的。这些链节是用来协助安装的。必须将这3个相邻的铜色链节放在机油泵链轮上。

① 将正时链安装到机油泵链轮上。机油泵链轮上的标记必须与中间的铜色链节 A 对齐,见图 1-137。

图 1-137 机油泵正时链安装标记

② 将正时链安装到高压泵传动链轮上。高压泵传动链轮上的标记必须与铜色链节对齐。

③ 拧紧导轨螺栓。

以下步骤见图 1-138。

④ 将进气凸轮轴调节器"24E"插入正时链中,使铜色链节与凸轮轴调节器上的标记对齐。用螺栓将凸轮轴调节器固定到凸轮轴上,并用手拧紧螺栓。

⑤ 将排气凸轮轴调节器"32A"插入正时链中,使铜色链节与凸轮轴调节器上的标记对齐。用螺栓将凸轮轴调节器固定到凸轮轴上,并用手拧紧螺栓。

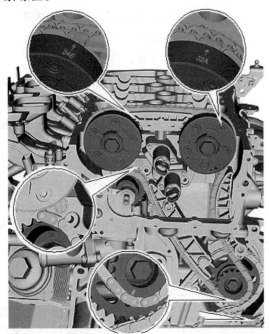

图 1-138 主正时链安装标记

⑥ 检查所有铜色链节相对调节标记的位置是否正确。

1.2.8 大众 1.8L – BGC 发动机(2007—2011)

该款发动机正时带单元结构、拆装及调整与 AWL 发动机一样,相关内容请参考 1.2.11 小节。

1.2.9 大众 2.0L – BNL 发动机(2005—2011)

1. 正时带单元部件分解

发动机正时带单元部件如图 1-139 所示。

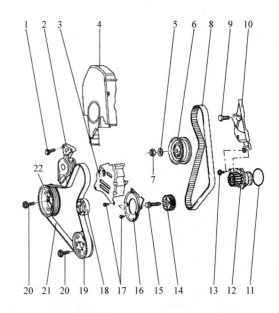

图 1-139 大众 BGC 发动机正时带

1—螺栓,拧紧力矩:25N·m 2—多楔带张紧器,用呆扳手转动松开多楔带 3—正时带中部护罩 4—正时带上部护罩 5—垫片 6—张紧器,张紧正时带 7—螺母,拧紧力矩:20N·m 8—正时带,在拆卸前标记转动方向,检查磨损情况,不要弯折 9—螺栓,拧紧力矩:20N·m 10—正时带后部护罩 11—O 形圈,更换 12—冷却液泵 13—螺栓,拧紧力矩:15N·m 14—曲轴正时带轮 15—螺栓拧紧力矩:90N·m + 继续旋转 90°(1/4 圈),更换,螺纹与肩部不得有机油与油脂,通过扳手 3415 反向固定来拧松和紧固 16—正时带下部护罩 17—螺栓,拧紧力矩:10N·m,更换 18—带轮,用于黏性离合器风扇耦合 19—带轮,用于助力转向泵 20—螺栓,拧紧力矩:25N·m 21—多楔带,在拆卸前标记转动方向,检查磨损情况 22—减振盘/带轮,只能安装在一个位置。孔都有偏移量

2. 检查半自动齿形传动带张紧轮

(1)安装位置

斜置的定位装置(见图 1-140 中箭头)必须

位于气缸盖上的切口中。

状态：发动机温度不能太高，可以用手触摸。

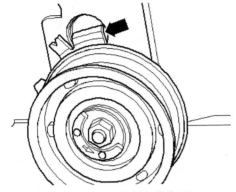

图1-140　张紧轮安装位置

（2）检测次序

1）将发动机调到气缸1的上止点。

2）用拇指用力压正时带。标记2必须会移动，如图1-141所示。

3）松开正时带然后沿发动机旋转方向旋转曲轴两遍，直至曲轴再次位于气缸1的上止点。在此操作中重要的是，最后45°（1/8圈）要连续不停地转动。

4）张紧轮必须回到自己的原先位置（槽口1与标记2再次对准），如图1-141所示。

提示：可以用镜子进行检查。

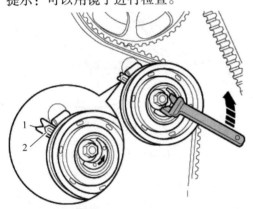

图1-141　张紧轮调整

3. 发动机正时调整方法

注意在转动凸轮轴时，曲轴一定不可位于上止点。否则有可能损坏气门/活塞顶部。

1）将凸轮轴上的标记与正时带罩上的标记排成一条直线。

2）安装正时带中部和下部护罩。

3）安装减振盘、带轮，如图1-142所示。拧紧力矩：25N·m。

4）将曲轴转到气缸1的上止点，如图1-143所示。

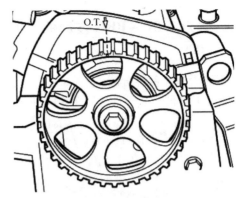

图1-142　凸轮轴带轮上部标记对齐

5）将正时带放在张紧轮和凸轮轴链轮上。

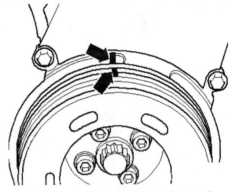

图1-143　设置曲轴于气缸1的上止点

6）张紧正时带。张紧时，用扳手V159向左（见图1-141中箭头）方向转动偏心轮到挡块。张紧正时带条件：发动机温度不能太高，可以用手触摸。在张紧正时带前用一把扳手V159转动偏心轮上的张紧轮，并且在两个方向上各转5次，每次都要完全转到挡块位置。

7）然后松开正时带直至槽口1与标记2对准（用镜子），见图1-141。

8）将固定螺母拧紧到20N·m。

9）将发动机调到气缸1的上止点。

10）现在沿发动机旋转方向旋转曲轴两遍，直至曲轴再次位于气缸1的上止点。在此操作中重要的是，最后的45°（1/8圈）要连续不停地转动。

11）再次检查正时带张紧度。标准显示：标记与槽口对准。

12）安装正时带上部护罩。

13）安装用于多楔带的张紧件。拧紧力矩：25N·m。

14）安装多楔带。

1.2.10 大众2.8L–BBG发动机（2005—2009）

1. 正时带单元部件分解

发动机正时带单元部件如图1-144所示。

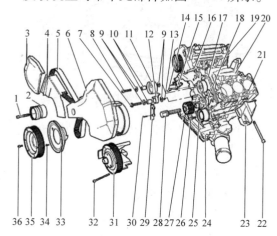

图1-144 大众BBG发动机正时带单元
1—螺栓，拧紧力矩：55N·m 2—张紧器，在拆卸前用锁销T10060 A固定住 3—正时带上部护罩 4—正时带中部护罩 5—正时带，在拆卸前做好标记，检查磨损程度，不要扭曲 6—正时带上部护罩 7—螺栓，拧紧力矩：25N·m 8—螺栓，拧紧力矩：22N·m 9—垫圈 10—轴承套筒 11—张紧器 12—张紧杆 13—O形圈 14—螺栓，拧紧力矩：25N·m 15—支架 16—接头 17—冷却液泵，检查运动是否受阻碍，如果损坏或泄漏则更换总成 18—机油泵，只能更换总成 19—气缸盖，更换后要更换全部冷却液 20—通气罩 21—气缸体 22—螺栓，拧紧力矩：45N·m 23—托架 24—油底壳 25—滚轮 26—螺栓，拧紧力矩：15N·m 27—曲轴正时带轮 28—螺栓，拧紧力矩：200N·m+继续旋转180°（1/2圈），更换，螺纹用机油润滑，增加的半圈拧紧可以分几步完成，可以使用市面上的角度盘（Hazet 6690）确定增加的半圈拧紧角度 29—张紧元件 30—螺栓，拧紧力矩：10N·m，涂固定胶D 000 600 A2 31—风扇保持器 32—螺栓，拧紧力矩M8：25N·m，拧紧力矩M6：10N·m 33—正时带下部护罩 34—螺栓，拧紧力矩：10N·m 35—减振盘/带轮，安装时注意安装位置 36—螺栓，拧紧力矩：25N·m

2. 正时带拆卸步骤

1）将曲轴转动到第3缸上止点位置。正时带护罩上的标记A必须与减振盘/带轮上的缺口B对齐，见图1-145。

2）检查凸轮轴链轮的位置。固定板上的大孔（图1-146中箭头）必须与内侧的相对应的孔对齐。如果大孔位于外侧，则必须将曲轴转一圈。

3）从气缸左侧拆卸密封塞。曲轴的上止点孔必须能够通过密封塞孔看见（或感觉到）。

4）如图1-147所示，将定位销3242旋入到孔中，使得曲轴被固定而不能转动。

5）拆卸正时带中间和右侧正时带。

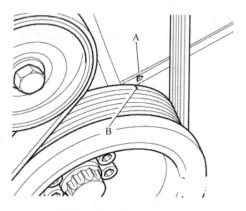

图1-145 对准正时标记

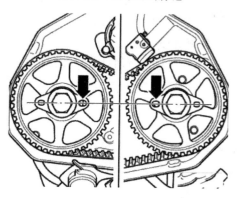

图1-146 对齐凸轮轴孔位

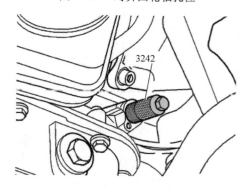

图1-147 插入定位销

6）拆卸曲轴减振器。

7）拆卸风扇保持架以及减振盘/带轮上正时带防护装置。

8）用六角键按照（图1-148中箭头）方向转动正时带张紧轮1。当张紧杆2压下正时带张紧装置3使得罩壳上的孔和活塞上的孔相互对齐时，用销子T40011固定张紧装置。

9）在张紧之前用钳子对准压力活塞。正时带张紧装置是用机油缓冲的，因此只能缓慢地压下。使用销子T40011固定张紧元件，见图1-148。

10）标记正时带上的D.O.R。

11）取下正时带。

第1章 上汽大众

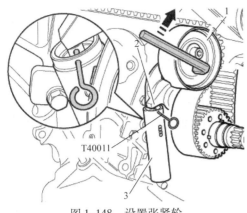

图1-148 设置张紧轮

3. 正时带单元安装步骤

1）拆卸凸轮轴链轮的紧固螺栓并取下固定板。

2）将一个M10的螺栓旋入到孔中，作为顶拔器3032的固定件。

3）用拉具3032松开凸轮轴链轮。然后使用固定螺栓。可以在凸轮轴的斜面上转动凸轮轴链轮。

4）按照图1-149所示布置正时带。对于使用过的正时带，要注意转动方向。

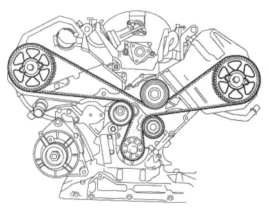

图1-149 安装正时带

5）安装凸轮固定轴工具3391，见图1-150。

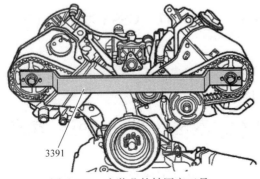

图1-150 安装凸轮轴固定工具

6）张紧正时带。

7）使用六角键尽可能地向右侧转动张紧轮使得销子T40011可以从张紧装置中拉出。

8）将扭力扳手Hazet 6290 – 1 CT安装到张紧轮上的内六角中并向张紧的方向以15N·m的力矩固定。

9）将张紧轮拧紧到22N·m。

10）张紧正时带后将凸轮轴链轮拧紧到55N·m。

11）拆卸定位销3242。

其余的安装以拆卸的相反顺序进行。

1.2.11 大众1.8T – AWL发动机（2001—2008）

1. 正时带单元部件分解

发动机正时带单元部件如图1-151所示。

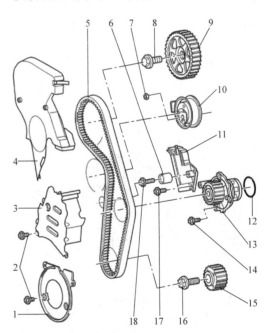

图1-151 大众AWL发动机正时带
1—正时带下部护罩，拆卸时，需旋出减振器螺栓
2—螺栓，10N·m 3—正时带中部护罩，拆卸时，
需拧紧多楔带张紧器螺栓 4—正时带上部护罩，
安装时，小心地挂入正时带中护罩 5—正时带，
拆卸前，标出旋转方向检查磨损状况 6—导向轮
7—螺栓，25N·m 8—螺栓，65N·m，用3036来松开
和拧紧 9—凸轮轴正时齿轮，装配排气凸轮轴，拆装时，
应先拆下正时带 10—正时带张紧轮 11—正时带张紧器
12—O形圈，更换，用冷却液G 012 A8 D润滑后安装
13—冷却液泵 14—螺栓，15N·m 15—曲轴正时带轮，
带轮与曲轴间接触面不得有油，只在某一位置方可安装
16—螺栓，90N·m + 继续旋转90°（1/4圈），
更换，不可粘油，用扳手3415松开和拧紧
17—螺栓，10N·m 18—螺栓，25N·m

2. 正时带单元拆解步骤

在就车维修的情况下照以下步骤拆卸：

1）拆下发动机舱盖。
2）拆下多楔带及其张紧器。
3）用工具1固定黏性离合器风扇带轮，用内六角扳手2拧下螺栓，见图1-152。
4）从轴承上取下黏性离合器风扇。
5）拆下正时带上护罩。
6）标出正时带旋转方向。

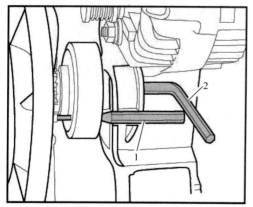

图1-152 拆卸黏性离合器风扇

7）如图1-153所示，用曲轮正时带轮中央螺栓按发动机旋转方向将曲轴置于1缸上止点标记。

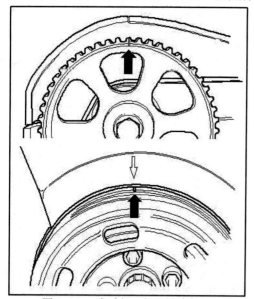

图1-153 发动机1缸上止点标记

8. 拧下减振器螺栓。
9）拧下正时带下、中护罩螺栓。
10）将螺纹杆（M5×45）拧入正时带张紧器，再将六角螺母拧到螺纹杆上。
11）压紧张紧器的压力活塞，直到可用T40011固定活塞。
12）拆下正时带。

3. 正时带单元安装步骤

安装及调整配气相位的步骤简单如下，相关部件与图示请参考拆卸部分。

注意：即使维修时，仅从凸轮轴带轮上脱开正时带，也须按下述调整正时带。转动凸轮轴时，任何一缸中曲轴都不应在上止点。否则会损坏气门/活塞顶。

1）将凸轮轴带轮上标记与气缸盖罩上标记对齐。
2）将正时带装到曲轴带轮上（注意旋转方向）。
3）装上正时带下护罩。
4）用一螺栓固定减振器/带轮（注意定位）。
5）将曲轴置于1缸上止点。
6）装上正时带，顺序按水泵、张紧轮和凸轮轴带轮。
7）拉出T40011以松开正时带张紧器活塞。拧下螺纹杆。
8）用曲轴正时带轮中央螺栓将曲轴沿发动机旋转方向转两圈，检查一下凸轮轴和曲轴标记是否与参考点对齐。
9）安装减振器/带轮。
10）安装正时带中、上护罩。
11）安装多楔带和多楔带张紧器。
12）安装黏性离合器风扇。
13）安装锁支架。

拧紧力矩——正时带下护罩与缸体：10N·m。正时带中护罩与缸体：10N·m。减振器/带轮与曲轴：401N·m。多楔带张紧器与支架：23N·m。

1.3 凌渡（2014—2017年款）

1.3.1 大众1.4T-CSSA发动机（2014—2016）

该款发动机也搭载于全新帕萨特车型上，相关内容请参考1.2.2小节。

1.3.2 大众1.4T-CSTA发动机（2014—2016）

该款发动机正时带单元结构及拆装调整方法与CSSA发动机相同，请参考1.2.2小节。

1.3.3 大众 1.8T – CUFA 发动机（2016— ）

该款发动机正时带单元结构及拆装调整方法与 CUHA 发动机相同，请参考 1.1.1 小节。

1.3.4 大众 2.0T – CUGA 发动机（2016— ）

该款发动机正时带单元结构及拆装调整方法与 CUHA 发动机相同，请参考 1.1.1 小节。

1.4 朗逸-朗行-朗境（2008—2017 年款）

1.4.1 大众 1.4T – CSSA 发动机（2015— ）

该款发动机也搭载于全新帕萨特车型上，相关内容请参考 1.2.2 小节。

1.4.2 大众 1.4T – CSTA 发动机（2013— ）

该款发动机正时带单元结构及拆装调整方法与 CSSA 发动机相同，请参考 1.2.2 小节。

1.4.3 大众 1.6L – CSRA 发动机（2013— ）

该款发动机正时带结构、拆装与调整和 CKAA 发动机相同，内容请参考 1.6.1 小节。

1.4.4 大众 1.2T – CYAA 发动机（2015）

该款发动机正时带单元结构及拆装调整方法与 CSSA 发动机相同，请参考 1.2.2 小节。

1.4.5 大众 1.4T – CFBA 发动机（2009—2013）

该款发动机也搭载于全新帕萨特车型上，相关内容请参考 1.2.1 小节。

1.4.6 大众 1.6L – CPJA 发动机（2011—2013）

1. 正时链单元结构分解

发动机标识字母为 CDEA 的正时链单元部件如图 1-154 所示。

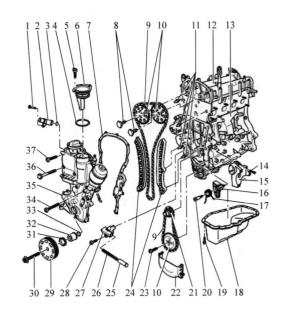

图 1-154 大众 CDEA 发动机正时链

1—螺栓，拧紧力矩：10N·m 2—管路连接，连接加热阀和气门正时壳体 3、4、33—O 形圈，更换 5—螺栓，拧紧力矩：10N·m 6—油水分离器 7—密封件 8—螺栓，拧紧力矩：50N·m+继续旋转 90°（1/4 圈），用定位扳手 T10172 固定链轮 9—正时链条，拆卸前，标出转动方向 10—链轮，用定位扳手 T10172 固定链轮 11—导向销，拧紧力矩：20N·m 12—带有凸轮轴壳体的气缸盖，不允许修整密封面，带集成式凸轮轴轴承，去除密封剂残余物，安装凸轮轴壳体前先涂上 D188 003 A1，安装时，从上部垂直安装，使得定位销进入气缸盖上的孔中 13—气缸体 14—螺栓 15—辅助支架 16—带有张紧板的链条张紧器，用于驱动机油泵 17—张紧弹簧 18—油底壳，在安装之前清洁密封面，涂上硅酮密封剂 D 176 404 A2 或密封胶 DCN 176 600 Z1 后安装 19—螺栓，拧紧力矩：15N·m 20—螺栓，拧紧力矩：15N·m 21—曲轴链轮，用于驱动机油泵和正时链条，接触面必须保持无油脂 22—罩盖 23—螺栓，拧紧力矩：20N·m+继续旋转 90°（1/4 圈）24—张紧导轨，用于正时链条 25—活塞，用于正时链条 26—弹簧 27—链条张紧器 28—螺栓，拧紧力矩：9N·m 29—曲轴带轮，接触面必须保持无油脂，用扳手 3415 固定带轮，使它不能转动 30—固定螺栓，拧紧力矩：150N·m+继续旋转 180°（1/2 圈），固定螺栓的接触面必须保持无油脂，装入前用机油涂抹螺纹，用扳手 3415 和心轴 3415/1 固定带轮，使它不能转动，用普通的量角器测量继续转动的角度 31—密封圈，更换 32—轴承套，轴承套接触面必须保持无油脂和机油 34—螺栓，拧紧力矩：10N·m 35—气门正时壳体 安装时，先在气缸体和凸轮轴壳体中安装两个 M6×80 无头螺栓作为导向件，要导入气门正时壳体，先用两个螺栓固定油底壳 36—螺栓，拧紧力矩：50N·m 37—螺栓，拧紧力矩：10N·m

发动机标识字母为 CFNA、CLPA、CLSA、CPJA 的正时链单元部件如图 1-155 所示。

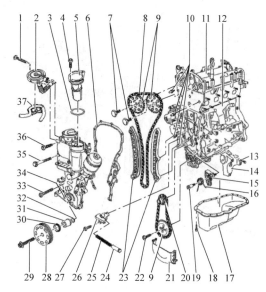

图1-155　大众 CPJA/CFNA/CLPA/CLSA 发动机正时链
1—螺栓,拧紧力矩:8N·m　2—PCV 阀　3、32—O 形圈,更换　4—螺栓,拧紧力矩:10N·m　5—油水分离器　6—密封件　7—螺栓,拧紧力矩:50N·m+继续旋转90°(1/4 圈),用定位扳手 T10172 固定链轮　8—正时链条,拆卸前,标出转动方向　9—链轮,用定位扳手 T10172 固定链轮　10—导向销,拧紧力矩:20N·m　11—带有凸轮轴壳体的气缸盖,不允许修整密封面,带集成式凸轮轴承,去除密封剂残余物,安装凸轮轴壳体前先涂上 D 188 003 A1。安装时,从上部垂直安装,使得定位销进入气缸盖上的孔中。12—气缸体　13—螺栓　14—辅助支架　15—带有张紧板的链轮张紧器,用于驱动机油泵　16—张紧弹簧　17—油底壳,在安装之前清洁密封面,涂上硅酮密封剂 D 176 404 A2 或密封胶 DCN 176 600 Z1 后安装。18—螺栓,拧紧力矩:15N·m　19—螺栓,拧紧力矩:15N·m　20—曲轴链轮,用于驱动机油泵和正时链条,接触面必须保持无油脂　21—罩盖　22—螺栓,拧紧力矩:20N·m+继续旋转90°(1/4 圈)　23—张紧导轨,用于正时链条　24—活塞,用于正时链条　25—弹簧　26—链条张紧器　27—螺栓,拧紧力矩:9N·m　28—曲轴带轮,接触面必须保持无油脂,用扳手 3415 固定带轮,使它不能转动　29—固定螺栓,拧紧力矩:150N·m+继续旋转180°(1/2 圈),更换,固定螺栓的接触面必须保持无油脂,装入前用机油涂抹螺纹,用扳手 3415 和心轴 3415/1 固定带轮,使它不能转动,用普通的量角器测量继续转动的角度。30—密封圈,更换　31—轴承套,轴承套接触面必须保持无油脂和机油　33—螺栓,拧紧力矩:10N·m　34—气门正时壳体,安装时,先在气缸体和凸轮轴壳体中安装两个 M6×80 无头螺栓作为导向件,要导入气门正时壳体,先用两个螺栓固定油底壳　35—螺栓,拧紧力矩:50N·m　36—螺栓,拧紧力矩:10N·m　37—冷却液软管

2. 发动机正时检查

1) 拆卸空气滤清器。

2) 拆下凸轮轴侧面密封盖罩。

3) 拆下气缸1的火花塞。为此,使用顶拔器 Hazet 1849-7 或顶拔器 T10094 和火花塞扳手 Hazet 4766-1。

4) 将千分表适配器 T10170 旋入火花塞的孔中至极限位置。如图1-156所示,百分表1的凸台箭头 A 和千分表适配器 T10170 的第一个螺纹箭头 B 对齐,这样才能保证千分表/百分表的量程足够大。

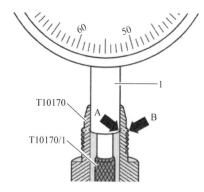

图1-156　百分表与适配器的安装

5) 旋入百分表 V/35.1 和加长件 T10170/1 至极限位置,并用锁止螺母(图1-157中箭头)锁定在该位置上。

6) 沿发动机转动方向将曲轴转到气缸1的上止点。记住百分表上小指针的位置。

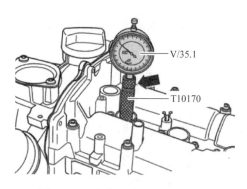

图1-157　安装百分表到气缸1上

凸轮轴中的孔(图1-158中箭头)必须如图1-158所示对准。否则将曲轴再旋转一圈(360°)。

如果曲轴转动的位置超过了上止点 0.01mm,应当沿发动机转动的相反方向把曲轴转回45°。接着沿发动机转动方向将曲轴转到气缸1的上止点。与气缸1上止点的允许偏差:±0.01mm。

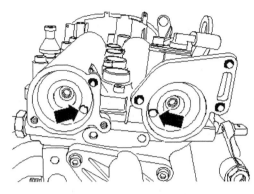

图 1-158　凸轮轴上孔的位置

7）把凸轮轴夹具 T10171A 装入凸轮轴开口中至极限位置。如图 1-159 所示，防松销 箭头 1 必须嵌入孔箭头 2 中。必须能够从上面看到标记 "TOP" 箭头 3。

如果不能把凸轮轴夹具 T10171A 装入凸轮轴开口中至极限位置，则气门正时不正确，必须重新进行调整。

如果能够把凸轮轴夹具 T10171A 装入凸轮轴开口中至极限位置，表示气门正时正常。

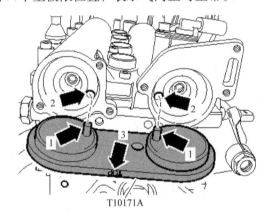

图 1-159　安装凸轮轴夹具

其余的安装以拆卸的相反顺序进行。安装过程中要注意下列事项：更换凸轮轴侧面盖罩密封圈时，应当在安装前用机油浸润。

3. 正时链单元拆卸方法

1）旋出发动机舱盖的固定螺栓，取下盖罩。
2）按压卡口，从进气导管上脱开进气软管。
3）拆卸弹簧夹箍并拔下进气软管。
4）旋出凸轮轴后部密封盖罩的固定螺栓，取下密封盖罩。
5）拆卸气缸 1 的带功率输出级的点火线圈。
6）拆卸第 1 缸的火花塞。
7）将千分表适配接头 T10170 旋到火花塞螺纹孔至极限位置。

8）将带加长件 T10170/1 的千分表 VAS 6079 安装到千分表适配接头中至极限位置，并拧紧夹紧螺母。千分表的凸台和千分表适配接头 T10170 的第一个螺纹对齐，这样才能保证千分表的量程足够大。

9）沿发动机转动方向将曲轴转到气缸 1 的上止点。记住千分表指针的位置。

提示：凸轮轴上的孔必须在如图 1-158 所示位置，否则将曲轴再旋转一圈（360°）。如果曲轴转动的位置超过了上止点 0.01mm，应当沿发动机转动的相反方向把曲轴转回 45°。接着沿发动机转动方向将曲轴转到气缸 1 的上止点。与气缸 1 上止点允许偏差：0.01mm。

10）把凸轮轴固定装置 T10171A 装入凸轮轴开口中至极限位置。防松销必须嵌入孔中。必须能够从上方看到标记 "TOP"。

11）用手装入 M6 螺栓（不要拧紧）来固定凸轮轴固定装置 T10171A。

12）拆卸正时齿轮箱罩。

13）拆下机油泵链轮罩盖。

14）用手按压张紧轨，并用定位销 T40011 固定条张紧器的活塞。

15）用彩色记号笔标出正时链条（图 1-160 中 3）的转动方向。

16）用固定支架 T10172 固定凸轮轴正时链轮 5。

17）松开螺栓 2 和 4。取下凸轮轴链轮 1 和 5 及正时链 3，如图 1-160 所示。

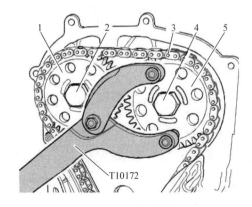

图 1-160　正时链拆卸图

18）用固定支架 T10172 固定住机油泵的链轮，同时松开紧固螺栓。

19）用旋具在螺栓处拨开张紧弹簧。

20）旋出紧固螺栓并取下链条张紧器。

21）用彩色笔标明机油泵驱动链的转动方向。

22）如图 1-161 所示，旋出链轮 1 的紧固螺栓，并取下链轮 1 和 3 以及机油泵驱动链 2。

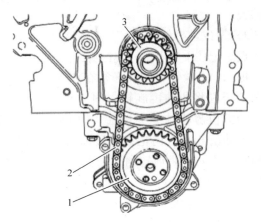

图 1-161 拆卸机油泵驱动链

4. 正时链单元安装步骤

注意：拆卸前曲轴必须位于 1 缸上止点位置。

1）将链轮推到曲轴轴颈上。

2）用彩笔标明链轮、曲轴和气缸体的相对位置。链轮上的凸起必须插入曲轴轴颈的键槽中，如图 1-162 所示。

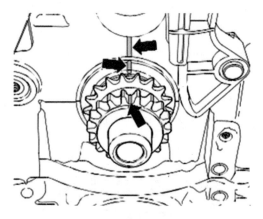

图 1-162 曲轴与气缸体的位置标记

3）将机油泵的驱动链装到链轮上，同时将机油泵链轮装到机油泵的驱动轴上。注意机油泵驱动链的转动方向标记。机油泵链轮在机油泵驱动轴上的安装位置只有一个。

4）用固定支架 T10172 固定住机油泵链轮。

5）安装新的固定螺栓。拧紧力矩：20N·m +1/4 圈（90°）。

6）将链条张紧器安装到机油泵驱动链上，并安装固定螺栓。拧紧力矩：15N·m。

7）用旋具将张紧弹簧卡入螺栓上。注意不要旋转曲轴。

8）用手将新的固定螺栓拧紧，固定链轮。

9）将正时链条放到曲轴链轮、凸轮轴链轮上，并用新的固定螺栓固定，用手拧紧。注意正时链条的转动标记。

10）安装链条张紧器，并将固定螺栓用 9N·m 的力矩拧紧。

11）从链条张紧器中拔出防松销 T40011，从而张紧正时链条。注意曲轴链轮和气缸体上的标记，它们必须对齐。

12）如图 1-160 所示，用固定支架 T10172 将凸轮轴链轮 1 和 5 固定在此位置上，接着用 50N·m 的力矩拧紧螺栓 2 和螺栓 4。

13）旋出螺栓，并取下凸轮轴固定装置 T10171A。

14）检查配气相位。

15）用固定支架 T10172 把持住凸轮轴链轮，将两个固定螺栓继续旋转 1/4 圈（90°）。

16）安装机油泵轮的盖罩。

17）安装正时齿轮箱罩。

其他的安装以与拆卸相反的顺序进行。

1.4.7 大众 1.6L - CFNA 发动机（2010—2013）

该发动机正时链单元结构、拆装与调整和 CPJA 发动机相同，相关内容请参考 1.4.6 小节。

1.4.8 大众 2.0L - CENA 发动机（2008—2011）

该发动机正时链单元结构、拆装与调整和 BNL 发动机相同，相关内容请参考 1.2.9 小节。

1.4.9 大众 1.6L - CDFA 发动机（2008—2009）

该发动机正时链单元结构、拆装与调整和 CPJA 发动机相同，相关内容请参考 1.4.6 小节。

1.4.10 大众 1.6L - CDEA 发动机（2009）

该发动机正时链单元结构、拆装与调整和 CPJA 发动机相同，相关内容请参考 1.4.6 小节。

1.5 波罗 - 劲情 - 劲取（2006—2017年款）

1.5.1 大众1.4L - DAHA发动机（2015—2017）

该发动机正时链单元结构、拆装与调整和CKAA发动机相同，相关内容请参考1.6.1小节。

1.5.2 大众1.6L - CSRA发动机（2015—2017）

该发动机正时链单元结构、拆装与调整和CKAA发动机相同，相关内容请参考1.6.1小节。

1.5.3 大众1.4T - CSSA发动机（2015—2017）

该发动机也搭载于全新帕萨特车型上，相关内容请参考1.2.2小节。

1.5.4 大众1.4L - CLPA发动机（2010—2014）

该发动机正时链单元结构、拆装与调整和CPJA发动机相同，相关内容请参考1.4.6小节。

1.5.5 大众1.6L - CLSA发动机（2010—2014）

该发动机正时链单元结构、拆装与调整和CPJA发动机相同，相关内容请参考1.4.6小节。

1.5.6 大众1.4L - CDDA发动机（2008—2011）

该发动机正时链单元结构、拆装与调整和CPJA发动机相同，相关内容请参考1.4.6小节。

1.5.7 大众1.6L - CDEA发动机（2008—2011）

该发动机正时链单元结构、拆装与调整和CPJA发动机相同，相关内容请参考1.4.6小节。

1.5.8 大众1.4L - BMG发动机（2006—2007）

该发动机正时链单元结构如图1-163所示、拆装与调整和CPJA发动机相似，相关内容请参考1.4.6小节。

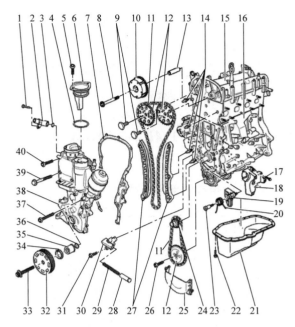

图1-163 发动机正时链（装备发动机标识字母 BMG／BMH 的车型）

1—螺栓，10N·m 2—管路连接，连接加热阀和正时壳体 3—密封圈，更换 4—密封圈，更换 5—螺栓，10N·m 6—油水分离器 7—密封件 8—螺栓，40N·m + 继续旋转90°（1/4圈），用止动工具 —T10172— 固定凸轮轴调节器，螺栓是左旋螺纹，更换 9—螺栓，50N·m + 继续旋转90°（1/4圈），用止动工具 —T10172— 固定正时齿轮 10—凸轮轴调节器，不可以分解 11—驱动链条，拆卸前标记转动方向 12—正时齿轮，用止动工具 T10172固定正时齿轮 13—轴套 14—导杆，拧紧力矩：20N·m 15—带凸轮轴壳体的气缸盖，不允许修整密封面，带集式凸轮轴轴承，去除密封剂残余物，安装凸轮轴壳体前先涂上 D 188 003 A1，安装时，从上垂直安放使得定位销进入气缸盖的孔中 16—气缸体 17—螺栓 18—支架 19—带张紧板的链条张紧器，用于机油泵链条 20—张紧弹簧 21—油底壳，装配前清洁密封面，涂上硅酮密封剂 —D 176 404 A2— 后安装 22—螺栓，15N·m 23—螺栓，15N·m 24—正时齿轮，用于驱动机油泵和正时链条，接触面必须保持无油脂 25—盖罩 26—20N·m + 继续旋转90°（1/4圈） 27—导轨，用于正时链条 28—活塞，用于正时链条 29—弹簧 30—链条张紧器 31—螺栓，9N·m 32—带轮，接触面必须保持无油脂，用把持工具 —3415— 固定带轮，使它不能旋转 33—固定螺栓，拧紧力矩：150N·m + 继续旋转180°（1/2圈），更换，固定螺栓的接触面必须保持无油脂，装入前用机油涂抹螺纹，用把持工具 3415和3415/1固定带轮，使它不能转动，用普通的量角器测量继续转动的角度。34—密封圈，更换 35—轴承套，接触面必须保持无油脂 36—密封圈，更换 37—螺栓，10N·m 38—正时壳体，安装时，先在气缸体和凸轮轴壳体中安装两个M6×80无头螺栓作为导件，要导入气门正时壳体，先用两个螺栓固定油底壳 39—螺栓，50N·m 40—螺栓，10N·m

1.5.9 大众1.6L - BMH发动机（2006—2007）

该发动机正时链单元结构如图1-163所示、

拆装与调整和 CPJA 发动机相似，相关内容请参考 1.4.6 小节。

1.6 全新桑塔纳-浩纳（2013—2017 年款）

1.6.1 大众 1.4L - CKAA 发动机（2013—2017）

1. 正时带单元部件分解

发动机正时带单元部件如图 1-164、图 1-165、图 1-166 所示。

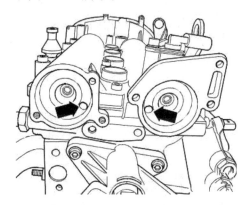

图 1-164　正时带盖罩

1—正时带下部盖罩　2—螺栓，拧紧力矩：8N·m
3—螺栓，拧紧力矩：40N·m + 继续旋转 90°
4—螺栓　5—支架　6—发动机支撑件　7—螺栓
8—正时带上部盖罩　9—螺栓，拧紧力矩：8N·m

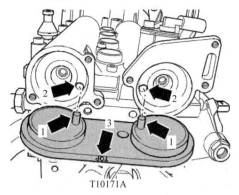

图 1-165　装配标识字母为 CKAA/DAHA 的发动机

1—正时带，拆卸正时带时，用粉笔或记号笔标出其运行方向，检查是否磨损　2—螺栓，拧紧力矩：20N·m　3—张紧轮
4—螺栓，更换，拧紧力矩：50N·m + 继续旋转 90°
5—排气凸轮轴带轮　6—进气凸轮轴带轮
7—间距套　8—导向轮　9—螺栓，拧紧力矩：20N·m
10—正时带轮，正时带轮和曲轴之间表面上不允许有油脂，只有一个安装位置

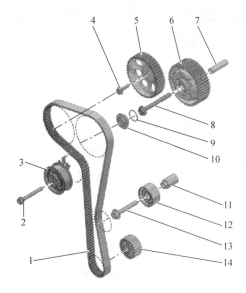

图 1-166　装配标识字母为 CPDA/CSRA 的发动机

1—正时带，拆卸正时带时，用粉笔或记号笔标出其运行方向，检查是否磨损　2—螺栓，拧紧力矩：20N·m　3—张紧轮
4—螺栓，更换，拧紧力矩：50N·m + 继续旋转 90°
5—排气凸轮轴带轮　6—进气凸轮轴带轮，带凸轮轴调节器　7—导向套　8—螺栓，更换，拧紧力矩：50N·m + 继续旋转 135°　9—O 形圈，更换　10—锁定螺栓，拧紧力矩：20N·m　11—间距套　12—导向轮　13—螺栓，拧紧力矩：20N·m　14—正时带轮，正时带轮和曲轴之间表面上不允许有油脂，只有一个安装位置

2. 正时带单元拆解步骤

1）拆卸空气滤清器壳体。

2）排放冷却液。

3）脱开线束固定卡子。旋出左右两个螺栓，取下冷却液泵正时带盖罩。

4）旋出紧固螺栓，拆下凸轮轴密封盖。

5）以下适用于 New Santana 全新桑塔纳：旋出螺栓 A～D，将节温器盖罩 1 放置一旁，见图 1-167。

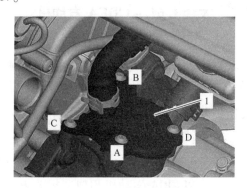

图 1-167　拆下节温器盖罩

6) 适用于 2013 款 New Lavida 新朗逸、Gran Lavida 朗行、Cross Lavida 朗境、New Polo 波罗：松开弹簧卡箍，拔下软管 1 和 2。旋出螺栓 A ~ D，拆下节温器盖罩 3，见图 1-168。

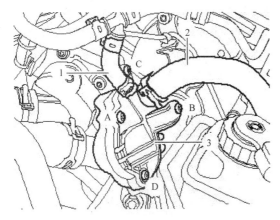

图 1-168 节温器盖罩类型二

7) 所有车型如下，将曲轴转到 1 缸"上止点"位置：

① 旋出气缸体"上止点"孔的锁定螺栓。

② 将定位销 T10340 或 CT10340 以 30N·m 的力矩拧到气缸体上并拧到底。

③ 将曲轴沿发动机转动方向转动，至限位位置。

现在，定位销 T10340 或 CT10340 位于曲轴侧壁，见图 1-169。

提示：定位销 T10340 或 CT10340 只在发动机转动方向上锁定曲轴。

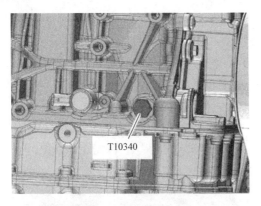

图 1-169 插入定位销

8) 如果定位销 T10340 或 CT10340 没有拧到限位位置，曲轴就不位于 1 缸"上止点"位置。这时进行如下操作：

① 旋出定位销。

② 顺时针旋转曲轴，使曲轴转过 1 缸"上止点"270°左右。

③ 将定位销 T10340 或 CT10340 以 30N·m 的力矩拧到气缸体上并拧到底。

④ 将曲轴沿发动机转动方向再次转动，直到转不动为止。

⑤ 如图 1-170 所示，变速器侧的两个凸轮轴上，每个凸轮轴上各有两个不对称的槽（见图中箭头）。在排气凸轮轴上，可以通过冷却液泵带轮上的孔进入凸轮轴上两个不对称的槽（见图中箭头）。

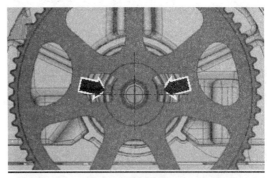

a) 排气侧

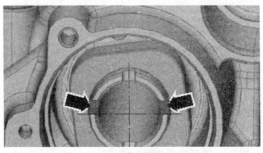

b) 进气侧

图 1-170 发动机正时标记位置

9) 使用定位扳手 T10172 或 CT10172 和适配器 T10172/2 或 CT10172/2 转动进、排气凸轮轴带轮。凸轮轴上有两个对称槽，两个不对称槽。在"上止点"位置时，不对称槽必须位于假想的水平中心线以上。

10) 凸轮轴位置不在"a"，描述位置时，旋松定位销 T10340 或 CT10340，并再转动曲轴，直至到达"上止点"位置。凸轮轴固定工具 CT10477 必须能很容易地放入安装位置。不能使用冲击工具安装凸轮轴固定工具。

11) 凸轮轴在"a"，描述状态时，凸轮轴固定工具 CT10477 插到凸轮轴不对称的槽内，并用螺栓拧紧。

12) 拆卸曲轴带轮。

13）旋出螺栓，取下正时带下部盖罩。

14）松开固定卡子（图1-171中3），脱开燃油供油管和活性炭罐电磁阀连接管（适用于New Santana 全新桑塔纳、New Polo 波罗）。

15）松开固定卡子3，脱开燃油供油管（适用于2013款 New Lavida 新朗逸、Gran Lavida 朗行、Cross Lavida 朗境）。旋出螺栓2。松开固定卡子（见图1-171中箭头），取下正时带上部盖板1。当心凸轮轴损坏，凸轮轴固定工具CT10477禁止作为固定支架使用。

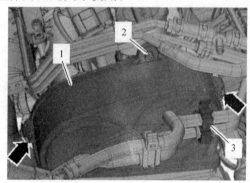

图1-171　拆卸正时罩盖上部

16）使用定位扳手T10172或CT10172和适配器T10172/2或CT10172/2旋出进气侧凸轮轴带轮的锁定螺栓。

17）使用定位扳手T10172或CT10172和适配器T10172/2或CT10172/2旋松螺栓1和2，旋松一圈，见图1-172。

图1-172　拆卸凸轮轴齿轮紧固螺栓

18）使用30mm的特殊扳手T10499或CT10499固定偏心轮上的张紧轮，松开螺栓。

19）将正时带从凸轮轴上脱开。

正时带运行时，使其在相反方向运行会导致设备损坏危险。拆卸正时带时，用粉笔或记号笔标出其运行方向，用于重新安装。

20）取下正时带。

21）取下正时带轮。

3. 正时带单元安装步骤

拧紧力矩提示：更换需要进一步旋转而拧紧的螺栓。损坏时更换锁定螺栓O形圈。

1）检查曲轴和凸轮轴的"上止点"位置。

2）将凸轮轴固定工具CT10477安装在凸轮轴箱上，见图1-173。

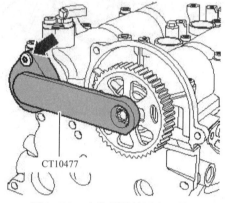

图1-173　安装凸轮轴固定工具

3）将定位销T10340或CT10340以30N·m的力矩拧到气缸体并拧到底。

4）将曲轴沿发动机转动方向转动，至限位位置。

5）更换凸轮轴带轮螺栓，然后将螺栓拧上，但不要拧紧。

6）凸轮轴带轮还要在凸轮轴上转动，但要防止其倾翻。

7）张紧轮的凸耳必须啮合在气缸盖的铸造孔上。

8）将正时带轮装到曲轴上。必须保证曲轴带轮和正时带轮的接触面无油脂。

9）正时带轮铣切面（如图1-174中箭头所示）必须放在曲轴销铣切面上。

图1-174　对齐正时齿轮与曲轴销的铣切面

10)如图1-175所示,按照给出的顺序放置正时带。

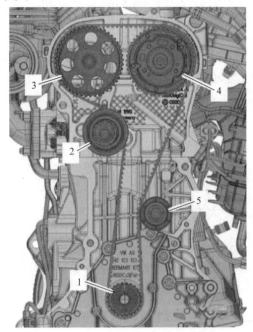

图1-175 正时带单元安装顺序
1—正时带轮 2—张紧轮 3—排气凸轮轴带轮
4—带调节器的进气凸轮轴带轮 5—导向轮

11)安装正时带下部盖罩。

12)安装曲轴带轮。

13)如图1-176所示,沿箭头方向转动30mm的特殊扳手T10499或CT10499(即转动张紧轮偏心轮2),直到设置指示针3位于设置窗右侧10mm处。

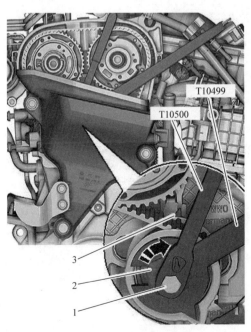

图1-176 设置正时张紧轮

14)偏心轮向回转,直到设置指示针正好位于设置窗口。

15)偏心轮保持在该位置并拧紧螺栓1,使用13mm特殊环形扳手T10500或CT10500。

提示:发动机继续转动或继续运行时,设置指示针3位置和设置窗口之间的距离很容易出现偏差。这对正时带张紧没有影响。

16)使用带适配器T10172/2或CT10172/2的定位扳手T10172或CT10172以50N·m的力矩拧紧凸轮轴齿轮紧固螺栓。

17)旋出定位销T10340或CT10340。

18)旋出固定工具螺栓,取出凸轮轴固定工具CT10477。

4. 发动机正时检查

1)将曲轴沿发动机转动方向转2圈。

2)将定位销T10340或CT10340以30N·m的力矩拧到气缸体上并拧到底。

3)将曲轴沿发动机转动方向继续转动,直到限位位置。

4)现在,定位销T10340或CT10340位于曲轴侧壁。定位销T10340或CT10340只在发动机转动方向上锁定曲轴。凸轮轴固定工具CT10477必须能够很容易地安装。不能使用冲击工具安装凸轮轴固定工具CT10477。

5)将凸轮轴固定工具CT10477插入到凸轮轴止点,用力拧紧螺栓。

6)如果凸轮轴固定工具CT10477无法安装,则配气相位不合格:重新调整配气相位。

7)如果凸轮轴固定工具CT10477能够安装,则配气相位合格。

8)旋出定位销T10340或CT10340。

9)旋出固定工具的安装螺栓,取出凸轮轴固定工具CT10477。

10)使用带适配器T10172/2-或CT10172/2的定位扳手T10172或CT10172,以50N·m的力矩拧紧螺栓1和2。

11)使用带适配器T10172/2或CT10172/2的定位扳手T10172或CT10172拧紧凸轮轴带轮的锁定螺栓。

12)最后检查,是否定位销T10340或CT10340和凸轮轴固定工具CT10477拆卸。

安装以拆卸的相反顺序进行。

1.6.2 大众 1.6L – CPDA 发动机（2013—2017）

该发动机正时链单元结构、拆装与调整和 CKAA 发动机相同，相关内容请参考 1.6.1 小节。

1.6.3 大众 1.4T – CSTA 发动机（2015—2016）

该款发动机正时带单元结构及拆装调整方法与 CSSA 相同，请参考 1.2.2 小节。

1.7 途安 – 途安（2009—2017 年款）

1.7.1 大众 1.4T – CSSA 发动机（2016—2017）

该款发动机也搭载于全新帕萨特车型上，相关内容请参考 1.2.2 小节。

1.7.2 大众 1.8T CUFA 发动机（2016—2017）

该款发动机正时带单元结构及拆装调整方法与 CUHA 发动机相同，请参考 1.1.1 小节。

1.7.3 大众 1.4T – CFBA 发动机（2010—2015）

该款发动机也搭载于全新帕萨特车型上，相关内容请参考 1.2.1 小节。

1.8 途观 – 途观（2009—2017 年款）

1.8.1 大众 1.4T – CFBA 发动机（2011—2015）

该款发动机也搭载于全新帕萨特车型上，相关内容请参考 1.2.1 小节。

1.8.2 大众 1.8T – CEAA 发动机（2009—2016）

该款发动机也搭载于全新帕萨特车型上，相关内容请参考 1.2.3 小节。

1.8.3 大众 2.0T – CGMA 发动机（2009—2016）

该款发动机正时单元结构、拆装与调整和 CEAA 发动机相同，相关内容请参考 1.2.3 小节。

1.8.4 大众 1.8T – CUFA 发动机（2017— ）

该款发动机正时带单元结构及拆装调整方法与 CUHA 发动机相同，请参考 1.1.1 小节。

1.8.5 大众 2.0T – CUGA 发动机（2017— ）

该款发动机正时带单元结构及拆装调整方法与 CUHA 发动机相同，请参考 1.1.1 小节。

1.8.6 大众 1.4T – CSSA 发动机（2017—2017）

该款发动机也搭载于全新帕萨特车型上，相关内容请参考 1.2.2 小节。

1.9 途昂（2017—2017 年款）

1.9.1 大众 2.0T – CUGA 发动机（2017— ）

该款发动机正时带单元结构及拆装调整方法与 CUHA 发动机相同，请参考 1.1.1 小节。

1.9.2 大众 2.0T – DBFC 发动机（2017— ）

该款发动机正时带单元结构及拆装调整方法与 CUHA 发动机相同，请参考 1.1.1 小节。

第2章 一汽大众

2.1 迈腾-B7L-B8L（2007—2017年款）

2.1.1 大众1.4T-CSSA发动机（2016—2017）

该款发动机也搭载于全新帕萨特车型上，相关内容请参考1.2.2小节。

2.1.2 大众1.8T-CUFA发动机（2016—　）

该款发动机正时带单元结构及拆装调整方法与CUHA发动机相同，请参考1.1.1小节。

2.1.3 大众2.0T-CUGA发动机（2016—　）

该款发动机正时带单元结构及拆装调整方法与CUHA发动机相同，请参考1.1.1小节。

2.1.4 大众1.4T-CFBA发动机（2010—2015）

该款发动机也搭载于全新帕萨特车型上，相关内容请参考1.2.1小节。

2.1.5 大众1.8T-CEAA发动机（2012—2016）

该款发动机也搭载于全新帕萨特车型上，相关内容请参考1.2.3小节。

2.1.6 大众2.0T-CGMA发动机（2012—2016）

该款发动机正时带单元结构、拆装与调整和CEAA发动机相同，相关内容请参考1.2.3小节。

2.1.7 大众3.0L-CNGA发动机（2012—2015）

该款发动机也搭载于全新帕萨特车型上，相关内容请参考1.2.7小节。

2.1.8 大众2.0L-BJZ发动机（2007—2008）

该款发动机正时带单元结构、拆装与调整和BNL发动机相似，相关内容请参考1.2.9小节。

2.1.9 大众1.8T-BYJ发动机（2007—2011）

该款发动机正时带单元结构、拆装与调整和CEAA发动机相似，相关内容请参考1.2.3小节。

2.1.10 大众2.0T-CBLA发动机（2008—2011）

该款发动机正时带单元结构、拆装与调整和CEAA发动机相似，相关内容请参考1.2.3小节。

2.2 速腾-全新速腾（2006—2017年款）

2.2.1 大众1.4T-CFBA发动机（2009—2015）

该款发动机也搭载于全新帕萨特车型上，相关内容请参考1.2.1小节。

2.2.2 大众1.8T-CEAA发动机（2012—2015）

该款发动机也搭载于全新帕萨特车型上，相关内容请参考1.2.3小节。

2.2.3 大众2.0T-CGMA发动机（2013—2016）

该款发动机正时带单元结构、拆装与调整和CEAA发动机相同，相关内容请参考1.2.3小节。

2.2.4 大众1.6L-CLRA发动机（2012—2015）

该发动机正时链单元结构、拆装与调整和CPJA发动机相同，相关内容请参考1.4.6小节。

2.2.5 大众1.6L-CPDA发动机
（2015—2016）

该发动机正时链单元结构、拆装与调整和CKAA发动机相同，相关内容请参考1.6.1小节。

2.2.6 大众1.4T-CSSA发动机
（2015—2016）

该款发动机也搭载于全新帕萨特车型上，相关内容请参考1.2.2小节。

2.2.7 大众1.4T-CSTA发动机
（2015—2017）

该款发动机正时带单元结构及拆装调整方法与CSSA发动机相同，请参考1.2.2小节。

2.2.8 大众1.4T-DAGA发动机
（2014—2015）

该款发动机正时带单元结构、拆装与调整和CFBA发动机相似，相关内容请参考1.2.1小节。

2.2.9 大众1.8T-BYJ发动机
（2007—2012）

该款发动机正时带单元结构、拆装与调整和CEAA发动机相似，相关内容请参考1.2.3小节。

2.2.10 大众1.6L-BWH发动机
（2006—2012）

该款发动机正时带单元结构、拆装与调整和BNL发动机相似，相关内容请参考1.2.9小节。

2.2.11 大众1.8L-BPL发动机
（2006—2008）

1. 正时带单元部件分解

发动机正时带单元部件如图2-1所示。

2. 正时带单元拆卸步骤

1）拆下发动机塑料罩盖。
2）拆下车辆底部隔音垫和右侧挡泥板。
3）拆下右侧增压空气冷却器的下部增压管路。
4）拆卸多楔带。
5）拆下多楔带张紧轮。

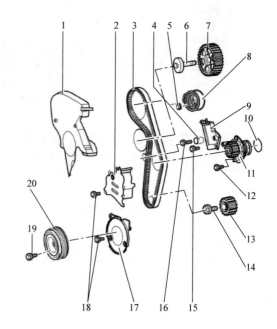

图2-1 大众BPL发动机正时带单元

1—正时带上部护罩 2—正时带中部护罩 3—正时带，在拆卸前标记正时带传动方向，检查磨损情况，不得弯折 4—导向轮 5—25N·m 6—65N·m+1/4圈（90°），松开和拧紧时使用固定支架3415 7—凸轮轴正时齿轮，注意安装位置：凸轮轴正时齿轮的窄棱边指向外侧且可看到上止点标记 8—张紧轮 9—正时带张紧装置 10—O形圈，损坏时更换 11—冷却泵 12—15N·m 13—曲轴正时带轮 14—90N·m+1/4圈（90°） 15—15N·m 16—20N·m 17—正时带下部护罩 18—10N·m 19—25N·m 20—带轮/减振器，只能在一个位置上进行安装

发动机已安装：曲轴位于1缸上止点，如图2-2所示。

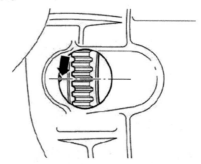

图2-2 曲轴置于上止点位置（发动机安装）

6）发动机已拆下：带轮/减振器位于1缸上止点，如图2-3所示。

提示：开始拆卸之前最好放掉冷却液。拆下冷却液储液罐固定螺钉，冷却液管路夹箍，拔下插头连接，拆卸小支架固定螺栓取下小支架。拆下冷却液管路夹箍，拆卸管路固定螺栓，移开冷

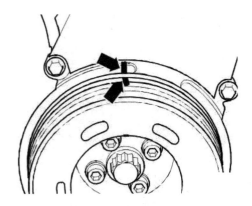

图 2-3 带轮位于上止点位置（发动机拆下）

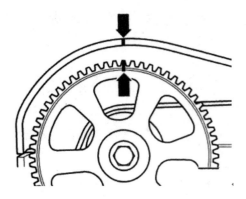

图 2-4 设置曲轴于上止点位置

却液管路。

7）拆下正时带上部护罩。

8）安装支撑装置 10—222A。

9）将螺杆钩子安装到右侧吊环中并略微预紧。松开车身上的发动机支架固定螺栓和机组支承螺栓。

10）将固定螺栓从发动机支架中拧出。将支架 T10014 拧到气缸体上冷却液泵上方的螺纹孔中，取下吊环拆下带轮/减振器。

11）拆下正时带下部和中部护罩。用一把内六角扳手插入张紧轮中的固定架内，并按压张紧装置，直到可通过插入锁止工具将张紧装置锁定到凹槽中。

12）将固定螺母从张紧轮上拧下。

13）松开正时带时拧出张紧装置的固定螺栓，并将张紧装置拆下。

14）取下正时带。然后将曲轴略微向反方向旋转。

3. 正时带单元安装步骤

1）把曲轴齿轮正时齿轮上的标记与气缸盖罩上的标记对齐。发动机已安装：曲轴位于 1 缸上止点。如图 2-4 所示。

发动机已拆下：减振器位于 1 缸上止点，如图 2-3 所示。

2）将偏心件用回转工具小心地顺时针转动。

3）将正时带安装到曲轴齿轮上（注意转动方向）。

4）将正时带安装到冷却液泵、张紧轮和凸轮轴正时齿轮上。

5）安装正时带的张紧装置。

6）将偏心件用回转工具逆时针转动，直到锁止工具可无应力地取下。

7）接着让张紧装置在其反作用力的作用下顺时针松开（此时偏心件的凸起朝挡块移动），直至达到尺寸"a"，尺寸"a"的标准值：(4±1) mm。如图 2-5 所示。

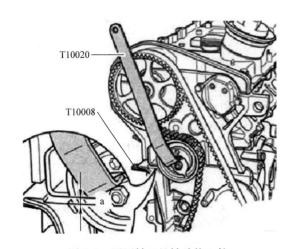

图 2-5 用回转工具转动偏心件

8）将张紧辊保持在这个位置上，并以 25N·m 的力拧紧。

9）安装正时带中部和下部护罩。先将发动机支架安装到气缸体上，然后将螺栓以 45N·m 的力拧紧。

10）安装带轮/减振器。

11）安装身上的发动机支架固定螺栓和机组支承螺栓。

2.2.12 大众 2.0L - BJZ 发动机（2006—2010）

该款发动机正时带单元结构、拆装与调整和 BNL 发动机相似，相关内容请参考 1.2.9 小节。

2.3 宝来-新宝来（2001—2017年款）

2.3.1 大众1.4T-CFBA发动机（2010—2016）

该款发动机也搭载于全新帕萨特车型上，相关内容请参考1.2.1小节。

2.3.2 大众1.6L-CLSA发动机（2010—2016）

该系列发动机正时链拆装步骤与CPJA发动机相同，相关内容请参考1.4.6小节。这里补充发动机正时检查与调整方法。

1. 发动机正时检查

1）拆卸空气滤清器。

2）拆下凸轮轴侧面密封盖罩。

3）拆下气缸1的火花塞。为此，使用顶拔器Hazet1849—7或顶拔器T10094和火花塞扳手Hazet4766—1。

4）如图2-6所示，将千分表适配器T10170旋入火花塞的孔中至极限位置。百分表1的凸台箭头A和千分表适配器T10170的第一个螺纹箭头B对齐，这样才能保证千分表/百分表的量程足够大。

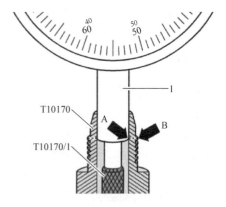

图2-6 安装百分表

5）旋入百分表V/35.1和加长件T10170/1至极限位置，并用锁止螺母锁定在该位置上。

6）沿发动机转动方向将曲轴转到气缸1的上止点。记住百分表上小指针的位置。

凸轮轴中的孔（见图2-7中箭头）必须如图2-7所示对准。否则将曲轴再旋转一圈（360°）。

如果曲轴转动的位置超过了上止点0.01mm，

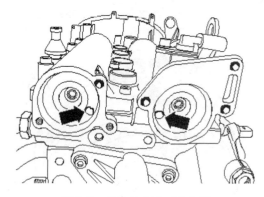

图2-7 凸轮轴中孔对准位置

应当沿发动机转动的相反方向把曲轴转回45°。接着沿发动机转动方向将曲轴转到气缸1的上止点。与气缸1上止点的允许偏差：±0.01mm。

7）把凸轮轴夹具T10171A装入凸轮轴开口中至极限位置。防松销（图2-8中箭头1，后同）必须嵌入孔（箭头2）中。必须能够从上面看到标记"TOP"（箭头3），见图2-8。

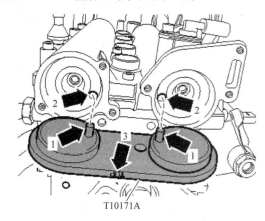

图2-8 安装凸轮轴夹具

如果不能把凸轮轴夹具T10171A装入凸轮轴开口中至极限位置，则气门正时不正确，必须重新进行调整。

如果能够把凸轮轴夹具T10171A装入凸轮轴开口中至极限位置，表示气门正时正常。

其余的安装以拆卸的相反顺序进行，安装过程中要注意下列事项：更换凸轮轴侧面盖罩密封圈时，应当在安装前用机油浸润。

2. 发动机正时调整

1）拆卸发动机正时带罩盖。

2）随后要旋转曲轴，应重新装入轴承套，曲轴带轮2，曲轴螺栓3，用扳手3415固定带轮，拧紧曲轴螺栓，见图2-9。

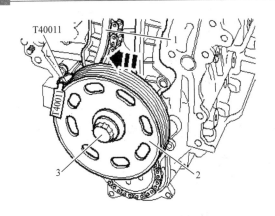

图 2-9 安装曲轴螺栓

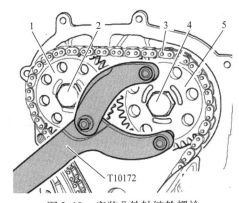

图 2-10 安装凸轮轴链轮螺栓

3）拆下气缸 1 的火花塞。为此，使用顶拔器 Hazet1849—7 或顶拔器 T10094 和火花塞扳手 Hazet4766—1。

4）将千分表适配器 T10170 旋入火花塞的孔中至极限位置。百分表的凸台和千分表适配器 T10170 的第一个螺纹对齐，这样才能保证千分表/百分表的量程足够大。

5）旋入百分表 V/35.1 和加长件 T10170/1 至极限位置，并用锁止螺母锁定在该位置上。

6）沿发动机转动方向将曲轴转到气缸 1 的上止点。记住千分表/百分表上小指针的位置。

7）接着沿发动机旋转方向旋转曲轴 45°。

8）沿箭头方向按压张紧导 1 并用防松销 T40011 锁定活塞，见图 2-9。

9）用彩色记号笔标出正时链条 3 的转动方向。

10）旋出螺栓 2 和 4，并拆下带正时链条 3 的正时齿轮。拆卸时，用定位扳手 T10172 固定链轮，见图 2-10。

11）重新安装正时齿轮 1 和 5。使用新的凸轮轴正时齿轮固定螺栓，见图 2-10。

12）重新装入螺栓 2 和 4，并拧紧至 50N·m（用定位扳手 T10172 固定链轮）。以上部件均见图 2-10。

13）旋转进气和排气凸轮轴直至能够将凸轮轴夹具 T10171A 推入凸轮轴孔中至极限位置。防松销（箭头 1）必须嵌入孔（箭头 2）中。必须能够从上面看到标记"TOP"（箭头 3），以上均见图 2-8。转动时不允许轴向推动凸轮轴。

14）用手装入一个 M6 螺栓（不要拧紧）来固定凸轮轴夹具 T10171A。

15）旋出凸轮轴正时齿轮螺栓。拆卸时，必须使用定位扳手 T10172。不允许将凸轮轴夹具 T10171A 用作止动工具。

16）拆下一个凸轮轴正时齿轮。

17）把正时链条放在正时齿轮上，注意链条的转动方向，并再一次安装凸轮轴正时齿轮。

18）拧紧新的凸轮轴螺栓直至凸轮轴正时齿轮仍然能够被凸轮轴转动为止。

19）通过拆下防松销 T40011 张紧正时链条。

20）沿发动机转动方向将曲轴转到气缸 1 的上止点。与气缸 1 上止点的允许偏差：±0.01mm。

如果曲轴转动的位置超过了上止点 0.01mm，应当沿发动机转动的相反方向把曲轴转回 45°。接着沿发动机转动方向将曲轴转到气缸 1 的上止点。

21）用定位扳手 T10172 将凸轮轴正时齿轮固定在此位置上，接着拧紧螺栓至 50N·m。拧紧凸轮轴螺栓时不允许转动曲轴，并且两侧的正时链条都应当处于张紧状态。

22）拆下凸轮轴夹具 T10171A。

23）沿发动机转动方向旋转曲轴两圈至气缸 1 的上止点。与气缸 1 上止点的允许偏差：±0.01mm。

24）把凸轮轴夹具 T10171A 装入凸轮轴开口中至极限位置。如果不能安装凸轮轴夹具 T10171A：重复调整操作。

25）如果能够安装凸轮轴夹具 T10171A：拆下凸轮轴夹具 T10171A，用定位扳手 T10172 固定凸轮轴正时齿轮，并用呆扳手继续拧紧螺栓 2 和 4，都再拧紧 90°（1/4 圈）。拧紧时不允许旋转凸轮轴正时齿轮。

26）再一次沿发动机转动方向旋转曲轴两圈

至气缸1的上止点。与气缸1上止点的允许偏差：±0.01mm。

27）把凸轮轴夹具T10171A装入凸轮轴开口中至极限位置。如果不能安装凸轮轴夹具T10171A凸轮轴夹具：重复调整操作。

28）其余的安装以拆卸的相反顺序进行，安装过程中要注意下列事项：

29）安装气门正时壳体。

30）安装多楔带。

31）更换凸轮轴侧面盖罩密封圈时，应当在安装前用机油浸润。

2.3.3　大众1.6L-CSRA发动机（2016—2017）

该发动机正时链单元结构、拆装与调整和CKAA发动机相同，相关内容请参考1.6.1小节。

2.3.4　大众1.4T-CSTA发动机（2016—2017）

该款发动机正时带单元结构及拆装调整方法与CSSA相同，请参考1.2.2小节。

2.3.5　大众2.0L-CENA发动机（2008—2010）

该款发动机正时带单元结构、拆装与调整和BNL发动机相似，相关内容请参考1.2.9小节。

2.3.6　大众1.6L-BWH发动机（2008—2010）

该款发动机正时带单元结构、拆装与调整和BNL发动机相似，相关内容请参考1.2.9小节。

2.3.7　大众1.6L-BWG发动机（2006—2008）

该款发动机正时带单元结构、拆装与调整和BNL发动机相似，相关内容请参考1.2.9小节。

2.4　全新捷达（2013—2017年款）

2.4.1　大众1.4L-CKAA发动机（2013—2017）

该款发动机也搭载于全新帕萨特车型上，相关内容请参考1.6.1小节。

2.4.2　大众1.6L-CPDA发动机（2013—2016）

该发动机正时链单元结构、拆装与调整和CKAA发动机相同，相关内容请参考1.6.1小节。

2.4.3　大众1.4T-CSTA发动机（2015—2017）

该款发动机正时带单元结构及拆装调整方法与CSSA相同，请参考1.2.2小节。

2.4.4　大众1.5L-DCFA发动机（2017—　）

该发动机正时链单元结构、拆装与调整和CKAA发动机相同，相关内容请参考1.6.1小节。

2.5　高尔夫A6-A7-嘉旅（2001—2017年款）

2.5.1　大众1.4T-CSSA发动机（2014—2017）

该款发动机也搭载于全新帕萨特车型上，相关内容请参考1.2.2小节。

2.5.2　大众1.4T-CSTA发动机（2014—2017）

该款发动机正时带单元结构及拆装调整方法与CSSA发动机相同，请参考1.2.2小节。

2.5.3　大众1.6L-CSRA发动机（2014—2017）

该发动机正时链单元结构、拆装与调整和CKAA发动机相同，相关内容请参考1.6.1小节。

2.5.4　大众2.0T-CUGA发动机（2016—　）

该款发动机正时带单元结构及拆装调整方法与CUHA发动机相同，请参考1.1.1小节。

2.5.5　大众1.2T-CYAA发动机（2015—2017）

该款发动机正时带单元结构及拆装调整方法

与 CSSA 发动机相同，请参考 1.2.2 小节。

2.5.6 大众 1.4T – DBVA 发动机（2015—2016）

该款发动机正时带单元结构及拆装调整方法与 CSSA 发动机相同，请参考 1.2.2 小节。

2.5.7 大众 1.4T – CFBA 发动机（2009—2014）

该款发动机也搭载于全新帕萨特车型上，相关内容请参考 1.2.1 小节。

2.5.8 大众 2.0T – CGMA 发动机（2009—2014）

该款发动机正时带单元结构、拆装与调整和 CEAA 发动机相同，相关内容请参考 1.2.3 小节。

2.5.9 大众 1.6L – CLRA 发动机（2009—2014）

该发动机正时链单元结构、拆装与调整和 CPJA 发动机相同，相关内容请参考 1.4.6 小节。

2.5.10 大众 1.6L – BWG 发动机（2006—2008）

该款发动机也搭载于波罗车型上，相关内容请参考 1.5.8 小节。

2.5.11 大众 1.8L – BAF 发动机（2001—2008）

该发动机正时链单元结构、拆装与调整和 BPL 发动机相似，相关内容请参考 2.2.11 小节。

2.6 CC（2010—2017 年款）

2.6.1 大众 3.0L – CNGA 发动机（2012—2016）

该款发动机也搭载于全新帕萨特车型上，相关内容请参考 1.2.7 小节。

2.6.2 大众 1.8T – CEAA 发动机（2010—2016）

该款发动机也搭载于全新帕萨特车型上，相关内容请参考 1.2.3 小节。

2.6.3 大众 2.0T – CGMA 发动机（2010—2017）

该款发动机正时带单元结构、拆装与调整和 CEAA 发动机相同，相关内容请参考 1.2.3 小节。

2.7 蔚领 C（2017— ）

2.7.1 大众 1.4T – CSTA 发动机（2017— ）

该款发动机正时带单元结构及拆装调整方法与 CSSA 发动机相同，请参考 1.2.2 小节。

2.7.2 大众 1.6L – CSRA 发动机（2017— ）

该发动机正时链单元结构、拆装与调整和 CKAA 发动机相同，相关内容请参考 1.6.1 小节。

第3章 上汽通用别克

3.1 君越（2006—2017年款）

3.1.1 通用1.5T-LFV发动机（2016—2018）

1. 正时链单元部件分解

发动机正时链单元部件如图3-1所示。

2. 发动机正时检查

1）移除凸轮轴盖

2）如图3-2所示，将发动机调整到气缸1燃烧行程的上止点（TDC）位置。朝发动机转动方向转动曲轴，直到标记（1、2）在一条线上。在曲轴扭转减振器螺栓3处转动。

3）安装EN-51367固定工具1，见图3-3。

注意：凸轮轴位置执行器上的标记必须位于12点钟位置。

4）如果可以安装EN—51367固定工具，表明发动机正时调整正确。

5）如果不能安装EN—51367固定工具，则参见凸轮轴正时链条的调整。

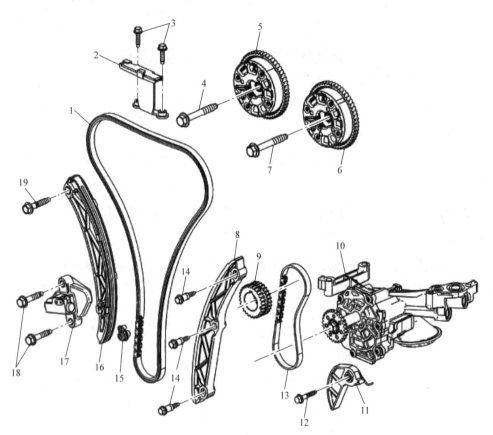

图3-1 通用LFV发动机正时链单元

1—正时链条 2—正时链条导板-至气缸盖 3—正时链条导板螺栓 4—凸轮轴位置执行器螺栓 5—凸轮轴位置执行器总成—进气 6—凸轮轴位置执行器总成—排气 7—凸轮轴位置执行器螺栓 8—正时链条导板—排气侧 9—曲轴链轮 10—机油泵总成 11—机油泵传动链条张紧器总成 12—机油泵传动链条张紧器螺栓 13—机油泵传动链条 14—正时链条导板螺栓（数量：3） 15—正时链条机油喷嘴 16—正时链条张紧器蹄片总成 17—正时链条张紧器总成 18—正时链条张紧器螺栓 19—正时链条张紧器蹄片螺栓

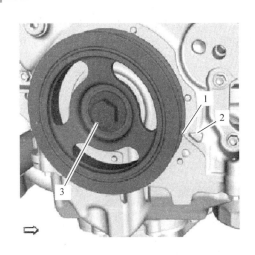

图 3-2 设置 TDC 位置

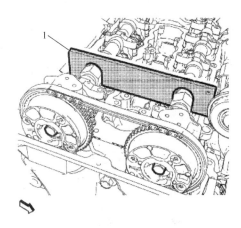

图 3-3 安装凸轮轴固定专用工具

6）拆下 EN—51367 固定工具。
7）安装凸轮轴盖。

3. 发动机正时调整

（1）拆卸程序

1）移除空气滤清器总成。
2）移除凸轮轴盖。
3）移除前轮罩衬板。
4）调整发动机达气缸 1 燃烧行程的上止点（TDC）。朝发动机转动方向转动曲轴，直到标记（1，2）在一条线上。在曲轴扭转减振器螺栓 3 处转动，图 3-2。
5）安装 EN‑51367 固定工具。注意：凸轮轴位置执行器上的标记必须位于约 12 点钟位置。
6）如果可以安装 EN‑51367 固定工具，表明发动机正时调整正确。
7）如果不能安装 EN‑51367 固定工具，则转动曲轴，直到可以安装 EN‑51367 固定工具。
8）检查曲轴的位置。曲轴必须设置达上止点（曲轴扭转减振器上的标记 1 和标记 2，见图 3-2）。
9）如果标记（1，2）未对齐，则将发动机设置至上止点，参见步骤2），见图 3-2。
10）拆下 EN‑51367 固定工具。
11）正时链条上导板的更换？
12）举升和顶起车辆。
13）从发动机前盖 3 上拆下发动机前盖孔塞 1，见图 3-4。
14）拆下密封圈 2，见图 3-4。

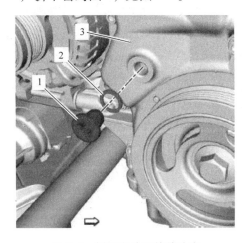

图 3-4 拆下发动机前盖孔塞

15）将 EN—51397—2 固定器 2 预安装到凸轮轴正时链条 3 的进气侧，见图 3-5。
16）将 EN—51397—1 固定器 5 安装到凸轮轴正时链条的排气侧，见图 3-5。
17）用手牢牢拧紧拨轮（1，4），见图 3-5。
18）将螺栓 6 拧紧至 5N·m，见图 3-5。

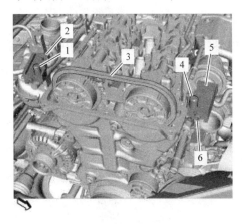

图 3-5 安装固定器工具

19）如图 3-6 所示，检查安装正时链条张紧器的发动机前盖孔塞孔 2。

20）通过杆 3 来识别正时链条张紧器设计 A，见图 3-6。

21）通过释放卡扣 1 来识别正时链条张紧器设计 B，见图 3-6。

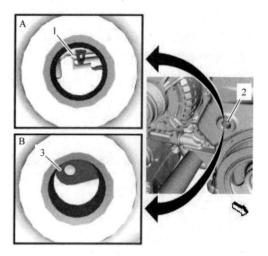

图 3-6　检查孔塞盖

① 略微解除活塞 2 的张力，直到杆 1 可以通过朝箭头方向旋转杆 3 而解锁，见图 3-7。

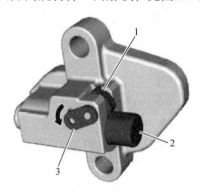

图 3-7　设置张紧器

② 将活塞 1 整个推回张紧器中，直至旋转杆 2 不可锁止在该位置，见图 3-8。

图 3-8　设置张紧器

③ 松开活塞 1 的张力，直到三个棘爪松开。听到咔嗒声表明三个棘爪已松开，见图 3-9。

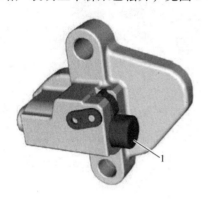

图 3-9　设置张紧器

④ 向活塞施加张力，直到旋转杆 1 转回到锁止位置，此时，旋转杆上的孔与张紧器壳体上的孔对齐，见图 3-10。

⑤ 使用合适的固定销 2 将杆固定在此位置，见图 3-10。

图 3-10　设置张紧器

22）将一个适合的扳手安装到进气凸轮轴上。注意使用张紧器设计 1 旋转进气凸轮轴时，请遵循步骤 21 中的①~⑤。紧固力必须轻轻施加在扳手上。用力过大将导致正时链条重叠，造成严重的发动机损坏。

23）略微地顺时针转动进气凸轮轴，向链条张紧器施加张力。

24）拆下扳手。注意正时链条张紧器现在处于锁定位置 1。

25）如图 3-11 所示使用合适的 3mm 固定销来固定正时链条张紧器。

26）将 EN-51397-2 固定器固定到凸轮轴正时链条的进气侧。

27）将 EN-51397-2 固定器的螺栓 2 紧固

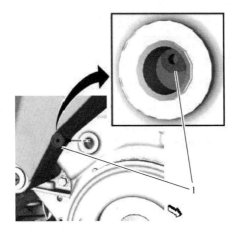

图3-11 张紧器锁定位置

至5N·m。注意正时链条可以在两个凸轮轴位置执行器之间上下移动。

28）如图3-12所示检查链条松弛度，如果未达到足够松的程度，则参考步骤20）至26）所述的链条张紧器详细说明进行操作。向链条张紧器施加、解除张紧力。

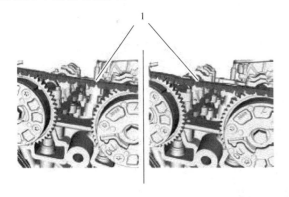

图3-12 检查张紧力

29）拆下并报废进气凸轮轴位置执行器螺栓。注意凸轮轴正时链条将由EN—51397—1固定器进行固定。

30）拆下进气凸轮轴位置执行器。

31）调整凸轮轴位置执行器，直到可以安装EN—51367固定工具。

（2）安装程序

1）安装排气凸轮轴位置执行器1。

2）如图3-13所示，重新调节凸轮轴，直到定位销2与凸轮轴3接合。注意使用一个适合的工具固定住凸轮轴。

3）安装排气凸轮轴位置执行器螺栓，4并紧固至：

① 第一遍紧固至20N·m。

② 最后一遍利用EN—45059量表再紧固90°。

图3-13 安装排气凸轮轴调节器

4）凸轮轴位置执行器上的标记2必须位于约12点钟位置，见图3-14。

图3-14 凸轮轴执行器标记在12点钟位置

以下部件见图3-15。

5）松开螺栓6。

6）松开螺栓1，4。

7）拆下EN-51397-2固定器2。

8）拆下EN-51397-1固定器5。

9）拆下EN-51367固定工具。

10）将销钉从正时链条张紧器上拆下，位置见图3-11。

11）通过曲轴扭转减振器螺栓朝发动机旋转方向将曲轴转动720°。

12）将发动机调整到气缸1燃烧行程的上止点（TDC）位置。朝发动机旋转方向转动曲轴，直到标记（1、2）在一条线上。在曲轴扭转减振器螺栓3处转动，见图3-2。

13）安装EN-51367固定工具。

14）如果可以安装EN-51367固定工具，表

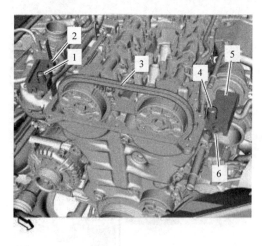

图 3-15 拆下固定工具

明发动机正时调整正确。

15）拆下 EN-51367 固定工具。
16）安装密封圈。
17）安装发动机前盖孔塞并紧固至 50N·m。
18）降低车辆。
19）安装正时链条上导板。
20）安装前轮罩衬板。
21）安装凸轮轴盖。
22）安装空气滤清器总成。

3.1.2 通用 2.0T-LDK 发动机（2011—2015）

1. 正时链单元部件分解

发动机正时链单元部件如图 3-16 所示。

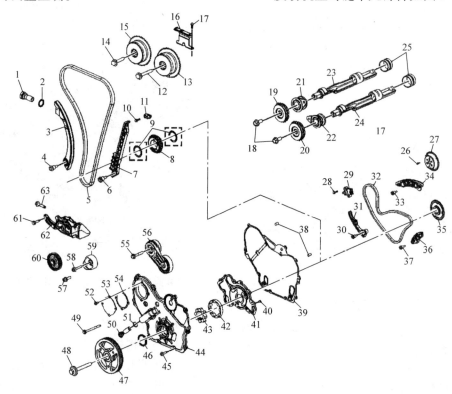

图 3-16 通用 LDK 发动机正时链单元

1—正时链条张紧器体 2—正时链条张紧器密封件 3—可调式正时链条导板 4—可调式正时链条导板螺栓 5—正时链条 6—固定式正时链条导板螺栓 7—固定式正时链条导板 8—正时链条传动链轮 9—摩擦垫圈（如装备） 10—正时链条机油喷嘴螺栓 11—正时链条机油喷嘴 12—凸轮轴位置执行器螺栓 13—进气凸轮轴位置执行器 14—凸轮轴位置执行器螺栓 15—排气凸轮轴位置执行器 16—正时链条上导板 17—正时链条上导板螺栓 18—平衡轴传动链条螺栓 19—排气平衡轴传动链轮 20—进气平衡轴传动链轮 21—排气平衡轴轴承托架 22—进气平衡轴轴承托架 23—排气平衡轴 24—进气平衡轴 25—平衡轴后承 26—水泵传动链轮螺栓 27—水泵传动链轮 28—平衡轴传动链条张紧器总成螺栓 29—平衡轴传动链条张紧器总成 30—可调式平衡轴传动链条导板螺栓 31—可调式平衡轴传动链条导板 32—平衡轴传动链条 33—平衡轴传动链条导板螺栓 34—平衡轴传动链条导板 35—平衡轴传动链轮 36—平衡轴传动链条导板 37—平衡轴传动链条导板螺栓 38—发动机前盖定位销 39—发动机前盖衬垫 40—机油泵螺栓 41—机油泵盖 42—机油泵齿轮 43—机油泵内转子 44—发动机前盖 45—发动机前盖螺栓 46—曲轴前油封 47—曲轴扭转减振器 48—曲轴扭转减振器螺栓 49—发动机前盖螺栓 50—机油泄压阀 51—机油泄压阀 O 形密封圈 52—水泵链轮检修盖螺栓 53—水泵链轮检修盖 54—水泵链轮检修盖衬垫 55—皮带张紧器螺栓 56—皮带张紧器 57—皮带张紧器螺栓 58—皮带张紧器皮带轮螺栓 59—皮带张紧器 60—动力转向泵皮带轮 61—动力转向泵螺栓 62—动力转向泵支架 63—动力转向泵支架螺栓

2. 正时链单元安装步骤

注意：发动机已设置正时上止点排气行程。

1）确保进气凸轮轴槽口 2 位于 5 点钟位置，且排气凸轮轴槽口 1 位于 7 点钟位置。1 号活塞应位于上止点（TDC）位置，曲轴键位于 12 点钟位置。如图 3-17 所示。

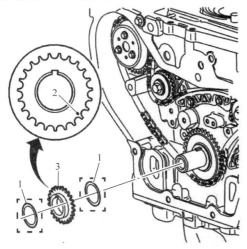

图 3-17　设置 1 号活塞于 TDC 位置

2）安装摩擦垫圈 1（若装备）。

3）将正时链条传动链轮 3 安装至曲轴上，正时标记 2 在 5 点钟位置，且链轮前部朝外。

4）若装备，安装其余的摩擦垫圈 1。以上均见图 3-17。

特别注意：正时链条上有 3 节彩色链节。2 节链节是一样的颜色，1 节链节是特殊颜色。执行以下程序以将链节对准执行器。定位链条，使彩色链节可见。务必使用新的执行器螺栓。

5）正时标记对准有特殊颜色的链节 1，将进气凸轮轴执行器装配到正时链条上，见图 3-18。

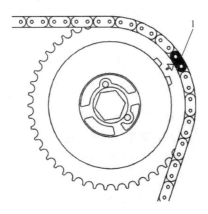

图 3-18　正时标记对准带色链节

6）降下正时链条，穿过气缸盖的开口。小心并确保链条围绕在气缸体凸台 1、2 的两侧，见图 3-19。

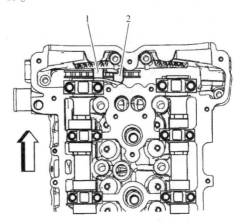

图 3-19　将链条围绕在气缸体凸台两侧

7）定位销对准凸轮轴槽，同时将进气凸轮轴执行器安装在进气凸轮轴上。

8）用手拧紧新的进气凸轮轴执行器螺栓。

9）将正时链条包绕在曲轴链轮上，将第一节相同颜色的链节 1 对准曲轴链轮上的正时标记，大约在 5 点钟位置，见图 3-20。

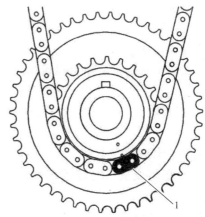

图 3-20　曲轴正时标记对准正时链带色链节

10）顺时针转动曲轴以消除所有链条间隙。切勿转动进气凸轮轴。

11）将可调正时链条导板向下安装穿过气缸盖的开口，并安装可调正时链条螺栓。将可调正时链条导板螺栓紧固至 10N·m。

12）正时标记对准第二节相同颜色的链节，将排气凸轮轴执行器 1 安装至正时链条上，如图 3-21 所示。

13）定位销对准凸轮轴槽，同时将排气凸轮

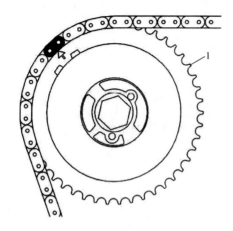

图 3-21　正时标记对准第二节相同颜色的链节

轴执行器安装到排气凸轮轴上。

14）用 23mm 的呆扳手转动排气凸轮轴约 45°，直至凸轮轴执行器中的定位销进入凸轮轴槽。

15）执行器就位于凸轮上时，用手拧紧新的排气凸轮轴执行器螺栓。

16）检查并确认所有彩色链节与相应的正时标记仍对准。否则，重复该部分程序以对准正时标记。

17）安装固定正时链条导板和螺栓，并将其紧固至 12N·m。

18）安装正时链条上导板和螺栓，并将其紧固至 10N·m。

19）通过执行以下步骤，重置正时链条张紧器：

①拆下卡环。

②将活塞总成从正时链条张紧器主体上拆下。

③将 EN—45027—2 基座 2 安装到台钳中，见图 3-22。

④将活塞总成的缺口端安装至 EN—45027—2 基座 2。

⑤使用 EN—45027—1 张紧器 1，将棘爪气缸转入活塞内。如图 3-22 所示。

⑥将活塞总成重新安装至张紧器主体内。

⑦安装卡环。

20）检查正时链条张紧器密封件是否损坏。如有损坏，则更换密封件。

21）检查并确保所有的污物和碎屑已从气缸盖的正时链条张紧器螺纹孔中清除。

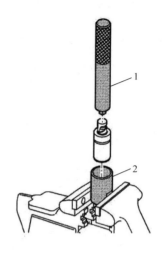

图 3-22　重置正时链条张紧器

注意：在整个拧紧过程中，确保正时链条张紧器密封件居中，以避免机油泄漏。将正时链条张紧器压缩 2mm 以将其松开，这将释放棘爪中的锁紧机构。必须安装曲轴平衡器以便释放张紧器。

22）安装正时链条张紧器总成并紧固至 75N·m。

23）安装锁止专用工具并将气缸盖中的螺栓紧固至 10N·m。使用扭力扳手，将凸轮轴执行器螺栓紧固至 30N·m，然后再紧固 100°。

24）使用扭力扳手，将凸轮轴执行器螺栓紧固至 30N·m，然后再紧固 100°。

25）拆下锁止专用工具。

26）安装正时链条机油喷嘴和螺栓并将其紧固至 10N·m。

27）将密封胶涂抹在正时链条导板螺栓检修孔塞的螺纹上。

28）安装正时链条导板螺栓检修孔塞并紧固至 75N·m。

3.1.3　通用 2.4L – LAF/LUK 发动机（2011—2015）

1. 正时链单元部件分解

发动机正时链单元部件如图 3-23 所示。

2. 正时链单元拆卸步骤

1）拆下凸轮轴盖。

2）拆下 1 号气缸火花塞。

3）向发动机旋转的方向顺时针转动曲轴，直到 1 号活塞处于排气行程的上止点（TDC）。

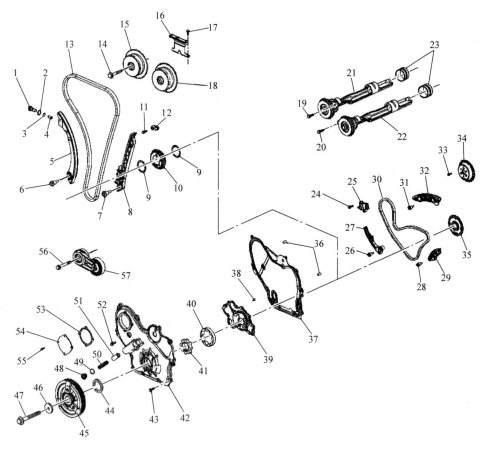

图3-23 通用LAF/LUK发动机正时链单元

1—正时链条张紧器体 2—正时链条张紧器垫圈 3—正时链条张紧器O形圈密封件 4—正时链条张紧器柱塞 5—可调式正时链条导板 6—可调式正时链条导板螺栓 7—固定式正时链条导板螺栓 8—固定式正时链条导板 9—摩擦垫圈 10—正时链条传动链轮 11—正时链条机油喷嘴螺栓 12—正时链条机油喷嘴 13—正时链条 14—凸轮轴位置执行器螺栓 15—排气凸轮轴位置执行器 16—正时链条上导板 17—正时链条上导板螺栓 18—进气凸轮轴位置执行器 19—排气平衡轴总成螺栓 20—进气平衡轴总成螺栓 21—排气平衡轴总成 22—进气平衡轴总成 23—平衡轴后轴承 24—平衡轴传动链条张紧器总成螺栓 25—平衡轴传动链条张紧器总成 26—可调式平衡轴传动链条导板螺栓 27—可调式平衡轴传动链条导板 28—平衡轴传动链条导板螺栓 29—平衡轴传动链条导板 30—平衡轴传动链条 31—平衡轴传动链条导板螺栓 32—平衡轴传动链条导板 33—水泵传动链轮螺栓 34—水泵传动链轮 35—平衡轴传动链轮 36—发动机前盖定位销 37—发动机前盖衬垫 38—机油泵盖螺栓 39—机油泵盖 40—机油泵外齿轮 41—机油泵内齿轮 42—发动机前盖 43—发动机前盖螺栓 44—曲轴前密封件 45—曲轴扭转减振器 46—曲轴扭转减振器垫圈 47—曲轴扭转减振器螺栓 48—机油泄压阀塞 49—机油泄压阀O形圈密封件 50—机油泄压阀弹簧 51—机油泄压阀柱塞 52—水泵螺栓 53—发动机前盖检修板衬垫 54—发动机前盖检修板 55—发动机前盖检修板螺栓 56—皮带张紧器螺栓 57—皮带张紧器

4) 拆下发动机前盖。

5) 拆下正时链条上导板螺栓和导板。在拆下正时链条之前，必须拆下正时链条张紧器以释放链条的张力。如果不这样做，正时链将倾斜并且难以拆下。

6) 拆下正时链条张紧器。

7) 在排气凸轮轴六角头上安装1把24mm呆扳手，以便支撑凸轮轴。

8) 拆下并废弃排气凸轮轴执行器螺栓。

9) 从凸轮轴和正时链条拆下排气凸轮轴执行器。

10) 拆下正时链条张紧器导板螺栓和导板。

11) 拆下固定式正时链条导板检修塞。

12) 拆下固定式正时链条导板螺栓和导板。

13) 在进气凸轮轴六角头上安装1把24mm呆扳手，以便支撑凸轮轴。

14) 拆下并废弃进气凸轮轴执行器螺栓。

15) 通过气缸盖顶部，拆下进气凸轮轴执行器和正时链条。

带SIDI直喷的Ecotec4缸发动机，下正时链条曲轴齿轮可能配备了安装在下正时链条曲轴齿轮前面的第二个间隔垫圈。外垫片/垫圈位于曲轴/平衡器带轮和下正时齿轮之间，在拆下带轮后可以保持原位。垫片/垫圈的表面上有一个圆点/标记，可能会被误认为是下正时标记。如果适用，必须拆下垫圈，以便查看下曲轴齿轮上的正确正时标记。

16）拆下外摩擦垫圈（如装备）。

17）确保曲轴齿轮正时标记处于5点钟位置且曲轴键处于12点钟位置。

18）拆下曲轴链轮。

19）拆下内摩擦垫圈。

3. 正时链单元安装步骤

1）确保进气凸轮轴槽口处于5点钟位置2，且排气凸轮轴槽口处于7点钟位置1，见图3-24。1号活塞应处于上止点（TDC），曲轴键处于12点钟位置。如果配备了下列发动机：LE5、LE9、LAT、LNF、LDK、LHU、LTD、LBN 或 2010款LAF，确保进气凸轮轴槽口处于5点钟位置，且排气凸轮轴槽口处于7点钟位置，见图3-25。

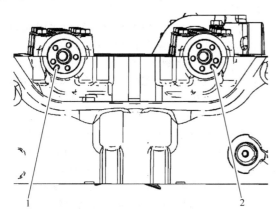

图3-24 设置进排气凸轮轴槽口位置（一）

2）确保进气凸轮轴槽口处于10点钟位置2，且排气凸轮轴槽口处于7点钟位置1。1号活塞应处于上止点（TDC），曲轴键处于12点钟位置。如果配备了下列发动机：LAP、LE8、LEA、LUK，或2011款LAF及更新发动机，确保进气凸轮轴槽口处于10点钟位置，且排气凸轮轴槽口处于7点钟位置。

注意：带SIDI直喷的Ecotec4缸发动机，下正时链条曲轴齿轮可能配备了安装在下正时链条

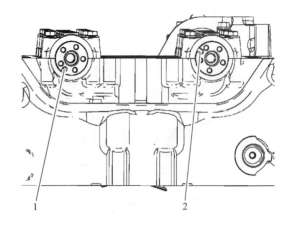

图3-25 设置进排气凸轮轴槽口位置（二）

曲轴齿轮前面的第二个间隔垫圈。外垫片/垫圈位于曲轴/平衡器带轮和下正时齿轮之间，在拆下带轮后可以保持原位。垫片/垫圈的表面上有一个圆点/标记，可能会被误认为是下正时标记。如果适用，必须拆下垫圈，以便查看下曲轴齿轮上的正确正时标记。

3）安装内摩擦垫圈1，见图3-26。

4）安装曲轴链轮，使正时标记2处于5点钟位置且朝外。

5）安装外摩擦垫圈1（如装备）。以上部件见图3-26。

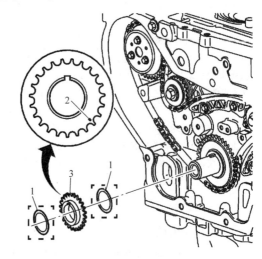

图3-26 安装曲轴链轮

6）将进气凸轮轴执行器装配到正时链条中，使正时标记对准具有独特颜色的链节1，见图3-27。正时链条上有3节彩色链节。2节链节具有相同的颜色，1节链节具有独特的颜色。使用下面的程序将链节对准执行器。定位链条，使彩色链节可见。务必使用新的执行器螺栓。

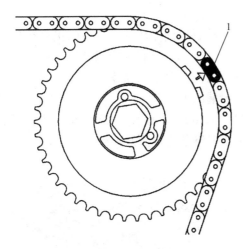

图3-27 对准进气凸轮轴正时标记

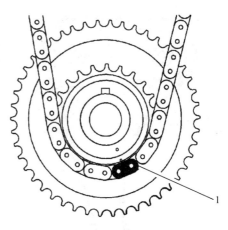

图3-29 对准曲轴链轮正时标记

7）通过气缸盖中的开口降低正时链条。注意确保链条围绕在气缸体凸台（1，2）的两侧，见图3-28。

务必安装新的执行器螺栓。

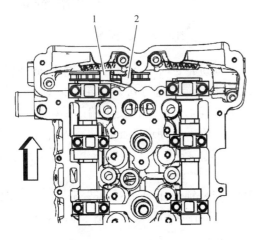

图3-28 正时链穿越位置

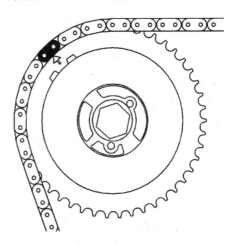

图3-30 对准排气凸轮轴正时标记

8）将进气凸轮轴执行器安装到进气凸轮轴上，同时将定位销对准凸轮轴槽。

9）用手拧紧新的进气凸轮轴执行器螺栓。

10）将正时链条包绕在曲轴链轮上，将第一节具有相同颜色的链节1对准曲轴链轮上的正时标记，大约在5点钟位置，见图3-29。

11）如果适用，安装摩擦垫圈。

12）顺时针转动曲轴以消除所有链条松弛。切勿转动进气凸轮轴。

13）通过气缸盖中的开口向下安装可调式正时链条导板，然后安装可调式正时链条螺栓。将可调式正时链条导板螺栓拧紧至10N·m。

14）将排气凸轮轴执行器安装至正时链条中，使正时标记对准第二节具有相同颜色的链节。

15）将排气凸轮轴执行器安装到排气凸轮轴上，使定位销对准凸轮轴槽。

16）使用24mm呆扳手，将排气凸轮轴转动约45°，直至凸轮轴执行器中的定位销进入凸轮轴槽中。

17）当执行器坐落到凸轮上时，用手拧紧新的排气凸轮轴执行器螺栓。

18）确认所有彩色链节与相应的正时标记仍对准，见图3-31。如果它们没有对准，重复必要的部分程序以对准正时标记。

19）安装固定式正时链条导板和螺栓。将固定式正时链条导板螺栓拧紧至10N·m。

20）安装正时链条上导板和螺栓。将正时链条上导板螺栓拧紧至10N·m。

21）执行以下步骤，重置正时链条张紧器，见图3-32：

① 拆下卡环。

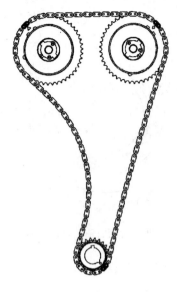

图3-31 正时链标记对准

② 从正时链条张紧器体拆下活塞总成。

③ 从活塞总成拆下密封环。

④ 将专用工具 EN-45027-2（2）安装到台虎钳中。

⑤ 将活塞总成的凹槽端安装到专用工具 EN-45027-2（2）中。

⑥ 使用专用工具 EN-45027-1（1），将棘轮滚筒旋入活塞内。

⑦ 将密封环重新安装到活塞总成上。

⑧ 将活塞总成重新安装到张紧器体内中。

⑨ 安装卡环。

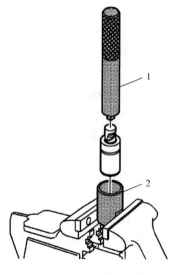

图3-32 设置张紧器

22）检查正时链条张紧器密封件是否损坏。如果损坏，则更换密封件。

23）检查以确保从气缸盖中的正时链条张紧器螺纹孔中清除了所有污物和碎屑。在整个拧紧程序中，确保正时链条张紧器密封件居中，以排除机油泄漏的可能性。

24）如图3-33所示，安装正时链条张紧器总成。将正时链条张紧器拧紧至75N·m。

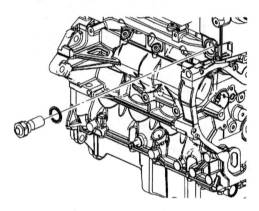

图3-33 安装张紧器

25）通过将正时链条张紧器压缩2mm来释放正时链条张紧器，这将松开棘轮中的锁止机构。要释放正时链条张紧器，使用端部带橡胶头的适当工具。将该工具伸进凸轮传动室内，置于凸轮链条上。然后斜向下猛地晃一下，以松开张紧器。

26）安装锁止工具 EN—48953（1）并将螺栓2拧入气缸盖中，紧固至10N·m，见图3-34。

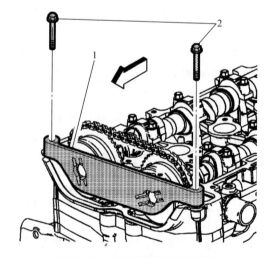

图3-34 安装凸轮轴固定工具

27）使用扭力扳手，将凸轮轴执行器螺栓拧紧至30N·m，再使用 EN—45059 测量仪拧紧

100°。

28）拆下 EN—48953 锁销。

29）如图 3-35 所示，安装正时链条机油喷嘴 2。将正时链条机油喷嘴 1 螺栓拧紧至 10N·m。

30）给正时链条导板螺栓检修孔塞的螺纹涂上密封胶。

31）安装正时链条导板螺栓检修孔塞。将检修孔塞拧紧至 75N·m。

32）安装发动机前盖。

33）安装凸轮轴盖。

34）安装 1 号气缸火花塞。

3.1.4 通用 3.0L – LFW 发动机（2011—2015）

1. 正时链单元结构分解

LF1 发动机正时链结构分解如图 3-36 所示。

2. 凸轮轴正时传动链条定位图

凸轮轴位置执行器正时标记如图 3-37 所示。

第一阶段参见图 3-38。

第二阶段参见图 3-39。

3. 正时链单元安装步骤

1）将专用工具安装到左侧凸轮轴的后部。

注意：在安装任何凸轮轴传动链条前，所有的凸轮轴都必须锁定到位。

2）确保专用工具完全就位于凸轮轴上。

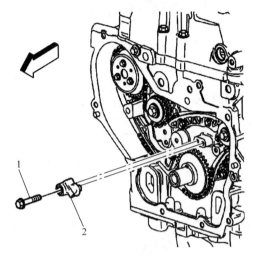

图 3-35 安装机油喷嘴

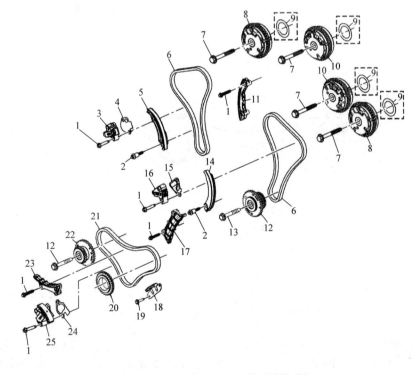

图 3-36 LF1 发动机正时链单元结构分解

1—初级正时链条张紧器螺栓 2—左侧次级正时链条支撑板螺栓 3—右侧次级正时链条张紧器 4—右侧次级正时链条张紧器衬垫 5—右侧次级正时链条支撑板 6—次级正时链条 7—凸轮轴位置执行器螺栓 8—排气凸轮轴位置执行器 9—凸轮轴位置执行器止推垫圈 10—进气凸轮轴位置执行器 11—右侧次级正时链条导板 12—左侧凸轮轴中间传动链链轮 13—凸轮轴中间传动轴链轮螺栓 14—左侧次级正时链条支撑板 15—左侧次级正时链条张紧器衬垫 16—左侧次级正时链条张紧器 17—左侧次级正时链条导板 18—初级正时链条下导板 19—初级正时链条下导板螺栓 20—曲轴链轮 21—初级正时链条 22—右侧凸轮轴中间传动轴链轮 23—初级正时链条上导板 24—初级正时链条张紧器衬垫 25—初级正时链条张紧器

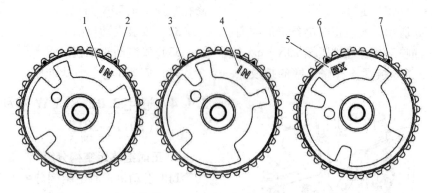

图 3-37 凸轮轴位置执行器正时标记

1—右侧进气凸轮轴位置执行器识别符 2—右侧进气凸轮轴位置执行器右侧正时标记－三角形 3—左侧进气凸轮轴位置执行器左侧正时标记－圆形 4—左侧进气凸轮轴位置执行器识别符 5—排气凸轮轴位置执行器识别符 6—排气凸轮轴位置执行器右侧正时标记－三角形 7—排气凸轮轴位置执行器左侧正时标记－圆形

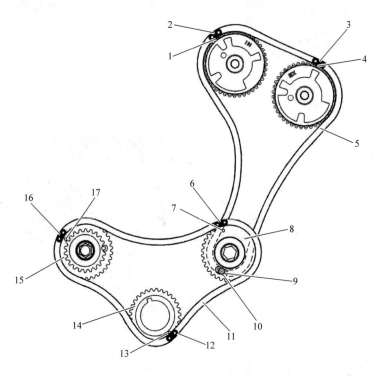

图 3-38 第一阶段正时链标记

1—左侧进气凸轮轴位置 CMP—执行器正时标记－圆形 2—左侧进气次级凸轮轴正时传动链条正时链节 3—左侧排气次级凸轮轴正时传动链条正时链节 4—左侧排气凸轮轴位置 CMP—执行器正时标记－圆形 5—左侧次级凸轮轴正时传动链条 6—左侧初级凸轮轴中间传动链条链轮的初级凸轮轴传动链条正时链节 7—初级凸轮轴传动链条的左侧初级凸轮轴中间传动链条链轮正时标记 8—左侧初级凸轮轴中间传动链条链轮 9—位于链轮中的孔后的左侧初级凸轮轴中间传动链条链轮的左侧次级凸轮轴正时传动链条正时链节 10—左侧次级凸轮轴正时传动链条正时链节的左侧初级凸轮轴中间传动链条链轮正时窗 11—初级凸轮轴传动链条 12—曲轴链轮的初级凸轮轴传动链条正时链节 13—曲轴链轮正时标记 14—曲轴链轮 15—右侧初级凸轮轴中间传动链条链轮 16—右侧初级凸轮轴中间传动链条链轮的初级凸轮轴传动链条正时链节 17—右侧初级凸轮轴中间传动链条链轮正时标记

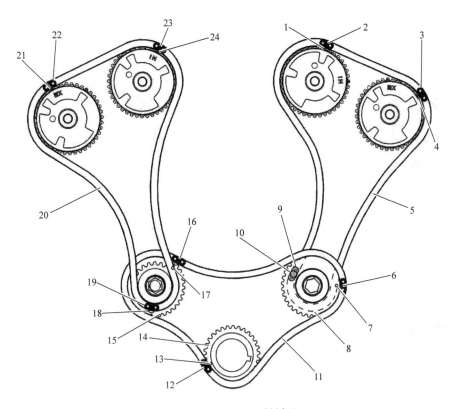

图 3-39 第二阶段正时链标记

1—左侧进气凸轮轴位置 CMP—执行器正时标记-圆形 2—左侧进气次级凸轮轴正时传动链条正时链节 3—左侧排气次级凸轮轴正时传动链条正时链节 4—左侧排气凸轮轴位置 CMP—执行器正时标记-圆形 5—左侧次级凸轮轴正时传动链条 6—左侧初级凸轮轴中间传动链条链轮的初级凸轮轴传动链条正时链节 7—初级凸轮轴传动链条的左侧初级凸轮轴中间传动链条链轮正时标记 8—左侧初级凸轮轴中间传动链条链轮 9—位于链轮中的孔后的左侧初级凸轮轴中间传动链条链轮的左侧次级凸轮轴正时传动链条正时链节 10—左侧初级凸轮轴中间传动链条链轮正时窗 11—初级凸轮轴传动链条 12—曲轴链轮的初级凸轮轴传动链条正时链节 13—曲轴链轮正时标记 14—曲轴链轮 15—右侧初级凸轮轴中间传动链条链轮 16—右侧初级凸轮轴中间传动链条链轮的初级凸轮轴传动链条正时链节 17—初级凸轮轴传动链条的右侧初级凸轮轴中间传动链条链轮正时标记 18—右侧次级凸轮轴正时传动链条的右侧初级凸轮轴中间传动链条链轮正时标记/窗 19—右侧初级凸轮轴中间传动链条链轮的右侧次级凸轮轴正时传动链条正时链节 20—右侧次级凸轮轴正时传动链条 21—右侧排气凸轮轴位置 CMP—执行器正时标记-三角形 22—右侧排气次级凸轮轴正时传动链条正时链节 23—右侧进气次级凸轮轴正时传动链条正时链节 24—右侧进气凸轮轴位置（CMP）执行器正时标记-三角形

3）使用套筒，确保曲轴在第一阶段正时位置时，曲轴链轮正时标记 1 对准机油泵盖 2 上的第一阶段正时标记，如图 3-40 所示。

4）安装左侧次级凸轮轴传动链条。

5）将左侧次级凸轮轴传动链条套在左侧凸轮轴中间传动链条惰轮的内侧链轮上，使凸轮轴传动链条的正时链节 1 对准左侧凸轮轴中间传动链条惰轮外侧链轮上的检修孔 2，如图 3-41 所示。

6）将次级凸轮轴传动链条套在两个左执行器传动链轮上。

7）确保凸轮轴位置执行器链轮上的凸轮轴传

图 3-40 曲轴链轮正时标记对准机油泵盖标记

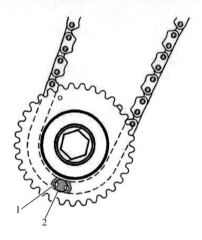

图3-41 凸轮轴传动链条的正时链节对准检修孔

动链条的正时链节之间有10个链节1,如图3-42所示。

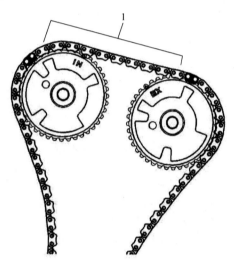

图3-42 安装正时链检查

8)将左侧排气凸轮轴位置执行器链轮圆形定位标记2对准凸轮轴传动链条正时链节1,如图3-43所示。

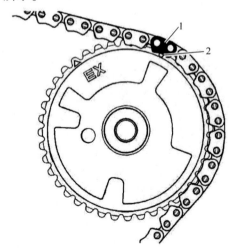

图3-43 定位标记对准正时链节

9)将左侧进气凸轮轴位置执行器链轮圆形定位标记1对准凸轮轴传动链条正时链节2,如图3-44所示。

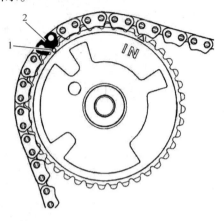

图3-44 定位标记对准正时链节

(1)初级凸轮轴中间传动链条的安装

1)安装初级凸轮轴传动链条。注意:确保曲轴位于第一阶段正时传动装配位置。如图3-45所示。

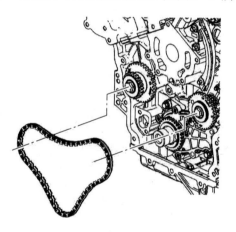

图3-45 安装初级凸轮轴传动链条

2)将初级凸轮轴传动链条套在各凸轮轴中间传动链条惰轮的大链轮和曲轴链轮上。

3)左侧凸轮轴中间传动链条惰轮正时标记1应对准凸轮轴传动链条正时链节2,如图3-46所示。

4)右侧凸轮轴中间传动链条惰轮正时标记2应对准凸轮轴传动链条正时链节1,如图3-47所示。

5)曲轴链轮正时标记2应对准凸轮轴传动链条正时链节1,如图3-48所示。

6)确保全部正时标记(2、3、6)都正确对准凸轮轴传动链条正时链节(1、4、5),如图3-49所示。

(2) 右侧次级凸轮轴中间传动链条的安装

1) 确保曲轴在第二阶段正时传动装配位置1，如图3-50所示。

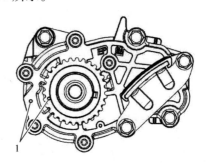

图3-50　检查曲轴装配位置

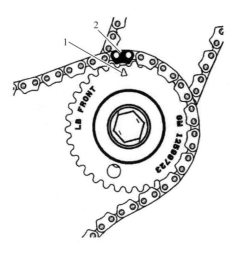

图3-46　左正时标记对准正时链节

2) 安装右侧次级凸轮轴传动链条，如图3-51所示。

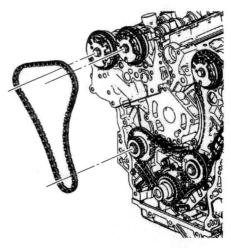

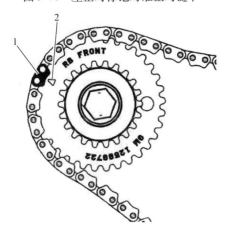

图3-47　右正时标记对准正时链节

图3-51　安装右侧次级凸轮轴传动链条

3) 将次级凸轮轴传动链条套在右侧凸轮轴中间传动链条惰轮的外侧链轮上，使凸轮轴传动链条正时链节1对准右侧凸轮轴中间传动链条惰轮内侧链轮上的检修孔2，如图3-52所示。

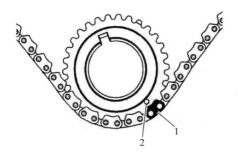

图3-48　曲轴链轮正时标记对准正时链节

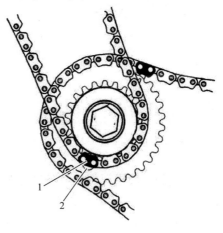

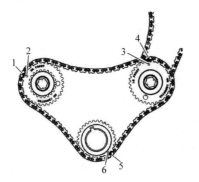

图3-49　检查正时标记对准情况

图3-52　使凸轮轴传动链条正时链节对准检修孔

4）将次级凸轮轴传动链条套在两个右执行器传动链轮上。

5）确保凸轮轴位置执行器链轮上的凸轮轴传动链条的正时链节之间有10个链节1，如图3-53所示。

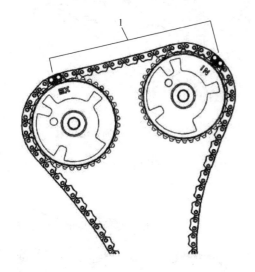

图3-53 检查正时链安装情况

6）将右侧排气凸轮轴位置执行器链轮的三角形定位标记1对准凸轮轴传动链条正时链节2，如图3-54所示。

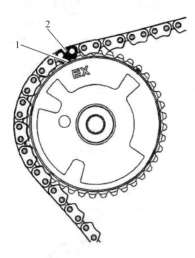

图3-54 使右排气定位标记对准正时链节

7）将右侧进气凸轮轴位置执行器链轮的三角形定位标记2对准凸轮轴传动链条正时链节1，如图3-55所示。

8）在右侧凸轮轴中间传动链条惰轮上的凸轮轴传动链条正时链节，与各个右侧凸轮轴位置执行器链轮上的凸轮轴传动链条正时链节之间，应有22个链节1，如图3-56所示。

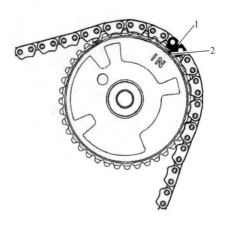

图3-55 使右进气定位标记对准正时链节

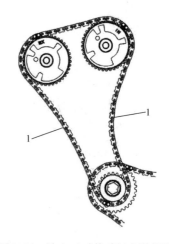

图3-56 检查正时传动链安装情况

3.1.5 通用2.4L-LE5发动机（2006—2010）

该款发动机正时带维修和LAF发动机相同，相关内容请参考3.1.3小节。

3.1.6 通用3.0L-LF1发动机（2008—2010）

该款发动机正时带维修和LFW发动机相同，相关内容请参考3.1.4小节。

3.1.7 通用3.0L-LZD发动机（2006—2008）

LZD发动机正时链单元结构及拆装步骤与LB8相似，相关内容请参考3.2.5小节。其正时对正如图3-57所示。将曲轴正时标记与正时链条减振器底部的正时标记对准。将凸轮轴正时标记与正时链条减振器的顶部正时标记对准。

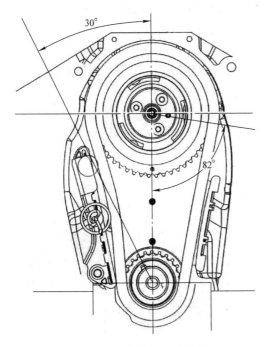

图 3-57　LZD 发动机正时对准图

3.2　君威（2003—2017 年款）

3.2.1　通用 1.6T – LLU 发动机（2010—2015）

1. 正时带单元部件分解

发动机正时带单元部件如图 3-58 所示。

2. 正时带单元拆解方法

1）将点火开关置于 OFF 位置。
2）断开蓄电池负极电缆。
3）拆下空气滤清器总成。
4）举升并支撑车辆。
5）拆下右前轮。
6）举升车辆。
7）拆下前舱防溅罩。
8）拆下正时带张紧器。

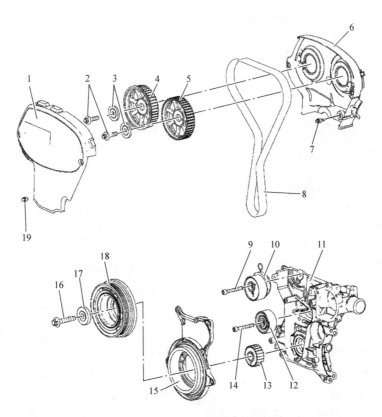

图 3-58　通用 LLU 发动机正时带单元

1—正时带上前盖　2—凸轮轴链轮螺栓　3—凸轮轴链轮垫圈　4—进气凸轮轴链轮　5—排气凸轮轴链轮　6—正时带后盖　7—正时带后盖螺栓　8—正时带　9—正时带张紧器螺栓　10—正时带张紧器　11—发动机前盖（机油泵总成）　12—正时带惰轮　13—曲轴链轮　14—正时带惰轮螺栓　15—正时带下前盖　16—曲轴扭转减振器螺栓　17—曲轴扭转减振器垫圈　18—曲轴扭转减振器　19—正时带上前盖螺栓

9）降下车辆。

10）拆下正时带前上盖。

11）将发动机设置到上止点（TDC）。

12）安装锁止工具 EN-6340（1，2）安装在凸轮轴链轮之间，确保锁止工具的左标记对准右标记，如图 3-59 所示。

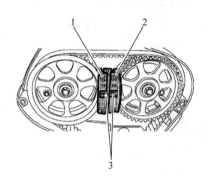

图 3-59　安装锁止工具

13）如图 3-60 所示使用 Allen 专用工具 1，沿箭头方向对正时带张紧滚柱 2 施加张紧力。

14）锁止正时带张紧器，用 EN-6333 锁销3，见图 3-60。

图 3-60　锁止正时带张紧器

15）举升车辆。

16）拆下变速器前支座的 2 个紧固件。

17）拆下曲轴平衡器。

18）拆下正时带前下盖。

19）拆下正时带张紧器和正时带张紧器的紧固件。

20）降下车辆。

21）拆下正时带。

22）将紧固件和曲轴平衡器的垫圈安装至曲轴上。

3. 正时带单元安装步骤

1）安装正时带。

2）举升车辆。

3）清洁正时带紧张器紧固件的螺纹。

4）继续安装正时带。

5）用新的紧固件1安装正时带张紧器2并紧固至 20N·m，如图 3-61 所示。

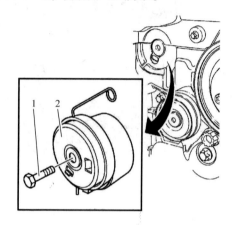

图 3-61　安装正时带张紧器

6）将飞轮固定工具 EN-6625 从发动机缸体上拆下。

7）降下车辆。

8）将锁销 EN-6333 从正时带紧张器上拆下。

9）将锁止工具 EN-6340 从两个凸轮轴链轮上拆下。

10）顺时针转动曲轴 720°。

11）将发动机设置到上止点（TDC）。

12）将锁止工具 EN-6340 安装至凸轮轴链轮以检查气门正时。

13）拆下锁止工具 EN-6340。

14）举升车辆。

15）检查曲轴位置的上止点（TDC）。

16）安装飞轮固定工具 EN-6625 至发动机气缸体。

17）拆下曲轴平衡器的紧固件和垫圈。

18）安装正时带前下盖。

19）安装曲轴平衡器。

20）紧固变速器前支座的 2 个紧固件。

21）安装正时带张紧器。

22）安装前舱防溅罩。

23）降下车辆。

24）安装右前轮。

25）降下车辆。

26）安装正时带前上盖。

27）安装空气滤清器总成。

28）连接蓄电池负极电缆。

3.2.2 通用2.0T-LTD发动机（2009—2015）

1. 初级正时链条拆装步骤

（1）拆卸程序

1）拆下正时链条张紧器。

2）拆下机油泵壳体。

3）拆下可调式正时链条导板。

4）拆下固定式正时链条导板。

5）拆下正时链条上导板。

6）拆下排气凸轮轴位置执行器。

7）拆下进气凸轮轴位置执行器。

8）拆下正时链条机油喷嘴。

9）拆下正时链条。

（2）安装程序

1）安装进气凸轮轴位置执行器（1），但不要上紧。

2）安装正时链条2。将正时链条2绕到进气凸轮轴轮1上。用EN—49212—2凸轮轴固定工具3固定进气凸轮轴，见图3-62。

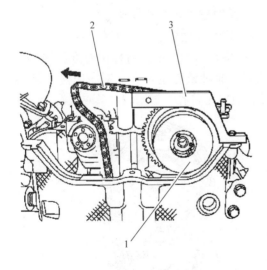

图3-62 安装正时链条

3）安装固定式正时链条导板。

4）安装可调式正时链条导板。

5）安装正时链条机油喷嘴。

6）安装机油泵壳体。将曲轴1转动到设置标记2上，见图3-63。

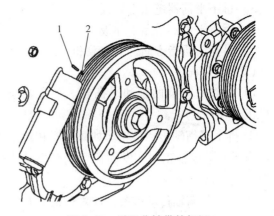

图3-63 设置曲轴带轮标记

7）安装排气凸轮轴位置执行器，见图3-64。计算进气凸轮轴正时带轮上的标记与排气凸轮轴正时带轮上的标记之间的凸轮轴正时链条端对端连接器的数量。正时链条必须有29个端对端连接器才能保证正确的调整。在装配过程中，必须张紧正时链条。顺时针转动凸轮轴以安装排气凸轮轴正时带轮。安装排气凸轮轴正时带轮，并用凸轮轴中的紧固件固定。

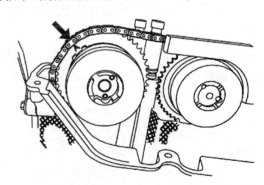

图3-64 安装排气凸轮轴执行器

8）将排气凸轮轴位置执行器拧紧至30N·m，然后再拧紧100°。

9）将进气凸轮轴位置执行器拧紧至30N·m，然后再拧紧100°。

10）用EN—49212—1凸轮轴固定工具固定排气凸轮轴。重新检查所有事项。拆下EN—49212—1凸轮轴固定工具。

11）安装正时链条上导板。

12）安装正时链条张紧器。

2. 水泵和平衡轴链条拆装步骤

（1）拆卸程序

1）拆下水泵和平衡轴链条张紧器。

2）拆下平衡器链条可调导板。

3）拆下平衡器链条上导板。
4）拆下平衡器链条下导板。
5）沿箭头所指方向拆下水泵和平衡轴链条。
（2）安装程序
1）调整并安装曲轴和平衡轴。平衡轴至发动机正时（LTD）。

① 拆下平衡轴传动链轮。如果没有相对发动机正确调整平衡轴正时，发动机可能会振动或产生噪声。

② 安装平衡轴传动链条，使彩色链节对准平衡轴传动链轮和曲轴链轮上的标记。链条上有3节彩色链节。2节链节具有相同的颜色，1节链节具有独特的颜色。使用下面的程序将链节对准链轮：定位链条，使彩色链节可见。

③ 定位具有独特颜色的链节1，使其对准进气侧平衡轴链轮上的正时标记，见图3-65。

④ 顺时针包绕链条，将第一节具有相同颜色的链节2对准曲轴传动链轮上的正时标记（大约在曲轴链轮上的6点钟位置），见图3-65。

⑤ 将链条3置于水泵传动链轮上。其定位并不重要，见图3-65。

⑥ 将最后一节具有相同颜色的链节4对准排气侧平衡轴传动链轮上的正时标记。见图3-65。

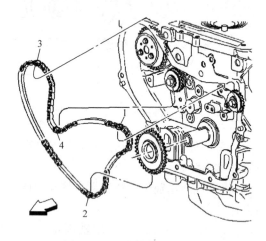

图3-65 平衡轴传动链正时

2）如图3-66所示，安装水泵和平衡轴链条1以及调整装置2，不要再转动。
3）安装平衡器链条下导板。
4）安装平衡器链条上导板。
5）安装平衡器链条可调导板。
6）安装水泵和平衡轴链条张紧器。

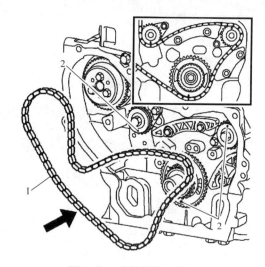

图3-66 安装平衡轴链条

3.2.3 通用2.4L-LE5发动机（2009—2010）

该发动机也搭载于君越车型上，相关内容请参考3.1.5小节。

3.2.4 通用2.4L-LAF发动机（2011—2015）

该发动机也搭载于君越车型上，相关内容请参考3.1.3小节。

3.2.5 通用2.5L-LB8发动机（2003—2007）

1. 正时链单元拆卸步骤

1）拆卸发动机前盖。
2）旋转曲轴，使正时标记对准如图3-67所示位置：曲轴链轮定位孔2对正时链条减振器；凸轮轴链轮定位孔1对正时链条减振器。

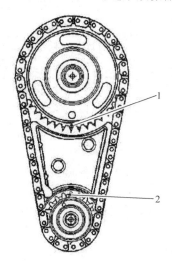

图3-67 正时标记对正图

3）拆卸凸轮轴链轮螺栓。

4）拆卸凸轮轴链轮。

5）拆卸正时链条。

6）用专用工具 J5825—A 拆卸曲轴链轮，如图 3-68 所示。

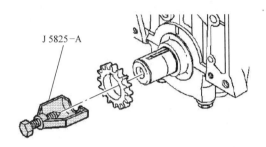

图 3-68　拆下曲轴链轮

7）拆卸正时链条减振器螺栓。

8）拆卸正时链条减振器。

9）必须时，拆卸凸轮轴止推片螺栓。

10）拆卸凸轮轴止推片。

11）清理和检查正时链条和正时齿轮。

如图 3-69 所示，检查正时链条和链轮的轮齿是台磨损 1、断裂 2 或开裂 3；检查正时链条是否卡滞或张紧；检查正时链条减振器是否过度磨损或断裂；必要时，更换正时链条和链轮。

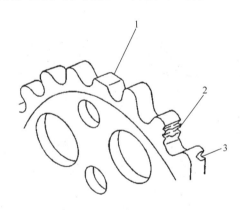

图 3-69　正时齿轮的检查

2. 正时链单元安装步骤

1）如果已拆除，安装凸轮轴止推板。

2）安装凸轮轴止推板螺栓。紧固凸轮轴止推板螺栓至 10N·m。

3）如图 3-70 所示，用 J38612 安装曲轴链轮。

4）拆卸 J38612 专用工具。

5）将发动机机油添加剂（EOS，通用汽车零件号 1052367）或等效品涂在链轮止推面上。

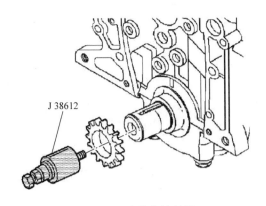

图 3-70　安装曲轴链轮

6）将正时链条减振器安装到缸体上。紧固正时链条减振器螺栓至 21N·m。

7）将正时链条安装到凸轮轴齿轮上。

8）当链条下垂时，固定住凸轮轴链轮，将链条安装到曲轴齿轮上。

9）将凸轮轴正时标记与正时链条减振器（2）底部的正时标记对准，如图 3-67 所示。

10）将凸轮轴正时标记与正时链条减振器 2 的顶部正时标记对准。

11）安装凸轮轴链轮螺栓。

12）采用安装螺栓，将凸轮轴链轮拉到凸轮轴上。紧固凸轮轴链轮螺栓至 140N·m。

13）将曲轴和凸轮轴链轮涂上发动机机油。

14）安装发动机前盖。

3.2.6　通用 2.0L-L34 发动机（2003—2007）

1. 正时带单元部件分解

发动机正时带单元部件如图 3-71 所示。

2. 正时带单元拆解方法

1）断开蓄电池负极电缆。

2）从节气门体上断开进气管。

3）从节气门体上拆卸谐振器固定螺栓和谐振器。

4）从气门室盖上断开通气管。

5）拆卸右前轮。

6）拆卸右前轮罩防溅罩。

7）拆卸动力转向泵传动带。

8）拆卸曲轴带轮螺栓。

9）拆卸曲轴带轮。

3. 正时带单元拆解方法

1）断开蓄电池负极电缆。

2）从节气门体上断开进气管。

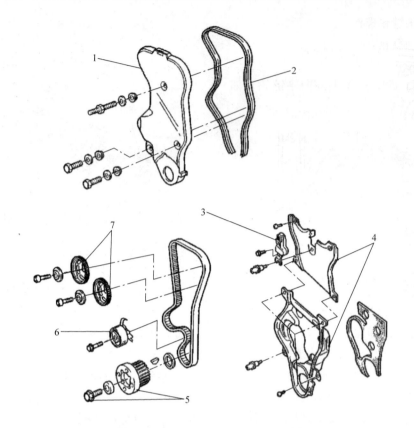

图 3-71 通用 L34 发动机正时带部件
1—正时带罩，前　2—正时盖垫圈　3—曲轴位置检测器　4—正时带罩，后
5—曲轴正时齿轮与中心螺栓　6—正时带张紧轮　7—凸轮轴正时齿轮（凸轮轴正时滑轮）

3）从节气门体上拆卸谐振器固定螺栓和谐振器。

4）从气门室盖上断开通气管。

5）拆卸右前轮。

6）拆卸右前轮罩防溅罩。

7）拆卸动力转向泵传动带。

8）拆卸曲轴带轮螺栓。

9）拆卸曲轴带轮。

10）拆卸前正时带罩螺栓。

11）拆卸前正时带罩。

12）用曲轴齿轮螺栓，顺时针转动曲轴，直到曲轴齿轮上的正时标记对准后正时带罩底部的缺口，如图 3-72 所示。

特别注意：曲轴齿轮必须对准气门室盖上的缺口，否则会损坏发动机。进气凸轮轴齿轮对准进气凸轮轴齿轮标记，排气凸轮轴齿轮对准排气凸轮轴齿轮标记，二者可以互换。

15）将凸轮轴齿轮对准气门室盖上的缺口，如图 3-73 所示。

16）松开自动张紧器螺栓。转动六角形轴

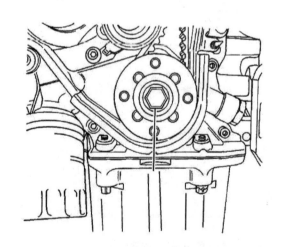

图 3-72 转动曲轴对正正时标记

头，释放正时带张紧力。

17）拆卸正时带，如图 3-74 所示。

4. 正时带单元安装步骤

1）将曲轴齿轮上的正时标记对准后正时带罩底部的缺口。

2）对准凸轮轴齿轮上的正时标记，用进气凸轮轴齿轮对准进气凸轮轴齿轮标记，排气凸轮

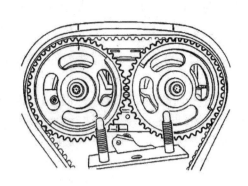

图 3-73　将凸轮轴齿轮对准气门室盖上的缺口

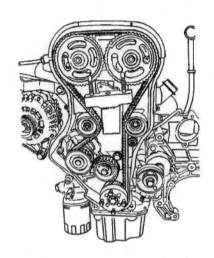

图 3-74　拆卸正时带

轴齿轮对准排气凸轮轴齿轮标记。

3）安装正时带。

4）逆时针转动六角形轴头，张紧正时带。直至指针转到对准缺口时为止，如图 3-75 所示。

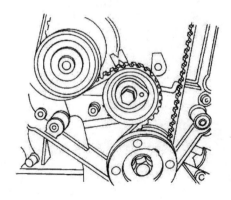

图 3-75　逆时针转动六角形轴头

5）紧固自动张紧器螺栓。紧固自动张紧器螺栓至 25N·m。

6）用曲轴齿轮螺栓顺时针转动曲轴两整圈。

7）检查自动张紧器指针。

8）安装前正时带罩。

9）安装前正时带罩螺栓。紧固前正时带罩螺栓至 6N·m。

10）安装右发动机支座托架。

11）放好动力转向系统软管并安装卡箍螺栓。紧固动力转向软管卡箍螺栓至 8N·m。

12）安装曲轴带轮。

13）安装曲轴带轮螺栓。紧固曲轴带轮螺栓至 20N·m。

14）安装动力转向泵传动带。

15）安装右前轮罩防溅罩。

16）安装右前轮。

17）安装空气滤清器壳体。

18）安装空气滤清器壳体螺栓。紧固空气滤清器壳体螺栓至 6N·m。

19）安装谐振器和固定螺栓。紧固谐振器固定螺栓至 3N·m。

20）将进气管连接至节气门体。

21）将通气管连接至气门室盖。

22）连接蓄电池负极电缆。

3.2.7　通用 3.0L-LW9 发动机（2003—2007）

LW9 发动机正时链单元结构及拆装步骤与 LB8 一样，相关内容请参考 3.2.5 小节。具体操作时正时标记对准如下位置：凸轮轴定位销 1、正时链条减振器 2 至曲轴链轮 3、曲轴键 4、正时链条减振器 5 与凸轮轴链轮定位孔 6，如图 3-76 所示。

3.2.8　通用 3.0L-LZD 发动机（2006）

该款发动机也搭载于君越车型上，相关内容请参考 3.1.7 小节。

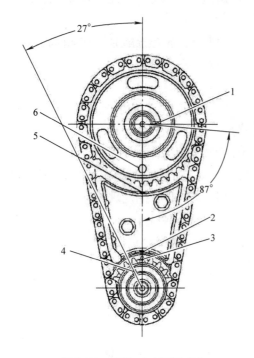

图3-76 LW9 正时标记对准

3.3 威朗（2015—2017年款）

3.3.1 通用1.5T-LFV发动机（2015—2017）

该款发动机也搭载于君越车型上，相关内容请参考3.1.1小节。

3.3.2 通用1.5L-L3G发动机（2015—2017）

发动机正时链条安装步骤如下。

以下的与步骤号相同的部件号还有安装标记如图3-77所示。

1）安装正时链条机油喷嘴，紧固力矩15N·m。

2）安装正时链条，确保执行器正时标记和曲轴链轮键槽处于12点钟位置。确保正确的正时链节对准正时标记。执行器正时链节具有相同颜色，曲轴链轮正时链节具有唯一颜色。将第一个正时链节对准进气执行器正时标记。将第二个正时链节对准排气执行器正时标记。将最后一个正时链节对准曲轴链轮正时标记。

3）安装排气侧正时链条导板。

4）安装正时链条导板螺栓（数量3），紧固力矩10N·m。

5）安装正时链条张紧器蹄片总成。

6）安装正时链条张紧器蹄片螺栓，紧固力矩25N·m。

7）安装正时链条张紧器衬垫。

8）安装正时链条张紧器总成。注意安装前确保张紧器完全缩回。

9）正时链条张紧器螺栓（数量2），紧固力矩25N·m。

10）安装正时链条上导板至气缸盖。

11）正时链条上导板螺栓（数量2），紧固力矩10N·m。

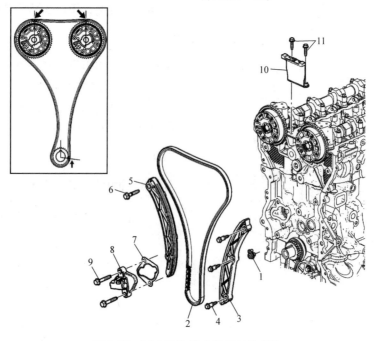

图3-77 L3G/LE2 发动机正时链部件

3.4 英朗 GT/XT（2010—2017 年款）

3.4.1 通用 1.6T‑LLU 发动机（2010—2017）

该款发动机也搭载于君威车型上，相关内容请参考 3.2.1 小节。

3.4.2 通用 1.8L‑2H0 发动机（2015—2017）

该款发动机正时链单元结构、拆解与调整和 LLU 相似，相关内容请参考 3.2.1 小节。

3.5 凯越（2005—2017 年款）

3.5.1 通用 1.5L‑L2B 发动机（2013—2017）

1. 正时链单元部件分解

发动机正时链单元部件如图 3-78 所示。

2. 正时链单元拆卸顺序

1）拆卸凸轮轴罩盖。
2）拆卸发动机前盖。

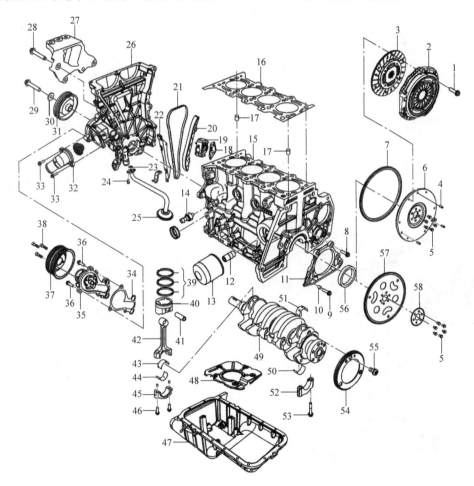

图 3-78 通用 L2B 发动机正时链

1—螺栓 2—离合器压盘（MT） 3—离合器摩擦片（MT） 4—定位销（MT） 5—螺栓 6—飞轮（MT） 7—起动机齿圈（MT）
8—螺栓 9—螺栓 10—曲轴后油封座定位销 11—曲轴后油封座 12—机油滤清器安装螺柱 13—机油滤清器 14—机油压力传感器
15—缸体总成 16—缸盖垫片 17—缸盖定位销 18—正时链条张紧器垫片 19—正时链条张紧器 20—进气侧正时链条导轨
21—正时链条 22—排气侧正时链条导轨 23—密封圈 24—螺栓 25—集滤器总成 26—发动机前盖总成 27—发动机支座托架
28—螺栓 29—螺栓 30—曲轴皮带轮垫圈 31—曲轴皮带轮 32—节温器壳体 33—螺栓 34—水泵垫片 35—水泵泵壳
36—螺栓 37—水泵带轮 38—螺栓 39—活塞环总成 40—活塞 41—活塞销 42—连杆 43—连杆上轴瓦 44—连杆下轴瓦
45—连杆盖 46—螺栓 47—油底壳 48—挡油盘 49—曲轴 50—曲轴下轴瓦 51—曲轴上轴瓦 52—曲轴主轴承盖
53—曲轴主轴承盖螺栓 54—曲轴位置传感器磁阻圈 55—曲轴后油封 57—自动变速器柔性盘总成（AT）
58—自动变速器柔性盘挡圈（AT）

3）拆下正时链条张紧器2、进气侧导轨1，如图3-29所示。

4）拆下正时链条，如图3-79所示。

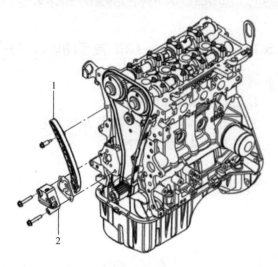

图3-79 拆下正时链条

5）拆下进/排气凸轮轴链轮（5，6），如图3-80所示。

6）拆下曲轴链轮1，小心取下半圆键2，如图3-80所示。

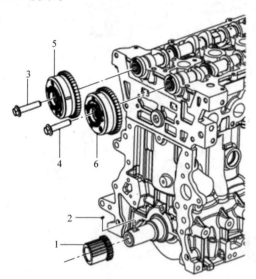

图3-80 拆下曲轴链轮

3. 正时链单元安装方法

1）安装凸轮轴链轮到凸轮轴上，安装时要根据凸轮轴上的定位销定位。

2）预紧凸轮轴链轮螺栓3和4，如图3-80所示。

3）彻底清洁正时链条，用新机油预润滑正时链条。

4）安装正时链条到凸轮轴链轮、曲轴链轮上，安装时正时链条正时标记（深色链条）应与凸轮轴链轮正时标记（圆凹点）、曲轴链轮正时标记（圆凹点）分别对齐，如图3-81所示。

注意：在未安装正时链条前不能旋转曲轴。

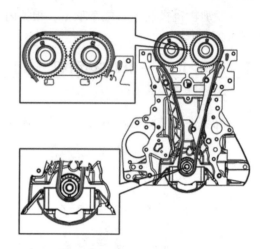

图3-81 对准正时链正时标记

5）安装进气侧正时链条导轨。

6）捏紧正时链条张紧器限位卡簧的同时，压缩张紧器活塞至最大压缩状态，使用合适直径的工具锁住正时链条张紧器位置，以防止活塞回弹，如图3-82所示。

7）安装正时链条张紧器。紧固正时链条张紧器螺栓：（10±1）N·m。

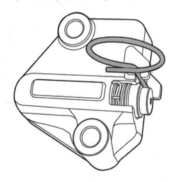

图3-82 用插销锁住张紧器

8）拧紧凸轮轴链轮螺栓，拧紧时需要用活动扳手固定凸轮轴，如图3-83所示。紧固凸轮轴链轮螺栓：55N·m。

9）用新机油润滑正时系统各部位后，安装凸轮轴罩盖。

10）安装发动机前盖。

图 3-83　拧紧凸轮轴链轮螺栓

3.5.2　通用 1.6L–L91 发动机（2005—2012）

1. 正时带单元部件分解

发动机正时带部件如图 3-84 所示。

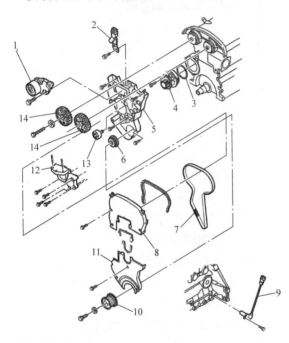

图 3-84　通用 L91 发动机正时带单元

1—自动张紧器　2—凸轮轴位置传感器　3—水泵密封件　4—水泵
5—正时带后罩　6—曲轴正时齿轮　7—正时带
8—正时带前上罩　9—曲轴位置传感器　10—曲轴带轮
11—正时带前下罩　12—扭力转轴式支承　13—惰轮
14—凸轮轴正时齿轮

2. 正时带单元拆卸步骤

1）断开蓄电池负极电缆。

2）从空气滤清器出口软管拆卸曲轴箱强制通风新鲜空气管。

3）从空气滤清器出口软管断开进气温度传感器电器接头。

4）从节气门体上拆卸空气滤清器出口软管。

5）拆卸空气滤清器壳体螺栓。

6）拆卸空气滤清器壳体。

7）拆卸右前轮。

8）拆卸右前轮防溅罩。

9）拆卸附件传动带。

10）拆卸曲轴带轮螺栓。

11）拆卸曲轴带轮。

12）拆卸前上正时带罩螺栓。

13）拆卸前上正时带罩。

14）拆卸前下正时带罩螺栓。

15）拆卸前下正时带罩。

16）安装曲轴带轮螺栓。

17）用曲轴带轮螺栓顺时针转动曲轴至少一整圈，将曲轴正时齿轮上的标记对准后正时带罩底部的缺口，对准凸轮轴正时齿轮正时标记，如图 3-85 所示。

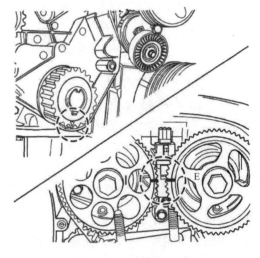

图 3-85　正时标记对准

18）稍微松开水泵固定螺栓。

19）使用专用工具顺时针转动水泵。

20）拆卸右发动机支座。

21）拆卸正时带，如图 3-86 所示。

3. 正时带单元的安装方法

1）将曲轴正时齿轮上的正时标记对准后正时带罩底部的缺口。

2）对准凸轮轴正时齿轮上的正时标记。

3）安装正时带。

4）安装右发动机支座托架。

5）使用专用工具顺时针转动水泵。

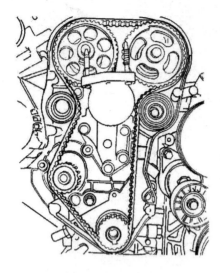

图3-86 拆下正时带

6）如图3-87所示，顺时针转动水泵，直到正时带自动张紧器调节臂上的指针对准正时带自动张紧器托架上的缺口。

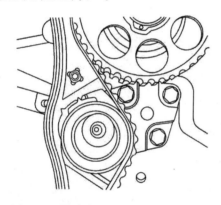

图3-87 转动水泵对准张紧器臂上指针

7）紧固水泵固定螺栓。
8）用曲轴带轮顺时针转动曲轴两整圈。
9）松开水泵固定螺栓。
10）使用专用工具转动水泵，直到正时带自动张紧器调节臂上的指针对准正时带自动张紧器托架上的指针。
11）紧固水泵固定螺栓。将水泵固定螺栓紧固至10N·m。
12）拆卸曲轴带轮螺栓。
13）安装前上和前下正时带罩。
14）安装前上和前下正时带罩螺栓。将前正时带罩螺栓紧固至10N·m。
15）安装曲轴带轮。
16）安装曲轴带轮螺栓。将曲轴带轮螺栓紧固至95N·m，并再次紧固30°加15°。

17）安装附件传动带。
18）安装右前轮防溅罩。
19）安装右前轮。
20）安装空气滤清器壳体。
21）安装空气滤清器壳体螺栓。将空气滤清器壳体螺栓紧固至10N·m。
22）将空气滤清器出口软管连接到节气门体上。
23）将曲轴箱强制通风新鲜空气管连接到空气滤清器出口软管上。
24）将进气温度传感器电器接头连接到空气滤清器出口软管上。
25）连接蓄电池负极电缆。

3.5.3 通用1.8L-L79发动机（2005—2010）

1. 正时带单元拆卸步骤

1）断开蓄电池负极电缆。
2）断开进气温度（IAT）传感器连接器。
3）从节气门体上断开空气滤清器出口软管。
4）从凸轮轴罩上断开通气管。
5）拆卸空气滤清器壳体螺栓。
6）拆卸空气滤清器壳体。
7）拆卸右前轮。
8）拆卸右前轮防溅罩。
9）拆卸附件传动带。
10）拆卸曲轴带轮螺栓。
11）拆卸曲轴带轮。
12）拆卸发动机右支座托架。
13）拆卸前正时带罩螺栓。
14）拆卸前正时带罩。
15）用曲轴齿轮螺栓，顺时针转动曲轴，直到曲轴齿轮上的正时标记对准后正时带罩底部的缺口，如图3-88所示。

特别注意：凸轮轴齿轮必须对准凸轮轴罩上的缺口，否则会损坏发动机。进气门凸轮轴齿轮用进气门齿轮标记，排气门凸轮轴齿轮用排气门齿轮标记，二者可以互换。

16）将凸轮轴齿轮缺口（1、2）对准凸轮轴罩上的缺口，见图3-89。
17）松开自动张紧器螺栓。拧六角轴头，释放皮带张力。
18）拆卸正时带，如图3-90所示。

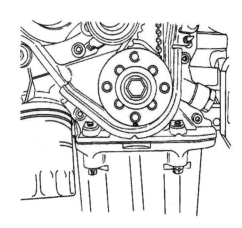

图 3-88 转动曲轴对准正时标记

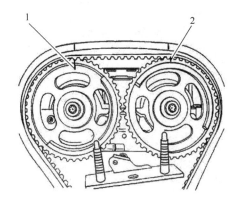

图 3-89 对准凸轮轴正时标记

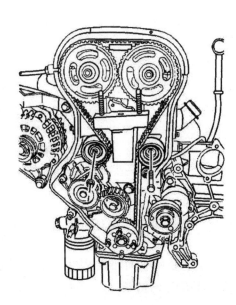

图 3-90 拆卸正时带

2. 正时带单元安装方法

1) 将曲轴齿轮上的正时标记对准后正时带罩底部的缺口。

2) 对准凸轮轴齿轮上的正时标记，进气齿轮用进气门齿轮标记，排气门齿轮用排气门齿轮标记。

3) 安装正时带。

4) 顺时针拧六角轴头，张紧正时带。使指针对准缺口，如图 3-91 所示。

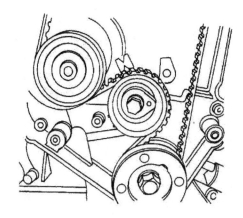

图 3-91 转动张紧轮对准缺口标记

5) 安装自动张紧器螺栓。将自动张紧器螺栓紧固至 25N·m。

6) 用曲轴带轮螺栓顺时针转动曲轴两整圈。

7) 重新检查自动张紧器指针。

8) 安装前正时带罩。

9) 安装前正时带罩螺栓。将前正时带罩螺栓紧固至 6N·m。

10) 安装右发动机支座托架。

11) 安装曲轴带轮。

12) 安装曲轴带轮螺栓。将曲轴皮带轮螺栓紧固至 20N·m。

13) 安装附件传动带。

14) 安装右前轮防溅罩。

15) 安装右前轮。

16) 安装空气滤清器壳体。

17) 安装空气滤清器壳体螺栓。将空气滤清器壳体螺栓紧固至 10N·m。

18) 将空气滤清器出口软管连接到节气门体上。

19) 将通气管连接到凸轮轴罩上。

20) 连接进气温度传感器连接器。

21) 连接蓄电池负极电缆。

3.6 GL8-陆尊-豪华版（2006—2017年款）

3.6.1 通用2.4L-LE5发动机（2011—2017）

该款发动机也搭载于君越车型上，相关内容请参考3.1.5小节。

3.6.2 通用2.4L-LB8发动机（2006—2010）

该款发动机也搭载于君威车型上，相关内容请参考3.2.5小节。

3.6.3 通用3.0L-LFW发动机（2013—2017）

该款发动机也搭载于君越车型上，相关内容请参考3.1.4小节。

3.7 昂科拉（2013—2017年款）

3.7.1 通用1.4T-LFF发动机（2014—2017）

1. 正时链单元部件分解

发动机正时链部件如图3-92所示。

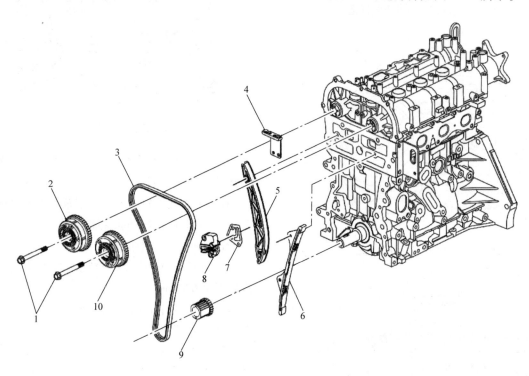

图3-92 通用LFF发动机正时链单元

1—螺栓 2—凸轮轴位置执行器调节器—进气 3—凸轮轴正时链条 4—凸轮轴正时链条导板—上部 5—凸轮轴正时链条张紧器蹄 6—凸轮轴正时链条导板 7—凸轮轴正时链条张紧器衬垫 8—凸轮轴正时链条张紧器 9—曲轴链轮 10—凸轮轴位置执行器调节器—排气

2. 正时链条调整步骤

1）沿发动机运转方向将曲轴移动到第一气缸上止点（TDC）位置，使曲轴链轮正时标记位于如图3-93所示的6点钟位置。

2）如图3-93所示，将正时链条安装到进气和排气凸轮轴位置执行器调节器、正时链条导板、正时链条张紧器蹄和曲轴链轮上。

3）确保凸轮轴位置执行器调节器正时标记对准于彩色正时链节1，见图3-94。

4）确保曲轴链轮正时标记对准彩色正时链节2，见图3-94。

5）拔出张紧器锁止工具，将凸轮轴正时链条张紧，见图3-95。

6）确保凸轮轴正时链条安装正确，必要时重新调节凸轮轴正时链条。

3.7.2 通用1.4T-LUJ发动机（2013）

1. 正时链单元部件分解

发动机正时链单元部件如图3-96所示。

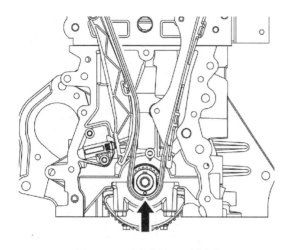

图 3-93 对准曲轴正时位置

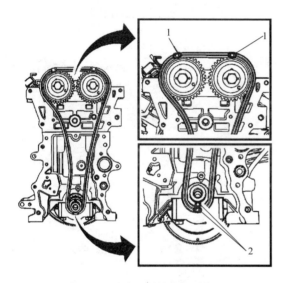

图 3-94 对准正时链条正时标记

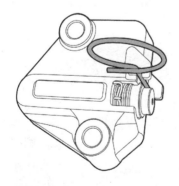

图 3-95 拔出张紧器固定销

2. 正时链单元拆卸步骤

1）拆下发动机前盖。如果不能插入 EN—955 定位销，则使用平刃工具按压正时链条张紧器，使固定销完全插入。

2）朝正时链条张紧器 1 的方向推动正时链

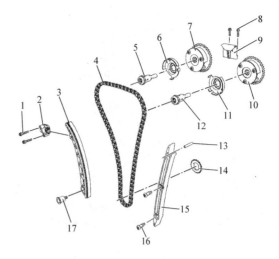

图 3-96 通用 LUJ 发动机正时链单元

1—正时链条张紧器螺栓 2—正时链条张紧器 3—正时链条张紧器蹄
4—凸轮轴正时链条 5—进气凸轮轴链轮螺栓（带执行器）
6—进气凸轮轴位置传感器励磁轮 7—进气凸轮轴链轮（带活塞执行器）
8—正时链条上导板螺栓 9—正时链条上导板 10—排气凸轮轴链轮
（带活塞执行器） 11—排气凸轮轴位置传感器励磁轮
12—排气凸轮轴链轮螺栓（带执行器） 13—正时链条导板枢轴销
14—曲轴链轮 15—右侧正时链条导板 16—正时链条导板螺栓
17—正时链条张紧器蹄螺栓

条 2 并安装 EN—955 销钉 3，如图 3-97 所示。

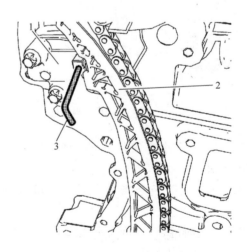

图 3-97 安装专用工具

3）拆下两个正时链条上导板螺栓 1，如图 3-98 所示。

4）拆下正时链条上导板 2，如图 3-98 所示。

5）拆下两个正时链条右侧导板螺栓 2，如图 3-99 所示。

6）拆下正时链条右侧导板 1，如图 3-99 所示。

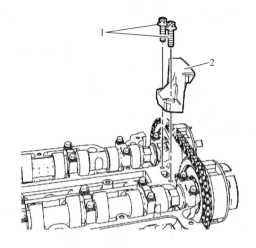

图 3-98 拆下正时链上导板

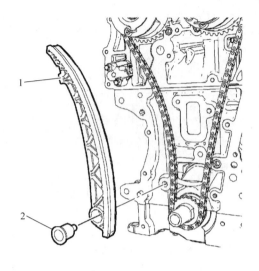

图 3-100 拆下正时链条张紧器蹄

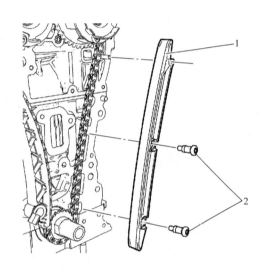

图 3-99 拆下正时链右侧导板

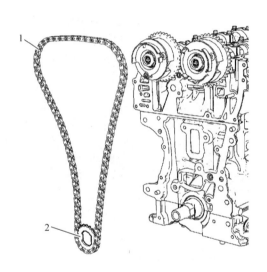

图 3-101 拆下正时链

7）拆下正时链条张紧器蹄螺栓 2，如图 3-100 所示。

8）拆下正时链条张紧器蹄 1，如图 3-100 所示。

9）将正时链条 1 和曲轴链轮 2 作为一个单元一起拆下，如图 3-101 所示。

10）拆下发动机前盖衬垫 1，如图 3-102 所示。

3. 正时链单元安装步骤

1）清洁发动机缸体和缸盖上的发动机前盖密封面。

2）在图 3-103 显示的区域（1，2）涂抹一层 2mm 厚的室温硬化密封剂，如图 3-103 所示。

3）安装发动机前盖衬垫。

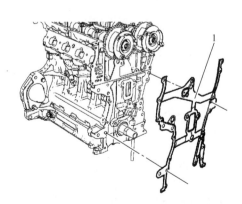

图 3-102 拆下发动机前盖衬垫

4）安装正时链条上导板。

5）安装两个上部正时链条导板螺栓，并紧

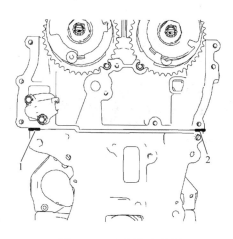

图3-103 加硬化密封剂

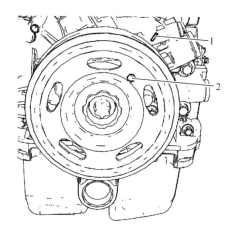

图3-104 对准曲轴正时标记

固至8N·m。

6)将正时链条和曲轴链轮作为一个单元一起安装。

7)安装正时链条张紧器蹄。

8)安装正时链张紧蹄螺栓，并紧固至20N·m。

9)安装正时链条右侧导板。

10)安装正时链条右侧导板螺栓，并拧紧至8N·m。

11)朝正时链条张紧器的方向推动正时链条，并拆下EN—955销钉。

12)调节凸轮轴正时链条。

13)安装发动机前盖。

4. 发动机正时调整

1)拆下点火线圈。

2)拆下凸轮轴盖。

3)拆下凸轮轴位置执行器电磁阀。

4)拆下右前轮罩衬板。

5)顺时针转动发动机，直到曲轴扭转减振器中的孔2和发动机前盖上的标记1对准，如图3-104所示。

6)拆下曲轴轴承盖垫板孔塞2和密封圈1，如图3-105所示。

提示：为了确保曲轴上止点（TDC）的对准，固定销应能轻易穿过曲轴垫板中的孔，并进入到曲轴中。固定销的卡滞可能会影响正确的发动机正时。

7)安装EN-952定位销1，将曲轴固定在上止点位置，如图3-106所示。

8)用扳手1固定住进气凸轮轴的六角头，同时松开进气凸轮轴链轮螺栓2，直到凸轮轴位

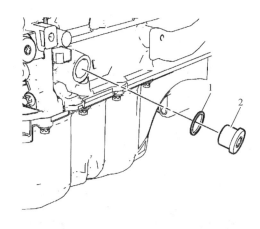

图3-105 拆下孔塞和密封圈

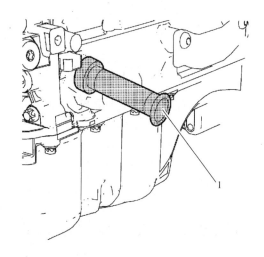

图3-106 安装专用工具定位销

置励磁轮可以自由转动，如图3-107所示。

9)用扳手固定住排气凸轮轴的六角头，同时松开排气凸轮轴链轮螺栓，直到凸轮轴位置励磁轮可以自由转动。应不费多大的力气就可将固

图 3-107　松开进气凸轮轴链轮螺栓

定工具完全安装到两个凸轮轴槽中。

10) 调节凸轮轴，使得能够安装 EN-953-A 固定工具 1，如图 3-108 所示。

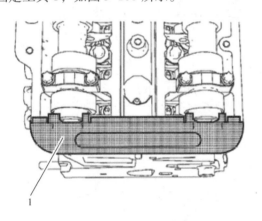

图 3-108　安装专用工具

11) 拆下两个正时链条上导板螺栓。

12) 拆下正时链条上导板。以箭头方向推动固定工具，以确保其无间隙地接合。

13) 安装 EN-49977-200 固定工具 2 并调整固定工具的齿轮结构，使其与进气凸轮轴链轮齿轮结构 1 啮合，如图 3-109 所示。

14) 紧固 EN-49977-200 固定工具的 2 个紧固螺栓 1，同时沿图 3-109 中箭头方向推固定工具。

15) 拧紧调节器螺栓 2，如图 3-110 所示。

16) 安装 EN-49977-100 安装工具 2，找到并将凸轮轴位置励磁轮保持在正确位置。

17) 紧固 EN-49977-100 安装工具的 2 个

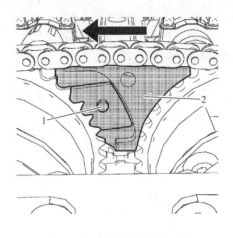

图 3-109　安装专用固定工具

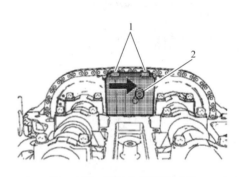

图 3-110　安装专用固定工具

紧固螺栓 6。

18) 固定住进气凸轮轴的六角头 1，同时紧固进气凸轮轴链轮螺栓 4 至 50N·m。

19) 固定住进气凸轮轴的六角头 1，同时将进气凸轮轴链轮螺栓 4 再紧固 60°。确保安装工具在安装之后与气缸盖的 3 和 5 区域无间隙。以上均见如图 3-111 所示。

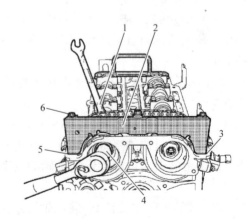

图 3-111　安装专用工具

20) 固定住排气凸轮轴的六角头，同时紧固排气凸轮轴链轮螺栓至50N·m。

21）固定住排气凸轮轴的六角头，同时将排气凸轮轴链轮螺栓再紧固60°。

22）拆下安装工具 EN-49977-100 和固定工具 EN-49977-200。

23）安装正时链条上导板。

24）安装2个上部正时链条导板螺栓并紧固至8N·m。

25）拆下固定工具 EN-953-A。

26）拆下定位销 EN-952。

27）将曲轴转动720°，并再次检查发动机正时。必要时，重复调整程序。

28）安装曲轴轴承盖垫板孔塞和密封圈并紧固至50N·m。

29）安装右前轮罩衬板。

30）安装凸轮轴位置执行器电磁阀。

31）安装凸轮轴盖。

32）安装点火线圈。

3.8　昂科威（2015—2017年款）

3.8.1　通用1.5T-LFV发动机（2015—2017）

该款发动机也搭载于君威车型上，相关内容请参考3.1.1小节。

3.8.2　通用2.0T-LTG发动机（2015—2017）

1. 正时链单元部件分解

发动机正时链单元部件如图3-112所示。

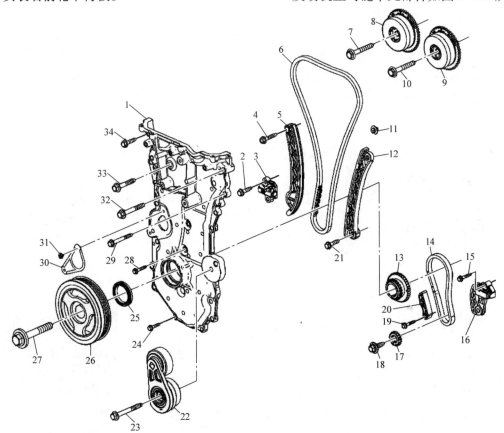

图3-112　通用LTG发动机正时链单元

1—发动机前盖　2—正时链条张紧器螺栓　3—正时链条张紧器　4—正时链条张紧器枢轴臂螺栓　5—正时链条张紧器枢轴臂　6—正时链条　7—凸轮轴位置执行器螺栓　8—进气凸轮轴位置执行器　9—排气凸轮轴位置执行器　10—凸轮轴位置执行器螺栓　11—正时链条机油喷嘴　12—正时链条导板　13—曲轴链轮　14—平衡链条　15—平衡链条张紧器螺栓　16—平衡链条张紧器　17—平衡轴驱动链轮　18—平衡轴链轮螺栓　19—平衡链条导板螺栓　20—平衡链条导板　21—正时链条导板螺栓　22—传动皮带张紧器　23—传动皮带张紧器螺栓　24—发动机前盖螺栓　25—曲轴前油封　26—曲轴扭转减振器　27—曲轴扭转减振器螺栓　28—发动机前盖螺栓　29—发动机前盖螺栓　30—正时链条张紧器盖　31—正时链条张紧器盖螺栓　32—发动机前盖螺栓　33—发动机前盖螺栓　34—发动机前盖螺栓

2. 正时链单元拆卸步骤

1）拆下发动机前盖。
2）拆下正时链条上导板螺栓。
3）拆下正时链条上导板。
4）拆下正时链条张紧器螺栓和正时链条张紧器。
5）拆下正时链条张紧器枢轴臂螺栓。
6）拆下正时链条张紧器枢轴臂。
7）拆下正时链条导板螺栓。
8）拆下正时链条导板。
9）拆下正时链条。
10）拆下正时链条机油喷嘴。

3. 正时链单元安装步骤

确保正时链条机油喷嘴转动时槽口向上，并且喷嘴对准发动机气缸体上的凸舌。

1）安装正时链条机油喷嘴1，见图3-113。

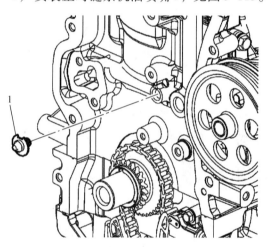

图3-113 安装链条机油喷嘴

2）将正时链条包绕到进气和排气凸轮轴执行器上，同时将唯一颜色的链节2对准排气凸轮轴执行器3上的正时标记，见图3-114。进气执行器所对应的相同颜色链节在最初时将不对准于进气执行器正时标记，唯一颜色的正时链节也不对准于曲轴链轮正时标记。注意正时链条上有3节彩色链节。颜色相同的两节链节对准执行器上的正时标记。唯一颜色的正时链节对准曲轴链轮上的正时标记。使用下面的程序将链节对准执行器。定位链条，使彩色链节可见。

3）确保曲轴上的键处于12点钟位置。将曲轴链轮包绕到曲轴链轮上。注意在安装导板螺栓并进行最终紧固前进行正时。

4）安装正时链条导板和上部螺栓，并仅用

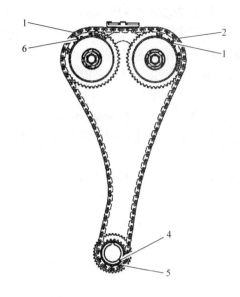

图3-114 对准正时链条标记

手拧紧。

5）安装正时链条张紧器枢轴臂。
6）安装枢轴臂并用手拧紧。
7）使用适合的工具逆时针转动曲轴，使曲轴链轮1上的正时标记对准正时链节2，见图3-115。需要连续逆时针方向转动曲轴，以保持正时对准。确保排气凸轮轴执行器上的对准标记始终对准正时标记。
8）将固定正时链条导板的下端旋转到安装位置，并安装下部螺栓3，见图3-115。
9）将正时链条导板上、下部螺栓紧固至25N·m。

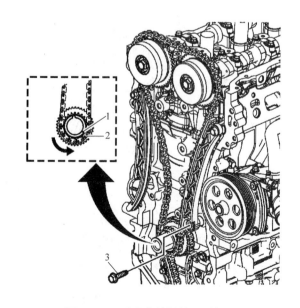

图3-115 对准曲轴链轮正时标记

10）使用适合的工具逆时针转动进气凸轮轴，直到进气执行器 2 上的正时标记对准正时链节 1，见图 3-116。保持进气凸轮轴上的张紧力，直到正时链条张紧器能够安装和启用。已完成了排气凸轮轴执行器和曲轴链轮的正时。逆时针旋转凸轮轴时，用手在正时链条导板之间施加或释放压力，使链条滑动或停止滑动。

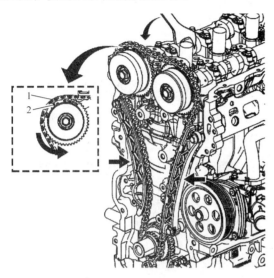

图 3-116 对准凸轮轴链轮正时标记

11）安装正时链条张紧器，并将正时链条张紧器螺栓紧固至 25N·m。

12）确认正时链条上的正时链节正确对准于正时标记，见图 3-114：

① 正时链节（1、2）对准凸轮轴执行器（6、3）上相应的正时标记。

② 唯一颜色的链节 5 对准曲轴链轮 4 上的正时标记。

13）否则，重复必要的部分程序以对准正时标记。

14）安装正时链条导板和螺栓，并用手拧紧。

15）按顺序分两遍将凸轮轴前盖螺栓紧固至 10N·m。

16）顺时针转动曲轴，查看执行器或曲轴链轮上是否出现正时链条跳齿现象。如果发生跳齿，则重复执行程序，对准正时标记。

17）确认平衡链条上的正时链节正确对准于正时标记，见图 3-117：

① 正时链节 1 对准曲轴链轮 2 上的正时标记。

② 相邻正时链节 4 对准平衡轴驱动链轮上的两个正时标记 3。

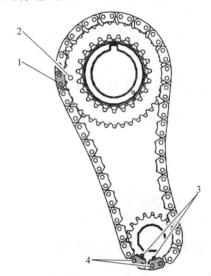

图 3-117 平衡轴正时链标记

18）安装发动机前盖。

第4章 上汽通用雪佛兰

4.1 迈锐宝（2012—2017年款）

4.1.1 通用1.5T-LFV发动机（2016—2017）

该款发动机也搭载于君越车型上，相关内容请参考3.1.1小节。

4.1.2 通用1.6T-LLU发动机（2016）

该款发动机也搭载于英朗车型上，相关内容请参考3.4.1小节。

4.1.3 通用2.0L-LTD发动机（2012—2017）

该款发动机也搭载于君威车型上，相关内容请参考3.2.1小节。

4.1.4 通用2.4L-LAF发动机（2012—2017）

该款发动机也搭载于君越车型上，相关内容请参考3.1.3小节。

4.1.5 通用2.5L-LCV发动机（2016—2017）

该款发动机正时维修和LTG发动机相似，相关内容请参考3.8.2小节。

4.2 科鲁兹（2009—2017年款）

4.2.1 通用1.5L-L3G发动机（2015—2017）

该款发动机也搭载于威朗车型上，相关内容请参考3.3.2小节。

4.2.2 通用1.4L-LE2发动机（2016—2017）

该款发动机正时维修和L3G发动机相似，相关内容请参考3.3.2小节。

4.2.3 通用1.6T-LLU发动机（2011—2014）

该款发动机也搭载于君威车型上，相关内容请参考3.2.1小节。

4.2.4 通用1.8L-2H0发动机（2010—2014）

该款发动机也搭载于英朗车型上，相关内容请参考3.4.2小节。

4.2.5 通用1.6L-LDE发动机（2010—2013）

该款发动机正时维修和LLU发动机相似，相关内容请参考3.2.1小节。

4.2.6 通用1.6L-LXV发动机（2009）

该款发动机正时维修和LLU发动机相似，相关内容请参考3.2.1小节。

4.3 科沃兹（2016—2017年款）

通用1.5L-L2B发动机（2016—2017）

该款发动机也搭载于凯越车型上，相关内容请参考3.5.1小节。

4.4 乐风-乐骋

通用1.5L-L2B发动机（2016—2017）

该款发动机也搭载于凯越车型上，相关内容请参考3.5.1小节。

4.5 赛欧（2010—2017年款）

4.5.1 通用1.5L-L2B发动机（2015—2017）

该款发动机也搭载于凯越车型上，相关内容请参考3.5.1小节。

4.5.2 通用1.2L-LMU发动机（2010—2014）

1. 正时链单元部件分解

发动机正时链单元部件如图4-1所示。

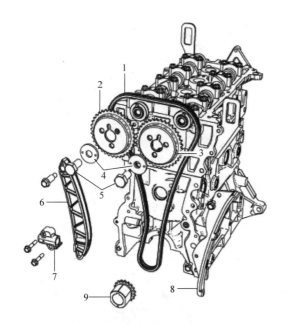

图4-1 通用LMU发动机正时链单元
1—正时链条 2—凸轮轴链轮（进气） 3—凸轮轴链轮（排气）
4—衬套 5—凸轮轴链轮固定螺栓 6—正时链条杆
7—正时链条张紧器 8—正时链条导板 9—曲轴链轮

2. 正时链单元拆解方法

1）断开蓄电池负极电缆。
2）拆下空气滤清器总成。
3）拆下凸轮轴盖。
4）拆下传动带和传动带张紧器。
5）安装发动机夹具（EN-47519）。
6）拆下发动机支座。
7）拆下油底壳。
8）拆下曲轴带轮。
9）拆下机油油位表导管。
10）拆下发动机前盖。
11）拆下正时链条张紧器。
12）拆下左侧正时链条杆。
13）拆下右侧正时链条导板。
14）拆下正时链条，如图4-2所示。

3. 正时链单元安装步骤

1）将凸轮轴链轮上的标记与正时链条上的标记对准后安装正时链条。如图4-3所示，将曲轴链轮上的标记与正时链条上的标记对准。清洁正时系统和检查凸轮轴正时。
2）装配正时链条导板。将正时链条导板固定螺栓紧固至12N·m。
3）装配正时链条杆。将正时链条杆固定螺栓紧固至15N·m。

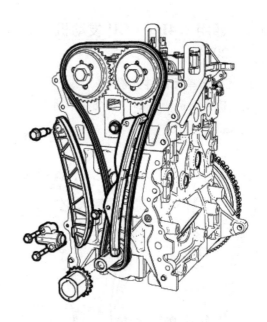

图4-2 拆下正时链单元部件

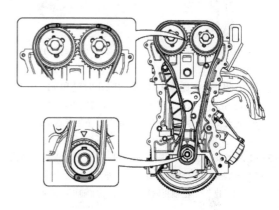

图4-3 发动机正时对准

4）装配正时链条张紧器。将正时链条张紧器固定螺栓紧固至12N·m。
5）安装发动机前盖。将发动机前盖螺栓紧固到6~8N·m将发动机前盖螺栓紧固到20N·m。
6）安装曲轴带轮，紧固螺栓。将曲轴带轮螺栓紧固到85N·m。
7）安装机油尺和导管。将机油尺导管螺栓紧固到10.5N·m。
8）安装油底壳。
9）安装发动机支座。
10）拆下发动机支撑夹具（EN-47519）。
11）安装传动带和传动带张紧器。
12）安装凸轮轴盖。
13）安装空气滤清器总成。
14）连接蓄电池负极电缆。

4.5.3 通用1.4L-LCU发动机（2010—2014）

1. 正时链单元部件分解

发动机正时链单元部件如图4-4所示。

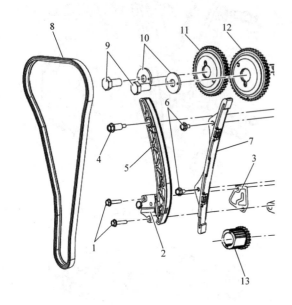

图4-4 通用LCU发动机正时链单元
1—正时链条张紧器螺栓 2—正时链条张紧器
3—正时链条张紧器衬垫 4—正时链条主导板面螺栓
5—正时链条主导板面 6—正时链条导板螺栓
7—正时链条导板 8—正时链条 9—凸轮轴正时链轮螺栓
10—凸轮轴正时链轮垫圈 11—进气凸轮轴正时链轮
12—排气凸轮轴正时链轮 13—曲轴正时链轮

2. 正时链单元拆解步骤

1）拆下发动机前盖。

2）如图4-5所示，拆下正时链条张紧器螺栓1和张紧器2。

3）如图4-6所示，拆下正时链条张紧器支撑板螺栓1和张紧器支撑板2。

4）拆下两个正时链条导板螺栓1，如图4-7所示。

5）拆下正时链条导板2，如图4-7所示。

6）拆下正时链条1，如图4-8所示。

3. 正时链单元安装步骤

1）使用呆扳手转动凸轮轴将凸轮轴凸角1定位在图4-9所示位置。

2）确保凸轮轴链轮正时标记2按图4-9所示定位。

3）如图4-10所示，将曲轴正时标记1对齐至6点钟位置。

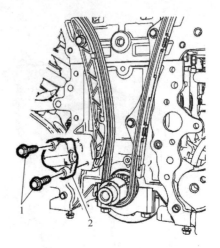

图4-5 拆下张紧器

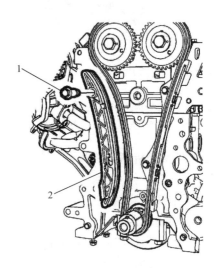

图4-6 拆下张紧器支撑板

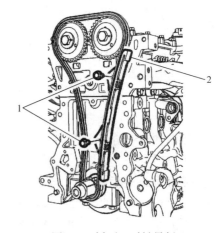

图4-7 拆下正时链导板

4）以下均参见图4-11所示。将正时链条安装在进气和排气凸轮轴链轮和曲轴链轮上。

5）确保凸轮轴正时标记和以颜色编码的正时链节1对齐。

6）确保曲轴正时标记和以颜色编码的正时

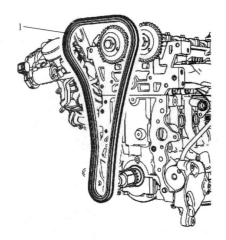

图 4-8 拆下正时链

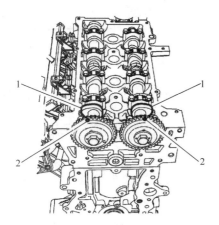

图 4-9 凸轮轴正时对准

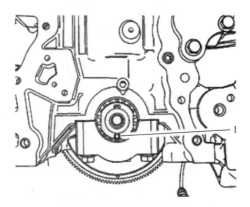

图 4-10 曲轴正时标记对准

链节 2 对齐。

7) 安装正时链条导板支撑板。

8) 安装正时链条导板支撑板螺栓，并紧固至 10N·m。

9) 安装正时链条张紧器支撑板。

10) 安装正时链条张紧器支撑板侧螺栓，并紧固至 10N·m。

11) 以下均参见图 4-12。压住正时链条张紧

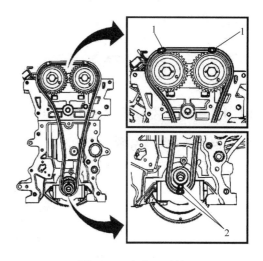

图 4-11 安装正时链

器 1，并安装 EN-50534 销 3 以固定压住的张紧器。

12) 安装正时链条张紧器 1。

13) 安装正时链条张紧器螺栓 2，并紧固至 10N·m。

14) 拆下 EN-50534 销 3。

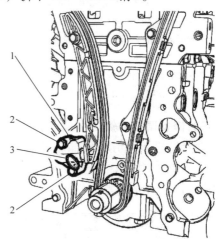

图 4-12 安装正时链张紧器

15) 安装发动机前盖。

4.6 科帕奇（2007—2017 年款）

4.6.1 通用 2.4L-LE9 发动机（2011—2017）

该款发动机正时维修和 LE5 发动机相似，相关内容请参考 3.1.5。

4.6.2 通用 3.2L-LU1 发动机（2007—2010）

该款发动机正时维修和 LFW 发动机相似，相

关内容请参考 3.1.4。

4.7 创酷（2014—2017 年款）

通用 1.4T-LFF 发动机（2014—2017）

1. 正时链单元部件分解

发动机正时链单元部件如图 4-13 所示。

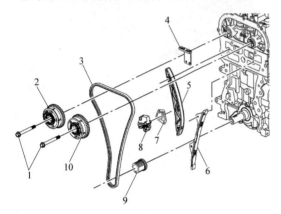

图 4-13 通用 LFF 发动机正时链单元
1—螺栓 2—凸轮轴位置执行器调节器（进气） 3—凸轮轴正时链条
4—凸轮轴正时链条导板（上部） 5—凸轮轴正时链条张紧器蹄
6—凸轮轴正时链条导板 7—凸轮轴正时链条张紧器衬垫
8—凸轮轴正时链条张紧器 9—曲轴链轮
10—凸轮轴位置执行器调节器（排气）

2. 正时链条调整步骤

1）沿发动机运转方向将曲轴移动到第一气缸上止点（TDC）位置，使曲轴链轮正时标记 1 位于如图 4-14 所示的 6 点钟位置。

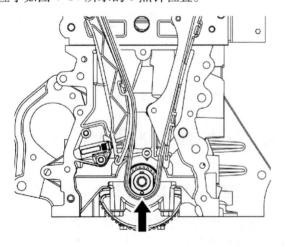

图 4-14 对准曲轴正时位置

2）以下均参见图 4-15 所示。将正时链条安装到进气和排气凸轮轴位置执行器调节器、正时链条导板、正时链条张紧器蹄和曲轴链轮上。

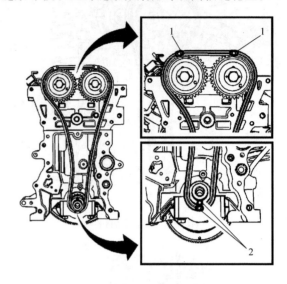

图 4-15 对准正时链条正时标记

3）确保凸轮轴位置执行器调节器正时标记对准于彩色正时链节 1。

4）确保曲轴链轮正时标记对准彩色正时链节 2。

5）拔出张紧器锁止工具，将凸轮轴正时链条张紧，见图 4-16。

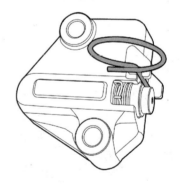

图 4-16 拔出张紧器固定销

6）确保凸轮轴正时链条安装正确，必要时重新调节凸轮轴正时链条。

4.8 探界者（2017— ）

通用 2.0T-LTG 发动机（2017— ）

该款发动机也搭载于昂科威车型上，相关内容请参考 3.8.2 小节。

第 5 章 上汽通用凯迪拉克

5.1 ATS-L（2014—2017 年款）

5.1.1 通用 2.0T-LTG 发动机（2014—2017）

该款发动机也搭载于昂科威车型上，相关内容请参考 3.8.2 小节。

5.1.2 通用 2.5L-LCV 发动机（2014）

该款发动机正时维修和 LTG 发动机相似，相关内容请参考 3.8.2 小节。

5.2 XTS（2013—2017 年款）

5.2.1 通用 2.0T-LTG 发动机（2013—2017）

该款发动机也搭载于昂科威车型上，相关内容请参考 3.8.2 小节。

5.2.2 通用 3.6L-LFX 发动机（2013）

1. 正时链单元部件分解

发动机正时链单元部件如图 5-1 所示。

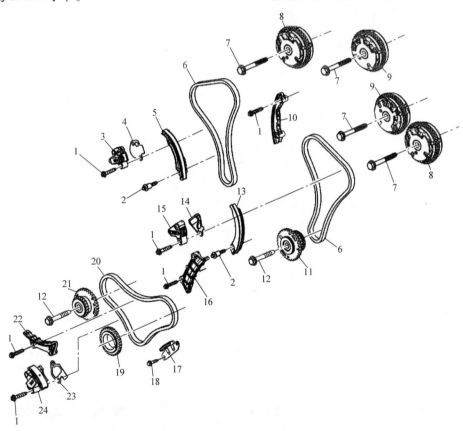

图 5-1 通用 LFX 发动机正时链单元部件

1—初级正时链条张紧器螺栓 2—左侧次级正时链条支撑板螺栓 3—右侧次级正时链条张紧器 4—右侧次级正时链条张紧器衬垫 5—右侧次级正时链条导板 6—次级正时链条 7—凸轮轴位置执行器螺栓 8—排气凸轮轴位置执行器 9—进气凸轮轴位置执行器 10—右侧次级正时链条导板 11—左侧凸轮轴正时链条惰轮链轮 12—凸轮轴中间传动轴链轮螺栓 13—左侧次级正时链条导板 14—左侧次级正时链条张紧器衬垫 15—左侧次级正时链条张紧器 16—左侧次级正时链条导板 17—初级正时链条下导板 18—初级正时链条下导板螺栓 19—曲轴链轮 20—初级正时链条 21—右侧凸轮轴正时链条惰轮链轮 22—初级正时链条上导板 23—初级正时链条张紧器衬垫 24—初级正时链条张紧器

2. 正时链单元结构图解

以下均参见图 5-2。本发动机配备有 3 条正时链条：主正时链条 1，右侧次正时链条 2 和左侧次正时链条 3。

主正时链条将曲轴链轮 4 和左、右侧中间传动轴链轮 5 连接在一起。

各机油压力支持的中间链轮驱动次正时链条，然后次正时链条驱动各自的气缸盖凸轮轴位置执行器 6。

两个固定式正时链条导板 7 和活动式正时链条蹄片 8 控制次正时链条间隙。

每个次正时链条蹄片处在液压促动型张紧器 9 的张紧力之下。为控制主正时链条上的间隙，采用了两个固定式正时链条导板 10 和一个带有内置蹄片 11 的液压促动型张紧器。

张紧器将正时链条的噪声降到最小，并且通过保持正时链条张紧，同时不断调节正时链条的磨损情况，使气门的操作准确无误。张紧器有一个柱塞，随着磨损向外调整，以减小齿隙。张紧器配有机油喷嘴，可在发动机运行时将机油喷射在正时部件上。每个张紧器都用带橡胶包层的钢衬垫密封在气缸盖或缸体上。衬垫带有足够的储备机油以保证车辆起动时足够安静。

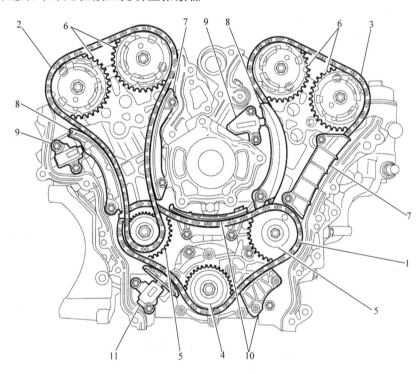

图 5-2 正时链单元分布图

1—主正时链条 2—次正时链条，右侧 3—次正时链条，左侧 4—曲轴链轮 5—中间传动轴链轮
6—凸轮轴位置执行器 7—次正时链条导板 8—次正时链条蹄片 9—次正时链条张紧器
10—主正时链条导板 11—主正时链条张紧器

安装主正时链条和左侧次正时链条，其正时标记如图 5-3 所示。

安装右侧次正时链条，其正时标记如图 5-4 所示。

3. 正时链单元拆卸步骤

（1）右侧次正时链条

特别注意：拆卸上进气歧管和火花塞后，堵塞所有开口以防止灰尘或其他污染物进入。

1）拆卸发动机前盖总成。
2）拆卸火花塞以便于凸轮轴/发动机旋转。
3）将专用工具 EN—46111（1）安装到曲轴 2 上，见图 5-5。

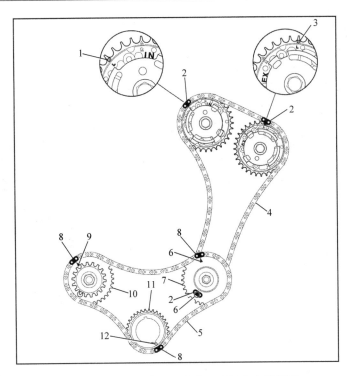

图 5-3　主正时链条和左侧次正时链条安装标记

1—进气凸轮轴位置（CMP）执行器正时标记，左侧　2—次正时链条光亮电镀的链节，左侧　3—排气凸轮轴位置（CMP）执行器正时标记，左侧　4—次正时链条，左侧　5—主正时链条　6—凸轮轴中间传动轴链轮正时标记，左侧　7—凸轮轴中间传动轴链轮，左侧　8—主正时链条光亮电镀的链节　9—凸轮轴中间传动轴链轮正时标记，右侧　10—凸轮轴中间传动轴链轮，右侧　11—凸轮轴链轮　12—凸轮轴链轮正时标记

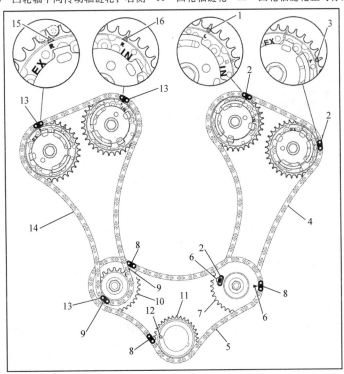

图 5-4　右侧正时链安装标记

1—进气凸轮轴位置（CMP）执行器正时标记，左侧　2—次正时链条光亮电镀的链节，左侧　3—排气凸轮轴位置（CMP）执行器正时标记，左侧　4—次正时链条，左侧　5—主正时链条　6—凸轮轴中间传动轴链轮正时标记，左侧　7—主凸轮轴中间传动链条链轮，左侧　8—主正时链条光亮电镀的链节　9—凸轮轴中间传动轴链轮正时标记，右侧　10—凸轮轴中间传动轴链轮，右侧　11—凸轮轴链轮　12—凸轮轴链轮正时标记　13—次正时链条光亮电镀的链节，右侧　14—凸轮轴中间传动链条，右侧　15—排气凸轮轴位置 CMP—执行器正时标记，右侧　16—进气凸轮轴位置（CMP）执行器正时标记，右侧

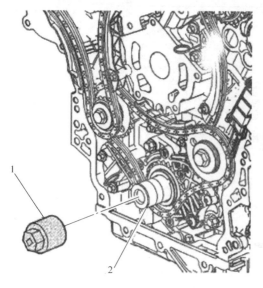

图 5-5 安装专用工具到曲轴

4)用专用工具 EN–46111(1)沿顺时针方向旋转曲轴,直到曲轴链轮正时标记 2 对准机油泵外壳上的标定标记 3,如图 5-6 所示。

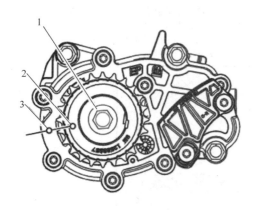

图 5-6 用专用工具旋转曲轴

5)对准曲轴链轮正时标记后,检查右侧气缸盖后部的凸轮轴凸台 1 是否与凸轮轴盖顶面 2 平行,如图 5-7 所示。

图 5-7 检测对准线位置

6)如果凸轮轴凸台不如图 5-7 中所示,则旋转曲轴 360°。

7)将专用工具 EN46105—1(1)安装到右气缸盖凸轮轴 2 后部,如图 5-8 所示。

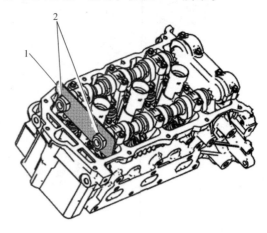

图 5-8 安装专用工具到右侧凸轮轴

8)将专用工具 EN46105—2(1)安装到左气缸盖凸轮轴 2 的后部,如图 5-9 所示。

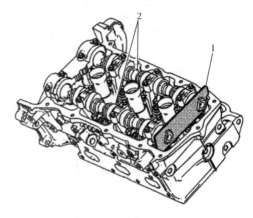

图 5-9 安装专用工具到左侧凸轮轴

9)拆卸右侧次正时链条张紧器螺栓,并拆卸张紧器。

注意事项:拆卸张紧器螺栓时要小心。张紧器柱塞上有弹簧张紧力,拆卸张紧器过程中柱塞可能会弹开。

10)从张紧器 2 拆卸张紧器衬垫 1 并将衬垫报废,如图 5-10 所示。

11)检查右侧气缸盖上的张紧器安装面上是否有任何影响新张紧器衬垫密封的毛刺或缺陷。

12)拆卸右侧次正时链条蹄片螺栓。

13)拆卸右侧次正时链条蹄片。

14)拆卸两个右侧次正时链条导板螺栓和

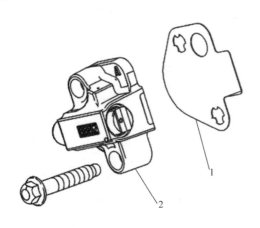

图 5-10 拆卸张紧器衬垫

导板。

15）从凸轮轴位置执行器 2 和凸轮轴中间传动轴链轮 3 上拆卸右侧次正时链条 1，如图 5-11 所示。

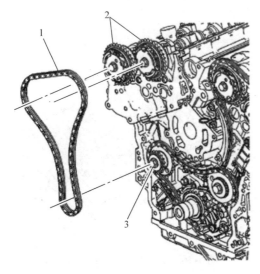

图 5-11 拆卸正时链条

（2）主正时链条

1）拆卸右侧次正时链条。

2）拆卸两个主正时链条张紧器螺栓和张紧器。

注意事项：拆卸张紧器螺栓时要小心。张紧器柱塞上有弹簧张紧力，拆卸张紧器过程中柱塞可能会弹开。

3）从张紧器拆卸衬垫并报废衬垫。

4）检查发动机体上的主正时链条张紧器安装面上是否有任何影响新张紧器衬垫密封的毛刺或缺陷。

5）拆卸两个主正时链条的上导板螺栓和导板。

注意事项：不得拆卸主正时链条的下导板。主正时链条下导板不能单独维修。如果需要更换主正时链条下导板，则机油泵总成也必须更换。

6）拆卸主正时链条 1，如图 5-12 所示。

注意事项：为便于拆卸，在尝试从凸轮轴中间传动轴链轮上拆卸前，先从凸轮轴链轮上拆卸链条。

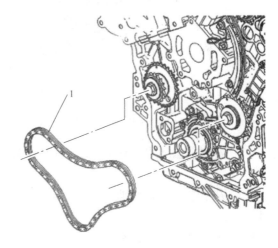

图 5-12 拆卸主正时链

7）必要时拆卸右凸轮轴中间传动轴链轮螺栓并拆卸链轮。

8）必要时从曲轴上拆卸曲轴链轮。

（3）左侧次正时链条

1）拆卸主正时链条。

2）拆卸两个左侧次正时链条张紧器螺栓，并拆卸张紧器。

注意事项：拆卸张紧器螺栓时要小心。张紧器柱塞上有弹簧张紧力，拆卸张紧器过程中柱塞可能会弹开。

3）从张紧器拆卸衬垫并将其报废。

4）检查左侧气缸盖上的张紧器安装面上是否有任何影响新张紧器衬垫密封的毛刺或缺陷。

5）拆卸左侧次正时链条蹄片螺栓。

6）拆卸左侧次正时链条蹄片。

7）拆卸两个左侧次正时链条导板螺栓和导板。

8）从凸轮轴位置执行器 2 和凸轮轴中间传动轴链轮上拆卸左侧次正时链条 1，如图 5-13 所示。

9）必要时拆卸左凸轮轴中间传动轴链轮螺栓和链轮。

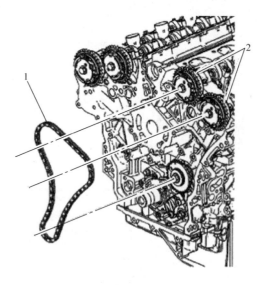

图 5-13 拆卸左侧正时链

10）从左侧气缸盖凸轮轴上拆卸工具 EN46105-2（1）。

11）从右侧气缸盖凸轮轴上拆卸工具 EN46105-1（1）。

4. 正时链单元安装步骤

（1）左侧次正时链条部件

1）将曲轴链轮安装至曲轴上，使键槽对准曲轴上的键。

2）将曲轴链轮套到曲轴上，直至曲轴链轮接触到曲轴上的凸台。

注意事项：确保曲轴链轮安装时正时标记 1 可见，如图 5-14 所示。

图 5-14 曲轴链轮正时标记

特别注意：要将专用工具 EN46105 安装到凸轮轴上，沿逆时针方向旋转凸轮轴。旋转凸轮轴时不必超过 45°，如图 5-15 所示。

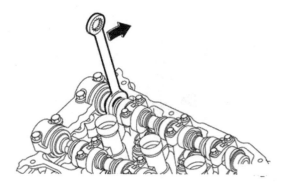

图 5-15 逆时针旋转凸轮轴

3）将专用工具 EN46105-1（1）安装到左气缸盖凸轮轴 2 后部，并将专用工具 EN46105-2 安装到右气缸盖凸轮轴后部，如图 5-16 所示。

特别注意：在安装任何正时链条之前，所有的凸轮轴都必须锁定到位。

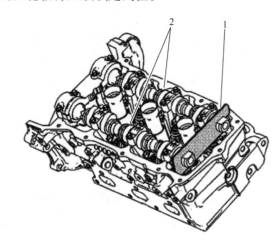

图 5-16 安装专用工具到左气缸盖

4）确保专用工具 EN46105-1 完全就位到凸轮轴上。

5）使用专用工具 EN46111（1），沿顺时针方向旋转曲轴，直到曲轴链轮正时标记 2 对准机油泵外壳上的标定标记 3，如图 5-17 所示。

6）安装左侧次正时链条，按以下方式对准链条：

① 将次正时链条套在两个左执行器传动链轮上。

② 确保每个凸轮轴位置执行器链轮顶部有两个光亮电镀链节。

特别注意：将左侧次正时链条对准凸轮轴执行器链轮时，确保使用的是链轮上的圆形正时标

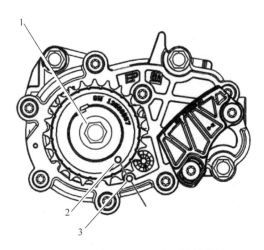

图 5-17 用专用工具顺时针旋转曲轴

记,而不是三角形标记,如图 5-18 所示。

图 5-18 对准正时标记

将光亮电镀的正时链条链节 1 对准左排气凸轮轴位置执行器链轮圆形定位标记 2,如图 5-19 所示。

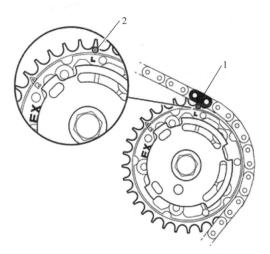

图 5-19 左排气凸轮轴对准标记

③ 将光亮电镀的正时链条链节 1 对准进气凸轮轴位置执行器链轮圆形定位标记 2,如图 5-20 所示。

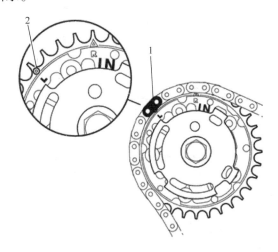

图 5-20 左进气凸轮轴对准标记

特别注意:左侧凸轮轴中间传动轴链轮 1 上有字母"LB"和"FRONT(前)"标记,右侧链轮 2 上有字母"RB"和"RONT(前)"标记。确保使用的是正确的链轮,而且安装时字母"FRONT"面向前方,如图 5-21 所示。

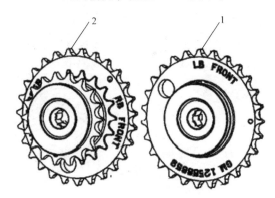

图 5-21 中间传动链轮对准标记

7)确保选择的是左侧凸轮轴中间传动轴链轮,并且安装方向正确。

8)将左侧次正时链条套在左凸轮轴中间传动轴内侧链轮上,使光亮电镀链节 1 对准外侧链轮上的检修孔 2,如图 5-22 所示。

9)将左凸轮轴中间传动轴链轮装到气缸体上。

10)安装传动轴链轮螺栓 1 并紧固至正确的拧紧力矩规格。凸轮轴中间传动轴链轮固定螺栓拧紧力矩规格:58.0~72.0N·m。

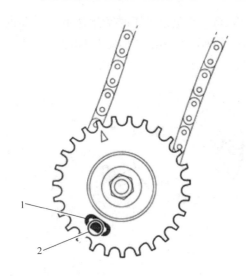

图5-22 中间传动链轮对准标记

11）检查左侧次正时链条的正时标记是否对准（1至6），如图5-23所示。

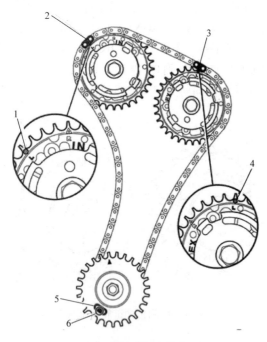

图5-23 左侧次正时链条的正时标记

特别注意：左侧次正时链条导板上有字母"LH"标记。确保在本程序中安装到左侧时使用的是正确的蹄片，而且安装时字母"LH"应朝向车辆前方。

12）确保选择的是左侧次正时链条导板，且安装方向正确。

13）安装左侧次正时链条导板。

14）安装次正时链条导板螺栓，并紧固至正确的拧紧力矩规格。次正时链条导板固定螺栓拧紧力矩规格：20.0~26.0N·m。

注意：左侧次正时链条蹄片上有字母"LH"标记，在正时链条蹄片的背面。确保安装到左侧时使用的是正确的蹄片。

15）确保选择的是左侧次正时链条蹄片，且安装方向正确。

16）安装左侧次正时链条蹄片。

17）安装左侧次正时链条蹄片螺栓并紧固至正确的拧紧力矩规格。次正时链条蹄片固定螺栓拧紧力矩规格20.0~26.0N·m。

注意：确保次正时链条蹄片离开左侧次正时链条张紧器安装衬垫，然后再紧固固定螺栓。

18）确保选择的是左侧次正时链条张紧器，且安装方向正确。

19）重新设置左侧次正时链条张紧器。

注意：为重新调整张紧器，使用尺寸合适的一字旋具或专用工具J45027，沿顺时针方向将柱塞转入张紧器轴。

20）将张紧器轴安装到左侧次正时链条张紧器体中。

特别注意：如果专用工具EN46112（1）未插入张紧器体2中，则张紧器轴3将保持在锁定位置，见图5-24，对正时链条没有张紧作用，因此会损坏发动机。

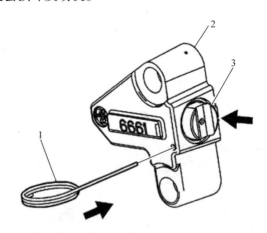

图5-24 插入专用工具锁定张紧器

21）将张紧器轴压入张紧器体内，然后将专用工具EN46112插入张紧器体侧面的检修孔，以锁定左侧次正时链条张紧器。

22）缓慢释放左侧次正时链条张紧器上的压力。张紧器应保持压紧。

23）将新的左侧次正时链条张紧器衬垫安装

到张紧器上。

24）通过张紧器和衬垫安装左侧次正时链条张紧器螺栓。

25）确保左侧气缸盖上的左侧次正时链条张紧器安装面上没有任何影响新衬垫密封的毛刺或缺陷。

26）将左侧次正时链条张紧器安装到位，然后将螺栓松弛地安装到气缸盖上。

27）确认左侧次正时链条张紧器衬垫的凸舌位置正确。

28）紧固左侧次正时链条张紧器螺栓至正确的拧紧力矩规格。

次正时链条张紧器固定螺栓拧紧力矩规格 20.0~26.0N·m。

29）拉出专用工具 EN46112 并解锁张紧器轴，以释放左侧次正时链条张紧器1。

30）检查左侧次正时链条正时标记是否对准。

(2) 主正时链条部件

1）如果之前已将左侧次正时链条部件拆卸，则先将其安装好。

特别注意：右凸轮轴中间传动轴链轮2上有字母"RB"和"FRONT（前）"标记，左侧链轮1上有字母"LB"和"FRONT（前）"标记。确保使用的是正确的链轮，而且安装时字母"FRONT（前）"朝向前方，如图5-25所示。

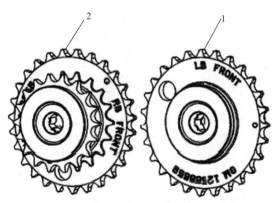

图5-25 中间传动链轮上的安装标记

2）确保选择的是右凸轮轴中间传动轴链轮，而且安装方向正确。

3）安装右凸轮轴中间传动轴链轮。

4）安装传动轴链轮螺栓并紧固至正确的拧紧力矩规格。凸轮轴中间传动轴链轮固定螺栓拧紧力矩规格：58.0~72.0N·m。

5）确保曲轴链轮正时标记对准机油泵外壳上的标定标记。

6）安装主正时链条。

7）将主正时链条套在各凸轮轴中间传动轴链轮的大链轮上，曲轴链轮对准光亮电镀的链条链节，如图5-26所示：

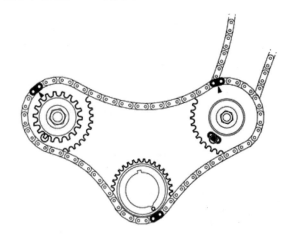

图5-26 主正时链安装标记对准位置

① 左凸轮轴中间传动轴链轮正时标记1应对准光亮电镀的主正时链条链节2，如图5-27所示。

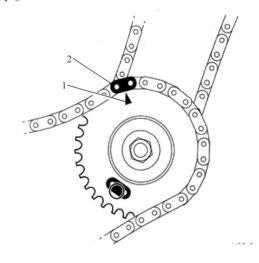

图5-27 左凸轮轴中间传动轴链轮正时标记对准

② 右凸轮轴中间传动轴链轮正时标记1应对准光亮电镀的主正时链条链节2，如图5-28所示。

③ 曲轴链轮正时标记1应对准光亮电镀的正时链条链节2，如图5-29所示。

8）确保全部正时标记（1，2，3）都正确对

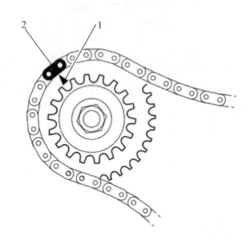

图 5-28 右凸轮轴中间传动轴链轮正时标记对准

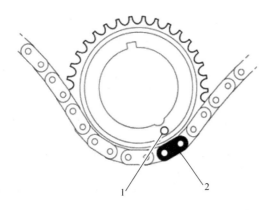

图 5-29 曲轴链轮正时标记对准

准光亮电镀的正时链条链节（4，5，6），如图 5-30 所示。

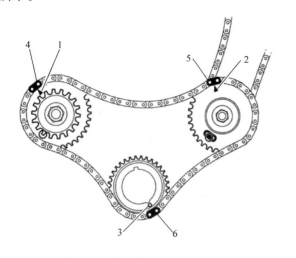

图 5-30 主正时链正时标记检查

注意事项：禁止拆卸主正时链条下导板。主正时链条下导板不能单独维修。如果必须将其更换，则机油泵总成也必须更换。

9）确保选择的是主正时链条上导板，而且安装方向正确。

10）安装主正时链条上导板。

11）安装主正时链条上导板螺栓，并紧固至正确的拧紧力矩规格。主正时链条上导板固定螺栓拧紧力矩规格 22.0~26.0N·m。

12）确保正在安装的是主正时链条张紧器。

13）重新设置主正时链条张紧器。

注意：为重新调整张紧器，使用尺寸合适的一字旋具或专用工具 J45027，沿顺时针方向将柱塞转入张紧器轴。

14）将张紧器蹄片总成安装到主正时链条张紧器体中。

注意：如果专用工具 EN46112 未插入张紧器体中，则柱塞将保持在锁定位置，对正时链条没有张紧作用。

15）将蹄片总成压进张紧器体中，然后将专用工具 EN46112 插入张紧器体侧面的检修孔内，以锁定主正时链条张紧器。

16）缓慢释放主正时链条张紧器上的压力。主正时链条张紧器应保持压紧。

17）将新的主正时链条张紧器衬垫安装到张紧器上。

18）将主正时链条张紧器螺栓穿过张紧器和衬垫，安装螺栓。

19）确保发动机体上的主正时链条张紧器安装面上没有任何影响新衬垫密封的毛刺或缺陷。

20）将主正时链条张紧器安放到位，然后将螺栓松弛地安装至发动机体。

21）确认主正时链条张紧器衬垫的凸舌位置正确。

22）紧固主正时链条张紧器螺栓至正确的拧紧力矩规格。主正时链条张紧器固定螺栓拧紧力矩规格 22.0~26.0N·m。

23）拉出专用工具 EN46112 并松开张紧器轴，以释放主正时链条张紧器。

24）检查主正时链条和左侧次正时链条的正时标记是否对准（1 至 12），如图 5-31 所示。

25）从左、右气缸盖凸轮轴上拆卸专用工具 EN46105。

（3）右侧次正时链条部件

1）安装主正时链条部件。

2）使用专用工具 EN46111，沿顺时针方向

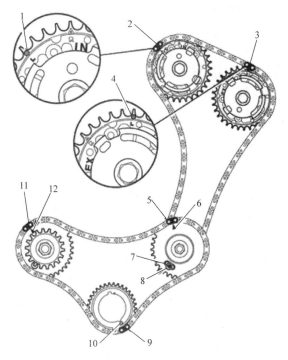

图 5-31　检查主正时链条和左侧次正时链条的正时标记

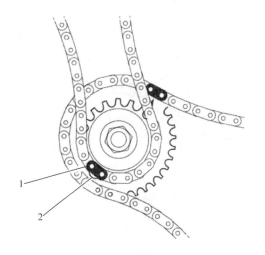

图 5-32　对准正时标记

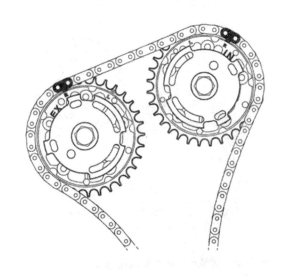

图 5-33　右侧次正时链条对准右凸轮轴执行器链轮

旋转曲轴，直到曲轴链轮正时标记对准机油泵外壳上的标定标记。

特别注意：要将专用工具 EN46105 安装到凸轮轴上，应旋转凸轮轴。旋转凸轮轴时不必超过 45°。

3）将专用工具 EN46105-1 安装到右侧气缸盖凸轮轴（2）后部。

4）将专用工具 EN46105-2 安装到左侧气缸盖凸轮轴（2）后部。

5）将右侧次正时链条安装到凸轮轴执行器上，右凸轮轴中间传动轴链轮对准链条，具体方法如下所述：

① 将次正时链条套在右凸轮轴中间传动轴的外侧链轮上，使光亮电镀的正时链条链节（1）对准内侧链轮中的定位检修孔（2），如图 5-32 所示。

② 将次正时链条套在两个右执行器传动链轮上。

注意：将右侧次正时链条对准右凸轮轴执行器链轮时，确保使用的是链轮上的三角形正时标记 1，而不是圆形标记，如图 5-33 所示。

③ 将光亮电镀的正时链条链节 2 对准排气执行器链轮的三角形定位标记，如图 5-34 所示。

④ 将光亮电镀的正时链条链节 1 对准进气执行器链轮的三角形定位标记 2，如图 5-35 所示。

特别注意：确保在本程序中安装到右侧时使用的是右侧次正时链条导板。

6）确保选择的是右侧次正时链条导板，而且安装方向正确。

7）定位链条导板。

8）安装次正时链条导板螺栓，并紧固至正确的拧紧力矩规格。次正时链条导板固定螺栓拧紧力矩规格 20.0~26.0N·m。

注意：右侧次凸轮轴传动蹄片上有字母"RH"标记。确保在本程序中安装到右侧时使用的是右侧传动蹄片，而且安装时字母"RH"应朝向车辆前方。

9）确保选择的是右侧次正时链条蹄片，而且安装方向正确。

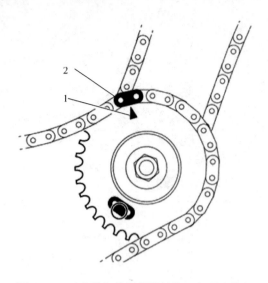

图 5-34 对准排气执行器链轮的三角形定位标记

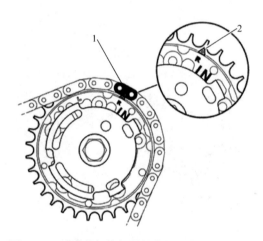

图 5-35 对准进气执行器链轮的三角形定位标记

10）定位右侧次正时链条蹄片。

11）安装次正时链条蹄片螺栓，并紧固至正确的拧紧力矩规格。次正时链条蹄片固定螺栓拧紧力矩规格 20.0~26.0N·m。

12）确保选择的是右侧次正时链条张紧器，而且安装方向正确。

13）重新设置右侧次正时链条张紧器。

注意：为重新调整张紧器，使用尺寸合适的一字旋具或专用工具 J45027，沿顺时针方向将柱塞转入张紧器轴。

14）将张紧器轴安装到右侧次正时链条张紧器体中。

特别注意：如果专用工具 EN46112 未插入张紧器体，则柱塞将保持在锁定位置，对正时链条没有张紧作用，因此会损坏发动机。

15）将张紧器轴压进张紧器体，然后将专用工具 EN46112 插入张紧器体侧面的检修孔，以锁定张紧器。

16）缓慢释放右侧次正时链条张紧器上的压力。张紧器应保持压紧。

17）将新的右侧次正时链条张紧器衬垫安装到张紧器上。

18）通过张紧器和衬垫安装右侧次正时链条张紧器螺栓。

19）确保右侧气缸盖上的右侧次正时链条张紧器安装面上没有任何影响新张紧器衬垫密封的毛刺或缺陷。

20）将右侧次正时链条张紧器安置到位，并将螺栓松弛地安装至发动机体。

21）确认右侧次正时链条张紧器衬垫的凸舌位置正确。

22）紧固右侧次正时链条张紧器螺栓至正确的拧紧力矩规格。次正时链条张紧器固定螺栓拧紧力矩规格 20.0~26.0N·m。

23）拉出专用工具 EN46112 并松开张紧器柱塞，以释放右侧正时链条张紧器。

24）检查所有主、次正时链条正时标记是否对准（1至18），如图 5-36 所示。

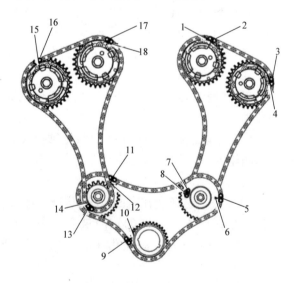

图 5-36 检查主、次正时链条正时标记是否对准

25）从左、右气缸盖凸轮轴上拆卸专用工具 EN46105 和 EN46105-2。

26）重新安装火花塞。

27）重新安装发动机前盖总成。

5.3 CT6(2016—2017 年款)

通用 2.0T-LTG 发动机(2016—2017)

该款发动机也搭载于昂科威车型上,相关内容请参考 3.8.2 小节。

5.4 XT5(2016—2017 年款)

通用 2.0T-LTG 发动机(2016—2017)

该款发动机也搭载于昂科威车型上,相关内容请参考 3.8.2 小节。

第6章 一汽丰田

6.1 皇冠（2004—2017年款）

6.1.1 丰田 2.0T – 8AR – FTS 发动机（2015—2017）

1. 正时链单元拆解步骤

1) 将1号气缸设定至TDC/压缩。

① 暂时安装曲轴带轮固定螺栓。

② 顺时针转动曲轴，以使凸轮轴正时齿轮总成、排气凸轮轴正时齿轮总成上的正时标记及曲轴正时链轮的曲轴带轮定位键如图6-1所示。提示：如果正时标记未对准，则再次顺时针转动曲轴并对准正时标记。

③ 拆下曲轴带轮固定螺栓。

2) 拆卸1号链条张紧器总成。

① 稍微伸出柱塞，然后逆时针转动挡片以松开锁扣。松开锁扣后，将柱塞推入1号链条张紧器总成，见图6-2。

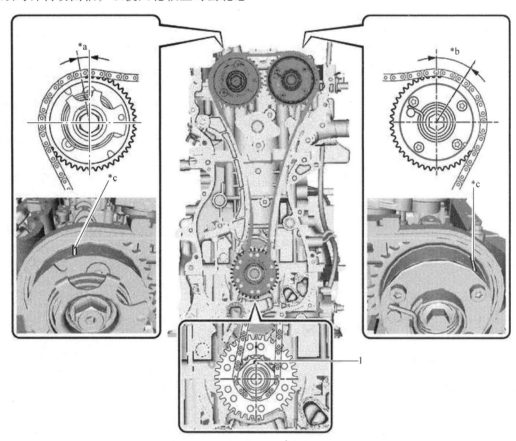

图6-1 设定气缸1到TDC位置
1—曲轴带轮定位键　*a—约7°　*b—约32°　*c—正时标记

② 顺时针转动挡片以固定锁，然后将销插入挡片孔，见图6-3。

③ 拆下螺母、螺栓、1号链条张紧器总成和衬垫，见图6-4。

3) 拆下螺栓和正时链条导板，见图6-5。

4) 拆下螺栓和链条张紧器导板，见图6-6。

5) 拆下链条分总成。

6) 拆下2个螺栓和1号链条振动阻尼器，见

图 6-7。

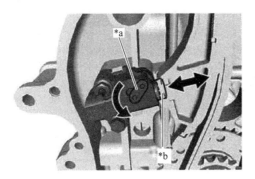

图 6-2　松开锁片推入柱塞

*a—挡片　*b—柱塞

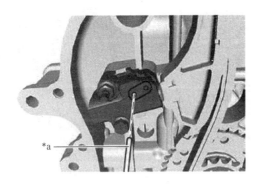

图 6-3　插入销到锁片孔

*a—销

图 6-4　拆下 1 号链条张紧器

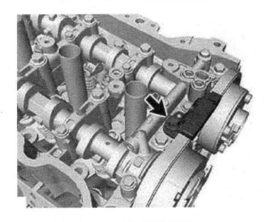

图 6-5　拆下链条导板

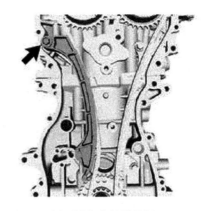

图 6-6　拆下链条张紧器导板

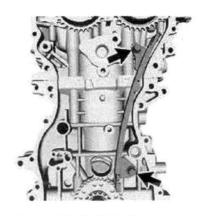

图 6-7　拆下振动阻尼器

7）从曲轴上拆下曲轴正时链轮，见图 6-8。

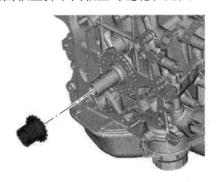

图 6-8　拆下曲轴正时链轮

2. 正时链单元安装步骤

1）将曲轴正时链轮安装到曲轴上。

2）加注发动机机油。向图 6-9 中所示的油孔内加注 50mL 的发动机机油。

注意：如果拆下气门间隙调节器总成，则确保加注足够机油。确保在低压室和气门间隙调节器总成机油通道内注满发动机机油。

3）安装 1 号链条振动阻尼器。

① 用 2 个螺栓暂时安装 1 号链条振动阻

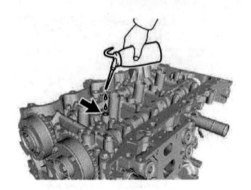

图6-9　加油机油

尼器。

② 按如图6-10所示顺序，紧固2个螺栓。力矩：21N·m。

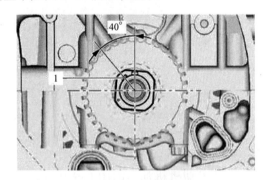

图6-10　安装振动阻尼器

4）安装链条分总成。

① 暂时安装曲轴带轮固定螺栓。

② 逆时针转动曲轴40°，以将曲轴带轮定位键置于如图6-11所示位置。

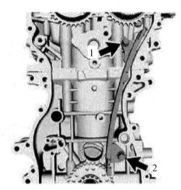

图6-11　逆时针转动曲轴40°
1—曲轴带轮定位键

③ 检查并确认凸轮轴正时齿轮总成和排气凸轮轴正时齿轮总成的正时标记位置，如图6-12所示。

④ 将链条分总成置于凸轮轴正时齿轮总成、

图6-12　检查凸轮轴齿轮正时
*a—正时标记　*b—约7°　*c—约32°

排气凸轮轴正时齿轮总成和曲轴正时链轮上。

提示：确保链条分总成标记板未朝向发动机前部。无需将链条分总成接合到凸轮轴正时齿轮总成、排气凸轮轴正时齿轮总成和曲轴正时链轮的齿上。

⑤ 如图6-13所示，将链条分总成标记板（橙色）与排气凸轮轴正时齿轮总成的正时标记对准，并将链条分总成安装到排气凸轮轴正时齿轮总成上。

图6-13　对准排气凸轮轴齿轮正时
*a—标记板（橙色）　*b—正时标记

⑥ 如图6-14所示,将链条分总成的标记板(黄色)与曲轴正时链轮的正时标记对准,并将链条分总成安装到曲轴正时链轮上。

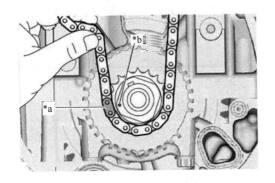

图6-14 对准曲轴链轮正时

*a—标记板(黄色)　*b—正时标记

⑦ 将细绳系到曲轴正时链轮上,以便固定链条分总成,见图6-15。

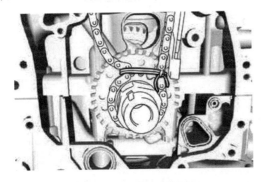

图6-15 固定正时链条

⑧ 用扳手固定凸轮轴的六角部位,并逆时针转动凸轮轴,将凸轮轴正时齿轮总成的正时标记与链条分总成的标记板(橙色)对准,并将链条分总成安装到凸轮轴正时齿轮总成上,见图6-16。

提示：使用扳手将凸轮轴固定到位,直至安装好1号链条张紧器总成。

⑨ 拆下曲轴正时链轮上的细绳,顺时针旋转曲轴,并松开链条分总成,以便安装链条张紧器导板,见图6-17。

注意：确保链条分总成固定。

5) 用螺栓安装链条张紧器导板。力矩：21N·m。

6) 用螺栓和螺母安装新衬垫和1号链条张紧器总成。力矩：10N·m,从挡片上拆下销。

7) 用螺栓安装正时链条导板。力矩：21N·m。

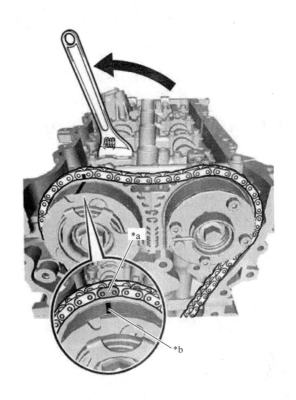

图6-16 对准凸轮轴齿轮正时

*a—标记板(橙色)　*b—正时标记

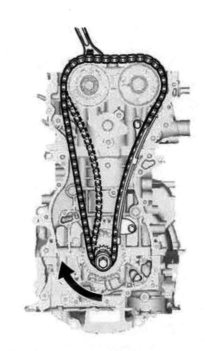

图6-17 安装正时链

8) 将1号气缸设定至TDC/压缩。

9) 用4个螺栓安装新衬垫和正时链条盖板。力矩：10N·m。

10) 安装正时链条盖总成。

6.1.2 丰田2.5L-5GR-FE发动机（2009—2017）

该款发动机正时链结构与拆装操作与3GR发动机相同，相关内容请参考6.1.3小节。

6.1.3 丰田3.0L-3GR-FE发动机（2004— ）

1. 正时链单元拆解步骤

1）将1号气缸设定至TDC/压缩。

① 暂时安装带轮固定螺栓。

② 顺时针旋转曲轴，将曲轴转角信号盘上的正时标记对准右侧缸体孔径中心线，见图6-18。

③ 如图6-19所示，检查并确认凸轮轴正时齿轮的正时标记对准凸轮轴轴承盖的正时标记。如果标记没有对准，则顺时针转动曲轴1圈（360°），并按如上所述对准正时标记。

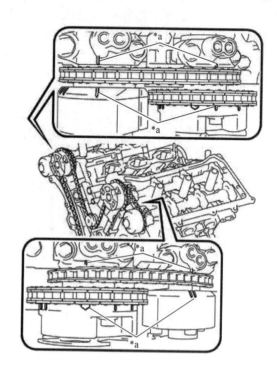

图6-19 检查正时标记

*a—正时标记

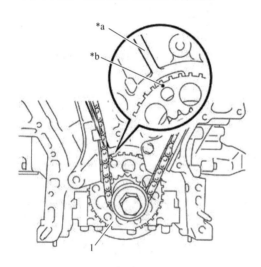

图6-18 检查正时标记

1—曲轴转角信号盘 *a—中心线 *b—正时标记

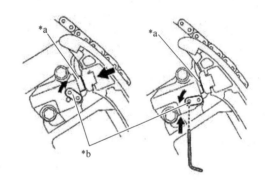

图6-20 设定锁止插入六角扳手

*a—柱塞 *b—挡片

2）拆卸1号链条张紧器总成。

① 向上移动挡片以解除锁止，并将柱塞推入张紧器。

② 向下移动挡片以设定锁止，并将六角扳手插入挡片孔，见图6-20。

③ 拆下2个螺栓和1号链条张紧器总成，见图6-21。

3）拆卸链条张紧器导板。

4）拆卸链条分总成。

① 如图6-22所示逆时针转动曲轴10°以松开曲轴正时齿轮或链轮的链条。

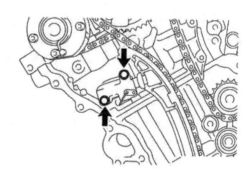

图6-21 拆下张紧器

② 拆下带轮固定螺栓。

第6章 一汽丰田

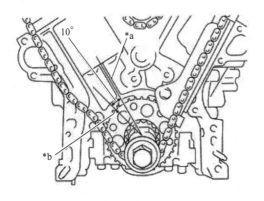

图 6-22 松开正时齿轮与链条

*a—中心线　*b—正时标记

③ 从曲轴正时齿轮或链轮上拆下链条分总成，并将其旋转于曲轴上，见图 6-23。

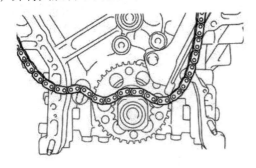

图 6-23 将链条旋转于曲轴上

④ 顺时针转动凸轮轴正时齿轮总成约 60°，使其位于如图 6-24 所示位置。

注意：务必松开气缸组间的链条分总成。

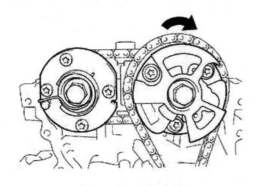

图 6-24 松开链条分总成

⑤ 拆下链条分总成。

5）使用 10mm 六角扳手拆下 2 号惰轮轴、张紧链轮总成和 1 号惰轮轴，见图 6-25。

6）拆下 2 个螺栓和 1 号链条振动阻尼器，见图 6-26。

7）拆下 2 个 2 号链条振动阻尼器，见图 6-27。

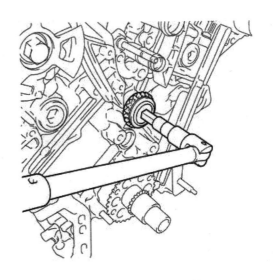

图 6-25 拆下 1 号惰轮轴

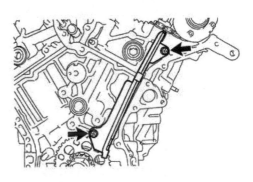

图 6-26 拆下 1 号链的振动阻尼器

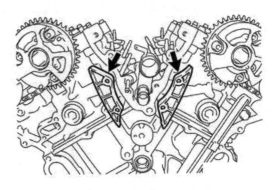

图 6-27 拆下 2 号链的振动阻尼器

8）拆卸曲轴正时齿轮或链轮。

① 拆下曲轴正时齿轮或链轮。

② 从曲轴上拆下 2 个带轮定位键，见图6-28。

9）拆卸凸轮轴正时齿轮和 2 号链条（B1）。

① 如图 6-29 所示，推入 2 号链条张紧器总成的柱塞，并将直径为 1.0mm 的销插入孔中以将柱塞固定到位。

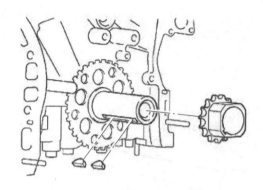

图 6-28 拆下曲轴带轮

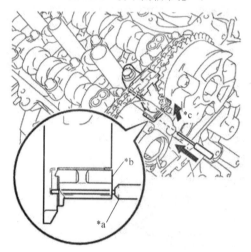

图 6-29 推入 2 号链条张紧器的柱塞
*a—销 *b—柱塞 *c—向此方向推

② 使用 SST 固定各凸轮轴的六角部位，拧松凸轮轴正时齿轮总成和排气凸轮轴正时齿轮总成的螺栓，见图 6-30。

注意：不要拧松其他 4 个螺栓。如果 4 个螺栓中的任一螺栓松动，则用新的凸轮轴正时齿轮总成和/或排气凸轮轴正时齿轮总成加以更换。

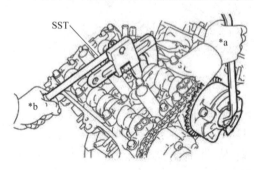

图 6-30 拧松凸轮轴正时齿轮螺栓
*a—转动 *b—固定

③ 将 2 个螺栓和凸轮轴正时齿轮总成连同 2 号链条一起拆下。

10）拆下螺栓和 2 号链条张紧器总成，见图 6-31。

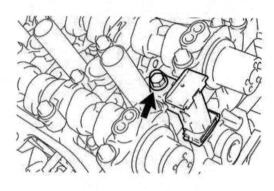

图 6-31 拆下 2 号链条张紧器

11）拆卸凸轮轴正时齿轮和 2 号链条（B2）。

① 如图 6-32 所示推入 3 号链条张紧器总成的柱塞，并将直径为 1.0mm 的销插入孔中以将柱塞固定到位。

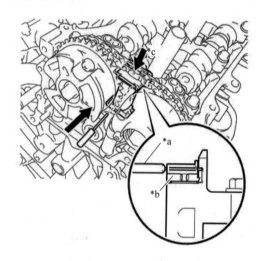

图 6-32 拆下 2 号链条
*a—销 *b—柱塞 *c—向此方向推

② 如图 6-33 所示，使用 SST 固定各凸轮轴的六角部位，拧松凸轮轴正时齿轮总成和排气凸轮轴正时齿轮总成的螺栓。

注意：不要拧松其他 4 个螺栓。如果 4 个螺栓中的任一螺栓松动，则用新的凸轮轴正时齿轮总成和/或排气凸轮轴正时齿轮总成加以更换。

③ 将 2 个螺栓和凸轮轴正时齿轮连同 2 号链条一起拆下。

12）拆卸 3 号链条张紧器总成，见图 6-34。

2. 正时链单元安装步骤

1）安装 3 号链条张紧器总成。

第6章 一汽丰田

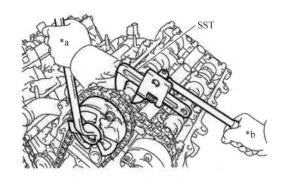

图6-33 松开凸轮轴正时齿轮螺栓
*a—转动 *b—固定

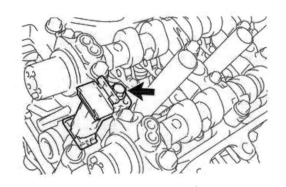

图6-34 拆下3号链条张紧器

① 用螺栓安装3号链条张紧器总成，见图6-35。力矩：21N·m。

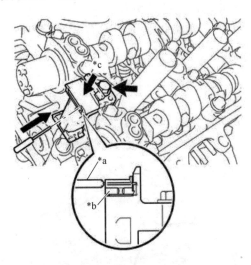

图6-35 安装3号链条张紧器
*a—销 *b—柱塞 *c—向此方向推

② 推入张紧器的柱塞，并将直径为1.0mm的销插入孔中以将柱塞固定到位。

2）安装凸轮轴正时齿轮和2号链条（B2）。

① 如图6-36所示，使标记板（黄色）与凸轮轴正时齿轮总成和排气凸轮轴正时齿轮总成的正时标记对准。

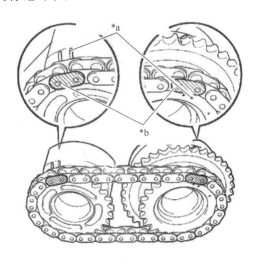

图6-36 检查B2侧凸轮轴齿轮标记
*a—正时标记 *b—标记板（黄色）

② 在螺栓螺纹和螺栓座面上涂抹一薄层发动机机油。

③ 使凸轮轴的锁销对准凸轮轴正时齿轮总成的销孔。在安装好2号链条分总成的情况下，安装凸轮轴正时齿轮总成和排气凸轮轴正时齿轮总成。

④ 如图6-37所示，使用SST固定各凸轮轴的六角部位，拧紧凸轮轴正时齿轮总成和排气凸轮轴正时齿轮总成的螺栓。力矩：100N·m。

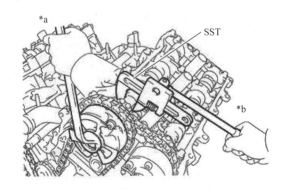

图6-37 拧紧B2侧凸轮轴齿轮螺栓
*a—转动 *b—固定

⑤ 从3号链条张紧器总成上拆下销。

3）安装2号链条张紧器总成。

① 用螺栓安装2号链条张紧器总成，见图6-38。力矩：21N·m。

② 推入2号链条张紧器总成的柱塞，并将直

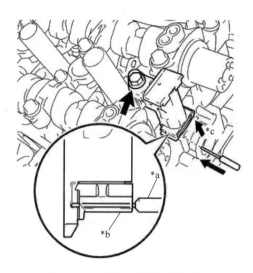

图6-38 安装2号链条张紧器
*a—销 *b—柱塞 *c—向此方向推

径为1.0mm的销插入孔中以将柱塞固定到位。

4）安装凸轮轴正时齿轮和2号链条（B1）。

① 如图6-39所示，使标记板（黄色）与凸轮轴正时齿轮总成和排气凸轮轴正时齿轮总成的正时标记对准。

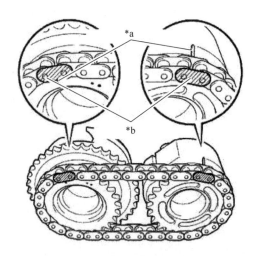

图6-39 对准B1侧凸轮轴齿轮正时
*a—正时标记 *b—标记板（黄色）

② 在螺栓螺纹和螺栓座面上涂抹一薄层发动机机油。

③ 使凸轮轴的锁销对准凸轮轴正时齿轮总成的销孔。在安装好2号链条分总成的情况下，安装凸轮轴正时齿轮总成和排气凸轮轴正时齿轮总成。

④ 如图6-40所示，使用SST固定各凸轮轴的六角部位，拧紧凸轮轴正时齿轮总成和排气凸轮轴正时齿轮总成的螺栓。力矩：100N·m。

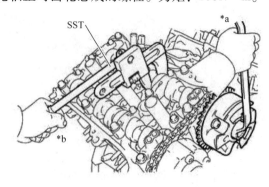

图6-40 紧固B1侧凸轮轴齿轮螺栓
*a—转动 *b—固定

⑤ 从2号链条张紧器总成上拆下销。

5）用2个螺栓安装1号链条振动阻尼器，部件见图6-26。力矩：22.5N·m。

6）安装2个2号链条振动阻尼器，部件见图6-27。

7）安装2个带轮定位键和曲轴正时齿轮或链轮。部件见图6-28。

8）安装1号惰轮轴。

① 在1号惰轮轴的滑动面上涂抹一薄层发动机机油。

② 将1号惰轮轴的锁销对准气缸体的锁销槽的同时，暂时安装1号惰轮轴和带2号惰轮轴的张紧链轮总成，见图6-41。

注意：确保张紧链轮总成朝向正确的方向安装。

图6-41 安装1号惰轮轴
*a—锁销

③ 使用10mm六角扳手紧固2号惰轮轴。力矩：60N·m。

9）安装链条分总成。

① 如图6-42所示，对准标记板（橙色）和正时标记并安装链条分总成。

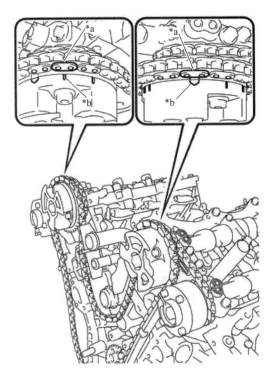

图6-42 安装链条
*a—标记板（橙色） *b—正时标记

② 不要将链条穿过曲轴，只需将其暂时放在曲轴上。

③ 如图6-43所示逆时针转动凸轮轴正时齿轮总成，以紧固气缸组间的链条。重复使用张紧链轮总成时，将链条板对准紧固气缸组之间链条正时板的标记。

④ 如图6-44所示，对准标记板（黄色）和正时标记并将链条分总成安装到曲轴正时链轮上。

⑤ 暂时安装带轮固定螺栓。

⑥ 顺时针转动曲轴以将其定位至右侧缸体孔径中心线，见图6-45。

10）安装链条张紧器导板。

11）安装1号链条张紧器总成。

① 顺时针转动张紧器挡片，并如图6-46所示推入张紧器的柱塞。

② 逆时针转动张紧器挡片，并将直径为1.27mm的销插入挡片和张紧器的孔中，以将挡

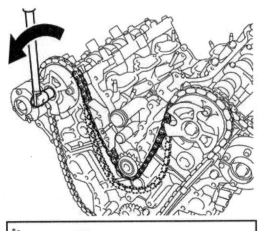

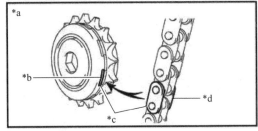

图6-43 紧固气缸组间链条
*a—重复使用张紧链轮时 *b—标记
*c—对准 *d—链条板

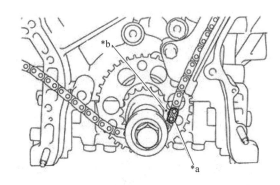

图6-44 安装链条到曲轴链轮上
*a—标记板（黄色） *b—正时标记

片固定到位。

③ 用2个螺栓安装1号链条张紧器总成，见图6-47。力矩：10N·m。

④ 从1号链条张紧器总成上拆下六角扳手。

12）检查气门正时。

① 检查凸轮轴正时标记。使视点与凸轮轴的中心和各凸轮轴正时齿轮上的正时标记成一条直线，以检查各正时标记。如果从其他视点检查正时标记，则气门正时看上去可能错位。

② 检查并确认各凸轮轴正时标记都安装到如

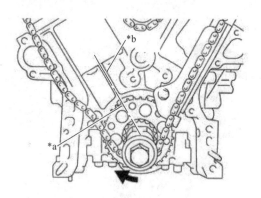

图 6-45 顺时针转动曲轴并定位
*a—正时标记 *b—中心线

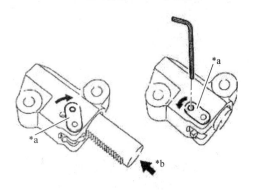

图 6-46 设置 1 号链条张紧器
*a—挡片 *b—向此方向推

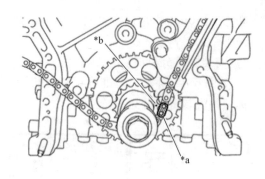

图 6-47 安装 1 号链条张紧器

图 6-48 所示的位置。

进气凸轮轴：标记 B、C 和 D 在一条直线上时，见图 6-49，务必检查标记 A 在正确的位置。如果从其他视点检查标记，则可能无法正确检查这些标记。

③ 如果气门正时出现偏差，则应重新安装正时链条。

④ 拆下带轮固定螺栓。

13）安装曲轴前油封。

14）安装发动机水泵总成。

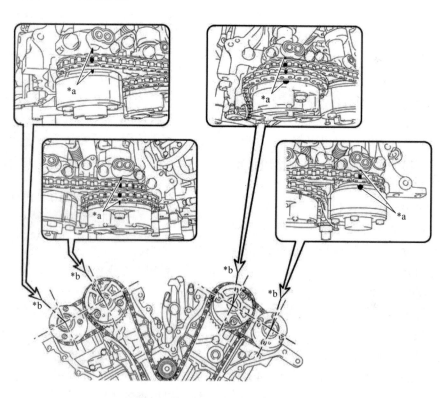

图 6-48 检查发动机凸轮轴正时标记
*a—正时标记 *b—视点

第 6 章 一汽丰田

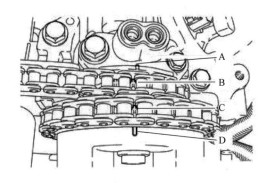

图 6-49 进气凸轮轴标记三点一线

如图 6-50 所示用 7 个螺栓安装新衬垫和发动机水泵总成。力矩：11N·m。重复使用前，确保在标示为 A 的螺栓上涂抹黏合剂 1344，或如有必要，则用新螺栓更换。

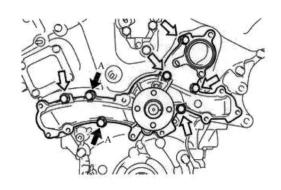

图 6-50 安装新衬垫和发动机水泵总成

15）安装正时链条或正时带盖分总成。
16）用 4 个螺栓安装新衬垫和正时链条盖板。力矩：9.0N·m。

6.1.4 丰田 4.3L－3UZ－FE 发动机（2009— ）

1. 正时带单元拆卸步骤

1）如果打算重复使用正时带，须检查正时带上的安装标记。如图 6-51 所示，通过转动曲轴，检查正时带上是否有 3 个安装标记。
如果安装标记已经消失，则在拆下每个零件前，在正时带上标记上新安装标记。
2）将 1 号气缸设定在大约 50°BTDC/压缩。
① 使用曲轴扭转减振器螺栓，转动曲轴，以对准曲轴正时带轮和油泵体的正时标记，见图 6-52。
② 如图 6-53 所示检查凸轮轴正时带轮的正时标记与正时带罩的正时标记是否对准。如果没

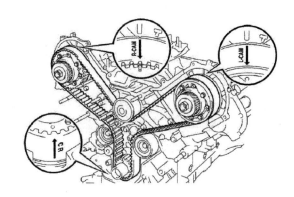

图 6-51 检查正时带上的安装标记

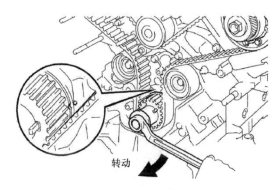

图 6-52 对准曲轴带轮与油泵体上的正时

有对准，转动曲轴 1 周（360°）。

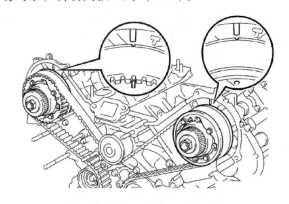

图 6-53 检查凸轮轴正时轮上标记

③ 如图 6-54 所示用曲轴减振器螺栓，逆时针转动曲轴大约 45°。正时带卸下后的曲轴减振器必须在正确的角度，以避免在后面的步骤中被损坏。
3）交替松开 2 个螺栓。然后拆除 2 个螺栓、正时带张紧轮和防尘套。
4）如图 6-55 所示用 SST 逆时针略微转动凸轮轴正时带轮（RH 列），以放松凸轮轴正时带轮（RH 列）和曲轴正时带轮之间的张力。使用 SST09960—10010（09962—01000，09963—00350）。

125

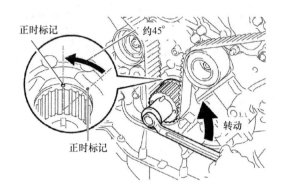

图 6-54 逆时针转动曲轴大约 45°

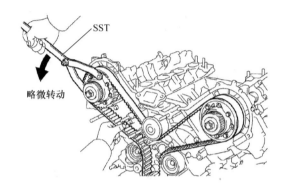

图 6-55 用专用工具放松正时带张力

5) 将正时带从 1 号正时带惰轮上断开,并拆除正时带。

2. 正时带单元安装步骤

(1) 检查 1 号和 2 号正时带惰轮

1) 目视检查惰轮的密封部分是否有机油渗漏,见图 6-56。如果发现漏油,则更换惰轮。

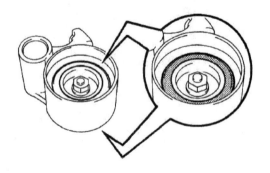

图 6-56 检查惰轮密封部位

2) 除去每个带轮上的任何机油和水渍。保持这些零件清洁。

注意:只能用干的抹布擦拭带轮,不要使用清洗剂清洁带轮。

3) 使正时带上的朝前标记(箭头)朝前。

4) 将正时带连接到曲轴正时带轮上。将正时带上的安装标记与曲轴正时带轮上的正时标记对准。

5) 将正时带连接到 2 号惰轮。

6) 将正时带连接到凸轮轴正时带轮(LH 列)。将正时带上的安装标记与曲轴正时带轮上的正时标记对准。

7) 将正时带连接到水泵带轮上。

8) 将正时带连接到凸轮轴正时带轮(RH 列)。将正时带上的安装标记与曲轴正时带轮上的正时标记对准,参考图 6-51。

9) 将正时带连接到 1 号惰轮。

(2) 设定正时带张紧轮

1) 用压力器以 981~9810N 的力将推杆慢慢压入。

2) 将推杆和壳体的孔对准。将一把 1.27mm 的六角扳手穿过孔以保持推杆的设定位置,见图 6-57。

3) 释放压力器。

4) 将防尘套安装在带张紧轮上。

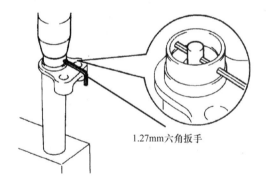

图 6-57 设定张紧轮

(3) 安装正时带张紧轮

1) 用 2 个螺栓暂时安装正时带张紧轮。

2) 交替拧紧 2 个螺栓。力矩:26N·m。

3) 用钳子从正时带张紧轮上拆下 1.27mm 六角扳手,见图 6-58。

(4) 检查气门正时

1) 如图 6-52 所示用曲轴扭转减振器螺栓,缓慢地将曲轴正时带轮从上止点到上止点转动 2 圈。

注意:务必顺时针转动曲轴带轮。

第6章 一汽丰田

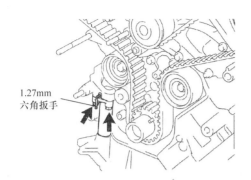

图6-58 安装张紧轮

2）如图6-53所示，检查各带轮与正时标记是否对准。如果带轮和正时标记没有对准，拆下正时带并重新安装。

3）拆卸曲轴扭转减振器螺栓。

（5）安装1号曲轴位置传感器齿板

如图6-59所示，安装传感器齿板。注意安装方向。

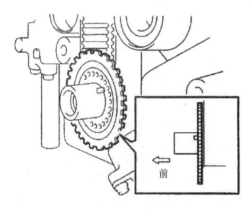

图6-59 安装传感器齿板

6.2 锐志（2005—2017年款）

6.2.1 丰田2.5L-5GR-FE发动机（2005—2017）

该款发动机正时链结构与拆装操作与3GR发动机相同，相关内容请参考6.1.3小节。

6.2.2 丰田3.0L-3GR-FE发动机（2005—2017）

该款发动机也搭载于皇冠车型上，相关内容请参考6.1.3小节。

6.3 卡罗拉—双擎（2007—2017年款）

6.3.1 丰田1.6L-1ZR-FE发动机（2007—2017）

1. 正时链单元拆卸步骤

1）拆卸链条张紧器滑块。

2）拆下2个螺栓和1号链条减振器。

3）拆卸2号链条减振器。

4）拆卸链条分总成。

① 用扳手固定凸轮轴的六角头部分，并逆时针转动凸轮轴正时齿轮总成，以松开凸轮轴正时齿轮之间的链条，见图6-60。

② 链条松开时，将链条从凸轮轴正时齿轮总成上松开，并将其放置在凸轮轴正时齿轮总成上。

提示：确保将链条从链轮上完全松开。

③ 顺时针转动凸轮轴，使其回到原来位置，并拆下链条。

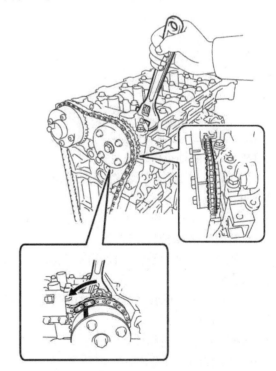

图6-60 拆卸链条分总成

5）拆卸曲轴正时链轮。

6）拆卸2号链条分总成。

7）拆卸1号曲轴位置传感器齿板。

8）拆卸曲轴正时齿轮键，用旋具拆下2个曲轴正时齿轮键。

提示：在使用旋具前，用胶带缠住旋具头。

9）检查凸轮轴正时齿轮总成。

10）检查排气凸轮轴正时齿轮总成。

11）拆卸凸轮轴正时齿轮总成。

12）拆卸排气凸轮轴正时齿轮总成。

13）拆卸凸轮轴轴承盖。

14）拆卸凸轮轴。

15）拆卸2号凸轮轴。

2. 正时链单元安装顺序

1）安装1号凸轮轴轴承。

2）安装机油控制阀滤清器。

① 检查并确认滤清器的筛网部分无杂质。

② 安装机油控制阀滤清器。

注意：安装机油控制阀滤清器时不要碰到筛网。

3）安装2号凸轮轴轴承。

4）安装2号凸轮轴。

5）安装凸轮轴。

6）安装凸轮轴轴承盖。

7）安装凸轮轴壳分总成。

8）安装凸轮轴正时齿轮总成。

9）安装排气凸轮轴正时齿轮总成。

10）用塑料锤，敲入2个曲轴正时齿轮键。

提示：敲入曲轴正时齿轮键，直至其与曲轴接触。

11）安装1号曲轴位置传感器齿板。

12）安装2号链条分总成。

13）安装曲轴正时链轮。

14）用2个螺栓安装链条减振器。力矩：21N·m。

15）将1号气缸设置在TDC/压缩位置上。

① 暂时安装曲轴带轮螺栓。

② 逆时针转动曲轴，以使正时齿轮键位于顶部，见图6-61。

③ 如图6-62所示，检查并确认凸轮轴正时齿轮上的正时标记对准。

④ 拆下曲轴带轮螺栓。

16）安装链条分总成。

① 如图6-63所示，将标记板（橙色）和正时标记对准并安装链条。

提示：
- 确保使标记板位于发动机前侧。
- 凸轮轴侧的标记板为橙色。
- 不要使链条环绕在凸轮轴正时齿轮的链轮

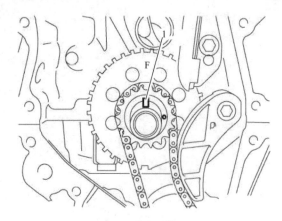

图6-61 转动曲轴使齿轮键位于顶部
1—正时齿轮键

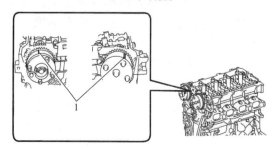

图6-62 确认凸轮轴正时齿轮正时标记
1—正时标记

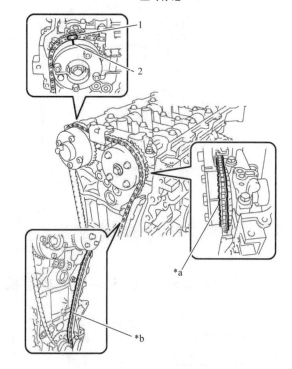

图6-63 对准标记板和正时标记
1—标记板（橙色） 2—正时标记
*a—将链条环绕在链轮上 *b—将链条穿过减振器

上。仅将其放置于凸轮轴正时齿轮上。

- 将链条穿过1号减振器。

② 如图 6-64 将链条放置在曲轴上，但不要使其环绕在曲轴上。

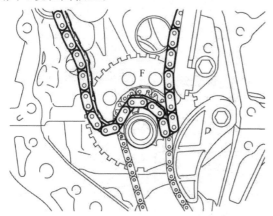

图 6-64 将链条放在曲轴上

③ 用扳手固定凸轮轴的六角头部分，并逆时针转动凸轮轴正时齿轮，以使标记板（橙色）和正时标记对准，然后安装链条。

注意：确保使标记板位于发动机前侧。凸轮轴侧的标记板为橙色。

④ 用扳手固定凸轮轴的六角头部分，并顺时针转动凸轮轴正时齿轮。

提示：为了张紧链条，缓慢地顺时针转动凸轮轴正时齿轮，防止链条错位。

⑤ 将标记板（黄色）和正时标记对准，并将链条安装至曲轴正时齿轮，见图 6-66。

提示：曲轴侧的标记板为黄色。

17）安装链条张紧器滑块。

18）安装 2 号链条减振器。

19）在 1 号气缸位于 TDC/压缩时检查各正时标记。

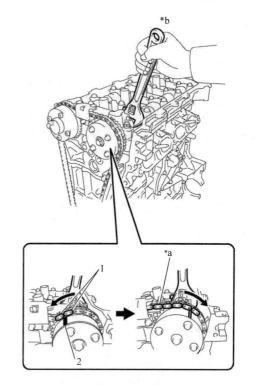

图 6-65 对准凸轮轴正时齿轮正时
1—标记板（橙色） 2—正时标记
*a—张紧链条 *b—转动

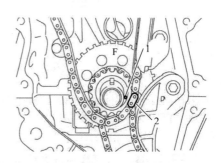

图 6-66 对准曲轴正时齿轮标记
1—正时标记 2—标记板（黄色）

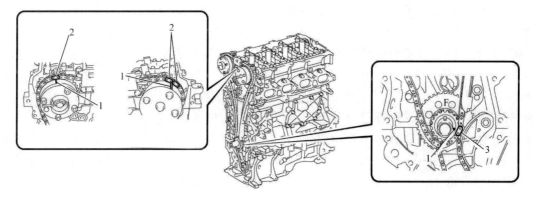

图 6-67 检查正时标记与标记板是否对齐
1—正时标记 2—标记板（橙色） 3—标记板（黄色）

6.3.2 丰田 1.8L - 2ZR - FE 发动机（2007—2017）

该款发动机正时链单元拆装与1ZR - FE 发动机相同，相关内容请参考6.3.1小节。

6.3.3 丰田 2.0L - 3ZR - FE 发动机（2011—2017）

该款发动机正时链单元拆装与1ZR - FE 发动机相同，相关内容请参考6.3.1小节。其正时标记与1ZR 不同的地方为曲轴处为2节点，见图6-68。

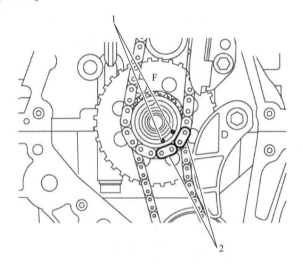

图 6-68　曲轴齿轮正时标记与标记板对齐位置
1—正时标记　2—标记板（黄色）

6.3.4 丰田 1.8L - 8ZR - FXE 发动机（2015—2017）

1. 正时链单元拆卸步骤

1）将1号气缸设定至 TDC/压缩：转动曲轴带轮，直至其正时槽口与正时链条盖分总成的正时标记"0"对准。凸轮轴正时链轮上有3个标记。确保正时标记（长方形）位于顶部。

如图6-69所示，检查并确认凸轮轴正时链轮和凸轮轴正时齿轮总成上的正时标记朝上。

如果没有对准，则转动曲轴1圈（360°），并按如上所述对准正时标记。

2）拆卸曲轴带轮。

3）拆卸1号链条张紧器总成：从正时链条盖分总成上拆下2个螺母、支架、1号链条张紧器总成和衬垫。在未安装1号链条张紧器总成的

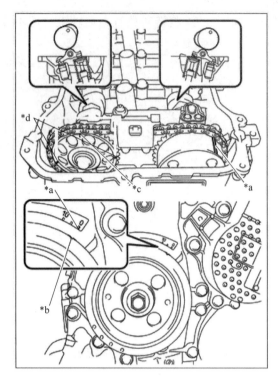

图 6-69　发动机正时标记
＊a—正时标记　＊b—正时槽口
＊c—正时标记（长方形）　＊d—标记（圆形）

情况下不要转动曲轴。

4）拆卸正时链条盖分总成。

① 使用8 mm 套筒扳手，从发动机右悬置支架上拆下双头螺柱。

② 从正时链条盖分总成上拆下3个螺栓和发动机右悬置支架。

③ 从正时链条盖分总成上拆下4个螺栓和机油滤清器支架。

④ 从正时链条盖分总成上拆下2个机油滤清器支架O形圈。

⑤ 从正时链条盖分总成上拆下18个螺栓和密封垫圈。

⑥ 使用头部缠有保护胶带的旋具，撬动正时链条盖分总成和气缸盖分总成、凸轮轴壳分总成、气缸体分总成和加强曲轴箱总成之间的部位以拆下正时链条盖分总成。

注意：不要损坏气缸盖分总成、凸轮轴壳分总成、气缸体分总成、加强曲轴箱总成和正时链条盖分总成的接触面。

⑦ 从气缸盖分总成上拆下2个O形圈。

⑧ 从气缸体分总成上拆下O形圈。

5）拆卸发动机水泵总成，从正时链条盖分

总成上拆下 3 个螺栓和发动机水泵总成。从发动机水泵总成上拆下衬垫。

6）拆卸正时链条盖油封。

7）拆卸带节温器的进水口分总成。

8）拆卸带节温器的进水口分总成的双头螺柱。使用"TORX"梅花套筒扳手 E6，拆下带节温器的进水口分总成的两个双头螺柱。

9）拆卸链条张紧器导板，从气缸体分总成上拆下链条张紧器导板。

10）拆卸 1 号链条振动阻尼器，从气缸体分总成和气缸盖分总成上拆下 2 个螺栓和 1 号链条振动阻尼器。

11）拆卸 2 号链条振动阻尼器，从凸轮轴壳分总成上拆下 2 个螺栓和 2 号链条振动阻尼器。

12）拆卸链条分总成，用扳手固定凸轮轴的六角部位，并逆时针转动凸轮轴正时齿轮总成，以松开凸轮轴正时齿轮总成与凸轮轴正时链轮之间的链条分总成。

链条分总成松开时，从凸轮轴正时齿轮总成上松开链条分总成，并将其置于凸轮轴正时齿轮总成上。

确保从链轮上完全松开链条分总成。

顺时针转动凸轮轴，使其回到原来位置，并拆下链条分总成，见图 6-70。

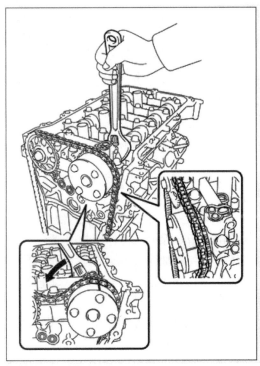

图 6-70 拆卸链条分总成

13）拆卸曲轴正时链轮，从曲轴上拆下曲轴正时链轮。

14）拆卸 2 号链条分总成：暂时用曲轴带轮固定螺栓安装曲轴带轮。使用 SST，固定曲轴带轮并拆下机油泵驱动轴齿轮螺母。拆下 SST、曲轴带轮固定螺栓和曲轴带轮。拆下螺栓、链条张紧器盖板和链条减振弹簧，见图 6-71。

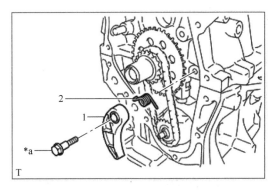

图 6-71 拆下链条张紧器
1—链条张紧器盖板 2—链条减振弹簧 *a—螺栓

拆下机油泵主动齿轮、机油泵驱动轴齿轮和 2 号链条分总成。

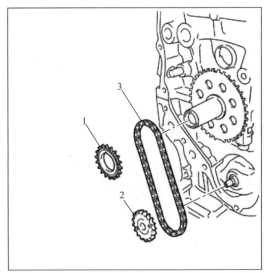

图 6-72 拆下机油泵链条分总成
1—机油泵主动齿轮 2—机油泵驱动轴齿轮
3—2 号链条分总成

15）从曲轴上拆下 1 号曲轴位置信号盘。

16）使用头部缠有保护胶带的旋具，从曲轴上拆下 2 个曲轴正时齿轮键。

17）检查凸轮轴正时齿轮总成。

18）用扳手固定凸轮轴的六角部位，拆下螺栓和凸轮轴正时齿轮总成。拆下凸轮轴正时齿轮总成前,确保锁销已松开。不要拆下另外 4 个螺栓。从凸轮轴上拆下凸轮轴正时齿轮总成时,使其保持水平。

19)拆卸凸轮轴正时链轮。

2. 正时链单元安装步骤

1)用扳手固定 2 号凸轮轴的六角部位,并用螺栓安装凸轮轴正时链轮。力矩:54N·m。

2)安装凸轮轴正时齿轮总成。

① 如图 6-73 所示,使锁销和键槽错开,将凸轮轴正时齿轮总成和凸轮轴连接起来。不要用力推凸轮轴正时齿轮总成。否则锁销顶部可能损伤凸轮轴正时齿轮总成的安装表面。

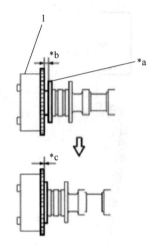

图 6-75 检查有无间隙

1—凸轮轴正时齿轮总成　*a—凸轮轴法兰
*b—间隙　*c—无间隙

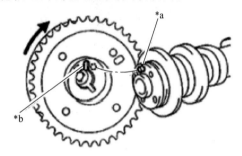

图 6-73 错开锁销和键槽

*a—锁销　*b—键槽

② 如图 6-74 所示,将凸轮轴正时齿轮总成轻轻推向凸轮轴,转动凸轮轴正时齿轮总成直至锁销插入键槽。不要使凸轮轴正时齿轮总成朝延迟方向(顺时针)转动。

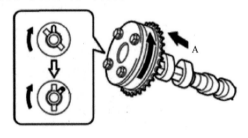

图 6-74 将正时齿轮装入凸轮轴

③ 检查并确认凸轮轴正时齿轮总成与凸轮轴法兰之间无间隙,见图 6-75。

④ 用扳手固定凸轮轴的六角部位,并用螺栓安装凸轮轴正时齿轮总成。力矩:54N·m。

⑤ 检查并确认凸轮轴正时齿轮总成可朝延迟方向(顺时针)移动,并锁止在最大延迟位置。

3)使用塑料锤,敲入 2 个曲轴正时齿轮键。敲入曲轴正时齿轮键直至其与曲轴接触。

4)将 1 号曲轴位置信号盘安装到曲轴上,使"F"标记朝前。

5)安装 2 号链条分总成。

① 将曲轴带轮固定螺栓暂时安装到曲轴上。

② 如图 6-76 所示,设定曲轴正时齿轮键。逆时针转动曲轴,以将正时齿轮置于 9 点钟方向。

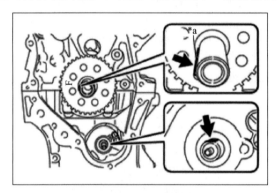

图 6-76 设定曲轴正时齿轮键

*a—曲轴正时齿轮键

③ 转动机油泵驱动轴,使平面朝上,指向 12 点钟方向。

④ 从曲轴上拆下曲轴带轮固定螺栓。

⑤ 如图 6-77 所示,将标记板(黄色)与机油泵主动齿轮和机油泵驱动轴齿轮的正时标记对准。确保 2 号链条分总成的标记板(黄色)背离发动机总成。

⑥ 在 2 号链条分总成环绕在机油泵主动齿轮和机油泵驱动轴齿轮上时,将机油泵主动齿轮安装到曲轴上,并将机油泵驱动轴齿轮暂时安装到机油泵驱动轴上。

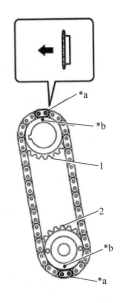

图 6-77　机油泵正时链正时标记
1—机油泵主动齿轮　2—机油泵驱动轴齿轮
*a—标记板（黄色）　*b—正时标记；箭头 – 发动机前部

⑦ 暂时安装机油泵驱动轴齿轮螺母。

⑧ 将链条减振弹簧安装到链条张紧器盖板上，然后用螺栓安装链条张紧器盖板。力矩：10N·m。

⑨ 用曲轴带轮固定螺栓将曲轴带轮暂时安装到曲轴上。

⑩ 使用 SST，固定曲轴带轮并紧固机油泵驱动轴齿轮螺母。力矩：28N·m。

⑪ 拆下 SST、曲轴带轮固定螺栓和曲轴带轮。

6）将曲轴正时链轮安装到曲轴上。

7）用 2 个螺栓将 1 号链条振动阻尼器安装到气缸盖分总成和气缸体分总成上。力矩：21N·m。

8）将 1 号气缸设定至 TDC/压缩。

① 将曲轴带轮固定螺栓暂时安装到曲轴上。

② 顺时针转动曲轴，直至曲轴正时齿轮键朝上，见图 6-78。

③ 检查并确认凸轮轴正时齿轮总成和凸轮轴正时链轮上的正时标记如图 6-79 所示对准。凸轮轴正时链轮上有 3 个标记。确保正时标记（长方形）位于顶部，见图 6-79。

9）安装链条分总成。放置链条分总成，确保使标记板朝向发动机前部。

① 如图 6-80 所示，将标记板（橙色）与正时标记（长方形）对准并安装链条分总成。

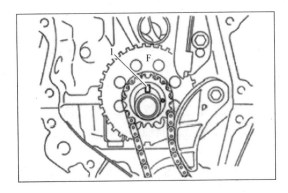

图 6-78　曲轴正时齿轮键朝上
1—曲轴正时齿轮键

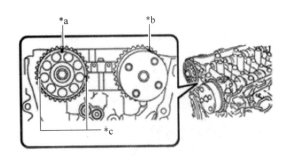

图 6-79　凸轮轴链轮正时标记
*a—正时标记（长方形）
*b—正时标记　*c—标记（圆形）

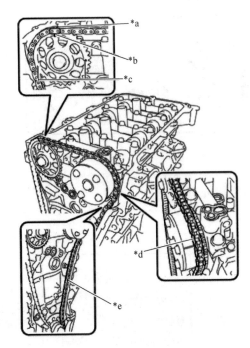

图 6-80　主正时链正时标记
*a—标记板（橙色）　*b—正时标记（长方形）
*c—标记（圆形）　*d—将链条置于链轮上
*e—将链条穿过阻尼器

a. 凸轮轴正时链轮上有 3 个标记。确保将标记板与正时标记（长方形）对准。

b. 凸轮轴侧的标记板为橙色。

c. 不要使链条分总成环绕在凸轮轴正时齿轮总成的链轮上。只可将其放置在凸轮轴正时齿轮总成上。

d. 将链条穿过1号链条振动阻尼器。

② 将链条放置在曲轴上，但不要使其绕在轴上，如图6-81所示。

③ 用扳手固定凸轮轴的六角部分，并逆时针转动凸轮轴正时齿轮总成，使标记板（橙色）与正时标记对准，然后安装链条分总成。凸轮轴侧的标记板为橙色。

④ 用扳手固定凸轮轴的六角部分，并顺时针转动凸轮轴正时齿轮总成。为张紧链条分总成，顺时针缓慢转动凸轮轴正时齿轮总成，以防链条分总成错位。

⑤ 将标记板（粉色）和正时标记对准，并将链条分总成安装到曲轴正时链轮上。曲轴侧的标记板为粉色，如图6-82所示。

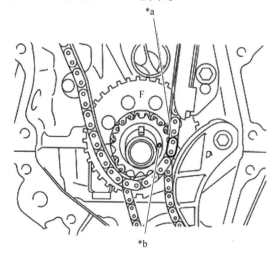

图6-82　对齐曲轴链轮正时标记
*a—标记板（粉色）　*b—正时标记

10）将链条张紧器导板安装到气缸体分总成上。

11）检查并确认各正时标记位于TDC/压缩。凸轮轴正时链轮上有3个标记。确保正时标记（长方形）位于顶部，如图6-83所示。

12）用2个螺栓将2号链条振动阻尼器安装到凸轮轴壳分总成上。力矩：10N·m。

13）安装带节温器的进水口分总成双头螺柱。如果带节温器的进水口分总成双头螺柱变形或其螺纹损坏，则将其更换。如图6-84所示。

14）安装带节温器的进水口分总成

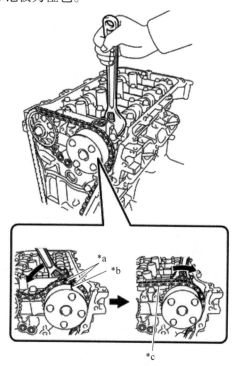

图6-81　安装主正时链
*a—标记板（橙色）　*b—正时标记
*c—张紧链条分总成

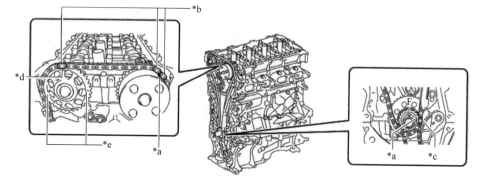

图6-83　检查发动机正时链上止点位置
*a—正时标记　*b—标记板（橙色）　*c—标记板（黄色或粉色）　*d—正时标记（长方形）　*e—标记（圆形）

15）将新衬垫安装到发动机水泵总成上。确保清洁接触表面。用3个螺栓将发动机水泵总成安装到正时链条盖分总成上。力矩：21N·m。

16）安装正时链条盖分总成。

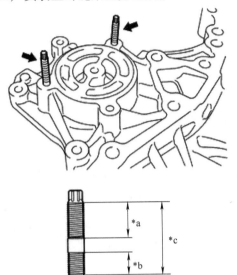

图 6-84 双头螺柱尺寸

*a—21mm *b—9mm *c—34mm

6.4 花冠（2000—2017年款）

6.4.1 丰田 1.6L – 1ZR – FE 发动机（2008—2017）

该款发动机也搭载于卡罗拉车型，相关内容请参考6.3.1小节。

6.4.2 丰田 1.6L – 3ZZ – FE 发动机（2000—2007）

该发动机正时链拆装与调整和1ZZ-FE发动机一样，相关内容请参考6.4.3小节。

6.4.3 丰田 1.8L – 1ZZ – FE 发动机（2000—2007）

1. 正时链单元拆卸步骤

1）拆下发动机左下盖。
2）拆下发动机右下盖。
3）排放冷却液。
4）拆下2号气缸盖罩。
5）拆下风扇和发电机传动带。
6）拆下叶片泵总成。
7）拆下发电机总成。
8）分开发动机配线：断开点火线圈连接器，PS油压开关连接器，机油控制阀连接器和曲轴位置传感器连接器。拆下螺栓和螺母放在地方，把发动机配线放在一侧。
9）拆下点火线圈总成。
10）拆下气缸盖罩分总成：从气缸盖罩上断开燃油软管夹和2个PCV软管。拆下9个螺栓，2个密封垫圈，2个螺母，拉索支架，气缸盖罩和衬垫。
11）拆下发动机右侧安装隔振垫分总成，拆下PS机油泵储液罐并把它放在一边，在千斤顶和发动机间放置木块，并设置千斤顶，然后拆下发动机安装隔振垫。
12）设置1号气缸到TDC位置：转动曲轴带轮，将其凹槽和链罩上的标记0对齐，如图6-85所示，检查凸轮轴正时链轮和VVT正时链轮的点标记是否在正时链盖表面的一直线上。如果不在一直线上，转动曲轴1圈，并且按上面的说明对齐标志。

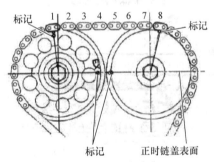

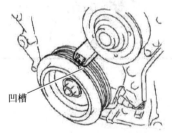

图 6-85 发动机正时标志对齐

13）用专用工具拆下曲轴带轮，见图6-86。
14）拆下传动带张紧器总成。
15）拆下水泵总成。
16）拆下横向发动机安装支架。
17）拆下压缩机。
18）拆下曲轴位置传感器。

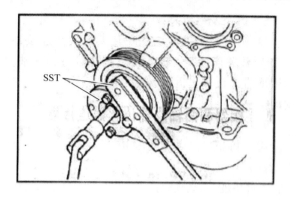

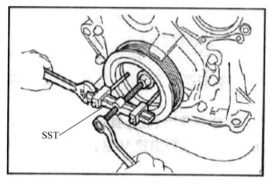

图6-86 用专用工具拆下曲轴带轮

19）拆下1号链条张紧器总成，没有张紧器时，确保不要转动曲轴。

20）拆下正时链或传动带罩分总成。

21）拆下正时齿轮罩油封。

22）拆下1号曲轴位置传感器片。

23）拆下链条张紧器滑块。

24）拆下1号链条减振器。

25）拆下链条分总成：如图6-87所示，用旋具连同曲轴正时齿轮一起拆下正时链。链条不在链轮上，如果要转动凸轮轴，则要转动曲轴1/4圈使阀不碰到活塞。

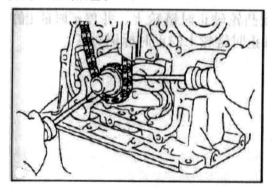

图6-87 拆下链条分总成

2. 正时链单元安装步骤

1）安装链条分总成。

① 设置1号气缸到TDC位置：转动凸轮轴六角扳手头部，如图6-88所示，对齐凸轮轴正时链轮的点标记。用曲轴带轮螺栓转动曲轴，并向上设置曲轴上的安装键，见图6-89。

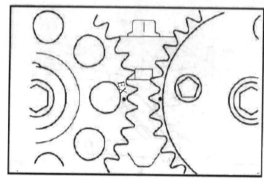

图6-88 对齐凸轮轴正时链轮上的点位

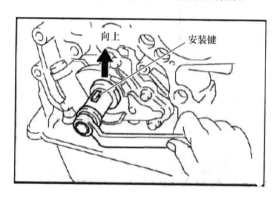

图6-89 设置安装键

② 安装正时链到曲轴正时链轮上，并使正时链上的黄线与曲轴正时链轮上的正时标记对齐。链条上有3条黄线，见图6-90。

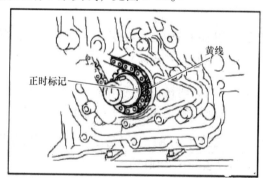

图6-90 对齐曲轴链轮正时标记

③ 用SST专用工具安装链轮。

④ 如图6-91所示安装正时链到凸轮轴正时链轮上，并使正时链上的黄线与凸轮轴正时链轮上的正时标记对齐。

2）安装1号链条减振器，力矩：11N·m。

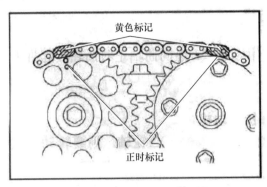

图 6-91 对齐凸轮轴链轮正时标记

3）安装链条张紧器滑块，力矩：19N·m。

4）安装1号曲轴位置传感器片，F标记向上。

5）安装正时齿轮盖油封。

6）安装正时链或传动带盖分总成。

7）安装1号链条张紧器总成，检查O形圈是否干净的，如图6-92所示设置挂钩。涂发动机机油到链条张器上，并安装链条张紧器。力矩：9.0N·m。

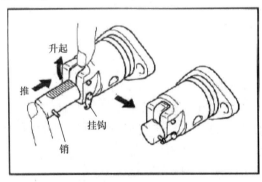

图 6-92 设置张紧器

8）安装曲轴带轮，将带轮安装键与带轮键槽对齐，并在带轮滑动，用SST安装带轮螺母，力矩：138N·m。

9）逆时针转动曲轴，再从挂钩上断开柱塞锁止销。

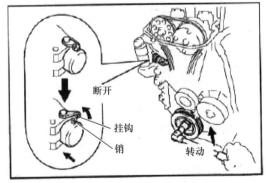

图 6-93 取出锁止销

10）顺时针转动曲轴，检查滑块已被柱塞推入，见图6-94。如果柱塞不能弹出，则用旋具或手指将滑块压入链条张紧器，这样挂钩就会与锁止销分开，柱塞也会弹出。

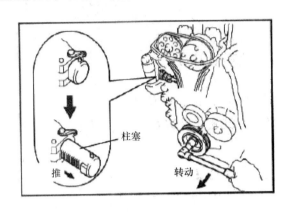

图 6-94 压紧滑块

11）安装曲轴位置传感器，力矩：9.0N·m。

12）安装横置发动机安装支架，力矩：47N·m。

13）在正时链盖上放一个新的O形圈，用6个螺栓安装水泵总成。

14）安装传动带张紧器总成，力矩：螺栓69N·m，螺母29N·m。

15）安装发动机右安装隔振垫分总成，力矩：52N·m。

16）安装气缸盖罩分总成。

17）安装点火线圈，扭矩：9.0N·m。

18）安装发电机总成：12mm六角螺栓：25N·m；14mm六角螺栓：54N·m。

19）添加冷却液。

6.4.4 丰田1.3L-2NZ-FE发动机（2000—2007）

1. 正时链单元拆卸步骤

1）拆卸曲轴减振器分总成。

① 将1号气缸设置在TDC/压缩位置上。

a. 转动曲轴减振器分总成，并将分总成上的正时缺口与机油泵的正时标记"0"对准，见图6-95。

b. 检查并确认凸轮轴正时链轮和凸轮轴正时齿轮上的正时标记朝上（如图6-96所示）。如果未朝上，则转动曲轴1周（360°）对准上述标记。

② 如图6-97所示用2个SST固定住曲轴减

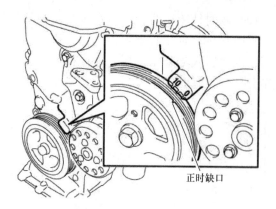

图6-95 对准机油泵上正时标记

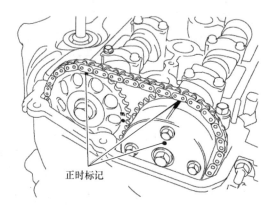

图6-96 凸轮轴正时链轮上的正时标记

振器分总成的同时松开螺栓。安装时需要检查SST的安装位置,以防止SST固定螺栓接触到机油泵总成。

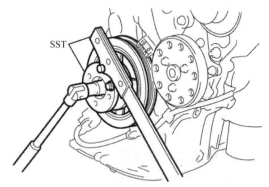

图6-97 用专用工具固定曲轴减振器

③拆下SST和螺栓。
④拆下曲轴减振器分总成。
2)拆下4个螺栓和横置发动机安装支架,见图6-98。
3)拆卸水泵总成。
4)拆卸机油泵总成。
5)用端部缠绕保护带的旋具拆下油封,见图6-99。

图6-98 拆下安装支架的固定螺栓

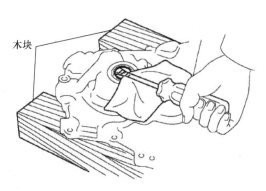

图6-99 拆下油封

6)拆卸1号链条张紧器总成。
拆下链条张紧器后不要转动曲轴。在正时链条被拆下的状态下转动凸轮轴时,先从TDC位置逆时针转动曲轴40°,见图6-100。

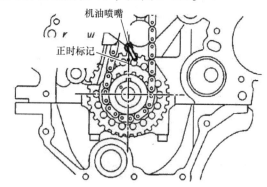

图6-100 设定曲轴位置

①松开锁,向上拉锁止板,将锁止板固定,见图6-101。
②将链条张紧器柱塞解锁,然后将其推到端部,见图6-102。
③柱塞推至端部后,拉下锁止板,锁住柱塞,见图6-103。

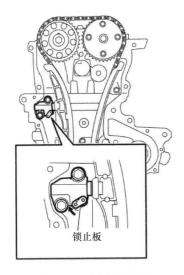

图 6-101 固定锁止板

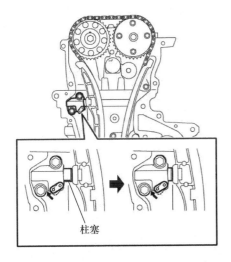

图 6-102 解锁链条张紧器

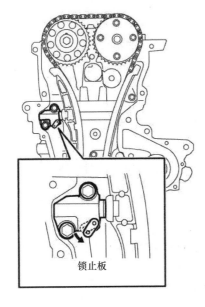

图 6-103 锁住柱塞

④ 如图 6-104 所示,将直径为 3mm 的钢条插入锁止板的孔中,锁住柱塞。

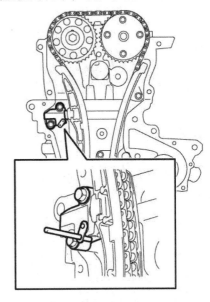

图 6-104 插入钢条

⑤ 如图 6-105 所示拆下 2 个螺栓,拆下 1 号链条张紧器总成。

图 6-105 拆下链条张紧器

7)拆卸链条张紧器滑块,见图 6-106。

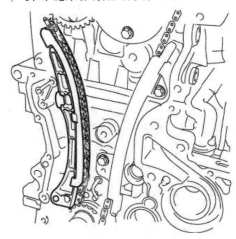

图 6-106 拆下链条张紧器滑块

8）拆下 2 个螺栓，然后拆下 1 号链条减振器，见图 6-107。

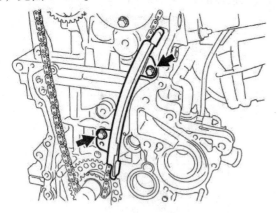

图 6-107　拆下链条减振器

9）拆卸链条分总成。
10）拆卸输油管分总成。
11）拆卸 1 号输油管隔圈。
12）拆卸喷油器隔振器。
13）拆卸喷油器总成。
14）拆下螺栓和凸轮轴位置传感器，见图 6-108。

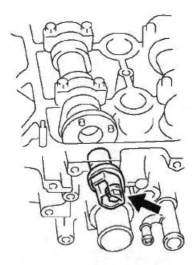

图 6-108　拆下凸轮轴位置传感器

15）拆卸 2 号凸轮轴。

注意：在正时链条被拆下的状态下转动凸轮轴时，先从 TDC 位置逆时针转动曲轴减振器 40°，然后将机油喷嘴孔对准油漆标记。这样可以避免活塞接触到气门，见图 6-109。

2. 正时链单元安装步骤

1）安装链条分总成。
① 确保所有正时标记位于图 6-110 中所示的

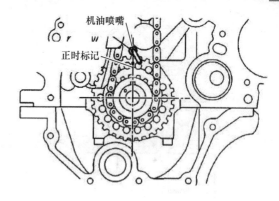

图 6-109　拆卸 2 号凸轮轴

位置（TDC）。

提示：在气门弹簧的作用下，正时标记可能会与预定的位置不同。

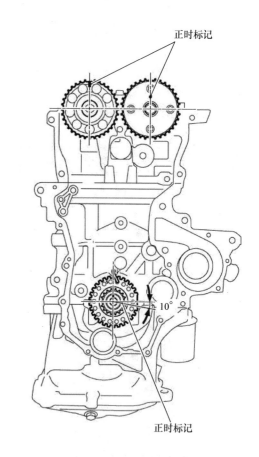

图 6-110　正时标记位置确认

② 如图 6-111 所示，将曲轴的正时标记置于 40°ATDC 和 140°ATDC 之间。
③ 将凸轮轴正时齿轮和凸轮轴正时链轮置于如图 6-112 中所示的位置（20°ATDC）。
④ 将曲轴置于如图 6-112 中所示的位置（20°ATDC）。

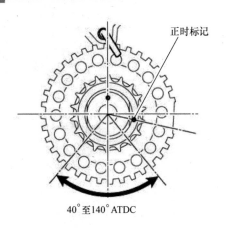

图6-111 曲轴正时标记位置

图6-113 安装减振器

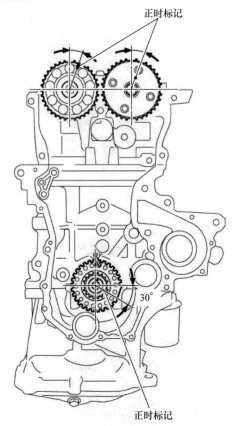

图6-112 发动机正时位置设置

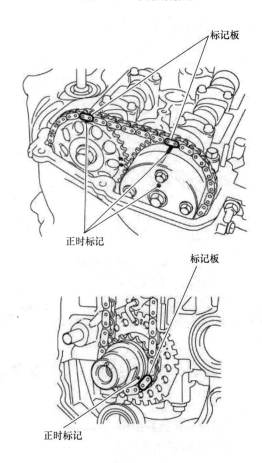

图6-114 正时标记对准标记板

⑤ 用2个螺栓安装1号链条减振器，见图6-113。力矩：9.0N·m。

⑥ 将凸轮轴的正时标记对准正时链条的标记板，安装正时链条。

用扳手转动凸轮轴上的六角形维修部位的同时，将正时标记对准标记牌，见图6-114。

2）安装链条张紧器滑块，见图6-115。

3）安装1号链条张紧器总成。

① 如图6-116所示用2个螺栓安装1号链条张紧器总成。力矩：9.0N·m。

② 从1号链条张紧器总成上拆下钢条。

6.4.5 丰田1.5L–1NZ–FE发动机（2000—2007）

拆装与调整步骤与2NZ–FE型发动机一样，相关内容请参考6.4.4小节。

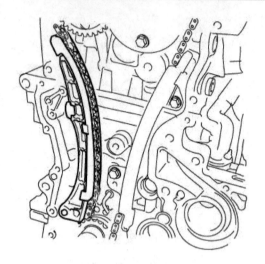

图 6-115 安装链条张紧器滑块

图 6-116 安装链条张紧器

6.5 威驰（2002—2017 年款）

6.5.1 丰田 1.3L – 4NR – FE 发动机
（2014—2017）

1. 正时链单元拆解步骤

1）拆卸正时链条盖总成。

2）拆卸 1 号链条张紧器总成。

① 将凸轮轴正时齿轮总成、排气凸轮轴正时齿轮总成和曲轴固定在如图 6-117 所示位置（20°ATDC）。

② 向下推挡片以释放锁并推入柱塞，见图 6-118。

③ 在柱塞推入端部的情况下向上拉挡片并锁止柱塞，见图 6-119。

④ 将直径为 3mm 的销插入挡片的孔内，见图 6-120。

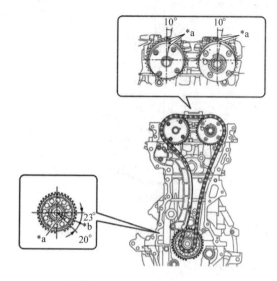

图 6-117 正时位置设定

*a—正时标记 *b—TDC

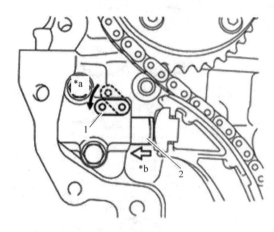

图 6-118 释放锁块推入柱塞

1—挡片 2—柱塞 *a—向下推 *b—推

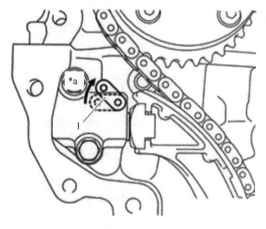

图 6-119 锁止柱塞

1—挡片 *a—向上拉

⑤ 从气缸盖分总成上拆下 2 个螺栓和 1 号链条张紧器总成，见图 6-121。

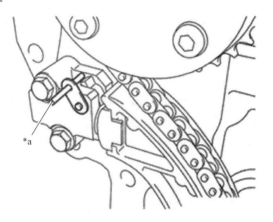

图 6-120 插入固定销

*a—直径为 3mm 的销

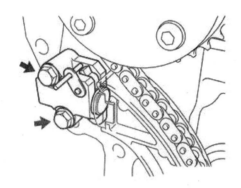

图 6-121 拆下张紧器

3）从凸轮轴轴承盖上拆下 2 个螺栓和 2 号链条振动阻尼器，见图 6-122。

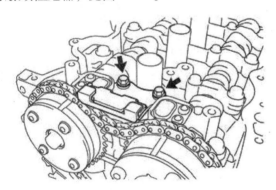

图 6-122 拆下链条振动阻尼器

4）从气缸体分总成上拆下正时链条张紧臂，见图 6-123。

5）从凸轮轴正时齿轮总成、排气凸轮轴正时齿轮总成和曲轴上拆下链条分总成。

6）从气缸盖分总成和气缸体分总成上拆下 2 个螺栓和正时链条导板，见图 6-124。

2. 正时链单元安装步骤

1）安装链条分总成。

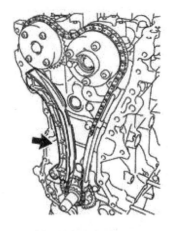

图 6-123 拆下链条张紧臂

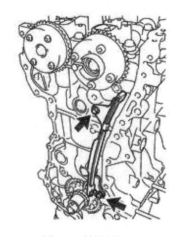

图 6-124 拆下正时链导板

① 将曲轴固定在如图 6-125 所示位置（90°ATDC）。

提示：确保曲轴的正时标记位于如图所示的位置。

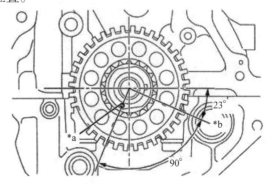

图 6-125 固定曲轴在正时位置

*a—正时标记　*b—TDC

② 将凸轮轴正时齿轮总成固定在如图 6-126 所示位置（24°ATDC）。

③ 将排气凸轮轴正时齿轮总成固定在如图 6-126 所示位置（12°BTDC）。

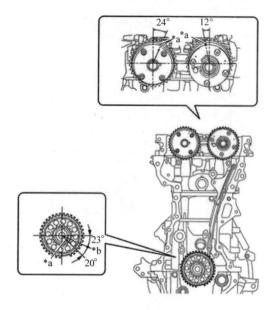

图6-126 固定凸轮轴正时齿轮
*a—正时标记 *b—TDC

④ 将曲轴固定在如图6-126所示位置（20°ATDC）。

⑤ 将凸轮轴正时齿轮总成、排气凸轮轴正时齿轮总成、曲轴的正时标记和链条分总成的标记板对齐，并安装链条分总成，见图6-127。

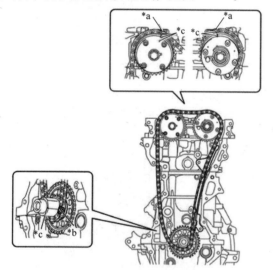

图6-127 正时标记与标记板对齐
*a—标记板（橙色） *b—标记板（黄色）
*c—正时标记

2）将正时链条张紧臂安装到气缸体分总成上。

3）安装1号链条张紧器总成。

① 用2个螺栓将1号链条张紧器总成安装到气缸盖分总成上。力矩：10N·m。

② 用2个螺栓将2号链条振动阻尼器安装到凸轮轴轴承盖上。力矩：10N·m。

③ 从1号链条张紧器总成上拆下直径为3mm的销。

④ 如图6-128所示逆时针转动曲轴约20°以将其设定至TDC。确保正时标记和标记板正确定位，且链条分总成牢固安装至正时链条张紧臂、正时链条导板和2号链条振动阻尼器。

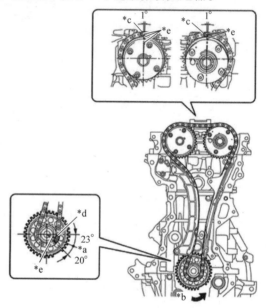

图6-128 对齐正时标记与标记板
*a—TDC *b—转动 *c—标记板（橙色）
*d—标记板（黄色） *e—正时标记

4）安装正时链条盖总成。

6.5.2 丰田1.5L-5NR-FE发动机（2014—2017）

该款发动机正时链单元结构与拆装步骤与4NR-FE发动机相同，相关内容请参考6.5.1小节。

6.5.3 丰田1.6L-1ZR-FE发动机（2008—2013）

该款发动机也搭载于卡罗拉车型，相关内容请参考6.3.1小节。

6.5.4 丰田1.3L-2NZ-FE发动机（2008—2013）

该款发动机也搭载于花冠车型，相关内容请参考6.4.4小节。

6.5.5 丰田 1.3L – 8A – FE 发动机（2002—2007）

1. 正时带单元拆卸步骤

1）将1号缸置于上止点压缩位置。

① 转动曲轴带轮，把它的槽口对准正时带盖的正时记号"0"，见图6-129。

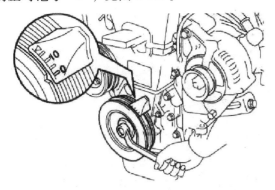

图6-129 对准曲轴带轮与正时带盖上记号

② 检查凸轮轴正时带轮的K记号与轴承盖的正时记号对齐，见图6-130。如果没有对齐，将曲轴转动一圈（360°）。

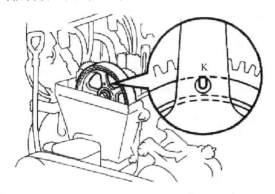

图6-130 对齐凸轮轴带轮的K标记

2）拆下曲轴带轮。

① 如图6-131所示用SST专用工具拆下带轮螺栓。

② 如图6-132所示用SST专用工具拆下带轮。

3）拆下2号正时链或正时带盖子。

4）拆下曲轴齿轮或带轮盖子分总成。

5）拆下正时链或正时带盖子分总成。

6）拆下正时带导轮。

7）拆下正时带，如果再使用正时带，如图6-133所示，在正时带上（发动机旋转方向）画上一个箭头方向，在正时带轮和正时带上作记号。

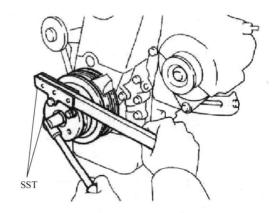

图6-131 拆下曲轴带轮螺栓

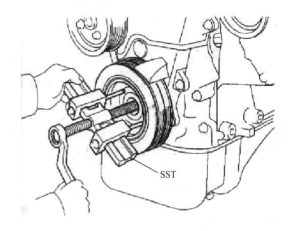

图6-132 拆下曲轴带轮

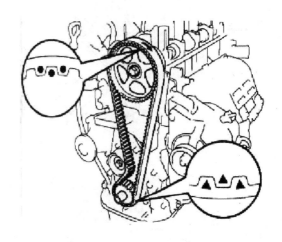

图6-133 标记正时带

① 松开惰轮带轮的安装螺栓，把带轮尽可能向左移动，然后暂时将其紧固。

② 拆下正时带。

8）拆下火花塞孔垫片，向上弯曲通风隔音板防止垫片滑脱。使用旋具取出垫片。

2. 正时带单元安装步骤

1）安装火花塞孔垫片：用SST工具和塑料

锤将新的垫片如图6-134所示装入。在垫片边上涂一层薄薄的MP润滑脂，将通风隔音板装回原位。

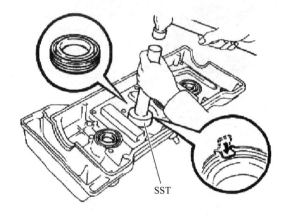

图6-134 安装火花塞孔垫片

2）将1号缸置于上止点压缩位置：转动凸轮轴六角部件，将凸轮轴正时带轮的K记号与轴承盖上的正时记号对齐。使用曲轴带轮螺栓，转动曲轴，将曲轴正时带轮的正时记号与油泵对齐，见图6-135。

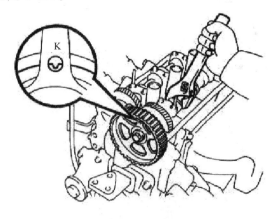

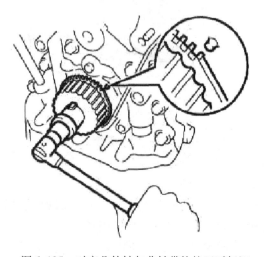

图6-135 对齐凸轮轴与曲轴带轮的正时标记

3）安装正时带：安装正时带，检查曲轴正时带轮和凸轮轴正时带轮之间的张紧力。如果要重复使用正时带，在拆卸时必须做对齐记号。安装正时带时，使发动机旋转方向与箭头方向相同。

4）检查气门正时：松开惰轮螺栓，慢慢将曲轴从上止点到上止点转动2圈。注意顺时针转动曲轴。如图6-136所示，检查每个带轮与正时记号对齐。如果正时记号没有对齐，拆下正时带，重新安装。紧固惰轮螺栓。力矩：37N·m。

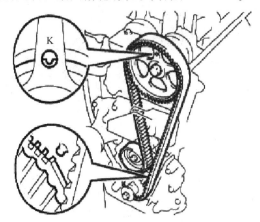

图6-136 检查标记是否对齐

5）拆下曲轴带轮螺栓。

6）检查正时带变形量：检查图6-137位置存在的正时带变形量：20N时，5~6mm，如果变形量不符规范，重新调整惰轮。

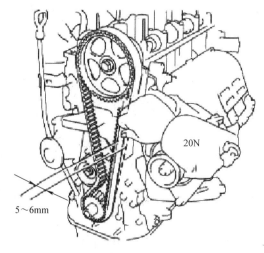

图6-137 检查正时带张紧度

7）安装正时带导轮：安装导轮时，将记号面向外。

8）安装正时带盖分总成，力矩：9.3N·m。

9）安装曲轴带轮盖分总成，力矩：9.3N·m。

10）安装 2 号正时带盖，力矩：9.3N·m。

11）安装曲轴带轮，将正时带轮定位键与带轮键槽对齐，安装带轮，用 SST 安装带轮螺栓。力矩：127N·m。

6.5.6 丰田 1.5L-5A-FE 发动机（2002—2007）

5A-FE 发动机正时带拆装与调整与 8A-FE 发动机一样，相关内容请参考 6.5.5 小节。

6.6 普锐斯（2003—2016 年款）

6.6.1 丰田 1.8L-5ZR-FXE 发动机（2009—2016）

该款发动机正时带拆装与调整和 8ZR-FXE 发动机一样，相关内容请参考 6.3.4 小节。

6.6.2 丰田 1.5L-1NZ-FXE 发动机（2003—2008）

拆装与调整步骤与 2NZ-FE 型发动机一样，相关内容请参考 6.4.4 小节。

6.7 RAV4-荣放（2009—2017 年款）

6.7.1 丰田 2.0L-6ZR-FE/6ZR-FAE 发动机（2013—2017）

该款发动机正时链拆装与调整和 3ZR-FE 发动机相同，相关内容请参考 6.3.3 小节。

其正时标记与 3ZR 不同的地方为曲轴处链节为粉色标记。另外，在下面补充 1 号张紧器的安装方法。

1）松开棘轮爪。然后完全推入柱塞，并将挂钩接合到销上，以使柱塞位于图 6-138 所示位置。确保凸轮与柱塞的第一个齿接合，使挂钩穿过销。

2）如图 6-139 所示，用 2 个螺母安装新衬垫、支架和 1 号链条张紧器总成。如果安装 1 号链条张紧器总成时，挂钩从柱塞上脱开，则再次接合挂钩。力矩：12N·m。

3）如图 6-140 所示，逆时针轻轻转动曲轴，检查并确认挂钩松开。

4）如图 6-141 所示，顺时针转动曲轴，检查

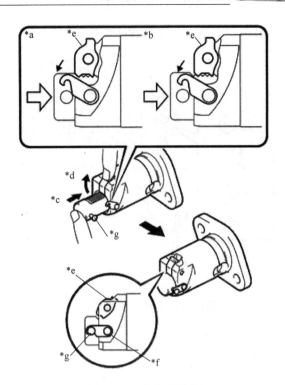

图 6-138 张紧器设置
*a—正确 *b—错误 *c—推入
*d—提起 *e—凸轮 *f—挂钩 *g—销

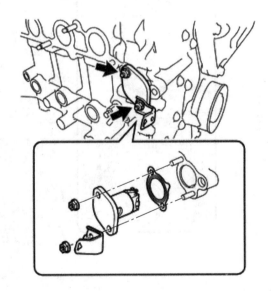

图 6-139 安装张紧器

并确认柱塞伸长。

6.7.2 丰田 2.5L-5AR-FE 发动机（2013—2016）

1. 正时链单元拆解步骤

1）拆卸正时链条盖总成。

2）将 1 号气缸设定至 TDC/压缩。

提示："A"不是正时标记。

① 暂时安装曲轴带轮螺栓。

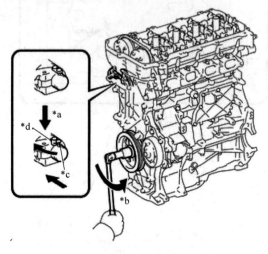

图 6-140　逆时钟转动曲轴
*a—松开　*b—转动　*c—销　*d—挂钩

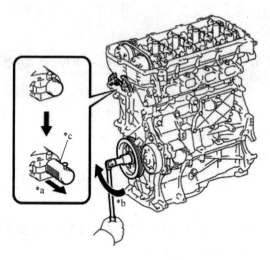

图 6-141　顺时针转动曲轴
*a—柱塞伸长　*b—转动　*c—柱塞

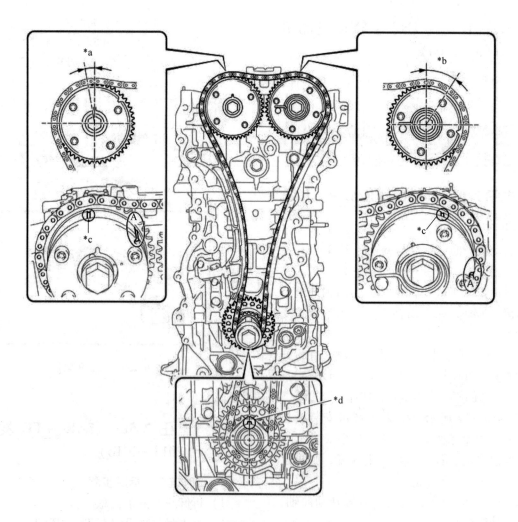

图 6-142　设定气缸 1 到 TDC 位置
*a—约7°　*b—约32°　*c—正时标记　*d—键

② 顺时针旋转曲轴，使曲轴正时齿轮和凸轮轴正时齿轮上的正时标记位于如图 6-142 所示位置。

提示：如果正时标记未对准，则再次顺时针转动曲轴并对准正时标记。

③ 拆下曲轴带轮螺栓。

3）拆下螺栓和正时链条导板（图 6-143）。

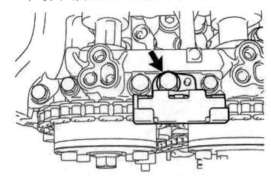

图 6-143　拆下正时链条导板

4）拆卸 1 号链条张紧器总成。

① 稍微伸出柱塞，然后逆时针转动挡片以松开锁扣。松开锁扣后，将柱塞推入张紧器，见图 6-144。

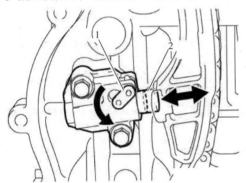

图 6-144　松开锁扣推入柱塞
1—挡片　2—柱塞

② 顺时针移动挡片以固定锁扣，然后将销插入挡片孔，见图 6-145。

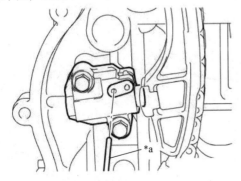

图 6-145　插入销
*a—销

③ 如图 6-146 拆下 2 个螺栓、1 号链条张紧器总成和衬垫。

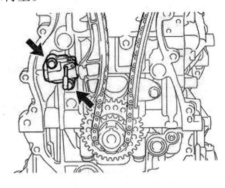

图 6-146　拆下张紧器总成

5）拆下螺栓和链条张紧器导板，见图 6-147。

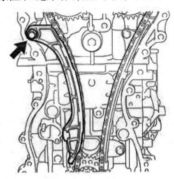

图 6-147　拆下张紧器导板

6）拆卸链条分总成。

7）拆下 2 个螺栓和 1 号链条振动阻尼器，见图 6-148。

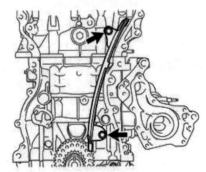

图 6-148　拆下振动阻尼器

8）如图 6-149 用扳手固定凸轮轴的六角部分，并拆下螺栓和凸轮轴正时齿轮总成。

注意：小心不要用扳手损坏凸轮轴壳分总成或火花塞套管。不要拆解凸轮轴正时齿轮总成。

9）拆卸排气凸轮轴正时齿轮总成。

如图 6-150 所示，用扳手固定 2 号凸轮轴的六角部分，并拆下螺栓和排气凸轮轴正时齿轮总

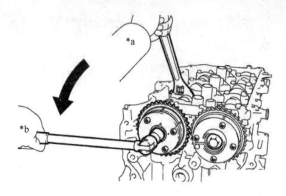

图 6-149　拆下进气凸轮轴齿轮
*a—固定　*b—转动

成。小心不要用扳手损坏凸轮轴壳分总成或火花塞套管。不要拆解排气凸轮轴正时齿轮总成。

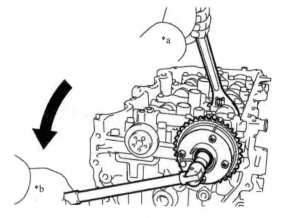

图 6-150　拆卸排气凸轮轴齿轮
*a—固定　*b—转动

10）拆卸凸轮轴壳分总成。

2. 正时链单元安装步骤

1）将 1 号气缸设定至 TDC/压缩。

① 暂时安装曲轴带轮螺栓。

图 6-151　设定气缸 1 到 TDC

② 逆时针转动曲轴 40°，以将曲轴带轮定位键置于图 6-151 中所示位置。

③ 检查并确认凸轮轴正时齿轮的正时标记位于如图 6-152 所示位置。

提示："A"不是正时标记。

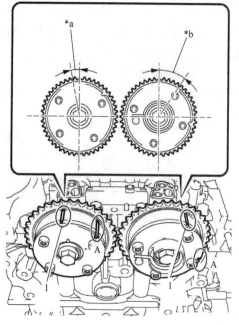

图 6-152　凸轮轴链轮正时标记
1—正时标记　*a—大约 7°　*b—大约 32°

④ 拆下曲轴带轮螺栓。

2）用 2 个螺栓安装 1 号链条振动阻尼器。力矩：21N·m。

3）安装链条分总成。

① 将链条置于曲轴正时齿轮和曲轴正时链轮上。

提示：确保链条的标记板朝向远离发动机的一侧。无需将链条分总成安装到齿轮的齿和链轮上。

② 如图 6-153 所示，将链条的标记板（橙色）对准排气凸轮轴正时齿轮总成的正时标记，并将链条分总成安装到排气凸轮轴正时齿轮总成上。

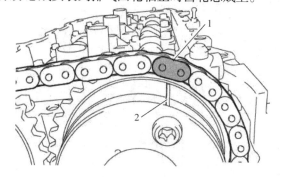

图 6-153　对准排气凸轮轴正时链轮标记
1—标记板　2—正时标记

③ 如图6-154所示，将链条的标记板（黄色）对准曲轴正时链轮的正时标记，并将链条分总成安装到曲轴正时链轮上。

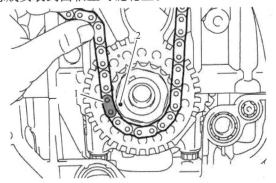

图6-154 对齐曲轴链轮正时标记
1—标记板　2—正时标记

④ 在曲轴正时链轮上方系一条细绳以固定链条，见图6-155。

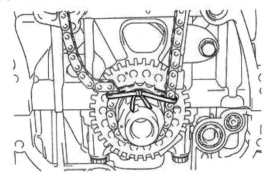

图6-155 用细绳固定链条

⑤ 如图6-156所示，使用进气凸轮轴的六角部分，用扳手逆时针转动进气凸轮轴，并对准凸轮轴正时齿轮总成的正时标记和链条的标记板（橙色），以将链条分总成安装到凸轮轴正时齿轮总成上。

提示：用扳手将进气凸轮轴固定到位，直至安装链条张紧器。

⑥ 拆下曲轴正时链轮上方的细绳，顺时针转动曲轴，并松开链条以便安装链条张紧器导板，见图6-157。

注意：确保固定链条。

4）用螺栓安装链条张紧器导板。力矩：21N·m。

5）安装1号链条张紧器总成

① 用2个螺栓安装新衬垫和1号链条张紧器总成。力矩：10N·m。

② 从挡片上拆下销。

6）用螺栓安装正时链条导板。力矩：21N·m。

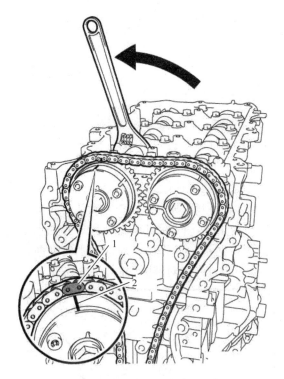

图6-156 对齐凸轮轴齿轮正时标记
1—标记板　2—正时标记

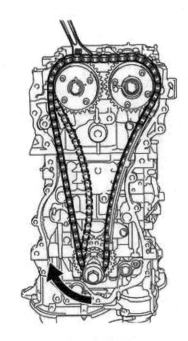

图6-157 固定链条

7）检查1号气缸至TDC/压缩。

① 暂时安装曲轴带轮螺栓。

② 顺时针旋转曲轴，检查并确认曲轴正时链轮和凸轮轴正时齿轮上的正时标记位于图6-142所示位置。

提示："A"不是正时标记。

③ 拆下曲轴带轮螺栓。

8）安装正时链条盖总成。

6.7.3 丰田 2.0L-1AZ-FE 发动机（2009—2012）

1. 正时链单元拆卸步骤

1）将1号气缸设定至TDC/压缩。

① 转动曲轴带轮，直至正时链条盖上的槽与正时链条盖的正时标记"0"对准。

② 如图6-158所示，检查并确认凸轮轴正时齿轮和链轮的各正时标记与1号和2号轴承盖上的朝前标记对准。如果没有对准，则转动曲轴带轮1周（360°），以对准图中的正时标记。

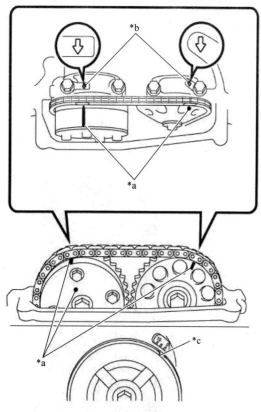

图6-158 设定气缸1到TDC位置
*a—正时标记 *b—朝前标记 *c—槽

2）拆卸曲轴带轮。

3）拆卸凸轮轴正时机油控制阀总成。

① 从气缸盖上拆下螺栓和凸轮轴正时机油控制阀总成。如果没有拆下凸轮轴正时机油控制阀，则在松开气缸盖螺栓时可能会损坏凸轮轴正时机油控制阀。

② 从凸轮轴正时机油控制阀总成上拆下O形圈。

4）拆下2个螺母、1号链条张紧器总成和垫片。

注意：不要转动不带1号链条张紧器总成的曲轴。

5）拆卸水泵带轮。

6）拆卸发动机水泵总成。

① 拆下4个螺栓、2个螺母和2个线束夹箍支架。

② 用旋具在发动机水泵和气缸体之间撬动，然后拆下水泵。

注意：在使用旋具前，用胶带缠住旋具头。小心不要损坏发动机水泵和气缸体的接触面。

7）从油底壳分总成上拆下油底壳排放塞和垫片。

8）拆卸油底壳分总成。

① 拆下12个螺栓和2个螺母。

② 将油底壳密封刮刀的刃片插入曲轴箱、链条盖和油底壳之间，然后切开涂抹的密封胶，并拆下油底壳分总成。

注意：小心不要损坏曲轴箱、链条盖或油底壳的接触面。

9）拆卸正时链条盖分总成。

10）拆卸正时链条盖油封。

11）拆卸1号曲轴位置传感器齿板。

12）拆卸正时链条导向器。

13）拆卸链条张紧器滑块。

14）拆卸1号链条减振器。

15）拆卸链条分总成。

16）拆卸曲轴正时链轮。

17）拆卸2号链条分总成。

18）从曲轴上拆下2个曲轴带轮定位键。

2. 正时链单元安装步骤

1）用2个螺栓安装1号链条减振器。力矩：9.0N·m。

2）安装链条分总成。

① 将1号气缸设定至TDC/压缩。

a. 如图6-159所示，使用凸轮轴的六角头部分和扳手旋转凸轮轴，使凸轮轴正时齿轮和凸轮轴正时链轮的正时标记与1号凸轮轴轴承盖和2号凸轮轴轴承盖的朝前标记对准。

b. 检查并确认曲轴定位如图6-160所示，使曲轴键朝上。

② 将链条安装到曲轴正时链轮上，使金色或

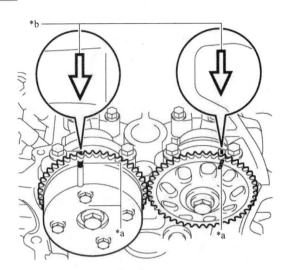

图 6-159　设定气缸 1 于 TDC 位置
*a—正时标记　*b—朝前标记

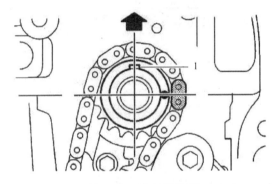

图 6-160　曲轴键位置
*1—曲轴键

粉色标记连杆与曲轴上的正时标记对准，见图 6-161。

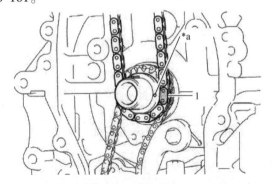

图 6-161　安装链条到曲轴正时链轮
1—标记连杆　*a—正时标记

③ 用 SST 和塑料锤敲入曲轴正时链轮。

④ 将金色或黄色链节与凸轮轴正时齿轮和凸轮轴正时链轮的正时标记对准，然后安装链条分总成，见图 6-162。

3) 用螺栓安装链条张紧器滑块。力矩：19N·m。

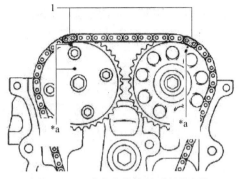

图 6-162　对准凸轮轴正时链轮标记
1—标记连杆　*a—正时标记

4) 用螺栓安装正时链条导向器。力矩：9.0N·m。

5) 安装 1 号曲轴位置传感器齿板，使"F"标记朝前，见图 6-163。

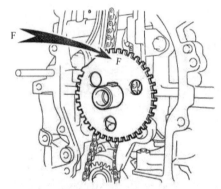

图 6-163　安装曲轴位置传感器齿板

6) 安装正时链条盖分总成

6.7.4　丰田 2.4L–2AZ–FE 发动机（2009—2012）

1. 正时链单元拆卸步骤

1) 拆卸 1 号曲轴位置传感器齿板，见图 6-164。

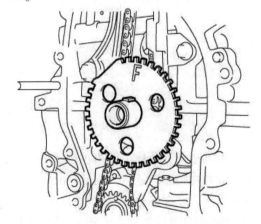

图 6-164　拆卸曲轴位置传感器齿板

2）拆卸螺栓和链条张紧器滑块，见图6-165。

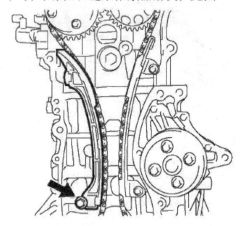

图6-165 拆下链条张紧器

3）拆卸2个螺栓和1号链条减振器，见图6-166。

图6-166 拆下链条减振器

4）拆卸螺栓和正时链条导向器，见图6-167。

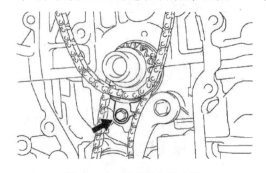

图6-167 拆下链条导向器

5）拆卸链条分总成，见图6-168。
6）拆卸曲轴正时链轮，见图6-169。
7）拆卸2号链条分总成。
① 按逆时针方向转动曲轴90°，使机油泵驱动轴链轮的调节孔与机油泵的槽对准，见图6-170。

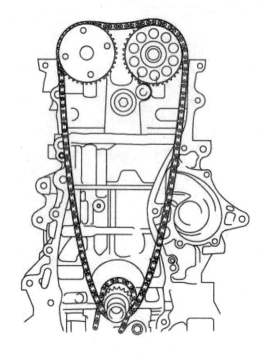

图6-168 拆下链条

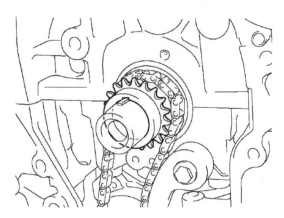

图6-169 拆下曲轴正时链轮

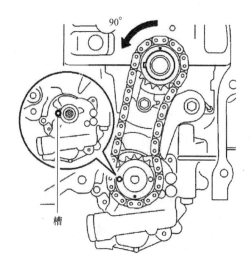

图6-170 对齐调节孔与槽

② 将一个直径为 4mm 的销插入机油泵驱动轴链轮的调节孔内，将齿轮锁止，然后拆卸螺母，见图 6-171。

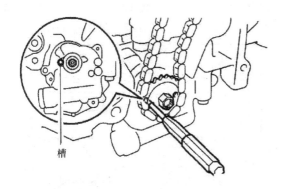

图 6-171 插入销锁止齿轮

③ 拆卸螺栓、链条张紧器板和弹簧，见图 6-172。

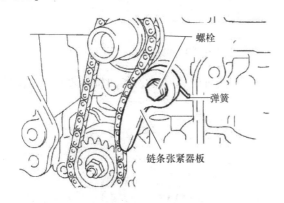

图 6-172 折下张紧器板

④ 拆卸链条张紧器、机油泵从动链轮和链条。

2. 正时链单元安装步骤

1）安装 2 号链条分总成。

① 将曲轴键置于左侧水平位置。

② 转动驱动轴，使缺口朝上，见图 6-173。

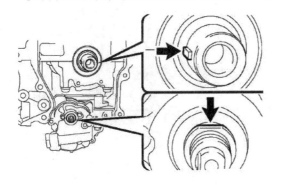

图 6-173 使曲轴驱动轮缺口朝上

③ 如图 6-174 所示，将黄色标记连杆与各齿轮的正时标记对准。

④ 用齿轮上的链条，将链轮安装到曲轴和机油泵上。

⑤ 用螺母暂时拧紧机油泵驱动轴链轮。

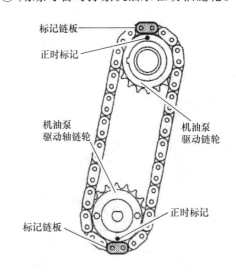

图 6-174 对齐黄色标记标与正时标记

⑥ 如图 6-175 所示，将缓冲弹簧插入调节孔内，然后用螺栓安装链条张紧器板。力矩：12N·m。

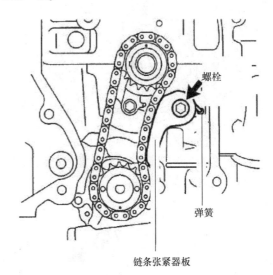

图 6-175 安装链条张紧器板

⑦ 对准机油泵驱动轴链轮的调节孔与机油泵的槽。

⑧ 将一个直径为 4mm 的销插入机油泵驱动轴齿轮的调节孔内，将齿轮锁止，然后拧紧螺母，见图 6-176。力矩：30N·m。

⑨ 按顺时针方向转动曲轴 90°，并将曲轴键

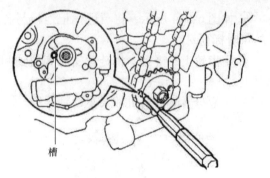

图 6-176 锁止齿轮

朝上，如图 6-177 所示。

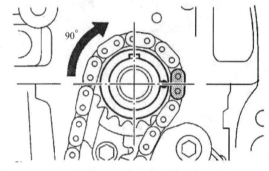

图 6-177 使曲轴键朝上

2）安装曲轴正时链轮，见图 6-178。

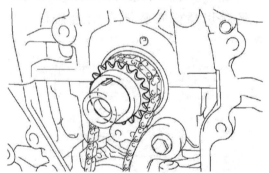

图 6-178 安装曲轴正时链轮

3）如图 6-179 所示，用 2 个螺栓安装 1 号链条减振器。力矩：9.0N·m。

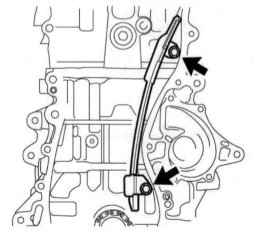

图 6-179 安装链条减振器

4）安装链条分总成。

① 将 1 号气缸设定为 TDC/压缩。

a. 用扳手转动凸轮轴（使用六角顶部），使凸轮轴正时齿轮的各正时标记与 1 号以及 2 号轴承盖上的各正时标记均对准，如图 6-180 所示。

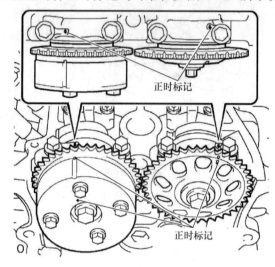

图 6-180 设定气缸 1 到 TDC 位置

b. 用曲轴带轮螺栓，将曲轴转动到曲轴键朝上的位置，如图 6-181 所示。

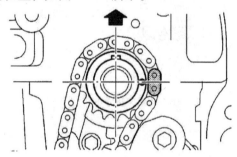

图 6-181 使曲轴键朝上

② 将链条安装到曲轴正时链轮上，使金色或粉色标记链板与曲轴上的正时标记对准，见图 6-182。

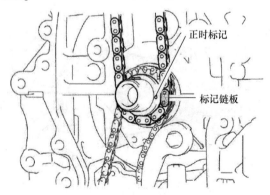

图 6-182 对齐曲轴正时链轮标记

③ 如图 6-183 所示，用 SST09309-37010 和塑料锤敲入曲轴正时链轮。

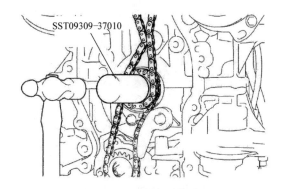

图 6-183 安装曲轴正时链轮

④ 如图 6-184 所示，将金色或黄色标记链板对准凸轮轴正时齿轮和链轮上的各正时标记，然后安装链条。

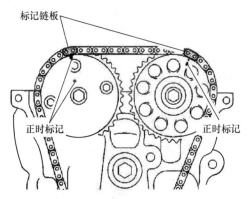

图 6-184 对齐凸轮轴链轮正时标记

5）用螺栓安装链条张紧器滑块，见图 6-185。力矩：19N·m。

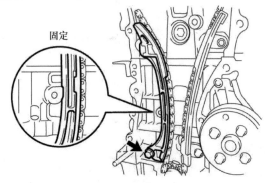

图 6-185 安装张紧器滑块

6）用螺栓安装正时链条导向器。力矩：9.0N·m。

7）安装 1 号曲轴位置传感器齿板，让"F"标记朝上，见图 6-186。

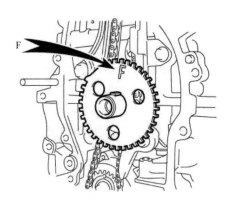

图 6-186 安装曲轴位置传感器齿板

8）安装正时链条箱油封。
9）安装正时链盖分总成。

6.8 普拉多（2010—2017 年款）

6.8.1 丰田 2.7L-2TR-FE 发动机（2015—2017）

1. 正时链条拆卸步骤

1）拆卸正时链条盖分总成。
2）将 1 号气缸设定至 TDC/压缩。
① 暂时安装曲轴带轮螺栓。
② 顺时针旋转曲轴，使曲轴正时齿轮和凸轮轴正时齿轮上的正时标记位于如图 6-187 所示的位置。如果正时标记没有对准，则再次顺时针旋转曲轴并对准正时标记。
③ 拆下曲轴带轮螺栓。
3）拆卸正时链条导板。
4）拆卸 1 号链条张紧器总成，注意拆下链条张紧器时，不要旋转曲轴，链条拆下需要旋转凸轮轴时，向右旋转曲轴 90°。向上移动挡片以解除锁止，并将柱塞推入张紧器。向下移动挡片以设定锁止，并将直径为 3.0mm 的杆插入挡片孔中，见图 6-188。拆下螺栓、螺母、链条张紧器和衬垫。
5）拆卸链条张紧器导板。
6）拆卸链条振动阻尼器。
7）拆卸链条分总成。

2. 正时链单元安装步骤

1）安装平衡轴正时链条。
① 如图 6-189 所示，对准标记板与链轮和齿轮上的正时标记，将链条安装到链轮和齿轮上。

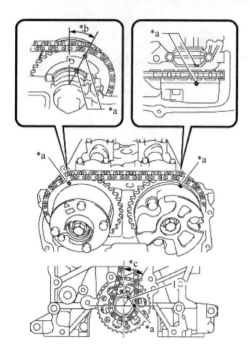

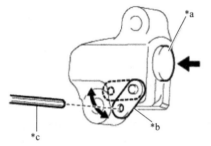

图 6-187　发动机 TDC 位置标记
1—曲轴带轮定位键　*a—正时标记　*b—约 13°　*c—约 30°

图 6-188　设置链条张紧器
*a—柱塞　*b—挡片　*c—六角扳手

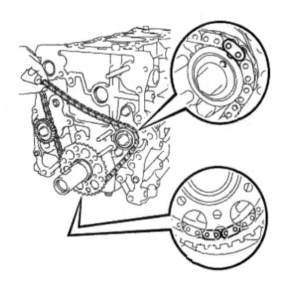

图 6-189　对齐正时标记

② 将链条的另一个链节标记板与平衡轴主动齿轮的大正时标记后面对准，见图 6-190。

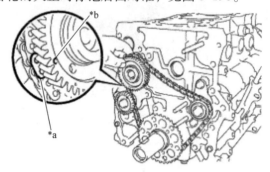

图 6-190　对准大正时标记
*a—标记板（黄色）　*b—大正时标记

③ 将平衡轴主动齿轮轴穿过平衡轴主动齿轮，使其插入止推板的孔中。

④ 将平衡轴主动齿轮的小正时标记与平衡轴正时齿轮的大正时标记对准，见图 6-191。

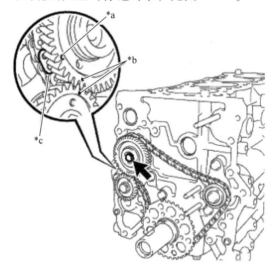

图 6-191　对正大小正时标记
*a—大正时标记　*b—小正时标记　*c—标记板（黄色）

⑤ 将螺栓安装到平衡轴主动齿轮上。力矩：25N·m。

⑥ 如图 6-192 所示，检查并确认各正时标记与相应的链节标记对准。

注意：检查并确认 1 号气缸在 TDC 且 1 号和 2 号平衡轴的配重在下止点。

2）安装主正时链。

① 如图 6-193 所示，将链条分总成安装到排气凸轮轴正时齿轮总成和凸轮轴正时齿轮总成上，使标记板与排气凸轮轴正时齿轮总成和凸轮轴正时齿轮总成上的正时标记对准。

设定锁止,并将六角扳手插入挡片孔中,用螺栓和螺母安装新衬垫和链条张紧器。力矩:10N·m。

5)安装正时链条盖分总成。

6.8.2 丰田3.5L-7GR-FKS发动机(2016—2017)

1. 主正时链单元拆卸步骤

1)将1号气缸设定至TDC/压缩。

① 暂时安装带轮固定螺栓。

② 将曲轴带轮定位键定位至右侧缸体孔径中心标记(TDC/压缩),见图6-194。

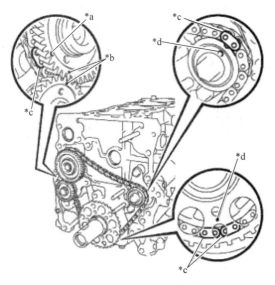

图6-192 检查2号链条正时标记

*a—大正时标记　*b—小正时标记
*c—标记板(黄色)　*d—正时标记

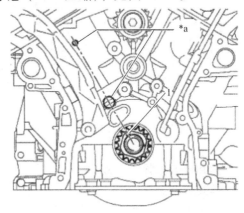

图6-194 设置1号气缸TDC位置

1—曲轴带轮定位键　*a—中心标记

③ 如图6-195所示,检查并确认凸轮轴正时齿轮的正时标记与轴承盖上的正时标记对准。

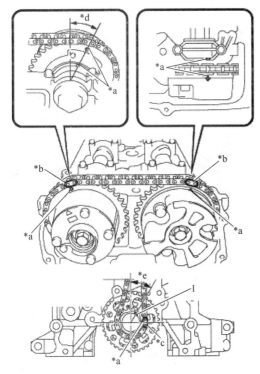

图6-193 主正时链正时标记

1—曲轴带轮定位键　*a—正时标记　*b—标记板(粉色)
*c—标记板(黄色)　*d—约13°　*e—约30°

② 用绳系住曲轴正时齿轮或链轮的链条分总成。将绳系在曲轴正时齿轮或链轮附近。

注意:安装好链条张紧器后,必须解下绳。

3)安装链条张紧器导板。力矩:21N·m。

4)安装链条张紧器总成。向上移动挡片以解除锁止,并将柱塞推入张紧器。向下移动挡片以

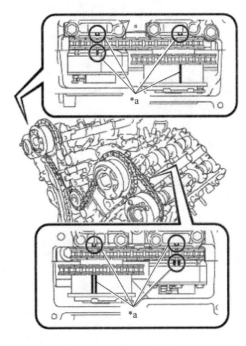

图6-195 检查凸轮轴正时齿轮标记

*a—正时标记

如果没有对准,则转动曲轴 1 圈（360°），并如上所述对准正时标记。

2）拆卸 1 号链条张紧器总成：向上移动挡片以解除锁止,并将柱塞推入张紧器。向下移动挡片以设定锁止,并将直径 1.27mm（0.0500 in.）的销插入挡片孔中。拆下 2 个螺栓和链条张紧器。

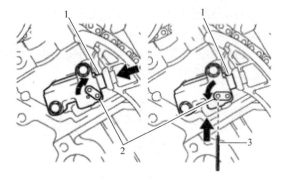

图 6-196 设置张紧器
1—柱塞 2—挡片 3—销

3）拆卸链条张紧器导板。

4）拆卸链条分总成。

① 逆时针转动曲轴 10°以松开曲轴正时链轮链条。

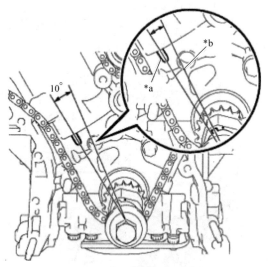

图 6-197 松开曲轴正时链条
a—正时标记 b—中心线

② 拆下带轮固定螺栓。

③ 从曲轴正时链轮上拆下链条,并将其置于曲轴上。

④ 顺时针转动凸轮轴正时齿轮总成（约 60°），使其位于如图 6-198 所示位置。务必松开气缸组间的链条。

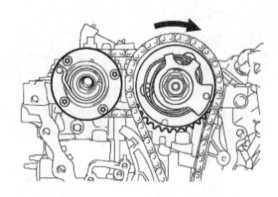

图 6-198 转动凸轮轴正时齿轮

⑤ 拆下链条。

2. 正时链单元安装步骤

（1）安装 B1 侧正时链

1）用螺栓安装 2 号链条张紧器。力矩：21N·m。推入 2 号链条张紧器时,将直径 1.0mm 的销插入孔中以将张紧器固定到位。如图 6-199 所示。

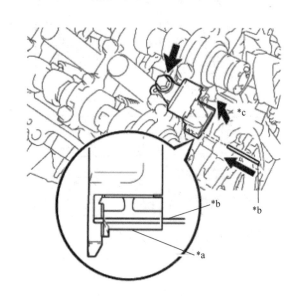

图 6-199 安装张紧器
*a—柱塞 *b—销 *c—推

2）如图 6-200 所示,将标记板（黄色）与凸轮轴正时齿轮总成的正时标记对准。将凸轮轴的锁销与凸轮轴正时齿轮总成的销孔对准。在 2 号链条分总成已安装的情况下,安装凸轮轴正时齿轮总成和排气凸轮轴正时齿轮总成。

（2）安装 B2 侧正时链

1）用螺栓安装 3 号链条张紧器。力矩：21N·m。推入张紧器的同时,将直径 1.0mm 的销插入孔中以将张紧器固定到位。

2）如图所示，将标记板（黄色）与凸轮轴正时齿轮总成的正时标记对准。将凸轮轴的锁销与凸轮轴正时齿轮总成的销孔对准。在2号链条已安装的情况下，安装凸轮轴正时齿轮总成和左侧排气凸轮轴正时齿轮。

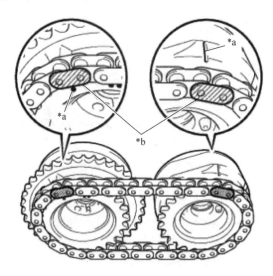

图6-200 安装2号链条分总成

*a—正时标记 *b—标记板

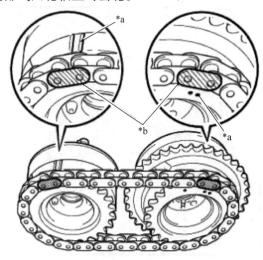

图6-202 安装3号链条分总成

*a—正时标记 *b—标记板

（3）安装主正时链条

1）检查并确认右侧气缸组上的凸轮轴正时齿轮位置、左侧气缸组和曲轴上的正时标记应位于如图6-203所示位置。

2）如图6-204所示，对准标记板和正时标记，并安装链条。凸轮轴标记板为黄色。

3）链条置于曲轴的顶部。

4）如图6-205所示，逆时针转动右侧气缸组的凸轮轴正时齿轮总成，以紧固气缸组间的链条。

注意：重复使用张紧链轮时，将链条板对准其所在标记以紧固气缸组间的链条。

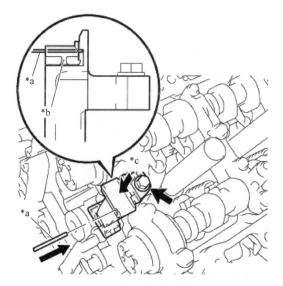

图6-201 设置张紧器

*a—柱塞 *b—销 *c—推

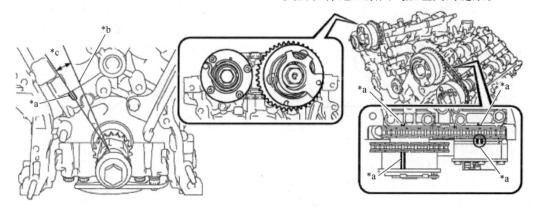

图6-203 检查发动机正时标记

*a—正时标记 *b—中心线 *c—约10°

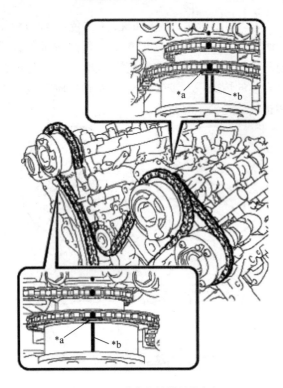

图 6-204 对准凸轮轴链轮标记

*a—标记板（黄色） *b—正时标记

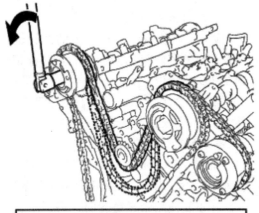

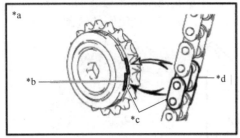

图 6-205 紧固链条

*a—重复使用张紧链轮时 *b—标记
*c—对准 *d—链条板；箭头：转动方向

5) 如图 6-206 所示，对准标记板和正时标记，并将链条安装到曲轴正时链轮上。曲轴标记板为黄色。

6) 暂时安装带轮固定螺栓。

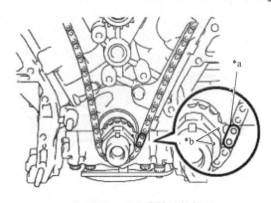

图 6-206 对准曲轴链轮标记

*a—标记板（粉色） *b—正时标记

7) 顺时针转动曲轴 10°，将其定位至右侧缸体孔径中心线（TDC/压缩）。

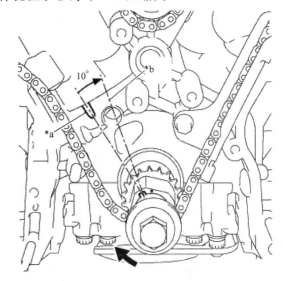

图 6-207 转动调整曲轴

*a—正时标记 *b—中心线 箭头：转动方向

8) 安装链条张紧器导板。

9) 安装 1 号链条张紧器总成：向上移动挡片以解除锁止，并将柱塞推入张紧器。向下移动挡片以设定锁止，并将直径 1.27mm 的销插入挡片孔中。用 2 个螺栓安装 1 号链条张紧器。力矩：10N·m。拆下链条张紧器的锁销。

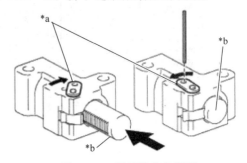

图 6-208 设置链条张紧器

*a—挡片 *b—柱塞

10）检查气门正时：检查凸轮轴正时标记。检查并确认各凸轮轴正时标记在如图6-209所示的位置。如果气门正时错位，则重新安装正时链条。拆下带轮固定螺栓。

注意：从凸轮轴中心和各凸轮轴正时齿轮上的正时标记成一条直线的视点，检查各正时标记。如果从其他视点检查正时标记，则气门正时看上去可能错位。

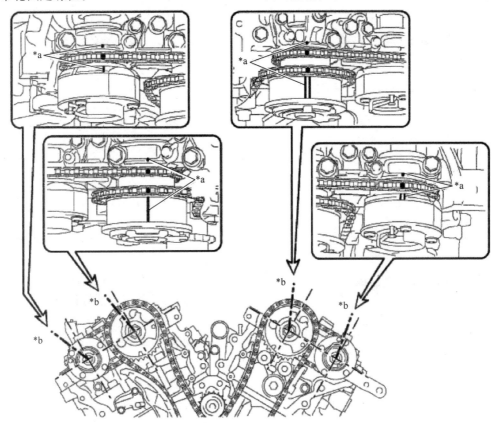

图 6-209 检查正时
*a—正时标记　*b—视点

提示：进气凸轮轴：务必从标记B、C和D成一条直线的视点检查标记A，见图6-210。如果从其他视点检查标记，则可能无法正确检查这些标记。

6.8.3 丰田 4.0L - 1GR - FE 发动机（2010—2015）

1. 正时链单元拆卸步骤

1）将1号气缸压缩设置到TDC/压缩。

① 使用曲轴带轮固定螺栓，转动曲轴使曲轴定位键对准气缸体正时线，见图6-211。

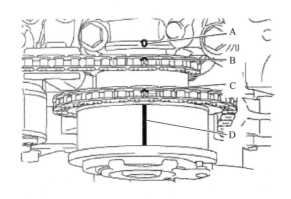

图 6-210 成一条直线的视点检查标记

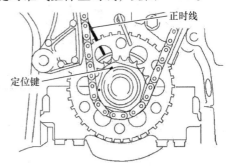

图 6-211 设置1号气缸到TDC位置

② 检查并确认凸轮轴正时齿轮的正时标记如图6-212所示，对准了轴承盖的正时标记。

如果没有对准，则转动曲轴1圈（360°），使上述正时标记对准。

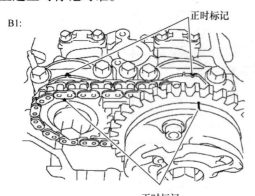

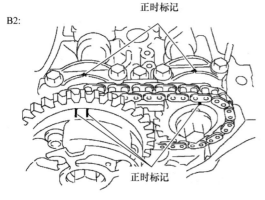

图6-212 检查凸轮轴正时标记位置

2）拆卸1号链条张紧器总成。

在拆下链条张紧器后，切勿转动曲轴。

在拆下链条张紧器后转动凸轮轴时，先从TDC逆时针转动曲轴40°。

① 如图6-213所示，向上转动张紧器挡片时，将链条张紧器推入柱塞中。

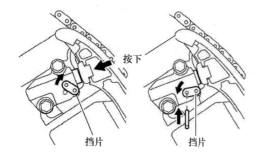

图6-213 设置张紧器

② 当向下转动张紧器挡片时，将一个3.5mm的销插入到挡片和张紧器孔，以固定挡片。

③ 拆下2个螺栓，然后拆下链条张紧器。

3）拆卸链条张紧器导板。

4）使用10mm六角扳手拆下2号惰轮轴、1号惰轮和1号惰轮轴，见图6-214。

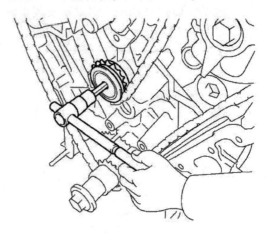

图6-214 拆卸1号惰轮

5）拆下2个2号链条振动阻尼器。

6）拆卸链条分总成。

2. 正时链单元安装步骤

1）安装链条张紧器导板。

2）安装1号链条张紧器总成。

① 如图6-215所示，顺时针转动张紧器挡片时，将张紧器推入柱塞中。

② 当逆时针转动张紧器挡片时，将一个3.5mm的销插入到挡片和张紧器孔，以固定挡片。

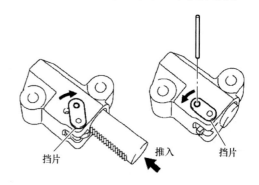

图6-215 设置张紧器

③ 用2个螺栓安装链条张紧器。力矩：10N·m。

3）安装链条分总成。

① 将1号气缸设置到TDC/压缩。

a. 对准凸轮轴正时齿轮和轴承盖的正时标记，见图6-212。

b. 使用曲轴带轮固定螺栓，转动曲轴使曲轴定位键对准气缸体正时线，见图6-216。

② 将黄色链条标记对准曲轴正时链条的正时

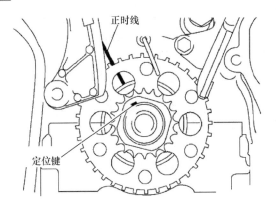

图6-216 使曲轴定位键对准气缸体正时线

标记,见图6-217。

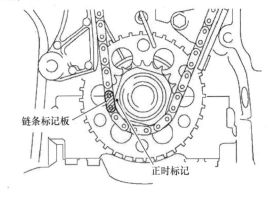

图6-217 对准曲轴正时标记

③ 将橙色链条标记板对准凸轮轴正时齿轮的正时标记,并安装链条,见图6-218。

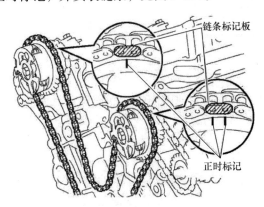

图6-218 对准凸轮轴链轮正时标记

4)安装2个2号链条振动阻尼器。

5)安装1号惰轮轴。

① 在1号惰轮轴的旋转表面上涂抹一薄层发动机机油。

② 使1号惰轮轴的锁销对准气缸体的锁销槽的同时,暂时安装1号惰轮轴和2号惰轮轴,见图6-219。

注意:正确定位惰轮轴。

③ 用10mm六角扳手紧固2号惰轮轴。力矩:60N·m。

④ 从链条张紧器上拆下杆。

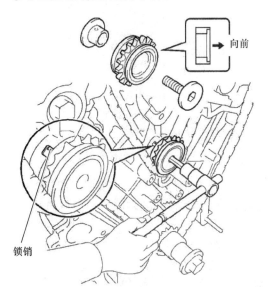

图6-219 安装1号惰轮轴

6)安装正时齿轮箱或正时链条箱油封。

7)安装正时链条或正时带盖分总成。

① 清除所有旧密封胶(FIPG)涂料。

注意:切勿将机油滴在正时链条盖、气缸盖和气缸体的接触表面。

② 如图6-220所示将一个新的O形圈安装到气缸盖B2上。

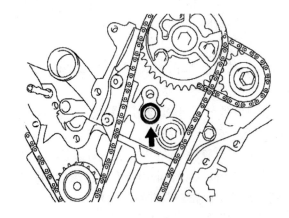

图6-220 安装新的O形圈

③ 在图6-221中所示的4个部位上涂抹一条连续的密封胶(宽度3～4mm)。

密封胶:丰田原厂黑密封胶、ThreeBond1207B或同等产品

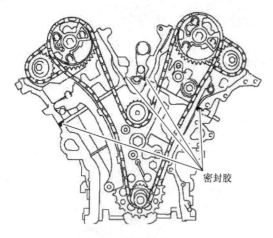

图 6-221 涂抹密封胶

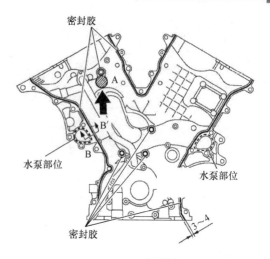

图 6-223 密封胶涂抹规范

④ 在安装链条盖前，保证图 6-222 中所示的气缸体和气缸盖之间的密封表面没有机油。

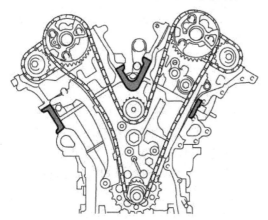

图 6-222 不能有机油的部位

⑤ 如图 6-223 所示，在正时链条盖上涂抹一条连续的密封胶（宽度 3~4mm）。

密封胶：

水泵部件：丰田原厂密封胶 1282B、Three-Bond1282B 或同等产品。

其他部件：丰田原厂黑密封胶、Three-Bond1207B 或同等产品。

涂抹密封胶后 3min 内安装正时链条盖。必须在安装的 15min 内紧固正时链条盖螺栓和螺母。否则，必须清除密封胶并重新涂抹。

注意：切勿在图 6-223 中所示的 A 部位涂抹密封胶。

⑥ 将机油泵主动转子的键槽与曲轴正时齿轮的矩形部件对准，并将正时链条盖滑动到位，见图 6-224。

⑦ 用 24 个螺栓和 2 个螺母安装正时链条盖。

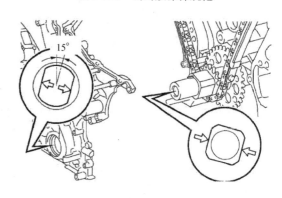

图 6-224 安装机油泵主动转子

分几个步骤均匀地紧固螺栓和螺母，见图 6-225。
力矩：23N·m。

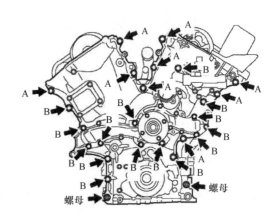

图 6-225 安装正时链室盖罩

注意：不要在正时链条盖密封线以外罩住链条和导板。

各螺栓的长度如下：A——25mm；B——55mm。见图6-225。

6.9 兰德酷路泽

6.9.1 丰田 4.0L - 1GR - FE 发动机（2008—2016）

该发动机也搭载于普拉多车型上，相关内容请参考6.8.3小节。

6.9.2 丰田 4.6L - 1UR - FE 发动机（2008—2016）

1. 正时链单元拆卸步骤

1）将1号气缸设置到上止点/压缩。

① 暂时紧固带轮固定螺栓。

② 如图6-226所示，顺时针旋转曲轴，使曲轴正时齿轮上的正时标记对准凸轮轴正时齿轮。如果正时标记没有对准凸轮轴正时齿轮，则再次顺时针旋转曲轴以将其对准。

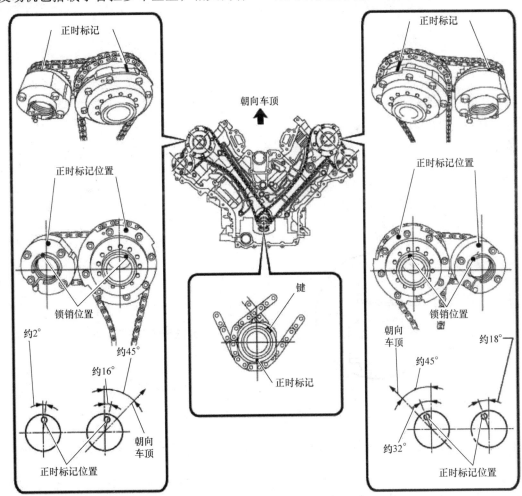

图6-226 检查正时标记

2）拆下1号链条张紧器总成（列1）。

① 向上移动挡片以释放锁扣，并将柱塞深深推入张紧器。

② 向下移动挡片以卡紧锁扣，并将六角扳手插入挡片孔，见图6-227。

③ 拆下2个螺栓、链条张紧器和衬垫。

3）拆下链条张紧器导板（列1）。

4）如图6-228所示拆下2个螺栓和1号链条振动阻尼器（列1）。

5）拆下链条分总成（列1）。

① 推下3号链条张紧器时，将φ1.0mm的销插入孔中以将其固定，见图6-229。

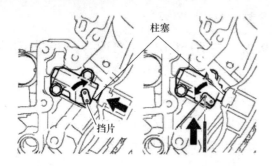

图 6-227 设置张紧器

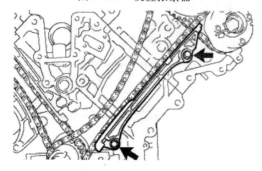

图 6-228 拆下振动阻尼器

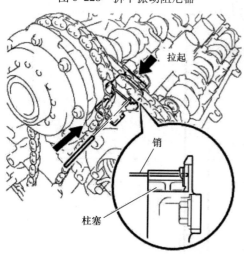

图 6-229 固定 3 号链条张紧器

② 用 12mm 六角扳手固定凸轮轴的六角部位,见图 6-230。

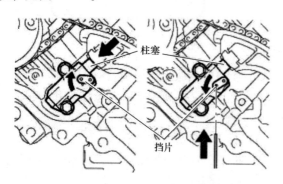

图 6-230 拆下链条张紧器

③ 拆下 2 个螺栓和链条张紧器。

6) 拆下链条张紧器导板(列 2)。

7) 拆下 2 个螺栓和 1 号链条振动阻尼器(列 2),见图 6-231。

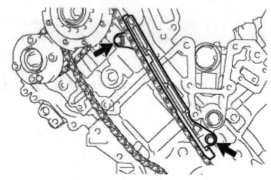

图 6-231 拆下 1 号链条振动阻尼器

① 拉起 2 号链条张紧器时,将 $\phi1.0mm$ 的销插入孔中以将其固定,见图 6-232。

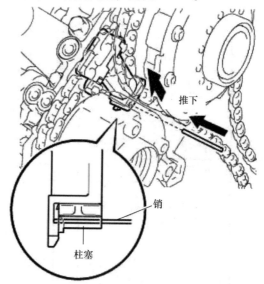

图 6-232 设置 2 号张紧器

② 如图 6-233 所示,用 12mm 六角扳手固定凸轮轴的六角部位并拧松螺栓。

注意:不要让扳手损坏气缸盖。不要拆解凸轮轴正时齿轮。

③ 用扳手固定凸轮轴的六角部位并拧松螺栓。

注意:不要让扳手损坏气缸盖,见图 6-234。

④ 拆下 2 个螺栓。1 号和 2 号链条仍然与齿轮连接时,拆下凸轮轴正时齿轮总成、排气凸轮轴正时齿轮总成和曲轴正时链轮。

⑤ 从齿轮上拆下 1 号和 2 号链条。

8) 拆下 2 个螺栓和链条张紧器,见图 6-235。

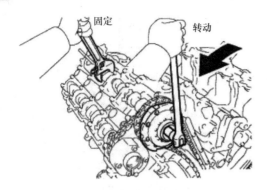

图 6-233 拧松凸轮轴螺栓

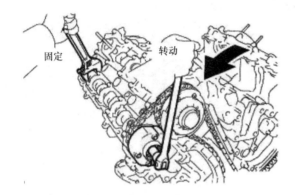

图 6-234 拧松排气凸轮轴螺栓

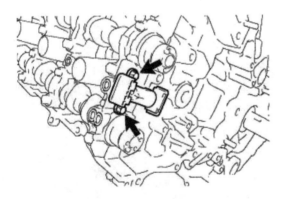

图 6-235 拆下链条张紧器

2. 正时链单元安装步骤

1) 安装 2 号链条张紧器总成。

① 用 2 个螺栓安装链条张紧器。

拧紧力矩：10N·m。

② 拉起 2 号链条张紧器时，将 ϕ1.0mm 的销插入孔中以将其固定，见图 6-236。

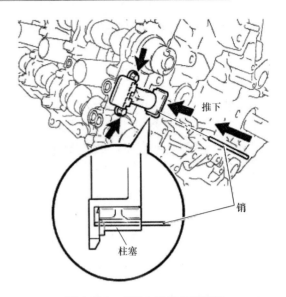

图 6-236 安装 2 号链条张紧器

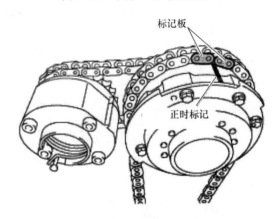

图 6-237 对准正时标记

板和曲轴正时齿轮的正时标记对准，并将链条连接到齿轮上。

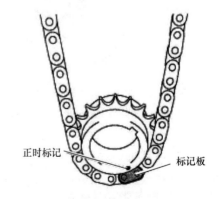

图 6-238 对准曲轴正时标记

2) 安装链条分总成（列 2）。

① 如图 6-237 所示，将 1 号链条的橙色标记板和凸轮轴正时齿轮的正时标记对准，并将链条连接到齿轮上。

② 如图 6-238 所示，将 1 号链条的橙色标记

③ 如图 6-239 所示，将 2 号链条标记板（黄色）和凸轮轴正时齿轮总成、排气凸轮轴正时齿轮总成的正时标记对准，并将 2 号链条连接到齿轮上。

将曲轴正时齿轮和排气凸轮轴齿轮总成安装到已连接到齿轮的 1 号和 2 号链条上。

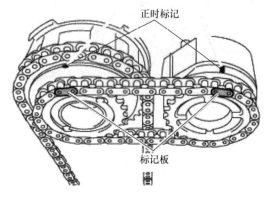

图 6-239　对准凸轮轴正时标记

④ 将曲轴正时齿轮安装到曲轴上。

⑤ 对准并连接 1 号凸轮轴的锁销和凸轮轴正时齿轮总成的销孔。

⑥ 用 2 号凸轮轴的六角部位将 2 号凸轮轴的锁销和排气凸轮轴正时齿轮总成的销孔对准并连接。

⑦ 从 2 号链条张紧器上拆下销。

3）安装 1 号链条振动阻尼器（列 2）。

用 2 个螺栓安装振动阻尼器，见图 6-240。

拧紧力矩：21N·m。

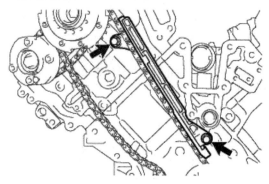

图 6-240　安装 1 号链振动阻尼器

4）安装链条张紧器导板（列 2）。

提示：如果因链条的张力而无法安装链条张紧器导板，则用凸轮轴的六角部位松开链条后再进行安装。

5）安装 1 号链条张紧器总成（列 2）。

① 向上移动挡片以释放锁扣，并将柱塞深深推入张紧器。

② 向下移动挡片以卡紧锁扣，并将六角扳手插入挡片孔，见图 6-241。

③ 用 2 个螺栓安装链条张紧器，见图 6-242。

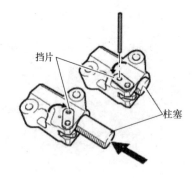

图 6-241　设置张紧器

拧紧力矩：10N·m。

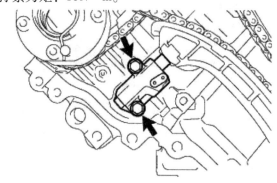

图 6-242　安装链条张紧器

④ 从链条张紧器上拆下六角扳手。

6）安装 3 号链条张紧器总成。

① 用 2 个螺栓安装链条张紧器。拧紧力矩：10N·m。

② 推下 2 号链条张紧器时，将 $\phi1.0$mm 的销插入孔中以将其固定，见图 6-243。

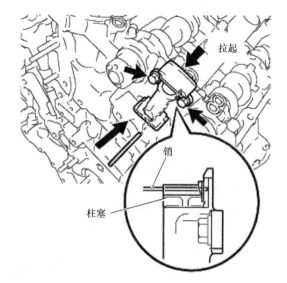

图 6-243　安装 3 号链条张紧器

7）安装链条分总成（列 1）。

① 如图 6-244 所示，将 1 号链条的橙色标记板和凸轮轴正时齿轮的正时标记对准，并将链条连接到齿轮上。

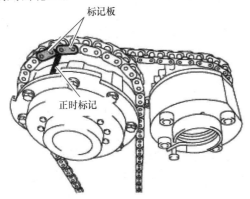

图 6-244 对准凸轮轴齿轮正时标记

② 如图 6-245 所示，将 1 号链条的橙色标记板和曲轴正时齿轮的正时标记对准，并将链条连接到齿轮上。

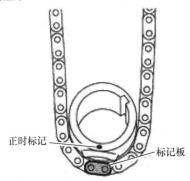

图 6-245 对准曲轴正时标记

③ 如图 6-246 所示，将 2 号链条标记板（黄色）和凸轮轴正时齿轮总成、排气凸轮轴正时齿轮总成的正时标记对准，并将 2 号链条连接到齿轮上。

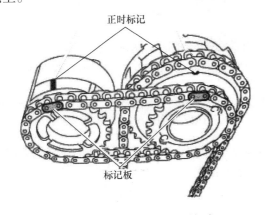

图 6-246 对准凸轮轴正时标高

提示：将曲轴正时齿轮和排气凸轮轴齿轮总成安装到已连接到齿轮的 1 号和 2 号链条上。

④ 将曲轴正时齿轮安装到曲轴上。

⑤ 对准并连接 3 号凸轮轴的锁销和凸轮轴正时齿轮总成的销孔。

⑥ 用 4 号凸轮轴的六角部位将 4 号凸轮轴的锁销和排气凸轮轴正时齿轮总成的销孔对准并连接。

如果因 1 号链条的松动而使齿轮正时标记变位，则用凸轮轴的六角部位固定 3 号凸轮轴直到将 1 号链条张紧器安装完为止。

⑦ 从 2 号链条张紧器上拆下销。

8）安装链条张紧器导板（列 1）。

提示：如果因链条的张力而无法安装链条张紧器导板，则用凸轮轴的六角部位松开链条并安装链条张紧器。

9）安装 1 号链条张紧器总成（列 1）。

① 向上移动挡片以释放锁扣，并将柱塞深深推入张紧器。

② 向下移动挡片以卡紧锁扣，并将六角扳手插入挡片孔，见图 6-241。

③ 用 2 个螺栓安装新衬垫和链条张紧器，见图 6-247。力矩：10N·m。

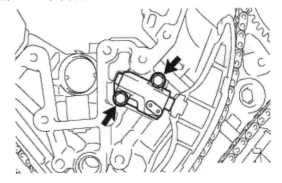

图 6-247 安装张紧器

10）安装 1 号链条振动阻尼器（列 1）。

① 用 2 个螺栓安装振动阻尼器，见图 6-248。力矩：21N·m。

② 从 1 号链条张紧器上拆下六角扳手。

11）紧固凸轮轴正时齿轮总成。

① 列 1：

a. 用扳手固定 3 号凸轮轴的六角部位。

b. 如图 6-249 所示用 12mm 六角套筒扳手、1个新螺栓紧固凸轮轴正时齿轮总成。力矩：79N·m。

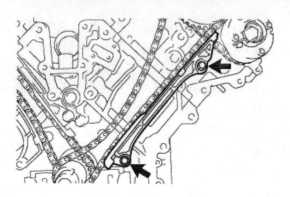

图6-248 安装1号链振动阻尼器

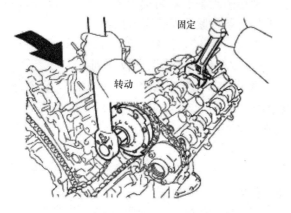

图6-249 紧固凸轮轴正时齿轮总成

c. 用扳手固定4号凸轮轴的六角部位,并用螺栓紧固排气凸轮轴正时齿轮总成,见图6-250。力矩:100N·m。

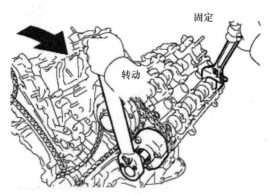

图6-250 紧固排气凸轮轴正时齿轮总成

② 列2:

a. 用扳手固定1号凸轮轴的六角部位。

b. 如图6-251所示,用12mm六角套筒扳手、1个新螺栓紧固凸轮轴正时齿轮总成。力矩:79N·m。

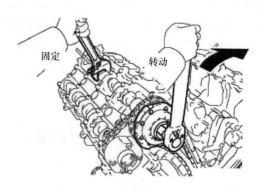

图6-251 紧固凸轮轴正时齿轮

c. 如图6-252所示,用扳手固定2号凸轮轴的六角部位,并用螺栓紧固排气凸轮轴正时齿轮总成。力矩:100N·m。

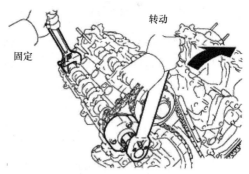

图6-252 紧固排气凸轮轴正时齿轮总成

12)检查1号气缸是否设置到上止点/压缩。

① 暂时安装曲轴带轮螺栓。

② 顺时针旋转曲轴,检查并确认曲轴正时齿轮和凸轮轴正时齿轮上的正时标记如图6-226中所示。

③ 拆下曲轴带轮螺栓。

13)安装正时链条盖分总成。

6.9.3 丰田4.7L-2UZ-FE发动机(2008—2011)

该发动机正时链单元结构与拆装维修和3UZ—FE发动机相同,相关内容请参考6.1.4小节。

6.9.4 丰田5.7L-3UR-FE发动机(2008—2016)

该发动机正时链单元结构与拆装维修和1UR—FE发动机相同,相关内容请参考6.9.2小节。

第7章 广汽丰田

7.1 凯美瑞-双擎（2006—2017年款）

7.1.1 丰田 2.0L – 6AR – FSE 发动机（2015—2017）

1. 正时链单元拆卸步骤

1）拆卸正时链条盖分总成。

2）拆卸正时链条盖油封。

3）将1号气缸设定至TDC/压缩。

① 暂时安装曲轴带轮定位螺栓。

② 如图7-1所示，顺时针旋转曲轴并对准曲轴带轮定位键。

③ 检查并确认排气凸轮轴正时齿轮总成和凸轮轴正时齿轮总成的正时标记在如图7-1所示位置。

提示："A"不是正时标记。

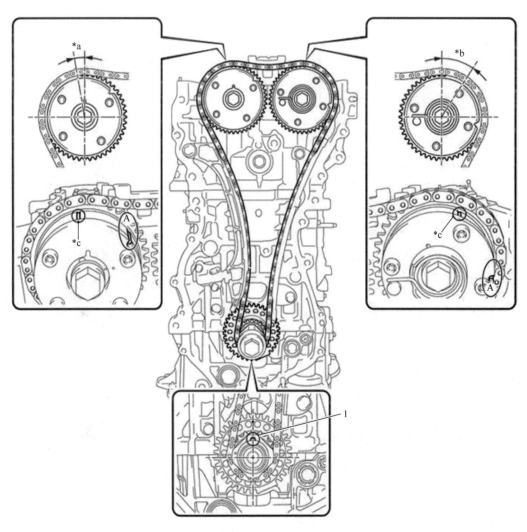

图 7-1　顺时针旋转曲轴并对准曲轴带轮定位键

1—曲轴带轮定位键　*a—约7°　*b—约32°　*c—正时标记

④ 拆下曲轴带轮定位螺栓。

4) 拆下螺栓和正时链条导向器，见图7-2。

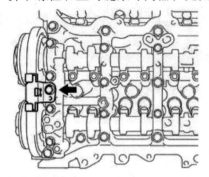

图7-2 拆下正时链条导向器

5) 拆卸1号链条张紧器总成。

① 使柱塞略微伸出，然后逆时针旋转挡片以松开锁。如果松开锁，则将柱塞推入1号链条张紧器总成，见图7-3。

图7-3 松开锁推入柱塞
1—挡片 2—柱塞

② 顺时针旋转挡片以设定锁，然后将销插入挡片孔中，见图7-4。

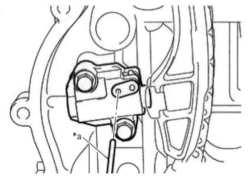

图7-4 设定锁并将销插入
*a—销

③ 拆下2个螺栓、1号链条张紧器总成和垫片，见图7-5。

6) 拆下螺栓和链条张紧器滑块，见图7-6。

图7-5 拆下1号链条张紧器

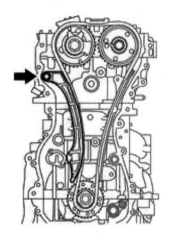

图7-6 拆下链条张紧器滑块

7) 拆下链条分总成。

8) 拆下2个螺栓和1号链条减振器，见图7-7。

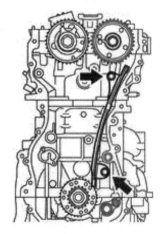

图7-7 拆下1号链条减振器

9) 从曲轴上拆下曲轴正时链轮，见图7-8。

10) 拆卸凸轮轴正时齿轮总成。

如图7-9所示，用扳手固定凸轮轴的六角头部分，拆下凸轮轴正时齿轮螺栓和凸轮轴正时齿轮总成。

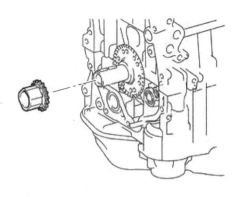

图 7-8 拆下曲轴正时链轮

注意：不要让扳手损坏气缸盖分总成或火花塞套管。不要拆解凸轮轴正时齿轮总成。

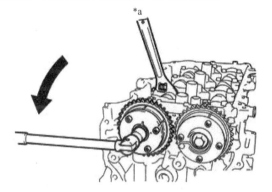

图 7-9 拆下凸轮轴正时齿轮总成

＊a—固定　➡—转动

11）拆卸排气凸轮轴正时齿轮总成。

如图 7-10 所示，用扳手固定 2 号凸轮轴的六角头部分，拆下螺栓和排气凸轮轴正时齿轮总成。

注意：不要让扳手损坏气缸盖分总成或火花塞套管。不要拆解排气凸轮轴正时齿轮总成。

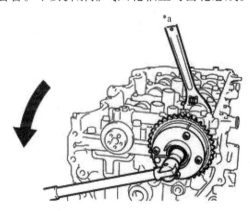

图 7-10 拆下排气凸轮轴正时齿轮

＊a—固定　➡—转动

2. 正时链单元安装步骤

1）如图 7-11 所示，将曲轴正时链轮安装到

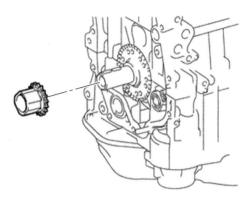

图 7-11 安装曲轴正时链轮

曲轴上。

2）将 50mL 的发动机机油添加到图 7-12 中所示的机油孔中。

注意：如果拆下气门间隙调节器总成，则必须添加发动机机油。确保低压室和间隙调节器总成的油道已充满发动机机油。

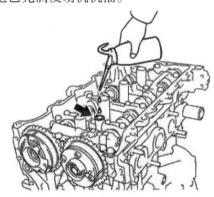

图 7-12 添加发动机机油

3）用 2 个螺栓安装 1 号链条减振器，见图 7-7。力矩：21N·m。

4）安装链条分总成。

① 暂时安装曲轴带轮定位螺栓。

② 逆时针旋转曲轴 40°以将曲轴带轮键置于如图 7-13 所示位置。

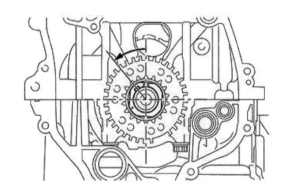

图 7-13 逆时针旋转曲轴 40°

③ 检查并确认排气凸轮轴正时齿轮总成和凸轮轴正时齿轮总成的正时标记在如图7-14所示位置。

提示:"A"不是正时标记。

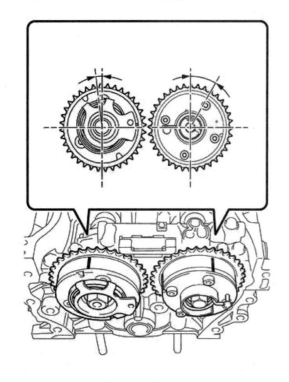

图7-14 检查凸轮轴正时齿轮标记

④ 将链条分总成放置到排气凸轮轴正时齿轮总成、凸轮轴正时齿轮总成和曲轴正时链轮上。

提示:确保链条分总成的标记板未朝向发动机。不必将链条分总成安装到齿轮和链条的轮齿上。

⑤ 如图7-15所示,将链条分总成的标记板(橙色)和排气凸轮轴正时齿轮总成的正时标记对准,并将链条分总成安装到排气凸轮轴正时齿轮总成上。

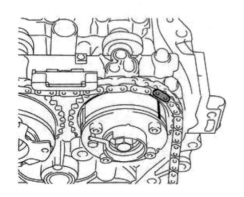

图7-15 对准排气凸轮轴齿轮正时

⑥ 如图7-16所示,将链条分总成的标记板(黄色)和曲轴正时链轮的正时标记对准,并将链条分总成安装到曲轴正时链轮上。

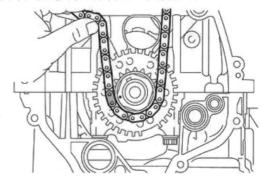

图7-16 对准曲轴链轮正时

⑦ 将细绳系到曲轴正时链轮的上方以固定链条分总成,见图7-17。

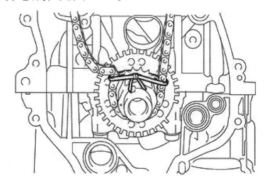

图7-17 固定正时链

⑧ 如图7-18所示用扳手固定凸轮轴的六角头部分并逆时针转动凸轮轴,使凸轮轴正时齿轮总成的正时标记和链条分总成的标记板(橙色)对准,然后将链条分总成安装到凸轮轴正时齿轮总成上。

提示:用扳手将凸轮轴固定到位,直到安装好1号链条张紧器总成。

⑨ 拆下曲轴正时链轮的细绳,顺时针旋转曲轴,然后松开链条分总成以便能安装链条张紧器滑块,见图7-19。

注意:确保链条分总成牢固。

5)用螺栓安装链条张紧器滑块,见图7-6。力矩:21N·m。

6)用2个螺栓安装新垫片和1号链条张紧器总成,见图7-5。力矩:10N·m。从挡片上拆下销。

7)用螺栓安装正时链条导向器,见图7-2。

拧紧力矩：21N·m。

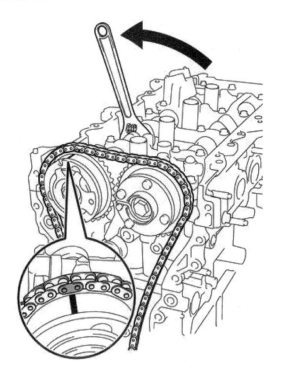

图7-18　对准凸轮轴齿轮正时

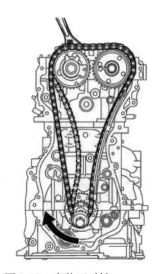

图7-19　安装正时链

8）将1号气缸设定至TDC/压缩。

① 暂时安装曲轴带轮定位螺栓。

② 顺时针旋转曲轴，并对准曲轴带轮定位键。

③ 检查并确认凸轮轴正时齿轮总成和排气凸轮轴正时齿轮总成的正时标记在如图7-1所示位置。

提示："A"不是正时标记。

9）安装正时链条盖分总成。

7.1.2　丰田2.5L-5AR-FE发动机（2012—2017）

该款发动机也搭载于RAV4车型上，相关内容请参考6.7.2小节。

7.1.3　丰田2.5L-4AR-FXE发动机（2012—2017）

1. 正时链单元拆卸步骤

1）将1号气缸设定至TDC/压缩。

① 暂时安装曲轴带轮螺栓。

提示："A"不是正时标记。

② 顺时针旋转曲轴，使曲轴正时齿轮和凸轮轴正时齿轮的正时标记位于如图7-20所示位置。如果未对准正时标记，则再次顺时针旋转曲轴并对准正时标记。

③ 拆下曲轴带轮螺栓。

2）拆下螺栓和正时链条导向器。

3）拆卸链条张紧器总成。

① 使柱塞略微伸出，然后逆时针旋转挡片以松开锁。如果锁松开，则将柱塞推入张紧器。

② 顺时针移动挡片以设定锁，然后将销插入挡片孔中。

③ 拆下2个螺栓、链条张紧器和垫片。

4）拆下螺栓和链条张紧器滑块。

5）拆卸链条分总成。

6）拆卸链条减振器。

7）拆卸凸轮轴正时齿轮总成。

用扳手固定凸轮轴的六角头部分，并拆下螺栓和凸轮轴正时齿轮。

注意：不要让扳手损坏气缸盖或火花塞套管。不要拆解凸轮轴正时齿轮。

8）拆卸凸轮轴正时链轮。

用扳手固定凸轮轴的六角头部分，并拆下螺栓和凸轮轴正时链轮。

注意：不要让扳手损坏气缸盖或火花塞套管。

2. 正时链单元安装步骤

1）安装凸轮轴正时链轮。

用扳手固定2号凸轮轴的六角头部分，并用螺栓安装凸轮轴正时链轮。拧紧力矩：85N·m。

注意：小心不要让扳手损坏气缸盖或火花塞套管。

2）安装凸轮轴正时齿轮总成。

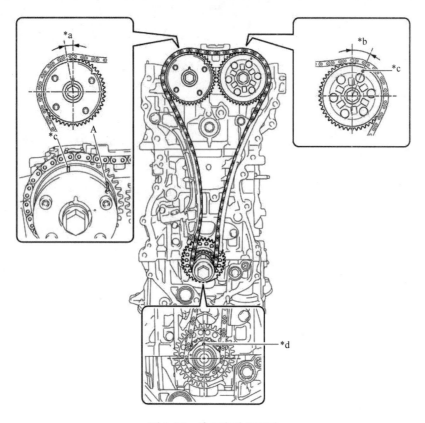

图 7-20 检查发动机正时

＊a—约 7°　＊b—约 32°　＊c—正时标记　＊d—键

① 检查凸轮轴正时齿轮位置。

如果凸轮轴正时齿轮未设定到提前位置，则松开锁销并重置凸轮轴正时齿轮。

② 对准并接合进气凸轮轴的锁销和凸轮轴正时齿轮的销孔。

③ 检查并确认凸轮轴正时齿轮和凸轮轴法兰之间无间隙。

④ 用扳手固定进气凸轮轴的六角头部分，安装螺栓。力矩：85N·m。

注意：不要让扳手损坏气缸盖或火花塞套管。不要拆解凸轮轴正时齿轮。

3）添加发动机机油。

将 50mL 的发动机机油添加到图 7-21 中所示的机油孔中。

如果已拆下间隙调节器，则必须添加机油。确保低压室和间隙调节器的油道已充满发动机机油。

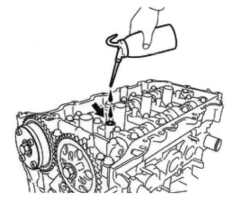

图 7-21 添加发动机机油

② 逆时针旋转曲轴 40°，以将曲轴带轮键置于如图 7-22 所示位置。

图 7-22 逆时针旋转曲轴 40°

4）用 2 个螺栓安装链条减振器。力矩：21N·m。

5）将 1 号气缸设定至 TDC/压缩。

① 暂时安装曲轴带轮螺栓。

③ 检查并确认凸轮轴正时齿轮的正时标记位于如图 7-23 所示位置。

提示："A"不是正时标记。

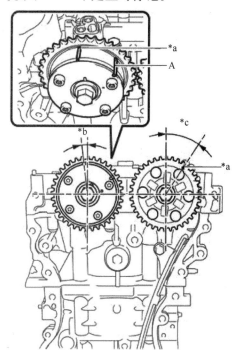

图 7-23　检查凸轮轴齿轮正时标记
＊a—正时标记　＊b—约 7°　＊c—约 32°

6）安装链条分总成。

① 将链条置于凸轮轴正时齿轮和曲轴正时链轮上。

确保链条的标记板不朝向发动机。不必将链条安装到齿轮的轮齿和链轮上。

② 将链条的标记板（黄色或金色）和凸轮轴正时链轮的正时标记对准，并将链条安装到凸轮轴正时链轮上。

③ 将链条的标记板（粉色或金色）和曲轴正时链轮的正时标记对准，并将链条安装到曲轴正时链轮上。

④ 将细绳系到曲轴正时链轮的上方以固定链条。

⑤ 用进气凸轮轴的六角头部分和扳手，逆时针旋转进气凸轮轴，使凸轮轴正时齿轮的正时标记和链条的标记板（黄色或金色）对准，并将链条安装到凸轮轴正时齿轮上。

用扳手将进气凸轮轴固定到位，直到链条张紧器安装完成。

⑥ 拆下曲轴正时链轮的细绳，顺时针旋转曲轴，然后松开链条以安装链条张紧器滑块。确保

链条牢固。

7）用螺栓安装链条张紧器滑块。力矩：21N·m。

8）安装 1 号链条张紧器总成。

① 用 2 个螺栓安装新垫片和链条张紧器。力矩：10N·m。

② 从挡片上拆下销。

9）用螺栓安装正时链条导向器。力矩：21N·m。

10）将 1 号气缸设定至 TDC/压缩。

① 暂时安装曲轴带轮螺栓。

② 顺时针旋转曲轴，检查并确认曲轴正时链轮和凸轮轴正时齿轮的正时标记位于如图 7-20 所示位置。

提示："A"不是正时标记。

③ 拆下曲轴带轮螺栓。

7.1.4　丰田 2.0L-1AZ-FE 发动机（2006—2011）

该款发动机也搭载于 RAV4 车型，相关内容请参考 6.7.3 小节。

7.1.5　丰田 2.4L-2AZ-FE 发动机（2006—2011）

该款发动机也搭载于 RAV4 车型，相关内容请参考 6.7.4 小节。

7.2　雷凌-双擎（2014—2017 年款）

7.2.1　丰田 1.6L-4ZR-FE 发动机（2014—2017）

该款发动机正时链单元拆装与 1ZR-FE 发动机相同，相关内容请参考 6.3.1 小节。

7.2.2　丰田 1.8L-7ZR-FE 发动机（2014—2017）

该发动机正时链拆装与调整和 1ZR-FE 相似，相关内容请参考 6.3.1 小节。下面为发动机 1 号气缸设置 TDC 位置方法。

转动曲轴带轮直至其正时槽口（凹槽）与正时链条盖分总成的正时标记"0"对准。

如图 7-24 所示，检查并确认凸轮轴正时齿轮

总成和排气凸轮轴正时齿轮总成的各正时标记对准。如果没有对准，则转动曲轴 1 圈（360°）以对准图中所示的正时标记。

提示："A" 不是正时标记。

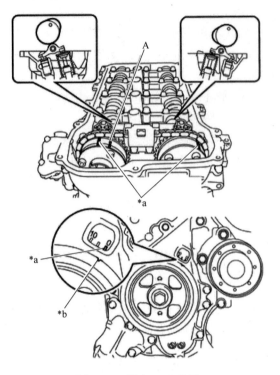

图 7-24 设定 TDC 位置

*a—正时标记　*b—正时槽口

7.2.3　丰田 1.8L - 8ZR - FXE 发动机（2016—2017）

该款发动机也搭载在卡罗拉车型上，相关内容请参考 6.3.4 小节。

7.3　逸致 EZ

7.3.1　丰田 1.6L - 1ZR - FE 发动机（2011—2017）

该款发动机也搭载在卡罗拉车型上，相关内容请参考 6.3.1 小节。

7.3.2　丰田 1.8L - 2ZR - FE 发动机（2011—2017）

该款发动机正时链单元拆装与 1ZR - FE 发动机相同，相关内容请参考 6.3.1 小节。

7.4　雅力士 - 致炫 - 致享（2008—2017 年款）

7.4.1　丰田 1.3L - 6NR - FE 发动机（2014—2017）

该款发动机正时链单元结构与拆装步骤与 4NR - FE 发动机相同，相关内容请参考 6.5.1 节。

7.4.2　丰田 1.5L - 7NR - FE 发动机（2014—2017）

该款发动机正时链单元结构与拆装步骤与 4NR - FE 发动机相同，相关内容请参考 6.5.1 小节。

7.4.3　丰田 1.3L - 2NZ - FE 发动机（2008—2013）

该款发动机也搭载于花冠车型，相关内容请参考 6.4.4 小节。

7.4.4　丰田 1.6L - 1ZR - FE/4ZR - FE 发动机（2008—2013）

4ZR - FE 发动机正时链单元结构与拆装步骤与 1ZR - FE 发动机相同，相关内容请参考 6.3.1 小节。这里补充一下机油泵链条安装的正时调校方法。

1）安装 1 号曲轴位置传感器齿板，让 "F" 标记朝前，见图 7-25。

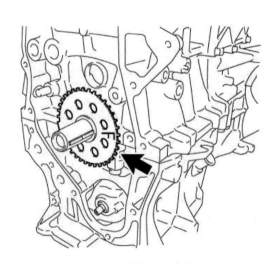

图 7-25 安装曲轴位置传感器齿板

2）安装 2 号链条分总成。

① 如图7-26所示设置曲轴键。

图7-26 设置曲轴键

② 转动驱动轴，使缺口朝右。
③ 如图7-27所示，将黄色标记连杆与各齿轮的正时标记对准。

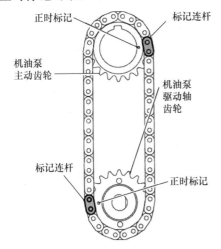

图7-27 黄色标记板与各齿轮正时标记对准

④ 链条安装在齿轮上时，将齿轮安装到曲轴和机油泵轴上。
⑤ 用螺母暂时拧紧机油泵驱动轴齿轮。
⑥ 将缓冲弹簧插入调节孔内，然后用螺栓安装链条张紧器板，见图7-28。力矩：10N·m。

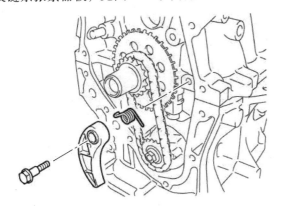

图7-28 安装链条张紧器板

⑦ 将机油泵驱动轴齿轮的调节孔与机油泵的槽对准，见图7-29。

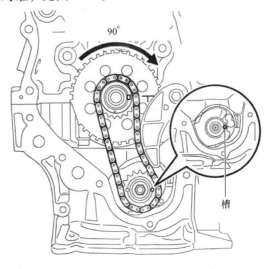

图7-29 调节孔对准机油泵槽

⑧ 如图7-30所示将一根直径为4mm的钢销插入机油泵驱动轴齿轮的调节孔内，将齿轮锁止，然后拧紧螺母。力矩：28N·m。

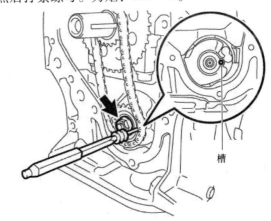

图7-30 锁止齿轮再拧紧螺母

7.5 汉兰达（2007—2017年款）

7.5.1 丰田2.0T-8AR-FTS发动机（2015—2017）

该款发动机也搭载在皇冠车型上，相关内容请参考6.1.1小节。

7.5.2 丰田2.7L-1AR-FE发动机（2009—2014）

1. 正时链单元拆卸步骤

1）拆卸正时链条盖分总成。

2）将 1 号气缸设置到 TDC/压缩。
① 暂时安装曲轴带轮螺栓。
提示："A"并非正时标记。
② 顺时针旋转曲轴以使曲轴正时齿轮和凸轮轴正时齿轮上的正时标记如图 7-31 中所示。如果正时标记没有对准，则再次顺时针旋转曲轴以将其对准。

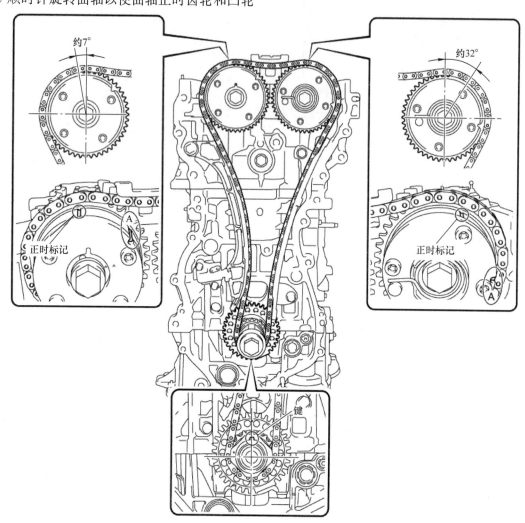

图 7-31 检查正时标记

③ 拆下曲轴带轮螺栓。
3）拆下螺栓和正时链条导板，见图 7-32。

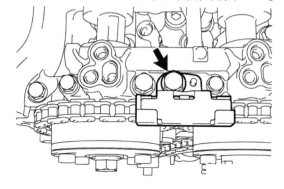

图 7-32 拆下正时链导板

4）拆卸 1 号链条张紧器总成。

① 稍微伸长柱塞，然后逆时针旋转挡片并松开锁。一旦松开锁后，将柱塞推入张紧器，见图 7-33。

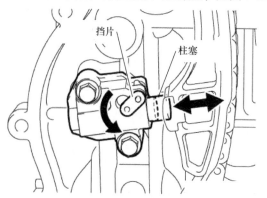

图 7-33 松开锁推入柱塞

② 顺时针移动挡片以卡紧锁，并将销插入挡片孔中，见图 7-34。

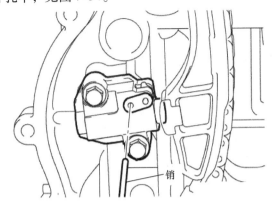

图 7-34　将销插入档片孔

③ 拆下 2 个螺栓、链条张紧器和衬垫，见图 7-35。

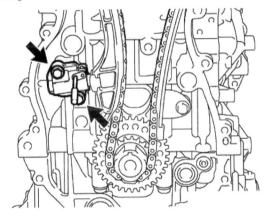

图 7-35　拆下张紧器

5）拆下螺栓和链条张紧器导板，见图 7-36。

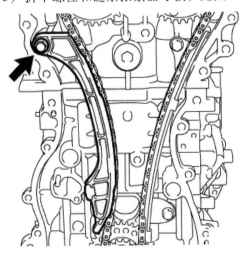

图 7-36　拆下张紧器导板

6）拆卸链条分总成。

7）拆下 2 个螺栓和链条振动阻尼器，见图 7-37。

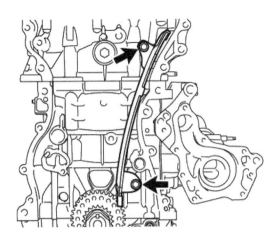

图 7-37　拆下振动阻尼器

8）拆卸凸轮轴正时齿轮总成。

如图 7-38 所示，用扳手固定凸轮轴的六角部位，并拆下螺栓和凸轮轴正时齿轮。

注意：不要让扳手损坏气缸盖或火花塞套管。不要拆解凸轮轴正时齿轮。

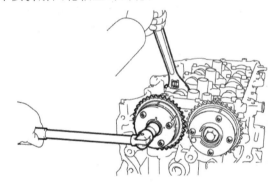

图 7-38　拆下凸轮轴正时齿轮总成

9）拆卸排气凸轮轴正时齿轮总成。

如图 7-39 所示，用扳手固定凸轮轴的六角部位，并拆下螺栓和排气凸轮轴正时齿轮。

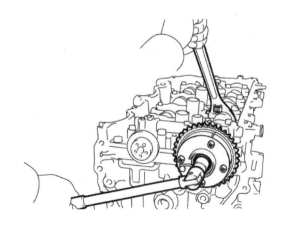

图 7-39　拆下排气凸轮轴正时齿轮

注意：不要让扳手损坏气缸盖或火花塞套管。不要拆解排气凸轮轴正时齿轮。

2. 正时链单元安装步骤

1）将1号气缸设置到TDC/压缩。

① 暂时安装曲轴带轮螺栓。

② 如图7-40所示，将曲轴逆时针转动40°以定位曲轴带轮键。

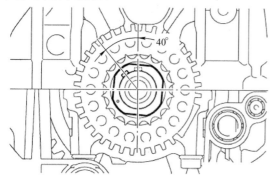

图7-40 设置气缸1到TDC位置

③ 检查并确认凸轮轴正时齿轮的正时标记如图7-41所示。

提示："A"并非正时标记。

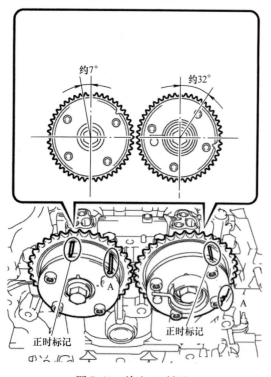

图7-41 检查正时标记

2）用2个螺栓安装链条振动阻尼器，见图7-37。力矩：21N·m。

3）安装链条分总成。

① 将链条置于凸轮轴正时齿轮和曲轴正时链轮上。

确保链条的标记板远离发动机。无需将链条安装到齿轮齿和链轮齿上。

② 如图7-42将链条的标记板（黄色或金色）与排气凸轮轴正时齿轮的正时标记对准，并将链条安装到排气凸轮轴正时齿轮上。

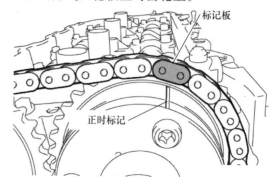

图7-42 对齐排气凸轮轴正时齿轮标记

③ 如图7-43将链条的标记板（粉红色或金色）与曲轴正时链轮的正时标记对准，并将链条安装到曲轴正时链轮上。

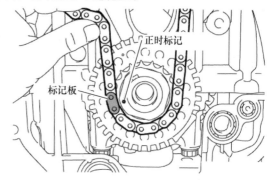

图7-43 对齐曲轴正时齿轮标记

④ 在曲轴正时链轮上系一根绳子以确保链条牢固，见图7-44。

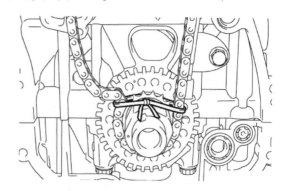

图7-44 固定正时链条到曲轴链轮

⑤ 如图7-45使用进气凸轮轴的六角部位，用扳手逆时针转动进气凸轮轴，将凸轮轴正时齿

轮的正时标记与链条的标记板（黄色或金色）对准，并将链条安装到凸轮轴正时齿轮上。

提示：用扳手固定进气凸轮轴，直至安装好链条张紧器。

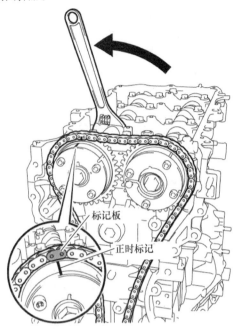

图 7-45　对齐凸轮轴正时齿轮总成标记

⑥ 拆下曲轴正时链轮上的绳子，顺时针转动曲轴并松开链条以安装链条张紧器导板，见图 7-46。确保链条牢固。

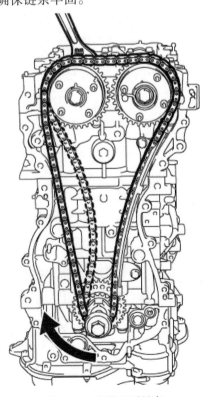

图 7-46　安装正时链条

4) 用螺栓安装链条张紧器导板，见图 7-36。力矩：21N·m。

5) 安装 1 号链条张紧器总成。

① 用 2 个螺栓安装新的衬垫和链条张紧器，见图 7-35。力矩：10N·m。

② 从挡片上拆下销。

6) 用螺栓安装正时链条导板，见图 7-32。力矩：21N·m。

7) 检查 1 号气缸 TDC/压缩。

① 暂时安装曲轴带轮螺栓。

② 顺时针旋转曲轴，检查并确认曲轴正时链轮和凸轮轴正时齿轮上的正时标记，如图 7-31 所示。

提示："A"并非正时标记。

③ 拆下曲轴带轮螺栓。

8) 安装正时链条盖分总成。

7.5.3　丰田 3.5L - 2GR - FE 发动机（2007—2017）

1. 正时链单元拆卸步骤

1) 将 1 号气缸设置到 TDC/压缩。

① 暂时紧固带轮固定螺栓。

② 顺时针转动曲轴，以将右侧缸体孔径中心线（TDC/压缩）与曲轴转角信号盘上的正时标记对准，见图 7-47。

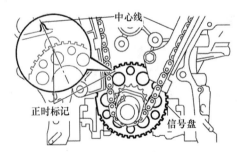

图 7-47　设定气缸 1 至 TDC 位置

③ 如图 7-48 所示，检查并确认凸轮轴正时齿轮的正时标记与轴承盖的正时标记对准。如果没有对准，则顺时针转动曲轴 1 圈（360°），并如上所示对准正时标记。

2) 拆卸 1 号链条张紧器总成。

① 向上移动挡片以松开锁，并将柱塞推入张紧器。

② 向下移动挡片以卡紧锁，并将直径为 1.27mm 的销插入挡片孔，见图 7-49。

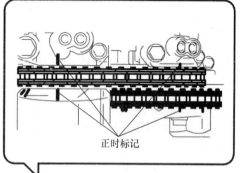

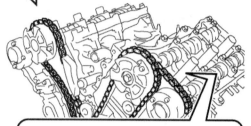

图7-48 检查凸轮轴齿轮正时标记

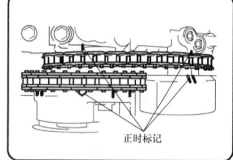

图7-49 设置1号链条张紧器

③拆下2个螺栓和1号链条张紧器总成,见图7-50。

3)拆卸链条张紧器导板。

4)拆卸链条分总成。

①逆时针转动曲轴10°,以松开曲轴正时链轮链条,见图7-51。

②拆下带轮固定螺栓。

③从曲轴正时链轮上拆下链条分总成,并将其放在曲轴上,见图7-52。

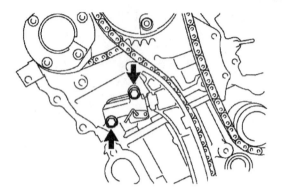

图7-50 拆下张紧器

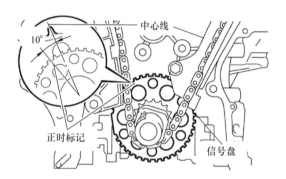

图7-51 松开曲轴正时链轮链条

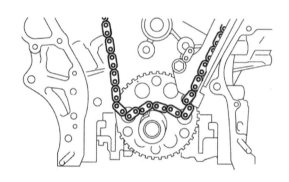

图7-52 旋转链条至曲轴上

④如图7-53所示,顺时针旋转凸轮轴正时齿轮总成(约60°),并如图7-53所示进行固定。务必松开气缸组间的链条分总成。

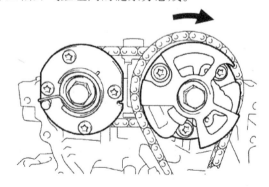

图7-53 顺时针旋转凸轮轴正时齿轮

⑤拆下链条分总成。

5）用10mm六角扳手拆下2号惰轮轴、张紧链轮总成和1号惰轮轴，见图7-54。

图7-54 拆下2号惰轮轴

6）拆下2个螺栓和1号链条振动阻尼器。

7）拆下2个2号链条振动阻尼器，见图7-55。

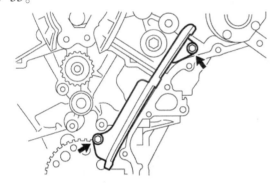

图7-55 拆下2号链条振动阻尼器

8）拆卸曲轴正时链轮。

① 从曲轴上拆下曲轴正时链轮。

② 从曲轴上拆下2个键，见图7-56。

图7-56 拆下曲轴链轮

9）拆卸凸轮轴正时齿轮和2号链条（B1）。

10）拆卸2号链条张紧器总成。

11）拆卸凸轮轴轴承盖（B1）。

12）拆卸凸轮轴。

13）拆卸2号凸轮轴。

14）拆卸右侧凸轮轴壳分总成。

15）拆卸凸轮轴正时齿轮和2号链条（B2）。

16）拆卸3号链条张紧器总成。

2. 正时链单元安装步骤

1）安装3号链条张紧器总成。

2）安装凸轮轴正时齿轮和2号链条（B2）。

3）安装2号链条张紧器总成。

4）安装凸轮轴正时齿轮和2号链条（B1）。

5）用2个螺栓安装1号链条振动阻尼器。力矩：23N·m。

6）安装2个2号链条振动阻尼器，见图7-55。

7）如图7-56所示，安装2个键和曲轴正时链轮。

8）安装张紧链轮总成。

① 在1号惰轮轴的旋转表面上涂抹一薄层发动机机油。

② 使1号惰轮轴的锁销与气缸体的锁销槽对准的同时，暂时安装1号惰轮轴和带2号惰轮轴的张紧链轮。注意惰轮的安装位置。

提示：检查并确认1号和2号惰轮轴上有无异物。

③ 如图7-57所示，用10mm六角扳手紧固2号惰轮轴。力矩：60N·m。

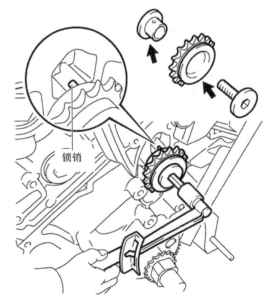

图7-57 安装张紧链轮总成

提示：安装张紧链轮总成后，检查并确认张

紧链轮运转平稳。

9）安装链条分总成。

① 如图 7-58 所示对准标记板和正时标记，并安装链条。凸轮轴标记板为橙色。

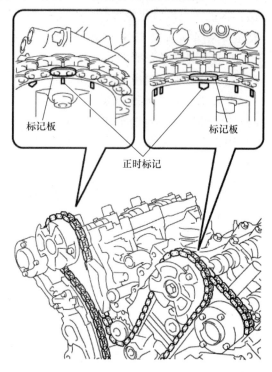

图 7-58 对准标记板和正时标记

② 不要将链条穿过曲轴，只需暂时将其放在曲轴上。

③ 如图 7-59 所示，逆时针转动凸轮轴正时齿轮总成，以紧固气缸组间的链条。

重复使用张紧链轮总成时，将链条板与其原来所在位置的标记对准，以紧固气缸组间的链条。

④ 如图 7-60 所示对准标记板和正时标记，并将链条安装到曲轴正时链轮上。曲轴标记板为黄色。

⑤ 暂时紧固带轮固定螺栓。

⑥ 如图 7-47 所示顺时针转动曲轴，将其定位至右侧缸体孔径中心线（TDC/压缩）位置。

10）安装链条张紧器导板。

① 安装链条张紧器导板。

② 检查并确认各凸轮轴正时标记位于图 7-61 所示部位。

进气凸轮轴：务必在标记 B、C 和 D 位于同一直线处时检查标记 A，如图 7-62 所示。如果从其他任何观察点检查标记，则不能正确检查。

③ 如果气门正时错位，则重新安装正时链条。

④ 拆下带轮固定螺栓。

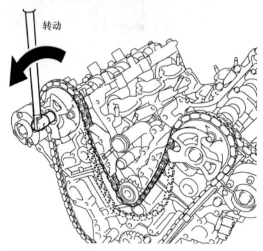

重复使用张紧链轮时：

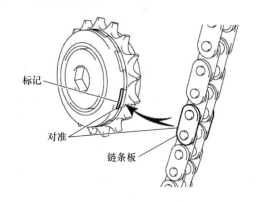

图 7-59 紧固气缸组间链条

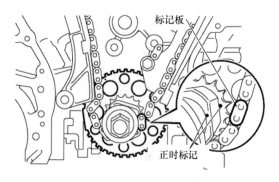

图 7-60 对准曲轴正时标记

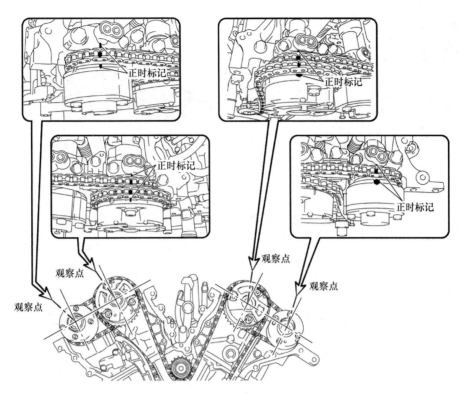

图 7-61　检查凸轮轴正时标记

图 7-62　进气凸轮轴正时标记观察点

第8章 广汽本田

8.1 雅阁（2003—2017年款）

8.1.1 本田 2.0L – R20Z4 发动机（2014—2017）

1. 正时链单元拆卸步骤

1）1号活塞在上止点位置 – 设置（曲轴侧）：转动曲轴使其白色标记（A）与指针（B）对齐，见图8-1。

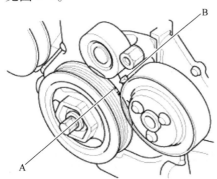

图8-1 对齐曲轴白色标记与指针

2）拆卸气缸盖罩。

3）检查上止点（TDC）位置的1号活塞。凸轮轴链轮上的"UP"标记（A）应在顶部，并且凸轮轴链轮上的TDC凹槽（B）应与气缸盖的顶部边缘对齐，见图8-2。

注意：如果标记未对准，转动曲轴360°，并重新检查凸轮轴带轮标记。

4）拆卸右前轮。
5）拆卸发动机底盖。
6）拆卸传动带自动张紧器。
7）拆卸曲轴带轮。
8）拆卸发动机侧支座。
9）断开PCV软管，拆卸机油泵。
10）测量凸轮轴链条自动张紧器体和张紧器连杆平面部分底部之间的张紧器连杆长度。如果长度超出维修极限，则更换凸轮轴链条。张紧器

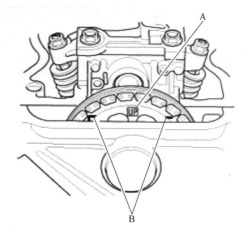

图8-2 检查发动机TDC位置

连杆长度维修极限：14.5mm，见图8-3。

图8-3 测量张紧器连杆长度

11）松弛地安装曲轴带轮。逆时针旋转曲轴，以压缩凸轮轴链条自动张紧器。如图8-4所示，逆时针旋转曲轴以便对齐锁（A）和凸轮轴链条自动张紧器（B）上的孔。将1.0mm直径销（C）插入孔中。顺时针转动曲轴以固定销。

注意：如果未对齐锁和凸轮轴链条自动张紧器的孔，继续逆时针旋转曲轴直至孔对齐，然后安装销。拆下凸轮轴链条自动张紧器。拆下曲轴带轮。

12）拆下凸轮轴链条导板和凸轮轴链条张紧器臂。拆卸凸轮轴链条。

2. 正时链单元安装步骤

1）将曲轴置于上止点（TDC）。将曲轴链轮上的TDC标记（A）与发动机气缸体上的指针（B）对准，见图8-5。

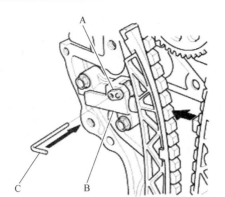

图8-4 插入直销锁定张紧器以便拆下

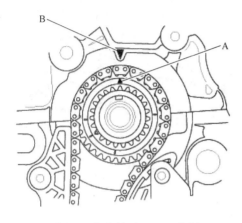

图8-5 将曲轴置于TDC位置

2）将凸轮轴设定到TDC。凸轮轴链轮上的"UP"标记（A）应在顶部，并且凸轮轴链轮上的TDC凹槽（B）应与气缸盖的顶部边缘对齐，见图8-6。

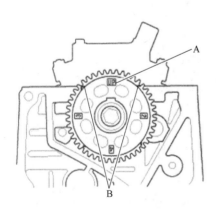

图8-6 凸轮轴正时位置

3）将凸轮轴链条安装在曲轴链轮上，使涂色的链节（A）与曲轴链轮上的标记（B）对准，见图8-7。

4）将凸轮轴链条安装在凸轮轴链轮上，使彩色链节板（A）与凸轮轴链轮上的标记（B）

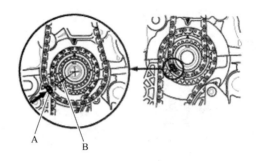

图8-7 曲轴链轮与正时链正时标记

对准，见图8-8。

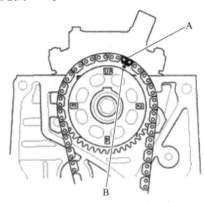

图8-8 凸轮轴链轮与正时链正时标记

5）安装凸轮轴链条张紧器臂和凸轮轴链条导板，见图8-9。

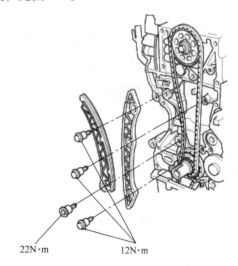

图8-9 安装导轨与张紧器臂

6）更换凸轮轴链条时，压缩凸轮轴链条自动张紧器。从拆卸过程中安装的凸轮轴链条自动张紧器上拆下销（A）。逆时针转动板（B）解除锁止状态，然后压下杆（C），将第一个凸轮（D）固定在齿条（E）第一边缘位置。将1.0mm直径销插回到孔（F）中，见图8-10。

注意：如果没有如上所述放置凸轮轴链条自动张紧器，将会损坏凸轮轴链条自动张紧器。

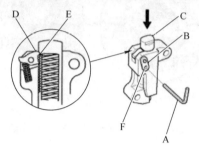

图 8-10　设置张紧器

7) 安装凸轮轴链条自动张紧器。从凸轮轴链条自动张紧器上拆下销，见图 8-11。

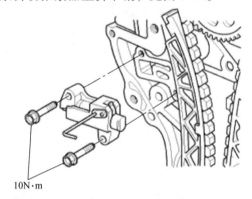

图 8-11　安装张紧器

8.1.2　本田 2.4L – K24W5 发动机（2014—2017）

1. 正时链单元拆卸步骤

注意：使凸轮轴链条远离磁场。

1）拆卸右前轮。

2）拆卸发动机底盖。

3）拆卸气缸盖罩。

4）1 号活塞在上止点位置。设置（曲轴侧）：转动曲轴使其白色标记（A）与指针（B）对齐，见图 8-12。

5）1 号活塞在上止点位置。设置（凸轮侧）：使 1 号活塞在上止点（TDC）位置。VTC 作动器上的冲印标记（A）和排气凸轮轴链轮上的冲印标记（B）应该在顶部。对准 VTC 作动器和排气凸轮轴链轮上的 TDC 标记（C），见图 8-13。

6）拆卸 VTC 机油控制电磁阀。

7）拆卸摇臂机油控制阀。

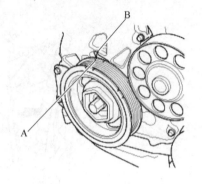

图 8-12　设置 1 号活塞于 TDC 位置

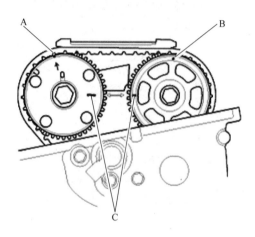

图 8-13　进排气凸轮轴链轮上标记对齐

8）拆卸曲轴带轮。

9）拆卸发动机侧支座。

10）拆下凸轮轴链条箱（A）和隔垫（B）。拆卸凸轮轴链条箱，见图 8-14。

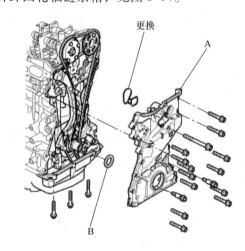

图 8-14　拆卸正时链罩盖

11）松弛地安装曲轴带轮。逆时针旋转曲轴，以压缩凸轮轴链条自动张紧器。逆时针旋转曲轴以便对齐锁（A）和凸轮轴链条自动张紧器（B）上的孔，然后将直径 1.2mm 的销（C）插入孔中。顺时针转动曲轴以固定销。

注意：如果未对齐锁和凸轮轴链条自动张紧器的孔，继续逆时针旋转曲轴直至孔对齐，然后安装销。拆下凸轮轴链条自动张紧器，见图8-15。

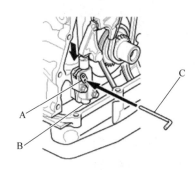

图8-15 设置张紧器并拆下

12）拆卸凸轮轴链条导板。

13）拆卸凸轮轴链条导板、张紧器子臂和张紧器臂。

14）拆卸凸轮轴链条。

2. 正时链单元安装步骤

注意：执行该程序前，逆时针转动VTC作动器，检查并确认VTC作动器锁止。如果未锁止，顺时针转动VTC作动器直至停止，然后重新检查。如果仍然未锁止，更换VTC作动器。

1）1号活塞在上止点位置。设置（曲轴侧）将曲轴置于上止点（TDC）。将曲轴链轮上的TDC标记（A）与发动机气缸体上的指针（B）对准，见图8-16。

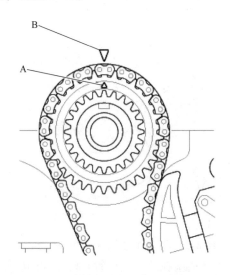

图8-16 曲轴链轮与缸体TDC标记对齐

2）1号活塞在上止点位置。设置（凸轮侧）将凸轮轴设置在上止点位置。VTC作动器上的冲印标记（A）和排气凸轮轴链轮上的冲印标记（B）应该在顶部。对准VTC作动器和排气凸轮轴链轮上的TDC标记（C），见图8-13。

3）将凸轮轴链条安装在曲轴链轮上，使涂色的链节（A）与曲轴链轮上的标记（B）对准。

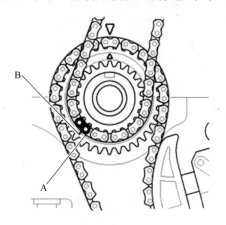

图8-17 曲轴链轮与正时链标记对齐

将凸轮轴链条安装在VTC作动器和排气凸轮轴链轮上，使冲印标记（A）与两个涂色的链节（B）的中心对准，见图8-18。

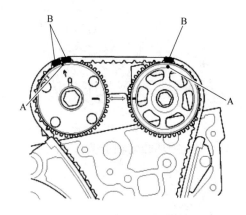

图8-18 凸轮轴链轮与正时链标记对齐

4）安装凸轮轴链条导板、张紧器子臂和张紧器臂，见图8-19。

5）安装凸轮轴链条导板，见图8-20。

6）更换凸轮轴链条时，压缩凸轮轴链条自动张紧器。从拆卸过程中安装的凸轮轴链条自动张紧器上拆下销（A）。逆时针转动板（B）解除锁止状态，然后压下杆（C），将第一个凸轮（D）固定在齿条（E）第一边缘位置。将1.2mm直径销插回到孔（F）中，见图8-21。

注意：如果没有如上所述放置凸轮轴链条自

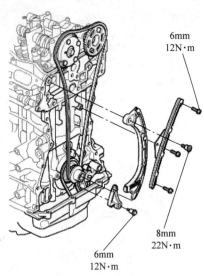

图 8-19 安装导板与张紧器臂

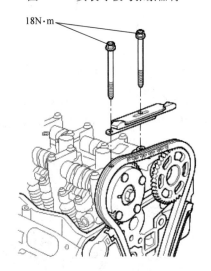

图 8-20 安装上部导板

动张紧器,将会损坏凸轮轴链条自动张紧器。

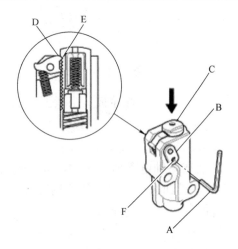

图 8-21 设置张紧器

7)安装凸轮轴链条自动张紧器。从凸轮轴链条自动张紧器上拆下销,见图 8-22。

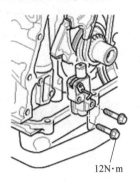

图 8-22 安装张紧器

8)安装凸轮轴链条箱。
9)安装发动机侧支座。
10)安装曲轴带轮。
11)安装摇臂机油控制阀。
12)安装 VTC 机油控制电磁阀。
13)安装气缸盖罩。
14)安装发动机底盖。
15)安装右前轮。

8.1.3 本田 3.0L - J30A5 发动机(2014—2017)

1. 正时带单元拆卸步骤

1)拆卸右前轮。
2)拆卸发动机底盖。
3)1 号活塞在上止点位置设置(曲轴侧):转动曲轴,使曲轴带轮上的白色标记(A)与指针(B)对齐。未使用其他指针(C)。见图 8-23。

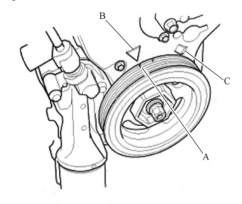

图 8-23 设置 1 号活塞于 TDC 位置

4)1 号活塞在上止点位置。设置(凸轮侧):检查并确认前凸轮轴带轮上的 1 号活塞上止点(TDC)标记(A)与前上盖的指针(B)对齐,见图 8-24。如果标记未对准，转动曲轴 360°，并重新检查凸轮轴带轮标记。

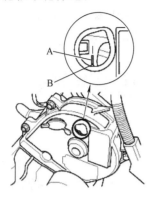

图 8-24 凸轮轴带轮标记与前上盖打针对齐

5）拆卸传动带自动张紧器。

6）拆卸曲轴带轮。

7）在油底壳下放置一个千斤顶和木块，以举升和支撑发动机。

8）拆卸发动机侧支座托架上半部分。

9）拆卸上盖。

10）拆卸下盖。

11）如图 8-25 所示，将一个蓄电池夹紧螺栓从蓄电池托架上拆下，然后打磨其末端。

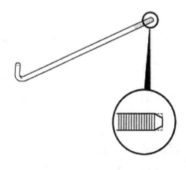

图 8-25 取下一个蓄电池夹紧螺栓

12）如图 8-26 所示，紧固蓄电池夹紧螺栓，以将正时带调节器固定在其当前位置。用手紧固，切勿使用扳手。

图 8-26 用夹紧螺栓固定正时带调节器

13）拆卸正时带导向板。

14）拆卸发动机侧支座托架下半部分。

15）拆下惰轮螺栓和惰轮。报废惰轮螺栓。拆卸正时带。

2. 正时带单元安装步骤

注意：以下步骤用于安装使用过的正时带。清理正时带轮，正时带导向板和正时带罩上、下盖。

1）1 号活塞在上止点位置。设置（曲轴侧）：通过将正时带驱动轮齿上的 TDC 标记（A）对准机油泵上的指针（B），将正时带驱动轮设定到上止点（TDC），见图 8-27。

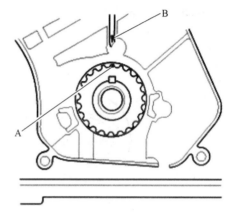

图 8-27 驱动轮 TDC 标记对齐油泵上指针

2）1 号活塞在上止点位置。设置（凸轮侧）：通过将凸轮轴带轮上的 TDC 标记（A）对准后盖上的指针（B），将凸轮轴带轮设定到 TDC，如图 8-28 所示。

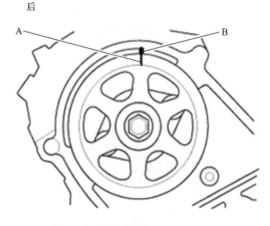

图 8-28 凸轮轴带轮标记对准后盖指针

3）用一个新的惰轮螺栓松弛地安装惰轮，使惰轮能移动但不会脱落。

4）如果正时带自动张紧器已展开，但不能安装正时带，则执行正时带自动张紧器安装程序。从驱动轮开始，按逆时针顺序安装正时带。安装顺序如下，小心不要损坏正时带：

① 驱动轮。
② 惰轮。
③ 前凸轮轴带轮。
④ 水泵带轮。
⑤ 后凸轮轴带轮。
⑥ 调节带轮。

5）紧固惰轮螺栓，力矩：45N·m。
6）拆卸蓄电池夹紧螺栓。
7）装发动机侧支座托架下半部分。
8）安装正时带导向板。
9）安装正时带罩下盖。
10）安装正时带罩上盖。
11）安装发动机侧支座托架上半部分。
12）安装曲轴带轮。
13）顺时针方向旋转曲轴带轮约6圈，以将正时带定位在带轮上。转动曲轴带轮，使其白色标记（A）与指针（B）对准。

注意：未使用其他指针（C），见图8-23。

14）检查凸轮轴带轮标记，见图8-29。

注意：如果标记未对齐，旋转曲轴360°，并重新检查凸轮轴带轮标记；如果凸轮轴带轮标记在TDC，转至传动带自动张紧器安装。如果凸轮轴带轮标记不在TDC，则拆下正时带并重新安装正时带。

15）安装传动带自动张紧器。
16）装发动机底盖。
17）安装右前轮。
18）清除/学习CKP模式。

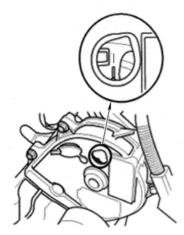

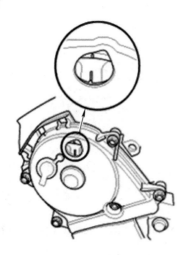

图8-29 凸轮轴带轮标记位置

8.1.4　本田 2.0L – R20A3 发动机（2008—2013）

该发动机正时链拆装与调整和R20Z4发动机一样，相关内容请参考8.1.1小节。

8.1.5　本田 2.4L – K24Z2 发动机（2008—2013）

该发动机正时带拆装与调整和K24W5发动机一样，相关内容请参考8.1.2小节。

8.1.6　本田 3.5L – J35Z2 发动机（2008—2013）

该发动机正时带拆装与调整和J30A5发动机一样，相关内容请参考8.1.3小节。

8.1.7　本田 2.0L – K20A7/K20A8 发动机（2003—2007）

该系列发动机正时带拆装与调整和K24W5发动机一样，相关内容参考8.1.2小节。简要介绍下这款发动机TDC设定与正时标记对位。

1）将曲轴置于上止点TDC，使曲轴链轮上的TDC标记（A）与气缸体上的指针（B）对齐，见图8-30。

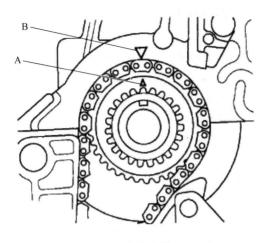

图 8-30 定位曲轴 TDC

2）将凸轮轴置于 TDC。可变气门正时控制 VTC 作动器上的冲孔标记（A）、排气凸轮轴链轮上的冲孔标记（B）应位于顶端。对准 VTC 作动器和排气凸轮轴链轮上的 TDC 标记（C），见图 8-31。

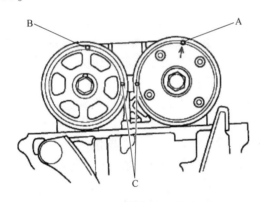

图 8-31 定位凸轮轴链轮 TDC

3）将正时链安装在曲轴链轮上，色片（A）要对准曲轴链轮上的标记（B），见图 8-32。

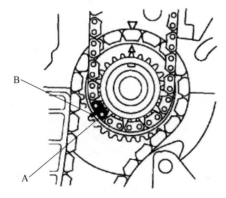

图 8-32 对齐曲轴链轮正时

4）在 VTC 作动器和排气凸轮轴链轮上安装正时链，同时使冲孔标记（A）对准两块色片（B）（K20A7/K20A8 型发动机），见图 8-33。

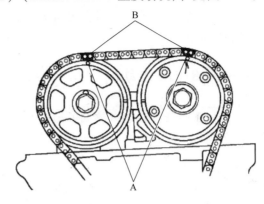

图 8-33 对齐凸轮轴链轮正时（K20A7/K20A8）

5）将冲孔标记（A）与两块色片（B）的中心对准，将正时链安装到 VTC 作动器和排气凸轮轴链轮上（K24A4 型发动机），见图 8-34。

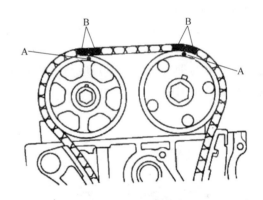

图 8-34 对齐凸轮轴链轮正时（K24A4）

8.1.8　本田 2.4L – K24A4 发动机（2003—2007）

该发动机正时维修与 K20A7/K20A8 发动机相同。相关内容请参考 8.1.7 小节。

8.1.9　本田 3.0L – J30A4 发动机（2003—2007）

该发动机正时带拆装与调整和 J30A5 发动机一样，相关内容请参考 8.1.3 小节。

8.2　冠道（2017 年款起）

本田 2.0T – K20C3 发动机（2017—　）

该发动机正时带维修与 K24W5 发动机相似，相关内容请参考 8.1.2 小节。

8.3 凌派（2014—2017年款）

本田 1.8L - R18Z5 发动机（2014—2017）

该发动机正时链拆装与调整和 R20Z4 发动机一样，相关内容请参考 8.1.1 小节。

8.4 锋范（2009—2017年款）

8.4.1 本田 1.5L - L15A7 发动机（2009—2017）

1. 正时链单元拆卸步骤

1）拆下缸盖罩。

2）使 1 号活塞在上止点（TDC）位置。凸轮轴链轮上的"UP"标记（A）应在顶部，并且凸轮轴链轮上的 TDC 凹槽（B）应与气缸盖的顶部边缘对准，见图 8-35。

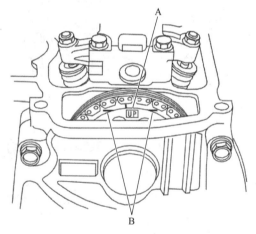

图 8-35　1 号活塞在上止点（TDC）位置

3）拆下右前轮。

4）拆下右侧挡泥板。

5）松开水泵带轮安装螺栓。

6）拆下传动带。

7）拆下水泵带轮。

8）拆下曲轴带轮。

9）拆下传动带自动张紧器。

10）拆下空调管路托架安装螺栓。

11）在油底壳下放置一个千斤顶和木块，以支撑发动机。

12）拆下搭铁电缆，然后拆下发动机侧支座/托架总成。

13）拆下链条箱。

14）如图 8-36 所示，测量凸轮链条分离间距。如果间距小于维修极限，更换凸轮链条和凸轮链条张紧器。

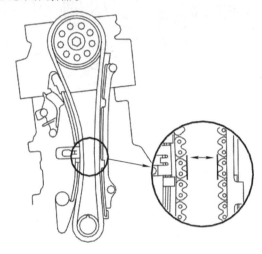

图 8-36　测量凸轮轴链条分离间距

标准间距：19mm；维修极限：15mm。

15）在凸轮链条张紧器滑块的滑动表面上涂抹新的发动机机油。

16）用旋具夹住凸轮链条张紧器滑块，然后拆下螺栓，并松开螺栓。

17）拆下凸轮链条张紧器滑块。

18）拆下凸轮链条张紧器和凸轮链条导板。

19）拆下凸轮链条。

2. 正时链单元安装步骤

1）将曲轴置于上止点（TDC）。将曲轴链轮上的 TDC 标记（A）与机油泵上的指针（B）对准，见图 8-37。

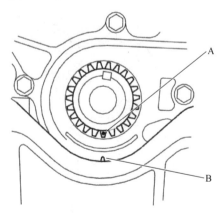

图 8-37　将曲轴置于上止点（TDC）

2）拆下曲轴链轮。

3）将凸轮轴设定到 TDC。凸轮轴链轮上的"UP"标记（A）应在顶部，并且凸轮轴链轮上的 TDC 凹槽（B）应与气缸盖的顶部边缘对准，见图 8-38。

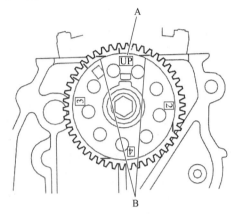

图 8-38　将凸轮轴设定到 TDC

4）将凸轮链条安装在曲轴链轮上，使涂色的链节（A）与曲轴链轮上的 TDC 标记（B）对准，见图 8-39，然后将曲轴链轮安装到曲轴上。

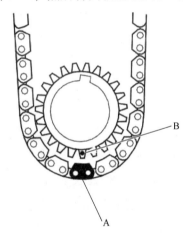

图 8-39　对准曲轴链轮标记

5）L15A7 发动机：将凸轮链条安装到凸轮轴链轮上，使指针（A）与三个涂色链节（B）对准，如图 8-40 所示。

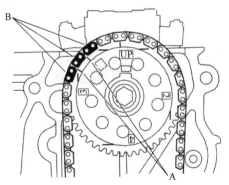

图 8-40　L15A7 发动机凸轮轴链轮标记

6）L13Z1 发动机：将凸轮链条安装到凸轮轴链轮上，使指针（A）对准两个涂色链节（B）的中间，如图 8-41 所示。

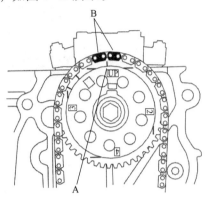

图 8-41　L13Z1 发动机凸轮轴链轮标记

7）安装凸轮链条张紧器（A）和凸轮链条导板（B），见图 8-42。

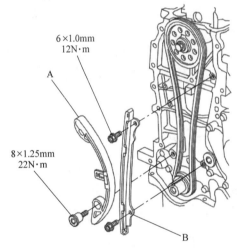

图 8-42　安装张紧器与导板

8）安装凸轮链条张紧器滑块，并松松地紧固螺栓。

9）在凸轮链条张紧器滑块（A）的滑动表面上涂抹新的发动机机油，见图 8-43。

10）顺时针转动凸轮链条张紧器滑块以压紧凸轮链条张紧器，安装剩余的螺栓，然后紧固螺栓。

11）检查链条箱油封是否损坏。如果油封损坏，更换链条箱油封。

12）将所有旧的密封胶从链条箱接合面、螺栓和螺栓孔上清除。

13）清洁并风干链条箱接合面。

14）在链条箱的发动机气缸体接合面和螺栓孔

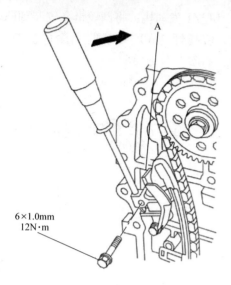

图 8-43 安装张紧器滑块

的内螺纹上均匀地涂抹密封胶（P/N 08C70 - K0234M、08C70K0334M 或 08C70 - X0331S）。沿虚线（A）涂抹宽度约 2.5mm 的密封胶，见图 8-44。

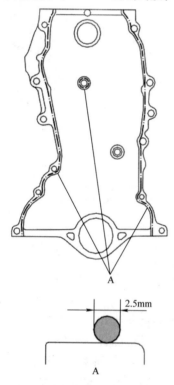

图 8-44 涂抹密封胶

15）在链条箱的油底壳接合面和螺栓孔的内螺纹上均匀地涂抹密封胶（P/N 08C70 - K0234M、08C70 - K0334M 08C70 - X0331S）。沿虚线（A）涂抹宽度约 2.5mm 的密封胶。在阴影区域（B）涂抹宽度约 5.0mm 的密封胶，见图 8-45。如果涂抹密封胶后经过 5min 或更长时间内，还没有安装零部件，则只能清除旧的残胶后重新涂抹密封胶。

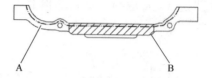

图 8-45 涂抹密封胶部件

16）将链条箱（A）的边缘固定到油底壳（B）的边缘上，然后将链条箱安装到发动机气缸体（C）上，见图 8-46。

安装链条箱时，切勿将底面滑到油底壳安装表面上。在加注发动机机油前，至少等待 30min。安装链条箱后，至少 3h 内不要运行发动机。

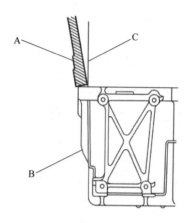

图 8-46 安装链条箱与油底壳

17）如图 8-47、图 8-48 所示，紧固铰链箱安装螺栓。清除油底壳和链条箱接合部位多余的密封胶。

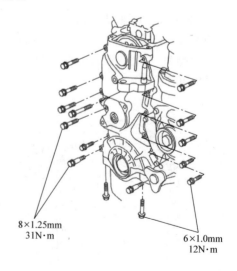

图 8-47 L15A7 发动机链条箱螺栓

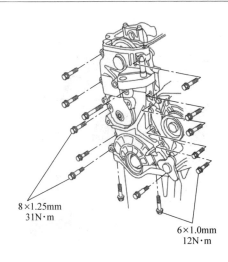

图 8-48　L13Z1 发动机链条箱紧固螺栓

8.4.2　本田 1.8L – R18A1 发动机（2009—2012）

该发动机正时链拆装与调整和 R20Z4 发动机一样，相关内容请参考 8.1.1 小节。

8.5　飞度（2003—2017 年款）

8.5.1　本田 1.5L – L15B2/L15B3 发动机（2015—2017）

1. 正时链单元拆卸步骤

1）拆卸右前轮。
2）拆卸发动机底盖。
3）拆卸传动带。
4）拆卸传动带自动张紧器。
5）拆卸曲轴带轮。
6）拆卸发动机侧支座。
7）断开摇臂机油压力开关插接器：断开插接器（A）。CVT：断开插接器（B）。拆下线束夹（C）和搭铁电缆（D），见图 8-49。

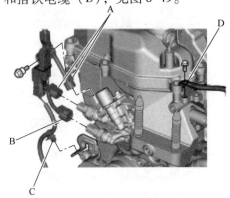

图 8-49　断开电插头与搭铁电缆

8）拆卸摇臂机油控制阀。
9）拆卸气缸盖罩。
10）拆卸凸轮轴链条箱。

11）松弛地安装曲轴带轮。逆时针转动曲轴以压缩凸轮轴链条自动张紧器。逆时针旋转曲轴以将锁止（A）的孔和凸轮轴链条自动张紧器（B）对齐，然后将直径 1.2mm 的销（C）插入到孔中。顺时针转动曲轴以固定销。

如果锁止的孔和凸轮轴链条自动张紧器未对齐，则再次逆时针旋转曲轴，直至对齐，然后安装销。拆下凸轮轴链条自动张紧器，见图 8-50。拆下曲轴带轮。

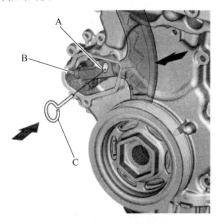

图 8-50　拆下张紧器

12）拆卸凸轮轴链条上部导向。
13）拆下凸轮轴链条导向和和凸轮轴链条张紧器臂。
14）拆卸凸轮轴链条。

2. 正时链单元安装步骤

1）上止点（曲轴测）上的 1 号活塞。设置：将凸轮轴设置到上止点（TDC）。将曲轴链轮上的 TDC 标记（A）与油泵上的指针（B）对齐。拆下曲轴链轮，见图 8-51。

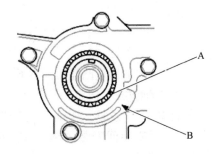

图 8-51　对齐曲轴链轮与油泵正时标记

2）将直径 5mm 的销插入凸轮轴维修孔中，

见图8-52。

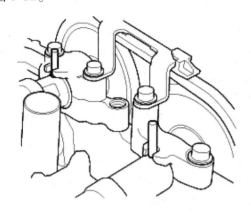

图8-52　在凸轮轴维修中插入钢销

3）将凸轮轴链条安装到曲轴链轮上，有颜色的连杆片（A）与曲轴链轮上的标记（B）对齐，见图8-53。

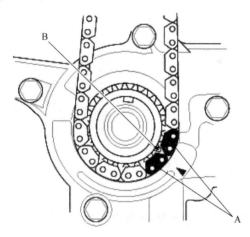

图8-53　对齐曲轴链轮与正时链标记

将凸轮轴链条安装到VTC作动器链轮，有颜色的连杆片（A）与VTC作动器链轮上的标记（B）对齐，见图8-54。

将凸轮轴链条安装到排气凸轮轴，有颜色的连杆片（A）与排气凸轮轴链轮上的标记（B）对齐，见图8-55。

4）安装凸轮轴链条导向和（A）和凸轮轴链条张紧器臂（B），见图8-56。

5）将直径5mm的销从凸轮轴维修孔中拆下。

6）安装凸轮轴链条导向B，见图8-57。

7）更换凸轮轴链条时，压缩凸轮轴链条自动张紧器。将在拆卸期间安装的销（A）从凸轮轴链条自动张紧器上拆下。逆时针转动片（B）以释放锁止，然后压下杆（C），并将第一个凸轮（D）设置到齿条（E）的第一个边缘。将直径

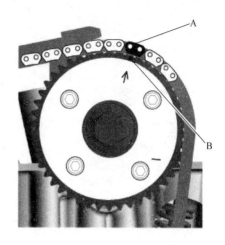

图8-54　对齐进气凸轮轴链轮与正时链标记

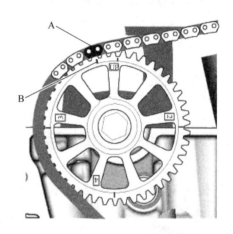

图8-55　对齐排气凸轮轴链轮与正时链标记

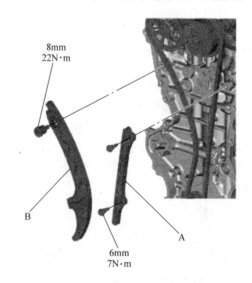

图8-56　安装链条导轨与张紧器臂

1.2mm的销插回孔（F）中，见图8-58。

注意：如果未按照描述设置凸轮轴链条自动张紧器，则凸轮轴链条自动张紧器会损坏。

安装凸轮轴链条自动张紧器。顺时针旋转凸

第8章 广汽本田

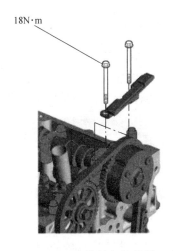

图 8-57　安装链条导向器

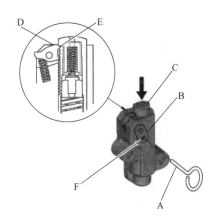

图 8-58　设置正时链张紧器

轮轴链条张紧器滑块以压缩凸轮轴链条张紧器，并安装其余螺栓，然后将螺栓拧至规定力矩，见图 8-59。将销从凸轮轴链条自动张紧器上拆下。

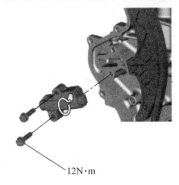

图 8-59　装上正时链张紧器

8）安装凸轮轴链条箱。
9）安装气缸盖罩。
10）安装摇臂机油控制阀。
11）连接插接器（摇臂机油压力开关）：连接插接器（A）。CVT：连接插接器（B）。安装线束夹（C）和搭铁电缆（D），见图 8-60。

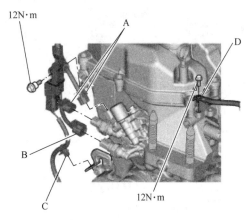

图 8-60　安装电插头与搭铁电缆

12）安装发动机侧支座。
13）安装曲轴带轮。
14）安装发动机底盖。
15）安装传动带自动张紧器。
16）安装传动带。
17）安装右前轮。

8.5.2　本田 1.5L - L15A7 发动机（2009—2013）

该款发动机也搭载于锋范车型上，相关内容请参考 8.4.1 小节。

8.5.3　本田 1.3L - L13A3 发动机（2003—2005）

该发动机正时链拆卸与安装和 L15A7 发动机一样，相关内容请参考 8.4.1 小节。

8.5.4　本田 1.5L - L15A2 发动机（2003—2008）

该发动机正时链拆卸与安装和 L15A7 发动机一样，相关内容请参考 8.4.1 小节。

8.5.5　本田 1.5L - L15A1 发动机（2006—2008）

该发动机正时链拆卸与安装和 L15A7 发动机一样，相关内容请参考 8.4.1 小节。

8.5.6　本田 1.3L - L13Z1 发动机（2009—2013）

该发动机正时链拆卸与安装和 L15A7 发动机

一样，相关内容请参考 8.4.1 小节。

8.6 缤智（2015—2017 年款）

8.6.1 本田 1.5L – L15B2/L15B3 发动机（2015—2017）

该发动机也搭载于飞度车型上，相关内容请参考 8.5.1 小节。

8.6.2 本田 1.8L – R18Z7/R18Z8 发动机（2015—2017）

该发动机正时链拆装与调整和 R20Z4 发动机一样，相关内容请参考 8.1.1 小节。

8.7 歌诗图（2010—2017 年款）

8.7.1 本田 2.4L – K24Y3 发动机（2012—2017）

该发动机正时带拆装与调整和 K24W5 一样，相关内容请参考 8.1.2 小节。

8.7.2 本田 3.0L – J30A7 发动机（2014—2017）

该发动机正时带拆装与调整和 J30A5 发动机一样，相关内容请参考 8.1.3 小节。

8.7.3 本田 3.5L – J35Z2 发动机（2010—2011）

该发动机正时带拆装与调整和 J30A5 发动机一样，相关内容请参考 8.1.3 小节。

8.8 奥德赛（2005—2017）

8.8.1 本田 2.4L – K24W5 发动机（2015—2017）

该款发动机也搭载于雅阁车型上，相关内容请参考 8.1.2 小节。

8.8.2 本田 2.4L – K24Z2 发动机（2009—2014）

该发动机正时带维修与 K20A7/K20A8 发动机相同。相关内容请参考 8.1.7 小节。

8.8.3 本田 2.4L – K24A6 发动机（2006—2008）

该发动机正时带维修与 K20A7/K20A8 发动机相同。相关内容请参考 8.1.7 小节。

8.8.4 本田 2.4L – K24A4 发动机（2005）

该发动机正时带维修与 K20A7/K20A8 发动机相同。相关内容请参考 8.1.7 小节。

第9章 东风本田

9.1 思铂睿（2010—2017 年款）

9.1.1 本田 2.0L - R20Z8 发动机（2015—2017）

该发动机正时带拆装与调整和 R20Z4 发动机一样，相关内容请参考 8.1.1 小节。

9.1.2 本田 2.4L - K24V4 发动机（2015—2017）

该发动机正时带拆装与调整和 K24W5 一样，相关内容请参考 8.1.2 小节。

9.1.3 本田 2.0L - R20A4 发动机（2010—2014）

该发动机正时链拆装与调整和 R20Z4 发动机一样，相关内容请参考 8.1.1 小节。

9.1.4 本田 2.4L - K24Z5 发动机（2010—2014）

该发动机正时带拆装与调整和 K20A7 一样，相关内容请参考 8.1.7 小节。

9.1.5 本田 2.4L - K24Y5 发动机（2013—2014）

该发动机正时带拆装与调整和 K20A7 一样，相关内容请参考 8.1.7 小节。

9.2 哥瑞（2016—2017 年款）

本田 1.5L - L15B5 发动机（2016—2017）

该发动机正时链拆装与调整和 L15B3 发动机一样，相关内容请参考 8.6.1 小节。

9.3 思域（2006—2017 年款）

9.3.1 本田 1.5T - L15B8 发动机（2016—2017）

该发动机正时链拆装与调整和 L15B3 一样，相关内容请参考 8.6.1 小节。

9.3.2 本田 1.8L - R18Z2 发动机（2012—2015）

该发动机正时链拆装与调整和 R20Z4 发动机一样，相关内容请参考 8.1.1 小节。设定正时标记不同的地方如下：

将曲轴置于上止点（TDC）。将曲轴链轮上的 TDC 标记（A）与发动机气缸体上的指针（B）对准，见图 9-1。

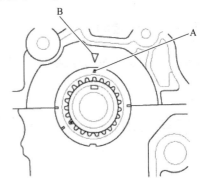

图 9-1 曲轴 TDC 设定位置

将凸轮轴链条安装在曲轴链轮上，使涂色的链节（A）与曲轴链轮上的标记（B）对准，见图 9-2。

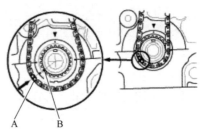

图 9-2 曲轴链轮正时标记

9.3.3 本田 2.0L – R20A6 发动机（2012—2015）

该发动机正时链拆装与调整和 R20Z4 发动机一样，相关内容请参考 8.1.1 小节。

9.3.4 本田 1.8L – R18A1 发动机（2006—2011）

该发动机正时链拆装与调整和 R20Z4 发动机一样，相关内容请参考 8.1.1 小节。

9.4 竞瑞（2017 年款起）

本田 1.5L – L15B5 发动机（2017— ）

该发动机正时链拆装与调整和 L15B3 发动机一样，相关内容请参考 8.6.1 小节。

9.5 哥瑞（2016—2017 年款）

本田 1.5L – L15B5 发动机（2017— ）

该发动机正时链拆装与调整和 L15B3 发动机一样，相关内容请参考 8.6.1 小节。

9.6 思铭（2012—2015 年款）

本田 1.8L – R18A1 发动机（2012—2015）

该发动机正时链拆装与调整和 R20Z4 发动机一样，相关内容请参考 8.1.1 小节。

9.7 杰德（2014—2017 年款）

本田 1.8L – R18Z6 发动机（2014—2017）

该发动机正时链拆装与调整和 R18Z2 发动机一样，相关内容请参考 9.3.2 小节。

9.8 艾力绅（2013—2017 年款）

本田 2.4L – K24Z5 发动机（2013—2017）

该发动机正时带拆装与调整和 K20A7 发动机一样，相关内容请参考 8.1.7 小节。

9.9 XR – V（2015—2017 年款）

9.9.1 本田 1.5L – L15B5 发动机（2015—2017）

该发动机正时链拆装与调整和 L15B3 发动机一样，相关内容请参考 8.6.1 小节。

9.9.2 本田 1.8L – R18ZA 发动机（2015—2017）

该发动机正时链拆装与调整和 R18Z2 发动机一样，相关内容请参考 9.3.2 小节。

9.10 CR – V（2004—2017 年款）

9.10.1 本田 2.4L – K24V6 发动机（2015—2017）

该发动机正时带拆装与调整和 K24W5 发动机一样，相关内容请参考 8.1.2 小节。

9.10.2 本田 2.0L – R20A7 发动机（2012—2017）

该发动机正时链拆装与调整和 R20Z4 发动机一样，相关内容请参考 8.1.1 小节。

9.10.3 本田 2.4L – K24Z8 发动机（2012—2014）

该发动机正时带拆装与调整和 K20A7 发动机一样，相关内容请参考 8.1.7 小节。

9.10.4 本田 2.0L – R20A1 发动机（2007—2011）

该发动机正时链拆装与调整和 R20Z4

一样，相关内容请参考8.1.1小节。

9.10.5 本田 2.4L – K24Z1 发动机（2007—2011）

该发动机正时带拆装与调整和K20A7发动机一样，相关内容请参考8.1.7小节。

9.10.6 本田 2.0L – K24A4 发动机（2004—2006）

该发动机正时带拆装与调整和K20A7发动机一样，相关内容请参考8.1.7小节。

9.11 UR–V（2017年款）

9.11.1 本田 1.5T – L15BD 发动机（2017— ）

该发动机正时链拆装与调整和L15B3发动机一样，相关内容请参考8.6.1小节。

9.11.2 本田 2.0T – K20C3 发动机（2017— ）

该发动机正时带维修与K24W5相似，相关内容请参考8.1.2小节。

第 10 章 东风日产

10.1 天籁（2006—2017 年款）

10.1.1 日产 2.0L – MR20DE 发动机（2013—2017）

1. 正时链单元拆卸步骤

1）拆下摇臂盖。

2）排放发动机机油。

注意：在发动机冷却后执行此步骤。

3）拆下传动带。

4）按以下步骤将 1 号气缸置于压缩行程的上止点：

① 顺时针旋转曲轴带轮 1，并将 TDC 标记（非油漆记号）B 对准前盖上的正时标记 A，见图 10-1。C 为白色油漆标记，不用于维修。

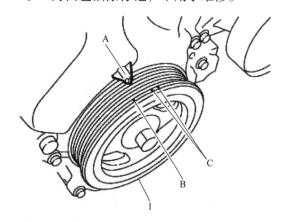

图 10-1 对准 TDC 标记

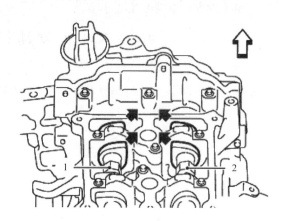

图 10-2 凸轮轴凸轮位置
1—凸轮轴（进气） 2—凸轮轴（排气）
空心箭头—发动机前端

② 同时，检查 1 号气缸的凸轮突起是否位于图 10-2 中空心箭头所示的位置。如果没有，按图 10-2 所示转动曲轴带轮一圈（360°）并对齐。

5）按照以下步骤拆下曲轴带轮：

① 用带轮固定器 A（通用维修工具）固定曲轴带轮 1，松开曲轴带轮螺栓，并使螺栓座面偏离其原始位置 10mm，见图 10-3。切勿拆下曲轴带轮螺栓，因为它们将用作带轮顶拔器（SST：KV11103000）的支撑点。

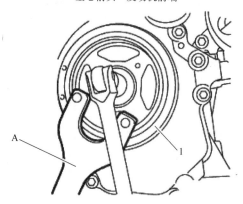

图 10-3 松开曲轴带轮螺栓

② 将带轮顶拔器 A（SST：KV11103000）装在曲轴带轮 1 上的 M6 螺纹孔中，然后拆下曲轴带轮，见图 10-4。

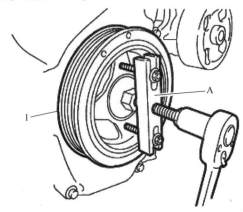

图 10-4 拆下曲轴带轮

6）拆下排气管前段。

7）拆下后扭矩连杆。

8）拆下油底壳（下部）。

注意：如果曲轴链轮和平衡单元部件没有拆下，则不需要该步骤。

9）用变速器千斤顶支撑发动机底部，然后拆下发动机底座支架（右侧）和发动机底座隔垫（右侧）。

10）拆下进气门正时控制电磁阀。

11）拆下传动带自动张紧器。

12）按以下步骤拆下前盖：

① 按照图10-5中22至1的顺序松开装配螺栓。

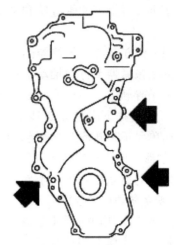

图10-6 切开密封胶位置

③ 拆下正时链条张紧器1，见图10-7。

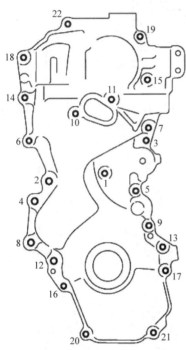

图10-5 前盖螺栓拆卸顺序

② 撬开图10-6中箭头所示位置来切割液态密封胶，然后拆下前盖。小心不要损坏配合面。相较于过去的类型，本发动机在出厂时涂抹有黏性更大的液态密封胶，因此不可以将它从图10-6所示位置以外的位置强制拆下。

13）从前盖上拆下前油封。小心切勿损坏前盖。用旋具撬起前油封。

14）按以下步骤拆下正时链条张紧器：

① 按下正时链条张紧器柱塞。

② 将限位销A插入主体孔内，然后按下柱塞并固定它。使用直径大约为1.5mm的硬金属销作为限位器销，见图10-7。

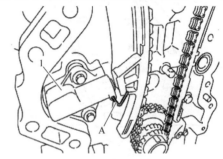

图10-7 拆下张紧器

15）拆下松弛侧链条导轨2、张紧侧链条导轨3和正时链条1，见图10-8。拆卸正时链条后，切勿分别转动各曲轴或凸轮轴。这会导致气门和活塞之间相互碰撞。

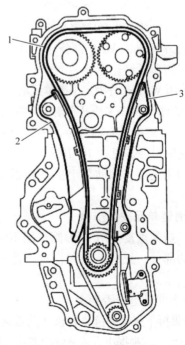

图10-8 拆下正时链导轨

16）用下列步骤拆下曲轴链轮和平衡单元驱动部件：

① 在图10-9方向按下限位器凸耳A，朝平衡单元正时链条张紧器1方向推动平衡单元正时链条松弛侧链条导轨B。平衡单元正时链条松弛侧链条导轨可通过按下限位器凸耳松开。随后，可以移动平衡单元正时链条松弛侧链条导轨。

② 在张紧器主体孔C内插入限位器销D，以固定平衡单元正时链条松弛侧链条导轨。用直径约1.2mm的硬金属销作为限位销。

③ 拆下平衡单元正时链条张紧器。当无法使杆上的孔和张紧器主体上的孔对齐时，略微移动平衡单元正时链条松弛侧链条导轨来对齐这些孔。

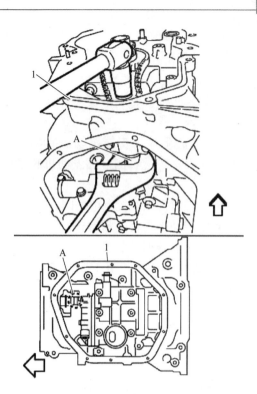

图10-10 拆下平衡单元链轮与正时链条
1—油底壳（上部）　箭头—发动机前端

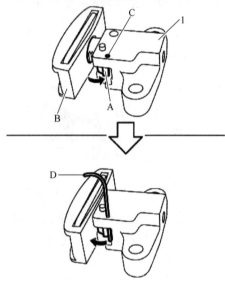

图10-9 设置张紧器

④ 抓住平衡轴的WAF部分（WAF：19mm），然后松开平衡单元链轮螺栓。

注意：用WAF部分固定平衡单元轴。切勿通过拧紧平衡单元驱动链条来松开平衡单元链轮螺栓。

⑤ 作为一组拆下曲轴链轮，平衡单元链轮和平衡单元正时链条，见图10-10。

17）如果需要，从前盖上拆下张紧侧链条导轨（前盖侧）。

2. 正时链单元安装步骤

注意：切勿重复使用O形圈。图10-11所示为已安装的部件，正时链条和相对应链轮匹配标记之间的关系。

1）检查曲轴键是否朝上。

2）如果拆下张紧侧链条导轨（前盖侧），则将其安装到前盖上。根据声音或感觉检查接头状况。

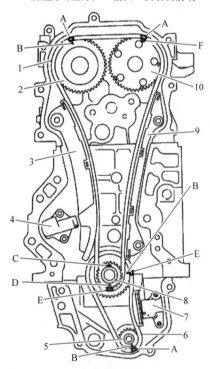

图10-11 正时链单元部件与正时标记位置
1—正时链条　2—凸轮轴链轮（排气）
3—松弛侧链条导轨　4—正时链条张紧器
6—平衡单元正时链条　7—平衡单元正时链条张紧器
8—曲轴链轮　9—张紧侧链条导轨
10—凸轮轴链轮（进气）　A—匹配标记（深蓝色链节）
B—匹配标记（印记）　C—曲轴键位置（垂直朝上）
D—匹配标记（印记）　E—匹配标记（橙色链节）
F—匹配标记（外槽*）　*—凸轮轴链轮（进气）上有两个外槽，较宽的一个是匹配标记

3）安装曲轴链轮 2，平衡单元链轮 3 和平衡单元正时链条 1，见图 10-12。

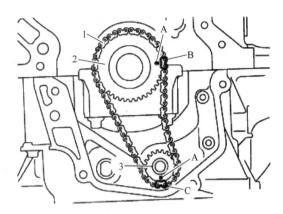

图 10-12　安装平衡轴驱动链
A—匹配标记（印记）　B—匹配标记
（橙色链节）　C—匹配标记（深蓝色链节）

安装时对齐各链轮和平衡单元正时链条上的匹配标记。如果这些匹配标记没有对齐，则略微转动平衡轴以修正位置。安装平衡单元正时链条后，检查各链轮的匹配标记位置。

4）抓住平衡单元轴的 WAF 部分（WAF：19mm），然后拧紧平衡轴链轮螺栓。

注意：用 WAF 部分 A 固定平衡单元轴。切勿通过拧紧平衡单元正时链条来松开平衡轴链轮螺栓，见图 10-13。

5）安装平衡单元正时链条张紧器 1。使用限位销将柱塞固定在完全压缩的位置，然后安装，见图 10-13。

安装平衡单元正时链条张紧器后，拉出（箭头）限位销，见图 10-13。再次检查平衡单元正时链条和各链轮的匹配标记位置。

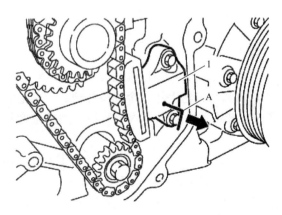

图 10-13　安装平衡单元正时链张紧器

6）对齐各链轮匹配标记与正时链条的匹配标记，见图 10-14。

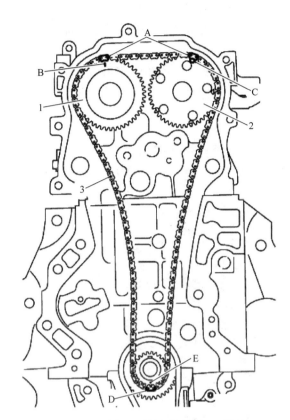

图 10-14　对齐正时链与各链轮正时标记
1—凸轮轴链轮（排气）　2—凸轮轴链轮（进气）
3—正时链条　A—匹配标记（深蓝色链节）
B—匹配标记（印记）　C—匹配标记（外槽*）
D—匹配标记（橙色链节）　E—匹配标记（印记）
*—凸轮轴链轮（进气）上有两个外槽，
较宽的一个是匹配标记

如果这些匹配标记没有对齐，请抓住六边形部位稍微转动凸轮轴以修正位置。

注意：安装正时链条后，再次检查各链轮和正时链条的匹配标记位置。

7）安装张紧侧链条导轨和松弛侧链条导轨。

8）安装正时链条张紧器。使用限位销将柱塞固定在完全压缩的位置，然后安装。安装正时链条张紧器后，用力拉出限位销。

9）再次检查正时链条和每个链轮的匹配标记位置。

10）安装前油封。

11）按以下步骤安装前盖：

①将新 O 形圈安装到缸体上。注意切勿重复使用 O 形圈。务必对齐 O 形圈。

② 如图 10-15 所示，使用胶管挤压器（通用维修工具）以连续点状的方式在前盖上涂抹液态密封胶。请使用原厂液态密封胶或同等产品。

③ 检查正时链条和各链轮的匹配标记是否仍然对齐。然后安装前盖。

注意：检查缸体上的 O 形圈安装是否正确。小心不要因与曲轴的前端干涉而损坏前油封。

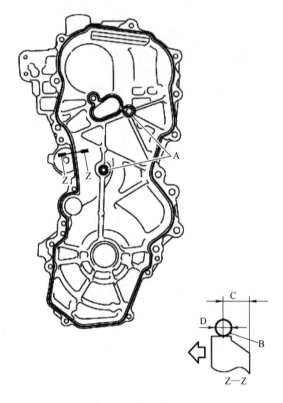

图 10-15　涂抹密封胶
A—液态密封胶涂抹区　B—密封胶
C—4.0~5.6mm　D—φ3.4~4.4mm
箭头—发动机外侧

④ 检查正时链条和各链轮的匹配标记是否仍然对齐。然后安装前盖。注意检查缸体上的 O 形圈安装是否正确。小心不要因与曲轴的前端干涉而损坏前油封。

⑤ 安装前盖，并按图 10-16 中所示 1 至 22 的顺序拧紧装配螺栓。

注意：应在涂抹液态密封胶后的 5min 内进行安装。

⑥ 拧紧所有螺栓，分两次拧紧至规定力矩。

注意：务必擦除溢出的多余液态密封胶。

12）按以下步骤安装曲轴带轮：

① 在以塑料锤装上曲轴带轮时，请轻敲它的

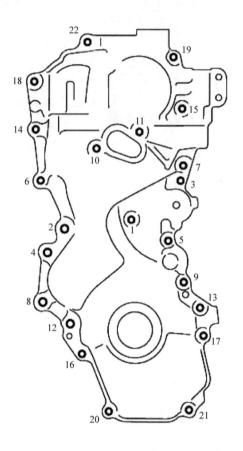

图 10-16　安装前盖螺栓顺序
M6 螺栓—1 号；M10 螺栓—6，7，10，11，14 号；
M12 螺栓—2，4，8，12 号；M8 螺栓—除上述情况外

中心部位（非四周位置）。切勿损坏前油封唇部分。

② 使用带轮固定器（通用维修工具）固定曲轴带轮。

③ 在曲轴带轮螺栓的螺纹和座面上涂抹新的发动机机油。

④ 拧紧曲轴带轮螺栓。规定力矩：68.6N·m。

⑤ 完全松开。

⑥ 拧紧曲轴带轮螺栓。规定力矩：29.4N·m。

⑦ 在曲轴带轮上作一个油漆标记，此标记需对齐曲轴带轮螺栓凸缘上六个容易识别的角度标记中的任一个。

⑧ 再顺时针旋转 60°（固定角度拧紧）。移动一个角度标记来检查拧紧角度。

⑨ 顺时针转动曲轴检查是否可顺滑转动。

13）按照与拆卸相反的顺序安装其他零件。

10.1.2 日产 2.5L – QR25DE 发动机（2013—2017）

1. 正时链单元拆卸步骤

1）拆下以下零件：PCV 软管、进气歧管、点火线圈、传动带、传动带自动张紧器。

2）拆卸发动机底座支架（右）。

3）拆下摇臂盖。

4）拆下油底壳（下部）。

5）拆下油底壳（上）和机油集滤器。

6）拆下气门正时控制盖，见图 10-17。切勿松开气门正时控制盖背部的螺钉 A。

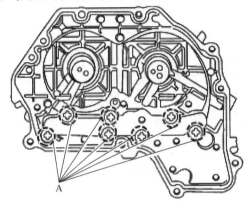

图 10-17 不用拆下的螺钉

7）从前盖将凸轮轴链轮之间的链条导板拉出。

8）按以下步骤将 1 号气缸置于压缩行程的上止点：

① 顺时针旋转曲轴带轮 1，并将 TDC 标记 B 对准前盖上的正时标记 A，见图 10-18。C 为油漆标记，不用于维修。

图 10-18 设置 TDC 位置

② 检查凸轮轴链轮的配合标记是否在图 10-19 位置。如果不对的话，就再转动曲轴带轮一次，使匹配标记 A 与图 10-19 所示位置一致。

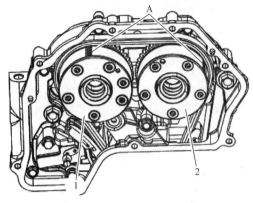

图 10-19 凸轮轴链轮正时位置
1—凸轮轴链轮（进气） 2—凸轮轴链轮（排气）

9）按照以下步骤拆下曲轴带轮：

① 用带轮固定器 A（通用维修工具）固定曲轴带轮 1，松开曲轴带轮螺栓，并使螺栓座面偏离其原始位置 10mm，见图 10-20。

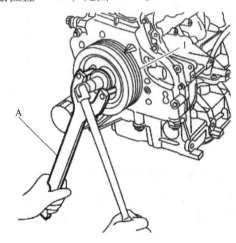

图 10-20 松开曲轴带轮螺栓

② 将带轮顶拔器 A（SST：KV11103000）置于曲轴带轮的 M6 螺纹孔处，然后拆下曲轴带轮，见图 10-21。

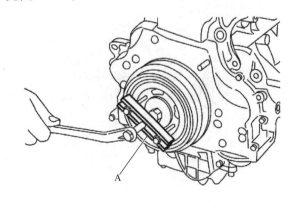

图 10-21 拆下曲轴带轮

10）按以下步骤拆下前盖。按图 10-22 所示的相反顺序松开并拆卸装配螺栓。

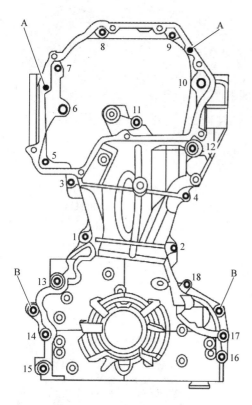

图 10-22　前盖螺栓拆卸顺序
A—定位销　B—定位销孔

11）如果前油封需要更换，用合适的工具将其夹起并拆下。小心切勿损坏前盖。

12）用下列步骤拆下正时链条和凸轮轴链轮：

① 按下链条张紧器柱塞。将限位销 A 插入链条张紧器体上的孔以固定链条张紧器柱塞并拆下链条张紧器1。使用直径大约 0.5mm 的硬金属销作为限位销。

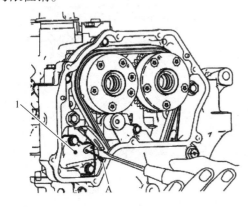

图 10-23　拆下张紧器

② 用扳手固定凸轮轴的六边形部分。松开凸轮轴链轮装配螺栓，并拆下正时链条和凸轮轴链轮。在正时链条拆下时，切勿旋转曲轴或凸轮轴。这会导致气门和活塞之间相互碰撞。

13）拆下正时链条松弛侧链条导轨，正时链条张紧侧链条导轨和油泵驱动隔套。

14）按照以下步骤拆下平衡单元正时链条张紧器：

① 在图 10-24 所示箭头方向按下限位器凸耳，朝正时链条张紧器（对于油泵）方向推动正时链条松弛侧链条导轨。通过按下限位器凸耳松开松弛侧链条导轨。这样，便可以移动松弛侧链条导轨。

② 在张紧器主体孔内插入限位器销，以固定正时链条松弛侧链条导轨。用直径约 1.2mm 的硬金属销作为限位销。

③ 拆下平衡单元正时链条张紧器。当无法对齐杆上的孔和张紧器主体上的孔时，略微移动松弛侧链条导轨与孔对齐。

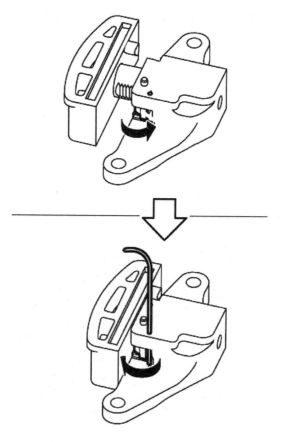

图 10-24　设置张紧器

15）拆下平衡单元正时链条和曲轴链轮。

16）按图 10-25 所示的相反顺序松开装配螺栓，并拆下平衡单元。切勿分解平衡单元。

提示：使用TORX套筒（尺寸E14）。

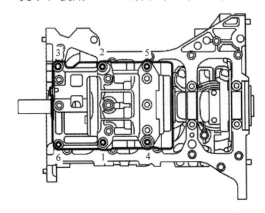

图10-25 松开平衡单元螺栓

2. 正时链单元安装步骤

注意：切勿重复使用O形圈。

图10-26显示了每个正时链条上的匹配标记，与相应的安装了部件的链轮上的匹配标记之间的关系。

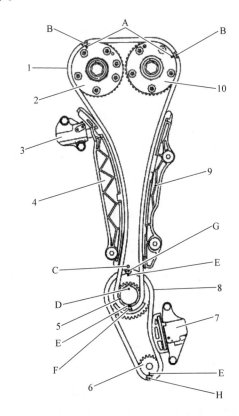

图10-26 正时链部件与正时标记
1—正时链条 2—凸轮轴链轮（进气） 3—链条张紧器
4—正时链条松弛侧链条导轨 5—曲轴链轮 6—平衡单元链轮
7—平衡单元链条张紧器 8—平衡单元正时链条
9—正时链条张紧侧链条导轨 10—凸轮轴链轮（排气）
A—匹配标记（外槽） B—粉红色链节 C—匹配标记（耳状）
D—曲轴键 E—匹配标记（压印） F—橙色链节
G—黄色链节 H—蓝色链节

1) 检查曲轴键是否朝上。

2) 采用以下步骤，按图10-25所示顺序拧紧装配螺栓，并安装平衡单元。注意如果重复使用装配螺栓，安装之前必须检查其外径。

① 在螺纹和固定螺栓的底面上涂抹新的发动机机油。

② 拧紧1－5号螺栓。规定力矩：42.0N·m。

③ 拧紧6号螺栓。规定力矩：36.0N·m。

④ 顺时针拧紧1号至5号螺栓120°（固定角度拧紧）。

注意：使用角度扳手[（SST：KV10112100(A)]检查拧紧角度。切勿靠目视检查做出判断。

⑤ 再顺时针旋转6号螺栓90°（固定角度拧紧）。

⑥ 完全松开所有螺栓。注意在这一步骤中，按如图10-25所示的相反顺序松开螺栓。

⑦ 重复步骤②~⑤。

3) 安装曲轴链轮1和平衡单元正时链条2，见图10-27。检查曲轴链轮是否位于缸体和曲轴链轮C结合顶部的装配标记A上。安装时对齐各链轮和平衡单元正时链条上的匹配标记。

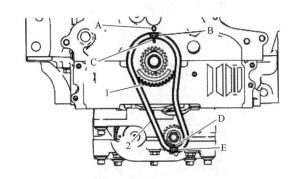

图10-27 平衡单元正时链安装
A—装配标记 B—匹配标记（黄色）
D—匹配标记 E—匹配标记（蓝色）

4) 安装平衡单元正时链条张紧器。小心切勿使各链轮和正时链条的匹配标记滑动。安装后，确认匹配标记未滑动，然后拆下限位销并松开张紧器套筒。

5) 安装正时链条和相关零件。进行安装，使每个链轮和正时链条上的匹配标记对齐，见图10-26。安装链条张紧器前后，再次检查匹配标记是否没有滑动。安装链条张紧器后，拆下限位销并检查张紧器是否移动自如。

注意：配合标记对准后，用手将其固定从而保持其对准状态。为避免错齿，在前盖安装前，切勿转动曲轴和凸轮轴。安装链条张紧器前，可以改变各链轮上正时链条匹配标记的位置以便对齐。

6）在前盖上安装前油封。

7）按以下步骤安装前盖，注意切勿重复使用O形圈。

① 在缸盖和缸体上安装O形圈。

② 使用胶管挤压器（通用维修工具）以连续点状的方式涂抹液态密封胶到前盖上，如图10-28所示。

然对齐。然后安装前盖。注意小心不要因与曲轴的前端干涉而损坏前油封。

④ 按照图10-29所示数字的顺序拧紧装配螺栓。

⑤ 拧紧所有螺栓后，按如图10-29所示的数字顺序重新拧紧至规定力矩。

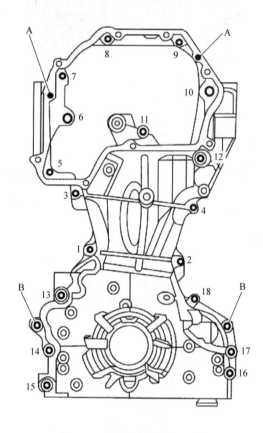

图10-29　前盖螺栓拧紧顺序
A—定位销　B—定位销孔

注意：务必擦干净溢出到表面的液态密封胶以固定油底壳。

拧紧力矩：M10螺栓——49.0N·m；M6螺栓——12.7N·m。

8）在凸轮轴链轮之间安装链条导轨。

9）按如下步骤拆卸气门正时控制盖：

① 如拆卸，则将气门正时控制电磁阀安装至气门正时控制盖上。

② 将新的油环安装在气门正时控制盖背部的凸轮轴链轮（进气）插入点上。

③ 将新O形圈安装到前盖上。

④ 如图10-30所示，使用胶管挤压器（通用维修工具）以连续点状的方式在气门正时控制盖上涂抹液态密封胶D，如图10-30所示。

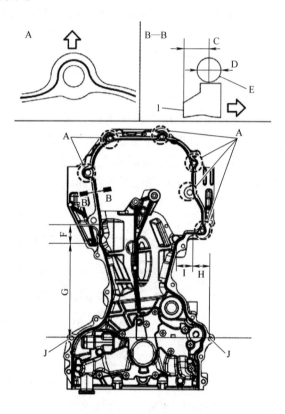

图10-28　前盖涂抹密封胶
1—前盖　A—在螺栓孔外侧涂抹液态密封胶
E—液态密封胶　J—定位销孔　箭头—发动机外侧

请使用原厂液态密封胶或同等产品。位置不同，应用说明也不同。

C-2.6~3.6mm；D-φ3.4~4.4mm；F-35.7mm 在此区域内涂抹液态密封胶φ6.0~7.0mm。G-179.6mm；H-35.5mm；I-31.3mm 在此区域内涂抹液态密封胶φ6.0~7.0mm。

③ 检查正时链条和各链轮的匹配标记是否仍

料锤装上曲轴带轮时,请轻敲它的中心部位(非四周位置)。

注意:安装时请保护前油封唇缘部分避免任何损坏。

11)拧紧曲轴带轮螺栓。用带轮固定器(通用维修工具)固定曲轴带轮,并拧紧曲轴带轮螺栓。

按以下步骤执行定角度拧紧。

① 在曲轴带轮螺栓的螺纹和座面上涂抹新的发动机机油。

② 拧紧曲轴带轮螺栓。规定力矩:42.1N·m。

③ 在曲轴带轮 2 上作一个油漆标记 A,使其与螺栓法兰上六个容易识别的角度标记都匹配。

④ 再顺时针旋转 60°(固定角度拧紧)。移动一个角度标记 B 来检查拧紧角度,见图 10-32。

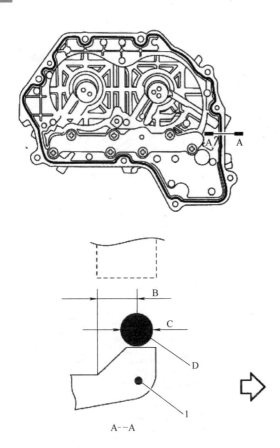

图 10-30 气门正时控制盖上密封胶
1—气门正时控制盖　B—4.3~5.3mm
C—φ3.4~4.4mm　箭头—发动机外侧

请使用原厂液态密封胶或同等产品。注意应在涂抹液态密封胶后的 5min 内进行安装。切勿重复使用 O 形圈。

⑤ 按照图 10-31 所示数字的顺序拧紧装配螺栓。

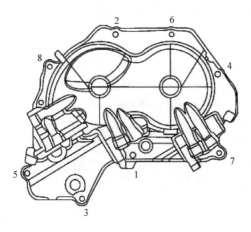

图 10-31 螺栓拧紧顺序

10)通过对齐曲轴键插入曲轴带轮。在以塑

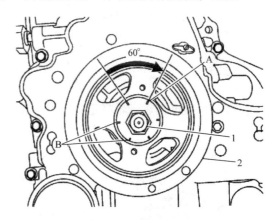

图 10-32 安装曲轴带轮
1—曲轴带轮螺栓

12)按照与拆卸相反的顺序安装所有拆卸的零件。

10.1.3　日产 2.5L – VQ25DE 发动机 (2008—2012)

该发动机正时链拆装与调整和 VQ35DE 发动机相同,相关内容请参考 10.1.4 小节。

10.1.4　日产 3.5L – VQ35DE 发动机 (2006—2012)

1. 正时链单元拆卸步骤

1)拆卸以下零件:进气歧管总管,摇臂盖(气缸侧体 1 和 2),油底壳(上和下)和机油集滤器,传动带、惰轮带轮和支架。

2)从前正时链条箱上拆卸它们的支架来分

离发动机线束。

3）拆下凸轮轴链轮盖。

按如图10-33所示的相反顺序松开装配螺栓。注意轴在内部与凸轮轴链轮（进气）中心孔相连。拆卸时，请保持其水平直至完全断开。

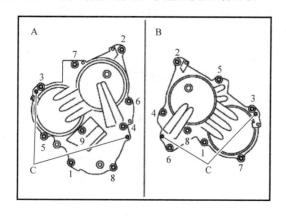

图10-33 拆下凸轮轴链轮盖
A—气缸体1 B—气缸体2 C—定位销孔

4）如图10-34所示，使1号气缸位于压缩行程上止点：

① 顺时针旋转曲轴带轮将正时标记（无色槽沟线，见图10-34中箭头）对准正时指示器。

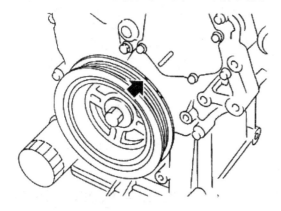

图10-34 TDC位置设置

② 确认1号气缸（气缸侧体1发动机前端）上的进气和排气凸轮前端在图10-35中空心箭头所示位置上。如果没有，请按如图10-34所示旋转曲轴一圈（360°）并对齐。

5）如下所示拆下曲轴带轮：

① 用带轮夹具A（通用维修工具）固定曲轴。

② 松开曲轴带轮螺栓，并确定离开螺栓原位10mm的螺栓座表面。

注意：切勿拆卸曲轴带轮螺栓，因为它还能

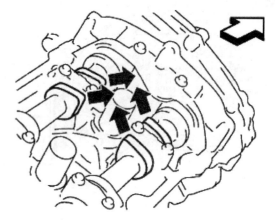

图10-35 凸轮轴凸轮位置

用于支撑合适的顶拔器，见图10-36。

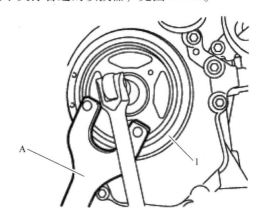

图10-36 松开曲轴带轮螺栓
1—曲轴带轮

③ 在曲轴带轮孔上放置合适的顶拔器凸起，并拉出曲轴带轮，见图10-37。

注意：切勿将合适的顶拔器凸起放置在曲轴带轮上，否则会损坏内缓冲器。

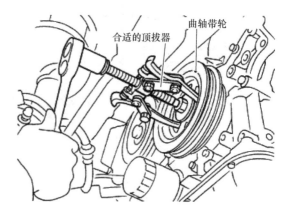

图10-37 拆下曲轴带轮

6）如下所示拆卸前正时链条箱：

① 按如图 10-38 所示的相反顺序松开装配螺栓。

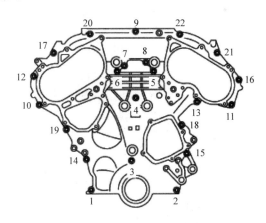

图 10-38 拆下前盖螺栓

② 如图 10-39 所示，将合适的工具（A）插入前正时链条箱顶部的槽口。

③ 如图 10-39 所示，通过移动工具将箱撬开。使用密封刮刀［SST：KV10111100（J-37228）］切割密封胶，以便拆卸。

注意：切勿使用旋具或类似工具。拆卸后，仔细处理前正时链条箱，使之不会因负载而翘起、倾斜或弯曲。

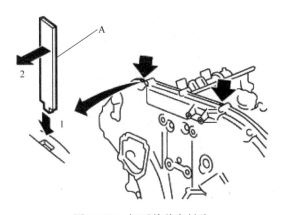

图 10-39 切开前盖密封胶

7）从前正时链条箱上拆下水泵盖。使用密封刮刀［SST：KV10111100（J-37228）］切割密封胶，以便拆卸。

8）使用合适的工具从前正时链条箱上拆下前油封。使用旋具进行拆卸。

注意：小心不要损坏前正时链条箱。

9）从后正时链条箱上拆下 O 形圈 1，见图 10-40。

10）如下所示拆卸正时链条张紧器（主）：

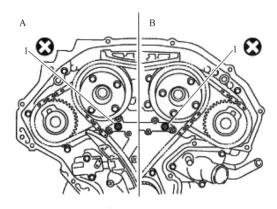

图 10-40 拆下后正时链箱 O 形圈
A—气缸体 1　B—气缸体 2

① 拆下下装配螺栓（A）。

② 慢慢松开上装配螺栓（B），然后转动装配螺栓上的正时链条张紧器（主）1，使柱塞（C）完全伸出，见图 10-41。

提示：即使柱塞完全伸出，它也不会从正时链条张紧器（主）上掉下。

③ 拆卸上装配螺栓，然后拆卸正时链条张紧器（主）。

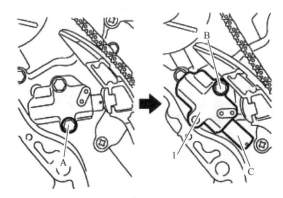

图 10-41 拆下链条张紧器

11）拆下内链条导轨、张紧侧链条导轨和松紧导杆。拆卸正时链条（主）后可以拆卸张紧导板。注意拆卸正时链条张紧器（主）后，不要分别旋转曲轴和凸轮轴，否则气门会碰撞活塞盖。

12）拆卸正时链条（主）和曲轴链轮。

13）如下所示拆下正时链条（副）和凸轮轴链轮：

① 在气缸侧体 1（A）和气缸侧体 2（C）正时链条张紧器（副）1 上安装合适的定位销（B）。使用直径大约 0.5mm 的硬金属销作为限位销，见图 10-42。

② 拆下凸轮轴链轮（进气和排气）装配螺

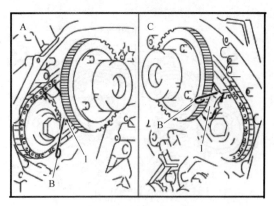

图10-42 拆下副张紧器

栓。使用扳手固定凸轮轴的六边形部分来松开装配螺栓。

注意：切勿松开装配螺栓，保证固定凸轮轴六边形以外的其他部分或张紧正时链条。

③ 将正时链条（副）与凸轮轴链轮一起拆卸。稍微转动凸轮轴固定正时链条张紧器（副）侧的正时链条松紧度。

将0.5mm厚的金属或树脂板插入正时链条和正时链条张紧器柱塞导板E之间。从导管槽沟松开正时链条，将正时链条（副）2与凸轮轴链轮一起拆卸，见图10-43。

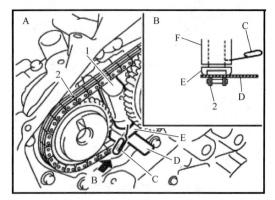

图10-43 拆下副正时链与凸轮轴链轮
1—正时链条张紧器（副） A—气缸体1
B—视图B C—限位器销 D—板
E—张紧器柱塞导板 F—正时链条张紧器（主体）

注意：拆卸正时链条（副）时小心柱塞不要脱落。因为正时链条张紧器（副）的柱塞会在操作时移动，导致固定限位器销脱落。凸轮轴链轮（进气）是用于正时链条（主）和正时链条（副）的二合一结构链轮。图10-43所示的是气缸侧体1的示例。

特别注意：当处理凸轮轴链轮（进气）时，请注意以下事项：小心操作，避免振动凸轮轴链轮。切勿分解链轮。如图10-44所示，切勿松开螺栓（A）。

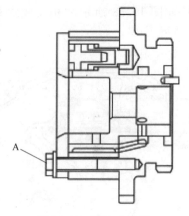

图10-44 螺栓A位置

14）拆卸水泵。

15）拆下油泵。

16）如下所示拆下后正时链条箱：

① 按图10-45所示的相反顺序松开并拆卸装配螺栓。

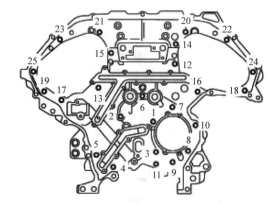

图10-45 拆下后正时链条箱螺栓

② 用油封刮刀切割密封胶，并拆下后正时链条箱。注意：切勿拆卸机油管路的板金属盖1，见图10-46。拆卸后，小心处理后正时链条箱，使之不会因负载而翘起、倾斜或弯曲。

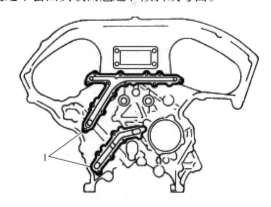

图10-46 板金属盖位置

17）如有需要，从正时链条箱（后）拆卸燃油温度传感器。

18）从缸体上拆下O形圈。

19）如有必要，如下所示从缸盖上拆下正时链条张紧器（副）。

① 拆下凸轮轴支架（1号）。

② 拆下已装好限位器销（B）的正时链条张紧器（副）1，见图10-47。

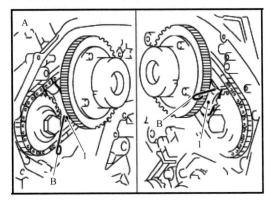

图10-47　拆下副正时链张紧器
1—张紧器（副）　A—气缸体1　B—气缸体2

20）使用刮刀从前正时链条箱和对面的配合面上清除所有旧密封胶遗留痕迹。从螺栓孔和螺纹上清除旧的密封胶。

21）使用刮刀除去油泵盖上的所有旧密封胶。

2. 正时链单元安装步骤

注意：切勿重复使用O形圈。图10-48显示了每个正时链条上的匹配标记，与相应的安装了部件的链轮上的匹配标记之间的关系。

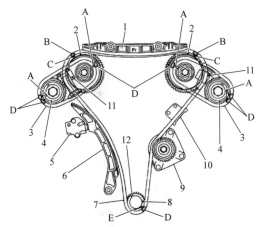

图10-48　正时链单元部件与正时标记位置
1—内链条导轨　2—凸轮轴链轮（进气）　3—正时链条（副）
4—凸轮轴链轮（排气）　5—正时链条张紧器（主）
6—松弛侧链条导轨　7—正时链条（主）　8—曲轴链轮
9—水泵　10—张紧侧链条导轨　11—正时链条张紧器（副）
12—曲轴键　A—匹配标记　B—匹配标记（粉色链节）
C—匹配标记（冲孔）　D—匹配标记（橙色）
E—匹配标记（有缺口）

1）如果已拆卸，请按如下所述将正时链条张紧器（副）安装到缸盖上。安装已装有限位器销和新O形圈的正时链条张紧器（副）。

2）安装1号凸轮轴支架。

3）测量凸轮轴支架（1号）和缸盖前端高度的不同。标准：-0.14mm至0.14mm。测量单个气缸侧体的两个位置（进气和排气侧），见图10-49。如果测量值超过标准，请重新安装凸轮轴支架（1号）。

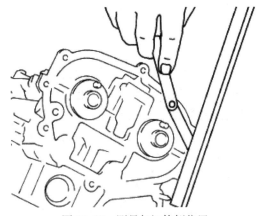

图10-49　测量气缸体侧位置

4）如下所示安装后正时链条箱：将新O形圈（1）安装到缸体上。注意切勿重复使用O形圈。

① 用胶管挤压机（通用维修工具）在后正时链条箱背面涂抹密封胶。使用原装RTV硅密封胶或同等产品。彻底擦净接触到发动机冷冻液的部分密封胶。在水泵和缸盖的安装位置全面涂抹密封胶。

② 将后正时链条箱对准缸体上的定位销（气缸侧体1和气缸侧体2），并安装后正时链条箱。确认O形圈在安装到缸体和缸盖时已固定到位。

③ 按照图10-50中所示数字的顺序拧紧装配螺栓。有两种类型的装配螺栓。有关螺栓位置请参见后面的内容。

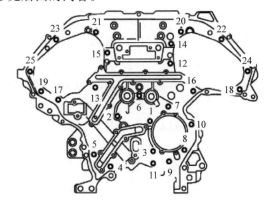

图10-50　安装紧固螺栓

螺栓位置：长度为20mm 螺栓——1，2，3，6，7，8，9，10；长度为16mm 的螺栓——其他位置。规定力矩：12.7N·m。

④ 拧紧所有螺栓后，按如图10-50所示的数字顺序重新拧紧它们至规定力矩。如果密封胶上有污渍，请立即清洗干净。

⑤ 安装后正时链条箱后，检查油底壳（上）安装表面以下零件之间的表面高度差。标准后正时链条箱至缸体：-0.24mm 至 0.14mm，如果不在标准范围内，重复安装步骤。

5）安装水泵。

6）安装油泵。

7）确认定位销（A）和曲轴键1如图10-51所示定位（1号气缸处于压缩上止点）。

注意：尽管凸轮轴没有停在如图10-51所示的位置，对于凸轮前端的放置，通常是将凸轮轴按图中相同的方向放置。

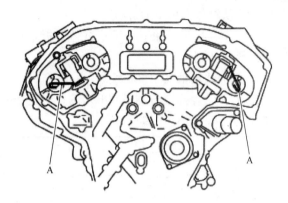

图10-52 用限位器销保持张紧器柱塞

气和排气）。图10-53说明了气缸侧体1（后视图）。

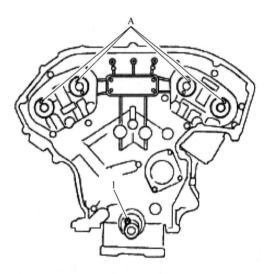

图10-51 确认凸轮轴定位销位置

凸轮轴定位销：在每个气缸侧体的缸盖面朝上侧；曲轴键：在气缸侧体1的缸盖侧。

注意：小直径侧的孔必须用作进气侧定位销孔。不要识别错（忽略大直径侧）。

8）如下所示安装正时链条（副）和凸轮轴链轮（进气和排气）：注意正时链条和链轮之间的匹配标记很易错位。安装时重复确认所有匹配标记位置。

① 按下正时链条张紧器（副）的柱塞，并用限位器销（A）保持按下状态，见图10-52。

② 安装正时链条（副）和凸轮轴链轮（进

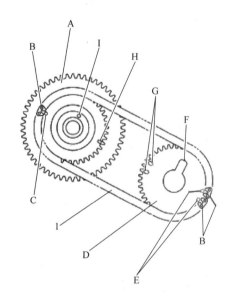

图10-53 副正时链安装

A—凸轮轴链轮（进气）背面　B—橙色链节
C—匹配标记（圆圈）　D—凸轮轴链轮（排气）背面
E—匹配标记（前面上的2个圆圈）　F—定位销槽
G—匹配标记（前面上的2个椭圆）
H—匹配标记（椭圆）　I—定位销孔

将正时链条（副）上的匹配标记（橙色链节）对准凸轮轴链轮（进气和排气）上的标记（冲孔），并进行安装。

凸轮轴链轮（进气）的匹配标记位于凸轮轴链轮（副）的背面。有两种类型的匹配标记，圆形和椭圆形。它们应分别用于气缸侧体1和气缸侧体2。

气缸侧体1：使用圆形。

气缸侧体2：使用椭圆形。

对齐凸轮轴上定位销与链轮上的槽或孔,并安装。在进气侧,将凸轮轴前端的定位销对准凸轮轴链轮背面的定位销孔,并进行安装。在排气侧,将凸轮轴前端的定位销对准凸轮轴链轮上的定位销孔,并进行安装。

如果每个配合标记的位置和每个定位销的位置在配合零件上不匹配,请用扳手或同等工具固定住凸轮轴的六边形部位进行微调。

凸轮轴链轮的装配螺栓必须在下一步中拧紧。用手拧紧它们足以避免定位销错位。

安装时和安装后很难通过目视检查匹配标记的错位。要使匹配更容易,请提前用油漆在链轮齿的顶部和延伸管路上做配合标记(A),见图10-54。

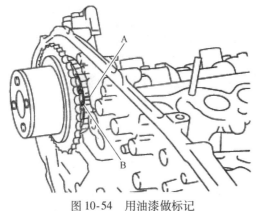

图10-54 用油漆做标记
A—油漆标记 B—匹配标记(橙色链节)

③ 确认配合标记已对齐后,拧紧凸轮轴链轮装配螺栓。用扳手固定凸轮轴的六角部分,以拧紧装配螺栓。

④ 从正时链条张紧器1(副)上拉出限位器销(B),见图10-55。

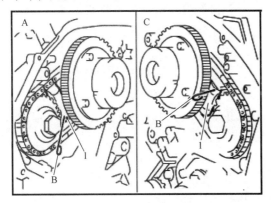

图10-55 安装限位器销
1—张紧器 A—气缸体1 B—限位器销 C—气缸体2

9) 安装张紧导板。

10) 按如下所示安装正时链条(主):

① 安装曲轴链轮1。确认曲轴链轮上的配合标记朝向发动机前端,见图10-56。

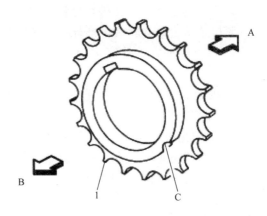

图10-56 曲轴链轮标记
A—曲轴侧 B—发动机前端 C—匹配标记(前侧)
1—曲轴链轮

② 安装正时链条(主)。安装正时链条(主),使凸轮轴链轮(进气)1上的匹配标记(冲孔,B)与正时链条上的粉色链节(A)对齐,同时曲轴链轮2上的匹配标记(冲孔,C)与正时链条上的橙色链节(D)对齐,如图10-57所示。

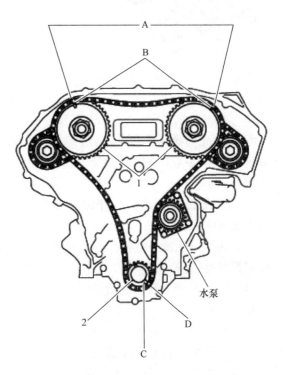

图10-57 主正时链安装

当很难将正时链条（主）的配合标记对准每个链轮时，请使用扳手固定住六边形部分慢慢转动凸轮轴，使其与配合标记对齐。定位时，小心避免正时链条（副）的配合标记定位发生错位。

11）安装内链条导轨和松紧导杆。注意切勿过度拧紧松弛侧链条导轨装配螺栓。把装配螺栓拧紧到规定力矩时，螺栓座下面出现缝隙是正常的。

12）按照以下步骤安装正时链条张紧器（主）：

① 向上拉出柱塞限位器凸耳（A），或向下转动杆，以拆卸柱塞棘齿（D）上的限位器凸耳。注意柱塞限位器凸耳和杆（C）是同步的。

② 向张紧器中压入柱塞。

③ 使柱塞限位器凸耳与棘齿端啮合，在完全压紧的位置按住柱塞。

④ 从杆孔中将销（E）插入张紧器孔（B）中以固定杆。杆零件和限位器是同步的。因此，在这种情况下可固定柱塞。图10-58是使用直径为1.2mm的细旋具作为限位销。

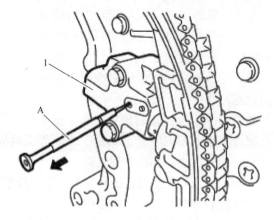

图10-59　安装张紧器

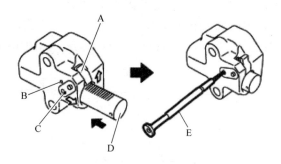

图10-58　设置张紧器

⑤ 安装正时链条张紧器（主）1。彻底清除正时链条张紧器（主）背面和安装表面上的污垢及异物。

⑥ 安装后将限位销（A）拉出，然后松开柱塞，见图10-59。

13）再次确认每个链轮和各正时链条上的配合标记都没有错位。

14）将新O形圈安装到后正时链条箱上。切勿重复使用O形圈。

15）将新的前油封安装到前正时链条箱上。在油封唇和防尘封唇上涂抹新发动机机油。安装时如图10-60所示，确定每个密封唇的方向。

使用适当的冲头（外径：60mm），压下固定

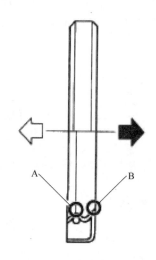

图10-60　前油卦安装位置
A—油封唇　B—防尘封唇
空心箭头—发动机内部　实心箭头—发动机外部

油封，直至与前正时链条箱端面齐平。确认箍簧到位，密封唇还未翻转。

16）如下所示安装前正时链条箱：

① 用胶管挤压机（通用维修工具）在前正时链条箱背面涂抹连续的密封胶滴。使用原装RTV硅密封胶或同等产品。

② 安装前正时链条箱，使它的定位销孔适合后正时链条箱上的定位销。

③ 按照如图10-61所示的数字顺序拧紧装配螺栓到规定力矩。

注意：有两种类型的装配螺栓。有关螺栓位置请参见后面的内容。

④ 拧紧所有螺栓后，按如图10-61所示的数字顺序重新拧紧它们至规定力矩。

注意：务必清除油底壳（上）配合面上泄漏

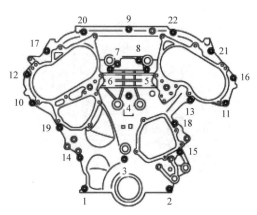

图 10-61 安装紧固螺栓

M8 螺栓—1, 2（紧固力矩：28.4N·m）
M6 螺栓—其余标号（紧固力矩：12.7N·m）

出的多余的密封胶。

⑤ 安装前正时链条箱后，检查油底壳（上）安装表面以下零件之间的表面高度差。

如果高度差不在标准范围内，重复安装步骤。标准前正时链条箱到后正时链条箱高度差：-0.14 ~ 0.14mm。

17）在前正时链条箱上安装水泵盖。用胶管挤压器（通用维修工具）将密封胶连续地涂抹到水泵盖。使用原装 RTV 硅密封胶或同等产品。φ2.3 ~ 3.3mm。

18）按如下所述安装进气凸轮轴链轮：

① 将新密封圈安装到轴槽沟中。

② 在前正时链条箱上安装凸轮轴链轮。需对齐进气侧凸轮链轮轴中心孔才可插入。小心将密封圈安装到轴槽。

③ 小心不要将密封圈从安装槽沟中移开，将前正时链条箱上的定位销对准孔来安装进凸轮链轮盖。

④ 按照图 10-62 中所示数字的顺序拧紧装配螺栓。

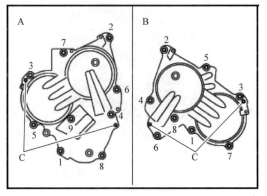

图 10-62 螺栓拧紧顺序

A—气缸体 1　B—气缸体 2　C—定位销孔

19）安装油底壳（上和下）。

20）如下所示安装曲轴带轮：

① 安装曲轴带轮，小心不要损坏前油封。注意使用塑料锤敲下固定曲轴带轮时，请敲击其中央位置（非边缘位置）。

② 用带轮夹具（通用维修工具）固定曲轴。

③ 拧紧曲轴带轮螺栓。44.1N·m。

④ 在曲轴带轮 1 上做一个油漆标记（A），它与曲轴带轮螺栓（2）的角标记（B）对齐。拧紧螺栓90°（固定角度拧紧），见图 10-63。

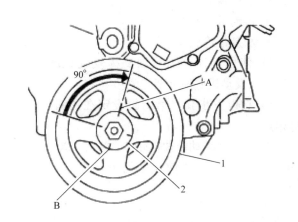

图 10-63 安装曲轴带轮

21）沿正常方向旋转曲轴带轮（从发动机前端查看时是顺时针方向）确认其转动灵活。

22）此步骤之后按照与拆卸相反的顺序安装。

10.1.5　日产 2.3L - VQ23DE 发动机（2006—2007）

该发动机正时链拆装与调整和 VQ35DE 发动机相同，相关内容请参考 10.1.4 小节。

10.1.6　日产 2.0L - QR20DE 发动机（2006—2007）

正时链拆装与调整和 QR25DE 发动机一样，相关内容请参考 10.1.2 小节。

10.2 轩逸（2006—2017 年款）

10.2.1 日产 1.6L – HR16DE 发动机（2007—2017）

1. 正时链单元拆卸步骤

1) 拆下前车轮（右）。
2) 拆下前翼子板保护板（右侧）。
3) 排放发动机机油。注意：在发动机冷却后执行此步骤。
4) 拆下以下零件。
- 摇臂盖。
- 传动带。
- 水泵带轮。

5) 使用变速器千斤顶支撑发动机的底部，然后拆下发动机底座支架和隔垫（右）。

6) 按以下步骤将第 1 缸设定在压缩行程的上止点：

① 顺时针转动曲轴带轮 2，并将 TDC 标记 A（非油漆记号）对准前盖上的正时标记 1，见图 10-64。

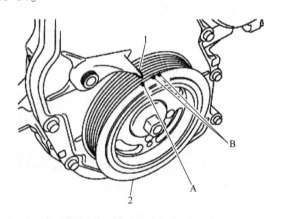

图 10-64 设置 TDC 位置
A—TDC 标记 B—白色油漆标记，不用于维修

② 检查每个凸轮轴链轮上的匹配标记是否都定位在如图 10-65 所示的位置。若非如此，再将曲轴带轮转动一圈，使匹配标记在图 10-65 中所示的位置。

7) 按照以下步骤拆下曲轴带轮：

① 使用带轮固定器（A，通用维修工具）固定曲轴带轮 1。

② 如图 10-66 所示，松开并拉出曲轴带轮

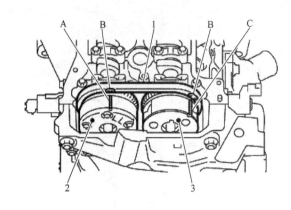

图 10-65 凸轮轴正时标记位置
1—正时链条 2—凸轮轴链轮（排气） 3—凸轮轴链轮（进气）
A—匹配标记（外槽） B—粉红色链节 C—匹配标记（外槽）

螺栓。

注意：切勿拆下装配螺栓，因为它们将用作带轮顶拔器（SST：KV11103000）的支撑点。

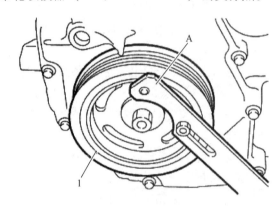

图 10-66 松开曲轴带轮螺栓

③ 如图 10-67 所示在曲轴带轮的 M6 螺纹孔内安装带轮顶拔器 A（SST：KV11103000），然后拆下曲轴带轮。

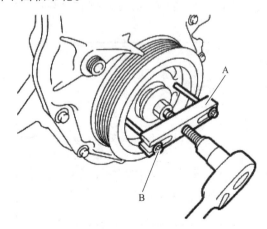

图 10-67 拆下曲轴带轮
A—顶拔器 B—M6 螺栓

8）按以下步骤拆下前盖：

① 按照图 10-68 中 15 至 1 的顺序松开螺栓。

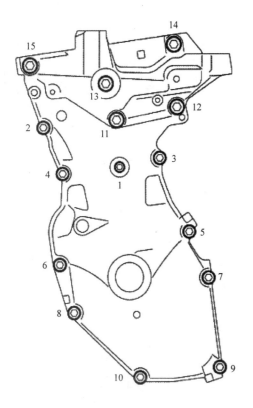

图 10-68　取下前盖螺栓

② 撬开图 10-69 所示位置（箭头）来切开液态密封胶，然后拆下前盖。

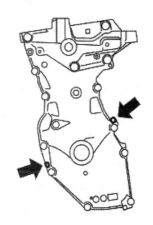

图 10-69　前盖密封胶切开位置

9）从前盖上拆下前油封。使用合适的工具将其举起后拆下。注意切勿损坏前盖。

10）按以下步骤拆下正时链条张紧器 1。

① 将正时链条张紧器操作杆 A 完全往下推，然后将柱塞 C 推入正时链条张紧器内。

将链条张紧器操作杆完全往下推即可释放凸耳 B。这样，柱塞就可以移动。

② 拉起杆，使它的孔的与主体上的孔的位置对齐。

a. 将操作杆孔与主体孔的位置对齐时，柱塞就会被固定。

b. 当柱塞棘齿的凸起部分和凸耳彼此相对时，两个孔的位置并没有对齐。此时，请稍微移动栓塞来使它们正确啮合并对齐这些孔。

③ 将限位销 D 通过操作杆插入主体的孔中，然后将操作杆固定在上方位置。图 10-70 所示为使用 2.5mm 六角扳手的范例。

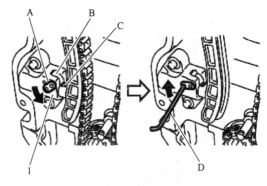

图 10-70　拆下张紧器

④ 拆下正时链条张紧器。

11）拆下正时链条张紧侧链条导轨和正时链条松弛侧链条导轨。

12）拆下正时链条。朝凸轮轴链轮（排气侧）拉动正时链条的松弛部分，然后拆下正时链条，并从凸轮轴链轮（排气侧）侧开始拆下。

注意：在正时链条拆下后，切勿旋转曲轴或凸轮轴。这会导致气门和活塞之间相互碰撞。

13）按以下步骤，拆下与曲轴链轮和油泵驱动相关的零件。

① 如图 10-71 所示拆下油泵驱动链条张紧器 1。从轴 B 和弹簧固定孔 A 上拉出。

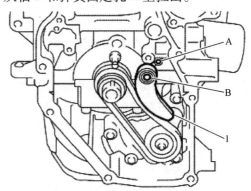

图 10-71　拆下油泵链条张紧器

②用TORX套筒来固定油泵轴的顶部（尺寸：E8），然后松开油泵链轮螺母并将其拆下。

③同时拆下曲轴链轮，油泵驱动链条和油泵链轮。

2. 正时链单元安装步骤

图10-72中为已安装的部件，正时链条和相对应链轮匹配标记之间的关系。

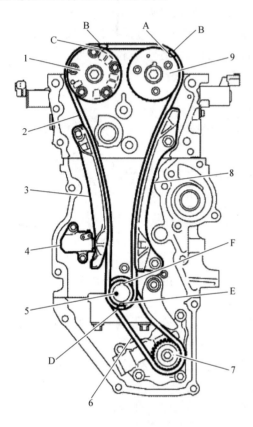

图10-72　正时链部件与正时标记位置
1—凸轮轴链轮（排气）　2—正时链条
3—正时链条松弛侧链条导轨　4—正时链条张紧器
5—曲轴链轮　6—油泵驱动链条　7—油泵链轮
8—正时链条张紧侧链条导轨　9—凸轮轴链轮（进气）
A—匹配标记（外槽）　B—粉红色链节　C—匹配标记（外槽）
D—橙色链节　E—匹配标记（压印）　F—曲轴键（垂直向上）

1）按以下步骤安装与曲轴链轮和油泵驱动相关的部件：

①同时安装曲轴链轮1，油泵驱动链条2和油泵链轮3。安装曲轴链轮，使其无效齿轮部分A朝向发动机背面，见图10-73。安装油泵链轮，使它的凸起面朝向发动机前方。与油泵驱动相关的零件上没有匹配标记。

②用TORX套筒固定油泵轴的顶部（尺寸：E8），然后拧紧油泵链轮螺母。

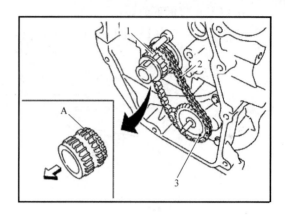

图10-73　安装机油泵链条

③安装机油泵驱动链条张紧器1。将弹簧装入缸体前侧表面的固定孔A的同时，将本体插入轴B内，见图10-74。安装后检查张力是否施加在油泵驱动链条上。

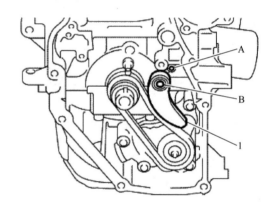

图10-74　安装机油泵驱动链张紧器

2）按以下步骤安装正时链条。

对齐每个链轮和正时链条上的匹配标记来进行安装。如果匹配标记没有对齐，请稍微转动凸轮轴来修正位置。

注意：在匹配标记对齐后，请用手扶住使它们保持对齐，见图10-75。为避免错齿，在前盖安装前，切勿转动曲轴和凸轮轴。

3）安装正时链条张紧侧链条导轨和正时链条松弛侧链条导轨。

4）安装正时链条张紧器1。使用限位销A将柱塞固定在完全压缩的位置，然后安装。安装正时链条张紧器后，用力拉出限位销，见图10-76。

5）再次检查正时链条和每个链轮的匹配标记位置。

6）将前油封安装到前盖上。

7）按以下步骤安装前盖：

示。涂抹原厂密封胶（TB1217H）或同等产品。

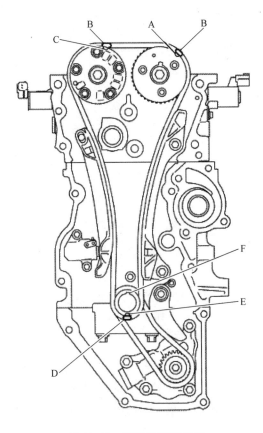

图 10-75　正时链安装标记
A—匹配标记（外槽）　B—粉红色链节
C—匹配标记（外槽）　D—橙色链节
E—匹配标记（压印）　F—曲轴键（垂直向上）

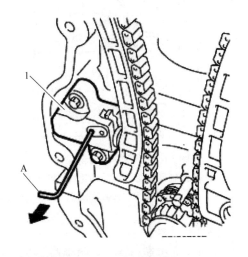

图 10-76　安装张紧器

① 使用胶管挤压器（通用维修工具）以连续点状的方式涂抹液态密封胶到前盖上。涂抹正品密封胶（TB1217H）或同等产品。

② 使用胶管挤压器（通用维修工具）以连续点状的方式涂抹液态密封胶到前盖上，如图10-77所

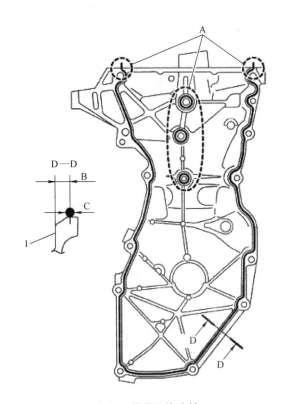

图 10-77　前盖边缘涂抹区
1—前盖边缘　A—液态密封胶涂抹区
B—4.0~5.6mm　C—液态密封胶涂抹区域（$\phi 3.0 \sim \phi 4.0$mm）

③ 按如图 10-78 所示的数字顺序拧紧螺栓。

④ 拧紧所有螺栓后，按图 10-78 所示中 1~15 的顺序将螺栓再次拧紧至规定力矩。注意务必将溢出到表面的过多液态密封胶擦干净。

8）通过对齐曲轴链轮键插入曲轴带轮。

在以塑料锤装上曲轴带轮时，请轻敲它的中心部位（非四周位置）。注意安装时请保护前油封唇缘部分避免任何损坏。

9）按以下步骤拧紧曲轴带轮螺栓：用带轮固定器（通用维修工具）固定曲轴带轮，并拧紧曲轴带轮螺栓。

① 在曲轴带轮螺栓的螺纹和座面上涂抹新的发动机机油。

② 拧紧曲轴带轮螺栓。力矩：35.0N·m。

③ 在曲轴带轮上作一个油漆记号 B，使其对齐曲轴带轮螺栓凸缘 1 上六个容易识别的角度标记 A 中的任一个，见图 10-79。

④ 再顺时针旋转 60°（固定角度拧紧）。移动一个角度标记来检查拧紧角度。

4) 按以下步骤将 1 号气缸置于压缩行程的上止点：

① 顺时针旋转曲轴带轮 1，并将 TDC 标记（非油漆记号）B 对准前盖上的正时标记 A，见图 10-80。

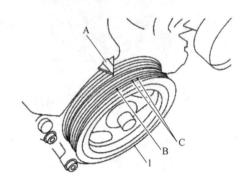

图 10-80　曲轴带轮 TDC 标记
A—正时标记　B—TDC 标记
C—白色油漆标记，不用于维修

② 同时，检查 1 号气缸的凸轮突起是否位于如图 10-81 所示的位置（空心箭头）。如果没有，按如图 10-81 所示转动曲轴带轮一圈（360°）并对齐。

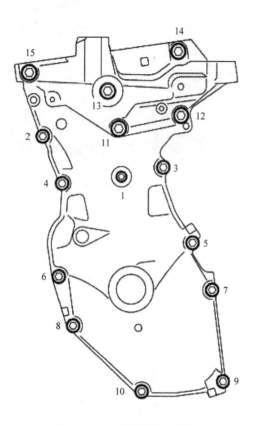

图 10-78　前盖螺栓拧紧顺序

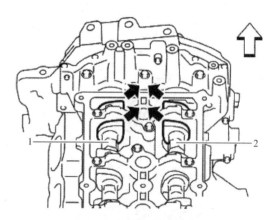

图 10-81　凸轮轴凸轮位置
1—凸轮轴（进气）　2—凸轮轴（排气）
空心箭头—发动机前端

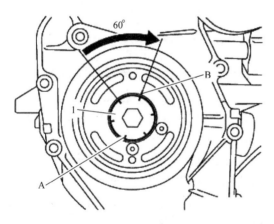

图 10-79　安装曲轴带轮

10) 用手顺时针旋转，检查曲轴是否可灵活转动。

11) 按照与拆卸相反的顺序安装。

10.2.2　日产 1.8L – MRA8DE 发动机（2006—2011）

1. 正时链单元拆卸步骤

1) 将发动机安装至发动机台架上。
2) 排放发动机机油。
3) 拆卸以下零件：进气歧管和摇臂盖。

5) 按照以下步骤拆下曲轴带轮：

① 用带轮固定器（A，通用维修工具）固定曲轴带轮 1，松开曲轴带轮螺栓，并使螺栓座面偏离其原始位置 10mm，见图 10-82。注意切勿拆下曲轴带轮螺栓，因为它们将用作带轮顶拔器（SST：KV11103000）的支撑点。

② 将带轮顶拔器（SST：KV11103000）A 装在曲轴带轮 1 上的 M6 螺纹孔中，然后拆下曲轴

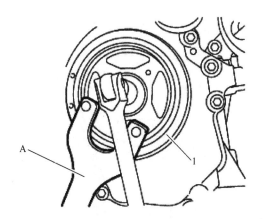

图 10-82 松开曲轴带轮螺栓

带轮,见图 10-83。

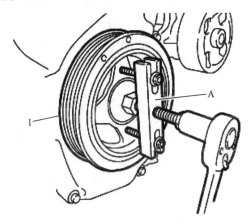

图 10-83 拆下曲轴带轮

6)拆下油底壳(下部)。注如果曲轴链轮和机油泵驱动部件没有拆下,则不需要执行该步骤。

7)拆下进气门正时控制电磁阀和排气门正时控制电磁阀。

8)拆下传动带自动张紧器。

9)按以下步骤拆下前盖:

① 按如图 10-84 所示的相反顺序松开装配螺栓。

② 撬开图 10-85 所示位置(箭头)来切割液态密封胶,然后拆下前盖。注意小心不要损坏配合面。相较于过去的类型,它在出货时涂抹有黏性更大的液态密封胶,不可以将它从图 10-85 所示位置以外的位置强制拆下。

10)从前盖上拆下前油封。注意小心切勿损坏前盖。用旋具撬起前油封。

11)必要时,拆下气门正时控制盖。按如图 10-86 所示的相反顺序松开装配螺栓。注意:拆卸时,请忽略顺序编号 1。

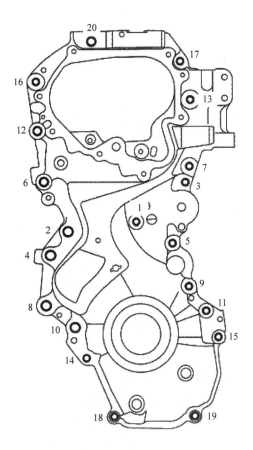

图 10-84 拆下前盖螺栓

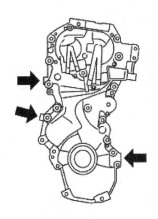

图 10-85 切开前盖密封胶

12)按以下步骤拆下正时链条张紧器:

① 按下正时链条张紧器柱塞后将铁丝 A 插入顶部凹槽。注意插入铁丝可以牢固固定正时链条张紧器柱塞,见图 10-87。

② 拆下正时链条张紧器 1,见图 10-87。

13)拆下松弛侧链条导轨 2、张紧侧链条导轨 3 和正时链条 1,见图 10-88。注意:拆卸正时链条后,切勿分别转动各曲轴或凸轮轴。这会导致气门和活塞之间相互碰撞。

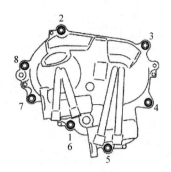

图 10-86 气门正时控制盖螺栓

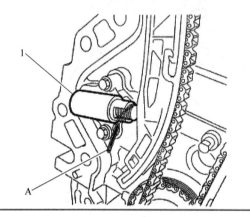

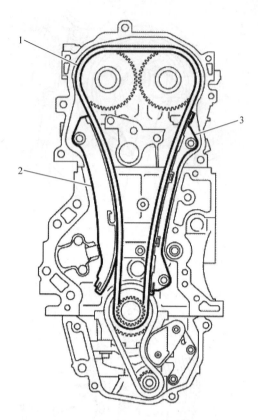

图 10-88 拆下正时链条

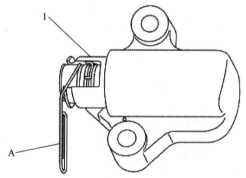

图 10-87 拆下张紧器

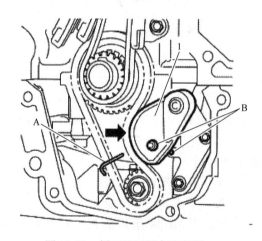

图 10-89 拆下油泵链条张紧器

注意：如果很难拆下正时链条，在拆下正时链条前先拆下凸轮轴链轮（排气）。

14）按以下步骤拆下曲轴链轮和机油泵驱动部件：

① 按图 10-89 中箭头所示的方向按下油泵驱动链条张紧器 1。

② 在主体孔（B）内插入限位器销（A），见图 10-89。

③ 拆下油泵链条张紧器，见图 10-89。如果操作杆上的孔和张紧器主体上的孔没有对齐，请稍微移动机油泵链条张紧器松弛侧链条导轨对齐这些孔。

④ 抓住机油泵轴的 WAF 部分（WAF：10mm），然后松开机油泵链轮螺栓并将其拆下，见图 10-90。

注意：用 WAF 部分固定油泵轴。切勿通过拧紧油泵驱动链条来松开油泵链轮螺栓。

2. 正时链单元安装步骤

注意：切勿重复使用 O 形圈。图 10-91 所示为已安装的部件正时链条和相对应链轮匹配标记之间的关系。

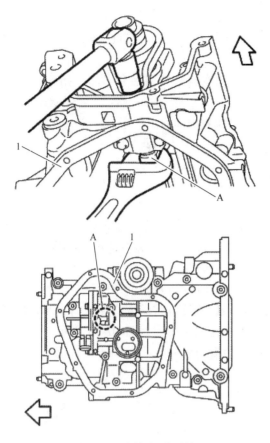

图 10-90 拆卸机油泵轴
1—油底壳（上部） A—WAF 箭头—发动机前端

1）检查曲轴键是否朝上。

2）安装油泵驱动链条 1、曲轴链轮 2、油泵链轮 3，见图 10-92。通过对齐各链轮和油泵驱动链条上的匹配标记进行安装。如果这些匹配标记没有对齐，请稍微转动油泵轴以修正位置。注意安装油泵驱动链条后，检查各链轮的匹配标记位置。

3）抓住油泵轴的 WAF 部分（WAF：10mm），然后拧紧油泵轴链轮螺栓。

注意：用 WAF 部分固定油泵轴。切勿通过拧紧油泵驱动链条来松开油泵轴链轮螺栓。

4）安装机油泵链条张紧器 1，见图 10-93。用限位销 A 将油泵张紧器面固定在完全压缩位置，然后安装。安装油泵链条张紧器后，用力（箭头）拉出限位销。再次检查油泵驱动链条和各链轮的匹配标记位置。

5）对齐各链轮匹配标记与正时链条的匹配标记，见图 10-94。

如果这些匹配标记没有对齐，请抓住六角形部位稍微转动凸轮轴以修正位置。

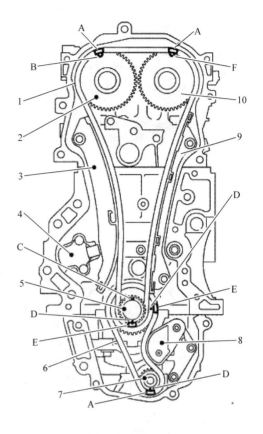

图 10-91 正时链安装部件与正时标记位置
1—正时链条 2—凸轮轴链轮（排气） 3—松弛导轨
4—正时链条张紧器 5—曲轴链轮 6—油泵驱动链条
7—油泵链轮 8—油泵驱动链条张紧器 9—张紧导轨
10—凸轮轴链轮（进气） A—匹配标记（深蓝色链节）
B—匹配标记（外槽） C—曲轴键位置（垂直朝上）
D—匹配标记（印记） E—匹配标记（铜链节）
F—匹配标记（外槽）

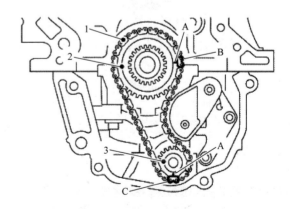

图 10-92 安装油泵驱动链
A—匹配标记（印记） B—匹配标记（铜链节）
C—匹配标记（深蓝色链节）

注意：安装正时链条后，再次检查各链轮和正时链条的匹配标记位置。

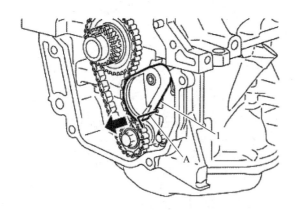

图10-93 安装机油泵链条张紧器

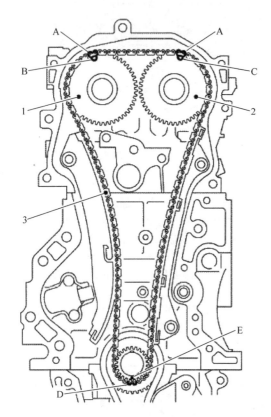

图10-94 正时链匹配标记
1—凸轮轴链轮（排气） 2—凸轮轴链轮（进气）
3—正时链条 A—匹配标记（深蓝色链节）
B—匹配标记（外槽） C—匹配标记（外槽）
D—匹配标记（铜链节） E—匹配标记（印记）

6）安装松弛侧链条导轨和张紧侧链条导轨。

7）安装正时链条张紧器。用限位销将柱塞固定在完全压缩位置，然后安装。安装正时链条张紧器后，用力拉出限位销。注意：将张紧器安装在凸轮侧后，拉出锁止销。如果拉出锁止销后栓塞跳出且张紧器未安装到发动机上，切勿使用张紧器。如果使用张紧器，栓塞不会平滑移动。

重复使用凸轮侧的张紧器：安装后，向栓塞的尖端拉起并移动棘轮夹，并将张紧器定位在与柱塞槽平行的位置。

8）再次检查正时链条和每个链轮的匹配标记位置。

9）安装前油封。

10）按以下步骤安装前盖：

① 如已拆下，安装气门正时控制盖。

a. 将 VTC 油滤清器安装到气门正时控制盖上。

注意：压装到网格顶端。切勿重复使用 VTC 油滤清器。废弃曾掉落在地板上的 VTC 油滤清器。请使用新品。

b. 如图10-95所示使用胶管挤压器（通用维修工具）以连续点状的方式在气门正时控制盖上涂抹液态密封胶 E，如图10-95所示。涂抹密封胶时，始端与终端应重叠5mm或以上。

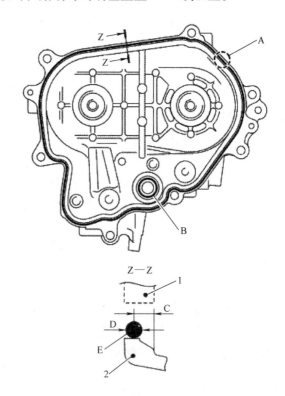

图10-95 密封气门正时控制盖
1—前盖 2—气门正时控制盖 A—密封胶涂抹的始端和终端
B—液态密封胶涂抹区 C—4.0~5.6mm
D—φ3.4~4.4mm

c. 按照图10-96中所示数字的顺序拧紧装配螺栓。分两步拧紧1号螺栓。顺序编号6为第2步。

② 将新O形圈安装到缸体上。注意务必对齐

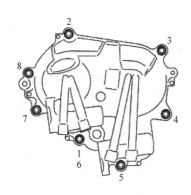

图10-96 拧紧螺栓

O形圈。

③ 如图10-97所示使用胶管挤压器（通用维修工具）以连续点状的方式在前盖上涂抹液态密封胶D。请使用原装密封胶或同等产品。

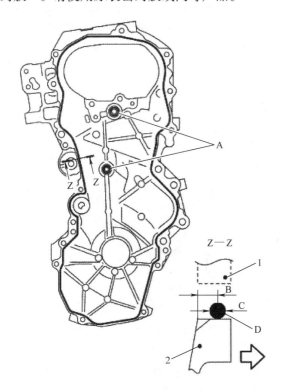

图10-97 前盖上涂抹密封胶
1—缸盖 2—前盖 A—液态密封胶涂抹区
B—4.0~5.6mm
C—φ3.4~4.4mm 箭头—发动机外侧

④ 检查正时链条和各链轮的匹配标记是否仍然对齐。然后安装前盖。注意检查缸体上的O形圈安装是否正确。小心不要因与曲轴的前端干涉而损坏前油封。

⑤ 安装前盖，并按图10-98所示的数字顺序拧紧装配螺栓。有关螺栓的安装位置，请参见下面的内容。

注意：应在涂抹液态密封胶后的5min内进行安装。

⑥ 拧紧所有螺栓后，按如图10-98所示的数字顺序重新拧紧至规定力矩。

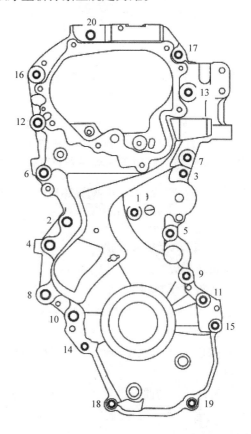

图10-98 安装前盖螺栓
M6螺栓—1号；M10螺栓—6、7、12、20号；
M12螺栓—2、4、8、10号；M8螺栓—除了上述情况外

注意：务必擦除溢出的多余液态密封胶。

11）按以下步骤安装曲轴带轮：

① 在以塑料锤装上曲轴带轮时，请轻敲它的中心部位（非四周位置）。注意切勿损坏前油封唇部分。

② 使用带轮固定器（通用维修工具）固定曲轴带轮。

③ 在曲轴带轮螺栓的螺纹和座面上涂抹新的发动机机油。

④ 拧紧曲轴带轮螺栓。29.4N·m。

⑤ 在曲轴带轮2上作一个油漆标记B，此标记需对其曲轴带轮螺栓1凸缘上六个容易识别的角度标记A中的任意一个。

⑥ 再顺时针旋转60°（固定角度拧紧）。移动一个角度标记来检查拧紧角度，见图10-99。

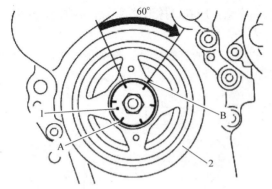

图10-99 安装曲轴带轮

⑦ 顺时针转动曲轴检查是否可顺滑转动。

12）按照与拆卸相反的顺序安装其他零件。

10.2.3 日产 2.0L – MR20DE 发动机（2006—2011）

1. 正时链单元拆卸步骤

1）拆下摇臂盖。

2）排放发动机机油。

注意：在发动机冷却后执行此步骤。

3）拆下传动带。

4）按以下步骤将1号气缸置于压缩行程的上止点：

① 顺时针旋转曲轴带轮1，并将TDC标记B（非油漆记号）对准前盖上的正时标记A，见图10-100。

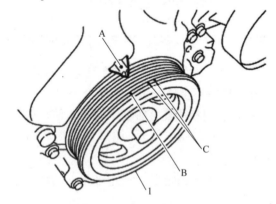

图10-100 对准TDC标记
A—正时标记 B—TDC标记
C—白色油漆标记（不用于维修）

② 同时，检查1号气缸的凸轮突起是否位于如图10-101所示的位置（空心箭头）。如果没有，按如图10-101所示转动曲轴带轮一圈（360°）并对齐。

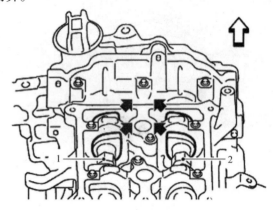

图10-101 凸轮轴凸轮位置
1—凸轮轴（进气） 2—凸轮轴（排气）
空心箭头—发动机前端

5）按照以下步骤拆下曲轴带轮：

① 用带轮固定器A（通用维修工具）固定曲轴带轮，松开曲轴带轮螺栓，并使螺栓座面偏离其原始位置10mm，见图10-102。切勿拆下曲轴带轮螺栓，因为它们将用作带轮顶拔器（SST：KV11103000）的支撑点。

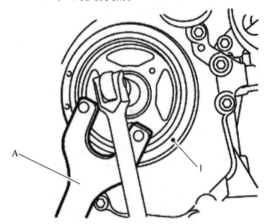

图10-102 松开曲轴带轮螺栓

② 将带轮拔具A（SST：KV11103000）装在曲轴带轮1上的M6螺纹孔中，然后拆下曲轴带轮，见图10-103。

6）拆下排气管前段。

7）拆下后扭矩连杆。

8）拆下油底壳（下部）。

注意：如果曲轴链轮和平衡单元部件没有拆下，则不需要该步骤。

9）用变速器千斤顶支撑发动机底部，然后拆下发动机底座支架（右侧）和发动机底座隔垫（右侧）。

10）拆下进气门正时控制电磁阀。

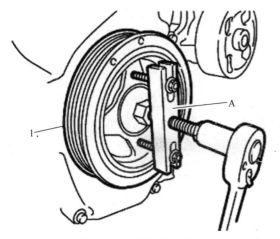

图 10-103 拆下曲轴带轮

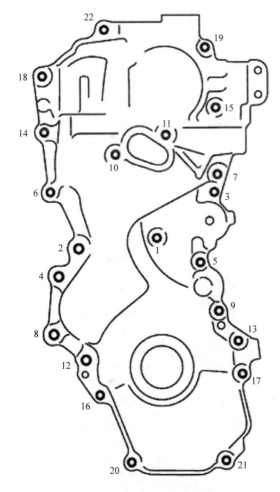

图 10-104 前盖螺栓拆卸顺序

11) 拆下正时带自动张紧器。

12) 按以下步骤拆下前盖：

① 按照图 10-104 中 22 至 1 的顺序松开装配螺栓。

② 撬开图 10-105 所示位置（箭头）来切割液态密封胶，然后拆下前盖。小心不要损坏配合面。相较于过去的类型，它在出货时涂抹有黏性更大的液态密封胶，所以不可以将它从图 10-105 位置以外的位置强制拆下。

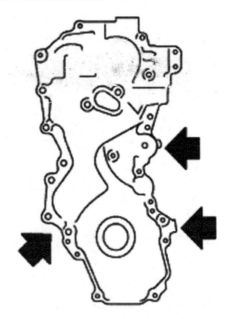

图 10-105 切开密封胶位置

13) 从前盖上拆下前油封。小心切勿损坏前盖。用旋具撬起前油封。

14) 按以下步骤拆下正时链条张紧器：

① 按下正时链条张紧器柱塞。

② 将限位销 A 插入主体孔内，然后按下柱塞并固定它。使用直径大约为 1.5mm 的硬金属销作为限位器销。

③ 拆下正时链条张紧器 1，见图 10-106。

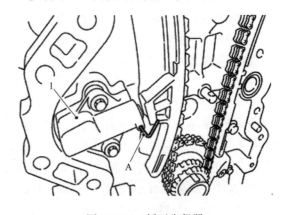

图 10-106 拆下张紧器

15) 拆下松弛侧链条导轨 2、张紧侧链条导轨 3 和正时链条 1，见图 10-107。拆卸正时链条后，切勿分别转动各曲轴或凸轮轴。这会导致气门和活塞之间相互碰撞。

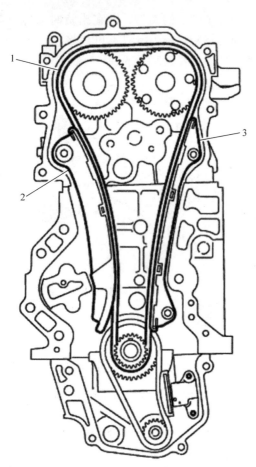

图 10-107 拆下正时链导轨

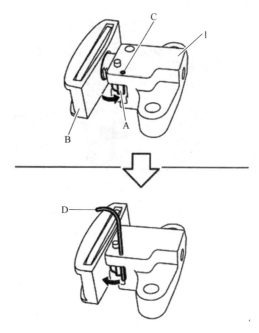

图 10-108 设置张紧器

16）用下列步骤拆下曲轴链轮和平衡单元驱动部件：

① 在图 10-108 空心箭头方向按下限位器凸耳 A，朝平衡单元正时链条张紧器 1 方向推动平衡单元正时链条松弛侧链条导轨 B。平衡单元正时链条松弛侧链条导轨通过按下限位器凸耳松开。随后可以移动平衡单元正时链条松弛侧链条导轨。

② 在张紧器主体孔 C 内插入限位器销 D，以固定平衡单元正时链条松弛侧链条导轨。用直径约 1.2mm 的硬金属销作为限位销。见图 10-108。

③ 拆下平衡单元正时链条张紧器。当无法使杆上的孔和张紧器主体上的孔对齐时，略微移动平衡单元正时链条松弛侧链条导轨来对齐这些孔。

④ 抓住平衡轴的 WAF 部分（WAF：19mm），然后松开平衡单元链轮螺栓。注意用 WAF 部分 A 固定平衡单元轴。切勿通过拧紧平衡单元驱动链条来松开平衡单元链轮螺栓。见图 10-109。

⑤ 作为一组拆下曲轴链轮，平衡单元链轮和平衡单元正时链条，见图 10-109。

17）如果需要，从前盖上拆下张紧侧链条导轨（前盖侧）。

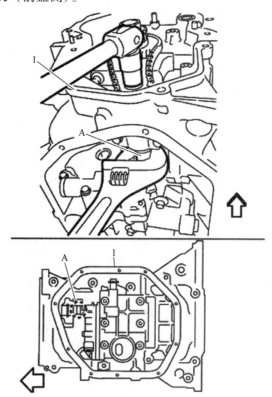

图 10-109 拆下平衡单元链轮与正时链条
1—油底壳（上部） A—WAF 箭头—发动机前端

2. 正时链单元安装步骤

注意：切勿重复使用 O 形圈。图 10-110 中为已安装的部件正时链条和相对应链轮匹配标记之间的关系。

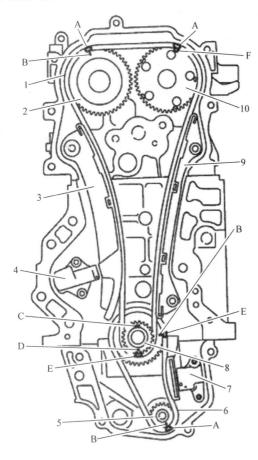

图 10-110　正时链单元部件与正时标记位置
1—正时链条　2—凸轮轴链轮（排气）
3—松弛侧链条导轨　4—正时链条张紧器
5—平衡单元链轮　6—平衡单元正时链条
7—平衡单元正时链条张紧器　8—曲轴链轮
9—张紧侧链条导轨　10—凸轮轴链轮（进气）
A—匹配标记（深蓝色链节）　B—匹配标记（印记）
C—曲轴键位置（垂直朝上）　D—匹配标记（印记）
E—匹配标记（橙色链节）　F—匹配标记（外槽*）
*—凸轮轴链轮（进气）上有两个外槽，较宽的一个是匹配标记

1）检查曲轴键是否朝上。

2）如果拆下张紧侧链条导轨（前盖侧），则将其安装到前盖上。根据声音或感觉检查接头状况。

3）安装曲轴链轮 2，平衡单元链轮 3 和平衡单元正时链条 1，见图 10-111。

安装时对齐各链轮和平衡单元正时链条上的匹配标记。如果这些匹配标记没有对齐，则略微转动平衡轴以修正位置。安装平衡单元正时链条后，检查各链轮的匹配标记位置。

4）抓住平衡单元轴的 WAF 部分（WAF:

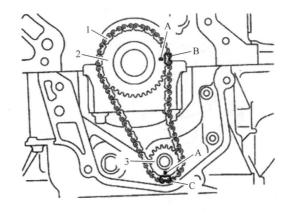

图 10-111　安装平衡轴驱动链
A—匹配标记（印记）　B—匹配标记（橙色链节）
C—匹配标记（深蓝色链节）

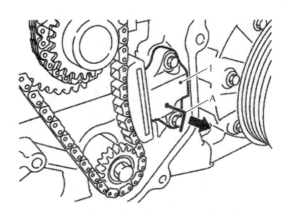

图 10-112　安装平衡单元正时链张紧器

19mm），然后拧紧平衡轴链轮螺栓。

注意：用 WAF 部分固定平衡单元轴。切勿通过拧紧平衡单元正时链条来松开平衡轴链轮螺栓。

5）安装平衡单元正时链条张紧器 1。使用限位销将柱塞固定在完全压缩的位置，然后安装。安装平衡单元正时链条张紧器后，拉出（按箭头方向）限位销 A，见图 10-112。再次检查平衡单元正时链条和各链轮的匹配标记位置。

6）对齐各链轮匹配标记与正时链条的匹配标记，见图 10-113。

如果这些匹配标记没有对齐，请抓住六边形部位稍微转动凸轮轴以修正位置。

注意：安装正时链条后，再次检查各链轮和正时链条的匹配标记位置。

7）安装张紧侧链条导轨和松弛侧链条导轨。

8）安装正时链条张紧器。使用限位销将柱塞固定在完全压缩的位置，然后安装。安装正时

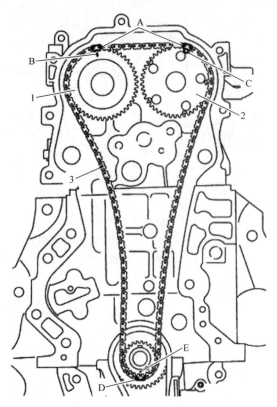

图 10-113 对齐正时链与各链轮正时标记
1—凸轮轴链轮（排气） 2—凸轮轴链轮（进气）
3—正时链条 A—匹配标记（深蓝色链节）
B—匹配标记（印记） C—匹配标记（外槽*）
D—匹配标记（橙色链节） E—匹配标记（印记）
*—凸轮轴链轮（进气）上有两个外槽，较宽的一个是匹配标记

链条张紧器后，用力拉出限位销。

9）再次检查正时链条和每个链轮的匹配标记位置。

10）安装前油封。

11）按以下步骤安装前盖：

① 将新O形圈安装到缸体上。注意切勿重复使用O形圈。务必对齐O形圈。

② 如图10-114所示，使用胶管挤压器（通用维修工具）以连续点状的方式在前盖上涂抹液态密封胶。请使用正品液态密封胶或同等产品。

③ 检查正时链条和各链轮的匹配标记是否仍然对齐。然后安装前盖。

注意：检查缸体上的O形圈安装是否正确。小心不要因与曲轴的前端干涉而损坏前油封。

④ 检查正时链条和各链轮的匹配标记是否仍然对齐。然后安装前盖。注意检查缸体上的O形圈安装是否正确。小心不要因与曲轴的前端干涉而损坏前油封。

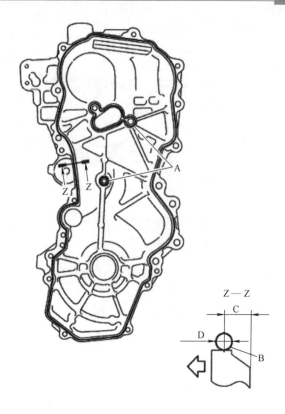

图 10-114 涂抹密封胶
A—液态密封胶涂抹区 B—密封胶 C—4.0~5.6mm
D—ϕ3.4~4.4mm 箭头—发动机外侧

⑤ 安装前盖，并按图10-115中所示1至22的顺序拧紧装配螺栓。

注意：应在涂抹液态密封胶后的5min内进行安装。

⑥ 拧紧所有螺栓后，按图10-115所示的数字顺序重新拧紧至规定力矩。注意：务必擦除溢出的多余液态密封胶。

12）按以下步骤安装曲轴带轮：

① 在以塑料锤装上曲轴带轮时，请轻敲它的中心部位（非四周位置）。切勿损坏前油封唇部分。

② 使用带轮固定器（通用维修工具）固定曲轴带轮。

③ 在曲轴带轮螺栓的螺纹和座面上涂抹新的发动机机油。

④ 拧紧曲轴带轮螺栓。规定力矩：68.6N·m。

⑤ 完全松开。

⑥ 拧紧曲轴带轮螺栓。规定力矩：29.4N·m。

⑦ 在曲轴带轮上作一个油漆标记，此标记需对齐曲轴带轮螺栓凸缘上六个容易识别的角度标记中的任一个。

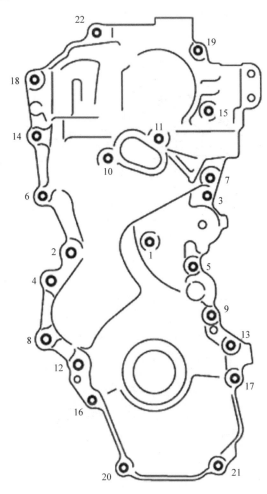

图 10-115 安装前盖螺栓顺序

M6 螺栓—1 号　M10 螺栓—6，7，10，11，14 号
M12 螺栓—2，4，8，12 号　M8 螺栓—除上述情况外

⑧ 再顺时针旋转 60°（固定角度拧紧）。移动一个角度标记来检查拧紧角度。

⑨ 顺时针转动曲轴检查是否可顺滑转动。

13）按照与拆卸相反的顺序安装其他零件。

10.3　蓝鸟（2015—2017 年款）

日产 1.6L – HR16DE 发动机（2015—2017）

该款发动机也搭载于轩逸车型上，相关内容请参考 10.2.1 小节。

10.4　阳光（2010—2017 年款）

日产 1.5L – HR15DE 发动机（2010—2017）

该发动机正时链单元拆装与 HR12DE 发动机一样，只是凸轮轴链轮对齐正时链链节标记为蓝色链节。相关内容请参考 10.7.1 小节。

10.5　骊威（2007—2017 年款）

日产 1.6L – HR16DE 发动机（2007—2017）

该款发动机也搭载于轩逸车型上，相关内容请参考 10.2.1 小节。

10.6　颐达-骐达（2005—2017 年款）

10.6.1　日产 1.6L – HR16DE 发动机（2005—2017）

该款发动机也搭载于轩逸车型上，相关内容请参考 10.2.1 小节。

10.6.2　日产 1.6T – MR16DDT 发动机（2011—2017）

该发动机正时链单元拆装与 MR20DE 发动机相似，这里简略介绍下正时链正时配对，其他内容请参考 10.1.1 小节。

图 10-116 显示了每个正时链条上的匹配标记和相应的安装了部件的链轮上的匹配标记之间的关系。

1）检查曲轴键是否朝上。

2）如果拆下张紧导板（前盖侧），则将其安装到前盖上。注意根据声音或感觉检查接头状况。

3）安装曲轴链轮 2、油泵链轮 3 和油泵驱动链条 1，见图 10-117。

① 安装时对齐各链轮和油泵驱动链条上的匹配标记。

② 如果这些匹配标记没有对齐，则略微转动油泵轴以修正位置。

注意：安装油泵驱动链条后，再次检查各链轮的匹配标记位置。

4）抓住油泵轴的 WAF 部分（WAF：10mm），然后拧紧机油泵轴链轮螺栓，见图 10-118。

拧紧油泵驱动链条来松开油泵轴链轮螺栓。

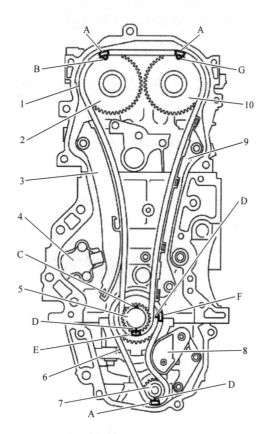

图10-116　发动机正时链部件与正时标记位置
1—正时链条　2—凸轮轴链轮（排气）　3—松弛侧链条导轨
4—正时链条张紧器　5—曲轴链轮　6—油泵驱动链条
7—油泵链轮　8—油泵驱动链条张紧器　9—张紧侧链条导轨
10—凸轮轴链轮（进气）　A—匹配标记（深蓝色链节）
B—匹配标记（外槽）　C—曲轴键位置（垂直朝上）
D—匹配标记（印记）　E—匹配标记（白色链节）
F—匹配标记（黄色链节）　G—匹配标记（外槽）

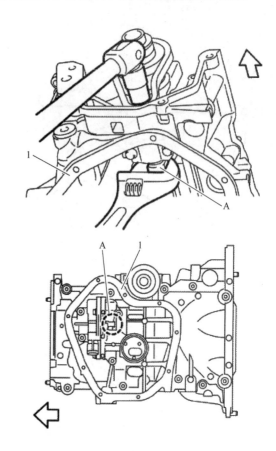

图10-118　安装机油泵链轮螺栓
1—油底壳（上）　A—WAF　箭头—发动机前端

5）安装油泵链条张紧器1，见图10-119。

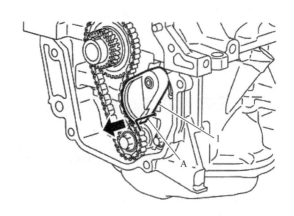

图10-119　安装机油泵驱动链条张紧器

① 用限位销A将油泵张紧器面固定在完全压缩位置，然后安装，见图10-119。

② 安装油泵链条张紧器后，用力（箭头方向）拉出限位销，见图10-119。

③ 重新检查油泵驱动链条和每个链轮的匹配

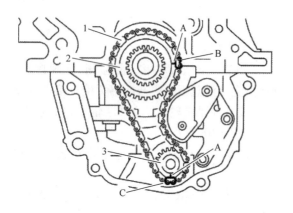

图10-117　机油泵驱动链安装
A—匹配标记（印记）　B—匹配标记（黄色链节）
C—匹配标记（深蓝色链节）

注意：抓住油泵轴的WAF部分。切勿通过

标记位置。

6）对齐各链轮匹配标记与正时链条的匹配标记，见图10-120。如果这些匹配标记没有对齐，则抓住六角形部分略微转动凸轮轴以修正位置。安装正时链条后，再次检查各链轮和正时链条的匹配标记位置。

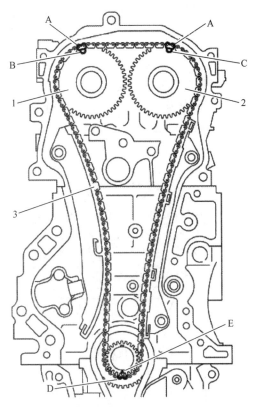

图 10-120　正时链条安装
1—凸轮轴链轮（排气）　2—凸轮轴链轮（进气）
3—正时链条　A—匹配标记（深蓝色链节）
B—匹配标记（外槽）　C—匹配标记（外槽）
D—匹配标记（白色链节）　E—匹配标记（印记）

7）安装松弛导轨2和张紧侧链条导轨3，见图10-121。

8）安装正时链条张紧器。用限位销将柱塞固定在完全压缩位置，然后安装。在安装正时链条张紧器后，用力拉出限位销。注意将张紧器安装在凸轮侧后，拉出锁止销。发动机没有安装张紧器的，如果拉出锁止销栓塞会跳出，因此切勿使用张紧器。如果使用了张紧器，栓塞将不平滑移动。

重复使用凸轮侧的张紧器：安装后，向栓塞尖端拉起；并移动棘齿卡子将张紧器平行放置在栓塞的外槽。

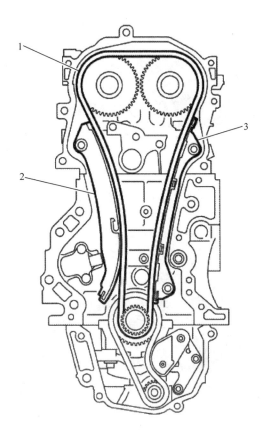

图 10-121　安装链条导轨与张紧器臂
1—正时链条　2、3—导轨

9）重新检查正时链条和每个链轮的匹配标记位置。

10.7　玛驰（2010—2017年款）

10.7.1　日产1.2L - HR12DE 发动机（2010—2017）

HR12DE发动机正时链拆装步骤和方法与HR16DE相似，这里只简略介绍不同的地方，其他未提到的内容请参考10.2.1小节。

1. 正时链单元拆卸设置

按以下步骤将第1缸设定在压缩行程的上止点：

1）顺时针转动曲轴带轮2并使TDC标记A（无漆）与前盖上的正时指示器1对准，见图10-122。

2）检查每个凸轮轴链轮上的匹配标记是否都定位在如图10-123、图10-124所示的位置。

① 带阀门正时控制，见图10-123。

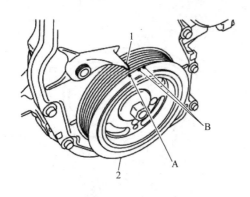

图 10-122 曲轴带轮 TDC 位置设置
A—TDC 标记　B—白色油漆标记（不用于维修）
1—正时指示器　2—带轮

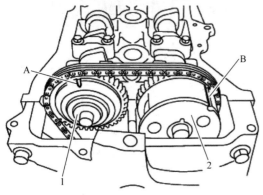

图 10-123 凸轮轴链轮标记位置
1—凸轮轴链轮（排气）　2—凸轮轴链轮（进气）
A—匹配标记（压印）　B—匹配标记（外周压印线）

② 不带阀门正时控制，见图 10-124。

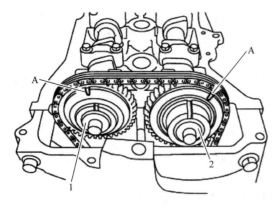

图 10-124 凸轮轴链轮正时标记
1—凸轮轴链轮（排气）　2—凸轮轴链轮（进气）
A—匹配标记（压印）

③ 若非如此，再将曲轴带轮转动一圈，使匹配标记在图 10-123、图 10-124 中所示的位置。

3）确认 1 号气缸的凸轮前端是处于图10-125中所示的位置。

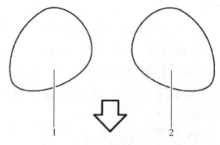

图 10-125 凸轮轴凸轮位置
1—凸轮轴（排气）　2—凸轮轴（进气）
箭头—缸盖侧

2. 正时链单元安装要点

图 10-126 中为已安装的部件正时链条和相对应链轮匹配标记之间的关系。

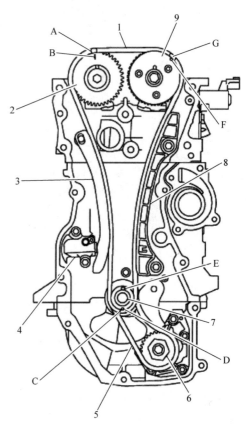

图 10-126 正时链安装部件与正时标记位置
1—正时链条　2—凸轮轴链轮（排气）　3—正时链条松弛侧链条导轨
4—链条张紧器（适用于正时链条）　5—油泵驱动链条　6—油泵链轮
7—曲轴链轮　8—正时链条张紧侧链条导轨　9—凸轮轴链轮（进气）
A—黄色链节（带阀门正时控制），蓝色链节（不带阀门正时控制）
B—匹配标记（压印）　C—橙色链节　D—匹配标记（压印）
E—曲轴键（垂直向上）　F—带阀门正时控制匹配标记
（外周压印线）；不带阀门正时控制匹配标记（压印）
G—黄色链节（带阀门正时控制）；蓝色链节（不带阀门正时控制）

按图 10-127 所示步骤安装正时链条。

10.8 逍客（2008—2017 年款）

10.8.1 日产 1.2T – HRA2DDT 发动机（2016—2017）

1. 正时链单元拆卸步骤

1）确认排气凸轮轴链轮上的标记 1 和进气凸轮轴链轮上的标记 2 位于图 10-128 中的位置。如果标记设定不正确，请转动发动机，直至标记位置与图 10-128 所示一致。

图 10-128　凸轮轴链轮正时标记

2）按以下步骤拆下链条张紧器 1。参见图 10-129。

① 将链条张紧器操作杆 A 完全往下推，然后将柱塞 C 推入张紧器内。将链条张紧器操作杆完全往下推即可释放凸耳 B。这样，柱塞就可以移动。

② 拉起杆，使它的孔的与主体上的孔的位置对齐。将操作杆孔与主体孔的位置对齐时，柱塞就会被固定。当柱塞棘齿的凸起部分和凸耳彼此相对时，两个孔的位置并没有对齐。此时，请稍微移动栓塞来使它们正确啮合并对齐这些孔。

③ 将限位销 D 通过操作杆插入主体的孔中，然后将操作杆固定在上方位置。图 10-129 中所示为使用 2.5mm 六角扳手的范例。

④ 拆下链条张紧器。

3）拆下正时链条张紧侧链条导轨 2 和正时链条松弛侧链条导轨 1，见图 10-130。

4）拆下正时链条 2。朝凸轮轴链轮 1（排气侧）拉动正时链条的松弛部分，然后拆下正时链条并从凸轮轴链轮（排气侧）侧开始拆下，见图

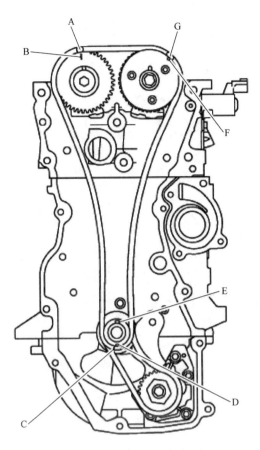

图 10-127　正时链安装正时标记
A—黄色链节（带阀门正时控制）；蓝色链节（不带阀门正时控制）
B—匹配标记（压印）　C—橙色链节　D—匹配标记（压印）
E—曲轴键（垂直向上）
F—匹配标记：外周压印线（带阀门正时控制）；
压印（不带阀门正时控制）
G—黄色链节（带阀门正时控制）；蓝色链节（不带阀门正时控制）

注意：图 10-127 为带阀门正时控制分解图示例。

对齐每个链轮和正时链条上的匹配标记来进行安装。如果匹配标记没有对齐，请稍微转动凸轮轴来修正位置。

注意：在配合标记对齐后，请用一手扶住使它们保持对齐。为避免错齿，在前盖安装前，切勿转动曲轴和凸轮轴。

10.7.2 日产 1.5L – HR15DE 发动机（2010—2017）

该发动机正时链单元拆装与 HR12DE 发动机一样，只是凸轮轴链轮对齐正时链链节标记为蓝色链节。相关内容请参考 10.7.1 小节。

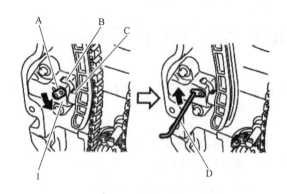

图 10-129 拆卸张紧器

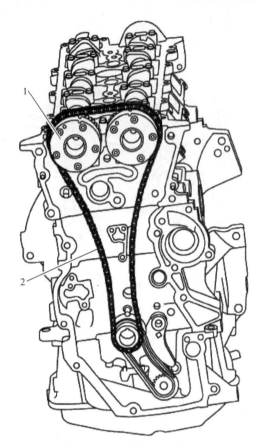

图 10-131 拆下主正时链条

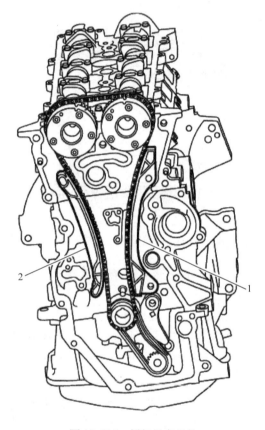

图 10-130 拆卸链条导轨

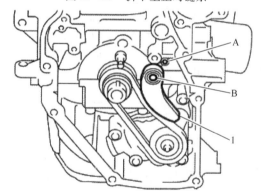

图 10-132 拆下油泵驱动链张紧器

10-131。

注意：在正时链条拆下时，切勿旋转曲轴或凸轮轴。这会导致气门和活塞之间相互碰撞。

5）按以下步骤，拆下与曲轴链轮和油泵驱动相关的零件。

① 拆下链条张紧器 1。从轴 B 和弹簧固定孔 A 上拉出，见图 10-132。

② 固定油泵轴的顶端，然后松开油泵链轮螺母并拆下。

③ 同时拆下曲轴链轮 1，油泵驱动链条 2 和油泵链轮 3，见图 10-133。

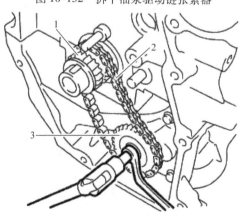

图 10-133 拆下油泵驱动链条

2. 正时链单元安装步骤

图10-134中为已安装的部件正时链条和相对应链轮匹配标记之间的关系。

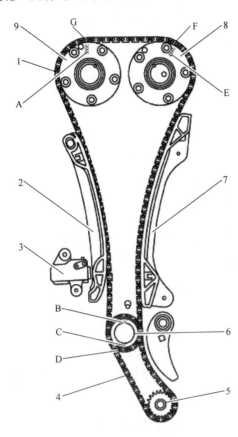

图10-134 正时链条安装标记
1—正时链条 2—正时链条松弛侧链条导轨
3—链条张紧器 4—油泵驱动链条 5—油泵链轮
6—曲轴链轮 7—正时链条张紧侧链条导轨
8—凸轮轴链轮（进气） 9—凸轮轴链轮（排气）
A—匹配标记（外槽） B—曲轴键（垂直向上）
C—配合标记（压印） D—标色链节
E—匹配标记（外槽） F—标色链节
G—标色链节

1）按以下步骤安装与曲轴链轮和油泵驱动相关的部件：

① 同时安装曲轴链轮1，油泵驱动链条2和油泵链轮3。安装曲轴链轮，使其无效齿轮部分A朝向发动机背面。安装油泵链轮，使它的六角面朝向B发动机的前部。如图10-135所示。

注意：与油泵驱动相关的零件上没有匹配标记。

② 固定油泵轴的顶端，然后拧紧油泵链轮螺母。

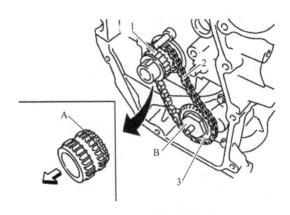

图10-135 安装油泵驱动链

③ 安装链条张紧器。将弹簧装入缸体前侧表面的固定孔的同时将本体插入轴内。安装后检查张力是否施加在油泵驱动链条上。

2）按以下步骤安装正时链条，如图10-136所示。

图10-136 安装正时链
1—标色链节 2—INT匹配标记（外槽）
3—EXH匹配标记（外槽） 4—曲轴匹配标记（压印）

① 对齐每个链轮和正时链条上的匹配标记来进行安装。

② 如果匹配标记没有对齐，请稍微转动凸轮轴来修正位置。

注意：在配合标记对齐后，请用手扶住使它们保持对齐。为避免错齿，在前盖安装前，切勿转动曲轴和凸轮轴。

3）安装正时链条张紧侧链条导轨和正时链条松弛侧链条导轨。

4）安装链条张紧器。使用限位销将柱塞固定在完全压缩的位置，然后安装。在安装链条张紧器后，请用力拉出限位销。

5）再次检查正时链条和每个链轮的匹配标记位置。

10.8.2 日产 2.0L – MR20DE 发动机（2008—2017）

该款发动机也搭载于轩逸车型上，相关内容请参考 10.2.3 小节。

10.8.3 日产 1.6L – HR16DE 发动机（2008—2015）

该款发动机也搭载于轩逸车型上，相关内容请参考 10.2.1 小节。

10.9 奇骏 X – trail（2008—2017 年款）

10.9.1 日产 2.0L – MR20DE 发动机（2008—2017）

该款发动机也搭载于轩逸车型上，相关内容请参考 10.2.3 小节。

10.9.2 日产 2.5L – QR25DE 发动机（2008—2017）

该款发动机也搭载于天籁车型上，相关内容请参考 10.1.2 小节。

10.10 楼兰（2011—2017 年款）

10.10.1 日产 2.5L – QR25DE 发动机（2011—2017）

该款发动机也搭载于天籁车型上，相关内容请参考 10.1.2 小节。

10.10.2 日产 3.5L – VQ35DE 发动机（2011—2014）

该款发动机也搭载于天籁车型上，相关内容请参考 10.1.4 小节。

10.10.3 日产 2.5L – QR25DER 发动机（2015—2017）

该款发动机为楼兰 HEV 混动车型搭载，其正时带维修与 QR25DE 一样，相关内容请参考 10.1.2 小节。

10.11 西玛（2016—2017 年款）

日产 2.5L – QR25DE 发动机（2016—2017）

该款发动机也搭载于天籁车型上，相关内容请参考 10.1.2 小节。

第11章 郑州日产

11.1 NV200（2016—2017年款）

日产 1.6L - HR16DE 发动机（2016—2017）

该款发动机也搭载于轩逸车型上，相关内容请参考10.2.1小节。

11.2 帕拉丁（2013—2017年款）

日产 2.4L - KA24DE 发动机（2013—2017）

1. 下正时链条安装步骤

1）安装曲轴链轮，油泵驱动齿轮和甩油盘，见图11-1。确保曲轴链轮的配合标记朝着发动机前面。

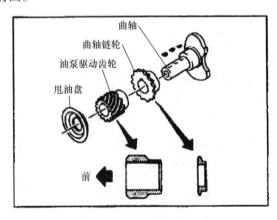

图 11-1 安装曲轴链轮

2）如图11-2所示按照配合标记和拆卸时做的油漆标记，安装惰轮链轮和下正时链条。注意不要损坏缸盖衬垫。

3）安装链条导轨和链条张紧臂。

4）安装下链条张紧器，拆下固定活塞到张紧器上的销子。

5）安装前盖：使用刮刀或其他合适的工具清除缸体和前盖配合面上所有原来的液体衬垫的

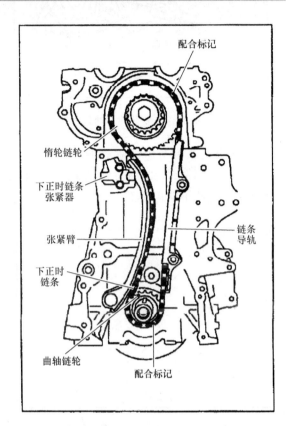

图 11-2 下正时链安装标记

痕迹。在前盖安装新的前油封，见图11-3、图11-4。在前盖上连续涂抹液体衬垫。使用原厂的液体衬垫或同类产品。确保安装新的前油封。在缸盖衬垫表面上涂抹液体衬垫。安装发动机前盖。安装机油集滤器和油底壳。

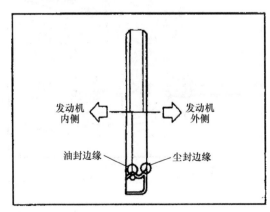

图 11-3 安装发动机前盖

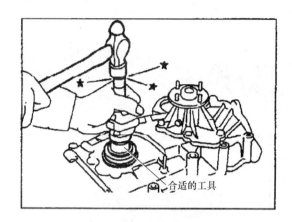

图 11-4　安装前盖油封

6）安装油泵和分电器驱动轴。如图 11-5 所示，确保分电器驱动轴的平面端朝向发动机，否则将导致分电器不能正常工作。

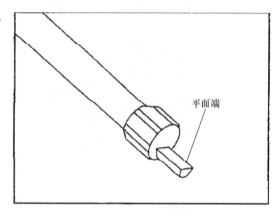

图 11-5　分电器平面端朝向发动机

7）安装以下零件：曲轴带轮、空调压缩机和惰轮带轮支架。

8）安装惰轮链轮和螺栓，见图 11-6。

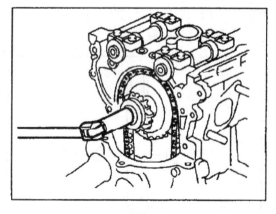

图 11-6　安装惰轮链轮

2. 上正时链条安装步骤

1）安装下正时链条和惰轮链轮。

2）安装上正时链条和链轮，参照拆卸时做的油漆参考标记，见图 11-7。

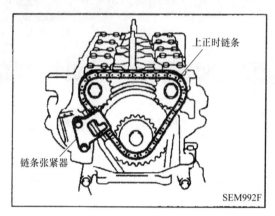

图 11-7　安装上正时链

3）安装链条张紧器。拆下固定张紧装置活塞到张紧器孔内的销子。

4）安装凸轮轴链轮盖。使用刮刀或其他合适的工具清除缸体和凸轮轴链轮盖配合面上所有原来的液体衬垫的痕迹。在盖上连续涂抹液体衬垫。在缸盖衬垫表血上涂抹液体衬垫。使用原厂的液体衬垫或同类产品。注意不要损坏缸盖衬垫。当安装凸轮轴链轮盖时，注意不要让上正时链条脱落。

5）安装摇臂室衬垫。在缸盖上和凸轮轴链轮盖上涂抹液体衬垫。

6）安装摇臂室盖。按照编号顺序拧紧螺栓。力矩：8~11N·m。

7）安装分电器，如图 11-5 所示对准位置。

8）安装真空管，电气线束插头和线束夹子。

9）安装过程安装拆卸的相反顺序进行。

11.3　D22 皮卡（2011—2017 年款）

日产 2.4L – KA24DE 发动机（2013—2017）

该款发动机也装备于帕拉丁车型，相关内容请参考 11.2 节。

第12章 东南三菱

12.1 翼神（2015—2017年款）

12.1.1 三菱 1.6L–4A92 发动机（2015—2017）

1. 正时链单元拆卸步骤

1）正时链条张紧器总成。
2）张紧器拉杆总成。
3）链导槽总成。
4）正时链条。
5）凸轮轴链轮螺栓。
6）凸轮轴链轮。
7）V.V.T. 链轮螺栓。
8）V.V.T. 链轮。

以上1）~8）步骤所拆卸部件如图12-1中1~8所示。

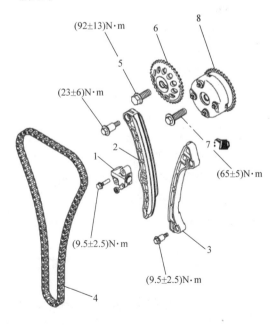

图12-1 正时链单元部件

2. 正时链单元安装步骤

1）设置正时链条时，使它与链条中被另外两条蓝色连杆分开的那条蓝色链节位于曲轴侧，见图12-2。

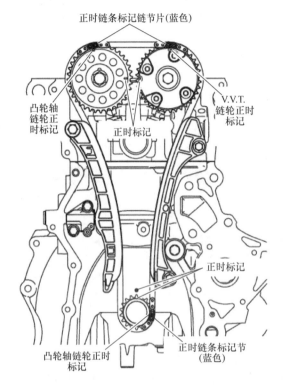

图12-2 对准各链轮正时标记

2）将正时链条安装到曲轴链轮上，使蓝色链节与链轮上的标记对齐，见图12-3。

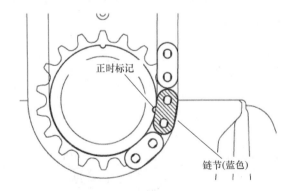

图12-3 对准曲轴链轮与正时链标记

3）将链条安装到V.V.T.链轮上，使蓝色链节与链轮上的标记对齐，见图12-4。

4）将链条安装到凸轮轴链轮上，使蓝色链节与链轮上的标记对齐，见图12-5。

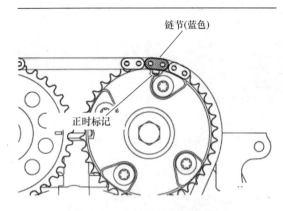

图 12-4　对准VVT与链条标记

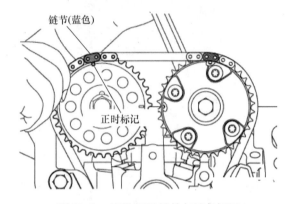

图 12-5　对准VVT链轮与链条标记

进行此操作时，用一个或两个齿转动V.V.T. 链轮或凸轮轴链轮，然后使蓝色链节与标记对齐。

5）确保三对正时标记全部对齐。

6）安装链条导槽和张紧器拉杆。

① 压入正时链条张紧器的柱塞时，如图12-6所示，将插入销子以锁住柱塞。

图 12-6　压入张紧器柱塞

② 将正时链条张紧器安装到气缸体上，拧紧正时链条张紧器螺栓至规定力矩（9.5±2.5）N·m。

③ 从张紧器上拆下销子，见图12-7。正时链条应用张紧器拉杆张紧。

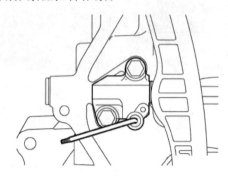

图 12-7　从张紧器上拆下销子

12.1.2　三菱 1.8L - 4B10 发动机（2015—2017）

该款发动机正时维修与4B11一样，相关内容请参考12.1.3小节。

12.1.3　三菱 2.0L - 4B11 发动机（2015—2017）

1. 正时链单元拆卸步骤

1）链条上部导槽。
2）正时链条张紧器。
3）张紧器拉杆。
4）正时链导槽。
5）正时链。
6）机油喷嘴。
7）排气 V.V.T. 链轮螺栓。
8）排气 V.V.T. 链轮总成。
9）进气 V.V.T. 链轮螺栓。
10）进气 V.V.T. 链轮总成。

以上步骤所拆部件如图12-8所示。

2. 正时链单元安装步骤

1）对正 V.V.T. 链轮的正时标记，见图12-9。

2）将曲轴链轮键与图12-9位置对齐。

3）将链节（橙色）与排气 V.V.T. 链轮的正时标记对齐，然后闭合正时链，见图12-10。

4）将链节（蓝色）与进气 V.V.T. 链轮的正时标记对齐，以闭合正时链。将进气 V.V.T. 链轮转动一个或两个齿，以使其与正时标记对齐，见图12-11。

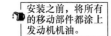

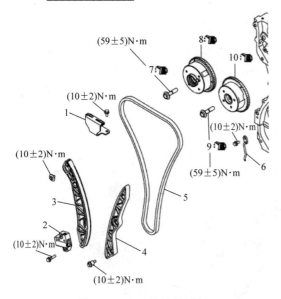

图 12-8 正时链部件拆卸

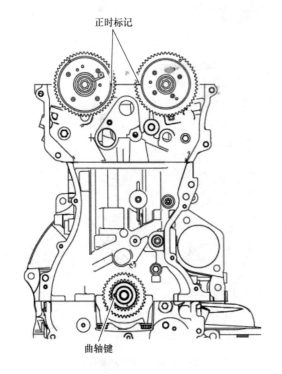

图 12-9 对准链轮的正时标记

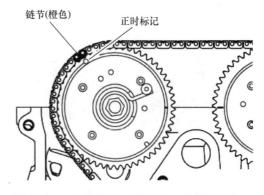

图 12-10 对准排气 VVT 链轮与正时链标记

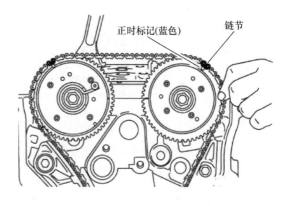

图 12-11 对准进气 VVT 链轮与正时链标记

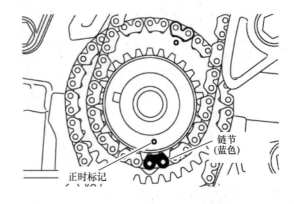

图 12-12 对准曲轴链轮与正时链标记

5）使曲轴链轮的正时标记与链节（蓝色）对齐，以闭合正时链。由于正时链松弛，应将其固定住，以防正时标记脱离链节，见图 12-12。

6）确保每个链轮的正时标记在三个位置上都能与正时链的链节对齐，见图 12-13。

7）安装正时链导槽和张紧器拉杆。

8）将正时链条张紧器安装到气缸体上，并拧紧至规定力矩（10±2）N·m。

9）从正时链条张紧器上拆下 φ1.5mm 的高碳钢丝（钢琴丝或类似物体）或内六角扳手（1.5mm）。这可使正时链条张紧器的柱塞推动张紧器拉杆，以使正时链张紧，见图 12-14。

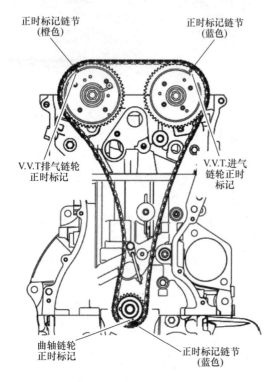

图12-13 检查所有正时标记对准位置

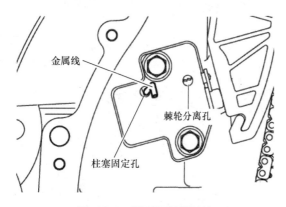

图12-14 拆下张紧器钢丝

12.2 蓝瑟（2012—2017年款）

三菱1.6L-4G18发动机（2012—2017）

1. 正时带单元拆卸步骤

1）正时带上罩。
2）正时带下罩。
3）正时带。
4）张紧器弹簧。
5）正时带张紧器。
6）发动机右支架。
7）曲轴正时齿轮。
8）曲轴转角传感器齿型板。
9）曲轴转角传感器齿型板压板。
10）凸轮轴正时齿轮螺栓。
11）凸轮轴正时齿轮。

以上部件位置见图12-15。

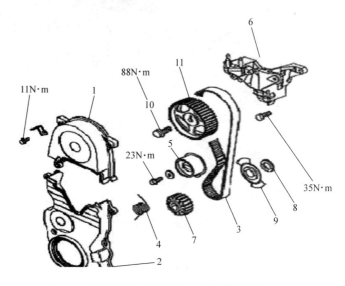

图12-15 发动机正时带单元部件

2. 正时带单元安装步骤

1）凸轮轴链轮螺栓的安装。

① 使用图12-16所示的专用工具将凸轮轴链轮固定在相应的位置。

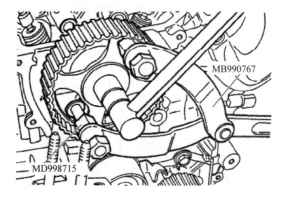

图12-16 固定凸轮轴带轮

② 拧松凸轮轴链轮到规定的力矩。

2）正时带张紧器、张紧器弹簧的安装。

① 将正时带张紧器锁定在图12-17所示位置。

② 如图12-18所示，将张紧器弹簧的一个伸长端钩在正时带张紧器的钩形部，并将张紧器装

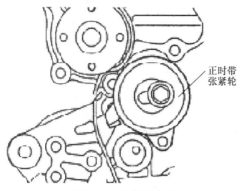

图 12-17 安装张紧轮

到机油泵壳体上。

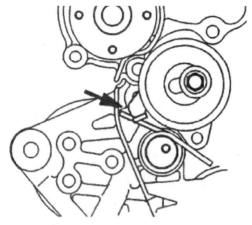

图 12-18 处理张紧弹簧

③ 夹住张紧器弹簧的另一伸长端,并如图 12-19 箭头 B 所示将它钩到机油泵壳体凸耳上。

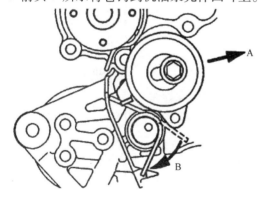

图 12-19 处理张紧弹簧另一端

④ 以图 12-19 所示箭头 A 方向移动正时带张紧器,临时张张紧传动带。

3) 正时带的安装。

① 如图 12-20 所示,将凸轮轴正时记号与气缸盖的正时记号对准。

② 将曲轴正时记号与前壳体上的正时记号对准,见图 12-21。

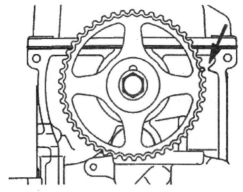

图 12-20 对准凸轮轴正时记号

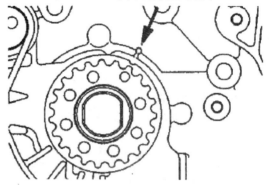

图 12-21 对准曲轴正时记号

③ 使正时带的张紧侧保持张紧,并将正时带依次装入曲轴正时轮、凸轮轴正时轮和张紧器带轮,见图 12-22。

④ 如图 12-22 所示,拧松张紧轮安装螺栓 1/4 ~ 1/2 圈,使张紧器弹簧的张力作用到正时带上。

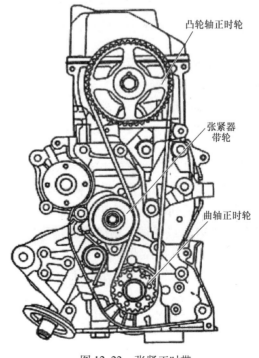

图 12-22 张紧正时带

⑤ 以正常的旋转方向（顺时针）旋转曲轴2圈，检查正时记号是否正确对准。

⑥ 固定张紧器带轮安装螺栓。

12.3　戈蓝（2012—2017年款）

12.3.1　三菱2.0L-4G63发动机（2012—2017）

该发动机正时带维修与4G69发动机一样，相关内容请参考12.3.2小节。

12.3.2　三菱2.4L-4G69发动机（2012—2013）

1. 正时带单元部件位置

正时带部件位置如图12-23所示。

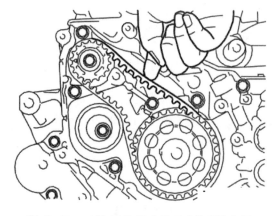

图12-23　三菱4G69发动机正时带部件位置

2. 正时带单元拆卸步骤

1）插接器支架。

2）正时带前上盖。

3）正时带前下盖。

4）正时带。

拆下的正时带、链轮和张紧器必须清洗或浸在溶剂中，因为正时带上的水或机油会大大缩短其寿命。如果受到污染，则更换零件。如果所有零部件上都有水或机油，则应检查前壳体油封、凸轮轴油封和水泵是否泄漏。

① 为了重新安装，标记正时带的运转方向，见图12-24。

② 松开张紧轮螺栓，然后拆下正时带。

5）张紧轮。

6）张紧器臂。

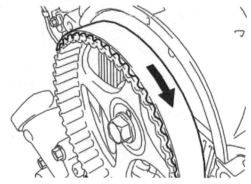

图12-24　标记正时带转向方向

7）自动张紧器。

8）张紧装置带轮。

9）支架。

10）曲轴位置传感器。

11）机油泵链轮。

① 拆下气缸体左侧上的旋塞。

② 将旋具（刀柄直径8mm）通过塞孔插入，已锁止左侧的平衡轴，见图12-25。

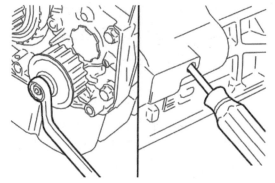

图12-25　锁止平衡轴

③ 松开螺母，然后拆下机油泵链轮。

12）曲轴螺栓。

① 安装专用工具MD998781，以固定驱动盘或飞轮，见图12-26。

② 松开并拆下曲轴螺栓和垫圈。

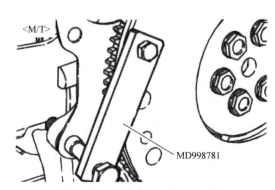

图12-26　安装专用工具固定飞轮

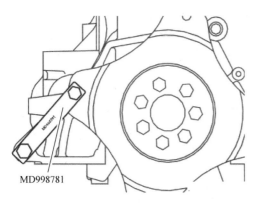

图12-26 安装专用工具固定飞轮（续）

13）曲轴带轮垫圈。

14）曲轴链轮。

① 如图12-27所示安装专用工具MD998778。

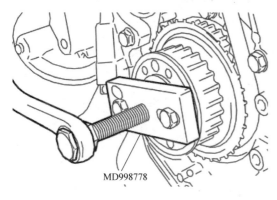

图12-27 安装曲轴链轮专用拆卸工具

② 拧入专用工具的中央螺栓以拆下曲轴链轮。

15）曲轴感应盘。

16）张紧器。

17）正时带。

18）平衡轴链轮。

① 如图12-28所示，安装专用工具MD998785，以防止平衡轴链轮一起转动。

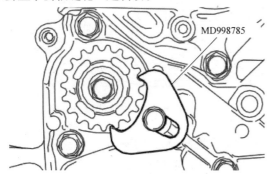

图12-28 拆下平衡轴链轮

② 松开螺栓并拆下链轮。

19）间隔环。

20）曲轴链轮。

21）曲轴键。

22）发电机支架。

23）发动机支架托架。

24）正时带后盖。

25）凸轮轴链轮螺栓。

26）凸轮轴链轮。

① 用专用工具MB990767和MD998719固定凸轮轴链轮的同时，松开凸轮轴链轮螺栓，见图12-29。

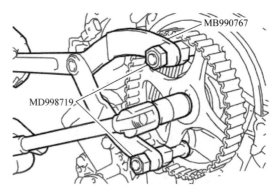

图12-29 拆下凸轮轴链轮螺栓

② 拆卸凸轮轴链轮。

3. 正时带的安装

1）将曲轴链轮和平衡轴链轮上的正时标记与前壳体上的标记对齐，见图12-30。

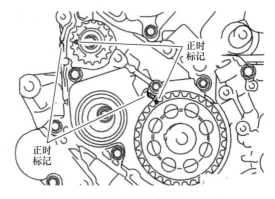

图12-30 对齐正时标记

2）将正时带安装到曲轴链轮和平衡轴链轮上。在张力侧应无松弛。

3）确保张紧轮中心和螺栓中的位置如图12-31所示。

4）用手指给正时带的张紧侧施加足够的张

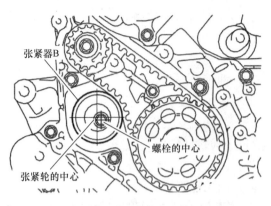

图 12-31　张紧轮中心位置

力的同时，按箭头的方向移动张紧器，见图 12-32。在此情况下，拧紧螺栓固定张紧器。拧紧螺栓时，小心防止张紧轮轴与螺栓一起转动。如果轴和螺栓一起转动，则正时带会过度张紧。

拧紧力矩：（19±3）N·m。

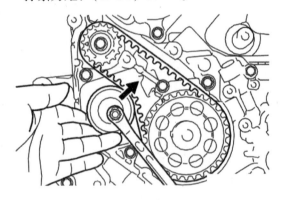

图 12-32　安装正时带张紧器

5）检查确认链轮上的正时标记与前壳体上的正时标记对齐。

6）如图 12-33 所示，用食指压正时带的中心。螺栓必须偏离 8~12mm。

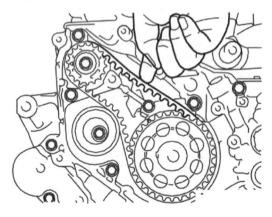

图 12-33　测试正时带张紧度

4. 正时带单元安装步骤

1）对齐凸轮轴链轮上的正时标记与气门室盖上的正时标记，见图 12-34。

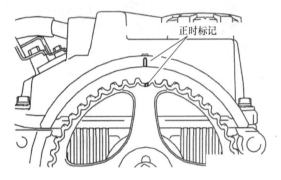

图 12-34　对齐凸轮轴链轮与气门室盖上标记

2）对齐凸轮轴链轮上的正时标记与前壳体上的正时标记，见图 12-35。

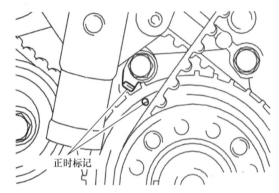

图 12-35　对齐凸轮轴链轮与前壳体上标记

3）对齐机油泵链轮上的正时标记与它匹配标记，见图 12-36。

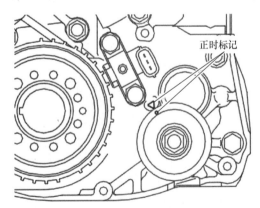

图 12-36　对齐机油泵链轮与壳体上的标记

4）拆下气缸体上的火花塞，然后将旋具（刀柄直径 8mm）通过孔插入，见图 12-37。

如果旋具能插入至少 60mm，则正时标记已正确对齐。

如果旋具的插入深度仅为 20~25mm，则将机油泵链轮转一圈，并重新对齐正时标记，然后检查确认旋具是否能插入至少 60mm。正时带完全安装好之前，让旋具一直插在里面。

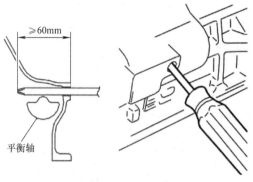

图 12-37　插入旋具

5）安装自动张紧器。

如果自动张紧器杆完全伸出，则如下所述重新安装。

① 用软口台虎钳夹住自动张紧器，见图 12-38。

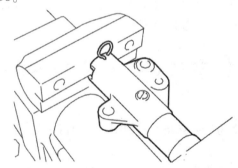

图 12-38　用软口台虎钳夹住自动张紧器

② 用台虎钳逐渐地压入杆，直至杆上的定位孔 A 与工作缸上的定位孔 B 对齐，见图 12-39。

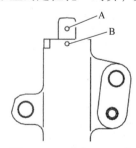

图 12-39　对齐 AB 两孔

③ 将一条钢丝（直径 1.4mm）插入定位孔中。该自动张紧器定位钢针将在正时带的校正中用到。

④ 从台虎钳上松开自动张紧器。让安装的钢丝留在自动张紧器中。

⑤ 将自动张紧器安装到前壳体上并拧紧至规定力矩，见图 12-40。

拧紧力矩：(23±3) N·m。

图 12-40　安装张紧器到发动机上

⑥ 如图 12-41 所示，安装专用工具 MD998738，并拧入工具直到插在自动张紧器中的钢丝能轻轻移动的位置。

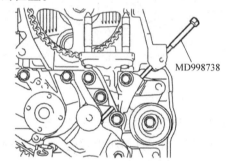

图 12-41　插入专用工具

6）依次安装曲轴链轮、机油泵链轮、张紧装置带轮、凸轮轴链轮和张紧轮上的正时带。

7）沿图 12-42 箭头方向升起张紧轮，然后拧紧中央螺栓。

图 12-42　升起张紧轮并紧固螺栓

8）检查确认所有的正时标记对齐。

9）拆下步骤 5 中插入的旋具，然后安装火花塞。

10）逆时针转动曲轴 1/4 圈。然后顺时针转动，直至正时标记再次对齐。

11）将专用工具 MD998767、套筒扳手和扭力扳手安装到张紧轮上，然后松开张紧轮的中央螺栓。

提示：使用测量范围为 0~5.0N·m 的扭力扳手。

12）用扭力扳手拧紧至 3.5N·m。

13）用专用工具 MD998767 和扭力扳手固定张紧轮，将中央螺栓拧紧至规定力矩，见图 12-43。

拧紧力矩：（48±5）N·m。

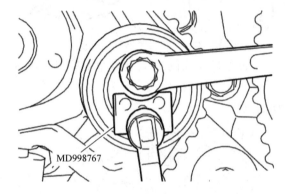

图 12-43　拧紧中央螺栓

14）拉出安装时插在自动张紧器中的钢丝，然后用手拆下专用工具 MD998738，见图 12-44。

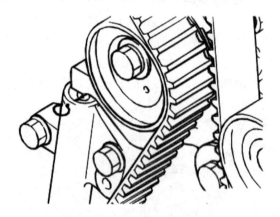

图 12-44　拉出张紧器上的钢丝

15）顺时针转动曲轴两圈。等待 15min，然后进行以下的检查步骤。

16）检查确认固定钢丝（安装自动张紧器时插入的）能否无阻碍地拆下。钢丝能毫无阻力地拆下，则表示正时带已有合适的张力，可以拆下钢丝。在此情况下，检查确认自动张紧器杆的凸出部分处于标准值范围内，见图 12-45。标准值：3.8~4.5mm。

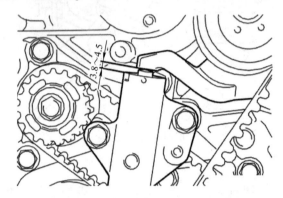

图 12-45　检查张紧器柱塞凸出范围

17）如果拆卸钢丝时有阻力，则重复之前的步骤 10）~15），直至测量杆自动张紧器杆的凸出部分处于标准值范围内。

12.4　君阁（2011—2017 年款）

三菱 2.0L-4G63 发动机（2011—2017）

该发动机正时带维修与 4G69 发动机一样，相关内容请参考 12.3.2 小节。

第13章 广汽三菱

13.1 欧蓝德（2016—2017年款）

13.1.1 三菱2.0L-4J11发动机（2016—2017）

1. 正时链单元拆卸步骤

1）正时链条张紧器。

将一字旋具插入正时链条张紧器的分离孔，以分开锁栓。用手推动张紧器拉杆，将正时链条张紧器柱塞推到底。然后，将 $\phi1.5mm$ 的高碳钢丝（钢琴丝或类似物体）或六角扳手（1.5mm）插入柱塞装配孔，见图13-1。

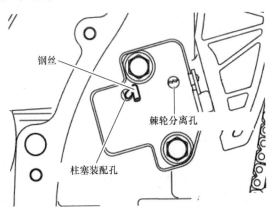

图13-1 拆下张紧器

2）拆下正时链条张紧器。
3）张紧器拉杆。
4）正时链导槽。
5）正时链。

以上步骤所拆卸的部件见图13-2。

2. 正时链单元安装步骤

1）将摇臂轴支架的正时标记与V.V.T.链轮的一个圆形正时标记对齐，见图13-3。

2）将曲轴链轮键与图13-3位置对齐。

3）使曲轴链轮的正时标记与正时链上的链片（橙色）对齐，见图13-4。

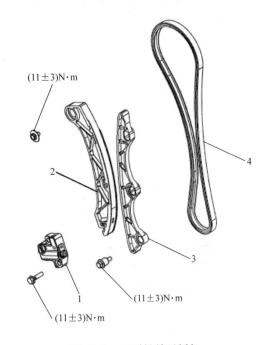

图13-2 正时链单元拆卸

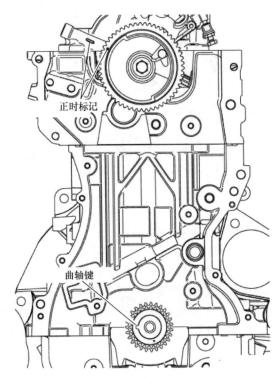

图13-3 对齐曲轴与凸轮轴链轮正时标记

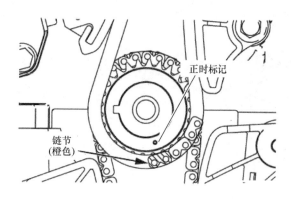

图13-4 对齐曲轴链轮正时标记

4）将三个蓝色链接片的中心链片与V.V.T.链轮的正时标记对齐，然后安装正时链，见图13-5。

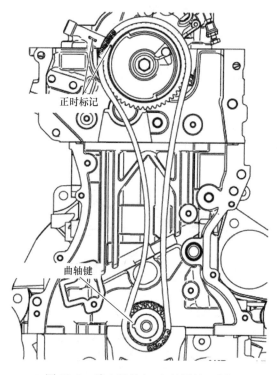

图13-5 检查链轮与正时链标记对齐

5）确保每个链轮的正时标记在两个位置上都能与正时链的链片对齐。

6）将正时链导板安装到气缸体上，并拧紧至规定力矩（11±3）N·m。

7）将张紧器拉杆安装到气缸体上，并拧紧至规定力矩（11±3）N·m。安装正时链导板和张紧器拉杆。

8）从正时链条张紧器上拆下φ1.5mm的高碳钢丝（钢琴丝或类似物体）或六角扳手（1.5mm）。这可使正时链条张紧器的柱塞推动张紧器拉杆，以使正时链张紧。

13.1.2 三菱2.4L-4J12发动机（2016—2017）

该款发动机正时带维修与4J11相同，相关内容请参考13.1.1小节。

13.2 帕杰罗-劲畅（2013—2017年款）

13.2.1 三菱2.4L-4G64发动机（2013—2017）

该发动机正时带维修与4G69发动机一样，相关内容请参考12.3.2小节。

13.2.2 三菱3.0L-6B31发动机（2013—2017）

1. 正时带单元拆卸步骤

1）正时带前部上盖，右侧。
2）正时带前部上盖，左侧。
3）正时带前盖下部。
4）发动机支架，右侧。
5）曲轴角度传感器盖。
6）曲轴角度传感器。
7）O形圈。
8）自动张紧器。

拆下自动张紧器的上部紧固螺栓。慢慢松开自动张紧器的紧固螺栓（下部）。将自动张紧器推杆从张紧器臂上拆下，倾斜自动张紧器到挡块位置。拆下自动张紧器的下部紧固螺栓，见图13-6。

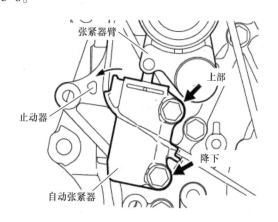

图13-6 拆卸自动张紧器

9）正时带。

拆下正时带前，将凸轮轴链轮和曲轴链轮的标记与压缩行程的上止点处的 No.1 对齐。

水或机油会大大缩短正时带的寿命，因此要使拆下的正时带和链轮避免粘上机油和水。不要将零件浸入到清洗剂中。

如图 13-7 所示将正时带的运动方向作上标记，以便重新安装时参考。

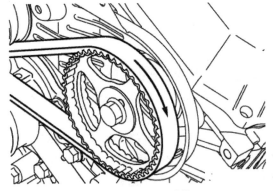

图 13-7　标记正时带

如果零件上粘有机油或水，那么要检查前壳体油封、凸轮轴油封和水泵是否泄漏。拆下正时带后，不要转动曲轴链轮和凸轮轴链轮。

10）张紧器臂。

11）张紧装置带轮。

因为内六角螺栓的六角形孔很浅，因此要将工具插牢，并小心操作不要损坏六角形孔。

使用对面宽度为 8mm 的六角形扳手拆卸张紧装置带轮。

12）曲轴链轮。

13）键。

14）凸轮轴链轮螺栓。

使用专用工具叉头固定器（MB990767）和销（MD998719）以防止凸轮轴链轮转动，然后松开凸轮轴链轮螺栓，见图 13-8。

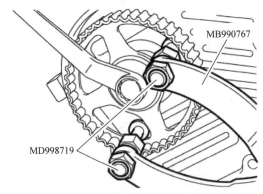

图 13-8　拆卸凸轮轴链轮螺栓

15）凸轮轴链轮。

16）正时带后盖。以上步骤拆卸部件位置如图 13-9 中 1~16 所示。

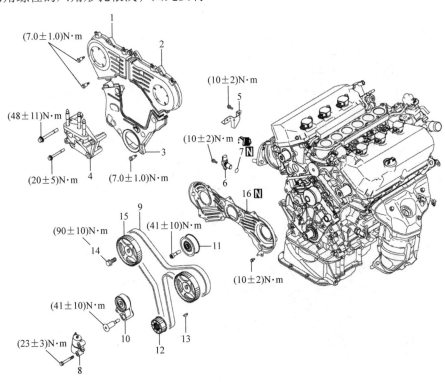

图 13-9　正时带拆卸

2. 正时带单元安装步骤

1）检查曲轴链轮和凸轮轴链轮的标记是否与压缩行程的上止点处的 No.1 对齐，见图 13-10。

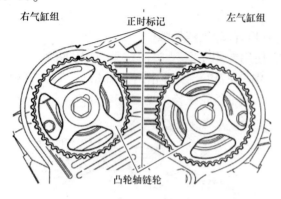

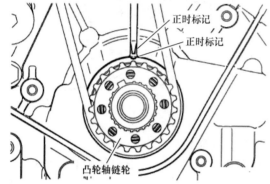

图 13-10 检查正时标记是否对齐

如果没对齐，那么再次对齐标记，注意气门和柱塞是否干涉。

2）按以下顺序安装每个链轮上的正时带。

① 安装曲轴链轮上的正时带，然后安装水泵驱动带轮上的正时带，同时将正时带拉紧以防止松弛。

② 将左气缸组凸轮轴链轮的正时标记对齐。

③ 将正时带安装到张紧装置带轮上，同时减小松弛度。

④ 将正时带安装到右气缸组的凸轮轴链轮上。

⑤ 将正时带安装到张紧器驱动带轮上。

3）查看所有链轮的正时标记是否对齐，见图 13-11。

4）使用专用工具曲轴扳手（MD998716）逆时针转动曲轴四分之一圈。然后，再顺时针转回来以验证所有的正时标记对齐，见图 13-12。

5）拉出自动张紧器销。

6）顺时针转动曲轴两圈，保持静止大约 5min。

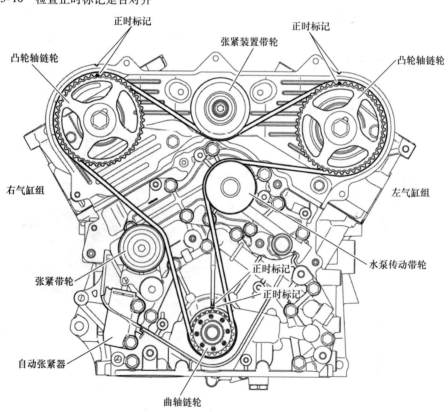

图 13-11 检查各个链轮的正时标记

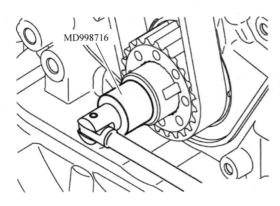

图 13-12 使用专用工具转动曲轴

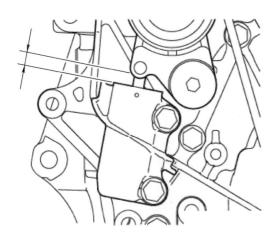

图 13-13 检查自动张紧器推杆伸出量

7）检查自动张紧器推杆的伸出量是否在标准值范围内。标准值：9.1－13.4mm。

13.3 劲炫 ASX（2013—2017 年款）

13.3.1 三菱 1.6L－4A92 发动机（2013—2017）

该款发动机也搭载于翼神车型，相关内容请参考 12.1.1 小节。

13.3.2 三菱 2.0L－4B11 发动机（2013—2017）

该款发动机也搭载于翼神车型，相关内容请参考 12.1.3 小节。

第14章 一汽马自达

14.1 马自达6（2006—2017年款）

马自达2.0L-LF发动机（2006—2017）

1. 正时链单元组装顺序

如图14-1所示，按表14-1中的顺序进行组装。

2. 正时链单元安装说明

1）将SST安装至凸轮轴，见图14-2，然后把凸轮轴的位置与TDC对齐。

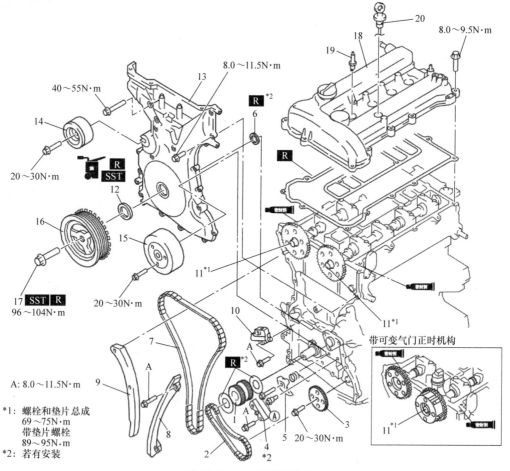

图14-1 正时链单元部件

2）拆下气缸体的下堵头。
3）按图14-3中所示安装SST。
4）顺时针转动曲轴以使曲轴位于1号气缸的TDC位置。
5）安装正时链条。
6）安装链条张紧器并拆下定位线，见图14-4。

表 14-1 正时链单元安装顺序

安装顺序	组装部件
1	曲轴链轮
2	油泵链条
3	机油泵链轮
4	机油泵链条导向装置（若装有）
5	机油泵链条张紧器
6	密封圈（若装有）
7	正时链条
8	链条导板
9	张紧臂
10	链条张紧器
11	凸轮轴链轮，可变气门正时执行器（带可变气门正时机构）
12	前油封
13	发动机前罩
14	驱动带惰轮（不带拉伸式 A/C 传动带）
15	水泵带轮
16	曲轴带轮
17	曲轴带轮锁定螺栓
18	气缸盖罩
19	火花塞
20	油尺（如装有）

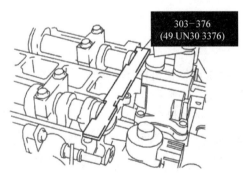

图 14-2 安装专用工具到凸轮轴

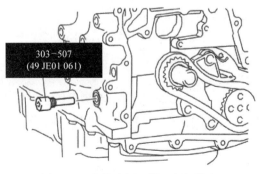

图 14-3 安装专用工具以气缸体上

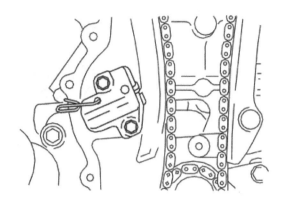

图 14-4 安装张紧器

14.2 阿特兹（2013—2017 年款）

14.2.1 马自达 2.0L – SKY 发动机（2013—2017）

1. 正时链单元拆卸步骤

通过下列步骤，减小正时链条上的张力：

穿过发动机前罩上的维修孔，固定正时链条张紧器臂以释放正时链条上的张力。

1）拆下发动机前罩上的维修孔上的堵头（上和下），见图 14-5。

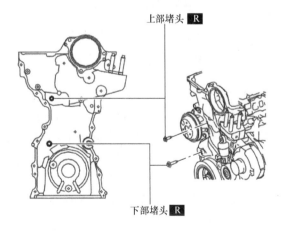

图 14-5 拆下前罩上盲塞

2）将一个 M6 螺栓（螺纹至端末的长度为 35~60mm 插入维修孔的上部，拧紧直到它触碰到张紧器臂，然后拧松约 180°。（固定螺栓，使它在张紧臂略微靠前的位置。）

① 当它插入约 20mm 时，螺栓触碰到张紧器臂，见图 14-6。

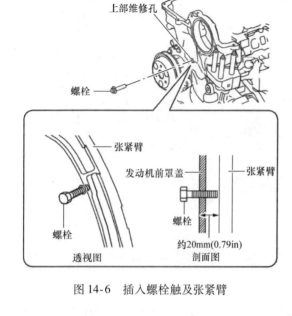

图 14-6　插入螺栓触及张紧臂

② 如图 14-7 所示，在铸造六角螺栓上使用扳手固定排气凸轮轴，前后移动几次。这样可以排出链条张紧器里的油，以便于下面的维修操作。

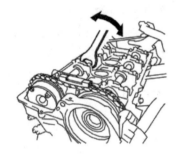

图 14-7　转动排气凸轮轴

3）将旋具插入维修孔下部。

4）当用扳手夹住六角形铸件沿箭头方向前后移动排气凸轮轴时，请用旋具按下正时链条张紧器的连接板，并松开对柱塞的锁定，见图 14-8。

当前后移动排气凸轮轴时，正时链条推动链条张紧器中的柱塞，使得连接板的作业更容易。

5）释放柱塞锁紧装置，顺时针转动排气凸轮轴，直到正时链条松动，见图 14-9。

6）链条松动以后，拧紧维修孔上部的 M6 螺栓，这样螺栓就又插入了约 5mm 以固定张紧器臂。

① 如果螺栓不能插入约 5mm，那么链条张紧

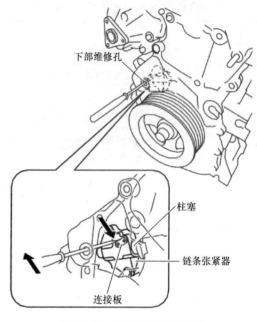

图 14-8　拆下正时链张紧器

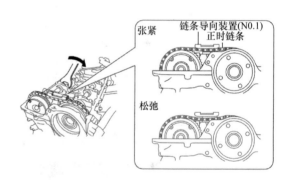

图 14-9　松弛正时链

器的柱塞锁紧装置可能不会释放，或链条可能不是足够松动。将螺栓恢复至原来的位置，从第 3）步开始重新进行操作。

② 通过顺时针旋转排气凸轮轴，正时链条推动张紧器臂，同时筋的位置偏离了。整个张紧器臂可以通过让螺栓钩住偏离筋来固定。

7）固定张紧器臂后，拆下链条导板（1号）。

2. 正时链单元安装步骤

1）安装链条导向装置（No.1）。

2）拆下张紧器臂上的紧固螺栓，向正时链条施加压力。

3）将曲轴顺时针旋转两圈，然后确认气门正时是正确的，见图 14-10、图 14-11、图 14-12、图 14-13。

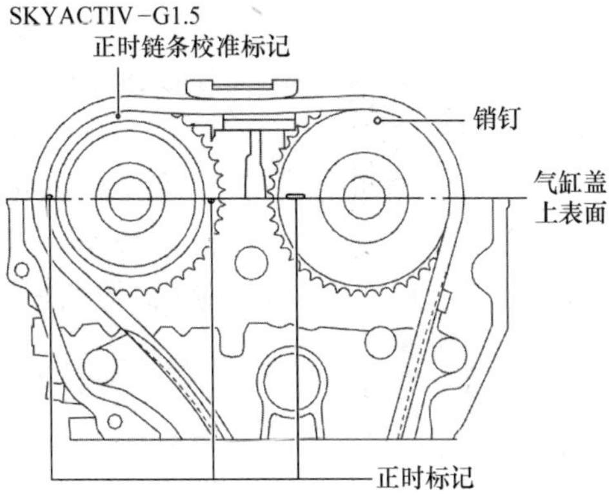

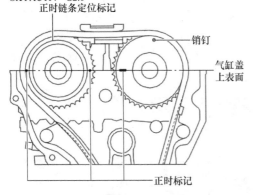

图14-10　1.5L发动机凸轮轴侧正时标记

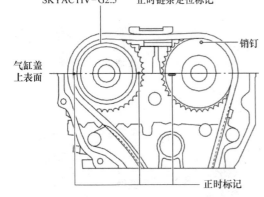

图14-11　2.0L发动机凸轮轴侧正时标记

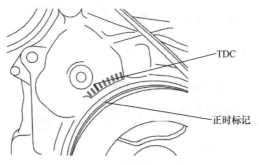

图14-12　2.5L发动机凸轮轴侧正时标记

图14-13　曲轴侧正时标记

说明：

- SKYACTIV-G1.5和SKYACTIV-G2.5的正时标记不与气缸盖的上表面完全平行。
- 如果气门正时不正确，拆下发动机前罩，重新安装正时链条到每个链轮。

4）安装发动机前罩上的维修孔上的堵头（上和下）。拧紧力矩上：8~11N·m；下：17~23N·m。

14.2.2　马自达2.5L-SKY发动机（2013—2017）

该发动机正时带维修与2.0L-SKY发动机一样，相关内容请参考14.2.1小节。

14.3　睿翼（2009—2017年款）

14.3.1　马自达2.0L-LF发动机（2009—2017）

该发动机也搭载于马自达6车型上，相关内容请参考14.1.1小节。

14.3.2　马自达2.5L-L5发动机（2006—2017）

该发动机正时带维修与LF相似，相关内容请参考14.1.1小节。

14.4　马自达8（2006—2017年款）

马自达2.5L-L5发动机（2006—2017）

该发动机正时带维修与LF相似，相关内容请参考14.1.1小节。

14.5　CX-4（2016—2017年款）

14.5.1　马自达2.0L-SKY发动机（2016—2017）

该款发动机也搭载于阿特兹车型上，相关内容请参考14.2.1小节。

14.5.2　马自达2.5L-SKY发动机（2016—2017）

该发动机正时带维修与2.0L-SKY发动机一

样,相关内容请参考14.2.1小节。

14.6 CX-7（2014—2017年款）

14.6.1 马自达2.3T发动机（2014—2017）

1. 正时链单元拆卸

1）将挂空档的车辆置于升降机上。
2）拆下高压燃油泵驱动装置。
3）拆除发动机前盖板。
4）如图14-14所示安装专用工具303-1565：凸轮轴定位工具。

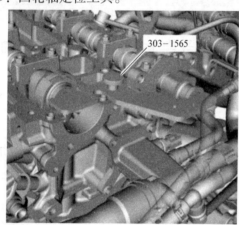

图14-14 安装凸轮轴定位工具

5）使用呆扳手防止部件转动，松开凸轮轴VVT组件螺栓，见图14-15。

图14-15 松开紧固螺栓

6）同样方法松开另一侧紧固螺栓。
7）使用小工具，释放或保持棘轮机构。当棘轮机构保持在松开位置，将正时链臂推向拉紧器方向，压紧拉紧器。将固定销插入孔内保持住拉紧器。见图14-16。

8）拆下张紧器的2个紧固螺栓并取下张紧器。

9）拆下正时链导板，张紧器臂螺栓并取下部件，拆下正时链条，见图14-17。

2. 正时链单元安装

1）安装正时链条、正时链张紧臂、正时链导板，紧固2个螺栓，力矩：10N·m。

2）如果正时链张紧器活塞及棘轮组件不固定在压缩位置，则按下步骤进行设置：

使用虎钳边缘，压缩正时链张紧器活塞，见图14-18。不得压缩棘轮组件，这会损坏棘轮组件。

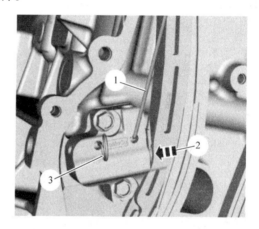

图14-16 设置张紧器

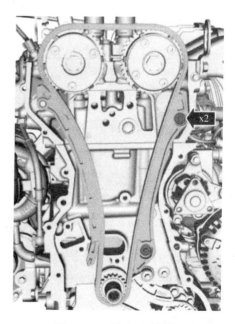

图14-17 拆下正时链条

3）使用小工具，推回或保持棘轮机构，见图 14-19。

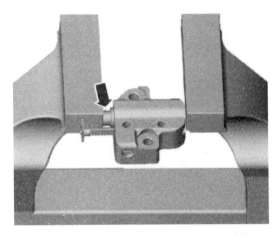

图 14-18　压紧张紧器活塞

图 14-20　压入棘轮机构

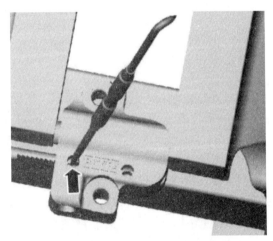

图 14-19　用工具保持棘轮机构

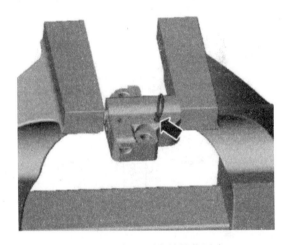

图 14-21　插入固定销锁住活塞

4）当保持住棘轮机构时，将棘轮臂推回到张紧器壳体中，见图 14-20。

5）将紧固销安装在张紧器壳体的孔中，这样可以在安装时保持住棘轮组件及活塞，见图 14-21。

14.6.2　马自达 2.5L – SKY 发动机（2014—2017）

该发动机正时带维修与 2.0L – SKY 发动机一样，相关内容请参考 14.2.1 小节。

第15章 长安马自达

15.1 马自达3星骋（2011—2017年款）

15.1.1 马自达1.6L-MZR发动机（2011—2017）

1. 正时链单元拆卸

1）顺时针旋转曲轴，将曲轴链轮的键槽与正时标记对齐，然后将1号气缸定位到TDC处，见图15-1。

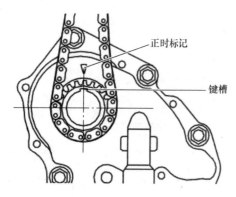

图15-1 顺时针转动曲轴对准正时标记

2）对齐凸轮轴链轮上的正时标记，从而使它们形成一条直线，并且与气缸盖上水平面对齐，见图15-2。

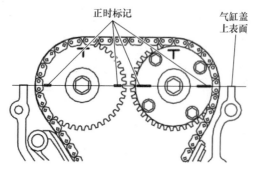

图15-2 对正凸轮轴链轮上正时标记

3）拆下正时链条。

2. 正时链单元安装说明

1）将曲轴链轮的键槽与正时标记对齐，然后将1号气缸定位到TDC处，见图15-3。

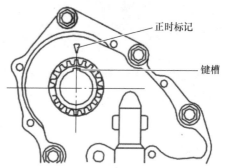

图15-3 对正曲轴链轮正时标记

2）对齐凸轮轴链轮上的正时标记，从而使它们形成一条直线，并且与气缸盖上水平面对齐，见图15-2。

3）安装正时链条。

4）在安装链条调节器之后，拆下被安装在链条张紧器上的金属丝或纸夹，并向正时链条施加张紧力，见图15-4。在安装新链条张紧器时，拆下已安装的止动器。

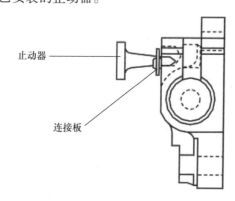

图15-4 拆下张紧器止动器

5）确认正时链条上不存在松弛，然后确认各链轮再次被定位在正确的位置。

6）将曲轴顺时针旋转两次，然后检查气门正时。

15.1.2 马自达 2.0L-MZR 发动机（2011—2017）

该发动机正时带维修与 1.6L-MZR 发动机一样，相关内容请参考 15.1.1 小节。

15.2 马自达 2（2012—2017 年款）

马自达 1.5L-ZY 发动机（2012—2017）

1. 正时链单元组装顺序

按图 15-5 所示顺序进行组装。

2. 正时链单元安装说明

1）将曲轴链轮的键槽与正时标记对齐，然后将 1 号气缸定位到 TDC 处。

2）对齐凸轮轴链轮上的正时标记，从而使它们形成一条直线，并且与气缸盖上水平面对齐。

3）安装正时链条。

4）安装正时链条导向装置和正时链条张紧器臂。

5）安装链条调节器，然后拆下被用于固定的金属丝或纸夹。在安装新链条张紧器时，拆下已安装的止动器。

6）检查正时链条是否存在松弛，然后再次检查各链轮是否被定位在正确的位置。

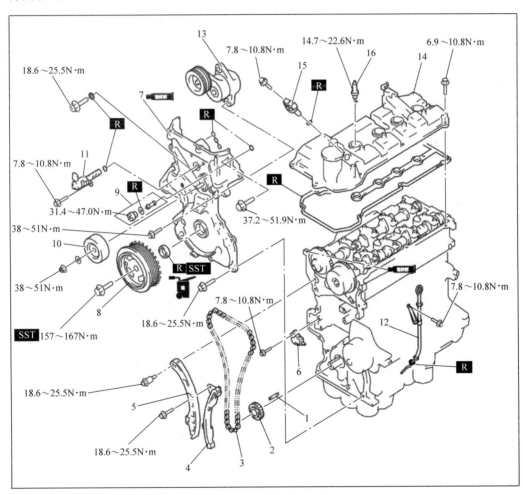

图 15-5 发动机正时链组装

1—滑块 2—曲轴链轮 3—正时链条 4—正时链条导向装置 5—正时链条张紧器臂 6—正时链条张紧器 7—发动机前罩 8—曲轴带轮 9—OCV 机油滤清器、塞子 10—惰轮 11—OCV 12—油位计管道 13—驱动带自动张紧器 14—气缸盖罩 15—CMP 传感器 16—火花塞

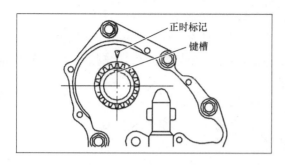

图 15-6　对正曲轴链轮正时标记

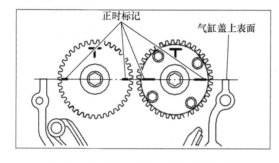

图 15-7　对齐凸轮轴链轮正时标记

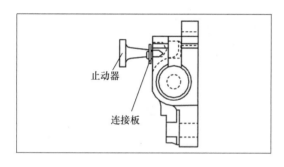

图 15-8　安装张紧器并拔出固定器

7）通过将曲轴顺时针旋转两次检查气门正时。

15.3　昂克赛拉（2014—2017 年款）

15.3.1　马自达 1.5L-SKY 发动机（2014—2017）

该发动机正时带维修与 2.0L-SKY 发动机一样，相关内容请参考 14.2.1 小节。

15.3.2　马自达 2.0L-SKY 发动机（2014—2017）

该款发动机也搭载于阿特兹车型上，相关内容请参考 14.2.1 小节。

15.4　CX-5（2015—2017 年款）

15.4.1　马自达 2.0L-SKY 发动机（2015—2017）

该款发动机也搭载于阿特兹车型上，相关内容请参考 14.2.1 小节。

15.4.2　马自达 2.5L-SKY 发动机（2015—2017）

该发动机正时带维修与 2.0L-SKY 发动机一样，相关内容请参考 14.2.1 小节。

第16章 长安铃木-昌河铃木

16.1 长安维特拉（2016—2017年款）

16.1.1 铃木 1.4L – K14C 发动机（2016— ）

该发动机正时链拆装与调整和 K14B 发动机一样，相关内容请参考 16.8.1 小节。

16.1.2 铃木 1.6L – M16A 发动机（2016— ）

1. 正时链单元拆卸

1）拆卸正时链条盖。

2）转动曲轴，使进、排气凸轮轴正时链轮上的标记 1 分别与气缸头上的刻痕 2 对齐。

3）拆卸正时链条张紧调节器总成 3。

4）拆卸正时链条张紧器 4。

5）拆卸正时链条 1 号导板 5。

6）拆卸正时链条 6 及曲轴正时链轮 7。以上部件位置见图 16-1。

注意：正时链条拆卸后，不要转动曲轴和凸轮轴超出"安装"部分所允许的转动范围。如果超出，活塞与气门、气门与气门之间会发生干涉，活塞相关的零部件和气门可能会损坏。

2. 正时链单元安装

注意：正时链条拆卸后，不要转动曲轴和凸轮轴超出图 16-2 中"a"、"b"所指范围。如果超出，活塞与气门、气门与气门之间会发生干涉，活塞相关的零部件及气门可能会损坏。

1）如图 16-2 所示，检查进、排气凸轮轴链轮上的标记 1 是否与气缸头上的刻痕 2 对齐。对齐后安装键 3，并旋转曲轴使键位于曲轴的上方。

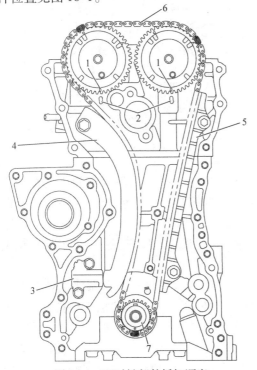

图 16-1 正时链部件拆卸顺序

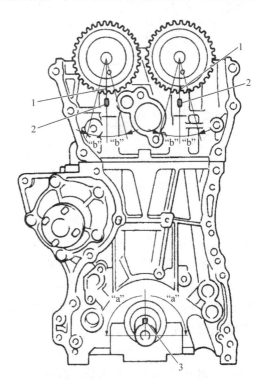

图 16-2 对准链轮与缸体标记

图 16-2 中："a"：90°。凸轮轴（进、排气）允许转动范围。凸轮轴链轮上的标记应该在气缸头上的刻痕左右两侧 15°范围内。

"b"：15°。曲轴允许转动范围。曲轴上的键应该在最上方左右两侧 90°范围内。

2）安装链条时，应将链条上的深蓝色板1与凸轮轴链轮上的标记2对齐，然后对齐深蓝色板3与链轮上的三角标记，见图16-3。

3）将曲轴正时链轮装配至链条上，并对齐链条上的金色板5与曲轴正时链轮上标记6，然后一同安装至曲轴上，见图16-3。

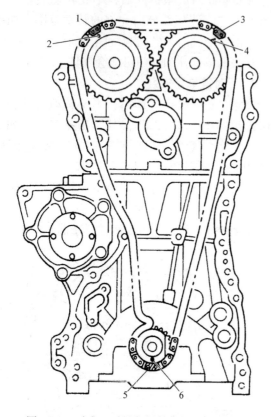

图16-3　对准正时链与链轮标记（无VVT）

4）针对适配VVT组件的机型：对准正时链条深蓝色板1与凸轮轴正时链轮上的三角标记2，安装正时链条，如图16-4所示。对准正时链条的金属板3与曲轴正时链轮上的圆形标记4，将曲轴正时链轮装到正时链条上。然后将装配有正时链的曲轴正时链轮安装到曲轴上。

5）在正时链条1号导板1的工作面涂上发动机机油，如图16-5所示进行安装。按规定力矩拧紧螺栓。拧紧力矩：正时链条1号导板螺栓(a)：9N·m。

6）在链条张紧器1的工作面涂上发动机机油，然后安装链条张紧器和衬套。按规定力矩拧紧螺栓。拧紧力矩：正时链条1号导板螺栓(a)：22N·m，见图16-6。

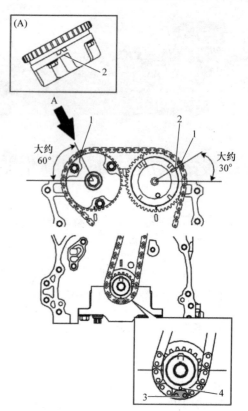

图16-4　对准正时链标记（VVT机型）

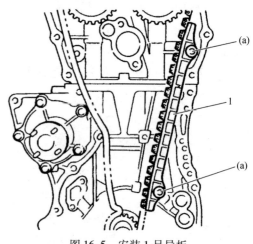

图16-5　安装1号导板

7）检查进、排气凸轮轴链轮上的标记1是否与正时链条上的深蓝色板2对齐，以及曲轴正时链轮上的标记3是否与正时链条上的金色板4对齐，见图16-7。配备VVT组件机型见图16-4。

8）按箭头方向将正时链条张紧调节器的顶杆1压入调节器2内，然后插入保持器3（金属丝），将顶杆卡住，见图16-8。

9）连同保持器2一起安装正时链条张紧调节器总成1。按规定力矩拧紧螺栓，然后从

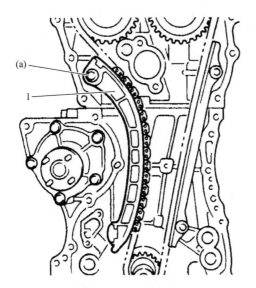

图 16-6 安装导板

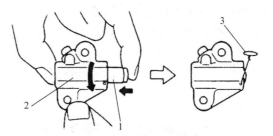

图 16-8 设置张紧器

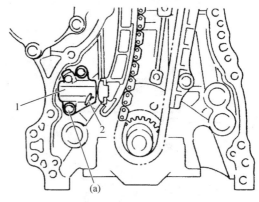

图 16-9 安装张紧器

1 与气缸头上的标记 2 是否对齐,以及键 3 是否如图 16-10 所示位于曲轴的正上方。如果正时链条上的标记与相应标记没有对齐,则重新调整链轮和正时链条。

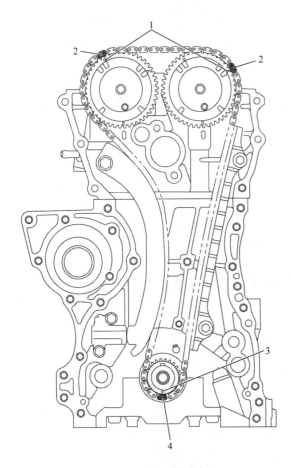

图 16-7 对准正时链条标记

正时链条张紧调节器总成上拆卸保持器,见图 16-9。拧紧力矩:正时链条张紧调节器螺栓(a):11N·m。

10)在正时链条涂上发动机机油,顺时针旋转曲轴 2 周,检查进、排气凸轮轴链轮上的标记

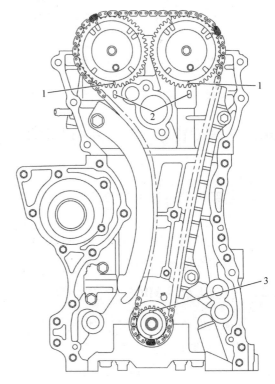

图 16-10 检查正时

11)针对 VVT 机型:向正时链条上涂机油,

然后顺时针转动曲轴2圈，检查进气和排气凸轮轴正时链轮上的配合标记1是否与气缸盖上的切口2对准，键3是否与缸体上的切口4对准，见图16-11。如果链条上的标记与各配合标记没有对准，则调节各链轮和正时链条。

16.3　长安启悦（2015—2017年款）

铃木1.6L-GINOTEC发动机（2015—　）

该发动机正时链拆装与调整和配VVT正时控制阀的M16A发动机相似，与之有区别的是曲轴键朝上位没有缸体切口标志，见图16-12。相关内容请参考16.1.2小节。

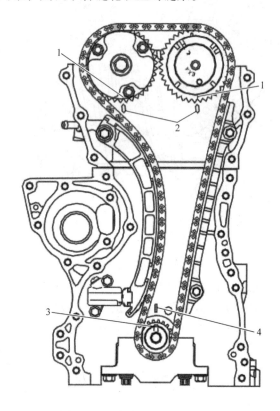

图16-11　检查正时（VVT机型）

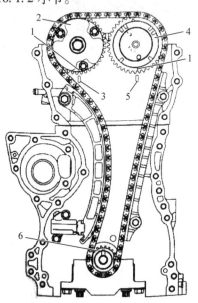

图16-12　发动机正时链部件
1—装配标记　2—VVT执行器
3—气缸盖凹槽　4—排气凸轮轴正时链轮
5—气缸盖凹槽　6—曲轴链轮键

12）安装正时链条盖。

16.2　长安锋驭（2013—2017年款）

16.2.1　锋驭1.4T-K14C发动机（2015—　）

该发动机正时链拆装与调整和K14B发动机一样，相关内容请参考16.8.1小节。

16.2.2　锋驭1.6L-M16A发动机（2013—　）

该发动机也搭载在维特拉车型上，相关内容请参考16.1.2小节。

16.4　长安雨燕（2005—2017年款）

16.4.1　铃木1.3L-G13B发动机（2011—　）

1. 正时带单元部件分解

发动机正时带单元部件如图16-13所示。

2. 正时带单元拆卸步骤

1）拆除发动机组件。
2）拆除水泵/发电机传动带。
3）拆除带轮螺栓，将曲轴带轮拆除。
4）将发动机右安装架拆除。
5）拆除正时带外盖。

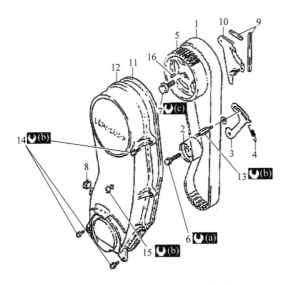

图 16-13 铃木 G13B 发动机正时带单元

1—正时带 2—张紧轮 3—张紧板 4—张紧轮弹簧
5—凸轮轴正时带轮 6—张紧轮螺栓 7—凸轮轴正时带轮螺栓
8—密封件 9—内罩密封 10—内罩 11—外罩密封 12—外罩
13—张紧轮双头螺栓柱 14—正时带外罩螺栓
15—正时带外罩螺母 16—锁键

力矩 a：27N·m；b：11N·m；c：60N·m

6）关于正时带的安装，按照图 16-14 所示来转动曲轴，将 4 个正时标记对齐。

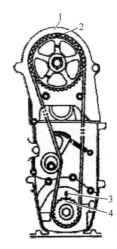

图 16-14 对齐正时标记

1—气缸罩盖上的"V"标记 2—凸轮轴正时带轮上的正时标记
3—油泵外壳上的箭头标识 4—曲轴正时带轮上的钢印标记

7）拆除正时带张紧轮 1、张紧轮板 2、张紧轮弹簧 3 和正时带 4，见图 16-15。

3. 正时带单元安装

1）安装张紧轮板 3 到张紧轮 2 上。将张紧板的突耳 1 插入到张紧轮的孔中，见图 16-16。

2）安装张紧轮 2 和张紧轮板 3：目前还不能

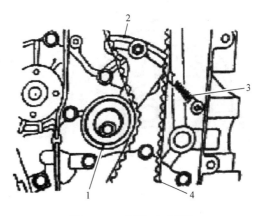

图 16-15 拆除正时部件

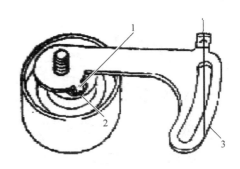

图 16-16 设置张紧轮

用扳手来紧固张紧轮螺栓 1 和柱头螺栓，只需用手紧固即可。检查张紧轮板沿箭头方向移动时，张紧轮是否会沿着相同的方向移动。如果没有发生相关移动，则应再次将张紧轮和张紧轮板拆除，并将突耳重新插入到张紧轮孔中，见图 16-17。

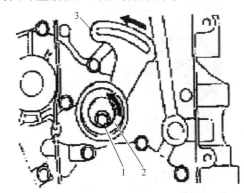

图 16-17 安装张紧轮

3）检查凸轮轴正时带轮上的"E"正时标记 3 是否同气缸端盖上的"V"标记 2 对齐。如果没有，应转动凸轮轴使其对齐。注意不要超过转动允许范围；见图 16-18。

4）检查曲轴正时带轮上的正时标记 2 是否同机油泵壳上的箭头标识 1 对齐。如果没有，应

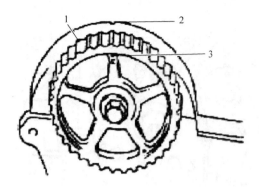

图 16-18 安装凸轮轴带轮

转动曲轴使其对齐。注意不要超过转动允许范围，见图 16-19。

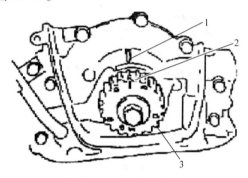

图 16-19 安装曲轴带轮

5）安装正时带 1 和张紧轮弹簧 2。在两组标记对齐的情况下，在两个带轮上安装正时带 1，用手向上推张紧轮板的情况下使带的传动端没有松弛现象。如图 16-20 所示安装张紧轮弹簧 2 弹簧减振器 3，并用手紧固张紧轮柱头螺栓 4。

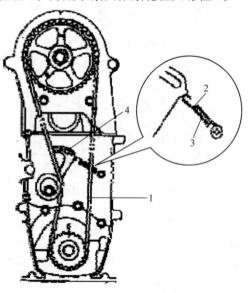

图 16-20 安装正时带

6）在安装后顺时针转动曲轴两次。确保正时带 1 没有松弛现象后，先紧固张紧轮柱头螺栓 2 再将张紧轮螺栓 3 紧固到规定的力矩值，见图 16-21。拧紧力矩：张紧轮柱头螺栓 2：11N·m；张紧轮螺栓 3：27N·m。

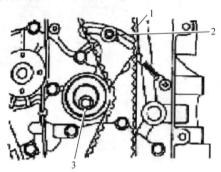

图 16-21 紧固张紧轮

7）将橡胶密封安装正时带外盖上。拧紧力矩：正时带外盖螺栓和螺母：11N·m。

8）安装曲轴带轮：将带轮上的孔将在曲轴正时齿轮上的销上，然后将带轮螺栓紧固到规定的力矩值。拧紧力矩：正时带轮螺栓：16N·m。

9）安装水泵。

10）安装水泵/发电机传动带。

11）安装发动机组件。

16.4.2 铃木 1.5L-M15A 发动机（2005— ）

该发动机正时链拆装与调整和 M16A 发动机一样，相关内容请参考 16.1.2 小节。

16.5 长安天语 SX4（2013—2017 年款）

铃木 SX4-1.6L-M16A 发动机（2013— ）

该款发动机也搭载在维特拉车型上，相关内容请参考 16.1.2 小节。

16.6 长安奥拓（2013—2017 年款）

铃木-1.0L-K10B 发动机（2013— ）

该发动机正时链拆装与调整和 K14B 发动机一样，相关内容请参考 16.8.1 小节。

16.7 长安羚羊（2012—2017年款）

铃木1.3L-G13B发动机（2012— ）

该发动机也搭载在雨燕车型上，相关内容请参考16.4.1小节。

16.8 昌河北斗星（2013—2017年款）

16.8.1 铃木1.4L-K14B发动机（2013— ）

1. 正时链标记位置

拆卸正时链条后，切勿以大于图16-22所示的角度（"a"、"b"）转动曲轴和凸轮轴。如果转动，那么活塞和气门以及气门之间会产生干扰，并且与活塞和气门相关的零件也会损坏。

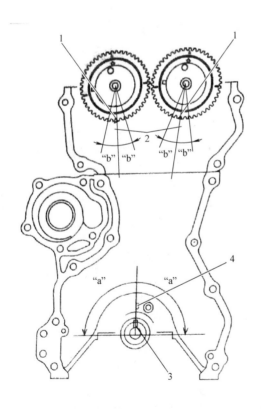

图16-22 正时链标记与部件活动范围

1）凸轮轴上的配合标记。
2）气缸盖上的缺口。
3）键。
4）气缸体上的缺口。

"a"：90°曲轴允许的转动范围。通过曲轴上的键，在从顶部到左右两侧90°的范围内转动。

"b"：15°凸轮轴（IN和EX）允许的转动范围。通过凸轮轴正时链轮上的标记，从气缸盖上的缺口到左右两侧15°的范围内转动。

如果要在正时链条拆除的情况下转动凸轮轴，则在将曲轴顺时针转动30°～90°后，按照图16-23旋转凸轮轴。

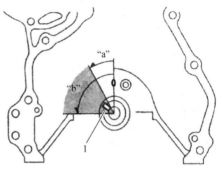

图16-23 曲轴调整位置
"a"—30° "b"—90° 1—键

2. 正时链单元拆卸

1）拆卸正时链盖。
2）通过转动曲轴分别将进气和排气凸轮轴正时链轮标记1与气缸盖的缺口2对准，并将曲轴链轮键3与气缸体4的缺口对准。
3）拆卸正时链条张紧器调节器5。
4）拆卸正时链条张紧器6。
5）拆卸正时链条导向器7。
6）拆卸带曲轴正时链轮9的正时链条8，以上拆卸部件见图16-24。

3. 正时链单元安装

1）如图16-25所示，检查进气和排气凸轮轴正时链条上的配合标记1是否与气缸盖上的缺口2匹配。设置键3并转动曲轴使键与气缸体上的缺口4对准。

2）如图16-26所示，通过对准正时链条的深蓝色板1和凸轮轴正时链轮的三角标记2来安装正时链条。通过将正时链条的镀金层3与曲轴正时链轮上的圆形标记4对准来将曲轴正时链轮安装到正时链条上。然后将装备有链条的曲轴正时链轮安装到曲轴上。

3）将发动机机油涂抹到正时链条导板1的滑动表面并进行安装。螺栓a拧紧力矩：11N·m。

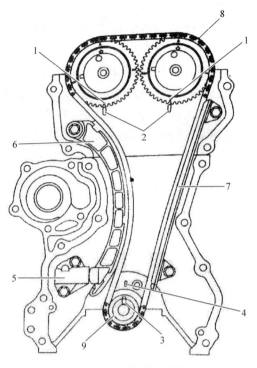

图 16-24 拆卸部件顺序

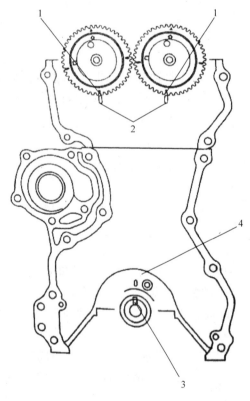

图 16-25 对齐各配合标记

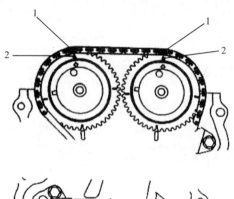

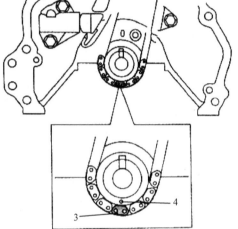

图 16-26 对准正时标记

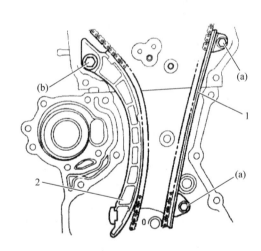

图 16-27 安装导轨和张紧臂

4）将发动机机油涂抹到链条张紧器的滑动表面上2，并安装链条张紧器和隔圈。螺栓b拧紧力矩：25N·m。见图16-27。

5）检查进气和排气凸轮轴正时链轮上的三角标记，是否与正时链条上的标记相匹配，并且曲轴正时链轮上的配合标记与正时链条的标记是否相匹配。

6）按照箭头方向转动张紧器调节装置2来拧入柱塞1并安装固定器3。用直径为1.4mm的钢丝或类似材料将柱塞固定到位，见图

16-28。使用固定器安装正时链条调节器。拧紧调节器螺栓,然后将固定器从链条张紧器调节器上拆除。

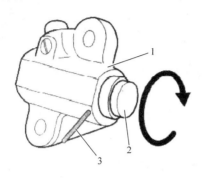

图16-28 设置并安装张紧器

7) 如图16-29所示,将发动机机油涂抹到正时链条上,然后将曲轴顺时针旋转2圈,检查进气和排气凸轮轴正时链轮上的配合标记1是否与气缸盖上的缺口2匹配,并且键3是否与气缸体上的缺口4匹配。如果各个标记链条和配合标记没有匹配,则调节各个链轮和正时链条。

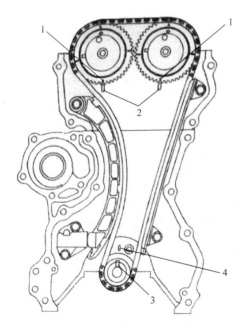

图16-29 检查正时标记是否对齐

8) 安装正时链盖和曲轴带轮。

9) 拆卸气缸盖罩。

10) 安装上下油底壳。

16.8.2 铃木1.0L–K10B发动机(2013—)

该发动机正时链拆装与调整和K14B发动机一样,相关内容请参考16.8.1小节。

16.9 昌河利亚纳(2013—2017年款)

16.9.1 铃木1.4L–K14B发动机(2013—)

该发动机也搭载在北斗星车型上,相关内容请参考16.8.1小节。

16.9.2 铃木1.5L–M15A发动机(2013—)

该发动机正时链拆装与调整和M16A发动机一样,相关内容请参考16.1.2小节。

16.10 昌河浪迪(2011—2017年款)

16.10.1 铃木1.2L–K12BA发动机(2011—)

该发动机正时链拆装与调整和M16A发动机一样,相关内容请参考16.1.2小节。

16.10.2 铃木1.4L–K14B发动机(2011—)

该发动机也搭载在北斗星车型上,相关内容请参考16.8.1小节。

16.11 昌河派喜(2013—2017年款)

铃木1.4L–K14B发动机(2013—)

该发动机也搭载在北斗星车型上,相关内容请参考16.8.1小节。

第17章 北京现代

17.1 全新途胜（2013—2017年款）

17.1.1 现代1.6T-G4FJ发动机（2013— ）

该发动机正时带维修与G4FA发动机相同，相关内容请参考17.13.1小节。

17.1.2 现代2.0-G4NC发动机（2013— ）

该发动机正时带维修与G4NA发动机相同，相关内容请参考17.3.3小节。

17.2 全新胜达（2013—2017年款）

17.2.1 现代2.0T-G4KH发动机（2013— ）

1. 正时链单元部件分解

发动机正时链单元部件如图17-1所示。

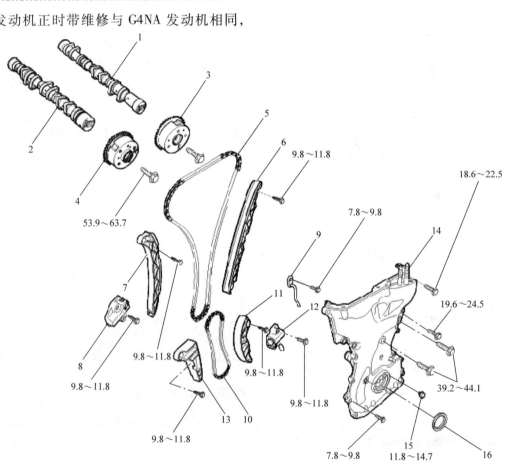

拧紧力矩：N·m

图17-1 现代G4KH发动机正时链单元

1—进气凸轮轴 2—排气凸轮轴 3—进气CVVT组装 4—排气CVVT组装 5—正时链 6—正时链导轨 7—正时链张紧臂 8—正时链张紧器 9—正时链机油喷油嘴 10—平衡轴链 11—平衡轴链张紧器臂 12—平衡轴链张紧器 13—平衡轴链导轨 14—正时链罩盖 15—维修孔螺栓 16—曲轴前油封

2. 正时链单元拆卸步骤

1）拆下气缸盖。

2）转动曲轴带轮，如图17-2所示将定位槽与正时链盖的正时标记对齐，将第1个气缸的活塞设置到压缩行程上止点。

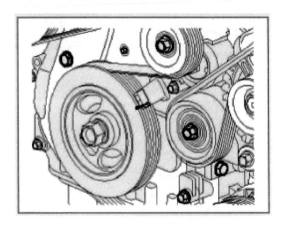

图 17-2　对准曲轴带轮的正时标记

3）拆下正时链盖。

4）确保曲轴键 A 与主轴承盖的配合面对齐，见图17-3。其结果是，1号气缸的活塞在压缩行程上止点。

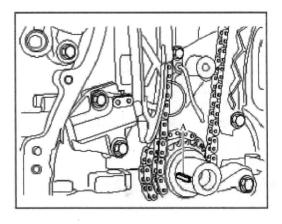

图 17-3　对齐曲轴键与配合面标记

5）使用细杆将连杆向下拉，松开棘轮。压缩活塞，然后将止动销 A 插入棘轮上的孔中，以固定压缩活塞。拆下正时链张紧器 B，见图17-4。

6）拆下定时链张紧器臂。

7）拆下正时链条。

8）拆下正时链条导轨。

9）拆下正时链条喷油嘴和曲轴链轮。

10）拆下平衡轴链。

3. 正时链单元安装步骤

1）安装平衡轴链。

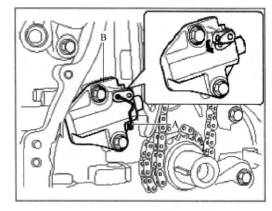

图 17-4　拆下张紧器

2）安装曲轴链轮 B 和正时链条喷油嘴 A，见图17-5。拧紧力矩：7.8~9.8N·m。

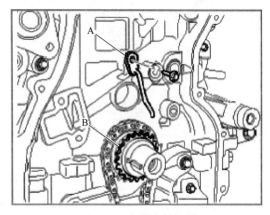

图 17-5　安装曲轴链轮

3）设置曲轴，使曲轴键与主轴承盖的配合面对齐。将进气和排气凸轮轴组件放置，使进气和排气 CVVT 链轮的 TDC 标记 B 与气缸盖的顶面对齐，见图17-6。其结果是，1号气缸的活塞位于压缩行程上止点。

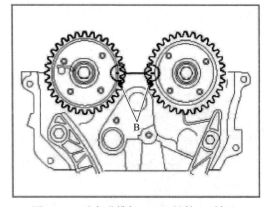

图 17-6　对齐进排气 CVVT 链轮正时标记

4）安装正时链条导轨。拧紧力矩：9.8~11.8N·m。

5）如图17-7所示安装正时链。要在每个轴（凸轮，曲柄）之间没有松弛的情况下安装正时链，请按照以下步骤操作。曲轴链轮A→定时链条导轨B→进气CVVT链轮C→排气CVVT链轮D。

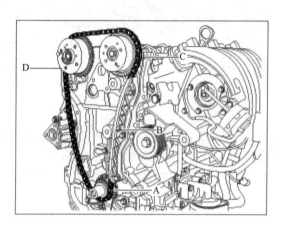

图17-7　安装正时链条

当安装正时链时，每个链轮的定时标记应与正时链的定时标记（颜色链接）相匹配，见图17-8。

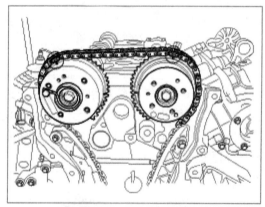

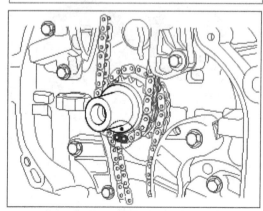

图17-8　链轮与链条标记对齐

6）安装正时链张紧器臂。拧紧力矩：9.8～11.8N·m。

7）安装正时链自动张紧器B并拆下止动销A，见图17-9。拧紧力矩：9.8～11.8N·m。

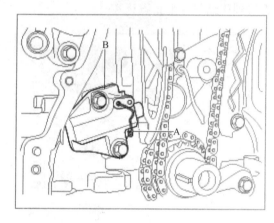

图17-9　安装张紧器

8）在正常方向（顺时针方向观察）旋转曲轴2转后，确认进气和排气CVVT链轮上的TDC标记与气缸盖顶面对齐，见图17-6。

9）安装正时链盖。

10）安装气缸盖。

11）加入所有必需的油液并检查是否有泄漏。连接GDS检查故障码。

17.2.2　现代2.4L-G4KJ发动机（2013—　）

该发动机正时带维修与G4KH相同，相关内容请参考17.2.1小节。

17.3　IX25（2014—2017年款）

17.3.1　现代1.6L-G4FG发动机（2015—　）

该发动机正时带维修与G4FA发动机相同，相关内容请参考17.13.1小节。

17.3.2　现代1.6T-G4FJ发动机（2016—　）

该发动机正时带维修与G4FA发动机相同，相关内容请参考17.13.1小节。

17.3.3　现代2.0L-G4NA发动机（2015—　）

该款发动机也搭载在IX35车型上，相关内容请参考 17.4.2 小节。

17.4 IX35（2013—2017 年款）

17.4.1 现代 2.0L – G4KD 发动机（2010— ）

该发动机也搭载在索纳塔车型上，相关内容请参考 17.6.1 小节。

17.4.2 现代 2.4L – G4KE 发动机（2010— ）

该款发动机正时带维修与 G4KD 相同，相关内容请参考 17.6.1 小节。

17.4.3 现代 2.0L – G4NA 发动机（2015— ）

1. 正时链单元拆卸

1）拆卸气缸盖罩。

2）将 1 号气缸设置在压缩行程上止点（TDC）。

① 转动曲轴带轮，并对齐凹槽和正时链条盖的正时标记，见图 17-10。

图 17-10 设置曲轴带轮 TDC 位置

② 如图 17-11 所示，检查进气和排气 CVVT 链轮的 TDC 标记是否与气缸盖表面平齐。如果没有，将曲轴转动 1 圈（360°）。不要逆时针转动曲轴带轮。

③ 拆卸正时链条盖。

④ 拆卸正时链条张紧器。不建议再次使用拆卸的张紧器。如果需要再次使用张紧器，如图 17-12 所示将柱塞 A 尽可能地推进到张紧器内，并在孔中插入固定销，使柱塞处于收缩位置，见图 17-12、图 17-13。

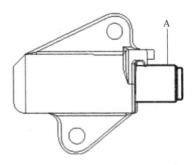

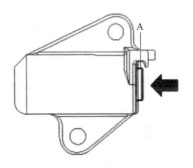

图 17-12 设置张紧器

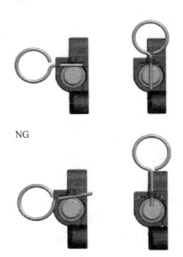

图 17-13 用固定销固定柱塞

⑤ 拆卸正时链条张紧器臂。

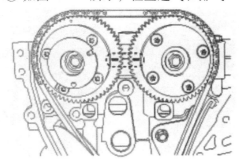

图 17-11 凸轮轴链轮正时对齐

⑥ 拆卸正时链条。

⑦ 拆卸正时链条导轨。

2. 正时链单元安装

1）拆卸正时链条后，检查进气和排气 CVVT 链轮 TDC 标记是否偏离 TDC 位置（2～3个齿），见图 17-14。

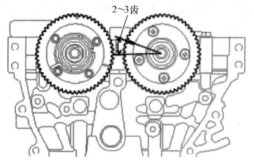

图 17-14　检查进排气链轮标记

2）以进气 CVVT 链轮偏离 TDC 位置的相同角度，从 TDC 位置（与发动机垂直线顺时针方向约 3°）顺时针旋转曲轴链轮约 2～3 个齿，见图 17-15。

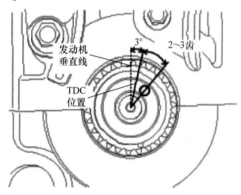

图 17-15　转动曲轴链轮

3）安装正时链条导轨。规定力矩：18.6～22.6N·m。

4）安装正时链条张紧器臂。规定力矩：18.6～22.6N·m。

5）安装正时链条。安装顺序：曲轴链轮→正时链条导轨→进气 CVVT 链轮→排气 CVVT 链轮。

① 在曲轴链轮和进气 CVVT 链轮之间不松弛地安装正时链条。安装正时链条时应匹配各链轮的正时标记与正时链条的正时标记（有色连杆），见图 17-16。

② 顺时针转动 CVVT 总成时，在排气 CVVT 链轮上不松弛地安装正时链条。安装正时链条时，

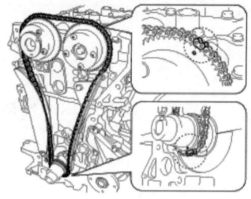

图 17-16　安装正时链条

应匹配排气 CVVT 链轮的正时标记与正时链条的正时标记（有色链环）。在排气 CVVT 链轮上压下正时链条链环，以防止链轮旋转，见图 17-17。

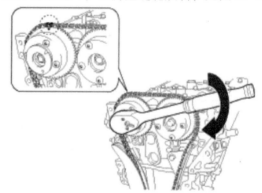

图 17-17　安装排气 CVVT 链轮侧正时链条

6）安装正时链条自动张紧器并拆卸止动销。规定力矩：9.8～11.8N·m。

再次安装张紧器时，如图 17-18 所示，将张紧器臂 A 尽可能地向着张紧器压住，拆卸固定销后，检查张紧器柱塞释放状态。将张紧器臂 A 最大限度地向张紧器方向压住时，张紧器臂 A 与张紧器壳体 B 之间应相互不干扰，见图 17-18。

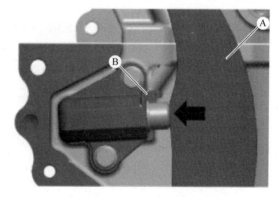

图 17-18　检查张紧器

7）沿规定方向（从前看为顺时针）转动曲轴2圈后，确认进气和排气CVVT链轮的TDC标记对正气缸盖顶面。

8）按拆卸时的相反顺序安装其他部件。

① 重新加注发动机机油。

② 清洁蓄电池接线柱和导线端子并安装。

③ 检查燃油是否泄漏。装配燃油管路后，将点火开关置于"ON"（不要起动发动机），使燃油泵运转约2s，向燃油管路加压。重复上述操作2~3次，检查任何燃油管路是否泄漏。

17.5 索纳塔九（2015—2017年款）

17.5.1 现代1.6T-G4FJ发动机（2015— ）

该发动机正时带维修与G4FA发动机相同，相关内容请参考17.13.1小节。

17.5.2 现代2.0L-G4NA发动机（2015— ）

该车型也搭载在IX35上，相关内容请参考17.4.2小节。

17.5.3 现代2.4L-G4KJ发动机（2015— ）

该发动机正时带维修与G4KD相同，相关内容请参考17.6.1小节。

17.6 索纳塔八（2013—2015年款）

17.6.1 现代2.0L-G4KD发动机（2013— ）

1. 正时链单元拆卸

1）分离蓄电池负极端子。

2）拆卸发动机盖。

3）拆卸右前车轮。

4）拆卸底盖。

5）转动曲轴带轮，并对正曲轴带轮凹槽与正时链盖的正时标记，设置1号气缸的活塞到压缩行程的上止点，见图17-19。

6）排放发动机油，设置千斤顶至油底壳。在千斤顶和发动机油底壳之间放置木块。

7）分离搭铁线，拆卸发动机装配支撑架。

8）逆时针转动传动带张紧器后拆卸传动带。

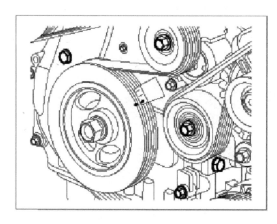

图17-19 设置曲轴带轮于上止点位置

9）从支架上分离动力转向油泵。

10）拆卸惰轮和传动带张紧器带轮。张紧器带轮螺栓为左螺纹。

11）拆卸水泵带轮、曲轴带轮和发动机支架。安装或拆卸曲轴减振器带轮时，有两种固定飞轮齿圈的方法。

① 拆卸起动机后，安装SST（09231-3K000）固定齿圈，见图17-20。

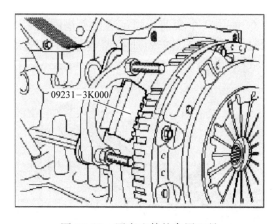

图17-20 固定飞轮的专用工具

② 拆卸防尘盖后，安装SST（09231-3D100）固定飞轮齿圈。

③ 在梯形架的底部拆卸防尘盖A，拧下2个变速器固定螺栓B，见图17-21。

④ 调整支架螺母A的长度，以便支架B的前板放进飞轮齿圈C齿内，见图17-22。

⑤ 调整连杆D的角度，以便2个变速器固定螺栓固定到原来固定孔内，见图17-22。

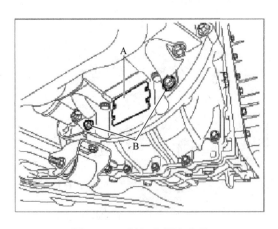

图 17-21 拆卸底部防尘盖

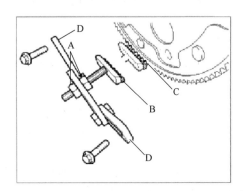

图 17-22 安装固定支架

⑥ 使用 2 个变速器固定螺栓和垫圈安装 SST（09231-3D100）。牢固地拧紧支架的螺栓和螺母，见图 17-23。

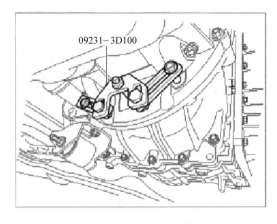

图 17-23 固定飞轮

12）拆卸压缩机下部螺栓和支架。

13）拆卸油底壳。使用 SST（油底壳拆卸工具，09215-3C000）时，注意不要损坏气缸体和油底壳的接触面。不要将 SST 作为撬棍使用。固定工具到位置上（垫圈线），用小锤子轻敲。

14）分离动力转向油压开关连接器和排气 OCV 连接器。

15）拆卸通气软管。

16）分离 PCV 软管。

17）分离点火线圈连接器并且拆卸点火线圈。

18）拆卸气缸盖罩。

19）在正时链条盖和气缸体之间轻轻撬，拆卸正时链条盖。注意不要损坏气缸体、气缸盖和正时链条盖的接触表面。

20）曲轴键应与主轴承盖的接合面对齐。这样将 1 号气缸的活塞置于压缩行程的上止点。

拆卸正时链前，根据链轮的位置给正时链做识别标记，因为 TDC（上止点）的链条上的识别标记可能被抹掉，见图 17-24。

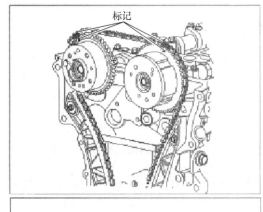

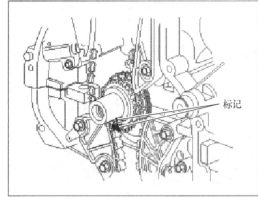

图 17-24 凸轮轴与曲轴链轮和正时链正时标记

21）压缩正时链条张紧器后，安装固定销，见图 17-25。

22）拆卸正时链条张紧器和正时链条张紧器臂。

23）拆卸正时链条。

24）拆卸正时链条导轨。

25）拆卸正时链条机油喷嘴。

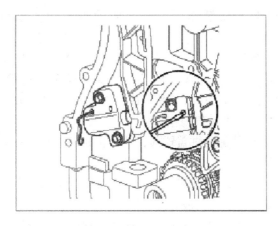

图 17-25 设置张紧器

26）拆卸曲轴链轮。

27）拆卸平衡轴链（油泵链）。

2. 正时链单元安装

1）安装平衡轴链条（油泵链条）。

2）安装曲轴链轮。

3）安装正时链条机油喷嘴（A）。规定力矩：7.8~9.8N·m。

4）设置曲轴，以便曲轴的键（A）与主轴承盖的接合表面对齐，见图 17-26。安装进气和排气凸轮轴总成，以便进气和排气 CVVT 链轮的 TDC 标记 B 与气缸盖的顶面对齐，见图17-27。如果这样，1 缸活塞位于压缩行程的上止点。

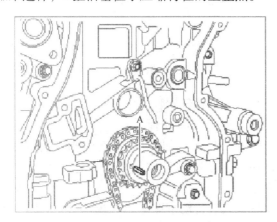

图 17-26 设置曲轴链轮位置

5）安装正时链条导轨。规定力矩：9.8~11.8N·m。

6）安装正时链条。为使链条不在各轴（凸轮轴，曲轴）之间松弛，按下列顺序安装正时链。曲轴链轮 A→正时链条导轨 B→进气 CVVT 总成 C→排气 CVVT 总成 D，见图17-28。安装正时链时，每个链轮的正时标记应与正时链条的

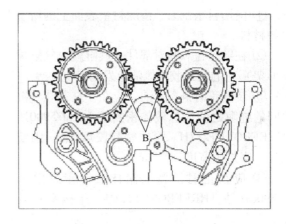

图 17-27 正时链轮正时标记对准

正时标记（颜色链）对正。

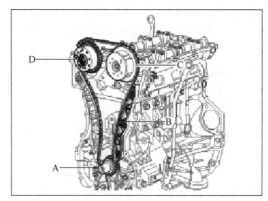

图 17-28 正时链安装顺序

7）安装正时链条张紧器臂。规定力矩：9.8~11.8N·m。

8）安装正时链自动张紧器，拆卸固定销。规定力矩：9.8~11.8N·m。

9）按规定方向（顺时针方向）旋转曲轴 2 圈后，确认正时标记是否对齐，见图 17-29。

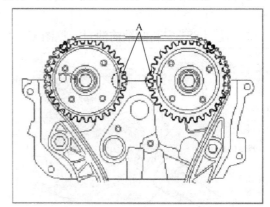

图 17-29 确认正时标记是否对齐

10）安装正时链条盖。

① 使用衬垫刮刀，清除衬垫表面上的所有旧衬垫材料。

② 在链条盖和相对部件（气缸盖、气缸体和梯形架）上的密封胶不能沾上发动机机油等。

③ 装配正时链条盖前，应在气缸盖和气缸体之间的缝隙之间涂抹液体密封胶 Loctite5900H 或 THREEBOND1217H。涂抹密封胶后 5min 内装配部件。密封胶宽度：2.5mm。

④ 应在正时链盖上涂抹液体密封胶 Loctite5900H 或 THREEBOND1217H。涂抹密封胶后在 5 分钟内装配部件。应不间断地涂抹密封胶。密封胶宽度：3.0mm。

⑤ 为了精确装配正时链条盖，对齐气缸体上的定位销和正时链条盖上的孔。

规定力矩：M6×25：7.8~9.8N·m；M6×28：18.6~22.5N·m。

⑥ 装配 30min 后，再运转发动机或执行压力测试。

11）安装油底壳。

① 使用衬垫刮刀清除衬垫表面上的所有旧的密封物。

② 装配油底壳前，在油底壳上涂抹液体密封胶 Loctite5900H 或 THREEBOND1217H。涂抹密封胶后，在 5min 内装配部件。密封胶宽度：2.5mm。涂抹密封胶时，不要让密封胶进入油底壳的内部。在螺栓孔的内部螺纹上涂抹一层密封胶，避免机油泄漏。

③ 安装油底壳。均匀地拧紧各螺栓。

规定力矩：M9：30.4~34.3N·m；M6：9.8~11.8N·m。

④ 装配后，至少等待 30min 后，注入发动机机油。

12）使用 SST 安装曲轴前油封，见图 17-30。

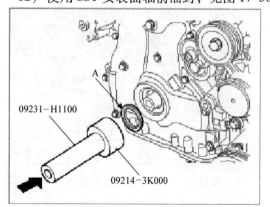

图 17-30　安装曲轴前油封

13）安装水泵带轮、曲轴带轮和发动机支架。

规定力矩：水泵带轮：7.8~9.8N·m；曲轴带轮：166.6~176.4N·m；支架螺栓 M10 螺栓：39.2~44.1N·m，M8 螺栓：19.6~24.5N·m。

14）安装气门室罩。

① 装配气缸盖罩前，清除正时链盖和气缸盖之间上部区域的硬化密封胶。

② 涂抹密封胶（Loctite5900H）后，5min 内装配部件。密封胶宽度：2.5mm。

③ 装配 30min 后，再运转发动机或执行压力测试。

④ 按下列方法拧紧气缸盖罩螺栓。规定力矩：第一步：3.9~5.9N·m；第二步：7.8~9.8N·m，顺序见图 17-31。

切勿再次使用气缸盖罩衬垫。

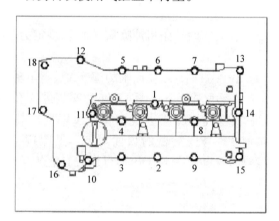

图 17-31　气缸盖螺栓拧紧顺序

15）安装通气软管。

16）连接 PCV 软管。

17）安装点火线圈并连接点火线圈连接器。

18）连接动力转向油压开关连接器和排气 OCV 连接器。

19）安装传动带张紧器。规定力矩：53.9~63.7N·m。

20）安装惰轮和张紧器带轮。张紧器带轮螺栓为左螺纹。规定力矩：53.9~63.7N·m。

21）安装动力转向泵。

22）安装空调压缩机支架。规定力矩：19.6~23.5N·m。

23）拧紧空气压缩机下部螺栓。规定力矩：20.0~32.9N·m。

24）安装传动带。

曲轴带轮→空调带轮→交流发电机带轮→惰轮→动力转向泵带轮→惰轮→水泵带轮→张紧带轮。

逆时针转动自动张紧器。转动张紧器时，在自动张紧器上安装传动带，然后释放张紧器。

25）安装发动机装配支撑架并连接搭铁线。规定力矩：78.5~98.1N·m。

26）安装底盖。

27）安装前右车轮。规定力矩：88.3~107.9N·m。

28）安装发动机盖。

29）连接蓄电池负极端子。规定力矩：4.0~6.0N·m。

30）重新注入发动机机油。

用砂纸清洁蓄电池接线柱和导线端子。装配后，为防止腐蚀涂抹润滑脂。

31）检查燃油是否泄漏。

① 装配燃油管路后，将点火开关置于ON位置（不要起动发动机）使燃油泵运转约2s，并加压燃油管路。

② 重复上述操作两次或三次，在燃油管路的每一点检查是否有燃油泄漏。

32）把发动机冷却液重新注入散热器和膨胀水箱内。

33）从冷却系统放气。

① 起动发动机并运转它，直到它暖机为止。（直到散热器风扇工作3次或4次）。

② 停止发动机，让其冷却。检查散热器内的液面，若有需要添加冷却液。这样做将清除冷却系统内的空气。

③ 牢固地盖上散热器盖，然后再次运转发动机并检查是否泄漏。

17.6.2　现代2.4L-G4KE发动机（2013— ）

该款发动机正时带维修与G4KD相同，相关内容请参考17.6.1小节。

17.7　名图MISTRA（2014—2017年款）

17.7.1　现代1.6T-G4FJ发动机（2016— ）

该发动机正时带维修与G4FA发动机相同，相关内容请参考17.13.1小节。

17.7.2　现代1.8L-G4NB发动机（2014— ）

该发动机正时带维修与G4NA相同，相关内容请参考17.3.3小节。

17.7.3　现代2.0L-G4NA发动机（2014— ）

该车型也搭载在IX35上，相关内容请参考17.4.2小节。

17.8　名驭（2009— ）

现代2.0L-G4GF发动机（2009— ）

1. 正时带单元拆卸

顺时针方向旋转曲轴对准正时标记，让一缸活塞在压缩上止点位置，这时凸轮轴正时凸轮轴正时标记也要与气缸盖上的标记一致，凸轮轴齿轮定位销朝上面。

1）拆卸曲轴带轮，水泵轮和正时带。

2）拆卸正时带罩。

3）拆卸自动张紧器。若重复使用正时带时，必须正时带上做标记，以便安装时保持原来的方向。

4）拆卸正时带。

5）拆卸凸轮轴。使用工具时要注意别让气缸盖和正时齿轮产生损坏。

6）拆卸机油泵正时齿轮螺母时先将气缸体左侧塞头拆除后使用直径8mm旋具插入60mm以上，以便固定左侧平衡轴，见图17-32。

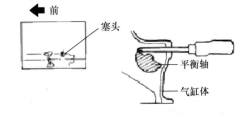

图17-32　插入旋具固定平衡轴

7）拆卸机油泵正时齿轮螺母后拆卸正时齿轮。

8）松开右侧平衡轴正时齿轮螺栓。

9）拆卸张紧器"B"后拆卸正时带"B"。拆卸正时带后不许插入钳子松开螺栓，见图17-33。

10）在曲轴上拆卸正时齿轮"B"。见图17-33。

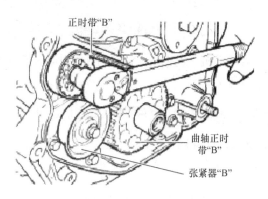

图 17-33　拆下正时齿轮 B

2. 正时带单元安装

1) 安装曲轴正时齿轮"B"。法兰盘方向不正确时可能使正时带受损，应注意。

2) 垫外侧涂一层机油后安装在右侧。确认平衡轴是否如图 17-34 所示的方向安装。

3) 安装右侧平衡轴正时齿轮以后用手拧紧螺栓，见图 17-34。

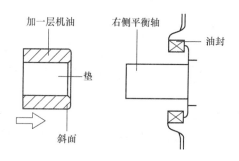

图 17-34　安装右侧平衡轴

4) 对准各正时齿轮上的正时标记和前壳上的标记，见图 17-35。

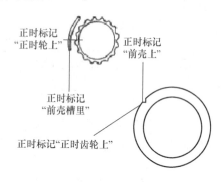

图 17-35　对正正时标记

5) 安装正时带"B"时张力不要松动，张紧器"B"安装在安装螺栓左侧的带轮及发动机前方正时带轮法兰盘上。提高张紧器"B"，使张力

侧正时带"B"绷紧，然后拧紧张紧器"B"固定螺栓，见图 17-36。

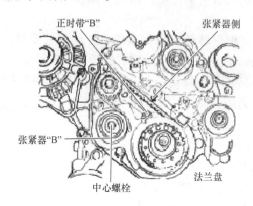

图 17-36　安装正时带

6) 拧紧螺栓时，若轴一起旋转正时带会过渡绷紧，所以应注意避免轴一起旋转。

7) 检查正时标记是否一致。

8) 检测正时带张力

方法 1：在张力侧正时带中间用手指向箭头方向按压时，检测正时带弯曲度是否在规定值内。

方法 2：使用张力测示器检测张力

正时带弯曲：5~7mm

SPAN 长度：139mm

压力：42kPa

力矩 50~100N·m

正时带弯曲：5~7mm

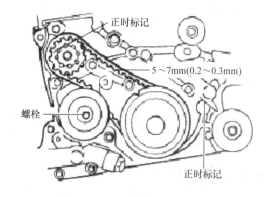

图 17-37　检测正时带张紧度

9) 如图 17-38 所示方向安装法兰盘及曲轴正时齿轮。法兰盘方向不正确时，可能使正时带受损，必须加以注意。

10) 安装垫及正时齿轮，按规定力矩拧紧螺栓。曲轴正时齿轮螺栓：110~130N·m。

11) 气缸体左侧塞孔插入旋具固定平衡轴。

12) 安装机油泵正时齿轮，按规定力矩拧紧

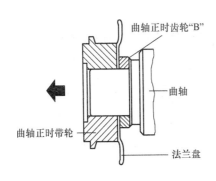

图 17-38 安装法兰盘

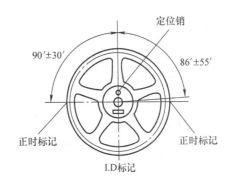

图 17-40 正时标记位置

螺母。机油泵正时齿轮螺母：50~60N·m。

13）安装凸轮轴正时齿轮，按规定力矩拧紧螺栓。凸轮轴正时齿轮螺栓：80~100N·m。

14）安装自动张紧器。应插入自动张紧器固定销。自动张紧器推杆过度突出时，用以下方法调整自动张紧器。

① 自动张紧器底部有塞头时，使用平垫和软垫夹住张紧器。

② 慢慢夹紧台虎钳，对上缸筒和推杆孔，见图 17-39。

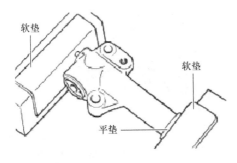

图 17-39 设置张紧器

③ 塞入定位销。在安装过程中不要拔出定位销。

15）在张紧臂上安装张紧轮，并用规定力矩拧紧螺栓。

16）旋转正时齿轮使定位销朝上。然后对准摇臂轴正时标记和两个正时齿轮上的正时标记。安装正时带前凸轮轴正时齿轮和气缸盖正时标记不一致时，不论哪个方向不要旋转两个齿数以上。非要旋转两个齿数以上时先把曲轴正时齿轮逆时针方向旋转两个齿数以后旋转凸轮轴正时齿轮。进、排气凸轮轴正时齿轮使用同样的部件，根据排气量确认识别标记，见图 17-40。

17）对准曲轴正时齿轮正时标记。

18）对准机油泵正时齿轮正时标记，见图 17-41。

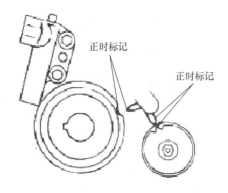

图 17-41 机油泵正时标记

19）张紧轮和曲轴正时齿轮上安装正时带，并用左手抓紧张紧轮上的正时带。

20）用右手拉正时带，安装在机油泵正时齿轮上。

21）正时带安装在惰轮上。

22）把正时带安装在进气正时齿轮上。

23）旋转进排气凸轮轴正时齿轮对准正时标记。

24）在张紧轮上带上正时带后，拔出自动张紧器固定销。

25）旋转曲轴确认正时标记是否正确，见图 17-42。

26）拆卸自动张紧器定位销。

27）曲轴顺时针方向旋转两周等待 15min 后检测"A"间隙（张紧器臂和自动张紧器距离）规定值：6~9mm，检测位置见图 17-43。

28）安装正时带下部和上部罩。

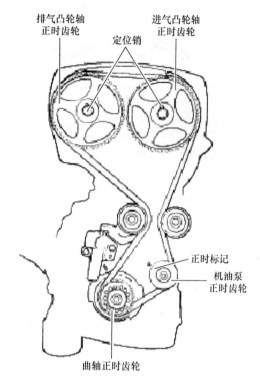

图 17-42 检查正时标记

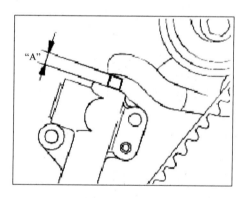

图 17-43 检查 A 间隙

17.9 朗动（2012—2017 年款）

17.9.1 现代 1.6L - G4FG 发动机（2012— ）

该款发动机正时带维修与 G4FA 相同，相关内容请参考 17.13.1 小节。

17.9.2 现代 1.8L - G4NB 发动机（2012— ）

该发动机正时带维修与 G4NA 相同，相关内容请参考 17.3.3 小节。

17.10 悦动（2015—2017 年款）

17.10.1 现代 1.6L - G4FC 发动机（2010— ）

该款发动机正时带维修与 G4FA 相同，相关内容请参考 17.13.1 小节。

17.10.2 现代 1.6L - G4GB 发动机（2010— ）

1. 正时带单元拆卸

1）转动曲轴带轮，将它的槽对准正时带盖的正时标记"T"。一定要顺时针转动曲轴，见图 17-44。

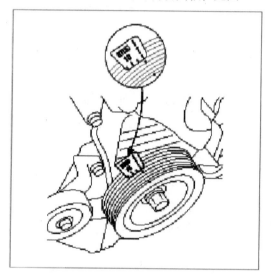

图 17-44 对准曲轴带轮的上止点标记

2）拆卸曲轴带轮螺栓和曲轴带轮。拆卸带轮时，拆卸起动机并固定 SST（09231 - 2B100），见图 17-45。

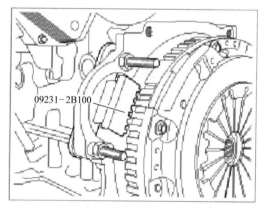

图 17-45 固定飞轮

3）拆卸曲轴凸缘。

4）拆卸5个螺栓和正时带下部盖。

5）拆卸正时带张紧器和正时带。

6）拆卸螺栓和正时带惰轮。

7）拆卸曲轴链轮。

8）拆卸气缸盖罩。

① 拆卸火花塞导线。

② 拆卸PCV（曲轴箱强制通风）软管和通气软管。

③ 从气缸盖罩上拆卸加速踏板拉线。

④ 拆卸螺栓和气缸盖罩。

9）拆卸凸轮轴链轮。用扳手B固定凸轮轴的六角部分A，拆卸螺栓和凸轮轴链轮C，见图17-46。

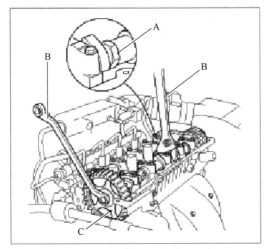

图17-46 拆卸凸轮轴链轮

2. 正时带单元安装

1）安装凸轮轴链轮，按规定力矩拧紧螺栓。

① 暂时安装凸轮轴链轮螺栓。

② 用扳手固定凸轮轴的六角部分，拆卸螺栓和凸轮轴链轮。凸轮轴链轮螺栓规定力矩：98.1~117.7N·m。

2）安装气缸盖罩。

① 安装气缸盖罩和12个螺栓。拧紧力矩：7.8~9.8N·m。

② 安装PCV软管和通气软管。

③ 在气缸盖罩上安装加速踏板拉线。

④ 安装火花塞高压线。

3）安装曲轴链轮。

4）在No.1活塞位于压缩行程上止点处，对正凸轮轴链轮A和曲轴链轮B的正时标记，见图17-47、图17-48。

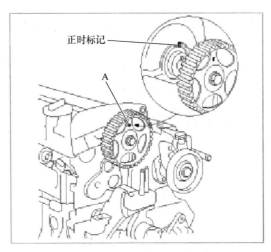

图17-47 凸轮轴链轮正时标记

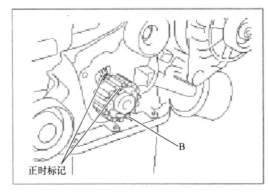

图17-48 曲轴链轮正时标记

5）安装惰轮，按规定力矩拧紧螺栓B。惰轮带轮螺栓规定力矩：42.2~53.9N·m。见图17-49。

6）使用平垫圈暂时安装正时带张紧器。

7）安装正时带，以免每个轴中央部分松弛。安装正时带时，按照下列程序进行曲轴链轮A→惰轮B→凸轮轴链轮C→正时带张紧器D，见图17-49。

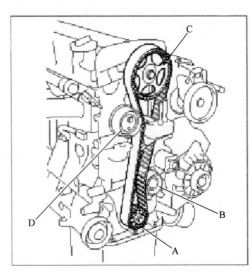

图17-49 正时带安装

8）暂时使用中央螺栓安装张紧器带轮，以便在正时带上附加张力。

9）调整正时带张力。

①顺时针旋转曲轴（前视）角度等于曲轴链轮A的两个齿角度（18°），见图17-50。

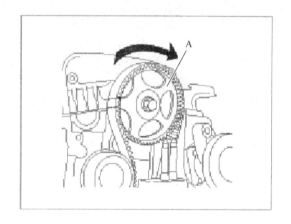

图17-50 调整张紧力

②使用六角扳手，按照顺时针方向在正时带上应用张力，以便受拉部分的正时带不松弛。

③拧紧张紧器螺栓。拧紧力矩：42.2~53.9N·m。

④重新检查正时带张力。当用约20N的力水平推动正时带张力时，正时带端隙约4~6mm，见图17-51。

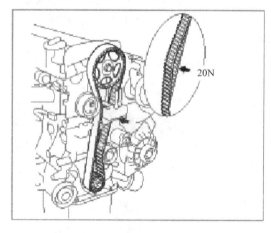

图17-51 检查正时带张紧力

⑤正时带张力测量程序（通过声波张力规）。按顺时针方向转动曲轴，把第1活塞设置在上止点（TDC），按逆时针方向转动曲轴至69°（4个轮齿），然后利用自由振动的方法测量受拉部分跨度（图17-51中箭头方向）中央的正时带张力。

⑥按逆时针方向转动曲轴时，确定一次转动曲轴。

⑦在安装正时带，调整张力和测量张力过程中，必须拆卸火花塞。

正时带规格如下：

S：测量的正时带跨度（mm）

M：正时带的单位重量（g/mm）

W：正时带宽度（mm）

项目	规格
S/mm	270
M/(g/mm)	4~5
W/mm	25.4
T/N	75~105
T/kgf	7.6~10.7

10）按正常方向（顺时针）转动曲轴2圈，重新排列曲轴链轮和凸轮轴链轮正时标记。

11）使用5个螺栓安装正时带下盖。正时带盖螺栓规定力矩：7.8~9.8N·m。

12）安装法兰和曲轴带轮。确定曲轴链轮销与带轮小空相吻合。

曲轴带轮螺栓规定力矩：156.9~166.7N·m。

13）安装带轮时，拆卸起动机并固定SST（09231-2B100）。

14）使用4个螺栓安装正时带上盖。拧紧力矩：7.8~9.8N·m。

17.11 悦纳（2017— ）

17.11.1 现代1.4L-G4LC发动机（2017— ）

1. 正时链单元部件分解

发动机正时链单元部件如图17-52所示。

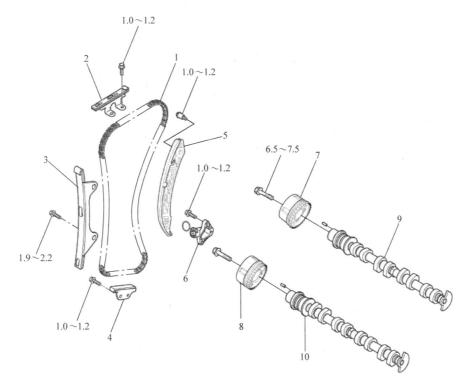

图 17-52　现代 G4LC 发动机正时链单元
1—正时链　2—正时链条凸轮导轨　3—正时链导轨　4—正时链曲柄导轨　5—正时链张紧臂
6—正时链张紧器　7—排气 CVVT　8—进气 CVVT　9—排气凸轮轴　10—进气凸轮轴

2. 正时链单元拆卸步骤

1）拆下气缸盖。

2）转动曲轴带轮，将上面的槽与正时链盖的定时标记对齐，将第 1 缸的活塞设置到压缩行程上止点，见图 17-53。

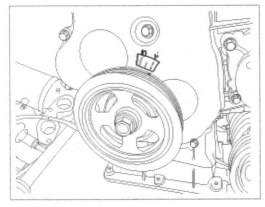

图 17-53　对准曲轴带轮正时标记

3）拆下定时链盖。

4）在拆卸正时链条之前，请根据链轮位置（CVVT）标记正时链，因为 TDC（上止点）链条上的识别标记可以被擦除，见图 17-54。

5）拆下正时链条凸轮导板。

6）拆下正时链条曲柄导轨。

7）通过推动正时链张紧器臂箭头方向对正时链条张紧器进行压缩后，安装定位销。然后取下张紧器 A 和张紧器臂 B。

8）拆下正时链条。

9）拆下正时链条导轨。

10）拆下曲轴链轮。

3. 正时链单元安装步骤

1）用水平中心线设置曲轴键约 3.7°。其结果是，1 号气缸的活塞在上止点压缩行程。

2）安装曲轴链轮。

3）将凸轮轴链轮（CVVT）的标记对准气缸盖顶面，见图 17-57。其结果是，1 号气缸的活塞在压缩行程上止点。

4）安装正时链条导轨。拧紧力矩：18.6～21.6N·m。

5）安装正时链。建议按以下步骤安装：曲轴链轮→油泵链轮→正时链条导轨→进气凸轮轴链轮（CVVT）→排气凸轮轴链轮（CVVT）。在

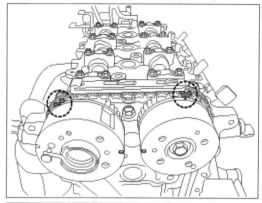

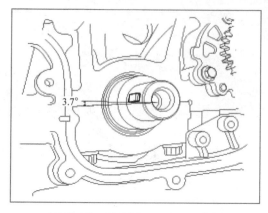

图 17-56　设置气缸 1 于 TDC 位置

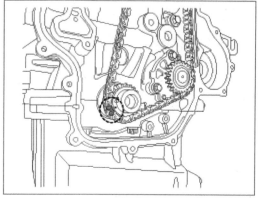

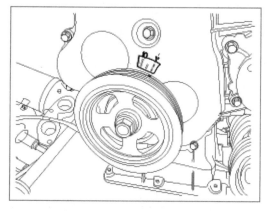

图 17-57　对准凸轮轴链轮标记

图 17-54　正时链条上的正时标记位置

注意：在液压正时链条张紧器中建立油压之前，逆时针转动曲轴可能导致链条与链轮齿脱离。

10）按照与拆卸相反的顺序安装其他零件。

17.11.2　现代 1.6L – G4FG 发动机（2017—　）

该款发动机正时带维修与 G4FA 相同，相关内容请参考 17.13.1 小节。

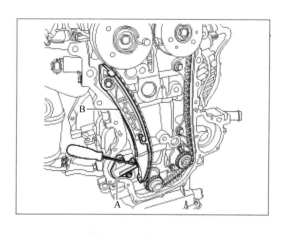

图 17-55　拆下张紧器

安装过程中，每个链轮的定时标记应与定时链的定时标记（颜色链接）相匹配。

6）安装正时链张紧器臂和正时链张紧器，然后拆下止动销。拧紧力矩：9.8～11.8N·m。

7）安装正时链条曲柄导轨。拧紧力矩：9.8～11.8N·m。

8）安装正时链条凸轮导轨。拧紧力矩：9.8～11.8N·m。

9）将曲轴旋转一圈方向（从正面看，顺时针旋转），确认时间务必顺时针转动曲轴。

17.12　领动（2016—2017 年款）

17.12.1　现代 1.4T – G4LD 发动机（2016—　）

该发动机正时带维修与 G4LC 发动机相同，相关内容请参考 17.11.1 小节。

17.12.2　现代 1.6L – G4FD 发动机（2016—　）

该款发动机正时带维修与 G4FA 相同，相关内容请参考 17.13.1 小节。

17.13 瑞纳（2011—2017）

17.13.1 现代 1.4L – G4FA 发动机（2011— ）

1. 正时链单元拆卸

1）顺时针旋转曲轴带轮，并对齐凹槽和正时链条盖的正时标记，见图 17-58。

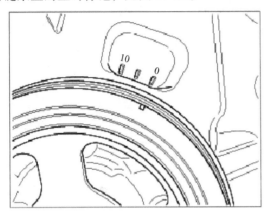

图 17-58 对齐凹槽和正时链条盖的正时标记

2）拧下曲轴螺栓和曲轴带轮。

3）拆卸正时链条盖。

4）对齐凸轮轴链轮正时标记和气缸盖的上表面，将 1 号气缸设置在 TDC 位置。此刻检查曲轴的定位销是否朝向发动机上方。对齐凸轮轴链轮（In，Ex：2）和曲轴链轮的正时标记，在正时链（3 处）做标记，见图 17-59。

5）拆卸液压张紧器 A。拆卸张紧器前，在上止点用销通过孔 B 来固定张紧器的活塞，见图 17-60。

6）拆卸正时链条张紧器臂和导轨。

7）拆卸正时链条 A，见图 17-61。

2. 正时链单元安装

1）如图 17-62 所示，曲轴的定位销设置在约距垂直中心线 3°的位置。

2）对齐曲轴链轮正时标记和气缸盖的上表面，将 1 号气缸设置在 TDC 位置。

3）安装新 O 形圈 A，位置见图 17-63。

4）安装正时链条导轨 A 和正时链条 B，见图 17-64。规定力矩：9.8 ~ 11.8N·m。安装正时链时，对齐链轮和链条的正时标记。安装顺序：曲轴链轮→正时链导轨→进气凸轮轴链轮→排气凸轮轴链轮。

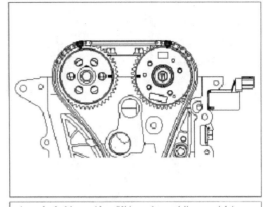

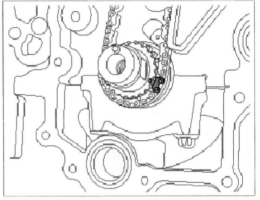

图 17-59 对齐链条 3 处正时标记

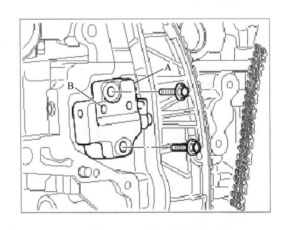

图 17-60 拆卸张紧器

5）安装链条张紧器臂。规定力矩：9.8 ~ 11.8N·m。

6）安装液压张紧器 A，拆卸销（B），见图 17-65。规定力矩：9.8 ~ 11.8N·m。重新检查曲轴和凸轮轴上的上止点（TDC）标记。

7）安装正时链条盖。

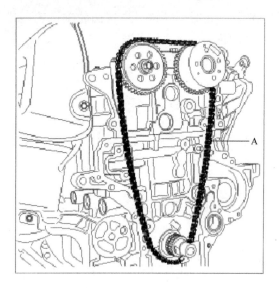

图 17-61 拆下正时链条

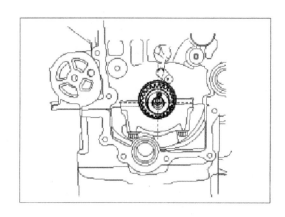

图 17-62 曲轴定位设置位置

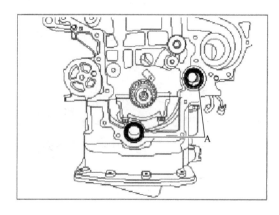

图 17-63 安装新的 O 形圈

17.13.2 现代 1.6L – G4FC 发动机（2011— ）

该款发动机正时带维修与 G4FA 相同，相关内容请参考 17.13.1 小节。

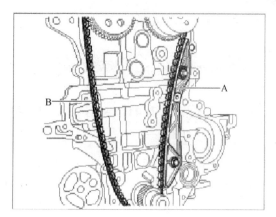

图 17-64 安装正时链条 B 和导轨 A

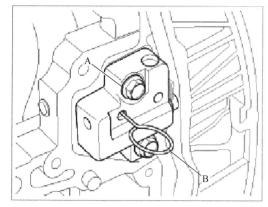

图 17-65 安装张紧器

17.14 瑞奕（2014—2017）

17.14.1 现代 1.4L – G4FA 发动机（2014— ）

该发动机也搭载在瑞纳车型上，相关请参考 17.13.1 小节。

17.14.2 现代 1.6L – G4FC 发动机（2014— ）

该款发动机正时维修与 G4FA 相同，相关内容请参考 17.13.1 小节。

17.15 伊兰特（2011— ）

17.15.1 现代 1.6L – G4ED 发动机（2011— ）

该款发动机正时维修与 G4FC 相同，相关内容请参考 17.10.1 小节。

17.15.2 现代 1.5L – G4EC 发动机（2011— ）

该发动机正时带维修与 G4FC 相同,相关内容请参考 17.10.1 小节。

17.16 雅绅特（2011— ）

17.16.1 现代 1.4L – G4EA 发动机（2005— ）

该发动机正时带维修与 G4FC 相同,相关内容请参考 17.10.1 小节。

17.16.2 现代 1.6L – G4ED 发动机（2005—）

该发动机正时带维修与 G4FC 相同,相关内容请参考 17.10.1 小节。

17.17 领翔（2009— ）

17.17.1 现代 2.0L – G4KD 发动机（2009— ）

该款发动机也搭载在索纳塔八车型上,相关内容请参考 17.6.1 小节。

17.17.2 现代 2.4L – G4KE 发动机（2009— ）

该款发动机正时带维修与 G4KD 相同,相关内容请参考 17.6.1 小节。

17.18 御翔（2009— ）

现代 2.4L – G4KC 发动机（2005— ）

其正时链拆装与调整和 G4KD 一样,相关内容请参考 17.6.1 小节。

第18章 东风悦达起亚

18.1 KX7（2017— 年款起）

18.1.1 起亚 2.0L - G4NC 发动机（2017— ）

该发动机正时带维修与 G4NA 相同，相关内容请参考 17.3.3 小节。

18.1.2 起亚 2.0T - G4KH 发动机（2017— ）

该款发动机也搭载在现代全新胜达车型上，相关内容请参考 17.2.1 小节。

18.1.3 起亚 2.4L - G4KJ 发动机（2017— ）

该发动机正时带维修与 G4KH 相同，相关内容请参考 17.2.1 小节。

18.2 KX5（2016—2017 年款）

18.2.1 起亚 1.6T - G4FJ 发动机（2016— ）

该发动机正时带维修与 G4FA 发动机相同，相关内容请参考 17.13.1 小节。

18.2.2 起亚 2.0L - G4NC 发动机（2016— ）

该发动机正时带维修与 G4NA 相同，相关内容请参考 17.3.3 小节。

18.3 KX3（2017— 年款起）

18.3.1 起亚 1.6T - G4FJ 发动机

该发动机正时带维修与 G4FA 发动机相同，相关内容请参考 17.13.1 小节。

18.3.2 起亚 1.6L - G4FG 发动机（2017— ）

该款发动机正时带维修与 G4FA 相同，相关内容请参考 17.13.1 小节。

18.4 智跑（2015— 年款起）

18.4.1 起亚 2.0L - G4NA 发动机（2015— ）

该车型也搭载在 IX35 上，相关内容请参考 17.4.2 小节。

18.4.2 起亚 2.4L - G4KE 发动机（2012— ）

该款发动机正时带维修与 G4KD 相同，相关内容请参考 17.6.1 小节。

18.5 狮跑（2012— 年款起）

18.5.1 起亚 2.0L - G4GC 发动机（2005—2012）

该发动机正时带拆装与调整和 G4FC 发动机一样，相关内容请参考 17.10.1 小节。

18.5.2 起亚 2.7L - G6BA 发动机（2005—2012）

1. 正时带单元拆卸

1）拆卸发动机盖。
2）拆卸右前轮。
3）拆卸 2 个螺栓和右侧盖。
4）转动曲轴带轮，并对齐曲轴带轮的导槽与正时带盖的正时标记"T"。一定要顺时针转动曲轴，见图 18-1。
5）拆卸传动带和传动带张紧器。

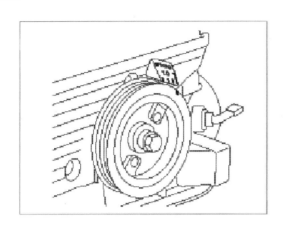

图 18-1 设置曲轴带轮于 TDC 位置

6）拆卸发动机装配支架。

① 将千斤顶安装到发动机机油底壳。在千斤顶和发动机机油底壳之间放置木块。

② 拆卸 2 个螺栓、2 个螺母和发动机装配支架。

7）拆卸动力转向泵。

8）拆卸 7 个螺栓和正时带上盖。

9）拆卸曲轴带轮螺栓和曲轴带轮。

10）拆卸传动带惰轮。

11）拆卸 4 个螺栓和正时带下盖。

12）拆卸发动机支撑支架。

13）检查凸轮轴正时带轮和气缸盖罩的正时标记是否对齐。若没有对齐，将曲轴旋转 1 圈（360°）。

14）拆卸正时带张紧器。交替拧下 2 个螺栓，拆卸张紧器。

15）拆卸正时带。如果要再次使用正时带的话，应在正时带上做箭头指示旋转方向，确保安装正时带时保持原来的方向。

16）拆除张紧器带轮和正时带惰轮。

17）拆卸曲轴正时带齿轮。

18）拆卸凸轮轴带齿轮。用扳手固定凸轮轴六角头部位，并拆卸螺栓和凸轮轴链轮。使用扳手时小心不要损坏气缸盖和气门挺杆。

2. 正时带单元安装

1）安装曲轴正时齿轮。曲轴正时齿轮安装键导槽与传动带轮安装键对齐的安装曲轴正时齿轮。

2）安装凸轮轴正时齿轮并将螺栓拧紧至规定力矩。

① 暂时安装凸轮轴正时齿轮螺栓。

② 用扳手固定凸轮轴六角头部位，并拧紧凸轮轴正时齿轮螺栓。凸轮轴链轮螺栓规定力矩：90~110N·m。

3）安装惰轮和张紧器带轮。惰轮螺栓规定力矩：50~60N·m；张紧器臂固定螺栓 35~55N·m。

4）将惰轮插入，并安装到水泵凸台上的滚子销上。

5）在将 1 缸活塞设置在压缩行程上止点时，对齐凸轮轴正时齿轮和曲轴正时齿轮的正时标记，见图 18-2。

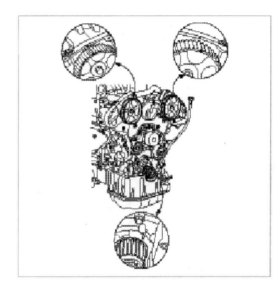

图 18-2 检查正时带正时标记

6）定位正时带张紧器。

① 使用压床，缓慢地压进推杆。

② 对齐推杆和外壳孔，通过孔用定位销来固定推杆。

③ 释放压床。

7）安装正时带张紧器。

① 暂时用 2 个螺栓安装张紧器。

② 交替拧紧 2 个螺栓。规定力矩：20~27N·m。

8）安装正时带。

① 除去正时齿轮上的油和水，使它们保持干净。

② 按下列顺序安装正时带

曲轴正时齿轮（A）→惰轮（B）→左侧凸轮轴正时齿轮（C）→水泵带轮（D）→右侧凸轮轴正时齿轮（E）→张紧轮（F），见图 18-3。

9）拆卸张紧器上的定位销。

10）检查正时带张紧器。

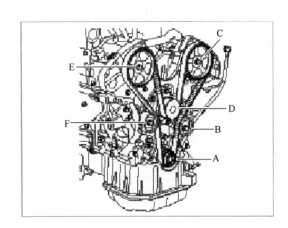

图 18-3 正时带安装顺序

① 按顺时针方向旋转曲轴 2 圈，5min 后在 1 缸活塞 TDC（压缩行程）处，测量自动张紧器的推杆伸出长度。

② 推杆应伸出 7~9mm，见图 18-4。

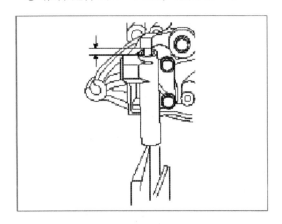

图 18-4 检查张紧器推杆伸出长度

11）安装发动机支撑支架（A）。

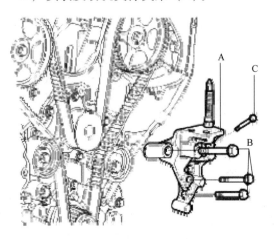

图 18-5 安装发动机支撑支架

12）用 4 个螺栓安装正时带下盖。

正时带外壳螺栓规定力矩：10~12N·m。

13）安装传动带惰轮。

惰轮螺栓规定力矩：35~55N·m。

14）安装曲轴带轮。确保曲轴链轮销钉与带轮内的小孔相吻合。

曲轴带轮螺栓规定力矩：180~190N·m。

15）用 7 个螺栓安装正时带上盖。

16）安装动力转向泵。

17）安装传动带张紧器和传动带。

18）安装发动机装配支架。

19）用 2 个螺母和 2 个螺栓安装发动机装配支架。

规定力矩：60~80N·m。

20）用 2 个螺栓安装右侧盖（A）。

21）安装右前轮。

22）安装发动机盖。

18.6　K5（2015—年款起）

18.6.1　起亚 1.6T-G4FJ 发动机（2016— ）

该发动机正时带维修与 G4FA 发动机相同，相关内容请参考 17.13.1 小节。

18.6.2　起亚 2.0L-G4KD 发动机（2011— ）

该款发动机也搭载在索纳塔八车型上，相关内容请参考 17.6.1 小节。

18.6.3　起亚 2.4L-G4KE 发动机（2011— ）

该款发动机正时带维修与 G4KD 相同，相关内容请参考 17.6.1 小节。

18.6.4　起亚 2.0T-G4KH 发动机（2015— ）

该款发动机也搭载在现代全新胜达车型上，相关内容请参考 17.2.1 小节。

18.7 K4（2014—年款起）

18.7.1 起亚 1.6T – G4FJ 发动机（2014— ）

该发动机正时带维修与 G4FA 发动机相同，相关内容请参考 17.13.1 小节。

18.7.2 起亚 1.8L – G4NB 发动机（2014— ）

该发动机正时带维修与 G4NA 相同，相关内容请参考 17.3.3 小节。

18.7.3 起亚 2.0L – G4NA 发动机（2014— ）

该车型也搭载在 IX35 上，相关内容请参考 17.4.2 小节。

18.8 K3（2015—年款起）

18.8.1 1.4T – G4LD 发动机（2016— ）

该发动机正时带维修与 G4LC 发动机相同，相关内容请参考 17.11.1 小节。

18.8.2 1.6L – G4FG 发动机（2014— ）

该款发动机正时带维修与 G4FA 相同，相关内容请参考 17.13.1 小节。

18.8.3 1.8L – G4NB 发动机（2014— ）

该发动机正时带维修与 G4NA 相同，相关内容请参考 17.3.3 小节。

18.9 K2（2015—2017 年款）

18.9.1 起亚 1.4L – G4FA 发动机（2017— ）

该款发动机也搭载在现代瑞纳车型上，相关内容请参考 17.13.1 小节。

18.9.2 起亚 1.6L – G4FC 发动机（2015— ）

该款发动机正时带维修与 G4FA 相同，相关内容请参考 17.13.1 小节。

18.10 赛拉图（2005—年款起）

18.10.1 起亚 1.6L – G4ED 发动机（2005— ）

该发动机正时带维修与 G4FC 相似，相关内容请参考 17.10.1 小节。

18.10.2 起亚 1.8L – G4GC 发动机（2005— ）

该发动机正时带拆装与调整和 G4FC 发动机一样，相关内容请参考 17.10.1 小节。

18.11 福瑞迪（2009— 年款起）

18.11.1 起亚 1.6L – G4FC 发动机（2009— ）

该款发动机正时带维修与 G4FA 相同，相关内容请参考 17.13.1 小节。

18.11.2 起亚 2.0L – G4KD 发动机（2009— ）

该款发动机也搭载在索纳塔八车型上，相关内容请参考 17.6.1 小节。

18.12 秀尔（2010— 年款起）

18.12.1 起亚 1.6L – G4FC 发动机（2010— ）

该款发动机正时带维修与 G4FA 相同，相关内容请参考 17.13.1 小节。

18.12.2 起亚 2.0L – G4GC 发动机（2010— ）

该发动机正时带拆装与调整和 G4FC 发动机一样，相关内容请参考 17.10.1 小节。

18.13 锐欧（2005— 年款起）

18.13.1 起亚 1.4L – G4EE 发动机（2005— ）

该发动机正时带维修与 G4FC 相似，相关内容请参考 17.10.1 小节。

18.13.2 起亚 1.6L – G4ED 发动机（2005— ）

该发动机正时带维修与 G4FC 相似，相关内容请参考 17.10.1 小节。

18.14 千里马（2003— 年款起）

18.14.1 起亚 1.3L – G4EA 发动机（2003— ）

该发动机正时带维修与 G4FC 相似，相关内容请参考 17.10.1 小节。

18.14.2 起亚 1.6L – G4ED 发动机（2003— ）

该发动机正时带维修与 G4FC 相似，相关内容请参考 17.10.1 小节。

第 19 章 华晨宝马

19.1 5系 E60/F18/G38（2003—2017年款）

19.1.1 宝马 2.0T – B48B20 发动机（2016— ）

1. 发动机正时检查

需要的准备工作：拆下气缸盖罩；拆下火花塞；拆下前部机组防护板；拆下前部隔音板；对于自动变速器的车型还要：拆下起动机。

1）利用旋具从减振器上松开盖板1。见图19-1。

图19-1 拆下前盖

2）用专用工具11 6 480将发动机旋转到气缸1压缩行程上止点位置。不要让发动机反向旋转。

图19-2 顺时针转动曲轴

3）装有自动变速器的车辆：

定位安放专用工具 2 365 488 并用螺栓固定。使用专用工具 2 288 380 在气缸 1 压缩行程上止点位置上卡住曲轴，见图19-3。

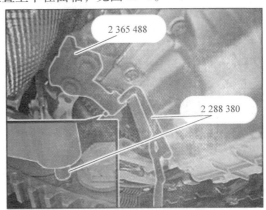

图19-3 卡住曲轴（AT车型）

4）带手动变速器的车辆：

拆下油底壳上的饰盖1。用专用工具 11 6 480 在中心螺栓处旋转发动机。使用专用工具 2 288 380 在气缸1压缩行程上止点位置上卡住曲轴，见图19-4。

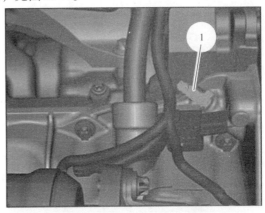

图19-4 卡住曲轴（MT车型）

5）进气和排气凸轮轴上的标记1可以从上方读取，见图19-5。

当凸轮轴扭转180°时，也可以安装专用工具。进气和排气凸轮轴上的三个平台1中间的必须朝上，见图19-6。

图 19-5 曲轴标记可以读取

图 19-6 凸轮轴中间平台朝上

第一缸排气凸轮轴 A 的凸轮向右倾斜并指向内部，见图 19-7。

图 19-7 第一缸排气凸轮轴凸轮向右内

第一缸进气凸轮轴 E 的凸轮向左倾斜。

6）专用工具 2 358 122 由多个部件构成（图 19-9）：①底架。②气缸盖上的底架螺栓。③固定排气凸轮轴的量规。④固定进气凸轮轴的量规。⑤底架上的量规螺栓。

图 19-8 第 1 缸进气凸轮轴凸轮向左

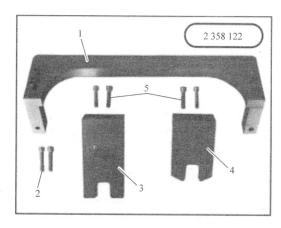

图 19-9 专用工具组成

将底架 1 用螺栓 2 固定在气缸盖上。量规 3 利用凹口定位在排气凸轮轴的双平面段上。量规 3 利用螺栓 5 固定在底架上。量规 4 利用凹口定位在进气凸轮轴的双平面段上。量规 4 利用螺栓 5 固定在底架上，见图 19-10。

图 19-10 安装专用工具

7）如有必要，调整配气相位。

8）拆下所有专用工具。

9）安装火花塞。

10）安装气缸盖罩。

11）安装前部机组防护板。

12）安装前部隔音板。

13）对于自动变速器的车型还要：安装起动机。

2. 发动机正时调整

需要的准备工作：检查配气相位；拆下链条张紧器。

1）将专用工具11 9 340旋入气缸盖。用专用工具009460将正时链预紧至0.3N·m，见图19-11。

图19-11 安装专用工具到气缸盖

如果不能安装专用工具2 358 122，那么必须重新调整配气相位。

2）用呆扳手在各个凸轮轴的双面段上固定住。将VANOS中央阀1用专用工具0 496 855松开，见图19-12。

图19-12 松开中央阀

3）将两个凸轮轴旋转到位。进气和排气凸轮轴上的标记1可以从上方读取，见图19-5。

当凸轮轴扭转180°时，也可以安装专用工具。

进气和排气凸轮轴上的三个平台1中间的必须朝上，见图19-6。

4）将底架1用螺栓2固定在气缸盖上。量规3利用凹口定位在排气凸轮轴的双平面段上。量规3利用螺栓5固定在底架上。量规4利用凹口定位在进气凸轮轴的双平面段上。量规4利用螺栓5固定在底架上。见图19-10。

5）用专用工具0 496 855拉紧进气调整装置1的VANOS中央阀，见图19-13。

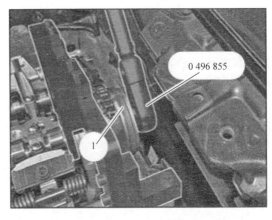

图19-13 安装进气调整装置中央阀

6）用专用工具0 496 855拉紧排气调整装置的VANOS中央阀。

7）移开专用工具2 288 380和专用工具2 358 122。

8）用专用工具11 6 480沿发动机旋转方向将发动机转动两次。不往往回旋转发动机。

9）检查凸轮轴的配气相位。

10）安装链条张紧器。

11）安装气缸盖。

19.1.2 宝马3.0T – B58B30发动机（2016— ）

1. 发动机正时检查

注意：如果用手沿错误旋转方向旋转发动机，可能损坏发动机。只能用手沿正确旋转方向旋转发动机：①沿顺时针方向，面向减振器。②或者沿逆时针方向，面向传动链条（仅当安装了后部正时链时才适用）。

1）如图19-14所示，将发动机用专用工具0

493 380（11 6 480）转动至第 1 个气缸的压缩行程上止点位置。

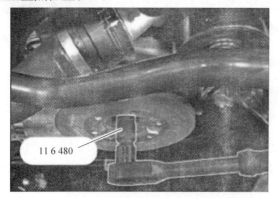

图 19-14　用专用工具转动曲轴

2）将曲轴锁定在气缸 1 的压缩行程上止点位（自动变速器）

装有自动变速器的车辆：将专用工具 2 365 488 定位并用相应螺栓固定。将曲轴用专用工具 2 288 380 在第 1 个气缸的压缩行程上止点位置卡住，见图 19-15。

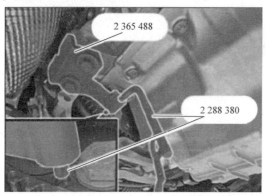

图 19-15　安装曲轴固定工具

3）检查是否能从上面读取到排气凸轮轴的标记 1 和进气凸轮轴的标记 2，见图 19-16。

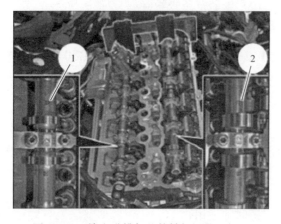

图 19-16　检查进排气凸轮轴标记是否朝上

4）如果无法从上面读取到标记 1 和 2，将凸轮轴转到正确的位置或者重新调整配气相位，见图 19-16。

5）检查两个凸轮轴上三个加工平面 1 里中间的一个加工平面，如图 19-17 所示。当凸轮轴扭转 180°后（中间的平整面指向下方），也可以安装专用工具 2 358 122。

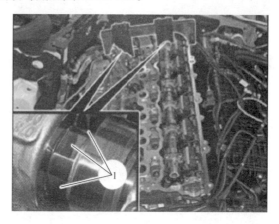

图 19-17　检查凸轮轴加工平面位置

6）如果三个削平中间的那个 1 不朝上。将凸轮轴转到正确的位置，使两个凸轮轴上三个削平中间的那个 1 都朝上。检查第 1 个气缸上排气凸轮轴 1 和进气凸轮轴 2 的凸轮位置是否如图 19-18 所示。

图 19-18　检查 1 缸进排气凸轮轴凸轮位置

7）将专用工具 2 358 122 的底架 1 用螺栓 2 固定在气缸盖上。将量规 3 以凹口定位在排气凸轮轴上并用螺栓 5 固定在底架 1 上。将量规 4 以凹口定位在进气凸轮轴上并用螺栓 5 固定在底架 1 上，如图 19-19 所示。

提示：若无法安装专用工具 2 358 122，则必须重新调整配气相位。

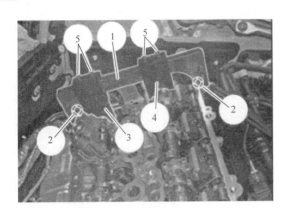

图 19-19 安装专用工具组

专用工具组 2 358 122 部件组成如图 19-20 所示：

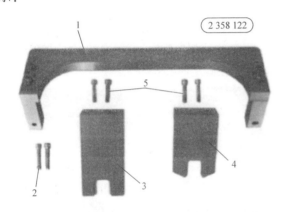

图 19-20 专用工具组组成
1—底架 2—气缸盖上底架螺栓 3—排架，用于固定排气凸轮轴的量规 4—用于固定进气凸轮轴的量规
5—底架上的量规螺栓

2. 发动机正时调整

1）将专用工具 0 493 971（11 9 340）旋入气缸盖，见图 19-21。用专用工具 0 496 778（00 9 460）将正时链预紧至 0.3N·m。

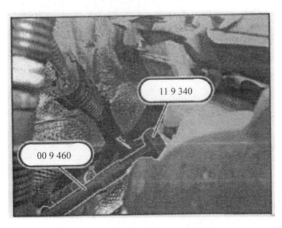

图 19-21 安装专用工具到气缸盖上

2）将专用工具组 2 358 122 的底架定位在气缸盖上。必要时，用专用工具 0 493 380（11 6 480）旋转发动机的曲轴。将用于固定进气凸轮轴的量规，定位在进气凸轮轴上并用螺栓固定在底架上。

3）将进气调整装置 1 的 VANOS 中央阀用专用工具 0 496 855 松开，见图 19-22。

图 19-22 松开进气调整装置螺栓

4）必要时，用专用工具 0 493 380（11 6 480）旋转发动机的曲轴。将用于固定排气凸轮轴的量规定位在排气凸轮轴上并用螺栓固定在底架上。将排气调整装置的 VANOS 中央阀 1 用专用工具 0 496 855 松开，见图 19-23。

图 19-23 松开排气调整装置螺栓

5）将两个凸轮轴旋转到正确位置，确保排气凸轮轴的标记 1 和进气凸轮轴的标记 2 可以从上方查看，见图 19-16。

6）两个凸轮轴上三个平整面 1 的中间一个必须指向上方，见图 19-17。

7）将量规 3 以凹口定位在排气凸轮轴上并用螺栓 5 固定在底架 1 上。将量规 4 以凹口定位在进气凸轮轴上并用螺栓 5 固定在底架 1 上,见图 19-19。

8) 将进气调整装置的 VANOS 中央阀,用专用工具 0 496 855 拧紧。

9) 将排气调整装置的 VANOS 中央阀,用专用工具 0 496 855 拧紧。

19.1.3 宝马 2.0T – N20B20 发动机 (2011—2016)

1. 发动机正时检查

需要的准备工作:拆下上部纯空气管道,拆下火花塞。拆下气缸盖罩。拆下前部和后部机组防护板。

1) 拆下密封盖 1。将中心螺栓上的曲轴转到上止点位置。将专用工具 2 219 548 推入标定孔并固定曲轴,见图 19-24。当用专用工具 2 219 548 在正确的标定孔上固定好飞轮时,就不能再通过中心螺栓转动发动机。

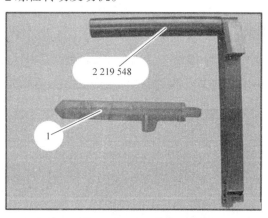

图 19-24 用专用工具固定曲轴

2) 沿箭头方向用旋具拆下密封盖 1,见图 19-25。

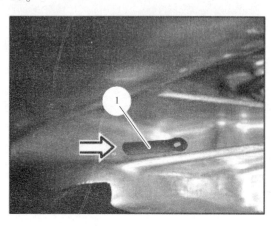

图 19-25 拆下密封盖

3) 专用工具 2 219 548 只能固定在飞轮 1 上规定的位置(参见箭头),见图 19-26。

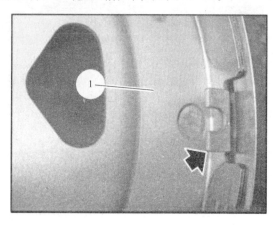

图 19-26 用专用工具固定飞轮

4) 安装说明:用机油浸润较容易拆卸和安装的专用工具 2 219 548。用专用工具 2 219 548 通过标定孔固定曲轴。

图 19-27 通过标定孔固定曲轴

5) 提示:专用工具:2 212 831,将专用工具 1 与专用工具 2 固定在气缸盖上,见图 19-28。

图 19-28 固定专用工具

6）将专用工具1用螺栓2固定在气缸盖上，见图19-29。

图19-29 和螺栓固定专用工具

7）将专用工具1无凹口地固定在排气凸轮轴的双平面段上。在气缸1上的压缩行程上止点位置中，排气凸轮轴的凸轮倾斜指向上部，见图19-30。

图19-30 专用工具固定在排气凸轮轴双平面上

8）将专用工具1有凹口地固定在进气凸轮轴的双平面段上。在气缸1处于压缩行程上止点位置时，进气凸轮轴的凸轮斜着向上部，见图19-31。

9）将凸轮轴传感器齿盘量规1安装在气缸盖上。检查凸轮轴传感器齿盘的调整情况。专用工具2 212 830，见图19-32。

10）使用销子1沿箭头方向定位排气凸轮轴的凸轮轴传感器齿盘。使用销子2沿箭头方向定位进气凸轮轴的凸轮轴传感器齿盘，见图19-33。

安装说明：如果错误调整了凸轮轴传感器齿盘，则必须松开中心螺栓。

11）如果专用工具2 219 548由于活动困难

图19-31 专用工具固定在进气凸轮轴双平面上

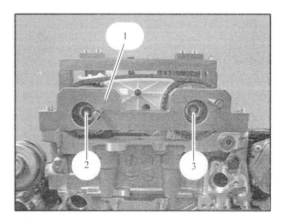

图19-32 安装凸轮轴传感器齿盘量规

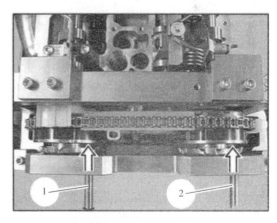

图19-33 使用销子定位凸轮轴齿盘

而无法取下，则可借助于尖嘴钳1（弯头）通过转动及拉动动作将其取出，见图19-34。

12）如有必要，调整配气相位。装配好发动机。

2. 发动机正时调整

需要的准备工作：拆下气缸盖罩。检查配气相位。

图 19-34 使用弯头尖嘴钳

1）在气缸 1 处于压缩行程上止点位置时，进气凸轮轴的凸轮斜着指向上部，将测尺 2 定位在进气凸轮轴的双平面段上，见图 19-31。专用工具号：2 212 831。

2）在气缸 1 处于压缩行程上止点位置时，排气凸轮轴的凸轮斜着指向上部，见图 19-30。

3）进气排气凸轮轴 1 上的标记 E 和 A 以及零件号码可以从上方读取，见图 19-35。

图 19-35 排气凸轮轴零件号码可以读取

4）将承桥 1 固定在气缸盖上，见图 19-36。将测尺（2 和 3）固定在承桥 1 上。

图 19-36 安装承桥在气缸盖上

5）松开和固定中心螺栓时，务必进行螺栓连接 1。用螺栓 1 固定测尺 2。

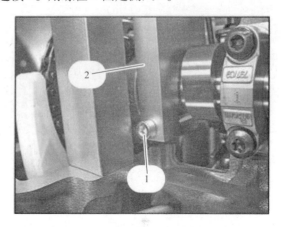

图 19-37 用螺栓（1）固定测尺（2）

6）松开和固定中心螺栓时，务必进行螺栓连接 2。为了固定螺钉 2，必须拆除螺栓 1。用螺栓 2 固定测尺，见图 19-38。

图 19-38 用螺栓固定测尺

7）VANOS 调整装置的中心螺栓（2 和 3）只能使用专用工具松开。如果不能安装该专用工具，必须支承在各个凸轮轴的双平面段上（否则有损坏危险）！松开中心螺栓（2 和 3），见图 19-32。

8）松开真空罐 1 并将其置于一侧。松开链条张紧器 2，见图 19-39。随时准备好抹布。在松开螺栓后会流出少量的发动机机油。确保发动机机油不会流到带传动机构上。

安装说明：更新密封环。

9）转动凸轮轴传感器齿盘，直到定位销（1 和 2）对准调节量规为止，见图 19-33。固定凸轮轴传感器齿盘。

10）使用专用工具 11 9 340 和 00 9 460 将正

图 19-39 松开链条张紧器

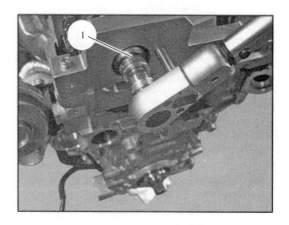

图 19-42 固定排气凸轮轴调整装置螺栓

时链预紧至 0.6N·m, 见图 19-40。

好发动机。

19.1.4 宝马 2.5L – N52B25 发动机 (2006—2010)

1. 发动机正时检查

需要的准备工作:拆下气缸盖罩。拆下前部发动机底部护板。

1)沿箭头方向拆除锁止件 1, 见图 19-43。安装说明:向外安装带孔的锁止件 1。

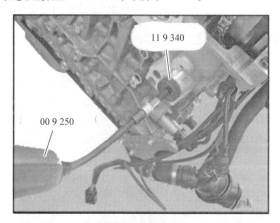

图 19-40 预紧正时链

11)仅可使用专用工具固定进气调整装置的中心螺栓 1, 见图 19-41。

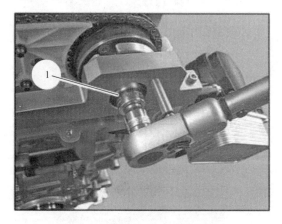

图 19-41 固定进气调节装置螺栓

12)仅可使用专用工具固定排气调整装置的中心螺栓 1, 见图 19-42。

13)拆卸所有专用工具。沿发动机旋转方向转动发动机中心螺栓两次并检查配气相位。装配

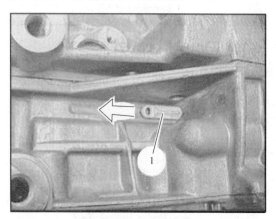

图 19-43 拆除锁止件

2)将中心螺栓上的曲轴转到上止点位置。沿箭头方向推入专用工具 11 0 300, 并卡住曲轴, 见图 19-44。

注意:对于带自动变速器的发动机,在上止点的标定孔略前面处有一个大孔,不能将这个孔与标定孔混淆。如果飞轮是用专用工具 11 0 300 固定在正确的孔处,发动机的中心螺栓就不再移动。

3)如果在凸轮轴 1 上,能从上方读到分类号 2, 配气相位便是正确的, 见图 19-45。

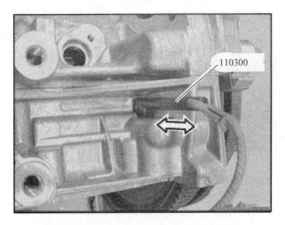

图 19-44　用专用工具卡住曲轴

图 19-47　进气凸轮轴的凸轮斜着向上

气缸 6 上排气凸轮轴 2 的凸轮斜着向下。滚轮拖杆 1 将不被操纵，见图 19-48。如果在已安装的发动机上检查配气相位，凸轮轴位置就只能用镜子进行检查。

图 19-45　凸轮轴上方可见分类号

或者当进气和排气凸轮轴上的零件号码或读取设码编号 1 朝上部时，见图 19-46，说明配气相位正确。

图 19-48　排气凸轮轴的凸轮斜着向下

6）用螺栓 1 将专用工具 11 4 283 固定在气缸盖上。在进气侧垫上专用工具 11 4 282。将专用工具 11 4 281 安装在进气和排气凸轮轴上，见图 19-49。

图 19-46　设码朝上

4）在气缸 1 处于压缩行程上止点位置时，气缸 1 上进气凸轮轴 1 的凸轮斜着向上，见图 19-47。

5）在气缸 1 处于压缩行程上止点位置时，

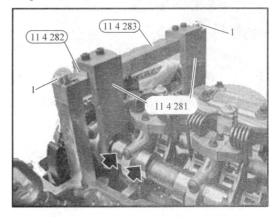

图 19-49　安装专用工具到气缸盖上

7）如有必要，调整配气相位。

8）装配好发动机。

2. 发动机正时调整

需要的准备工作：拆下气缸盖罩。

1）如图19-43所示，沿箭头方向拆除锁止件1。安装说明：向外安装带孔的锁止件1。

2）将中心螺栓上的曲轴转到上止点位置。如图19-44所示沿箭头方向推入专用工具11 0 300，并卡住曲轴。注意对于带自动变速器的发动机，在上止点的标定孔略前面处有一个大孔，不能将这个孔与标定孔混淆。如果飞轮是用专用工具11 0 300固定在正确的孔处，发动机的中心螺栓就不再移动。

3）在气缸1处于压缩行程上止点位置时，进气凸轮轴1的凸轮斜着向上，见图19-47。

4）进气和排放凸轮轴1双平面段上的分类号2向上，见图19-45。

5）在气缸1处于压缩行程上止点位置时，气缸6上排气凸轮轴2的凸轮斜着向下，见图19-48。如果在已安装的发动机上调整了配气相位，凸轮轴位置就只能用镜子进行检查。

6）要打开凸轮轴上的中心螺栓，应装上专用工具11 4 283 11 4 281 和 11 4 282，见图19-49。

7）松开中心螺栓1。中心螺栓1只能用专用工具11 4 280松开，见图19-50。松开链条张紧器2（准备好抹布）。

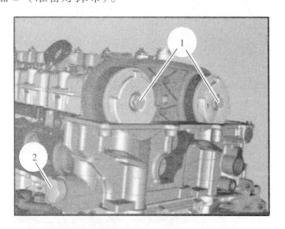

图19-50 松开凸轮轴调整装置中心螺栓

8）沿箭头方向转动脉冲信号齿2，直到专用工具11 4 290上的定位销1一致。沿箭头方向将专用工具11 4 290推入，见图19-51。

9）用螺栓1固定专用工具11 4 290。将专用工具11 9 340旋入气缸盖。用专用工具00 9 250对正时链预紧至0.6N·m。用专用工具00 9 120将调整装置的两个中心螺栓固定到凸轮轴上，见图19-52。

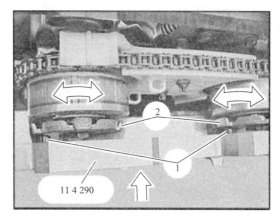

图19-51 转动脉冲信号齿轮

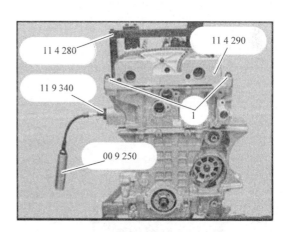

图19-52 安装专用工具到发动机上

10）装配好发动机。

19.1.5 宝马3.0L – N52B30发动机（2006—2014）

该发动机正时带检查与调整和N52B25发动机相同，相关内容请参考19.1.4小节。

19.1.6 宝马3.0T – N55B30发动机（2009—2016）

1. 发动机正时检查

关闭发动机时，进气和排气调整装置一般都锁定在起始位置。为避免配气相位的调整有误，必须检查调整装置的锁止件，如有必要，旋转凸轮轴进行联锁。

为了在进气凸轮轴的双平面段上定位专用工

具11 4 281，可以触碰气缸1节气门复位弹簧。

专用工具11 4 281按照下列说明进行修整。

检测气缸1中间杠杆上节气门复位弹簧的灵活性。修整专用工具11 4 281。

如图19-53所示，专用工具11 4 281上的倒角在50mm长和8.5mm宽的区域进行修整。

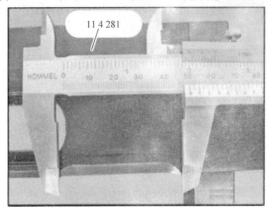

图19-53　倒角在50mm

将专用工具11 4 281上的倒角修正为8.5mm（参见图19-54）。

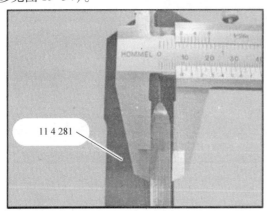

图19-54　倒角修正为8.5mm

需要的准备工作：拆下气缸盖罩、机组防护板、集风罩。

1）如图19-55所示，沿箭头方向拆卸锁止件

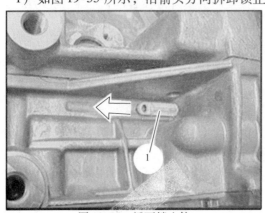

图19-55　拆下锁止件

1。安装说明：向外部安装带孔的锁止件1。

2）将中心螺栓上的曲轴转到上止点位置。将专用工具11 0 300沿箭头方向推入标定孔并固定曲轴，见图19-56。

注意：当用专用工具11 0 300在正确的标定孔上固定好飞轮时，就不能再通过中心螺栓移动发动机。

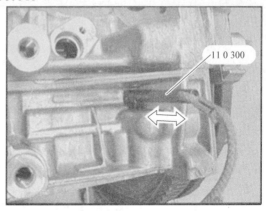

图19-56　插入专用工具

3）装配自动变速器的车辆只能在飞轮1上预先规定的位置进行修整，见图19-57（参见箭头位置）。

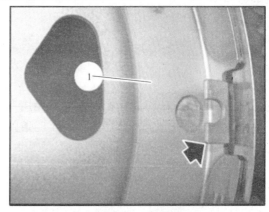

图19-57　自动变速器车型

4）在气缸1处于压缩行程上止点位置时，进气凸轮轴1的凸轮斜着向上部，见图19-58。

图19-58　进气凸轮轴凸轮向上

5）在气缸 1 处于压缩行程上止点位置时，排气凸轮轴 1 的凸轮斜着向上部，见图 19-59。

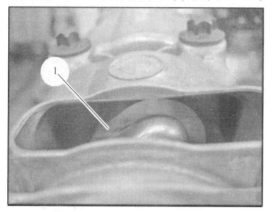

图 19-59　排气凸轮轴凸轮位置

6）如图 19-60 所示，当进气和排气凸轮轴上的零件号码或读取号码 1 朝上部时，说明配气相位正确。

图 19-60　读取号码朝上

7）将专用工具 11 4 285 用螺栓 1 固定在气缸盖上，见图 19-61。

提示：将专用工具 11 4 282 垫到进气凸轮轴侧下面。将修整过的专用工具 11 4 281 放入在进气凸轮轴。将专用工具 11 4 281 放入排气凸轮轴上。

图 19-61　安装专用工具到气缸盖

8）当专用工具 11 4 281 面向进气侧略微立起时，排气凸轮轴的配气相位正确，见图 19-62。

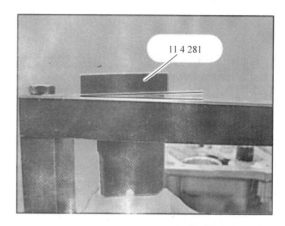

图 19-62　专用工具安装位置

9）当专用工具 11 4 281 面向进气侧略微立起时，进气凸轮轴的配气相位正确，见图 19-63。

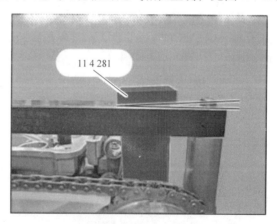

图 19-63　专用工具位置

10）将专用工具 11 4 281 用手动沿箭头方向旋转至极限位置，见图 19-64。

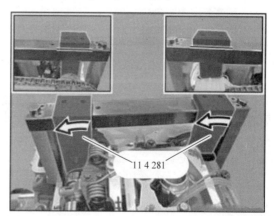

图 19-64　手动旋转专用工具到极限

11）如有必要，调整配气相位。

12）装配好发动机。

2. 发动机正时调整

为了在进气凸轮轴的双平面段上定位专用工具 11 4 281，可以触碰气缸 1 节气门复位弹簧。将专用工具 11 4 281 按照以下说明进行修整。

需要的准备工作：拆下气缸盖罩。检查配气相位。

1）当第 1 气缸处于压缩行程上止点位置时，第 1 气缸上进气凸轮轴 1 的凸轮倾斜朝上部，见图 19-58。

2）在气缸 1 处于压缩行程上止点位置时，排气凸轮轴 1 的凸轮斜着向上部，见图 19-59。

3）进气和排气凸轮轴 1 上的零件号码朝上部，见图 19-60。

4）将专用工具 11 4 285 用螺栓 1 固定在气缸盖上。将专用工具 11 4 282 垫到进气凸轮轴侧下面。将修整过的专用工具 11 4 281 安装在进气凸轮轴。将专用工具 11 4 281 安装在排气凸轮轴上，见图 19-61。

5）VANOS 调整装置的中心螺栓（1 和 2）只能使用专用工具 11 4 280 松开。松开中心螺栓（1 和 2），见图 19-65。

图 19-65　松开 VANOS 装置中心螺栓

6）松开链条张紧器 1，见图 19-66。随时准备好抹布。在松开螺栓后会流出少量的发动机油。确保发动机油不会流到带传动机构上。安装说明：更新密封环。

7）如图 19-67 所示，沿箭头方向扭转多极传感轮 2，直到专用工具 11 4 290 上的定位销 1 一致。沿箭头方向将专用工具 11 4 290 推入。

8）使用螺栓固定专用工具 11 4 290。安装说

图 19-66　松开链条张紧器

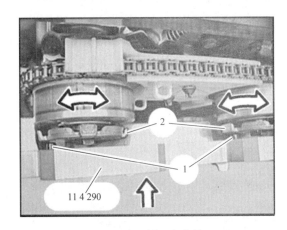

图 19-67　插入定位销

明：更换两个中心螺栓。旋入两个中心螺栓。将两个中心螺栓旋转 90°。将专用工具 11 9 340 旋入气缸盖，见图 19-68。

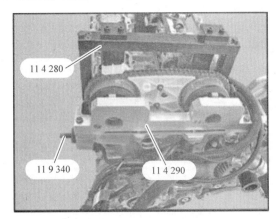

图 19-68　安装专用工具

9）如图 19-69 所示，使用专用工具 11 9 340 和 00 9 250 将正时链预紧至 0.6Nm。

10）进气调整装置的中心螺栓必须使用专用工具 00 9 120 固定，见图 19-70。

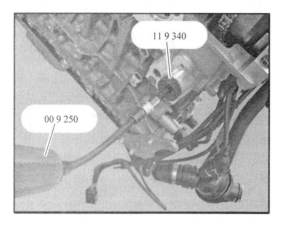

图 19-69　安装专用工具

图 19-70　固定进气调整装置中心螺栓

11）排气调整装置的中心螺栓必须使用专用工具 00 9 120 固定，见图 19-71。

图 19-71　固定排气调整装置中心螺栓

12）拆卸所有专用工具。

13）沿发动机旋转方向转动发动机中心螺栓两次并检查配气相位。

14）装配好发动机。

19.1.7　宝马 2.0T – N46B20 发动机（2008—2010）

1. 发动机正时检查

需要的准备工作：拆下气缸盖罩。拆下所有火花塞。

1）松开螺栓 1。松脱油管 2，见图 19-72。

图 19-72　取下油管

2）按照旋转方向在中心螺栓上转动曲轴，直到第一缸处于压缩行程上止点位置。

3）进气凸轮轴：为锁定凸轮轴，双平面段的上侧为圆形，下面为直平面，见图 19-73。在第 1 缸压缩行程上止点位置时，气缸盖双平面段上的圆形面朝向上。

图 19-73　调节上止点位置（进气凸轮轴）

排气凸轮轴：为锁定凸轮轴，双平面段的上侧为圆形，下面为直平面。在第 1 缸压缩行程上止点位置时，气缸盖双平面段上的圆形面朝向上。附加区别：在第一缸压缩行程上止点位置时，凹口 1 朝向排气侧，见图 19-74。

4）N40：上止点位置的标定孔在起动机下方

图 19-74　调节上止点位置（排气凸轮轴）

图 19-76　固定飞轮在上止点位置

的进气侧。为更容易够着：松脱标定孔区域内的电缆，并压至一侧。旋转发动机的中心螺栓，用专用工具 11 9 190 将飞轮固定在第一缸压缩行程上止点位置处，见图 19-75。

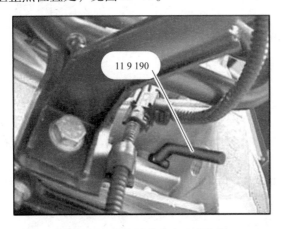

图 19-75　固定飞轮在上止点位置

5）N45：上止点位置的标定孔在起动机下方的进气侧。为更容易够着：松脱标定孔区域内的电缆，并压至一侧。在中心螺栓处旋转发动机，用专用工具 11 5 120 将飞轮固定在第 1 缸压缩行程上止点位置，见图 19-76。

6）对于带自动变速器的发动机，上止点位置标定孔 1 前方有一个很大的孔 2，容易和标定孔混淆，见图 19-77。如果飞轮是用专用工具 11 9 190 固定在正确的孔 1 中，发动机在中心螺栓处就不能再移动。

关闭发动机时，进气和排气调整装置一般都锁定在起始位置。

少数情况下，无法达到起始位置，而凸轮轴仍可在调整装置的调整范围内旋转。

为避免配气相位的调整有误，必须检查调整

图 19-77　注意定位标定孔位置

装置的锁止件，如有必要，旋转凸轮轴进行联锁。

7）检查起始位置上的进气调整装置的锁止件：把住进气凸轮轴的六角段 1，并尝试小心地逆着旋转方向旋转进气凸轮轴，见图 19-78。如果进气凸轮轴和进气调整装置间不存在固定连接，则逆旋转方向旋转进气凸轮轴至限位。如果进气凸轮轴与进气调整装置正时连接，则进气调整装置联锁在起始位置。

8）检查起始位置上的排气调整装置锁止件：把住排气凸轮轴的六角段 1，并尝试小心地沿着旋转方向旋转排气凸轮轴，见图 19-79。如果排气凸轮轴和排气调整装置之间不存在固定连接，则沿旋转方向旋转排气凸轮轴至限位。如果排气凸轮轴与排气调整装置正时连接，则排气调整装置联锁在起始位置。

9）凸轮轴的进气或排气调整装置难以联锁。调整装置损坏，必须更新。将专用工具 11 7 252 安装到进气凸轮轴上，检查配气相位的调整，见图 19-80。

第19章 华晨宝马

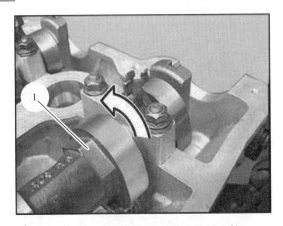

图 19-78 检查进气调整装置的锁止件

图 19-79 检查排气调整装置锁止件

提示：当专用工具 11 7 252 无间隙地紧靠气缸盖安装或高出进气侧小于 0.5mm 时，说明配气相位调节正确。

图 19-80 安装专用工具到进气凸轮轴

10）将专用工具 11 7 253 反向旋转。将专用工具 11 7 251 安装到排气凸轮轴上，检查配气相位的调整，见图 19-81。

提示：当专用工具 11 7 251 无间隙地紧靠气缸盖安装或高出进气侧小于 1.0mm 时，说明配气相位调节正确。如有必要，调整凸轮轴的配气相位。

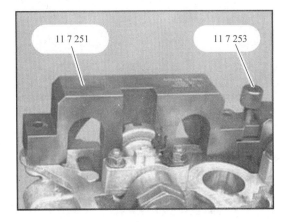

图 19-81 安装专用工具到排气凸轮轴

11）夹上油管，装入螺栓并拧紧。

12）拆下所有专用工具。装配好发动机。

2. 发动机正时调整

需要的准备工作：检查凸轮轴的配气相位。

1）进气凸轮轴：为锁定凸轮轴，双平面段的上侧为圆形，下面为直平面。在第1缸压缩行程上止点位置时，气缸盖双平面段上的圆形面朝向上，见图 19-73。

2）排气凸轮轴：为锁定凸轮轴，双平面段的上侧为圆形，下面为直平面。在第1缸压缩行程上止点位置时，气缸盖双平面段上的圆形面朝向上。附加区别：在第一缸压缩行程上止点位置时，凹口1朝向排气侧，见图 19-74。

提示：上止点位置的标定孔在起动机下方的进气侧。为更容易够着：松脱标定孔区域内的电缆，并压至一侧。

3）用专用工具 11 9 190 将发动机固定在第1缸压缩行程上止点位置，见图 19-75。

4）对于带自动变速器的发动机，上止点位置标定孔1前方有一个很大的孔2，容易和标定孔混淆，见图 19-77。如果飞轮是用专用工具 11 9 190 固定在正确的孔1中，发动机在中心螺栓处就不能再移动。

5）松开排气和进气调整装置的螺栓，接着将其重新安装至无间隙即可，见图 19-82。

6）将专用工具 11 7 252 安装在进气凸轮轴上，并校正进气凸轮轴，使专用工具 11 7 252 无间隙地安装在气缸盖上，见图 19-80。

7）将专用工具 11 7 251 装到排气凸轮轴上。

图 19-82　松开进排气凸轮轴调整装置螺栓

将专用工具 11 7 253 反向旋转。用专用工具 11 7 251 固定住进气凸轮轴，使其无间隙地安装在气缸盖上，见图 19-81。

8）装入螺栓，并将专用工具 11 7 251 在气缸盖上拧紧，见图 19-83。

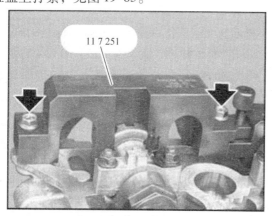

图 19-83　安装专用工具螺栓

9）将专用工具 11 7 253 手动拧紧，直至紧靠在专用工具 11 7 252 上。装入螺栓，并将专用工具 11 7 252 在气缸盖上拧紧，见图 19-84。

图 19-84　手动拧紧专用工具

10）拆下链条张紧器柱塞，见图 19-85。

图 19-85　拆下张紧器柱塞

11）将专用工具 11 9 340 装入气缸盖，见图 19-86，手动装上张紧导轨的调整螺钉，但正时链尚不要预紧。

图 19-86　安装专用工具进气缸盖

12）更新排气和进气调整装置的螺栓。安装进气和进气调整装置的新螺栓，并安装至无间隙即可，见图 19-82。

13）如图 19-87 所示，安装专用工具 11 7 260。将脉冲信号齿固定孔与专用工具 11 7 260 上的定位销对齐。

14）用专用工具 11 7 260 固定脉冲信号齿。将专用工具 11 7 260 装在气缸盖上，见图 19-88。

15）将排气调整装置的螺栓 1 松开半圈。将进气调整装置的螺栓 2 松开半圈。将套筒扳手安装到螺栓（1 和 2）上，并手动调节安装至无间隙即可，见图 19-89。

16）转动调整螺钉并用专用工具 00 9 250 或普通的扭力扳手以 0.6N·m 的预紧力预紧张紧导轨，见图 19-90。

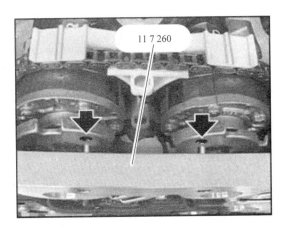

图 19-87　安装专用工具 11 7 260

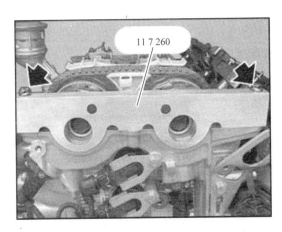

图 19-88　用专用工具固定脉冲信号齿轮

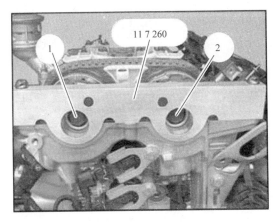

图 19-89　安装凸轮轴调整装置螺栓

17）拧紧排气调整装置的螺栓。

18）拧紧进气调整装置的螺栓。

19）拆下专用工具 11 7 260，见图 19-88。

20）松开并拆下专用工具 11 9 340，见图 19-86。

21）进行下面所述的配气相位检测时，必须将原装链条张紧器装入，见图 19-85。

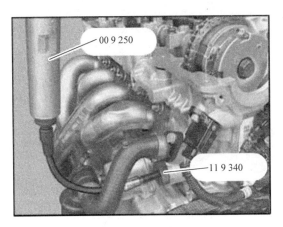

图 19-90　预紧张紧导轨

22）当专用工具 11 7 252 无间隙地紧靠气缸盖安装或高出进气侧小于 0.5mm 时，说明配气相位调节正确。当专用工具 11 7 251 无间隙地紧靠气缸盖安装或高出进气侧小于 1.0mm 时，说明配气相位调节正确。

23）拆下所有专用工具。装配好发动机。

19.1.8　宝马 2.2L – M54B22 发动机（2004—2006）

1. 发动机正时检查

需要的准备工作：拆下风扇轮及风扇离合器；对于 E60 型：拆下集风罩及电动风扇；拆下气缸盖罩；拆下所有火花塞。

1）拔出进气凸轮轴的盖板。

2）拆下链条张紧器柱塞的工作缸，见图 19-91。用于链条张紧柱塞的工作缸处于弹簧压力之下。

图 19-91　拆下张紧器柱塞工作缸

3）如图 19-92 所示装入专用工具 11 4 220。调整螺栓装入张紧导轨中。

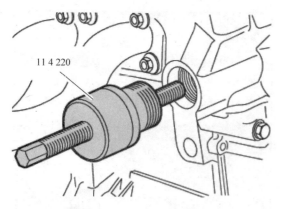

图 19-92 装入专用工具 11 4 220

4) 用专用工具 11 4 220 通过转动调整螺钉以及专用工具 00 9 250 或普通扭力扳手，以拧紧力矩 0.7N·m 来预紧张紧导轨。见图 19-93。

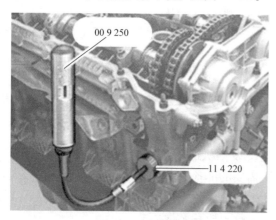

图 19-93 用专用工具 11 4 220 预紧张紧导轨

5) 拆下机油压力管，见图 19-94。

图 19-94 拆下机油压力管

6) 安装专用工具 11 3 450 及机油压力管的带孔螺栓，见图 19-95。

7) 盖住双 VANOS 调整装置；当压缩空气接通时，会有几点机油从图 19-96 中箭头所指的孔

图 19-95 安装专用工具 11 3 450

中喷出。

图 19-96 油孔位

8) 在图 19-97 所示位置接通压缩空气（0.2~0.8MPa）。

图 19-97 接通压缩空气

9) 发动机停止运转时，凸轮轴可能不在其初始位置。接通压缩空气，转动发动机使凸轮轴回到其初始位置。

接通压缩空气，按发动机旋转方向转动发动机至少两圈，直到在第 1 缸进、排气凸轮轴上的凸轮尖端相对为止，如图 19-98 所示。

10) 从插孔中拉出防尘盖，见图 19-99。

图 19-98 气缸 1 进排气凸轮位置

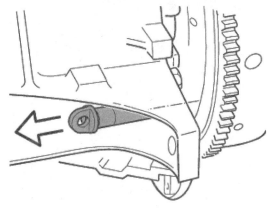

图 19-99 取出防尘盖

11）用专用工具 11 2 300 将曲轴固定在第 1 缸处于压缩行程上止点位置，见图 19-100。注意不要倒转发动机。在发动机试运行前拆下专用工具 11 2 300。

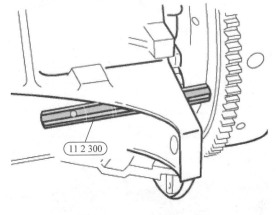

图 19-100 安装专用工具

12）对于带自动变速器的发动机，标定孔 1 前有一个大的孔 2，容易与标定孔 1 混淆，见图 19-101。

如果专用工具 11 2 300 已固定在正确的孔 1 中，发动机曲轴就不能再旋转。

图 19-101 区分正确的孔位

13）旋出图 19-102 所示直立螺栓。

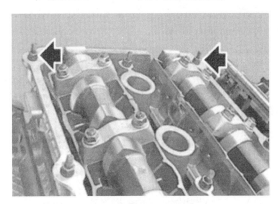

图 19-102 取出直立螺栓

14）如图 19-103 所示将专用工具 11 3 240 装到凸轮轴上。

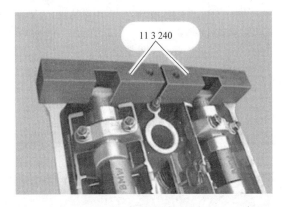

图 19-103 安装专用工具

当专用工具 11 3 240 无间隙地紧靠气缸盖安装或进气侧高出小于 1mm，则配气相位调节正确，如图 19-104 所示。如果专用工具 11 3 240 相对排气侧高出，则必须重新调整配气相位。

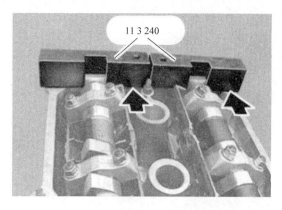

图 19-104　专用工具的正确位置

如有必要，调整凸轮轴的配气相位。

15）断开压缩空气的连接。

16）拆下专用工具 11 3 450。安装带有新的密封环的机油压力管。

17）拆下专用工具 11 3 240。

18）拆下专用工具 11 2 300。

19）安装起拔孔防尘盖。

20）松开专用工具 11 4 220 并拆下。

21）安装链条张紧器柱塞缸。

22）装配好发动机。

2. 发动机正时调整

1）按发动机的旋转方向旋转发动机直到进气和排气凸轮轴的凸轮指向第 1 缸。

2）用专用工具 11 2 300 将曲轴固定在第 1 缸处于上止点位置。不要倒转发动机。在起动发动机前去掉专用工具 11 2 300/11 5 180。

3）旋出直立螺栓。

4）拆下双 VANOS 调整装置。

5）把链条张紧器上部向下压并用专用工具 11 3 292 锁住，见图 19-105。

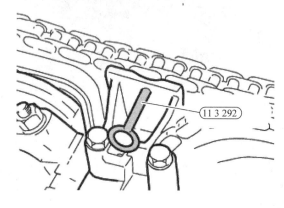

图 19-105　锁住链条张紧器

6）拆下链条张紧器柱塞的工作缸。用于链条张紧柱塞的工作缸处于弹簧压力之下。

7）装入专用工具 11 4 220。调整螺栓装入张紧导轨中。

8）将图 19-106 所示处螺栓 1 松开半圈。

图 19-106　松开螺栓

9）将螺母 2 松开两圈。将螺母 1 松开一圈，见图 19-107。

图 19-107　松开螺栓

10）如图 19-108 所示的花键轴 1 很容易从啮合齿上滑脱。把花键轴 1 小心地拉出，直到看见约 1mm 的啮合齿。

图 19-108　拉出花键轴

11）将图 19-109 所示花键轴 1 拉出至限位。

图 19-109　拉出轴到限位位置

12）将专用工具 11 3 240 放在第 6 缸凸轮轴上。校正凸轮轴，使专用工具 11 3 240 无间隙地靠在气缸盖上。

13）将专用工具 11 3 244 装在专用工具 11 3 240 上，并通过火花塞螺纹固定，见图 19-110。

图 19-110　安装专用工具 11 3 240

14）把链条张紧器上部向下压并拆下专用工具 11 3 292。

15）用专用工具 11 4 220 通过转动调整螺钉以及专用工具 00 9 250 或普通扭力扳手，以拧紧力矩 0.7N·m 来预紧张紧导轨。

16）如图 19-111 所示，通过压脉冲信号齿 1 略微预紧碟形弹簧，并用手拧上螺母。不要全部拧下螺母。

17）拆下密封件。检查图 19-112 所示空心定位销 1 的损坏情况，及安装位置是否正确。密封面应清洁并无机油。

18）如图 19-113 所示，安装专用工具 11 6 150，"不带密封件"，用手装上螺母，然后用力均匀地拧紧，直至专用工具 11 6 150 与气缸盖完

图 19-111　预紧螺栓

图 19-112　检查空心定位销好坏

全紧靠。安装专用工具 11 6 150，只是"不带密封件"。

如果密封件留在专用工具 11 6 150 下面，会导致凸轮轴配气相位被"不正确"地调整。

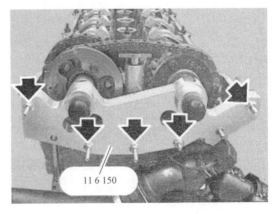

图 19-113　安装专用工具

19）用约 5N·m 的拧紧力矩将排气侧的螺栓 1 拧上，见图 19-114。

20）用约 5N·m 的拧紧力矩拧上排气侧的螺母 2 和进气侧的螺母 1，见图 19-115。

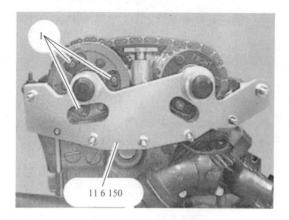

图 19-114　拧紧排气侧螺栓

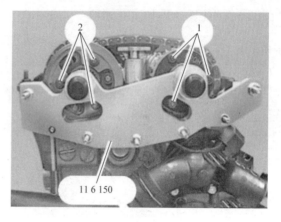

图 19-117　拧紧螺栓 2 和 3

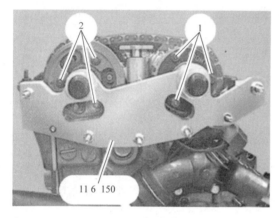

图 19-115　预紧进排气侧螺母

21）拧紧排气侧的螺栓 1，见图 19-116。拧紧力矩：65N·m。

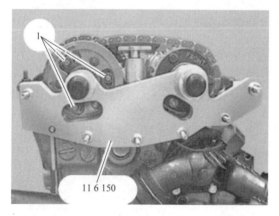

图 19-116　拧紧螺栓 1

22）拧紧排气侧的螺母 2 和进气侧的螺母 1，见图 19-117。拧紧力矩：20N·m。

23）向后拉专用工具 11 2 300/11 5 180，直到飞轮不再固定。

24）拆下专用工具 11 3 244 和专用工具 11

3 240。

25）将发动机沿旋转方向转动两圈，直到在第 1 缸进、排气凸轮轴上的凸轮尖端再次相向为止。

26）用专用工具 11 2 300 将曲轴固定在压缩行程上止点位置。不要倒转发动机。在起动发动机前去掉专用工具 11 2 300/11 5 180。

27）将专用工具 11 3 240 装到凸轮轴上。如果专用工具 11 3 240 无间隙地紧靠气缸盖安装或进气侧高出小于 1mm，则配气相位调节正确。如果专用工具 11 3 240 相对排气侧高出，则必须重新调整配气相位。

28）松开专用工具 11 4 220 并拆下。

29）安装链条张紧器柱塞缸。

30）去除专用工具 11 2 300/11 5 180。

31）拆下专用工具 11 6 150。

32）安装 VANOS 调整装置。

33）装配好发动机。

19.1.9　宝马 3.0L－M54B30 发动机（2003—2005）

该发动机正时带检查与调整和 M54B22 一样，相关内容请参考 19.1.8 小节。

19.2　3 系 E46/E90/F30/F35（2003—2017 年款）

19.2.1　宝马 1.5T－B38A15C 发动机（2016—2017）

1. 专用工具说明

如果曲轴已正确拔下，则减振器上的电机既不向前转动，也不向后转动！

说明 A：装有手动变速器的车辆：尺寸（X）=56mm。将专用工具 2 288 380 插入标定孔中直至尺寸（X），见图 19-118。

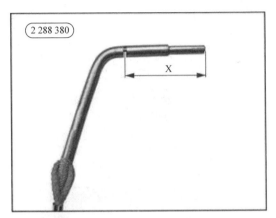

图 19-118　手动变速器车辆专用工具

装有手动变速器的车辆：专用工具 2 288 380 正确定位，见图 19-119。发动机的第一缸处于上止点。

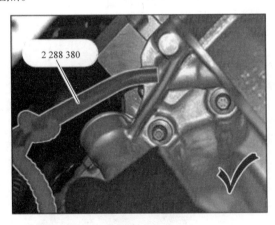

图 19-119　手动变速器车辆正确用法

装有手动变速器的车辆：专用工具 2 288 380 定位错误，见图 19-120。未达到第一缸上止点位置。

说明 B：装有自动变速器的车辆：尺寸（Y）=66mm。将专用工具 2 288 380 插入标定孔中直至尺寸（Y）。见图 19-121。

装有自动变速器的车辆：专用工具 2 288 380 正确定位，见图 19-122。发动机的第一缸处于上止点。

装有自动变速器的车辆：专用工具 2 288 380

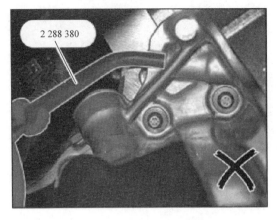

图 19-120　手动变速器车辆错误用法

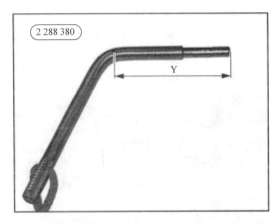

图 19-121　自动变速器车辆专用工具

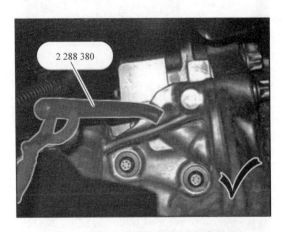

图 19-122　自动变速器车辆正确用法

定位错误，见图 19-123。未达到第一缸上止点位置。

2. 发动机正时检查

需要的准备工作：拆下气缸盖罩、火花塞、右前轮罩饰板。

1）装有手动变速器的车辆按上面说明 A 正确设置专用工具；装有自动变速器的车辆按上面

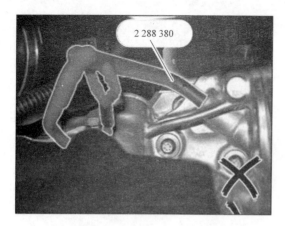

图 19-123　自动变速器型车辆错误用法

说明 B 正确设置专用工具。

2）用专用工具 11 6 480 将发动机旋转到气缸 1 压缩行程上止点位置。不允许往回旋转发动机，见图 19-124。

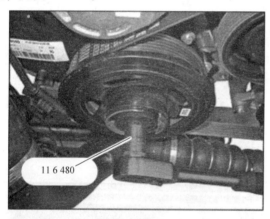

图 19-124　转动曲轴设置上止点

3）取下油底壳上的饰盖 1，见图 19-125。

图 19-125　取出饰盖

4）用专用工具 11 6 480 在中心螺栓处旋转发动机。针对带手动变速器的车辆：标定孔前还有一个可能与标定孔混淆的孔。

5）专用工具 2 288 380 必须滑入油底壳的曲柄。

用专用工具 2 288 380 将曲轴卡在气缸 1 压缩行程上止点位置上。

6）进气和排气凸轮轴上的标记 1 可以从上方读取，见图 19-126。

图 19-126　进排气凸轮轴标志

7）当凸轮轴转过 180°时，也可以安装专用工具。进气和排气凸轮轴上的三个平台 1 中间的必须朝上，见图 19-127。

图 19-127　进排气凸轮轴三平台中间朝上

8）第一缸排气凸轮轴 A 的凸轮向右倾斜并指向内部，见图 19-128。

9）第一缸进气凸轮轴 E 的凸轮向左倾斜，见图 19-129。

10）专用工具 2 358 122 由多个部件构成：①底架。②气缸盖上的底架螺栓。③固定排气凸轮轴的量规。④固定进气凸轮轴的量规。⑤底架上的量规螺栓。见图 19-130。

11）将底架 1 用螺栓 2 固定在气缸盖上。量

图 19-128　第一缸排气凸轮轴凸轮右倾向内

图 19-129　第一缸进气凸轮轴凸轮左倾斜

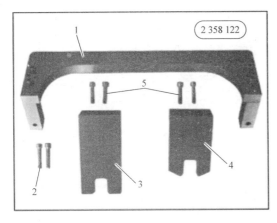

图 19-130　专用工具组成

图 19-131　安装专用工具到气缸盖上

3. 发动机正时调整

需要的准备工作：拆下废气催化转化器，检查配气相位。

1）装有自动变速器的车辆：松开链条张紧器 1，见图 19-132。随时准备好抹布。松开螺栓连接之后，会流出少量机油。安装说明：在链条张紧器装配时必须安装新密封环。

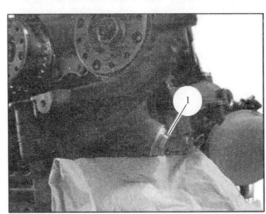

图 19-132　松开链条张紧器

2）将专用工具 11 9 340 旋入气缸盖。用专用工具 00 9 460 将正时链预紧至 0.3N·m。见图 19-133。

3）如果不能安装专用工具 2 358 122，那么必须重新调整配气相位。

用呆扳手将排气凸轮轴固定在相应的双平面段上，并松开排气侧的 VANOS 中央阀。

用呆扳手将进气凸轮轴固定在相应的双平面段上，并松开进气侧的 VANOS 中央阀。

4）将两个凸轮轴旋转到位。进气和排气凸轮轴上的标记 1 可以从上方读取，见图 19-126。

5）当凸轮轴扭转 180°时，也可以安装专用

规 3 利用凹口定位在排气凸轮轴的双平面段上。量规 3 利用螺栓 5 固定在底架上。量规 4 利用凹口定位在进气凸轮轴的双平面段上。量规 4 利用螺栓 5 固定在底架上。见图 19-131。

12）如有必要，调整配气相位。

13）所需的修整：拆下所有专用工具，安装火花塞，安装气缸盖罩，安装右前轮罩饰板。

图 19-133　安装专用工具到气缸盖

图 19-135　紧固 VANOS 中央阀

图 19-134　安装凸轮轴固定工具

工具。进气和排气凸轮轴上的三个平台1中间的必须朝上，见图19-127。

6）将底架1用螺栓2固定在气缸盖上。量规3利用凹口定位在排气凸轮轴的双平面段上。量规3利用螺栓5固定在底架上。量规4利用凹口定位在进气凸轮轴的双平面段上。量规4利用螺栓5固定在底架上。见图19-131。

7）拧紧进气调整装置 VANOS 中央阀1。见图19-135。

8）拧紧排气调整装置 VANOS 中央阀。

9）移开专用工具 2 288 380 和 2 358 122。

10）用专用工具 11 6 480 沿发动机旋转方向将发动机转动两次。不允许往回旋转发动机。

11）所需的修整：检查凸轮轴的配气相位；安装链条张紧器柱塞；安装废气催化转化器；安装气缸盖罩；安装右前轮罩饰板。

19.2.2　宝马 2.0T – B48A20C 发动机（2016—2017）

该发动机正时带检查与调整和 B48B20 一样，相关内容请参考 19.1.1 小节。

19.2.3　宝马 2.0T – N20B20C 发动机（2011—2016）

该发动机正时带检查与调整和 N20B20 一样，相关内容请参考 19.1.3 小节。

19.2.4　宝马 2.0T – N20B20D 发动机（2011—2016）

该发动机正时带检查与调整和 N20B20 一样，相关内容请参考 19.1.3 小节。

19.2.5　宝马 2.0L – N46B20 发动机（2004—2012）

该款发动机也搭载于宝马5系，相关内容请参考 19.1.5 小节。

19.2.6　宝马 2.5L – N52B25 发动机（2004—2012）

该款发动机也搭载于宝马5系，相关内容请参考 19.1.2 小节。

19.2.7　宝马 3.0L – N52B30 发动机（2004—2011）

该发动机正时带检查与调整和 N52B25 发动机相同，相关内容请参考 19.1.4 小节。

19.2.8 宝马2.5L-M54B25发动机（2003—2005）

该发动机正时带检查与调整和M54B22一样，相关内容请参考19.1.8小节。

19.3 2系F45（2016—2017年款）

19.3.1 宝马1.5T-B38A15C发动机（2016—2017）

该款发动机也搭载于宝马3系，相关内容请参考19.2.1小节。

19.3.2 宝马2.0T-B48A20C发动机（2016—2017）

该发动机正时带检查与调整和B48B20一样，相关内容请参考19.1.1小节。

19.4 1系F52（2016—2017年款）

19.4.1 宝马1.5T-B38A15C发动机（2016—2017）

该款发动机也搭载于宝马3系，相关内容请参考19.2.1小节。

19.4.2 宝马2.0T-B48A20C发动机（2016—2017）

该发动机正时带检查与调整和B48B20一样，相关内容请参考19.1.8小节。

19.4.3 宝马2.0T-B48A20D发动机（2016—2017）

该发动机正时带检查与调整和B48B20一样，相关内容请参考19.1.1小节。

19.5 X1系E84/F49（2009—2017年款）

19.5.1 宝马1.5T-B38A15C发动机（2016—2017）

该款发动机也搭载于宝马3系，相关内容请参考19.2.1小节。

19.5.2 宝马2.0T-B48A20C发动机（2016—2017）

该发动机正时带检查与调整和B48B20一样，相关内容请参考19.1.1小节。

19.5.3 宝马2.0T-N20B20C发动机（2011—2015）

该发动机正时带检查与调整和N20B20一样，相关内容请参考19.1.3小节。

19.5.4 宝马2.0T-N20B20D发动机（2011—2015）

该发动机正时带检查与调整和N20B20一样，相关内容请参考19.1.3小节。

19.5.5 宝马2.0T-N46B20发动机（2009—2015）

该款发动机也搭载于宝马5系，相关内容请参考19.1.5小节。

第20章 北京奔驰

20.1 E级（2010—2017年款）

20.1.1 奔驰1.8L - M271.860发动机（2010—2015）

1. 发动机正时检查

1）拆下气缸盖罩1。

2）沿运转方向在曲轴中央螺栓处转动发动机，直至气缸1的活塞位于压缩行程上止点处。带轮/减振器2上的上止点标记必须与定位缘A对准。进气凸轮轴和排气凸轮轴上的凸轮必须倾斜向上的置于气缸1上。

3）检查凸轮轴的基本位置。凸轮轴调节器3上的标记（箭头所示）必须与凸轮轴轴承壳体处的标记B对准。如果基本位置不正确：调节凸轮轴的基本位置。无需专门调节凸轮轴调节器3，因为发动机垂直时，调节器会自动将凸轮轴调节至基本位置。

4）按照拆卸的相反顺序进行安装。

5）执行发动机测试运转，检查发动机是否工作正常及是否泄漏。

以上步骤涉及部件的位置见图20-1。

图20-1 凸轮轴正时标记检查
1—气缸盖罩 2—带轮/减振器 3—凸轮轴调节器 A—定位缘 B—标记

2. 发动机正时调整

1）拆下气缸盖前护盖。

2）沿运转方向在曲轴的中央螺栓处转动发动机，直至气缸1的活塞位于上止点标记处。带轮/减振器2上的上止点标记必须与正时箱盖罩的定位缘A对准。气缸1的进气凸轮轴和排气凸轮轴的凸轮必须定位在垂直状态（图20-1中箭头所示，图2）。

3）松开发动机正时链——发动机271.9。

4）拆下链条张紧器——发动机271.8。

5）安装凸轮轴调节器3，固定正时链，以防止其滑落。

6）安装固定件4，在此过程中，凸轮轴被带入基本位置。

7）安装凸轮轴调节器3，凸轮轴调整器3的标记必须与凸轮轴轴承外壳的标记B对准（箭头所示，图20-1）。带轮/减振器2的上止点标记必须与正时箱盖罩的定位缘A对准。无需专门调节凸轮轴调节器3，因为发动机垂直时，调节器会自动将凸轮轴调节至基本位置。

8）拉紧正时链——发动机271.9。为此，将楔从正时齿轮室中取出，并松开张紧轨。

9）安装链条张紧器——发动机271.8，更换链条张紧器。

10）分开固定件4。

11）沿发动机的转动方向转动曲轴两圈，并再次检查凸轮轴的基本位置。凸轮轴调整器3的标记必须与凸轮轴轴承外壳的标记B对准（箭头所示，图20-1）。带轮/减振器2的上止点标记必须与正时箱盖罩的定位缘A对准。

12）安装气缸盖前护盖。

13）执行发动机测试运转，检查发动机是否工作正常及是否泄漏。

以上步骤涉及部件的位置见图20-2。

图20-2　271.9发动机凸轮轴正时调整
1—气缸盖罩　2—带轮/减振器　3—凸轮轴调节器　A—定位缘　B—标记　4—固定装置

20.1.2　奔驰2.0T – M274.920发动机

1. 正时链单元更换

1）分开蓄电池搭铁线。

2）拆下带凸轮轴调节器的凸轮轴，凸轮轴调节器留在凸轮轴上。

3）分开正时链1。

4）检查张紧轨5：如果磨损或存在外部损坏，更换张紧轨5。

5）检查滑轨（3，6）：如果磨损或存在外部损坏，更换滑轨（3，6）。

6）拉入新的正时链1。

7）铆接正时链1。

8)安装带凸轮轴调节器的凸轮轴,只有在检查凸轮轴的基本位置后,才能安装气缸盖罩。

9)在安装链条张紧器4的情况下,检查凸轮轴的基本位置,如有必要,则进行校正。

10)连接蓄电池搭铁线。

以上部件位置如图20-3所示。

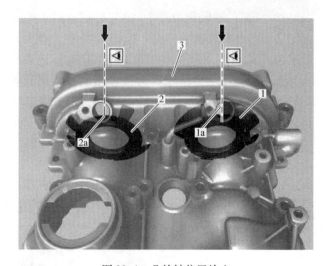

图20-4 凸轮轴位置检查
1—扇形盘 1a—边缘 2—扇形盘 2a—轴承狭槽 3—气缸盖罩

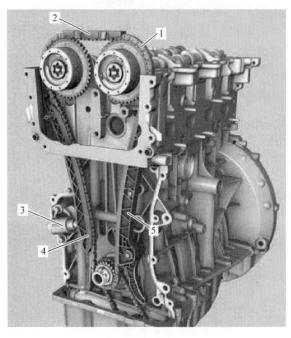

图20-3 正时链安装(发动274在车型212,218)
1—正时链 2—滑轨 3—链条张紧器 4—张紧轨 5—滑轨

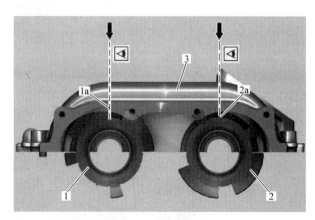

图20-5 凸轮轴位置检查
1—扇形盘 1a—边缘 2—扇形盘 2a—轴承狭槽 3—气缸盖罩

2. 发动机正时检查

1)拆下凸轮轴上的两个霍尔传感器。

2)通过曲轴中央螺栓沿发动机转动方向转动发动机,直到位于1号气缸的点火上止点(TDC),带轮/减振器上的上止点(TDC)标记必须与正时箱盖罩上的定位缘对齐。

3)检查凸轮轴的基本位置:通过在气缸盖罩(3)的霍尔传感器开口上进行目视检查来检查凸轮轴的基本位置。若要检查排气凸轮轴调节,在霍尔传感器开口的中央必须可以看到扇形盘1扇形段的边缘1a。若要检查进气凸轮轴调节,扇形盘2的轴承狭槽2a必须位于在霍尔传感器开口的中央。如果基本位置不正确:设置凸轮轴的基本位置。

以上部件位置如图20-4、图20-5所示。

4)按照拆卸的相反顺序进行安装。

3. 发动机正时调整

1)拆下右侧气缸盖罩3。

2)拆下凸轮轴调节器。

3)通过曲轴中央螺栓沿发动机转动方向转动发动机,直到达到1缸的压缩行程上止点(TDC),带轮/减振器上的上止点(TDC)标记必须与正时箱盖罩上的定位缘对齐。

4)将凸轮轴转至基本位置如果在排气凸轮轴上,扇形盘1的部分扇形边缘1a和扇形盘2上的轴承狭槽2a垂直向上,则凸轮轴处于基本位置。

5)安装压紧工具(01a,01b)拧入螺钉/螺栓04,直至轴承座03平放在气缸盖上。

6)检查凸轮轴的基本位置如果在排气凸轮轴上,扇形盘1的部分扇形边缘1a和扇形盘2上的轴承狭槽2a垂直向上,则凸轮轴处于基本位置。

7)安装支架(02a,02b)不适用于将排气凸轮轴或进气凸轮轴固定就位,这会导致支架(02a,02b)发生损坏并还可能导致正时不正确,只能使用套筒,或将螺钉/螺栓(N 000000005561)与盘(A604990 0040)配套使用,转动排气凸轮轴和进气凸轮轴。否则,会损坏排气凸轮轴和进气凸轮轴。为将支架(02a,02e)安装到压紧工具(01a)上,要使用套筒或将螺钉/螺栓(N 000000005561)与盘(A604990 0040)配套使用,转动排气凸轮轴和进气凸轮轴(如有必要)。

8)安装凸轮轴调节器,然后用手拧紧控制阀,安装链条张紧器后先将控制阀完全拧紧。在安装凸轮轴调节器或正时链时,确保曲轴不会转动。

9)安装链条张紧器。

10)将控制阀拧紧至最终力矩。

11)将支架(02a,02b)从压紧工具01a上分开,压紧工具(01a,01b)安装在气缸盖上。

12)松开压紧工具(01a,01b)处的螺钉/螺栓04,直至可以转动凸轮轴,压紧工具(01a,01b)安装在气缸盖上。

13)通过曲轴中央螺栓沿发动机转动方向转动发动机两圈,直到1号气缸到达压缩行程上止点(TDC),带轮/减振器上的上止点(TDC)标记必须与正时箱盖罩上的定位缘对齐。

14)用手将螺钉/螺栓(04)拧紧到压紧工具(01a,01b)上,拧入螺钉/螺栓(04),直至轴承座03平放在气缸盖上

15)检查凸轮轴基本位置;为此,将支架(02a,02b)安装到压紧工具01a上,必须在未插入工具的情况下,用手将支架(02a,02b)安装到凸轮轴的六角部分上,直至支架(02a,02b)平放在压紧工具01a上,否则会损坏支架(02a,02b),从而导致正时设置不正确。

如果不能安装支架(02a,02b),则必须从操作步骤2开始重复工作流程。

16)拆下支架(02a,02b)和压紧工具(01a,01b)。

17)安装气缸盖罩3。

以上步骤涉及部件及位置见图20-6、图20-7。

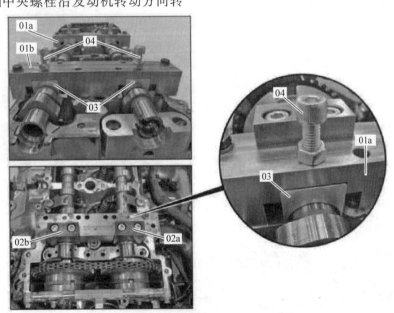

图20-6 凸轮轴基本位置调整
01a—压紧工具 01b—压紧工具 02a—支架 02b—支架 03—轴承托架 04—螺钉/螺栓

20.1.3 奔驰3.0T – M276.820发动机(2014—)

1. 检查和调节凸轮轴的基本位置

1)拆下凸轮轴上的所有霍尔传感器。

2)松开增压空气冷却器,然后在保持冷却液管路连接的情况下拉到前部。

3)检查带轮/减振器(10)上是否有53°标记。

4)将53°标记的替换标记粘贴到带轮/减振器(10)上。带轮/减振器(10)上不带53°标记的发动机将17mm长的胶条(11)粘贴到带轮/减

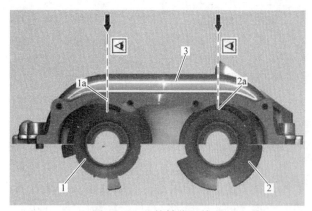

图20-7 凸轮轴位置检查

1—扇形盘 1a—边缘 2—扇形盘 2a—轴承狭槽 3—气缸盖罩

来检查凸轮轴的基本位置。在气缸盖罩（2l，2r）上霍尔传感器开口的中间必须能够看到扇形盘1扇形段1a的边缘。如果基本设置不正确：设定凸轮轴的基本位置。

8）按照拆卸的相反顺序进行安装。

前述步骤中涉及部件与位置见图20-8、图20-9、图20-10、图20-11。

振器（10）上的40°标记处。胶条（11）的末端在带轮/减振器（10）上标记出了缺失的53°标记。

5）通过曲轴中央螺栓沿发动机转动方向将发动机转到1号气缸压缩行程上止点（TDC）后53°曲轴转角处。带轮/减振器（10）上带53°标记的发动机，不得沿与发动机转动方向相反的方向转动发动机；否则会使发动机正时链跳齿。通过曲轴沿发动机转动方向转动发动机，直至带轮/减振器10上的53°标记与参考边（10a）对齐，参考边10a位于冷却液泵上。

6）通过曲轴中央螺栓沿发动机转动方向将发动机转到胶条11末端（1缸压缩行程上止点（TDC）后53°曲轴转角（KW））。带轮/减振器10上不带53°标记的发动机，不得沿与发动机转动方向相反的方向转动发动机，正时链会跳齿并导致发动机损坏。通过曲轴沿发动机转动方向转动发动机，直至带轮/减振器10上的53°标记与参考边10a对齐，参考边10a位于冷却液泵上。

7）检查凸轮轴的基本位置，通过对气缸盖罩（2l，2r）上的霍尔传感器开口进行目视检查

图20-8 为带53°标记的发动机

10—带轮/减振器 10a—参考边（冷却液泵）

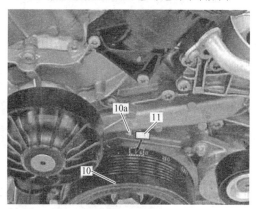

图20-9 不带53°标记的发动机

10—带轮/减振器 10a—参考边（冷却液泵）
11—胶条（更换标记）

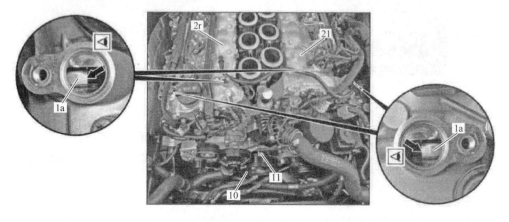

图20-10 不带53°标记的发动机276.9

1a—扇形段 2l—左侧气缸盖罩 2r—右侧气缸盖罩 10—带轮/减振器 11—胶条（更换标记）

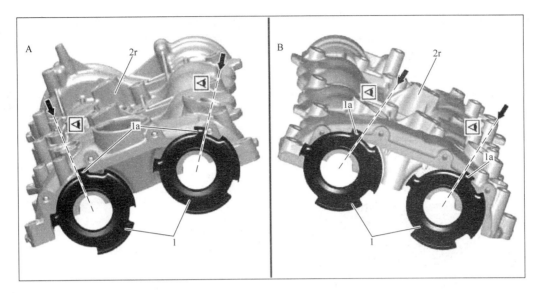

图 20-11　右侧气缸盖（A）左侧气缸盖（B）

1—扇形盘　1a—扇形段　2r—右侧气缸盖罩　1—扇形盘　1a—扇形段　2l—左侧气缸盖罩

2. 调节凸轮轴的基本位置

以下内容适用于 157 型发动机。

1）拆下气缸盖罩。

2）拆下离心机。

3）将压紧工具 01 安装到凸轮轴 1 上。

4）通过曲轴中央螺栓沿发动机运转方向将发动机转到 1 号气缸压缩行程上止点（TDC）后 40°曲轴转角（CA）处。

5）拆下两个链条张紧器，拆下气缸盖罩后，可在 1 缸压缩行程上止点（TDC）后 40°曲轴转角（CA）处拆下两个链条张紧器。要拆下右侧链条张紧器，需要助手转动已拆下的离心机的排气凸轮轴以松开张紧轨。

6）拆下右侧排气凸轮轴的凸轮轴调节器 3。要松开和拧紧右侧凸轮轴调节器 3 上的中心阀，必须由助手反向固定凸轮轴 1。

7）从凸轮轴调节器 3 上拆下正时链 2。安装：要松开张紧轨，应请助手将凸轮轴 1 固定在基本位置。

8）将凸轮轴 1 转入基本位置。安装：必须请助手使用合适的工具将凸轮轴 1 固定在基本位置。

9）扇形盘 4 上的标记（4m）必须与气缸盖的边缘对准。

10）按照拆卸的相反顺序进行安装。

11）执行发动机试运行，然后检查发动机的功能性。

上述步骤涉及部件及位置见图 20-12。

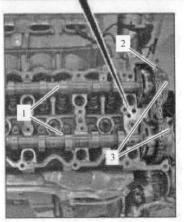

图 20-12　调节凸轮轴基本位置

01—压紧工具　1—凸轮轴　2—正时链　3—凸轮轴调节器　4—扇形盘　4m—标记

3. 凸轮轴正时标记设置

1）将发动机置于气缸 1 的上止点后 40°：通过曲轴中央螺栓沿发动机运转方向转动发动机，直到带轮/减振器 10 上的 40°曲轴转角标记与参考边 10a 对齐，发动机 276 的参考边 10a 位于冷却液泵上，见图 20-13。对于 152.9 型、157 型 278 型发动机，位于传动带张紧装置上，见图 20-14。不得沿与发动机转动方向相反的方向转动发动机；否则会使正时链卡滞。

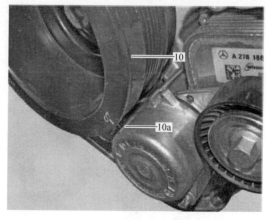

图 20-14　发动机设置标志（278 发动机）

发动机 152.9，157，278，图示为发动机 278；10—带轮/减振器；10a—参考边（传动带张紧装置）

图 20-13　设置发动机上止点位置

10—带轮/减振器　10a—参考边（冷却液泵）

2）基于激光刻印标记（箭头所示）检查凸轮轴的位置：如果凸轮轴调节器（2）上的激光刻印标记位于顶部（参见图 20-15），且 40°标记位于参考边（10a）处，则气缸 1 位于压缩行程上止点后 40°。如果凸轮轴调节器（2）上的激光刻印标记位于底部（参见图 20-16），且 40°标记位于参考边（10a）处，则气缸 1 位于重叠上止点后 40°。在气缸 1 的压缩行程上止点后 40°和重叠上止点后 40°之间恰为曲轴完整转动的一圈（360°）。

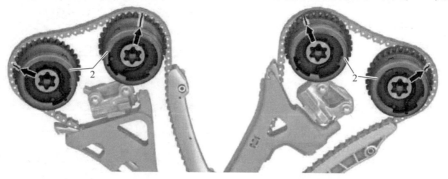

图 20-15　发动机正时设置标志（276 发动机）

2—凸轮轴调节器；气缸 1 的点火上止点后 40°位置［激光刻印标记（箭头所示）位于顶部］

图 20-16　发动机凸轮轴正时设置标志（276 发动机）

2—凸轮轴调节器　气缸 1 的重叠上止点后 40°位置 -［激光刻印标记（箭头所示）位于底部］

20.2 C级（2010—2017年款）

20.2.1 奔驰1.6T-M274发动机

该款发动机也搭载于E级车型上，相关内容请参考20.1.2小节。

20.2.2 奔驰1.6L-M271.910发动机（2010—　）

该款发动机也搭载于E级车型上，相关内容请参考20.1.1节。

20.2.3 奔驰1.8L-M271.950发动机（2008—　）

该款发动机也搭载于E级车型上，相关内容请参考20.1.1节。

20.2.4 奔驰1.8T-M271.860发动机（2010—2015）

该款发动机也搭载于E级车型上，相关内容请参考20.1.1节。

20.2.5 奔驰2.0T-M274.920发动机（2014—　）

该款发动机也搭载于E级车型上，相关内容请参考20.1.2小节。

20.2.6 奔驰2.5L-M272.921发动机（2010—　）

1. 正时链单元更换

1）断开蓄电池搭铁电缆。
2）拆下火花塞。
3）拆下右侧气缸盖上的排气凸轮轴和进气凸轮轴（1，2）。
4）断开旧的发动机正时链（3）。
5）拉入新的发动机正时链（4）。
6）铆接新的发动机正时链（4）。
7）沿发动机运转方向，将发动机曲轴转至气缸1点火上止点（TDC）前55°的曲轴转角（带轮上的305°标记）。左侧气缸盖上的进气凸轮轴和排气凸轮轴（1，2）上的脉冲轮标记5必须位于凸轮轴霍尔传感器孔的中心。如果没有位于中心，则沿发动机转动方向将发动机曲轴再转一圈。

8）沿发动机运转方向转动发动机曲轴，使其从气缸1点火上止点后95°的曲轴转角转到40°的曲轴转角。

9）将右侧气缸盖上的进气凸轮轴1和排气凸轮轴2安装到基本位置。标记6朝上，且标记7与气缸盖罩上的接触面对齐。

10）沿发动机运转方向转动发动机曲轴，然后在前护盖已安装到气缸盖上的情况下，在点火上止点前55°曲轴转角处（带轮上的305°标记处）检查凸轮轴的基本位置。进气凸轮轴和排气凸轮轴（1，2）上的脉冲轮标记5必须位于凸轮轴霍尔传感器孔的中心。

11）安装火花塞。
12）将搭铁电缆连接到蓄电池上。
13）执行发动机测试运转，并检查发动机是否泄漏。

以上步骤涉及部件及位置见图20-17。

2. 凸轮轴的基本位置检查

1）拆下发动机前罩。
2）拆下凸轮轴上的霍尔传感器。
3）沿发动机运转方向（箭头所示）转动发动机曲轴，直至发动机处于压缩行程上止点前55°曲轴转角（带轮上的305°标记），并检查凸轮轴的基本位置。带轮上的305°标记1必须与正时箱盖罩的定位缘2对准，且脉冲轮上的标记3必须位于霍尔传感器的孔中。如有必要：调节凸轮轴的基本位置。
4）按照拆卸的相反顺序进行安装。
5）执行发动机测试运转，并检查发动机是否泄漏。

以上相关位置见图20-18。

3. 凸轮轴基本位置调节

1）拆下排气凸轮轴的凸轮轴调节器（13，14）。
2）拆下张紧轨螺栓23，然后将张紧轨24向上拉出正时箱。安装：安装之前，在张紧滑轨螺栓23上涂抹密封剂。乐泰（Loctite）密封剂5970。
3）抬起发动机正时链，然后从进气凸轮轴（3）上向前拉下凸轮轴调节器（15）。

图 20-17 发动机正时链更换图示

1—排气凸轮轴 2—进气凸轮轴 3—旧的发动机正时链 4—新的发动机正时链
5—脉冲轮标记 6—凸轮轴调节器上的标记 7—凸轮轴调节器上的标记

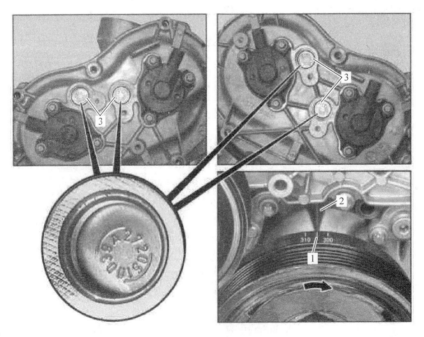

图 20-18 凸轮轴基本位置检查

1—带轮上的标记 2—正时箱盖罩上的定位缘 3—脉冲轮标记

4)抬起发动机正时链,然后将凸轮轴调节器(16)转入基本位置。

5)按照拆卸的相反顺序进行安装。

6)执行发动机测试运行,并检查其是否泄漏。

以上步骤操作位置见图20-19。

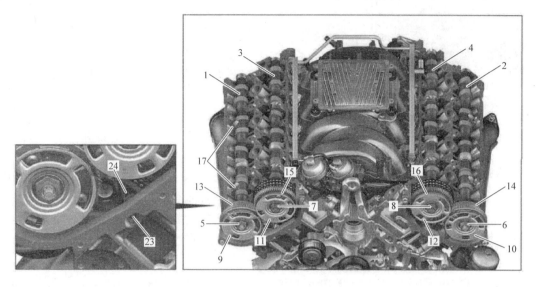

图20-19 凸轮轴基本位置调节

3—进气凸轮轴 13,14—排气凸轮轴的凸轮轴调节器 15,16—进气凸轮轴的凸轮轴调节器 23—张紧轨螺栓 24—张紧轨

20.3 GLA级(2015—2017年款)

20.3.1 奔驰1.6T-M270.910发动机(2015—)

1. 凸轮轴基本位置检查

1)拆下凸轮轴上的两个霍尔传感器。

2)使用车辆举升机将车辆升起。

3)打开右前翼子板内衬板的保养盖。

4)通过曲轴中央螺栓沿发动机转动方向转动发动机,直到1缸的压缩行程上止点(TDC)。带轮/减振器上的上止点(TDC)标记必须与正时箱盖罩上的定位缘对齐。

5)检查凸轮轴的基本位置。通过在气缸盖罩3的霍尔传感器开口上进行目视检查,来检查凸轮轴的基本位置。若要检查排气凸轮轴调节,在霍尔传感器开口(如图20-20所示)的中央必须可以看到扇形盘1扇形段的边缘1a。若要检查进气凸轮轴调节,扇形盘2的轴承狭槽2a必须位于在霍尔传感器开口的中央(如图20-21所示)。如果基本设定不正确:设定凸轮轴的基本位置。

6)按照拆卸的相反顺序进行安装。

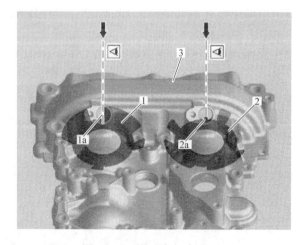

图20-20 图示为发动机270

1—扇形盘 1a—边缘 2—扇形盘

2a—轴承狭槽 3—气缸盖罩

2. 凸轮轴基本位置调节

1)拆下凸轮轴调节器(3a,3e)。

2)拆下凸轮轴(2a,2e)。

3)通过曲轴中央螺栓沿发动机转动方向转动发动机,直到气缸1到达点火上止点位置(TDC),进行以下工作步骤,确保曲轴未被转动。带轮/减振器上的上止点(TDC)标记必须与正时箱盖罩上的定位缘对齐。

4)将凸轮轴(2a,2e)插入到基本位置。

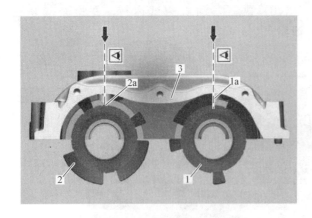

图 20-21 图示为发动机 270
1—扇形盘 1a—边缘 2—扇形盘 2a—轴承狭槽 3—气缸盖罩

对于装配 Camtronic/代码（A14）的车辆，确保进气凸轮轴 2e 安装在单元全行程位置。单元全行程位置可通过托架轴 10 和前部凸轮单元 12a 之间 6.5mm 宽的间隙 11 进行识别。后部凸轮单元 12b 和高压泵传动凸轮 13 之间不应有间隙（箭头所示）。如有必要，用手调节凸轮单元（12a，12b）。如果排气凸轮轴 2a 处扇形盘 4 扇形段 4a 的边缘（箭头所示）和进气凸轮轴 2e 处轴承狭槽 5 垂直向上，则到达凸轮轴（2a，2e）的基本位置。

5）安装压紧装置（01a，01b），确保使用固定装置上正确的轴承托架。装配 Camtronic/代码（A14）的车辆的凸轮轴直径较大。在装配螺钉/螺栓（04）时，将其拧入，直到轴承托架（03）与气缸盖齐平。

6）安装固定装置（02a，02b）。不得强行安装固定装置（02a，02b），仅可使用套筒转动凸轮轴（2a，2e）。否则会损坏凸轮轴（2a，2e）。必要时使用套筒转动凸轮轴（2a，2e），以将固定装置（02a，02b）安装到压紧装置（01a）上。

7）插入带中心阀的凸轮轴调节器（3a，3e），并置于正时链上，必须保证仍能向凸轮轴（2a，2e）自由转动凸轮轴调节器（3a，3e）。

8）安装链条张紧器。

9）拧紧凸轮轴调节器（3a，3e）的中心阀，必须用机油润滑中心阀的螺纹和螺栓头接触面。必须按照规定力矩连续均匀地拧紧中心阀。

10）拆下凸轮轴（2a，2e）的固定装置（02a，02e）。

11）通过曲轴中央螺栓沿发动机转动方向转动发动机两圈，直到气缸 1 到达压缩行程上止点位置（TDC）带轮/减振器上的上止点（TDC）标记必须与正时箱盖罩上的定位缘对齐。

12）调节凸轮轴（2a，2e）的基本位置。如果排气凸轮轴 2a 处扇形盘 4 扇形段 4a 的边缘（箭头所示）和进气凸轮轴 2e 处轴承狭槽 5 垂直向上，则到达凸轮轴（2a，2e）的基本位置。

以上步骤拆装与调整部件及标记位置见图 20-22、图 20-23、图 20-24。

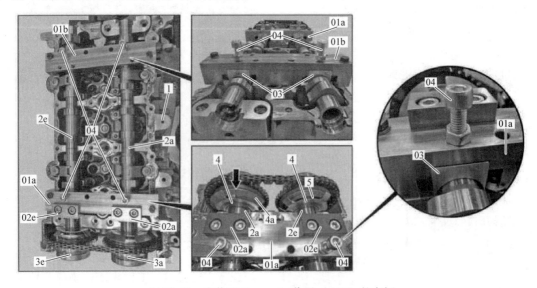

图 20-22 未装配 Camtronic/代码（A14）的车辆
01a—压紧装置 01b—压紧装置 02a—固定装置 02e—固定装置 03—轴承托架 04—螺栓 1—气缸盖 2a—排气凸轮轴 2e—进气凸轮轴 3a—排气凸轮轴调节器 3e—进气凸轮轴调节器 4—扇形盘 4a—扇形段 5—轴承狭槽

13）按照拆卸的相反顺序进行安装。

14）发动机运转时，汽车可能会自行起动而造成事故。切记：发动机起动或运转期间，在附近工作存在导致擦伤和烧伤的风险。执行发动机试运行，然后检查发动机的功能性。固定好车辆，以防其自行移动。穿上封闭且紧身的工作服，切忌接触高温或旋转的部件。

20.3.2　奔驰 2.0T – M270.920 发动机（2015—　）

该发动机正时维修与 M270.910 相同，相关内容请参考 20.3.1 小节。

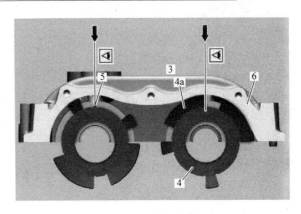

图 20-23　操作示意图

4—排气凸轮轴上的扇形盘　4a—扇形段
5—进气凸轮轴上的轴承狭槽　6—气缸盖罩

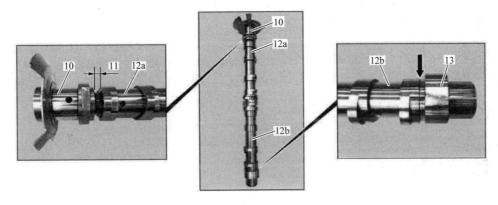

图 20-24　装配 Camtronic/代码（A14）的车辆的凸轮轴

10—托架轴　11—间隙　12a—前部凸轮单元　12b—后部凸轮单元　13—高压泵传动凸轮

20.4　GLC 级（2016—2017 年款）

奔驰 2.0T – M274.920 发动机

该款发动机也搭载于 E 级车型上，相关内容请参考 20.1.2 小节。

20.5　GLK 级（2014—2017 年款）

20.5.1　奔驰 2.0T – M274.920 发动机（2015—　）

该款发动机也搭载于 E 级车型上，相关内容请参考 20.1.2 小节。

20.5.2　奔驰 3.0T – M272.948 发动机（2014—　）

该款发动机正时带维修与 M272.921 相同，相关内容请参考 20.2.6 小节。

第21章 福建奔驰

21.1 唯雅诺（2010—2017年款）

21.1.1 奔驰2.5L – M272.924发动机（2011— ）

该款发动机正时带维修与M272.921相同，相关内容请参考20.2.6小节。

21.1.2 奔驰3.0L – M272.924发动机（2011— ）

该款发动机正时带维修与M272.921相同，相关内容请参考20.2.6小节。

21.2 威霆（2010—2017年款）

21.2.1 奔驰2.2L – M646.980发动机（2010— ）

1. 凸轮轴基本位置检查

1）拆卸气缸盖外罩。

2）使气缸1活塞位于点火上止点。在曲轴处转动发动机，使带轮1位置处于标记处，见图21-1。

3）锁止进气凸轮轴2，将曲轴轴承4处的定位销3推入到进气凸轮轴链轮的孔中，见图21-1。

4）检查凸轮轴的基本位置：凸轮轴链轮的两个标记（B）必须彼此相对，且凸轮轴和凸轮轴轴承盖的标记必须对准（图21-1中的箭头所示）。1号气缸的活塞位于压缩行程上止点，如有必要设置凸轮轴的基本位。

5）安装气缸盖外罩。

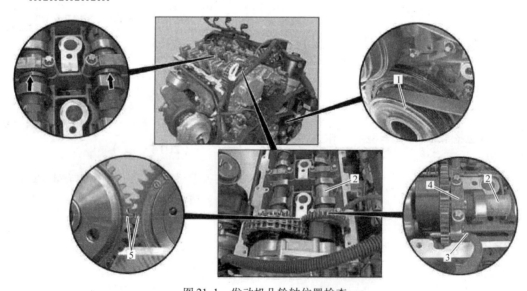

图21-1 发动机凸轮轴位置检查
1—带轮 2—进气凸轮轴 3—定位销 4—凸轮轴轴承 5—刻线标记

2. 凸轮轴基本位置设置

1）拆下气缸盖罩。

2）将气缸1的活塞置于压缩行程上止点（TDC），沿发动机运转方向转动发动机曲轴，并将带轮1定位于标记处，见图21-2。

3）检查凸轮轴的基本位置：凸轮轴链轮内

的两个标记5必须彼此相对，而凸轮轴和凸轮轴轴承盖上的标记必须对准（图21-2中的箭头所示）。气缸1的活塞处于压缩行程上止点。

4）拆下气缸盖前护盖。

5）标记发动机正时链6与排气凸轮轴链轮7的相对位置。如果没有必要转动曲轴，则用电缆扎带将发动机正时链6系到排气凸轮轴链轮7上；但要在安装之后拆下电缆扎带。

6）从排气凸轮轴上拆下排气凸轮轴链轮7，拆下连接凸轮轴链轮到排气凸轮轴的螺栓8，然后将排气凸轮轴链轮7连同与之相连的发动机正时链6一起拆下。安装时更换连接凸轮轴链轮到排气凸轮轴的螺栓8。

7）拆下凸轮轴轴承盖。注意凸轮轴轴承盖的标记！

8）拆下进气凸轮轴和排气凸轮轴。

9）插入进气凸轮轴和排气凸轮轴，用机油润滑凸轮轴支承点处的补偿元件，然后检查补偿元件是否易于操作。在轴向轴承处校准进气凸轮轴和排气凸轮轴。安装凸轮轴，使两个标记5彼此相对。

10）安装凸轮轴轴承盖，注意凸轮轴轴承盖的标记！

11）将气缸1的活塞置于压缩行程上止点（TDC）。沿发动机运转方向转动发动机曲轴，并将带轮（1）定位于标记处。

12）锁止进气凸轮轴2，将曲轴轴承4处的定位销3推入到进气凸轮轴链轮的孔中。

13）检查凸轮轴的基本位置：凸轮轴链轮内的两个标记5必须彼此相对，而凸轮轴和凸轮轴轴承盖上的标记必须对准（箭头所示）。气缸1的活塞处于压缩行程上止点。

14）将排气凸轮轴链轮7安装到排气凸轮轴上。将排气凸轮轴链轮7连同发动机正时链6一起安装，然后将凸轮轴的螺栓8拧入排气凸轮轴。

以上步骤中的部件见图21-2。

图21-2 凸轮轴基本位置设置（重新安装凸轮轴）
1—带轮 2—进气凸轮轴 3—定位销 4—凸轮轴轴承 5—标记 6—发动机正时链
7—排气凸轮轴链轮 8—螺栓（连接凸轮轴链轮到排气凸轮轴）

15）拆下止动销3。

16）安装气缸盖前护盖。

17）沿发动机运转方向转动发动机曲轴，最少两圈。

18）检查凸轮轴的基本位置，如有必要调节凸轮轴的基本位置。

19）安装气缸盖罩。

20）在发动机运转的情况下，检查是否发生泄漏。

21.2.2 奔驰 2.5L – M272.924 发动机（2011— ）

该款发动机正时带维修与 M272.921 相同，相关内容请参考 20.2.6 小节。

21.2.3 奔驰 3.0L – M272.939 发动机（2014— ）

该款发动机正时带维修与 M272.921 相同，相关内容请参考 20.2.6 小节。

21.3 V级（2015—2017年款）

奔驰 2.0T M274.920 发动机（2015— ）

该款发动机也搭载于E级车型上，相关内容请参考 20.1.2 小节。

21.4 凌特（2011—2017年款）

21.4.1 奔驰 2.2T – M646.980 发动机（2011— ）

该款发动机也搭载于威霆上，相关内容请参考 21.2.1 小节。

21.4.2 奔驰 2.1T – M651.955/956/957 发动机（2011— ）

1. 凸轮轴基本位置检查

1）拆下发动机饰板。

2）拆下凸轮轴传感器。

3）将气缸1的活塞设置到压缩行程上止点（OT）。使用合适的反向固定器沿发动机运转方向转动发动机曲轴直到带轮/减振器1上0°曲轴转角标记与撑杆2上的标记重叠，见图21-3。

4）检查进气凸轮轴的设置。标记A必须与标记B对齐。如果看不到标记，可以将曲轴再转动一圈，然后重新检查。如果标记A与标记B未对齐，则必须设置凸轮轴的基本位置，见图21-3。

5）检查排气凸轮轴的设置：边缘A必须与标记B对齐。如果标记D与标记C未对齐，则必须设置凸轮轴的基本位置，见图21-3。

6）按照拆卸的相反顺序进行安装。

图21-3 凸轮轴基本位置

1—带轮/减振器　2—腹板　A—标记（进气凸轮轴上）
B—标记（凸轮轴轴承盖上）　C—标记（凸轮轴传感器的孔中）
D—边缘（排气凸轮轴分度轮的开口）

2. 凸轮轴基本位置设置

1）拆下气缸盖罩

2）将1号气缸的活塞设置到上止点（TDC），用合适的反向固定器通过曲轴沿发动机转动方向转动发动机，直至0°KW标记位于曲轴箱上带撑条2的带轮/减振器1上。

3）松开螺钉/螺栓3，直至凸轮轴链轮4能够在凸轮轴9上转动。螺钉/螺栓3设计为左旋螺纹。

4）转动凸轮轴9，直到标记（图21-4中的箭头A）与凸轮轴9的顶端（图21-4中的箭头B）对齐。切勿进一步转动凸轮轴9，否则可能会损坏阀门。

5）标记凸轮轴轴承盖6，拆下螺钉/螺栓5，然后拆下凸轮轴轴承盖6。

6）将压紧工具7无应力地安装到凸轮轴9上，然后用手拧紧。如有必要，则稍稍转动凸轮轴9。

7）检查带轮/减振器1上的0°曲轴转角标记是否与气缸体曲轴箱上的撑条重叠；如有必要，对齐带轮/减振器1。

8）拧紧螺钉/螺栓3，直到凸轮轴链轮4无法再在凸轮轴9上转动。螺钉/螺栓3设计为左旋螺纹。

9）拆下链条张紧器。

10）拆下压紧工具7。

11）拆下凸轮轴轴承盖8的所有螺钉/螺栓，然后拆下凸轮轴轴承盖8逐步拧紧凸轮轴轴承盖8的螺钉/螺栓。

12）将正时链从凸轮轴链轮4上拆下，然后取出凸轮轴9。

13）将压紧工具7截断端上的凸轮轴9夹进虎钳中。

14）标记凸轮轴链轮4相对于凸轮轴9的位置。

15）拧紧螺钉/螺栓3，然后从虎钳上拆下凸轮轴9。注意凸轮轴链轮4上的标记。如果拧紧螺钉/螺栓3时转动了凸轮轴链轮4，则再次松开凸轮轴链轮4，然后对齐并拧紧。

16）将凸轮轴9的凸轮轴链轮4插入正时链中，然后把凸轮轴9放到气缸盖的轴承一半位置。插入凸轮轴9，使顶端（图21-4中的箭头B）与标记（图21-4中的箭头A）对齐，且能够无张紧力地拧紧压紧工具7。润滑支承点。

17）拧紧压紧工具7，然后安装凸轮轴9的凸轮轴轴承盖8，逐步拧紧凸轮轴轴承盖8。检查凸轮轴9是否活动自如；必要时重新插入。润滑支承点。

18）拆下压紧工具7，插入凸轮轴轴承盖6，然后拧紧螺钉/螺栓5，润滑支承点。

19）安装链条张紧器。

20）检查凸轮轴9的基本位置。

21）安装气缸盖罩。

以上步骤中的部件见图21-4。

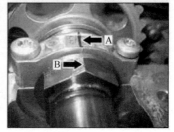

图21-4　凸轮轴位置调节

1—带轮/减振器　2—撑条　3—螺钉/螺栓　4—凸轮轴链轮　5—螺钉/螺栓
6—凸轮轴轴承盖　7—压紧工具　8—凸轮轴轴承盖　9—凸轮轴

第22章 一汽奥迪

22.1 A6L/C6/C7/C8（2005—2017年款）

22.1.1 奥迪 1.8T – CYYA 发动机（2016—2017）

该发动机正时带维修与大众 CUHA 发动机相同，相关内容请参考 1.1.1 小节。

22.1.2 奥迪 2.5L – CLXB 发动机（2016—2017）

该发动机正时带拆装与调整和 CREB 发动机相似，相关内容请参考 1.1.2 小节。

22.1.3 奥迪 3.0T – CREC 发动机（2016—2017）

该发动机正时带拆装与调整和 CREB 发动机相似，相关内容请参考 1.1.2 小节。

22.1.4 奥迪 3.0T – CTDB 发动机（2016—2017）

该发动机正时带拆装与调整和 CREB 发动机相似，相关内容请参考 1.1.2 小节。

22.1.5 奥迪 2.0T – CDNB 发动机（2013—2015）

该发动机正时带维修与 CADA 发动机相同，相关内容请参考 22.2.4 小节。

22.1.6 奥迪 2.0T – CDZA 发动机（2012—2015）

该发动机正时带维修与 CADA 发动机相同，相关内容请参考 22.2.4 小节。

22.1.7 奥迪 2.5L – CLXA 发动机（2012—2015）

该发动机正时链的拆装与调整步骤及方法与 CCEA 发动机相同，同关内容请参考 22.1.14。

22.1.8 奥迪 2.8L – CNYB 发动机（2012—2015）

该发动机正时带拆装与调整和 CREB 发动机相似，相关内容请参考 1.1.2 小节。

22.1.9 奥迪 3.0T – CHMA 发动机（2012—2013）

该发动机正时带拆装与调整和 CREB 发动机相似，相关内容请参考 1.1.2 小节。

22.1.10 奥迪 3.0T – CTTA 发动机（2013—2015）

该发动机正时链的拆装与调整步骤及方法与 CCEA 发动机相同，同关内容请参考 22.1.14。

22.1.11 奥迪 2.0T – BPJ 发动机（2005—2011）

1. 正时带单元部件分解

发动机正时带部件如图 22-1 所示。

2. 正时带单元拆卸

提示：在拆卸正时带前用粉笔或记号笔记下转动方向。用过的正时带转动方向相反时会导致损坏。

1）拉下发动机盖板。
2）打开冷却液补偿罐的端盖。
3）松开快速接头并取下隔音垫。
4）排出冷却液。
5）将前围支架置于维护位置。
6）分离冷却液管。

提示：在拆卸多楔带之前用粉笔或记号笔记下转动方向。用过的多楔带转动方向相反时会导致损坏。

7）标出多楔带的转动方向。
8）松开多楔带时转动多楔带的张紧缓冲器。
9）用定位心棒 T40098 卡住张紧元件。

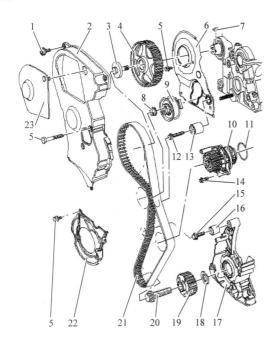

图 22-1 发动机正时带单元

1—10N·m 2—上部正时带护罩 3—50N·m+180°，松开和拧紧时使用夹具3036 4—凸轮轴正时齿轮，安装位置用半圆键 5—10N·m，用防松剂涂抹后装入 6—后部正时带护罩 7—盘式弹簧，检查位置是否牢固 8—25N·m 9—半自动紧带轮 10—冷却液泵 11—O形圈，更换 12—25N·m 13—稳定轮 14—15N·m 15—35N·m 6—稳定轮 17—密封法兰 18—正时带金刚石垫圈，拆卸正时轮后更新 19—曲轴带轮，在带轮和曲轴之间的接触面上不允许有油，只能在一个位置安装 20—90N·m+继续旋转90°（1/4圈）。更换，不用上油，拧上夹具3415 21—正时带，在拆卸之前用粉笔或记号笔记下转动方向。检查磨损情况 22—下部正时带护罩 23—正时带护罩盖板

10）取下多楔带。

11）转动曲轴使凸轮轴正时齿轮位于上止点的标记上。凸轮轴正时齿轮的标记必须与正时带护罩的箭头齐平，如图22-2所示。

12）拆下减振器/传动带盘。

13）拧出正时带护罩下部部件的螺栓。

14）拧出正时带护罩的其他螺栓，并将正时带护罩从发动机上取下。

15）标出正时带的转动方向。

16）松开张紧轮并取下正时带。

17）然后将曲轴略微向反方向旋转。

3. 正时带单元安装

提示：转动凸轮轴时曲轴不允许停在上止点。气门/活塞顶有损坏危险。发动机最多只允许

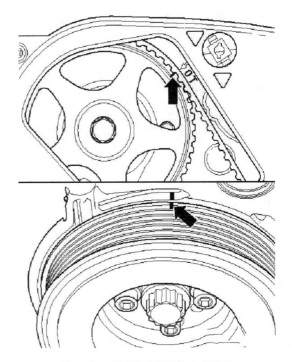

图 22-2 设置发动机于上止点位置

温热。

1）将正时带放在曲轴齿轮上（注意转动方向）。

2）将正时带护罩下部部件用两个下部螺栓固定住。

3）用新螺栓安装上减振器/带轮。

4）将曲轴和凸轮轴置于气缸1的上止点位置。

5）将正时带按张紧轮、凸轮轴正时齿轮、冷却液泵、最后为导向轮的顺序装上。

注意：气缸盖中紧带轮的正确安装位置如图22-3所示。

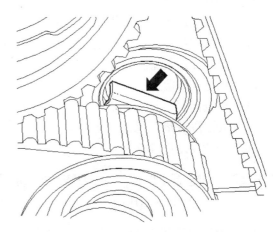

图 22-3 张紧轮的安装位置

6）张紧正时带。为此用内六角扳手卡在偏心轮上向右转，直至切口位于凸缘之上，见图22-4。

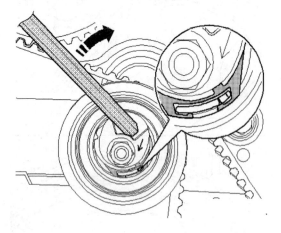

图 22-4　张紧正时带

7）重新松开正时带。

8）现在张紧正时带，直至切口对准凸缘。

9）拧紧固定螺母。

10）将曲轴沿发动机旋转方向继续转动两圈，直至发动机再次停到上止点上。重要的是，必须不停顿地旋转最后的45°（1/8圈）。

11）再次检查正时带是否张紧。标准值：凸缘和切口位于相对的位置。

12）如果标记无法对齐：再次检查配气相位。

13）如果这些标记对齐：重复进行配气相位的调整。

14）安装正时带护罩。

15）安装曲轴带轮。

16）安装多楔带。

17）加注冷却液。

18）安装前围支架及加装件。

19）让支承的挡块通过自重放置在支承的橡胶缓冲器上，并拧紧螺栓。

20）安装前保险杠罩。

21）检查前照灯调整情况。

22）安装隔音垫。

23）安装发动机盖板。

22.1.12　奥迪 2.4L – BDW 发动机（2005—2011）

1. 正时链单元部件分解

发动机正时链单元部件如图22-5、图22-6、图22-7、图22-8、图22-9、图22-10所示。

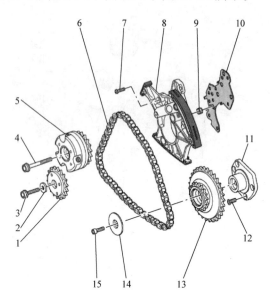

图 22-5　左侧凸轮轴正时链

1—凸轮轴链轮，用于排气凸轮轴　2—垫圈　3—凸轮轴螺栓，更换，预拧紧力矩：40N·m，最终拧紧力矩：80N·m+继续旋转90°（1/4圈）　4—凸轮轴螺栓，更换，预拧紧力矩：40N·m，最终拧紧力矩：80N·m+继续旋转90°（1/4圈）　5—进气凸轮轴调节器，标记进气　6—左侧凸轮轴正时链　7—9N·m　8—左侧凸轮轴正时链链条张紧器　9—油滤网，装入张紧器，注意外围上的止动凸缘　10—密封件，更换，卡到链条张紧器上　11—驱动链轮支撑座　12—8N·m+继续旋转45°（1/8圈），更换，安装时需加油润滑　13—左侧凸轮轴正时链驱动链轮　14—驱动链轮止推垫片　15—6N·m+继续旋转60°（1/6圈），更换

根据构造情况，正时链的导轨固定不同：

1）带套螺栓，必须更换，力矩：10N·m+继续旋转30°（1/12圈）。

2）带衬套6及垫片的螺栓，必须更换，力矩：10N·m+继续旋转90°（1/4圈）。

3）带衬套4和垫片5的螺栓，必须更换，力矩：10N·m+继续旋转90°（1/4圈）。

2. 正时链单元拆装步骤

提示：下面的操作中，凸轮轴正时链应保留在发动机上。如果要拆卸整个凸轮轴正时链，则必须拆卸正时链下部盖板。

1）拆下气缸盖罩。

2）拆卸左右正时链的盖板。

3）插入适配接头 T40058 的导向销，使大的直径1指向发动机。小的直径2指向适配接头，见图22-11。

4）用适配接头 T40058 沿发动机旋转方向转动曲轴到上止点。凸轮轴里的螺纹孔必须指向上

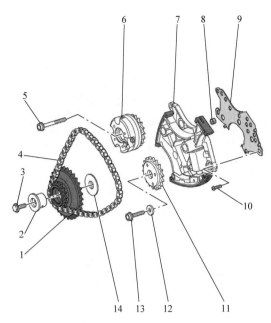

图 22-6 右侧凸轮轴正时链
1—驱动链轮，用于右侧凸轮轴正时链 2—轴承螺栓，用于驱动链轮 3—30N·m+继续旋转90°（1/4圈）
4—右侧凸轮轴正时链 5—凸轮轴螺栓，更换，矩：40N·m，最终拧紧力矩：80N·m+继续旋转90°（1/4圈）
凸轮轴调节器，标记进气 7—右侧凸轮轴正时链链条张紧器
8—油滤网，装入张紧器，安装位置：外围上的止动凸缘
9—密封件，更换，卡到链条张紧器上 10—9N·m
11—凸轮轴链轮，用于排气凸轮轴 12—垫圈
13—凸轮轴螺栓，更换，预拧紧力矩：40N·m，最终拧紧力矩：80N·m+继续旋转90°（1/4圈）
14—驱动链轮止推垫片

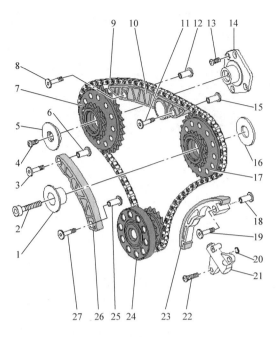

图 22-7 控制机构驱动链
1—驱动链轮轴承螺栓 2—30N·m+继续旋转90°（1/4圈），更换 3—螺栓，更换，构造情况不同，型号和拧紧力矩也不同，见图22—8。4—6N·m+继续旋转60°（1/6圈），更换 5—驱动链轮止推垫片 6—衬套，构造不同，型号也不同，见图22—8
7—左侧凸轮轴正时链驱动链轮 8—螺栓，更换，构造情况不同，型号和拧紧力矩也不同，见图22—8 9—控制机构驱动链，拆卸前，用颜色标记转动方向 10—滑轨 11—螺栓，更换，构造情况不同，型号和拧紧力矩也不同，见图22—8 12—衬套，构造不同，型号也不同，见图22—8 13—8N·m+继续旋转45°（1/8圈），更换，安装时需加油润滑 14—驱动链轮支撑座
15—衬套，构造不同，型号也不同，见图22—8 16—止推垫片
17—右侧凸轮轴正时链驱动链轮 18—衬套，构造不同，型号也不同，见图22—8 19—螺栓，更换，构造情况不同，型号和拧紧力矩也不同，见图22—8 20—O形圈，更换
21—链条张紧器 22—6N·m+继续旋转45°（1/8圈），更换
23—链条张紧器滑轨 24—曲轴 25—衬套，构造不同，型号也不同，见图22—8 26—滑轨，注意安装位置
27—螺栓，更换，构造情况不同，型号和拧紧力矩也不同，见图22—8

面，如图22-12所示。

5）如图22-13所示，将凸轮轴固定装置T40070安装到两个气缸盖上，并用20N·m的力矩拧紧螺栓。如果对着气缸盖螺栓的孔仍是空的，则说明凸轮轴固定装置T40070安装正确。

6）从气缸体上旋出螺旋塞。

7）以10N·m的力矩将固定螺栓T40069拧入孔中，见图22-14，必要时稍微来回转动曲轴，以便完全对准螺栓。

8）用颜色将左侧凸轮轴正时链的转动方向做好标记。

9）用插接套件T10035旋出凸轮轴调节器和凸轮轴链轮的螺栓。

10）取下凸轮轴调节器和凸轮轴链轮。

11）旋出螺栓并取下链条张紧器。

12）用插接套件T10035旋出凸轮轴调节器和凸轮轴链轮的螺栓。

13）取下凸轮轴调节器和凸轮轴链轮。

14）旋出螺栓并取下链条张紧器。

安装过程如下：

提示：更换需用固定角度拧紧的螺栓、密封圈和密封件，在转动凸轮轴时不允许有气缸停在上止点，因为气门/活塞顶有损坏危险。安装前提为控制机构驱动链已安装。曲轴已用固定螺栓T40069固定在上止点位置。凸轮轴固定装置

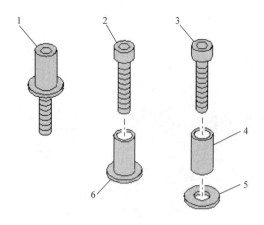

图 22-8　导轨的不同固定

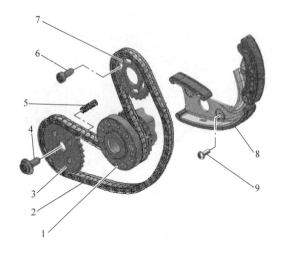

图 22-10　取力器驱动链，2006 年 4 月起车辆上的部件总图

1—曲轴　2—取力器驱动链，拆卸前，用颜色标记转动方向　3—油泵驱动链轮，安装位置：有字的一侧指向发动机　4—30N·m+继续旋转 90°（1/4 圈），更换　5—压簧　6—5N·m+继续旋转 90°（1/4 圈），更换　7—平衡轴的链轮，装位置：有字的一侧指向变速器　8—链条张紧器，带滑轨　9—10N·m+继续旋转 +45°（1/8 圈），更换

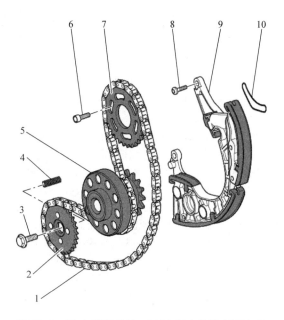

图 22-9　取力器驱动链，2006 年 4 月前车辆上的部件总图

1—取力器驱动链，拆卸前，用颜色标记转动方向　2—油泵驱动链轮，安装位置：有字的一侧指向发动机　3—30N·m+继续旋转 90°（1/4 圈），更换　4—压簧　5—曲轴　6—15N·m+继续旋转 90°（1/4 圈），更换　7—平衡轴链轮，安装位置：有字的一侧指向变速器　8—6N·m+继续旋转 45°（1/8 圈）　更换　9—链条张紧器，带滑轨　10—密封件，与生产时间有关，更换

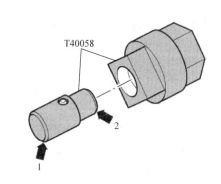

图 22-11　适配接头

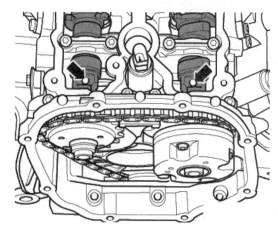

图 22-12　凸轮轴螺纹孔指向上面

T40070 已安装在两个气缸盖上，并用 20N·m 的力矩拧紧。

1）首先彻底松开左右凸轮轴正时链链条张紧器的滑轨。链条张紧器的活塞必须完全伸出，由此打开止动锁紧机构。对此必须已拆下了链条张紧器。

提示：如果张紧件已经从链条张紧器中取出，那么请注意安装位置：张紧件的外壳底板（带油

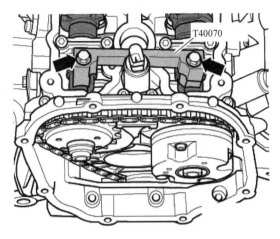

图 22-13　安装凸轮轴定位工具

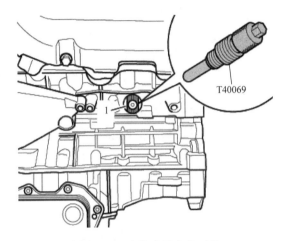

图 22-14　安装曲轴定位工具

孔）指向链条张紧器，张紧件活塞指向张紧轨。

2）将左右侧凸轮轴正时链链条张紧器的滑轨向内按压 - 至极限位置，用定位销 T40071 卡住链条张紧器。

3）必要时清洁两个链条张紧器内的滤油网。

4）将一个新的密封条从后部安装到链条张紧器上。

5）将链条张紧器安装在气缸盖左侧并装上凸轮轴正时链。

6）拧紧螺栓。

7）更换凸轮轴螺栓。

8）将凸轮轴正时链置于驱动轮、凸轮轴链轮和凸轮轴调节器上，然后拧松螺栓。凸轮轴链轮和凸轮轴调节器必须在凸轮轴上还能旋转并且不得翻转。

9）拔下定位销 T40071。

10）将链条张紧器安装在气缸盖右侧并装上凸轮轴正时链。

11）拧紧螺栓。

12）更换凸轮轴螺栓。

13）将凸轮轴正时链置于驱动轮、凸轮轴链轮和凸轮轴调节器上，然后拧松螺栓。凸轮轴链轮和凸轮轴调节器必须在凸轮轴上还能旋转并且不得翻转。

14）拔下定位销 T40071。

15）将夹具 T10172 及销子 T10172/2 安装在左侧进气凸轮轴调节器上，见图 22-15。

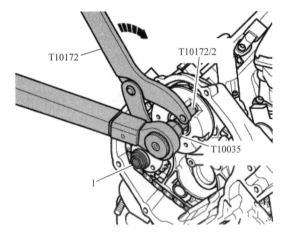

图 22-15　安装专用夹具

16）按压夹具，使凸轮轴正时链保持预张紧。

17）同时将凸轮轴螺栓用工具头 T10035 和扭力扳手预拧紧。拧紧力矩：40N·m。

18）此外，在进气凸轮轴上保持预张紧并预拧紧排气凸轮轴上的螺栓。拧紧力矩：40N·m。

19）将气缸盖左侧上的凸轮轴螺栓最终拧紧。拧紧力矩：80N·m + 继续旋转 90°（1/4 圈）。

20）将双孔螺母扳手 3212 安放在右侧排气凸轮轴链轮上。

21）按压夹具，使凸轮轴正时链保持预张紧。

22）同时将凸轮轴螺栓用专用工具 T10035 和扭力扳手预拧紧。拧紧力矩：40N·m。

23）此外在排气凸轮轴上保持预张紧并预拧紧进气凸轮轴上的螺栓。拧紧力矩：40N·m。

24）将气缸盖右侧上的凸轮轴螺栓最终拧紧。拧紧力矩：80N·m + 继续旋转 90°（1/4 圈）。

25）拆除两个气缸盖上的凸轮轴固定装置 T40070。

26）取下固定螺栓 T40069。

27）沿发动机转动方向将曲轴用适配接头 T40058 转动 2 圈，直至曲轴重新到达上止点。

提示：如无意间转过了上止点，则重新将曲轴转回约 30°，并重新转到上止点。凸轮轴里的螺纹孔必须指向上面。

28）将凸轮轴固定装置 T40070 安装到两个气缸盖上并用 20N·m 的力矩拧紧螺栓。如果对着气缸盖螺栓的孔仍是空的，则说明凸轮轴固定装置 T40070 安装正确。

29）将固定螺栓 T40069 直接拧入孔内。固定螺栓 T40069 必须卡入曲轴的固定孔里，否则再次调整。

30）拆除两个气缸盖上的凸轮轴固定装置。

31）拆除固定螺钉。

32）将上止点标记的螺旋塞带着新密封环旋入气缸体中。

33）安装正时链左右盖板。

34）安装气缸盖罩。

3. 控制机构驱动链拆装

拆卸步骤如下：

1）拆卸左右正时链的盖板。

2）拆卸正时链下部盖板。

3）从凸轮轴上拆下凸轮轴正时链。

4）拆下油泵和平衡轴驱动链。

5）向按压驱动链张紧器的滑轨并用定位销 T40071 卡住链条张紧器。

6）用颜色标记凸轮轴正时链的转动方向。

7）旋出螺栓 2 和 3 并取下链轮及传动链和滑轨 1，如图 22-16 所示。

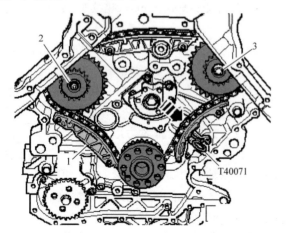

图 22-16　取下凸轮轴链轮，传动链和滑轨

安装步骤如下：

1）曲轴已用固定螺栓 T40069 固定在上止点位置。

提示：在安装时将所有电缆扎带重新绑扎到同一部位。

2）先安装左凸轮轴正时链链轮。

3）安装滑轨及已放入的传动链。

4）现在安装右凸轮轴正时链链轮。

5）按压传动链张紧器的滑轨并将定位销 T40071 从链条张紧器中拔出。

6）安装油泵和平衡轴链条。

7）安装凸轮轴正时链。

8）安装正时链下部盖板。

9）安装正时链左右盖板。

22.1.13　奥迪 2.7T – CANA 柴油发动机（2010—2011）

1. 正时链单元部件分解

发动机正时链单元部件如图 22-17、图 22-20、图 22-21、图 22-22、图 22-23 所示。

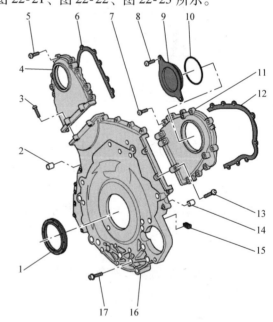

图 22-17　正时链室罩盖

1—变速器侧曲轴轴密封环　2—空心定位销，2 件　3—螺栓，更换，拧紧力矩和拧紧顺序见图 22-18。4—正时链左侧盖板　5—螺栓，更换，拧紧顺序见图 22-18。6—密封件，更换　7—螺栓，更换　8—螺栓，9N·m　9—封盖　10—O 形圈，更换　11—正时链右侧盖板　12—密封件，更换　13—螺栓，更换　14—空心定位销，2 件　15—密封件，2 件　16—正时链下盖板　17—螺栓，拧紧顺序见图 22-19

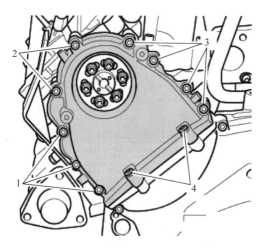

图22-18 正时链左侧盖板拧紧顺序

更换正时链左侧盖板的螺栓,参见图22-18、图22-19。

将螺栓1-4分4步如下拧紧:

1)将螺栓1-3用5N·m的力矩以交叉方式预紧。

2)将螺栓4用8N·m的力矩拧紧。

3)将螺栓1-3用8N·m的力矩以交叉方式拧紧。

4)将螺栓1-4以交叉方式继续转动90°。

正时链右侧盖板对应位置螺栓拧紧力矩和拧紧顺序和左侧相同。

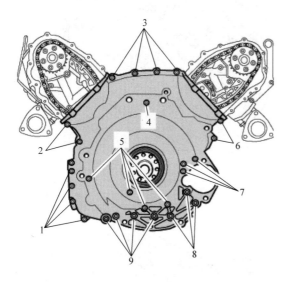

图22-19 正时链下部盖板拧紧顺序

按如下方式分3步拧紧正时链下部盖板的螺栓1-9:

1)将螺栓1-9沿对角从内向外用5N·m的力矩预紧。

2)将螺栓1-7沿对角从内向外用9N·m的力矩拧紧。

3)将螺栓8和9用23N·m的力矩拧紧。

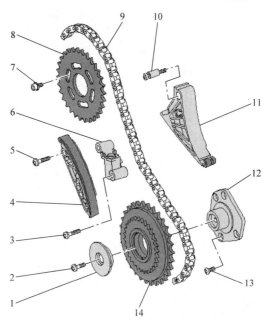

图22-20 左侧凸轮轴正时链

1—止推垫片,用于驱动链轮 2—螺栓 3—螺栓,更换,5N·m+90° 4—滑轨,注意安装位置 5—螺栓,更换,5N·m+90° 6—链条张紧器,用于左侧凸轮轴正时链 7—螺栓,23N·m 8—凸轮轴链轮,用于进气凸轮轴,安装位置:标有文字的面朝前 9—左侧凸轮轴正时链,拆卸前,用颜色标记转动方向 10—螺栓,带轴套,更换,5N·m+90° 11—张紧轨 12—支撑座,用于驱动链轮 13—螺栓 14—驱动链轮,用于左侧凸轮轴正时链

2. 凸轮轴正时链拆装步骤

(1)拆卸步骤

1)拆下正时链下部盖板。

2)如图22-24所示,将扳手T40049拧紧在曲轴后部,为此使用2个用于从动盘的旧螺栓(图22-24中箭头)。

调节销T40060带有一个平面部位2,凸轮轴与气缸盖的标定孔略微错开时,该平面有助于插入调节销。首先插入调节销,使销子1垂直于凸轮轴轴线。为了达到正确的上止点位置,必须把销子1转动90°(图22-25中箭头),以便其垂直于凸轮轴轴线,见图22-25。

3)使用扳手T40049将曲轴转到上止点:

4)检查两个气缸盖的凸轮轴是否在上止点位置上:凸轮轴必须能够用调节销T40060锁定。调节销T40060上的销子(图22-26中箭头)必须垂直于气缸列1(右侧)上凸轮轴的中心轴,

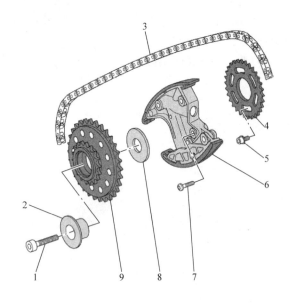

图 22-21　右侧凸轮轴正时链

1—螺栓　2—轴承螺栓,用于驱动链轮　3—右侧凸轮轴正时链,拆卸前,用颜色标记转动方向　4—凸轮轴链轮,用于进气凸轮轴,安装位置:标有文字的面朝前　5—螺栓,23N·m　6—链条张紧器,用于右侧凸轮轴正时链　7—螺栓,更换,5N·m+90°　8—止推垫片,用于驱动链轮　9—驱动链轮,用于右侧凸轮轴正时链

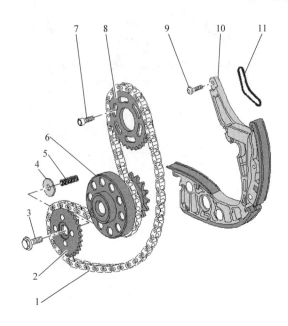

图 22-23　取力器驱动链

1—取力器驱动链　2—油泵驱动链轮,安装位置:带有字样的一侧指向发动机　3—螺栓　4—止推垫片　5—压簧　6—曲轴　7—螺栓,23N·m　8—平衡轴的链轮,安装位置:带有字样的一侧指向变速器　9—螺栓,9N·m　10—链条张紧器,带滑轨　11—密封件,更换

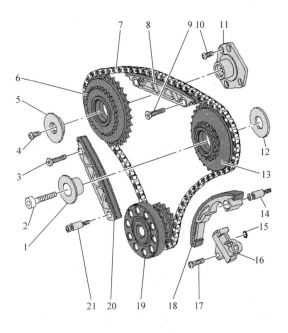

图 22-22　控制机构驱动链

1—驱动链轮轴承螺栓　2—螺栓,45N·m　3—螺栓,更换,5N·m+90°　4—螺栓,更换,5N·m+90°　5—驱动链轮止推垫片　6—左侧正时驱动链轮　7—控制机构驱动链,拆卸前,用颜色标记转动方向　8—滑轨,注意安装位置　9—螺栓,更换,5N·m+90°　10—螺栓,更换,5N·m+90°　11—驱动链轮支撑座　12—止推垫片　13—右侧正时链驱动链轮　14—轴承螺栓,涂防松剂后装入12N·m　15—O形圈,更换　16—链条张紧器　17—螺栓,12N·m　18—张紧轨　19—曲轴,带链轮　20—滑轨　21—轴承螺栓,涂防松剂后装入12N·m

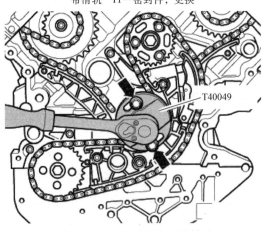

图 22-24　用扳手固定于曲轴端

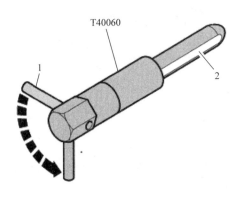

图 22-25　调节销实体

见图 22-26。调节销 T40060 上的销子（图 22-27 中箭头）必须垂直于气缸列 2（左侧）上凸轮轴的中心轴，见图 22-27。

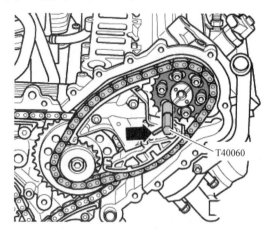

图 22-26　右侧气缸列调节销位置

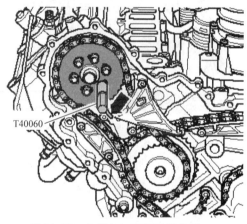

图 22-27　左侧气缸列调节销位置

5）从油底壳上部件中拧出上止点标记处的螺旋塞，为此使用带有球头的长内六角扳手。

6）如图 22-28 所示，将固定螺栓 3242 用 20N·m 的力矩在孔中拧紧，必要时稍微来回转动曲轴 1，以便完全对准螺栓。

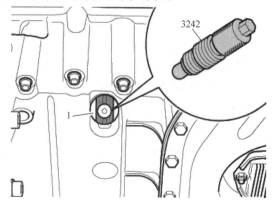

图 22-28　安装曲轴固定器

7）为防止割伤用绝缘带包住直径 3.3mm 钻头的尖端和切割刃。

8）如图 22-29 所示，沿箭头方向按压左侧凸轮轴正时链的链条张紧器的张紧轨，并用直径 3.3mm 的钻头（图 22-29 中位置 1）锁定链条张紧器。对于用过的凸轮轴正时链，转动方向相反时有损坏的危险。为重新安装用颜色通过箭头标记凸轮轴正时链的转动方向。

图 22-29　插入锁定销到张紧器

9）从两根凸轮轴中取出调节销 T40060。

10）拧下螺栓并取下张紧轨。

11）拧下滑轨螺栓和凸轮轴链轮螺栓。

12）取下左侧凸轮轴链轮、滑轨和凸轮轴正时链。

13）为防止割伤，用绝缘带包住直径 3.3mm 钻头的尖端和切割刃。

14）将右侧凸轮轴正时链的链条张紧器滑轨向图 22-30 中箭头方向压，并用直径 3.3mm 的钻头（图 22-30 中位置 1）卡住链条张紧器。对于用过的凸轮轴正时链，转动方向相反时有损坏的危险。为重新安装用颜色通过箭头标记凸轮轴正时链的转动方向。

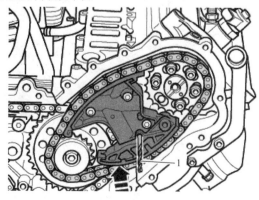

图 22-30　右侧张紧器设置

15）拧下链条张紧器螺栓以及凸轮轴链轮螺栓。

16）取下右侧凸轮轴链轮、链条张紧器和凸轮轴正时链。

（2）安装步骤

1）将曲轴用固定螺栓 3242 固定在上止点位置。

2）检查两个气缸盖的凸轮轴是否在上止点位置上。凸轮轴必须能够用调节销 T40060 锁定。

调节销 T40060 上的销子（图 22-31 中箭头）必须垂直于气缸列 1（右侧）上凸轮轴的中心轴，见图 22-31。

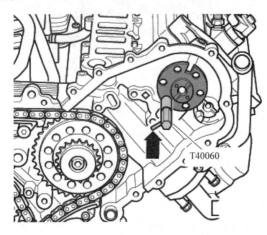

图 22-31　气缸列 1 调节销位置

调节销 T40060 上的销子（图 22-32 中箭头）必须垂直于气缸列 2（左侧）上凸轮轴的中心轴，见图 22-32。

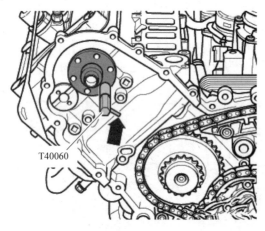

图 22-32　气缸列 2 调节销位置

3）从两根凸轮轴中取出调节销 T40060。

如果凸轮轴无法锁定，可以通过适配接头 T40061 略微校正其位置，为此把凸轮轴链轮螺栓旋入凸轮轴中。

4）安装左侧凸轮轴正时链与凸轮轴链轮、滑轨和张紧轨。凸轮轴链轮上的长孔必须位于凸轮轴螺纹孔的中间位置。

5）拧紧滑轨和张紧轨的螺栓 1 和 3。

6）松动拧入凸轮轴链轮的两个螺栓 2。

凸轮轴链轮必须还能在凸轮轴上转动并且不得翻倒。

7）用调节销 T40060 锁定左侧凸轮轴。调节销 T40060 中的销子（图 22-33 中箭头）必须垂直于凸轮轴的中心轴。

8）将钻头 4 从标定孔中拉出，以便松开左侧链条张紧器。

以上部件位置见图 22-33。

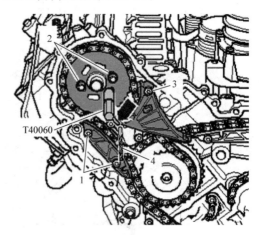

图 22-33　凸轮轴螺栓安装

9）安装右侧凸轮轴正时链与凸轮轴链轮和链条张紧器。凸轮轴链轮上的长孔必须位于凸轮轴螺纹孔的中间位置。

10）拧紧链条张紧器的螺栓 1，见图 22-34。

11）松动拧入凸轮轴链轮的两个螺栓 2。凸轮轴链轮必须还能在凸轮轴上转动并且不得翻倒，见图 22-34。

12）用调节销 T40060 锁定右侧凸轮轴。调节销 T40060 中的销子（图 22-34 中箭头）必须垂直于凸轮轴的中心轴，见图 22-34。

13）将钻头 3 从标定孔中拉出，以便松开右侧链条张紧器。以上部件位置见图 22-34。

14）用适配接头 T40062 和扭力扳手以 20N·m 的力矩沿图 22-35 中箭头方向预紧右侧凸轮轴链轮并保持预紧力。

15）拧紧螺栓 1 和 2，见图 22-35。

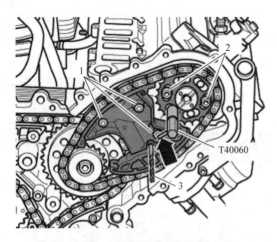

图 22-34　右侧凸轮轴链轮螺栓安装

16）取下适配接头 T40062 和调节销 T40060。

17）拧紧右侧凸轮轴链轮的其余螺栓。

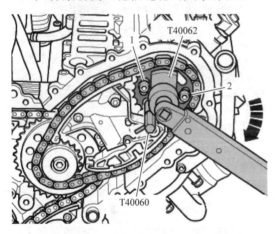

图 22-35　拧紧右侧凸轮轴链轮螺栓

18）以同样方法安装左侧凸轮轴链轮。

19）将用于上止点标记的螺旋塞拧入油底壳上部件内。

20）安装正时链下部盖板。

3. 发动机正时检查

1）将曲轴用扳手 T40049 转动 2 圈，直到曲轴重新位于上止点前为止。

2）将曲轴 1 停止转动，用固定螺栓 3242 以 20N·m 的力矩锁定，见图 22-28。

不准确的上止点位置会带来调节误差。如果转过上止点：将曲轴再转动 2 圈，直至其再次接近上止点。将曲轴停止转动，用固定螺栓 3242 固定。

3）检查两个气缸盖的凸轮轴是否在上止点位置上。凸轮轴必须能够用调节销 T40060 锁定。调节销 T40060 上的销子（图 22-26 中箭头）必

须垂直于气缸列 1（右侧）上凸轮轴的中心轴，见图 22-26。调节销 T40060 上的销子（图 22-27 中箭头）必须垂直于气缸列 2（左侧）上凸轮轴的中心轴，见图 22-27。

4. 发动机正时调整

1）如果凸轮轴之一无法锁定，将相关凸轮轴链轮的所有螺栓松开约 1 圈。

2）将适配接头 T40061 放到松开的螺栓的螺栓头上。

3）用适配接头 T40061 略微来回转动凸轮轴，直至能够装入调节销 T40060 为止，如图 22-36 所示。调节销 T40060 中的销子（图 22-36 中箭头）必须垂直于凸轮轴的中心轴。

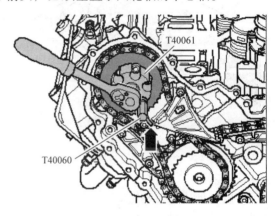

图 22-36　凸轮轴位置调整

4）在仍安装着适配接头 T40061 且插入调节销 T40060 时用约 5N·m 的力矩拧紧凸轮轴链轮和螺栓。

5）取下调节销 T40060 和适配接头 T40061。

6）最终拧紧凸轮轴链轮的螺栓。

7）必要时在另一个气缸列上重复过程。

8）取下固定螺栓 3242。

9）重复检查配气相位。

5. 控制驱动链拆装步骤

（1）拆卸步骤

1）拆卸凸轮轴正时链。

2）拆卸取力器驱动链。

3）沿图 22-37 箭头方向按压驱动链的链条张紧器的张紧轨，并用定位销 T40071 锁定链条张紧器。对于用过的驱动链，转动方向相反时有损坏的危险。为重新安装用颜色通过箭头标记驱动链的转动方向。

4）旋出螺栓 1 并取下滑轨。

5）拧下螺栓2和3并取下链轮与驱动链。

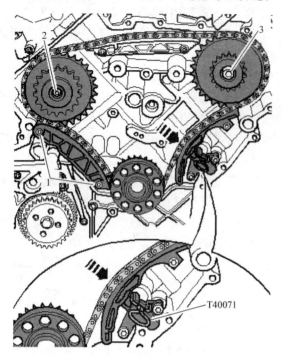

图22-37 拆卸控制驱动链

（2）安装步骤

1）安装以倒序进行。

2）安装取力器驱动链。

3）安装凸轮轴正时链。

6. 取力器驱动链拆装步骤

（1）拆卸步骤

1）拆下正时链下部盖板。

2）将扳手T40049拧紧在曲轴后部，为此使用2个用于从动盘的旧螺栓（图22-24中箭头），见图22-24。

3）从油底壳上部件中拧出上止点标记处的螺旋塞（图22-24中箭头），为此使用带有球头的长内六角扳手。

4）将固定螺栓3242用20N·m的力矩在孔中拧紧，必要时稍微来回转动曲轴1，以便完全对准螺栓。对于用过的取力器驱动链，转动方向相反时有损坏的危险。为重新安装用颜色通过箭头标记取力器驱动链的转动方向。

5）用柴油喷射泵定位销3359在发动机后部卡住平衡轴并松开平衡轴链轮的螺栓（图22-39中箭头）。

6）为防止割伤用绝缘带包住直径3.3mm钻头的尖端和切割刃。

7）将链条张紧器滑轨向（图22-38中箭头方向）压，并用直径3.3mm的钻头（图22-38中位置4）卡住链条张紧器。

8）拧出螺栓1和2，然后取下链条张紧器、平衡轴链轮3和链条。

图22-38 拆卸取力器驱动链

（2）安装步骤

1）将曲轴1用固定螺栓3242固定在上止点位置，见图22-28。

2）在发动机后部将平衡轴（图22-39箭头）用柴油喷射泵定位销3359卡住，如图22-39所示。

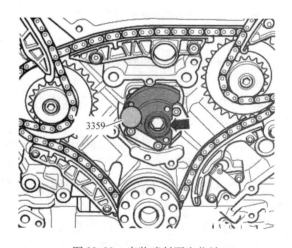

图22-39 安装喷射泵定位销

3) 安装链条张紧器及链条和平衡轴链轮。链轮上的长孔 3 必须位于平衡轴螺纹孔的中间位置。

4) 拧紧链条张紧器的螺栓 1 和 2。

5) 拧入链轮螺栓（图 22-39 中箭头），不要拧紧。链轮必须在平衡轴上还能转动并且不得翻转。

6) 将钻头从标定孔中拉出，以便松开链条张紧器。

7) 用旋具向图 22-40 箭头方向压住链条张紧器滑轨，同时拧紧链轮螺栓 1。

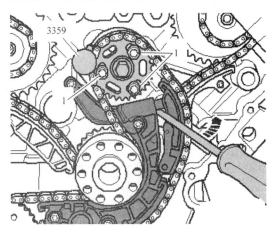

图 22-40　压住张紧器滑轨

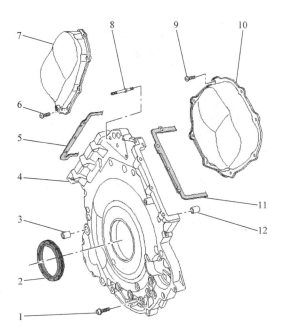

图 22-41　正时链罩盖
1—螺栓，正时链的下部盖板拧紧力矩和拧紧顺序见图 22-43
2—变速器侧曲轴轴密封环　3—空心定位销，2 件
4—正时链下盖板　5—左侧气缸盖密封垫　6—螺栓，
更换，正时链的左侧盖板拧紧力矩和拧紧顺序见图 22-42
7—正时链左侧盖板　8—螺栓　9—螺栓，更换
10—正时链右侧盖板　11—右侧气缸盖密封垫
12—空心定位销，2 件

8) 取下柴油喷射泵定位销 3359。

9) 安装正时链下部盖板。

22.1.14　奥迪 2.8L - CCEA 发动机（2009—2011）

1. 正时链单元部件分解

更换正时链盖板的螺栓，见图 22-41。按顺序 1-8 分 2 步按如下方式拧紧螺栓（见图 22-42）：

1) 用 5N·m 的力矩拧紧。

2) 继续拧紧 90°。

正时链右侧盖板拧紧力矩和拧紧顺序与左侧一样。

将螺栓分 5 步如下拧紧：

1) 装入螺栓（图 22-43 中箭头），然后用 5N·m 的力矩预紧。

2) 将螺栓 1-9 用 9N·m 的力矩沿对角拧紧。

3) 将螺栓（箭头）用 9N·m 的力矩拧紧。

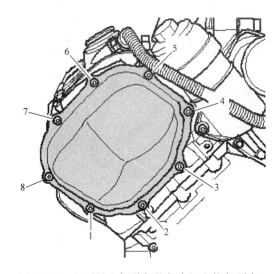

图 22-42　正时链左侧盖板拧紧力矩和拧紧顺序

4) 用 20N·m 的力矩拧紧螺栓 7、8、9。

5) 将双头螺柱 3 用 16N·m 的力矩拧紧。

右侧凸轮轴正时链驱动链轮轴承销 3 内的固定销必须卡入止推垫片 1 的孔内和气缸体的孔内。

其余的正时链系统部件见图 22-44 ~ 图 22-48。

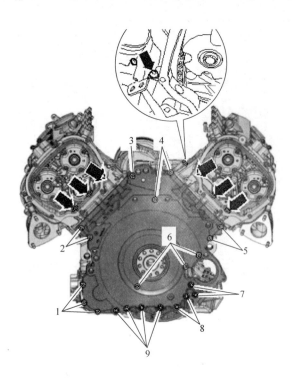

图 22-43　正时链下部盖板拧紧力矩和拧紧顺序

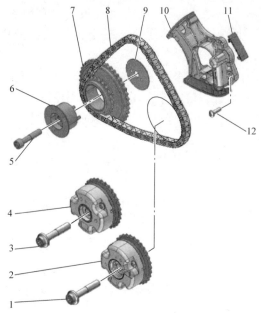

图 22-45　右侧凸轮轴正时链
1—螺栓，更换，80N·m+继续转动 90°　2—排气凸轮轴调节器，标记排气　3—螺栓，更换，80N·m+继续转动 90°　4—进气凸轮轴调节器，标记进气　5—螺栓，30N·m+继续转动 90°　6—驱动链轮轴承螺栓，用于右侧凸轮轴正时链，结构不对称　7—右侧凸轮轴正时链的驱动链轮　8—右侧凸轮轴正时链　9—驱动链轮止推垫片，用于右侧凸轮轴正时链，结构不对称　10—右侧凸轮轴正时链的链条张紧器　11—滑块　12—螺栓，9N·m

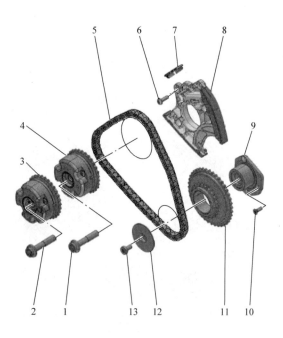

图 22-44　左侧凸轮轴正时链
1—螺栓，更换，80N·m+继续转动 90°　2—螺栓，更换，80N·m+继续转动 90°　3—排气凸轮轴调节器，标记排气　4—进气凸轮轴调节器，标记进气　5—左侧凸轮轴正时链　6—螺栓，9N·m　7—滑块　8—左侧凸轮轴正时链的链条张紧器　9—驱动链轮支撑座　10—螺栓，更换，8N·m+继续转动 +45°　11—左侧凸轮轴正时链的驱动链轮　12—驱动链轮止推垫片　13—螺栓，更换，6N·m+继续转动 +60°

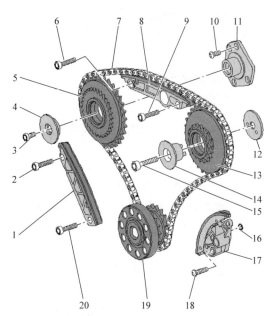

图 22-46　控制机构驱动正时链
1—滑轨　2—螺栓，更换，10N·m+继续转动 90°　3—螺栓，更换，6N·m+继续转动 +60°　4—驱动链轮止推垫片　5—左侧正时链驱动链轮　6—螺栓，更换，10N·m+继续转动 90°　7—控制机构驱动链　8—滑轨　9—螺栓，更换，10N·m+继续转动 90°　10—螺栓，更换，8N·m+继续转动 +45°　11—驱动链轮支撑座，结构不对称，安装位置见图 22-47　12—止推垫片，结构不对称，安装位置见图 22-47　13—右侧正时链驱动链轮，安装位置见图 22-47　14—驱动链轴承螺栓，结构不对称，安装位置见图 22-47　15—螺栓　16—O 形圈，更换　17—链条张紧器　18—螺栓，9N·m　19—曲轴　20—螺栓，更换，10N·m+继续转动 90°

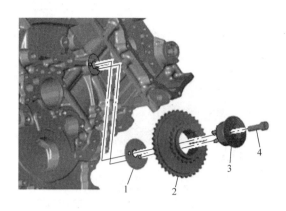

图 22-47 右侧凸轮轴正时链驱动链轮轴承螺栓的安装位置

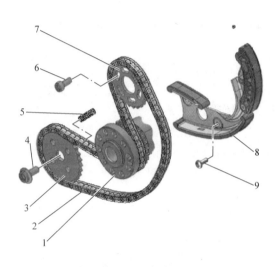

图 22-48 取力器驱动链

1—曲轴 2—取力器驱动链,拆卸前,用颜色标记转动方向 3—油泵驱动链轮,安装位置:有字的一侧指向发动机 4—螺栓,更换,30N·m + 继续转动 90° 5—压簧 6—螺栓,更换,15N·m + 继续转动 90° 7—平衡轴的链轮,安装位置:有字的一侧指向变速器 8—链条张紧器,带滑轨 9—螺栓,更换,10N·m + 继续转动 +45°

2. 正时链单元拆解步骤

提示:在下面的描述中,凸轮轴正时链保留在发动机上。

1)拆下左右侧气缸盖罩。

2)拆卸正时链左侧和右侧盖板。

3)插入适配接头 T40058 的导向销,使大直径一端指向发动机。小的直径指向适配接头,见图 22-49。

4)用适配接头 T40058 沿发动机旋转方向转动曲轴到上止点,如图 22-50、图 22-51 所示,凸轮轴里的螺纹孔必须指向上面。

5)如图 22-52 所示将凸轮轴固定装置

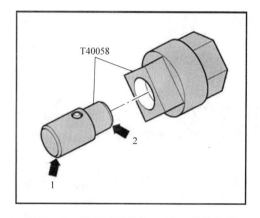

图 22-49 插入适配接头 T40058 的导向销

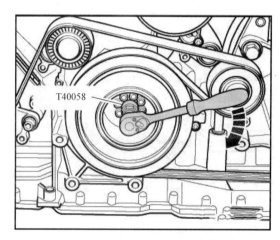

图 22-50 用适配接头 T40058 沿发动机旋转方向转动

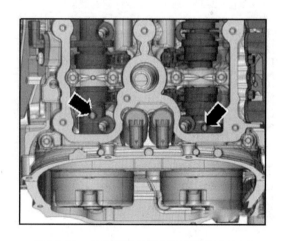

图 22-51 凸轮轴里的螺纹孔必须指向上面

T40133 安装到两个气缸盖上,并用 25N·m 的力矩拧紧螺栓。

6)将用于上止点标记的螺旋塞从油底壳上部件中拧出,见图 22-53。

7)用 20N·m 的力矩将固定螺钉 T40069 拧入孔里见图 22-54,必要时稍微来回转动曲轴,以便完全对准螺栓。

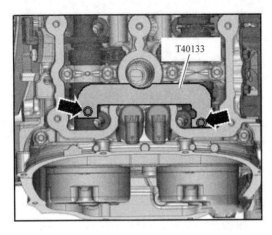

图 22-52 将凸轮轴固定装置安装到气缸盖

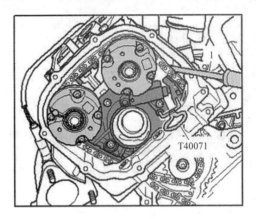

图 22-55 用定位销卡住链条张紧器

张紧器的滑轨,一直到极限位置,用定位销 T40071 卡住链条张紧器。

提示:链条张紧器以油减振,因此必须缓慢地均匀用力压紧。

注意:密封面有损坏的危险。在松开凸轮轴调节器的螺栓时,绝对不能将凸轮轴固定装置 T40133 用作固定支架。

10)若要卡住相关的凸轮轴调节器,则安装固定支架 T10172 和销子 T10172/2,然后用专用工具 T10035 松开,见图 22-56。

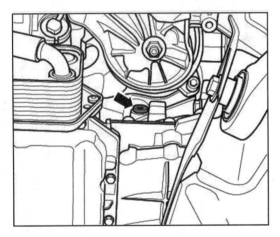

图 22-53 取出上止点标记的螺旋塞

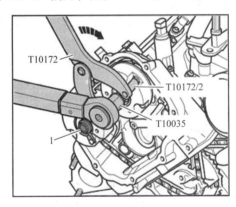

图 22-56 安装固定支架和销子
1—凸轮轴调节器螺栓

11)用颜色标记凸轮轴调节器的安装位置,以便重新安装。

12)旋出左侧气缸盖上的螺栓,取下两个凸轮轴调节器。

13)用颜色标记凸轮轴调节器的安装位置,以便重新安装。

14)旋出右侧气缸盖上的螺栓,取下两凸轮轴调节器。

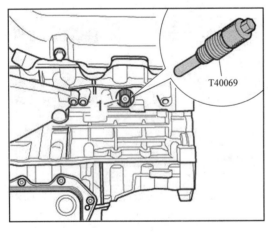

图 22-54 将固定螺钉 T40069 拧入孔里

8)如图 22-55 所示,用旋具向内按压左侧凸轮轴正时链链条张紧器的滑轨,一直到极限位置,用定位销 T40071 卡住链条张紧器。

提示:链条张紧器以油减振,因此必须缓慢地均匀用力压紧。

9)用旋具向内按压右侧凸轮轴正时链链条

3. 正时链单元安装步骤

控制机构驱动链已安装。曲轴已用固定螺栓

T40069 固定在上止点位置。凸轮轴固定装置 T40133 已安装在两个气缸盖上，并用 25N·m 的力矩拧紧。

在以下工作步骤中安装凸轮轴调节器时，如图 22-57 所示，必须使凹槽 1 和 4 与调节窗口（磨削面）2 和 3 相对。

提示：根据拆卸时做好的标记，重新装上左侧气缸盖上的凸轮轴调节器。

图 22-57 使凹槽 1 和 4 与调节窗口（磨削面）2 和 3 相对

1）将左侧凸轮轴正时链安装在驱动链轮和凸轮轴调节器上并松松地拧入螺栓。

两个凸轮轴调节器必须在凸轮轴上还能旋转并且不得翻转。

2）拔下定位销 T40071。

提示：根据拆卸时做好的标记，重新装上右侧气缸盖上的凸轮轴调节器。

3）将右侧凸轮轴正时链安装在驱动链轮和凸轮轴调节器上并松松地拧入螺栓。两个凸轮轴调节器必须在凸轮轴上还能旋转并且不得翻转。

4）拔下定位销 T40071。

5）将固定支架 T10172 及销子 T10172/2 安装在左侧进气凸轮轴调节器上。

6）另外一位协助者按住固定支架，将凸轮轴正时链保持在预紧状态。

7）在凸轮轴调节器仍旧保持预紧期间，按如下方式拧紧螺栓：用 80N·m 的力矩预紧进气凸轮轴上的螺栓。用 80N·m 的力矩预紧排气凸轮轴上的螺栓。

8）将固定支架 T10172 及销子 T10172/2 安装在右侧排气凸轮轴调节器上。

9）另外一位协助者按住固定支架，将凸轮轴正时链保持在预紧状态。

10）在凸轮轴调节器仍旧保持预紧期间，按如下方式拧紧螺栓：用 80N·m 的力矩预紧排气凸轮轴上的螺栓。用 80N·m 的力矩拧紧进气凸轮轴上的螺栓 1。

11）将凸轮轴固定装置 T40133 从两个气缸盖上取下。

12）按如下方式拧紧左侧气缸盖上的凸轮轴调节器。

① 用最终拧紧力矩拧紧进气凸轮轴上的螺栓。

② 用最终拧紧力矩拧紧排气凸轮轴上的螺栓。

13）按如下方式拧紧右侧气缸盖上的凸轮轴调节器。

① 用最终拧紧力矩拧紧进气凸轮轴上的螺栓。

② 用最终拧紧力矩拧紧排气凸轮轴上的螺栓。

14）取下固定螺栓 T40069。

15）沿发动机转动方向将曲轴连同适配接头 T40058 转动 2 圈，直至曲轴重新到达上止点。

提示：如果无意间转过了上止点，则必须将曲轴再次转回约 30°并重新转到上止点。凸轮轴里的螺纹孔必须指向上面。

16）将凸轮轴固定装置 T40133 安装到两个气缸盖上，并用 25N·m 的力矩拧紧螺栓。将固定螺栓 T40069 直接拧入孔内。固定螺栓 T40069 必须卡入曲轴 1 的固定孔里，否则再次调整。

17）拆除两个气缸盖上的凸轮轴固定装置。

18）拆除固定螺钉。

19）安装正时链左侧和右侧盖板。

20）安装气缸盖罩。

4. 控制机构驱动链拆装

1）拆卸正时链左侧和右侧盖板。

2）拆下正时链下部盖板。

3）将凸轮轴正时链从凸轮轴上取下。

4）拆卸取力器驱动链。

5）按压驱动链链条张紧器的滑轨，并用定位销 T40071 卡住链条张紧器。对用过的驱动链，转动方向相反时有损坏的危险。为重新安装驱动链，用彩色箭头标记记下转动方向。不得通过冲窝、刻槽等对驱动链做标记。

6）拧出螺栓并取下滑轨。

7）旋出螺栓并取下链条张紧器。

8）取下控制机构的驱动链。

安装以倒序进行。

1）根据拆卸时记下的标记把控制机构驱动链放到驱动链轮上。

2）安装滑轨并拧紧螺栓。

3）安装链条张紧器并拧紧螺栓。

4）按压驱动链链条张紧器的滑轨，把定位销T40071从链条张紧器中拔出。

5）安装取力器驱动链。

6）将凸轮轴正时链放到凸轮轴上。

7）安装正时链下部盖板。

8）安装正时链左侧和右侧盖板。

5. 取力器驱动链拆装步骤

1）拆卸正时链下部盖板。注意将垫片放在螺栓头下面，以使驱动链不被螺栓夹住。

2）在曲轴后部用组合飞轮的2个旧螺栓安装扳手T40049，见图22-58。

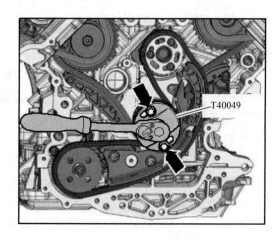

图22-58 用2个旧螺栓安装扳手T40049

3）将用于上止点标记的螺塞从油底壳上部件中拧出，见图22-59。

4）沿发动机转动方向将曲轴转到点火时刻上止点。

5）如图22-60所示，用20N·m的力矩将固定螺钉T40069拧入孔里，必要时稍微来回转动曲轴，以便完全对准螺栓。

6）按压链条张紧器的滑轨，并用定位销T40071卡住链条张紧器。注意对于用过的驱动链，转动方向相反时有损坏的危险。为重新安装驱动链，用彩色箭头标记记下转动方向。不得通过冲窝、刻槽等对驱动链作标记。

7）旋出螺栓3并取下平衡轴链轮。

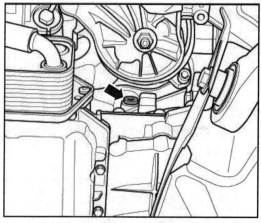

图22-59 拧出上止点标记的螺塞

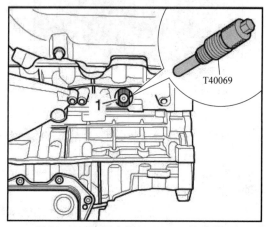

图22-60 将固定螺钉T40069拧入孔里

8）旋出螺栓1和2并取下链条张紧器及链子，如图22-61所示。

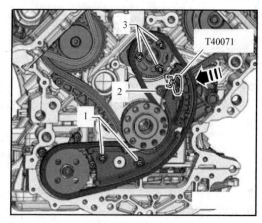

图22-61 旋出螺栓3并取下平衡轴链轮

安装过程如下：

1）将曲轴1用固定螺栓T40069固定在上止点位置。

2）安装链条张紧器及链条和平衡轴链轮。

3）为防止割伤用绝缘带包住直径8mm钻头的尖端和切割刃。

4)用直径 8mm 的钻头（图 22-62 中位置 2）将平衡轴固定在上止点位置。平衡轴链轮中的长孔必须相对于平衡轴螺纹孔处于中间位置。必要时将链条移动一个齿，如图 22-62 所示。

图 22-62　将平衡轴固定在上止点位置

5)拧紧链轮张紧器的螺栓。

6)松松地拧入链轮的螺栓 1 和 3。链轮必须在平衡轴上还能转动并且不得翻转。

7)拔出定位销 T40071 以松开链条张紧器。

8)用旋具按压链条张紧器的滑轨并同时拧紧链轮螺栓 1 和 3，如图 22-62 所示。

9)从平衡轴上拉出钻头。

其他安装以相反顺序进行，安装过程中请注意以下事项：

10)安装正时链下部盖板。

11)安装正时链左侧和右侧盖板。

22.1.15　奥迪 3.0T - CAJA 发动机（2009—2011）

该款发动机正时带维修与 BDW 相似，相关内容请参考 22.1.12 小节。

22.2　A4L/B8（2009—2017 年款）

22.2.1　奥迪 1.8T - CCUA 发动机（2010—2017）

该发动机正时带维修与 CADA 发动机相同，相关内容请参考 22.2.4 小节。

22.2.2　奥迪 2.0T - CUHA 发动机（2014—2017）

该款发动机也搭载于大众辉昂车型上，相关内容请参考 1.1.1 小节。

22.2.3　奥迪 2.0T - CUJA 发动机（2014—2017）

该款发动机正时带维修与 CUHA 发动机相同，相关内容衣参考 1.1.1 小节。

22.2.4　奥迪 2.0T - CADA 发动机（2010—2014）

1. 正时链单元部件分解

发动机正时链单元部件如图 22-63、图 22-67、图 22-69 所示。

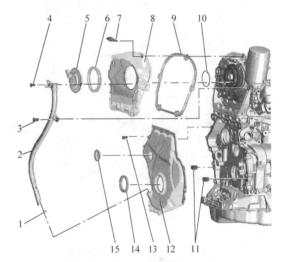

图 22-63　发动机正时链罩盖

1—O 形圈，更换，在安装之前上油　2—机油尺导向管
3—螺栓，9N·m　4—螺栓，9N·m　5—凸轮轴调节阀 1—N205—
6—密封环，在安装之前上油，损坏时更新　7—螺栓，拧紧
顺序见图 22-64　8—正时链上部盖板，拆卸和安装见
图 22-64　9—密封件，损坏时更新　10—O 形圈，更换，
在安装之前上油　11—固定销，封ția 的定位销
12—正时链下盖板　13—螺栓，更换，带 15 个螺栓的
拧紧顺序，见图 22-65。带 8 个螺栓的拧紧顺序见图 22-66
14—轴密封环，用于减振器　15—封盖，更换

图 22-64　正时链上部盖板拧紧顺序

按所示顺序拧紧螺栓1-5：用9N·m的力矩拧紧螺栓。

按所示顺序分2步拧紧螺栓1-15。步骤1：用8N·m的力矩拧紧螺栓。步骤2：继续转动螺栓45°。见图22-65。

用4N·m的力矩拧紧螺栓。步骤2：继续转动螺栓45°。见图22-66。

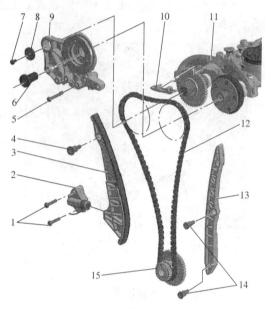

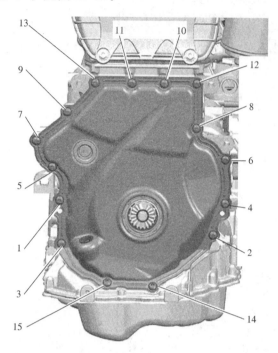

图22-65 正时链下方盖板拧紧顺序（带15个螺栓）

图22-67 凸轮轴正时链

1—螺栓，9N·m 2—链条张紧器，处于弹簧张紧状态，拆卸前用定位销T40011固定住 3—正时链张紧轨 4—导向销，20N·m 5—螺栓，9N·m 6—控制阀，左旋螺纹，采用拆卸工具T10352/1拆卸，35N·m 7—螺栓，更换，20N·m+继续转动+90° 8—垫圈 9—轴承桥 10—凸轮轴正时链的滑轨 11—凸轮轴外壳 12—凸轮轴正时链，拆卸前，用颜色标记转动方向 13—凸轮轴正时链的滑轨 14—导向销，20N·m 15—三级链轮曲轴，安装位置见图22-68

更换并用机油润滑O形圈1。轴承螺栓的配合销（图22-68中箭头）卡入气缸体孔中。用机油润滑轴承螺栓。

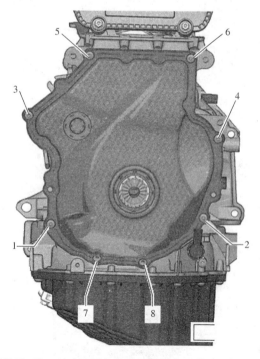

图22-66 正时链下方盖板拧紧顺序（带8个螺栓）

按所示顺序分2步拧紧螺栓1-8。步骤1：

图22-68 曲轴三级链轮安装位置

必须更换中间齿轮。否则无法调整齿隙。新的中间齿轮带一层油漆减摩覆层，在短时

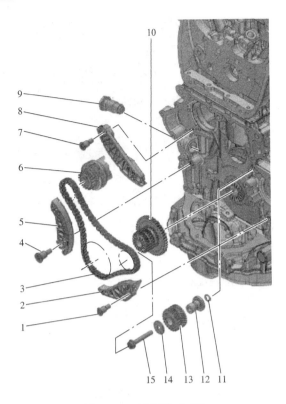

图 22-69 平衡轴正时链

1—导向销，20N·m 2—滑轨，用于正时链 3—平衡轴驱动链 4—导向销，20N·m 5—张紧轨，对于平衡轴驱动链 6—平衡轴，排气侧，拆卸后必须更新，用发动机机油涂抹支座 7—导向销，20N·m 8—滑轨，用于正时链 9—链条张紧器，85N·m，在密封环上涂抹密封剂 10—三级链轮，安装位置见图22-68 11—O形圈，用发动机机油涂抹 12—轴承螺栓，用发动机机油涂抹，安装位置见图22-70 13—中间齿轮，如果螺栓松开过，则必须更换中间齿轮 14—垫圈 15—螺栓，更换，如果螺栓松开过，则必须更换中间齿轮；拧紧顺序见图22-71

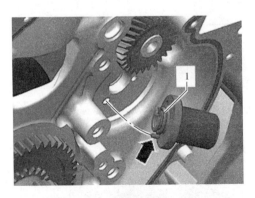

图 22-70 轴承螺栓安装位置

运行后会被磨去，这样齿隙便会自动调整。

用新的螺栓按如下方式拧紧。

1）用扭力扳手以 10N·m 的力矩预紧。

2）旋转中间齿轮。中间齿轮不允许有间隙

图 22-71 中间齿轮拧紧顺序

存在，否则松开并再次拧紧。

3）用扭力扳手以 25N·m 的力矩拧紧。

4）用扳手将螺栓继续转动 90°。

2. 正时链单元拆卸步骤

1）拆卸正时链上盖板。注意：控制阀为左旋螺纹。

2）如图 22-72 所示，用拆卸工具 T10352/1 沿（图 22-72 中箭头方向）拆卸。

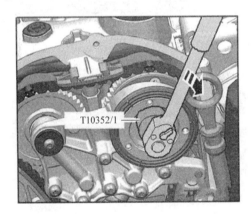

图 22-72 用拆卸工具 T10352/1 拆卸

3）拧下螺栓，取下轴承桥。

采用混合动力驱动的车辆：

① 拧出螺栓1，然后将支撑从横梁3中取出，见图22-73。

② 露出横梁上的电导线。

③ 拧出螺栓2，取下横梁，见图22-73。

以下适用于所有车辆：

4）用固定支架 T10355 将减振器转入位置上止点（箭头）。减振器缺口必须对准正时链下盖板上的箭头标记，如图 22-74 所示。凸轮轴标记 1 必须指向上，如图 22-75 所示。

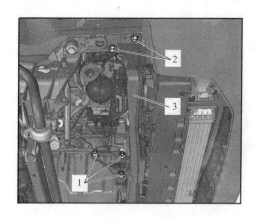

图 22-73　取下横梁

图 22-74　设置减振器于上止点位置

图 22-75　设置凸轮轴于上止点位置

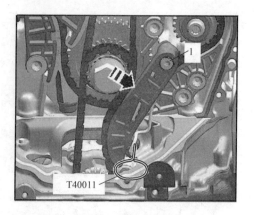

图 22-76　将机油泵链条张紧器压入并用定位销

1—机油泵链条张紧器

11）将装配杆 T40243 沿箭头方向 2 缓慢地按压并固定，如图 22-77 所示。

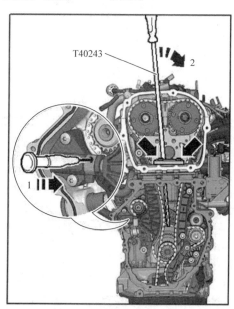

图 22-77　将装配杆固定

12）用定位销 T40011 固定链条张紧器，见图 22-78。

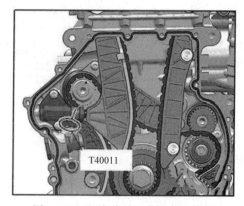

图 22-78　用定位销固定链条张紧器

5）拆卸正时链下盖板。

6）将机油泵链条张紧器压入并用定位销 T40011 锁定，见图 22-76。

7）拆卸机油泵链条张紧器。

8）取下机油泵链条张紧器并拧出螺栓。

取决于型号，可能安装有 2 个不同的链条张紧器：

型号 1：

9）拧入装配杆 T40243 箭头。

10）抬高链条张紧器的锁定楔，为此沿箭头方向 1 用划线针或合适的旋具插入，并固定在链条张紧器的孔中，见图 22-77。

型号 2：

13）拧入装配杆 T40243 箭头。

14）将链条张紧器的卡环压到一起并固定。

15）将装配杆 T40243 沿箭头方向缓慢地按压并固定，如图 22-79 所示。

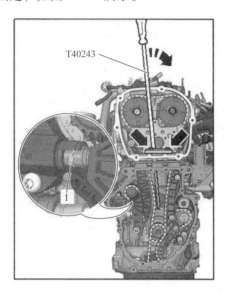

图 22-79　将装配杆固定

16）用插入定位工具 T40267 固定链条张紧器，见图 22-80。

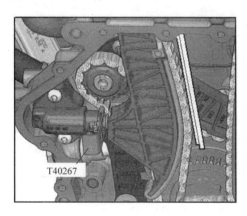

图 22-80　用插入定位工具 T40267 固定

所有车型：

17）拆卸装配杆 T40243。

18）将凸轮轴固定装置 T40271/2 拧到气缸盖上，沿（图 22-82 箭头方向 2）推入链轮啮合齿中，必要时用扳手拧转进气凸轮轴（图 22-81 箭头方向 1），如图 22-81 所示。

19）拆卸正时链张紧轨 2，见图 22-82。

20）将凸轮轴固定装置 T40271/1 拧到气缸盖上。

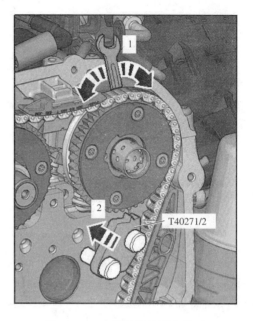

图 22-81　安装凸轮轴固定装置

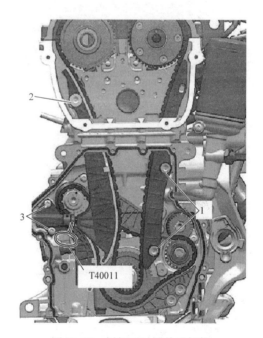

图 22-82　拆卸正时链单元部件
1—导轨固定螺栓　2—张紧轨固定螺栓　3—张紧器固定螺栓

21）用扳手旋转排气凸轮轴，然后将凸轮轴固定装置 T40271 推入链轮的啮合齿。

22）用旋具打开卡子，拆下上部滑轨，将滑轨向前推开，见图 22-83。

23）拆卸凸轮轴正时链滑轨。

24）取下正时链。

3. 正时链单元安装步骤

提示：下面的步骤必须在一次完成。为此需

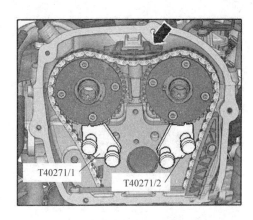

图 22-83　拆下上部滑轨

要另外一个人协助。正时链的彩色链节必须定位在链轮的标记上，如图 22-84 所示。固定住扳手，直至张紧轨装好。

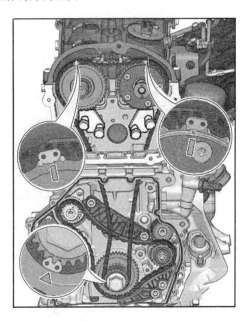

图 22-84　正时链的彩色链节必须定位好

1）将正时链放到进气凸轮轴上。
2）将正时链置于排气凸轮轴上。
3）将正时链放到曲轴上并固定。
4）安装凸轮轴正时链滑轨并拧紧螺栓。
5）安装上部滑轨。
6）旋转排气凸轮轴，将凸轮轴固定装置 T40271/1 从链轮的啮合齿中推出并松开凸轮轴。
7）拆卸凸轮轴固定装置 T40271/1。
8）安装正时链张紧轨并拧紧螺栓。
9）旋转进气凸轮轴，将凸轮轴固定装置 T40271/2 推出链轮的啮合齿中并松开凸轮轴。

10）拆卸凸轮轴固定装置 T40271/2。
11）检查有颜色的链节与标记的位置。
12）安装油泵和链条张紧器的驱动链。紧固螺栓 1 并去除固定销 T40011，见图 22-82。
13）拧入并拧紧螺栓，见图 22-85。

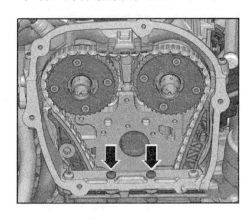

图 22-85　拧紧螺栓

14）套上轴承桥并用手拧紧螺栓，见图 22-86。

图 22-86　套上轴承桥

15）根据型号的不同，取下定位销 T40011 或插入定位工具 T40267。
16）拧紧用于轴承桥的螺栓。
17）安装控制阀。
其余的组装工作以相反的顺序进行。同时要注意下列事项：
18）安装正时链下部盖板。
19）安装正时链上部盖板。
采用混合动力驱动的车辆：
20）安装扭矩支撑和横梁。
以下适用于所有车辆：
21）取消维护位置。

22）安装防撞梁和前保险杠罩。

4. 平衡轴正时链拆装步骤

拆装步骤如下进行：

1）拆卸正时链上盖板。
2）拆卸正时链下盖板。
3）拆卸凸轮轴正时链。
4）拆卸凸轮轴正时链滑轨。
5）拆卸凸轮轴正时链的链条张紧器。
6）拆卸平衡轴正时链的链条张紧器1。
7）拆卸张紧轨2。
8）拆卸滑轨3。
9）拆卸滑轨4。

以上部件见图22-87。

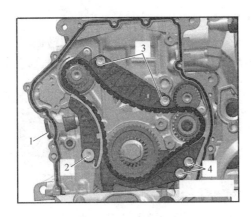

图22-87　拆下张紧轨与滑轨

10）取下正时链。

安装步骤如下进行：

1）将中间轴齿轮/平衡轴转至标记，如图22-88所示。

图22-88　对准中间轴齿轮对正标记
1—拆装固定螺栓

提示：正时链的彩色链节必须定位在链轮的标记上。

2）放上正时链，正时链的彩色链节必须定位在链轮的标记上，如图22-89所示。

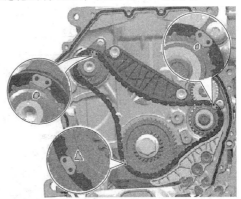

图22-89　定位正时链安装标记

3）安装正时链滑轨并拧紧螺栓4。
4）安装正时链滑轨并拧紧螺栓3。
5）安装正时链张紧轨并拧紧螺栓2。
6）涂防松剂后安装正时链的链条张紧器1。

步骤3）~6）如图22-87所示。

7）再次检查是否正确调整。检查中间轴齿轮/平衡轴的标记。

后续组装大体上以与拆卸相反的顺序进行：

8）安装凸轮轴正时链。
9）安装正时链下盖板。
10）安装正时链上盖板。
11）安装多楔带张紧装置。
12）安装多楔带。

5. 发动机正时检查

1）拆卸正时链上部盖板。
2）拆卸隔音垫。
3）将减振器上的曲轴，带有套筒扳手的工具头SW24，沿发动机转动方向转动，直至箭头所示的标记几乎位于上方，如图22-90所示。

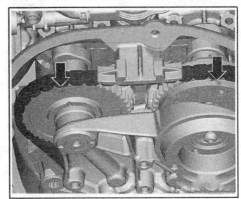

图22-90　转动曲轴对准标记

4）从气缸 1 上拆下火花塞。

5）将千分表适配器 T10170/A 拧入到火花塞螺纹内，一直到底。

6）插入千分表 VAS 6079 和延长件 T10170A/1 到底，用锁紧螺母夹紧，见图 22-91。

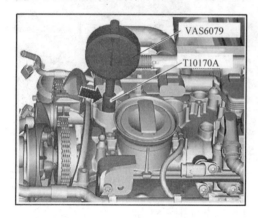

图 22-91　安装千分表

7）将曲轴缓慢地沿发动机转动方向旋转至指针最大的极限位置。如果达到了指针最大极限位置（指针转折点），则活塞位于"上止点"。

为转动减振器，使用棘轮和套筒扳手的工具头 SW24。如果曲轴转到"上止点"上，则必须将曲轴再次沿发动机转动方向再次转动 2 圈。请勿逆发动机转动方向转动发动机。

8）测量从左侧外边缘棱边 1 到进气凸轮轴上的标记 2 的距离，见图 22-92。标准值：61～64mm。

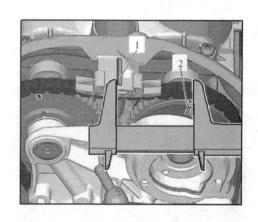

图 22-92　测量进气侧标准值

9）如果已达到标准值，则测量排气凸轮轴上的标记 3 和进气凸轮轴上的标记 4 之间的距离，见图 22-93。标准值：124～126mm。

一个齿的偏差意味着和标准值偏差约 6mm。

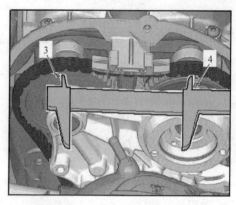

图 22-93　测量排气侧标准值

如果确认有偏差，则重新铺放正时链。减振器缺口必须对准正时链下盖板上的标记，如图 22-94 所示。

图 22-94　对准减振器标记

22.2.5　奥迪 2.0T - CDZA 发动机（2009—2014）

该发动机正时带维修与 CADA 发动机相同，相关内容请参考 22.2.4 小节。

22.2.6　奥迪 3.2L - CALA 发动机（2009—2010）

该发动机正时链的拆装与调整步骤及方法与 CCEA 发动机相同，同关内容请参考 22.1.14。

22.3　A3L/A3（2014—2017 年款）

22.3.1　奥迪 1.4T - CSSA 发动机（2015—2017）

该款发动机也搭载于大众帕萨特车型上，相关内容请参考 1.2.2 小节。

22.3.2 奥迪 1.8T – CUFA 发动机（2014—2017）

该款发动机也搭载于大众帕萨特车型上，相关内容请参考 1.2.1 小节。

22.4 Q5（2010—2017 年款）

22.4.1 奥迪 2.0T – CUHA 发动机（2015—2017）

该款发动机也搭载于大众辉昂车型上，相关内容请参考 1.1.1 小节。

22.4.2 奥迪 2.0T – CUJA 发动机（2015—2017）

该款发动机正时带维修与 CUHA 发动机相同，相关内容衣参考 1.1.1 小节。

22.4.3 奥迪 2.0T – CADA 发动机（2010—2015）

该款发动机也搭载在 A4L 车型上，相关内容请参考 22.2.4 小节。

22.4.4 奥迪 2.0T – CDZA 发动机（2009—2014）

该发动机正时带维修与 CADA 发动机相同，相关内容请参考 22.2.4 小节。

22.5 Q3（2013—2017 年款）

22.5.1 奥迪 1.4T – CSSA 发动机（2014—2017）

该款发动机也搭载于大众帕萨特车型上，相关内容请参考 1.2.2 小节。

22.5.2 奥迪 2.0T – DBRA 发动机（2016—2017）

该发动机正时带维修与大众 CUHA 发动机相似，相关内容请参考 1.1.1 小节。

22.5.3 奥迪 2.0T – DBSA 发动机（2016—2017）

该发动机正时带维修与大众 CUHA 发动机相似，相关内容请参考 1.1.1 小节。

22.5.4 奥迪 2.0T – CCZC 发动机（2013—2015）

发动机正时链单元结构与拆装操作与 CADA 发动机相同，相关内容请参考 22.2.4 小节。

22.5.5 奥迪 2.0T – CGMA 发动机（2013—2015）

发动机正时链单元结构与拆装操作与 CADA 发动机相同，相关内容请参考 22.2.4 小节。

22.5.6 奥迪 2.0T – CRHA 发动机（2013—2015）

发动机正时链单元结构与拆装操作与 CADA 发动机相同，相关内容请参考 22.2.4 小节。

第23章 长安福特

23.1 蒙迪欧（2007—2017 年款）

23.1.1 福特 1.5T – GTDI 发动机（2013—2017）

发动机正时带更换步骤如下：

发动机正时带单元结构部件组成如图 23-1 所示。

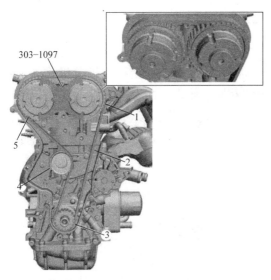

图 23-1 正时带部件

1—进气凸轮轴调节装置 2—正时带
3—曲轴正时带驱动链轮 4—正时带张紧器
5—排气凸轮轴调节装置

1）顺时针旋转曲轴，转动曲轴直到 VVTI 上标记在 11 点钟的位置，见图 23-2。

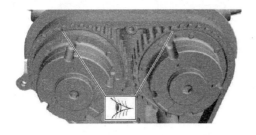

图 23-2 VVTI 标记在 11 点钟位置

2）拆装需要用到专用工具 303 – 748，如图 23-3 所示，以保证凸轮轴正时正确：卸下螺栓并将 303 – 748 锁定工具放置到位，然后用手顺时针转动曲轴，直至曲轴碰到工具并停止转动。

图 23-3 曲轴锁定工具

3）重新装配时，可以使用减振装置对齐工具 303 – 1550 检查同轴度。然后安装适用于 303 – 393 锁定工具的 303 – 393 – 02 适配器以锁定飞轮，防止其转动，见图 23-4。

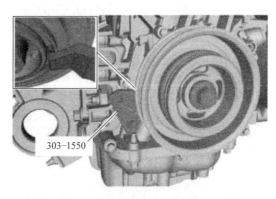

图 23-4 减振装置对齐工具

4）随后，如图23-5所示使用303-1097锁定工具锁定曲轴以防止其转动，使用通用工具4mm钻头锁定正时带张紧器，之后即可取下并更换正时带。

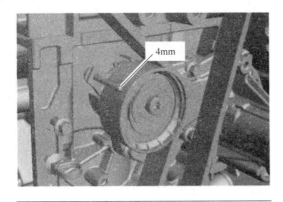

图23-5 凸轮轴锁定工具

23.1.2 福特2.0T-GTDI发动机（2013—2017）

该发动机正时带维修与福特2.3T机型一样，相关内容请参考23.8.2小节。

23.1.3 福特2.3L-MI4发动机（2007—2013）

1. 正时链单元拆解

说明：曲轴、曲轴链轮和带轮通过摩擦固定在一起，在各个部件上的凸缘面之间使用了菱形垫圈。因此，如果松开带轮，曲轴链轮也就被松开。所以，每次拆下减振器时，必须重新调整发动机点火正时。否则会导致发动机严重损坏。

1）变速器挂入空挡，将车辆放置在举升机上。

2）拆下附件传动带和张紧轮。

3）拆下发动机支承。

4）拆下气门室盖。

5）用曲轴带轮螺栓顺时针转动曲轴使一缸活塞置于TDC。如果一缸活塞没有置于上止点（TDC），会导致发动机损坏。只能沿正常转动方向转动发动机。

6）如图23-6所示，将专用工具安装在各凸轮轴后部的槽内。专用工具303-465只能用于凸轮轴定位。用这个工具来防止发动机旋转会导致发动机损坏。注意凸轮轴正时槽是偏心的。如果不能安装专用工具，顺时针转动曲轴一整圈直到凸轮轴位置正确。

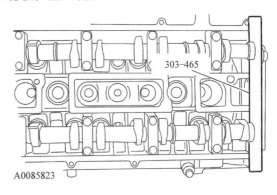

图23-6 安装凸轮轴定位专用工具

7）拆下发动机正时孔螺栓，如图23-7所示。

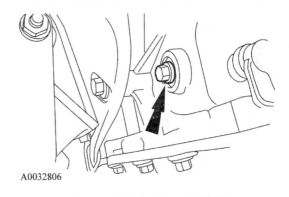

图23-7 拆下发动机正时孔螺栓

8）如图23-8所示，安装曲轴锁定专用工具。

注意：只能沿正常转动方向转动发动机。在此步骤中安装专用工具能够防止发动机沿顺时针方向转动。

9）安装曲轴轮固定专用工具，如图23-9所示。

10）如图23-9所示，拆下曲轴带轮。拆下曲轴带轮螺栓和垫圈。拆下曲轴带轮。如果松开螺栓时没有将曲轴带轮固定在原位，则会导致损坏发动机。

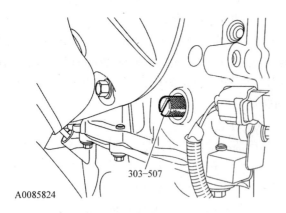

图 23-8　安装曲轴正时销专用工具

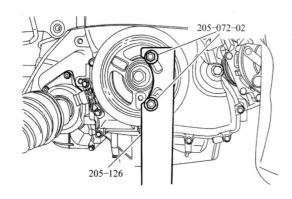

图 23-9　安装专用工具

11）如图 23-10 所示，使用专用工具，拆下曲轴前油封。拆卸密封时小心不要损坏发动机前盖或曲轴。

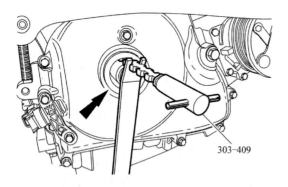

图 23-10　用专用工具拆下曲轴前油封

12）如图 23-11 所示，拆下 2 个动力转向泵螺栓。

13）拆下其余螺栓并将动力转向泵放到一旁。

注意：动力转向压力管下的螺栓保留在动力转向泵上。

14）拆下 CKP 传感器并丢弃。

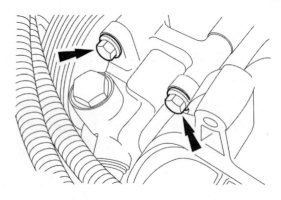

图 23-11　拆下 2 个动力转向泵螺栓

注意：只要拆下曲轴位置（CKP）传感器，就必须安装新部件，用新部件提供的定位夹具进行安装。

15）拆下螺栓和发动机前盖。

16）拆下正时链张紧器，如图 23-12 所示。

① 压缩正时链张紧器，在孔中插入一个曲别针固定张紧器。

② 拆下螺栓和正时链张紧器。

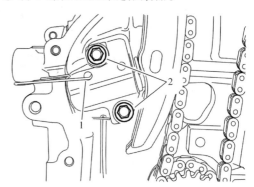

图 23-12　拆卸张紧器

17）拆下右正时链导向装置。

18）如图 23-13 所示拆下正时链。

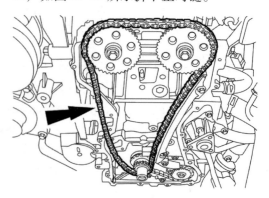

图 23-13　拆卸正时链条

19）拆下螺栓和左正时链导向装置。

2. 正时链单元安装步骤

1）安装凸轮轴链轮和螺栓。此时不要拧紧螺栓，如图23-14所示。

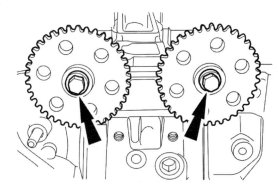

图23-14 安装凸轮轴链轮及螺栓

2）安装左正时链导向装置和螺栓。紧固到10N·m。

3）安装正时链。

4）安装右正时链导向装置。

5）如图23-15所示，安装正时链张紧器和螺栓。拆下曲形别针以释放活塞。紧固到10N·m。

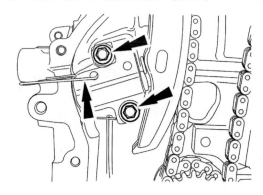

图23-15 安装张紧器

6）利用凸轮轴上的平面来防止凸轮轴旋转，拧紧螺栓。专用工具303-465只能用于凸轮轴定位。用这个工具来防止发动机旋转会导致发动机损坏。紧固到65N·m。

7）清洁并检查发动机和前盖的安装表面。不要使用金属刮刀、钢丝刷、电动研磨片或其他研磨方法清洁密封表面。这些工具会造成划痕和凹槽，可能形成泄漏途径。

8）在气缸盖和油底壳接合区域涂施一道2.5mm的硅密封胶。在前盖上涂施一道2.5mm的硅密封胶。

注意：必须在涂施硅密封胶后4min内安装发动机前盖并拧紧螺栓。

9）安装发动机前盖。按照图23-16顺序将螺栓紧固到下列规定力矩：将8mm螺栓紧固到10N·m。将13mm螺栓紧固到48N·m。

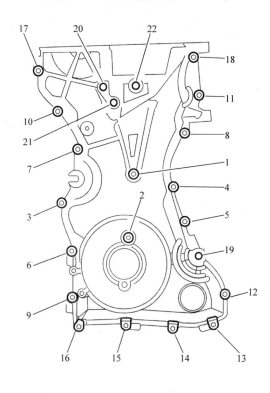

图23-16 安装发动机前盖

10）放好动力转向泵并安装螺栓。紧固到25N·m。注意：动力转向压力管下的螺栓保留在动力转向泵上。

11）按照其余2个动力转向泵螺栓。紧固到25N·m。

12）使用专用工具，安装曲轴前油封。注意从专用工具上拆下贯穿螺栓。用清洁的机油润滑油封。

13）安装曲轴带轮并用手拧紧螺栓。注意不要重复使用曲轴带轮螺栓。安装前在密封区域涂上清洁的机油。

14）安装一个标准6mm×18mm的螺栓，穿过曲轴带轮并拧入前盖，如图23-17所示。只能用手拧紧螺栓，否则会损坏前盖。注意：此步骤将使曲轴带轮与曲轴之间正确定位。必要时转动带轮以对正螺栓孔。

15）如图23-18所示，用专用工具将曲轴带轮固定在原位，分两个阶段拧紧曲轴带轮螺栓：

第1阶段：紧固到100N·m。第2阶段：另外

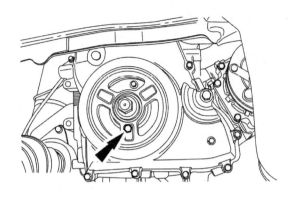

图 23-17　安装曲轴带轮定位螺栓

拧紧 90°（1/4 圈）。如果紧固螺栓时没有将曲轴带轮固定在原位，则会导致损坏发动机前盖。

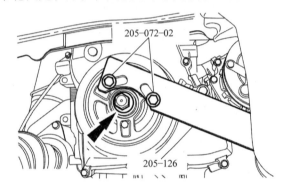

图 23-18　安装曲轴带轮

16）拆下 6mm ×18mm 的螺栓。

17）拆下曲轴正时销专用工具。

18）拆下凸轮轴定位专用工具。

19）转动发动机 2 整圈。注意只能沿正常转动方向转动发动机。

20）转动曲轴直到一缸活塞处于上止点。注意只能沿正常转动方向转动发动机。

21）安装曲轴正时销专用工具。

22）用 6mm ×18mm 的螺栓，检查曲轴带轮的位置。如果不可能安装螺栓，校正发动机正时。只能用手拧紧螺栓，否则会损坏前盖。

23）使用凸轮轴定位专用工具，检查凸轮轴位置。如果不可能安装专用工具，校正发动机正时。

24）安装 CKP 传感器。此时不要拧紧螺栓。

25）调整 CKP 传感器定位夹具。螺栓紧固到 7N·m。

26）拆下 6mm ×18mm 的螺栓。

27）安装发动机插入螺栓。紧固到 20N·m。

28）安装附件传动带和张紧轮。

29）安装发动机支承。

30）安装气门室盖。

23.2　金牛座（2015—2017 年款）

23.2.1　福特 1.5T – GTDI 发动机
（2015—2017）

该款发动机也搭载于蒙迪欧车型，相关内容请参考 23.1.1 小节。

23.2.2　福特 2.0T – GTDI 发动机
（2015—2017）

该款发动机正时带维修与 2.3T 机型一样，相关内容请参考 23.8.2 小节。

23.2.3　福特 2.7T – GTDI 发动机
（2015—2017）

拆卸步骤如下。

右侧和左侧正时链：

1）拆除发动机前盖板。

2）安装曲轴固定器，见图 23-19。

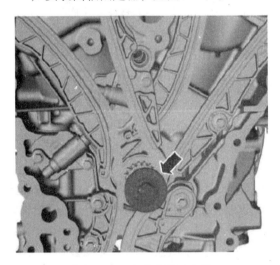

图 23-19　安装曲轴固定器

3）VCT 装置拥有 2 个正时标记，一个三角形标记和一个圆形标记。在装卸 RH 侧时，请使用三角形标记。

① 顺时针旋转曲轴。

② 在 11 点钟方向放置一个曲轴链轮锁孔。

③ 检查 VCT 装置上的三角形正时标记是否处于 2 点钟方向（进气）和 11 点钟方向（排

气）。如果圆形正时标记处于这些位置，必须顺时针旋转曲轴一圈（360°），见图23-20。

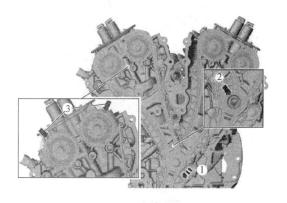

图 23-20　VCT 正时标记位置

4）如图23-21所示，拆下张紧器螺栓，取下张紧器。

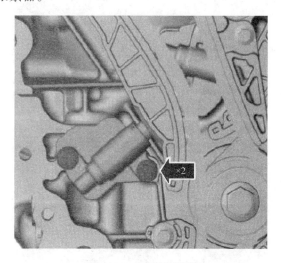

图 23-21　拆下张紧器

5）拆下右侧正时链张紧臂螺栓，并取下，见图23-22。

6）拆下右侧正时链导轨，见图23-23。

7）取下右侧正时链条，见图23-24。

8）取下曲轴固定器，见图23-25。

9）取下曲轴链轮，见图23-26。

左侧正时链：

10）安装曲轴固定器，见图23-27。

11）VCT 装置拥有 2 个正时标记，一个三角形标记和一个圆形标记。在装卸 LH 侧时，请使用圆形标记，见图23-28。

① 顺时针旋转曲轴一圈（360°）。

② 在 11 点钟方向放置一个曲轴链轮锁孔。

③ 检查 VCT 装置上的三角形正时标记是否

图 23-22　拆下张紧臂

图 23-23　拆下右侧正时链导轨

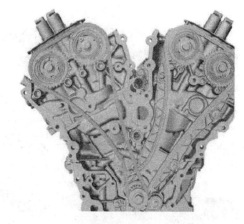

图 23-24　取下右侧正时链条

处于10点钟方向（进气）和12点30方向（排气）。

12）取下曲轴固定器，见图23-29。

13）顺时针旋转机油泵链条张紧器，在张紧

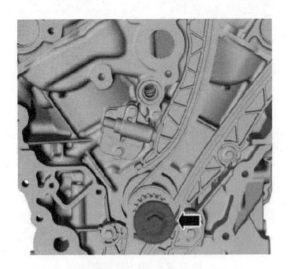

图 23-25 取下曲轴链轮固定器

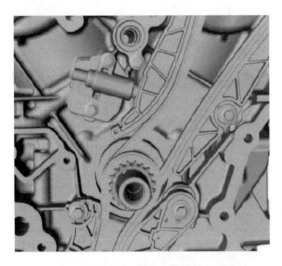

图 23-26 取下曲轴链轮

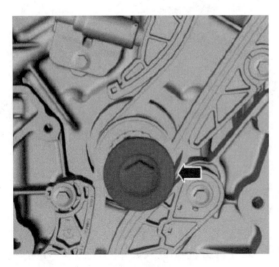

图 23-27 安装曲轴固定器

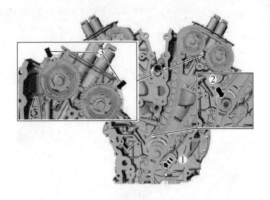

图 23-28 检查 LH 正时对准

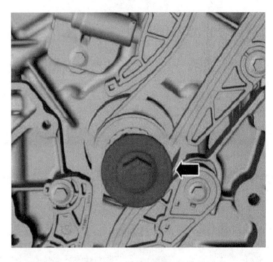

图 23-29 取下曲轴固定器

图 23-30 设置张紧器

器孔中插入扳手，见图 23-30。

14）取下机油泵正时链张紧器，见图 23-31。
15）取下机油泵正时链导轨，见图 23-32。
16）取下机油泵正时链条，见图 23-33。
17）取下左侧正时链条张紧器，见图 23-34。

图 23-31 取下机油泵正时链张紧轨

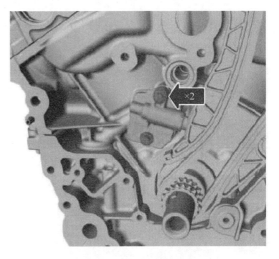

图 23-34 取下左侧张紧器

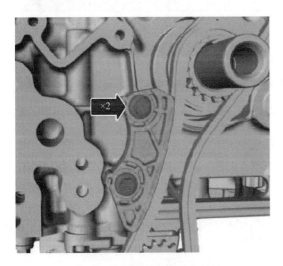

图 23-32 拆下机油泵链条导轨

图 23-35 拆下左侧张紧器臂

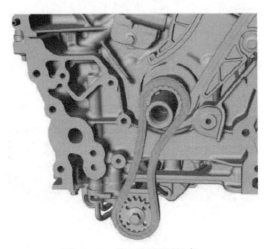

图 23-33 取下机油泵链条

18）拆下左侧正时链张紧器臂，见图 23-35。
19）拆下左侧正时链导轨的 2 个螺栓，并取下导轨，见图 23-36。

图 23-36 拆下左侧正时链导轨

20）取下左侧正时链条，见图23-37。

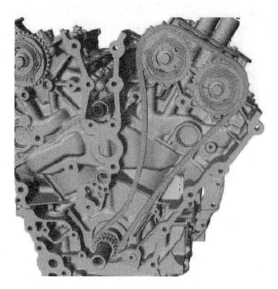

图23-37 取下左侧正时链条

21）取下左侧正时链条曲轴传动链轮，见图23-38。

图23-38 取下曲轴传动链轮

以相反的步骤安装正时链部件。

23.3 福睿斯（2015—2017年款）

福特1.5L-TIVCT发动机（2015—2017）

该发动机正时带拆装与调整与福特1.5T发动机一样，相关内容请参考23.1.1小节。

23.4 福克斯

23.4.1 福特1.0T-GTDI（2015—2017）

正时带拆装更换步骤：

1）曲轴带轮没有用于对齐带轮和曲轴的楔，螺栓拧得非常紧。如需取下曲轴带轮，必须使用正确的工具，遵循正确的流程，并更换带轮螺栓。

拆卸时必须先取下驱动轴支座，然后才能取下曲轴定位螺栓，见图23-39。

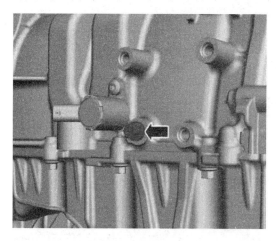

图23-39 取下缸体正时螺栓

2）取下螺栓后，将专用工具303-1604放置到位，如图23-40所示。

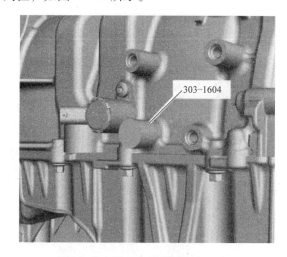

图23-40 插入专用工具303-1604

3）手动顺时针旋转曲轴，直到其接触到工具，见图23-41。

4）取下工作电磁阀，将303-1606凸轮轴定位工具放置到位，见图23-42。

图 23-41　顺时针转动曲轴触及工具

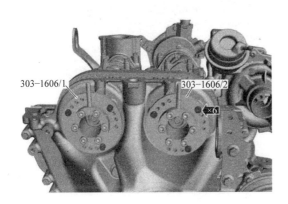

图 23-42　安装凸轮轴固定装置

5）如图 23-43 所示，逆时针转动小把手，直到感受到阻力，阻力矩应为 15N·m。

图 23-43　逆时针转动把手

6）取下起动机，将专用工具 303 - 1602 放置到起动机安装螺纹孔上，以阻止曲轴转动，见图 23-44。

7）如图 23-45 所示，取下机油压力控制电磁阀，为专用工具 303 - 1611 - 02 腾出空间。

8）将专用工具 303 - 1611 - 02 螺栓支架的第一部分放置到气缸体上，如图 23-46 所示。

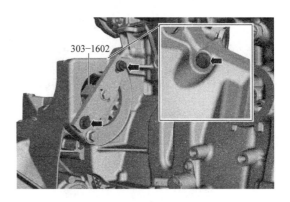

图 23-44　安装专用工具 303 - 1602

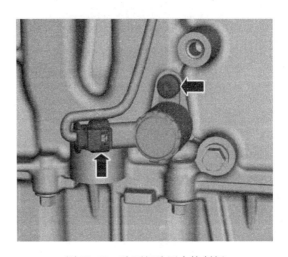

图 23-45　取下机油压力控制阀

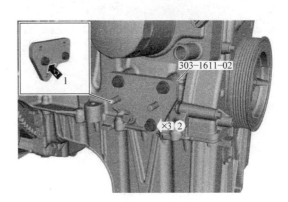

图 23-46　安装专用工具螺栓支架

9）将专用工具 303 - 1611 - 01 与支架的接合部分安放在气缸体上，见图 23-47。

10）安放工具 303 - 1611 的第三部分，然后取下前带轮螺栓。该螺栓为一次性螺栓，取下后必须更换。取下该螺栓后，就能取下前带轮、前盖以及正时带了，见图 23-48。

11）使用专用工具 303 - 1054 钉住正时带张紧器，见图 23-49。

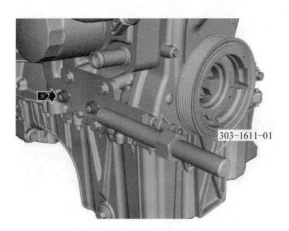

图 23-47 安装专用工具接合体

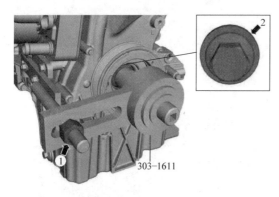

图 23-48 安装专用工具的第三部分

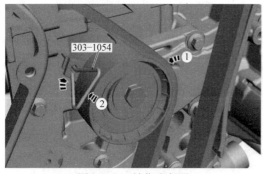

图 23-49 锁住张紧器

12)此时可以更换正时带了。可按相反顺序重新组装前带轮,要特别注意前带轮的对准和螺栓张力,正时带部件见图 23-50。

23.4.2 福特 1.5T – GTDI（2015—2017）

发动机正时带单元结构部件组成如图 23-51 所示。

发动机正时带更换步骤如下：

1）顺时针旋转曲轴,转动曲轴直到 VVTI 上标记在 11 点钟的位置,见图 23-52。

2）拆装需要用到专用工具 303 – 748,如图

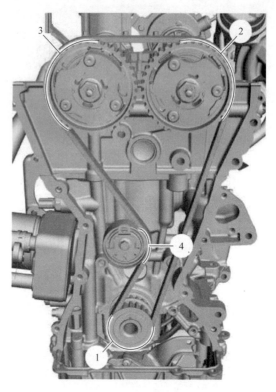

图 23-50 正时带部件分布
1—曲轴带轮　2—排气凸轮轴链轮
3—进气凸轮轴链轮　4—张紧轮

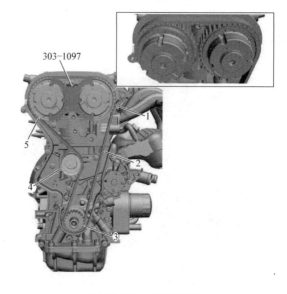

图 23-51 正时带部件
1—进气凸轮轴调节装置　2—正时带
3—曲轴正时带驱动链轮　4—正时带张紧器
5—排气凸轮轴调节装置

23-53 所示,以保证凸轮轴正时正确：卸下螺栓并将 303 – 748 锁定工具放置到位,然后用手顺时针转动曲轴,直至曲轴碰到工具并停止转动。

图 23-52　VVTI 标记在 11 点钟位置

图 23-53　曲轴锁定工具

3）重新装配时，可以使用减振装置对齐工具 303-1550 检查同轴度。然后安装适用于 303-393 锁定工具的 303-393-02 适配器，以锁定飞轮，防止其转动，见图 23-54。

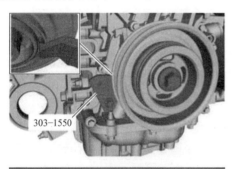

图 23-55　凸轮轴锁定工具

23.4.3　福特 1.8L—MI4（2013—2017）

1. 正时带单元的拆解方法

1）拆卸发动机盖。
2）拆开蓄电池搭铁电缆。
3）拆开凸轮轴位置传感器（CMP）电气接头（如有安装）。
4）从阀门盖上拆开曲轴箱强制通风（PCV）软管。
5）拆卸线圈集成式火花塞。
6）使用专用工具拆卸火花塞。
7）拆卸发动机罩托架。
8）取下阀门盖。
9）顶起并支撑车辆。
10）如图 23-56 所示转动曲轴，直到 1 号活塞大致处于上止点（TDC）前 45°。注意只能以曲轴正常旋转的方向转动曲轴。
11）拆卸发动机前罩下堵头，如图 23-57 所示。
12）如图 23-58 所示，拆卸气缸体下堵头，并安装专用工具。

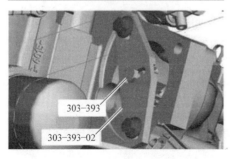

图 23-54　减振装置对齐工具

4）随后，如图 23-55 所示使用 303-1097 锁定工具锁定曲轴以防止其转动，使用通用工具 4mm 钻头锁定正时带张紧器，之后即可取下并更换正时带。

15）松开正时链条。小心松开正时链条，确保正时链张紧器棘轮处于松开状态，如图23-60所示。

① 使用合适的旋具打开正时链张紧器棘轮。

② 通过六角头以正常旋转方向小心旋转排气门凸轮轴张紧器。

③ 通过堵头安装合适的M6×25mm螺栓，将正时链导板固定在松开状态。

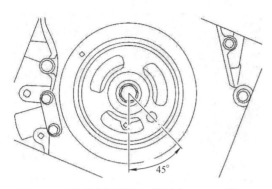

图23-56　转动曲轴设置1号活塞于TDC前45°

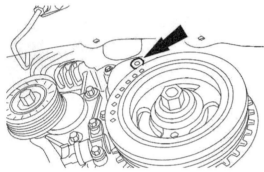

图23-57　拆卸发动机前罩下堵头

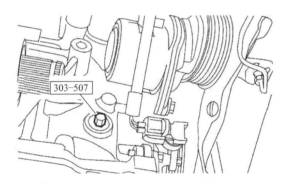

图23-58　拆卸气缸体下堵头

13）降低车辆。

14）如图23-59所示，拆卸发动机前罩上堵头。

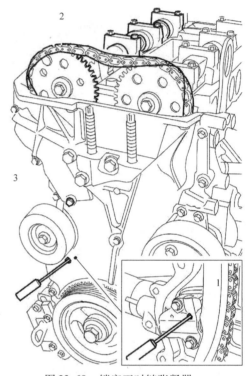

图23-60　锁定正时链张紧器

16）松开凸轮轴链轮固定螺栓。把排气门凸轮轴链轮和正时链条与排气门凸轮分隔开，如图23-61所示。小心用扳手通过六角头稳住凸轮轴，防止凸轮轴旋转。注意用一段合适的线拴住正时链和链齿轮，防止其落入正时箱中。

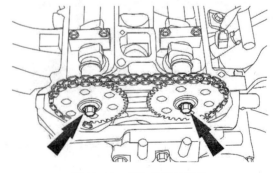

图23-61　拆卸凸轮轴链轮

17）按图23-62所示步骤拆卸凸轮轴承盖螺

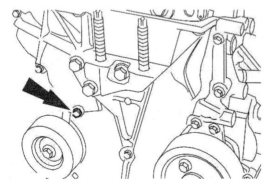

图23-59　拆卸发动机前罩上堵头

钉。小心保持凸轮轴承盖、凸轮轴和凸轮轴链轮的正常顺序,以便安装。注意分步骤进行,每次旋转凸轮轴承盖螺钉两转。

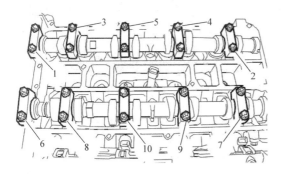

图 23-62　拆卸凸轮轴轴承盖螺栓

18）将进口边凸轮轴链轮与进口边凸轮轴分开。注意用合适长度的线拴住正时链和链轮防止落入气缸体中。

2. 正时带单元的安装步骤

1）将凸轮轴链轮和正时链与进口边凸轮轴套在一起并插入安装。注意在这一步不要紧拧凸轮轴链轮固定螺钉。

2）安装凸轮轴,如图 23-63 所示。分步骤进行,按下列顺序均匀地拧紧凸轮轴承盖螺栓,每次拧半转。凸轮轴轴承盖涂上油。按以下两阶段拧紧螺栓：阶段 1：7N·m,阶段 2：16N·m。小心大约在阀门与气缸 4 重叠处安装凸轮轴。将原位置安装凸轮轴和轴承盖。

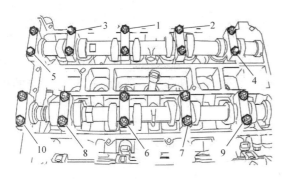

图 23-63　安装凸轮轴轴承

3）调节阀门间隙。注意在安装新凸轮轴时只执行以下步骤。

4）如图 23-64 所示,将排气门凸轮轴链轮和正时链安装到排气门凸轮轴上。注意此步骤不要紧固排气门凸轮轴链轮固定螺栓。

5）如图 23-65 所示安装专用工具。

6）给发动机前罩上堵头涂上粘结剂。72N·m。

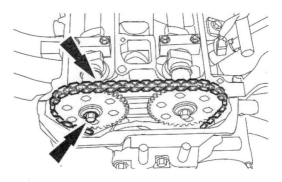

图 23-64　安装凸轮轴链轮

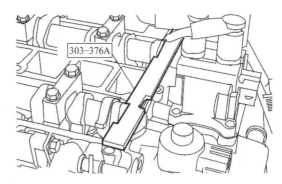

图 23-65　安装凸轮轴固定工具

7）安装上发动机前盖上堵头,如图 23-66 所示。拆卸 M6×25mm 螺栓,并紧绷正时链。

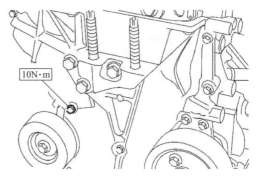

图 23-66　安装发动机前盖上堵头

8）旋转凸轮轴,直至 1 号活塞位于 TDC 上止点。注意只能按正常旋转方向旋转凸轮轴。

9）如图 23-67 所示,紧固凸轮轴链轮螺栓。小心用扳手通过六角头稳住凸轮轴,防止凸轮轴旋转。

10）拆卸凸轮轴固定专用工具。

11）顶起并支撑车辆。

12）拆卸专用工具。

13）旋转凸轮轴大约 7/4 转,直到 1 号活塞大约位于 TDC 之前 45°。注意只能按正常旋转方

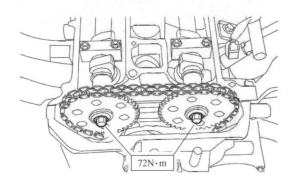

图 23-67 紧固凸轮轴链轮螺栓

向旋转凸轮轴。

14）安装气缸体堵头孔处专用工具如图 23-58 所示。

15）旋转凸轮轴，直至 1 号活塞位于 TDC 上止点。注意只能按正常旋转方向旋转凸轮轴。

16）用手扭紧凸轮轴带轮固定螺栓。如果不能安装凸轮轴带轮固定螺栓，则调节阀定时。使用 M6×18mm 螺栓检查凸轮轴带轮的位置。如图 23-68 所示。

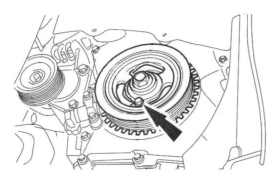

图 23-68 安装带轮固定螺栓

17）降低车辆。

18）使用凸轮轴固定专用工具检查凸轮轴的位置。注意如果不能安装专用工具，则调节凸轮轴的正时。

19）拆卸凸轮轴固定专用工具。

20）顶起并支撑车辆。

21）拆卸凸轮轴带轮固定螺栓。

22）拆卸气缸体堵头孔处专用工具。

23）安装气缸体下堵头。

24）给发动机前罩下堵头涂上粘结剂。

25）安装发动机前罩下堵头。

26）在图 23-69 所示的地方滴上密封胶。

27）安装气缸盖罩。按图 23-70 所示顺序拧

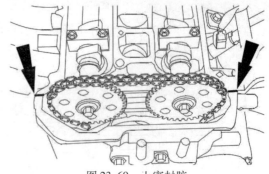

图 23-69 上密封胶

紧螺栓。注意如果需要请另加一个气缸盖罩垫圈。

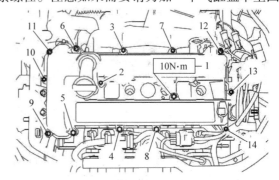

图 23-70 安装气缸盖罩

28）按与拆卸相反的顺序安装其他部件。

23.4.4 福特 1.6L – TIVCT（2005—2011）

1. 正时链单元拆卸方法

1）拆卸机油泵。

2）降下车辆。

3）拆卸气门室盖。

4）凸轮轴链轮的正时记号必须置于正上方 12 点钟位置，如图 23-71 所示。标记正时链的位置。转动发动机让第一缸活塞处于上止点位置。注意只能按正常旋转方向转动发动机曲轴。

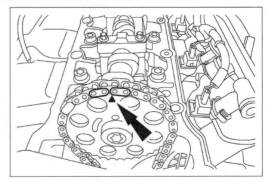

图 23-71 设置凸轮轴链轮正时记号位置

5）如图 23-72 所示拆卸正时链液压张紧器。

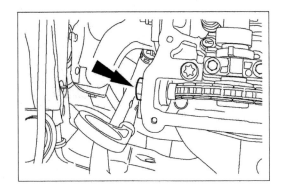

图 23-72　拆卸正时链液压张紧器

6）使用专用工具，拆卸凸轮轴链轮，如图 23-73 所示。

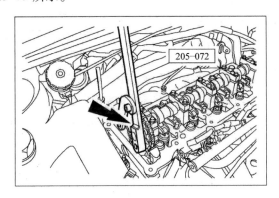

图 23-73　拆卸凸轮轴链轮

7）举升车辆。

8）如图 23-74 所示拆卸张紧臂。

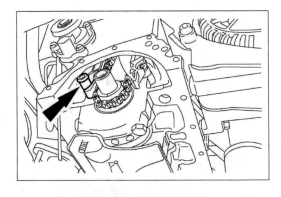

图 23-74　拆卸张紧器臂

9）拆卸正时链及曲轴链轮，如图 23-75 所示。

2. 正时链单元安装步骤

1）安装曲轴链轮，如图 23-76 所示。注意曲轴链轮的正时标记须置于正下方 6 点钟位置。

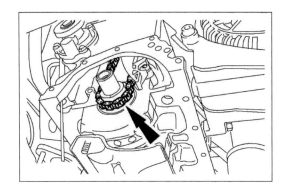

图 23-75　拆卸正时链及曲轴链轮

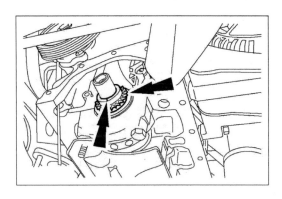

图 23-76　安装曲轴链轮

2）安装正时链条。注意曲轴链轮的正时记号必须和正时链上的颜色标记对齐，如图 23-77 所示。

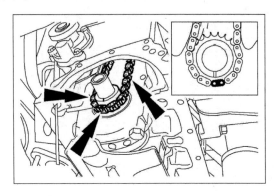

图 23-77　安装正时链条

3）安装张紧臂，如图 23-78 所示。

4）降下车辆。

5）安装凸轮轴链轮和链条。注意凸轮轴链轮的正时标记须置于正上方 12 点钟位置。凸轮轴链轮的正时记号必须和正时链上的标记对齐，如图 23-79 所示。

6）如图 23-80 所示，使用专用工具旋紧凸轮

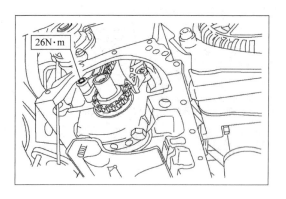

图 23-78 安装张紧臂

图 23-81 安装正时链液压张紧器

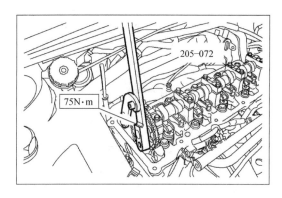

图 23-79 对齐凸轮轴链轮正时标记

轴链轮螺栓。

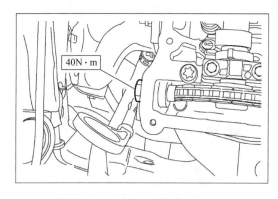

图 23-80 旋紧凸轮轴链轮螺栓

7）安装正时链液压张紧器，如图 23-81 所示。

8）安装机油泵。

9）安装气门室盖。

23.4.5　福特 2.0L – MI4（2005—2011）

该发动机正时带拆装与调整与 1.8L – MI4 发动机一样，相关内容请参考 23.4.3 小节。

23.5　嘉年华

23.5.1　福特 1.5L – TIVCT 发动机（2013—2017）

该发动机正时带拆装与调整与福特 1.5T 发动机一样，相关内容请参考 23.1.1 小节。

23.5.2　福特 1.0T – GTDI 发动机（2014—2017）

该款发动机也搭载于福克斯车型，相关内容请参考 23.4.1 小节。

23.5.3　福特 1.3L/1.5L 发动机（2009—2012）

1. 正时链单元拆卸步骤

1）拆卸以下气门室盖、附件传动带。

2）顺时针旋转曲轴设置 1 号气缸于 TDC 位置，如图 23-82 所示。

图 23-82 转动曲轴设置 TDC 位置

3）如图 23-83 所示，拔下曲轴位置传感器插头和线束。

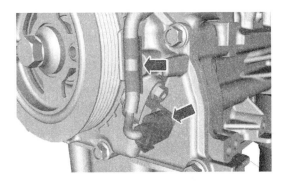

图 23-83　取下传感器插头

4）取下曲轴前密封件。

5）拆卸正时链罩盖螺栓并取下正时链罩盖，如图 23-84 所示。

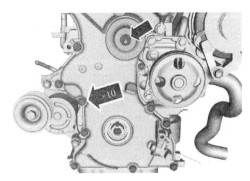

图 23-84　拆卸正时链罩盖

6）用木块和卧式千斤顶升起汽车前部并安全支撑，如图 23-85 所示。

图 23-85　升起并支撑汽车

7）拆卸发动机各空调高低压管路固定螺栓。

8）拆卸发动机安装悬置螺栓。

9）拆卸发动机正时链罩盖螺栓，如图 23-86 所示。

10）压紧张紧器柱塞，用固定销固定位置，拆下紧固螺栓并取下张紧器，如图 23-87 所示。

11）拆卸正时链张紧轨，取下正时链并拆卸

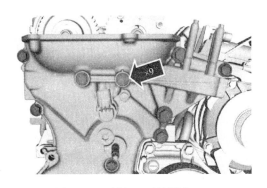

图 23-86　拆卸正时链罩盖

图 23-87　拆卸正时链张紧器

正时链导板，如图 23-88 所示。

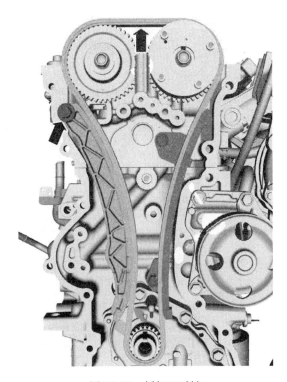

图 23-88　拆卸正时链

2. 正时链单元安装步骤

1）图 23-89 所示，对准箭头所指的凸轮轴与曲轴正时标记。

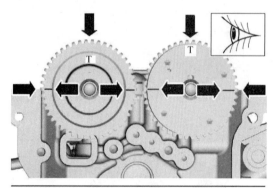
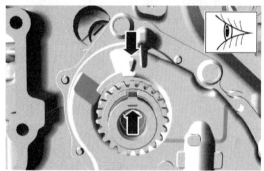

图 23-89　对准凸轮轴与曲轴的正时标记

2）如图 23-90 所示，安装正时链导板并紧固螺栓，安装正时链，再安装张紧轨。

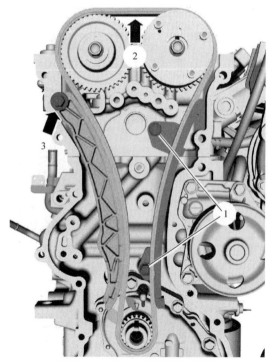

图 23-90　安装正时链单元部件

3）如图 23-91 所示，安装张紧器，紧固螺栓 1，并拔出固定销 2。

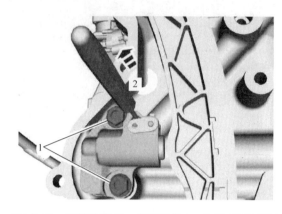

图 23-91　安装张紧器，紧固螺栓 1，并拔出固定销 2

4）安装密封圈，组件必须在涂上密封胶 5 分钟之内装上。注意密封圈未损坏时可重新使用。确保接合面干净且没有异物。

5）如图 23-92 所示安装正时链罩盖，并按以下顺序和力矩紧固螺栓：螺栓 1——8 22N·m；螺栓 9——9N·m；螺栓 10——18 22N·m；螺栓 7、11、16、19——45N·m。

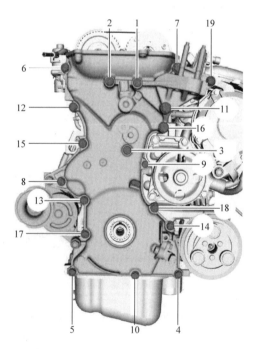

图 23-92　安装正时链罩盖

6）安装所有螺栓并用手拧紧，然后再最后拧紧，如图 23-93 所示，1——力矩：9N·m；2——力矩：69N·m；3——力矩：69N·m。

图 23-93 安装发动机安装支架

7) 用木块和卧式千斤顶升起并支撑车辆。

8) 安装曲轴前密封件。

9) 如图 23-94 所示安装各管路固定支架螺栓：1——力矩：12N·m；2——力矩：9N·m。

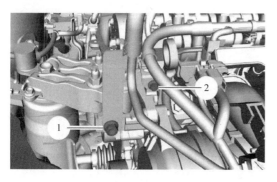

图 23-94 安装管路支架螺栓

10) 安装附件驱动带和气门室盖。

23.6 翼虎（2013—2017 年款）

23.6.1 福特 1.5T – ECOBOOST 发动机

该款发动机也搭载于蒙迪欧车型，相关内容请参考 23.1.1 小节。

23.6.2 福特 2.0T – ECOBOOST 发动机

该款发动机正时带维修与福特 2.3T 机型一样，相关内容请参考 23.8.2 小节。

23.6.3 福特 1.6T – ECOBOOST 发动机

该发动机正时带拆装与调整与福特 1.5T 发动机一样，相关内容请参考 23.1.1 小节。这里补充一下凸轮轴正时检查步骤。

1) 如图 23-95 所示，安装专用工具：凸轮轴的对齐工具 303 – 1552。注意有必要使用呆扳手通过六角体固定凸轮轴以对齐凸轮轴。

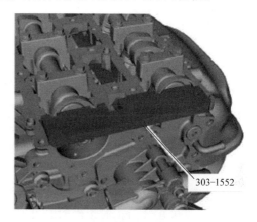

图 23-95 安装凸轮轴对齐工具

2) 目测检查凸轮轴 VVT 标记在 12 点钟位置，见图 23-96。

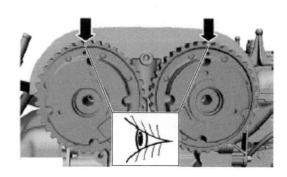

图 23-96 VVTI 标记在 12 点钟位置

3) 安装专用工具：可变凸轮轴正时对齐工具。按照 25N·m 的力矩拧紧凸轮轴 VVT 组件中心螺栓。使用呆扳手通过六角体固定凸轮轴以避免凸轮轴转动。凸轮轴相位器与链轮的正时标记必须处于 12 点钟位置。

4) 卸下专用工具：可变凸轮轴正时对齐工具，见图 23-97。

5) 卸下专用工具：凸轮轴的对齐工具 303 – 1552。

6) 再次拧紧凸轮轴 VVT 组件中心螺栓 75°。

图 23-97 可变凸轮轴正时对齐工具

使用呆扳手通过六角体固定凸轮轴以避免凸轮轴转动。

7）安装专用工具：凸轮轴的对齐工具 303-1552。注意：仅可在气门正时正确时方可安装专用工具。

8）安装专用工具：可变凸轮轴正时的对齐工具。注意：仅可在气门正时正确时方可安装专用工具。如无法安装专用工具，则按照上文所述步骤重复调整。

9）卸下专用工具：可变凸轮轴正时的对齐工具。

10）卸下专用工具：凸轮轴的对齐工具 303-1552。

11）使用呆扳手通过六角体固定凸轮轴以避免凸轮轴转动。按照 16N·m 的力矩拧紧凸轮轴 VVT 组件中心螺栓。

12）安装专用工具：可变凸轮轴正时的对齐工具。

23.7 翼博

23.7.1 福特 1.0T-GTDI 发动机

该款发动机也搭载于福克斯车型，相关内容请参考 23.4.1 小节。

23.7.2 福特 1.5L-TIVCT 发动机

该发动机正时带拆装与调整与福特 1.5T 发动机一样，相关内容请参考 23.1.1 小节。

23.8 锐界

23.8.1 福特 2.0T-GTDI 发动机

该款发动机正时带维修与福特 2.3T 机型一样，相关内容请参考 23.8.2 小节。

23.8.2 福特 2.3T-ECOBOOST 发动机

1. 正时链条拆卸

1）将挂空档的车辆置于起重机上。
2）拆下高压燃油泵驱动装置。
3）拆除发动机前盖板。
4）如图 23-98 所示，安装专用工具 303-1565：凸轮轴定位工具。

图 23-98 安装凸轮轴定位工具

5）使用呆扳手防止部件转动，松开凸轮轴 VVT 组件螺栓，见图 23-99。
6）同样方法松开另一侧紧固螺栓。
7）使用专用工具，释放或保持棘轮机构。当棘轮机构保持在松开位置，将正时链臂推向拉紧器方向，压紧张紧器。将固定销插入孔内保持住拉紧器，见图 23-100。
8）拆下张紧器的 2 个紧固螺栓并取下张紧器。
9）拆下正时链导板，张紧器臂螺栓并取下部件，拆下正时链条，见图 23-101。

2. 正时链条安装

1）安装正时链条、正时链张紧臂、正时链导板，紧固 2 个螺栓，力矩：10N·m。

如果正时链张紧器活塞及棘轮组件不固定在

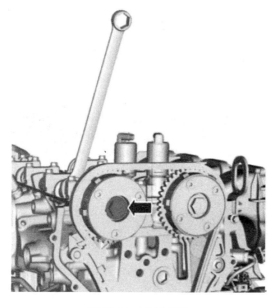

图 23-99 松开螺栓

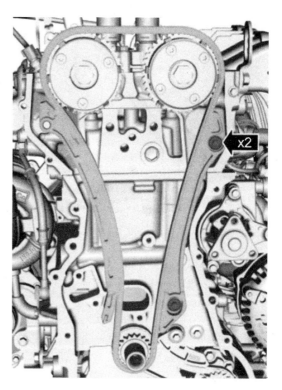

图 23-101 拆下正时链条

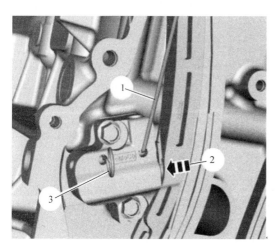

图 23-100 设置张紧器

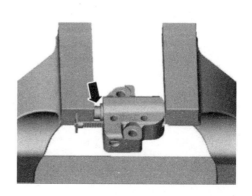

图 23-102 压紧张紧器活塞

压缩位置,则按下步骤进行设置:

2)使用虎钳边缘,压缩正时链张紧器活塞,见图 23-102。不得压缩棘轮组件,这会损坏棘轮组件。

3)使用专用工具,推回或保持棘轮机构,见图 23-103。

4)当保持住棘轮机构时,将棘轮臂推回到张紧器壳体中,见图 23-104。

5)将固定销安装在张紧器壳体的孔中,这样可以在安装时保持住棘轮组件及活塞,见图 23-105。

23.8.3 福特 2.7T – GTDI 发动机

该款发动机也搭载在金牛座车型上,相关内

图 23-103 用工具保持棘轮机构

容请参考 23.2.3 小节。

图 23-104　压入棘轮臂

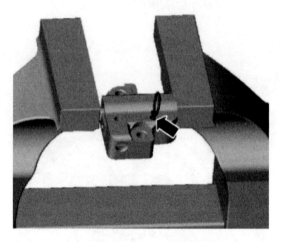

图 23-105　插入固定销锁住活塞

第24章 江铃福特

24.1 全顺

24.1.1 福特2.2T柴油发动机

1. 正时链单元拆卸步骤

1）拆卸正时罩盖和气门套。

2）如图24-1所示，安装曲轴正时工具303－1587。

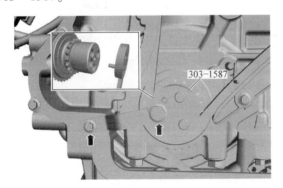

图24-1 安装专用工具303－1587

3）安装曲轴正时工具303－698，见图24-2。

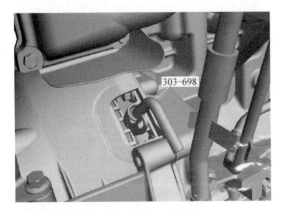

图24-2 安装专用工具303－698

4）使用定准器固定张紧器，见图24-3。

5）拆下正时链导轨1和喷射泵驱动链轮2，如图24-4所示。

6）取出正时链条，并拧下6个凸轮轴链轮固定螺栓，见图24-5。

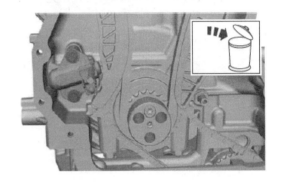

图24-3 固定张紧器

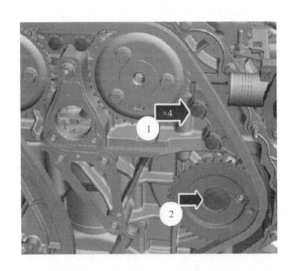

图24-4 拆下导轨和链轮

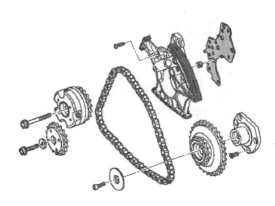

图24-5 取下正时链条

7）拆下张紧导轨，如图24-6所示。

图24-6　拆下张紧轨

2. 正时链单元安装步骤

1）安装正时链张紧轨，紧固螺栓，力矩：螺栓1——15N·m；螺栓2——36N·m。螺栓位置见图24-6。

2）安装正时链条，并用两个直径6mm的销子（1）固定凸轮轴链轮，拧紧6个螺栓（2），力矩：步骤1：12N·m；步骤2：33N·m。见图24-7。

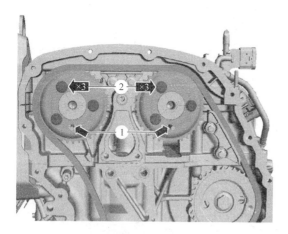

图24-7　安装凸轮轴链轮

3）安装正时链导轨与燃油喷射泵驱动链轮，4个导轨紧固螺栓力矩：15N·m；喷射泵链轮螺栓力矩：55N·m。

4）拆卸固定凸轮轴链轮的2个销子。

5）拆下曲轴固定工具303-1587。

6）拆下专用工具303-698。

7）顺时针转动曲轴2圈，见图24-8。

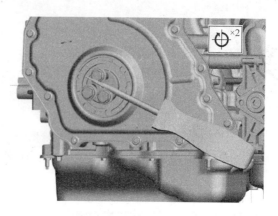

图24-8　转动曲轴

8）安装专用工具303-698。

9）将2个6mm销子穿过凸轮轴链轮上的孔以检查凸轮轴正时情况，并视情纠正。

10）拆下专用工具303-698。

24.1.2　福特2.4T-PUMA柴油发动机

1. 正时链单元拆卸步骤

1）拆下气门室盖。

2）拆下发动机前盖。

3）拆下曲轴位置（CKP）传感器。

4）卸下气门摇臂轴支架。

5）放松并锁定正时链条张紧器，如图24-9所示。

① 缩回制转杆。

② 推入锁定工具。

③ 插入定位销。

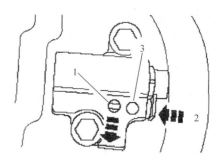

图24-9　设置正时链张紧器

6）拆下正时链张紧器和右正时链导轨，如图24-10所示。

7）卸下正时链上导轨，如图24-11所示。

8）拆卸凸轮轴链轮和正时链，如图24-12所示。

9）按照图24-13顺序拆下凸轮轴支座螺栓。

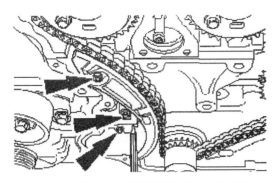

图 24-10 拆下正时链张紧器和右正时链导轨

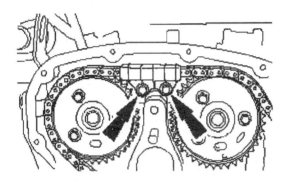

图 24-11 拆卸正时链上导轨

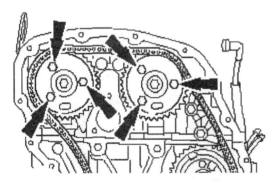

图 24-12 拆卸凸轮轴链轮与正时链

拆卸凸轮轴支座。

10）拆下凸轮轴。

2. 正时链单元安装步骤

1）清洗凸轮轴支座和气缸盖的接合面。

2）将发动机转到在上止点（TDC）前 50°，并通过 CKP 传感器孔插入专用工具，如图 24-14 所示。

3）在气缸盖接合面上涂上直径 2.5mm 的粘结剂 510。

4）安装凸轮轴。

5）安装凸轮轴支座。按如图 24-15 所示顺序分 2 步拧紧螺栓。阶段 1：紧固螺栓 1 至 22——23N·m。阶段 2：紧固螺栓 23 至 25——10N·m。

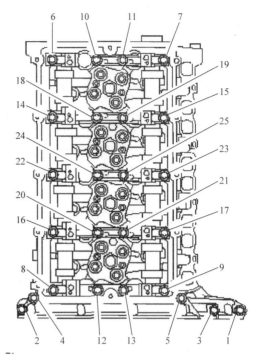

图 24-13 拆卸凸轮轴支座螺栓顺序

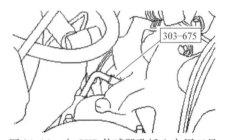

图 24-14 在 CKP 传感器孔插入专用工具

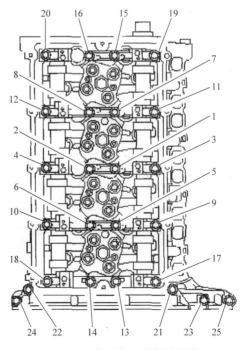

图 24-15 紧固气缸盖螺栓顺序

6）如图24-16所示，安装正时链张紧器和右侧正时链导轨。

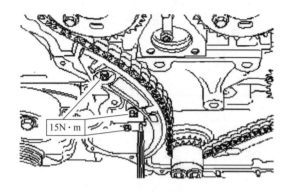

图24-16 安装正时链张紧器

7）正时链的铜链节必须对准凸轮轴链轮上的正时标记，如图24-17所示。安装凸轮轴链轮和正时链。

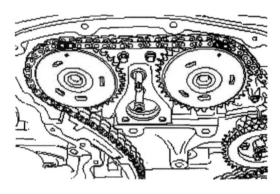

图24-17 对准凸轮轴链轮与正时链铜链节标记

8）穿过凸轮轴链轮中的孔插入6mm的钻头，用手指尽量拧紧凸轮轴链轮固定螺栓，如图24-18所示。

图24-18 紧固凸轮轴链轮螺栓

9）安装正时链上导轨。

10）松开燃油喷射泵链轮固定螺栓。

11）正时链的铜链节必须与凸轮轴链轮上的正时标记对准。将1个6mm的钻头穿过孔插入燃油喷射泵链轮，并用手指尽量拧紧燃油喷射泵链轮固定螺栓，如图24-19所示。

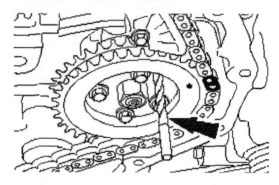

图24-19 安装燃油喷射泵链轮

12）如图24-20所示，拆下固定销，解除正时链张紧器锁定。注意确保完全松开正时链张紧器。

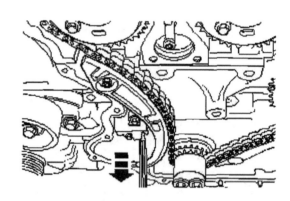

图24-20 安装正时链张紧器，取出固定销

13）拧紧凸轮轴链轮和燃油喷射泵链轮固定螺栓，如图24-21所示。

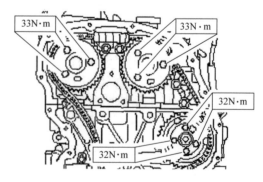

图24-21 紧固凸轮轴链轮与燃油泵链轮螺栓

14）如图24-22所示，将凸轮轴链轮与燃油喷射泵链轮上的钻头从孔中拆下。

15）将专用工具从CKP传感器孔中拆下。

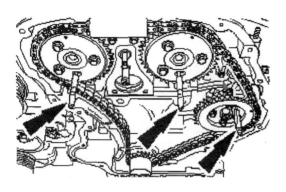

图 24-22　拆卸下固定钻头

16）安装摇臂架。分两步拧紧螺栓。第 1 步：10N·m，第 2 步：30°。

17）顺时针旋转曲轴两圈。

18）将 6mm 钻头通过孔插入凸轮轴链轮与燃油喷射泵链轮，检查凸轮轴正时。

19）在 CKP 传感器孔中插入专用工具检查正时。

20）将专用工具从 CKP 传感器孔中拆下。

21）将凸轮轴链轮与燃油喷射泵链轮上的钻头从孔中拆下。

22）安装 CKP 传感器。

23）安装发动机前盖。

24）安装气门室盖。

24.2　途睿欧

福特 2.0T – GTDI 发动机

该款发动机正时带维修与福特 2.3T 机型一样，相关内容请参考 23.8.2 小节。

24.3　撼路者

福特 2.0T – GTDI 发动机

该款发动机正时带维修与福特 2.3T 机型一样，相关内容请参考 23.8.2 小节。

第25章 其他合资品牌

25.1 奇瑞捷豹路虎

25.1.1 捷豹 XFL – 2.0T – GTDI 发动机（2016—2017）

1. 正时链单元拆卸

1）拆下蓄电池电缆。

2）举升并支撑好车辆。确保采用车轴支架支撑好车辆。

3）拆下正时盖。

4）用直销锁定张紧器柱塞，见图25-1。

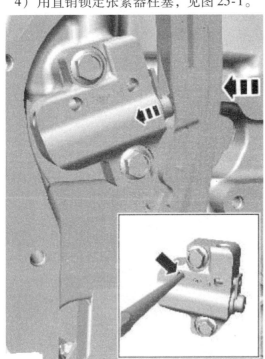

图25-1 设置张紧器柱塞

5）拆下2个张紧器固定螺栓并取下张紧器。

6）拆下正时链张紧臂和导轨。

7）拆下正时链条。

8）如图25-2所示，使用呆扳手握住凸轮轴的六角部位以防止凸轮轴转动。拆除之前，请记下元件的安装位置。如果卸下元件仅仅是为了检修，切勿进一步拆卸。

图25-2 拆下凸轮轴链轮螺栓

9）丢弃凸轮轴链轮密封圈。

2. 正时链单元安装

1）安装一个新的摩擦垫圈。

2）使用呆扳手握住凸轮轴的六角部位以防止凸轮轴转动。确保这些元件均安装到拆除时记下的位置上。此阶段仅用手指拧紧螺栓。

3）安装正时链条，见图25-3。

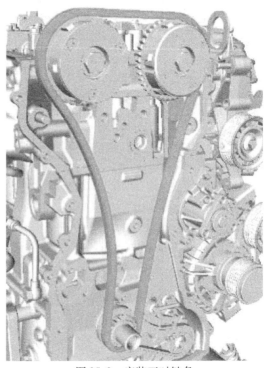

图25-3 安装正时链条

4）安装张紧臂与导轨螺栓，力矩：9N·m，拔出张紧器上的直销。

5）安装2个张紧器紧固螺栓，力矩：9N·m。

6）使用呆扳手握住凸轮轴的六角部位以防止凸轮轴转动。拧紧凸轮轴链轮螺栓，力矩：72N·m。

7）安装正时盖。

8）连接蓄电池电缆。

25.1.2　捷豹XFL-3.0T-V6SC发动机（2016—2017）

1. 正时链单元拆卸步骤

1）断开蓄电池搭铁电缆的连接。

2）抬起并支撑车辆。确保采用车轴支架支撑车辆。

3）拆卸正时盖。

4）拆下曲轴转速传感器。

5）安装专用工具见图25-4。专用工具：JLR-303-1303。注意只允许顺时针旋转曲轴。

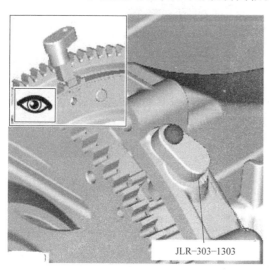

图25-4　安装专用工具

6）记下曲轴半圆键的位置。如果记下的半圆键位置是处于9点钟的位置，则必须安装新的挠性盘。如果半圆键处于6点钟位置，则继续执行下一步骤。如图25-5所示。

7）拆下右侧正时链张紧器。

8）拆下右侧张紧器导轨。

9）拆下右侧凸轮轴链轮紧固螺栓。

10）与可变气门正时装置一起拆下右侧正时

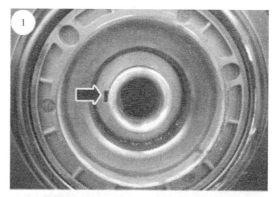

图25-5　记下曲轴半圆键位置

链条，见图25-6。如果可变气门正时（VVT）装置受到振动或跌落，则必须更换。

图25-6　拆下正时链条

11）拆下左侧张紧器螺栓并取下张紧器。

12）拆下左侧正时链张紧器导轨。

13）拆下左侧凸轮轴链轮螺栓。

14）与可变气门正时装置一起拆下左侧正时链条，见图25-7。如果可变气门正时（VVT）装置受到振动或跌落，则必须更换可变气门正时装置。

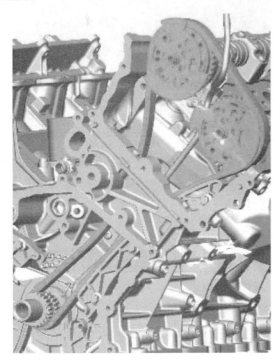

图25-7 拆下左侧正时链

15）拆下左右两侧的正时链滑轨。

16）拆下曲轴链轮，丢弃摩擦垫圈。

2. 正时链单元安装步骤

1）安装曲轴链轮并更换一个新摩擦垫圈。

2）如图25-8所示，安装左右侧滑轨螺栓，力矩：12N·m。

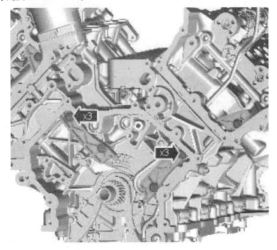

图25-8 安装正时链滑轨

3）将专用工具安装到每个凸轮轴上，见图25-9。专用工具：303-1452，安装螺栓，力矩：10N·m。

图25-9 安装专用工具

4）检查凸轮轴位置，如果位置不在如图25-10所示的位置，小心地旋转凸轮轴。

图25-10 检查凸轮轴位置

5）如图25-11所示，将专用工具303-1445安装到凸轮轴的后部，确保键槽正确定位到每个凸轮轴的每个槽中。

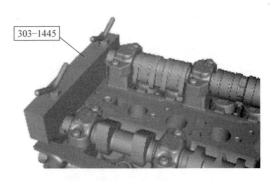

图25-11 安装专用工具到凸轮轴后部

6）使用合适的工具，小心顺时针滚动凸轮轴，然后逆时针滚动。旋转专用工具锁定螺母，直至凸轮轴中没有移动空间为止，见图25-12。重复步骤3）~6），安装其他气缸盖上的凸轮轴。切勿过度旋转凸轮轴。用手指拧紧蝶形螺母。未能遵守这一指令可能造成元件损坏。

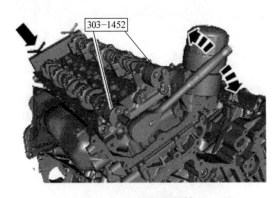

图25-12　调整凸轮轴

7）与可变气门正时（VVT）装置一起安装正时链条。不要让凸轮轴旋转。如果可变气门正时（VVT）装置受到振动或跌落，则必须更换可变气门正时装置。注意：现阶段不要拧紧。

8）确保所有正时链条的对齐标记都处在图25-13所示的位置。

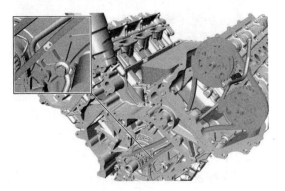

图25-13　对齐正时链正时标记

9）安装左侧正时链张紧臂，螺栓力矩：25N·m。

10）确保张紧器活塞完全伸出，见图25-14。然后在安装前压下，并使用销钉锁定张紧器活塞，未能遵守此说明可能会损坏发动机。

11）安装左侧张紧器，力矩：10N·m。在此阶段切勿松开正时链条张紧器锁定销。

12）与可变气门正时装置一起安装正时链条。不要让凸轮轴旋转。如果可变气门正时

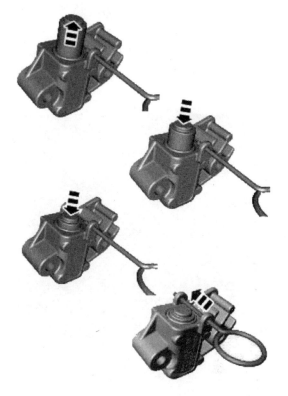

图25-14　设置张紧器

（VVT）装置受到振动或跌落，则必须更换可变气门正时装置。注意：现阶段不要拧紧。

13）确保所有正时链条的对齐标记都处在图25-15所示的位置。

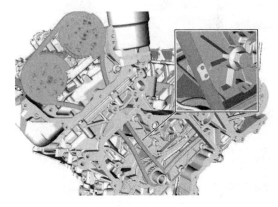

图25-15　对准右侧正时链正时标记

14）安装右侧张紧臂，螺栓力矩：25N·m。

15）确保张紧器活塞完全伸出。然后在安装前压下，并使用销钉锁定张紧器活塞，未能遵守此说明可能会损坏发动机。

16）安装右侧张紧器，力矩：10N·m，在此阶段切勿松开正时链条张紧器锁定销。

17）拔出左右正时链张紧器的锁定销。

18）确保张紧器完全展开。切勿人为用力展开。

19）松开机油吸入管并将其放在一边。

20）如图 25-16 所示安装专用工具。专用工具：303-1482。

图 25-16 安装专用工具

21）向专用工具端部施加力矩。确保按图 25-17 所示将扭力扳手与专用工具对齐。把扭力扳手安装到专用工具上。力矩：35N·m。

图 25-17 将扭力扳手与专用工具对齐

22）在拧紧可变气门正时螺栓时确保拧紧扳手不移动。确保首先拧紧排气可变气门正时装置螺栓，见图 25-18。力矩：32N·m，专用工具：303-1482。

23）安装机油吸入管。力矩：10N·m。

24）如图 25-19 所示安装专用工具。专用工具：303-1482。

图 25-18 拧紧左侧凸轮轴链轮螺栓

图 25-19 在右侧凸轮轴链轮上安装专用工具

25）向专用工具端部施加力矩。确保将扭力扳手与专用工具对齐。把扭力扳手安装到专用工具上。力矩：35N·m。

26）在拧紧可变气门正时螺栓时，确保拧紧扳手不移动。确保首先拧紧进气可变气门正时装置螺栓。力矩：32N·m。

27）拆除左侧专用工具 303-1445。

28）拆除右侧专用工具 303-1445。

29）拆除专用工具。专用工具：JLR-303-1303。

30）安装专用工具，见图 25-20。专用工具：JLR-303-1304。

31）使用 M16 垫圈安装曲轴带轮螺栓，以防止安装过程中对曲轴造成损坏。力矩：50N·m。

32）拆除专用工具。专用工具：JLR-

图 25-20　安装专用工具

303-1304。

33）顺时针旋转发动机整整两周。

34）安装专用工具。专用工具：JLR-303-1303，仅顺时针旋转曲轴。

35）安装专用工具。专用工具：JLR-303-1304。

36）使用 M16 垫圈安装曲轴带轮螺栓，以防止安装过程中对曲轴造成损坏。力矩：50N·m。

37）拆除专用工具。专用工具：JLR-303-1304。

38）如果无法安装专用工具，返回到安装步骤 22），直至正确安装专用工具 303-1445 为止。如果按指令需执行步骤 22），要确保在安装专用工具之前先松开可变气门正时装置固定螺栓。安装专用工具。专用工具：303-1445。

39）安装专用工具 303-1445。如果无法安装专用工具，则必须重复执行正时链条安装步骤。

40）拆除左侧缸体专用工具 303-1445。

41）拆除右侧缸体专用工具 303-1445。

42）拆除专用工具。专用工具：JLR-303-1303。

43）安装曲轴转速传感器，力矩：10N·m。

44）安装正时盖。

45）连接蓄电池搭铁电缆。

25.1.3　路虎发现神行 2.0T-GTDI 发动机（2016—2017）

该款发动机与捷豹 XFL 车型搭载的一样，相关内容请参考 25.1.1 小节。

25.1.4　路虎揽胜极光 2.0T-GTDI 发动机（2016—2017）

该款发动机与捷豹 XFL 车型搭载的一样，相关内容请参考 25.1.1 小节。

25.2　广汽讴歌

CDX-1.5T-L15B9 发动机（2016— ）

该发动机正时链拆装与调整和 L15B3 发动机一样，相关内容请参考 8.5.1 小节。

25.3　广汽菲亚特

25.3.1　菲翔 1.4T-THP 发动机（2014— ）

1. 正时带拆卸步骤

1）如图 25-21 断开 4 缸喷油器的电气接头，并将相关的线束移开。

图 25-21　拆下喷油器连接插头
1—喷油器

2）如图 25-22 所示拆下凸轮轴保护栓 1，进气侧。

3）如图 25-23 所示，朝正常旋转方向旋转曲轴，并安装凸轮轴正时工具。

专用工具：1860985000 定位销凸轮轴正时模板。

4）如图 25-24 所示，安装凸轮轴正时模板 1。

专用工具：2000004500 曲轴正时模板。

图 25-22　拆下凸轮轴保护栓

图 25-23　安装凸轮轴正时工具

图 25-24　安装凸轮轴正时模板

5）如图 25-25 所示，松开螺母 1a，移动张紧器并拆下正时带 1b。

2. 正时带安装步骤

注意：处理和安装正时带时，需避免向任何方向的弯曲，避免损坏正时带的结构，因为过大的压力可能会破坏正时带内部纤维，这可能会在发动机运转时引起正时带早期破损。

图 25-25　拆下张紧器和正时带

1）如图 25-26 所示，安装 1a，并松开从动带轮 1c 的固定螺栓 1b。

图 25-26　安装带轮

2）拆下先前安装的从动带轮固定工具。

3）接着安装正时带，首先安装曲轴带轮，然后是水泵轮与从动轮，最后是活动张紧器。确认此次操作是在从动轮松弛的情况下完成的。

4）尽可能的拉紧正时带，逆时针转动活动张紧器 1a，并用螺母 1a 将其固定 1a 当参照物 1c 处于图 25-27 所示位置。

5）如图 25-28 安装工具 1a，并紧固从动带轮 1c 的固定螺栓 1b 至规定力矩。

驱动正时带轮螺栓 M12×10.8 ~ 13.2N·m。

6）拆下先前安装的从动带轮固定工具。

第25章 其他合资品牌

正时控制移动张紧器螺母M8×2.2~2.7N·m。

11）将曲轴朝规定方向旋转2圈，接着重新复位工具用于调整、检查发动机正时。

12）拆下发动机正时工具。

13）安放并复位凸轮轴防护栓（进气侧），并将其紧固至标准力矩。

凸轮轴壳顶盖M16×1.3~1.6N·m。

14）安装以下部件：前侧正时保护罩（下部）、前侧正时保护罩（上部）、正时侧动力单元刚性支架、动力单元前侧弹性支架（正时侧）、曲轴带轮、辅助部件单条传动带、右前轮、气室固定支架、隔音罩、防护/发动机底部护板。

15）将车辆从举升机上移走。

图25-27 固定张紧器

图25-28 安装从动带轮

7）拆下用于凸轮轴与曲轴正时的工具。

8）旋转曲轴2圈。

9）如图25-29所示，松开活动张紧器1a的固定螺母，相同的移动直到凹口1b与后叉1c对准。

10）紧固正时带活动张紧器的固定螺母，并将其紧固至标准力矩。

25.3.2 致悦1.4T发动机（2014— ）

该款发动机也搭载于菲翔，相关内容请参考25.3.1小节。

25.4 广汽菲克

25.4.1 指南者1.4T发动机（2017— ）

该发动机也搭载于菲亚特车型上，相关内容请参考25.3.1小节。

25.4.2 指南者2.4L发动机（2017— ）

该款发动机正时带维修与自由光2.0L相同，相关内容请参考25.4.3小节。

25.4.3 自由光2.0L发动机（2016— ）

1. 正时链单元拆卸

1）如图25-30所示将发动机设置到TDC位置。

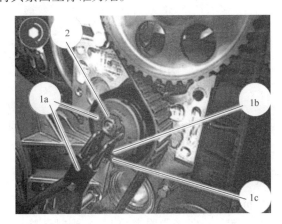

图25-29 松开张紧器

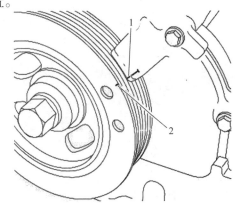

图25-30 将发动机设置于TDC位置

2）拆卸正时链盖罩。注意：如果找不到正时链的电镀连杆，要想再次使用此链条，则应在拆卸之前事先在正时链的连杆所对应的正时标记上标上记号，如图25-31所示。

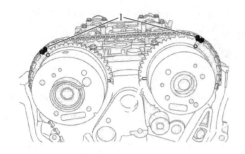

图25-31 对正正时标记

3）将正时链安装到排气凸轮轴链轮上，确保位于链轮上正时标记1与正时标记对齐，如图25-32所示。

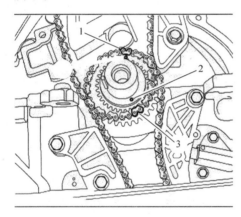

图25-32 对正链轮正时标记

4）在正时链条上作好相对于曲轴链轮的正时标记。

5）拆卸正时链张紧器1。

6）卸下正时链2。如图25-33所示。

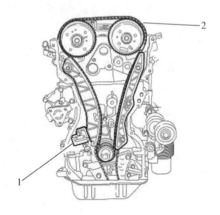

图25-33 拆下正时链图解

2. 正时链单元安装步骤

1）检查确保曲轴链轮键槽是否在9点钟的位置上，如图25-32所示。

2）对准凸轮轴正时标记1，以便其平行于缸盖，并按图25-34相互对齐。

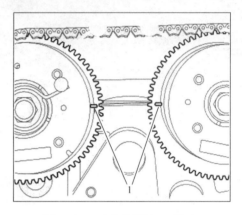

图25-34 对准凸轮轴正时标记

3）如图25-33所示安装正时链导向件4，并紧固螺栓至12N·m。

4）安装正时链，确保位于链轮上的正时标记1对齐，如图25-31所示。

5）如图25-32所示，将曲轴链轮2上的正时标记与正时链上的电镀联杆3对齐。定位链条，使松弛部分处于张紧器侧。

注意：保持正时链的松弛部分在张紧器侧。

6）如图25-33所示，安装可动的正时链摆动导向件，并紧固螺栓至12N·m。

7）向上提升棘轮2，并朝张紧器体4方向向内推柱塞3，重新设置正时链张紧器4。将张紧器销8514插入到槽1内，保持张紧器柱塞在收缩位置内，如图25-35所示。

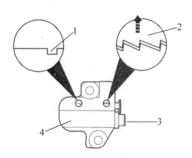

图25-35 安装正时链张紧器

8）安装正时链张紧器，并紧固螺栓至12N·m。

9）卸下正时张紧器销85142。顺时针旋转曲轴两圈，直到曲轴重新定位在 TDC 位置，键槽在 9 点钟位置上，如图 25-32 所示。

10）检查凸轮轴正时标记 1 是否在相应的位置上，如图 25-34 所示。

11）安装前正时链盖罩。

12）安装平衡器，检查平衡器标记 2 和盖罩标记 1 是否对齐，如图 25-30 所示。

13）连接蓄电池负极电缆。

14）注入机油，起动发动机，并检查是否泄漏。

25.4.4　自由光 2.4L 发动机（2016—　）

该款发动机正时带维修与自由光 2.0L 相同，相关内容请参考 25.4.3 小节。

25.4.5　自由侠 1.4T 发动机（2016—　）

该发动机也搭载于菲亚特车型上，相关内容请参考 25.3.1 小节。

25.4.6　自由侠 2.0L 发动机（2016—　）

该款发动机也搭载在自由光车型上，相关内容请参考 25.4.3 小节。

25.5　东风英菲尼迪

25.5.1　Q50L - 2.0T - M274.930 发动机（2015—　）

该款发动机正时带维修与 M274.920 相似，相关内容请参考 20.1.2 小节。

25.5.2　QX50 - 2.5L - VQ25HR 发动机（2015—　）

该款发动机正时链拆装与调整和 VQ35DE 发动机一样，相关内容请参考 10.10.2 小节。

25.6　东风雷诺

25.6.1　科雷傲 2.0L - M5R 发动机（2017—　）

该发动机正时带维修与日产逍客所搭载的 MR20DE 发动机一样，相关内容请参考 10.8.2 小节。

25.6.2　科雷傲 2.5L - 2TRA7 发动机（2017—　）

该发动机正时带维修与日产奇骏所搭载的 QR25DE 发动机一样，相关内容请参考 10.9.2 小节。

25.6.3　科雷嘉 2.0L - M5R 发动机（2016—　）

该发动机正时带维修与日产逍客所搭载的 MR20DE 发动机一样，相关内容请参考 10.8.2 小节。

25.7　上汽大众斯科达

25.7.1　柯迪亚克 1.8T - CUFA 发动机（2017—　）

该发动机也搭载于上汽大众凌渡车型上，相关内容请参考 1.3.3 小节。

25.7.2　柯迪亚克 2.0T - CUGA 发动机（2017—　）

该发动机也搭载于上汽大众凌渡车型上，相关内容请参考 1.3.4 小节。

25.7.3　野帝 1.4T - CSSA 发动机（2016—　）

该款发动机也搭载于帕萨特车型上，相关内容请参考 1.2.2 小节。

25.7.4　野帝 1.8T - CEAA 发动机（2016—　）

该款发动机也搭载于帕萨特车型上，相关内容请参考 1.2.3 小节。

25.7.5　晶锐 1.4L - DAHA 发动机（2015—2016）

该发动机正时链单元结构、拆装与调整和 CKAA 发动机相同，相关内容请参考 1.6.1 小节。

25.7.6　晶锐 1.6L – CSRA 发动机
（2015—2016）

该发动机正时链单元结构、拆装与调整和 CKAA 发动机相同，相关内容请参考 1.6.1 小节。

25.7.7　昕锐 1.4L – CKAA 发动机
（2013—2016）

该款发动机也搭载于全新帕萨特车型上，相关内容请参考 1.6.1 小节。

25.7.8　昕锐 1.6L – CPDA 发动机
（2013—2016）

该发动机正时链单元结构、拆装与调整和 CKAA 发动机相同，相关内容请参考 1.6.1 小节。

25.7.9　昕动 1.4T – CSTA 发动机
（2013—2016）

该款发动机正时带单元结构及拆装调整方法与 CSSA 相同，请参考 1.2.2 小节。

25.7.10　昕动 1.4L – CKAA 发动机
（2013—2016）

该款发动机也搭载于帕萨特车型上，相关内容请参考 1.6.1 小节。

25.7.11　昕动 1.6L – CPDA 发动机
（2013—2016）

该发动机正时链单元结构、拆装与调整和 CKAA 发动机相同，相关内容请参考 1.6.1 小节。

25.7.12　明锐 1.4T – CSSA 发动机
（2014—2016）

该款发动机也搭载于帕萨特车型上，相关内容请参考 1.2.2 小节。

25.7.13　明锐 1.6T – CFBA 发动机
（2011—2014）

该款发动机也搭载于帕萨特车型上，相关内容请参考 1.2.1 小节。

25.7.14　明锐 1.6L – CSRA 发动机
（2014—2016）

该发动机正时链单元结构、拆装与调整和 CKAA 发动机相同，相关内容请参考 1.6.1 小节。

25.7.15　明锐 1.8T – CEAA 发动机
（2011—2014）

该款发动机也搭载于帕萨特车型上，相关内容请参考 1.2.3 小节。

25.7.16　明锐 1.8T – BYJ 发动机
（2007—2010）

该款发动机正时带单元结构、拆装与调整和 CEAA 发动机相似，相关内容请参考 1.2.3 小节。

25.7.17　明锐 2.0T – CGMA 发动机
（2010）

该款发动机正时带单元结构、拆装与调整和 CEAA 发动机相同，相关内容请参考 1.2.3 小节。

25.7.18　明锐 1.6L – CDFA 发动机
（2008—2010）

该款发动机正时链单元结构、拆装与调整和 CPJA 发动机相同，相关内容请参考 1.4.6 小节。

25.7.19　明锐 1.6L – CPJA 发动机
（2012—2016）

该款发动机也搭载于上汽大众朗逸车型上，相关内容请参考 1.4.6 小节。

25.7.20　明锐 1.6L – CLRA 发动机
（2010—2014）

该款发动机正时链单元结构、拆装与调整和 CPJA 发动机相同，相关内容请参考 1.4.6 小节。

25.7.21　明锐 2.0L – CGZA 发动机
（2009—2014）

该发动机正时链单元结构、拆装与调整和 BPL 发动机相同，相关内容请参考 2.2.11 小节。

25.7.22 速派 1.4T – CSSA 发动机（2016— ）

该款发动机也搭载于帕萨特车型上,相关内容请参考 1.2.2 小节。

25.7.23 速派 1.8T – CUFA 发动机（2016— ）

该发动机也搭载于上汽大众凌渡车型上,相关内容请参考 1.3.3 小节。

25.7.24 速派 2.0T – CUGA 发动机（2016— ）

该发动机也搭载于上汽大众凌渡车型上,相关内容请参考 1.3.4 小节。

第26章 国产自主品牌

26.1 比亚迪

26.1.1 M6-2.4L-4G69发动机（2011—2012）

该款发动机正时带维修与三菱4G69发动机一样，相关内容请参考12.3.2小节。

26.1.2 M6-2.0L-483QB发动机（2011— ）

1. 正时带单元部件分解

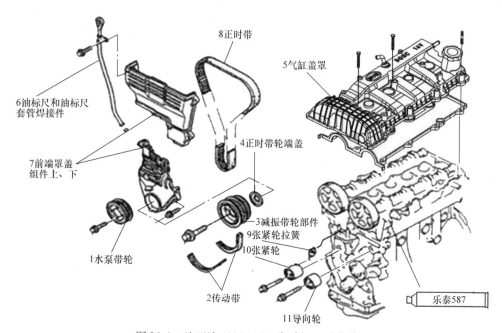

图26-1 比亚迪483QA/QB发动机正时带单元

2. 正时带单元拆装步骤
1）断开蓄电池负极连接线。
2）拆下凸轮轴相位传感器（CMP）。
3）拆下点火线圈和火花塞。
4）按图26-1中所列顺序拆卸各零部件。
5）调整正时带变形量/张紧力。
6）按与拆卸相反的顺序安装。
7）起动汽油机，检查张紧轮、导向轮和传动带的连接情况。

3. 正时带拆卸步骤
1）安装曲轴带轮螺栓。

2）顺时针旋转曲轴并作好正时记号，如图26-2所示。

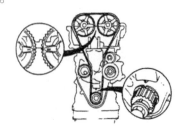

图26-2 正时带安装标记

3)用套筒和扳手顺时针旋转张紧轮。

4)拆下张紧轮拉簧。

注意:用力卷曲正时带、使机油或润滑脂沾上正时带,均会损坏正时带或缩短其寿命。

说明:为重新安装正确,拆卸时应在正时带上标明转动方向。

4. 正时带安装步骤

1)确定正时带轮的标记和凸轮轴带轮的标志对准,如图26-3所示。

图26-3 对齐凸轮轴带轮标记

2)安装正时带,并使之压紧张紧轮。

3)顺时针旋转正时带轮两周,对准正时标记。

4)确认所有正时标记完全对准。如果没有对准,拆卸正时带重新安装。

注意:不要拉紧张紧轮拉簧,不然,会使正时带过紧。

5)顺时针旋转张紧轮,将张紧轮拉簧挂好,见图26-4。

图26-4 安装张紧轮

6)顺时针旋转曲轴两次,确定所有的正时标记都已对准(同图26-3),如果没有对准,从1)重新开始。

7)拧紧或校核凸轮轴带轮螺栓、导向轮螺栓、张紧轮螺栓力矩,力矩为45~55N·m。

26.1.3 M6-2.4L-488QA发动机(2013—)

发动机正时链安装要点如下:

1)转动曲轴设置气缸1上止点位置,直到正时标记位于图26-5中所处位置。

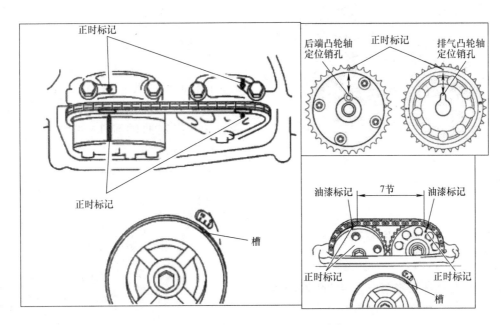

图26-5 气缸1位于上止点的正时位置

2)进气VVT组件上的正时标记为定位销所对准的标记;排气凸轮轴链轮的标记是指排气凸轮轴定位销所对准的标记,即拧上螺栓后的缺口所对的标记,如图26-6所示。

3)在转动凸轮轴前需要确保曲轴半圆键处于水平位置。用扳手转动凸轮轴(使用六角顶

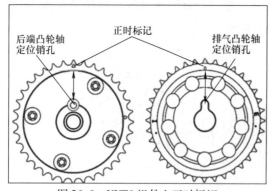

图 26-6 VVT6 组件上正时标记

部),使凸轮轴正时齿轮的各正时标记与进、排气一档凸轮轴轴承盖上的各正时标记都对准,如图 26-7 所示。注意:进气 VVT 组件上的标记是指进气凸轮轴定位销所对的那个标记,排气凸轮轴链轮标记是拧上螺栓后缺口所对的标记。

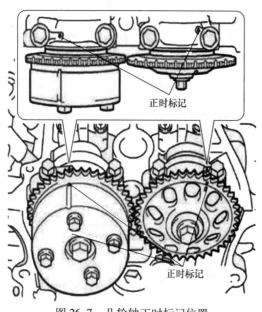

图 26-7 凸轮轴正时标记位置

4)然后将曲轴半圆键转到朝上的位置,如图 26-8 所示。

26.1.4 S6-2.4L-4G69 发动机（2011—2012）

该款发动机正时带维修与三菱 4G69 发动机一样,相关内容请参考 12.3.2 小节。

26.1.5 S6-2.0L-483QB 发动机（2011— ）

该款发动机也搭载在 M6 车型上,相关内容请参考 26.1.2 小节。

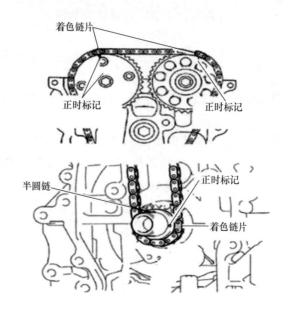

图 26-8 正时标记与半圆键位置

26.1.6 S6-2.4L-488QA 发动机（2013— ）

该款发动机也搭载在 M6 车型上,相关内容请参考 26.1.3 小节。

26.1.7 S6-1.5T-476ZQA 发动机（2014— ）

1. 正时链单元拆卸步骤

1)将曲轴顺时针旋转到 1、4 缸上止点附近,再将曲轴回转 45°;从气缸体上旋下气缸体螺塞组件,旋入曲轴定位工具,见图 26-9,顺时针旋转,固定曲轴到 1、4 缸上止点;拧紧力矩:30N·m。

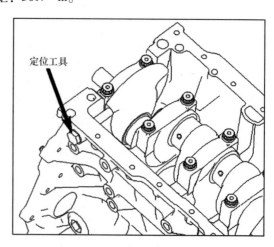

图 26-9 安装曲轴定位工具

2）如图 26-10 所示，通过工装定位排气凸轮轴链轮，松开排气凸轮轴链轮螺栓和 VVT 组件螺栓（左旋螺纹）。

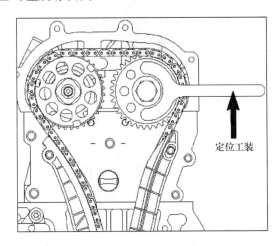

图 26-10　松开凸轮轴链轮螺栓

3）按图 26-11 所示 A 方向挤压柱塞，利用锁定销将张紧器锁定。

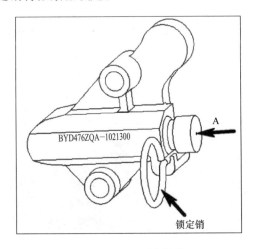

图 26-11　设置张紧器

4）取下正时链条等附件。

2. 正时链单元安装步骤

1）用曲轴定位工装将曲轴定位在 1、4 缸上止点，见图 26-12。

2）安装凸轮轴箱前需用凸轮轴定位工装将凸轮轴定位在 1 缸压缩上止点，见图 26-12。

3）将排气凸轮轴链轮装配到排气凸轮轴上，将排气链轮螺栓旋入距离贴合面 2mm 的位置，保持链轮自由转动，并防止链轮掉落；将 VVT 组件装配到进气凸轮轴上，将 VVT 组件螺栓旋入距离贴合面 2mm 的位置，保持链轮自由转动，并防止链轮掉落；将正时链条导向板挂靠到位，与链条

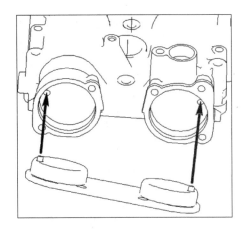

图 26-12　安装凸轮轴定位工具

接触部分涂适量机油。通过导向板将正时链条挂到排气凸轮轴链轮、VVT 组件链轮和曲轴链轮上，见图 26-13。

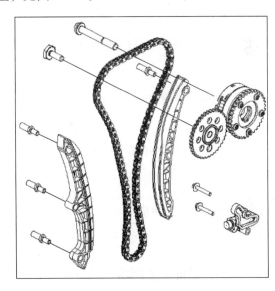

图 26-13　安装正时链组件

4）将张紧链板挂靠到位，与链条接触部分涂适量机油。装上链条张紧器，并在摩擦面上涂适量机油。

拔下箭头所指张紧器锁定销，使链条张紧，见图 26-14。

5）保持凸轮轴在 1 缸上止点位置，通过专用工装固定排气凸轮轴链轮，如图 26-10 所示，拧紧 VVT 组件螺栓和排气至规定的力矩。拧紧力矩：50N·m + 90°转角。

6）卸下凸轮轴上止点专用工装，将凸轮轴后端盖装上，注意保护凸轮轴后端盖的密封圈。拧紧螺栓至规定力矩。

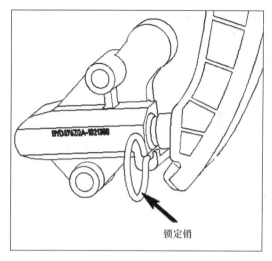

图 26-14　安装张紧器

7）卸下曲轴定位工装，将气缸体螺塞组件装回原位置。

26.1.8　S7-1.5T-476ZQA 发动机（2015—　）

该款发动机也搭载在 S6 车型上，相关内容请参考 26.1.7 小节。

26.1.9　S7-2.0T-487ZQA 发动机（2015—　）

1. 正时链单元拆卸步骤

1）旋下 2 个悬置双头螺柱。
2）拆卸正时罩。
3）拆卸正时链条张紧器。
4）拆卸正时链条导向板合件。
5）拆卸正时链条张紧板合件。
6）取下正时链条，曲轴链轮及 2 个曲轴链轮垫圈。
7）用呆扳手卡住进气凸轮轴，旋出进气 VVT 组件螺栓，取下进气 VVT 组件及 VVT 垫圈。
8）用呆扳手卡住排气凸轮轴，旋出排气 VVT 组件螺栓，取下排气 VVT 组件及 VVT 垫圈。

注意：VVT 组件螺栓为右旋螺栓，逆时针旋入，顺时针旋出。

9）卸下机油泵链条导向板、机油泵链条张紧板、机油泵链条张紧板扭簧。
10）用机油泵链轮防转工具固定机油泵链轮，旋出机油泵链轮螺栓，取下机油泵链轮、机油泵链条、机油泵驱动链轮、1 个曲轴链轮垫圈。

发动机正时带部件位置如图 26-15 所示。

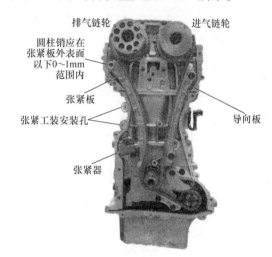

图 26-15　比亚迪 487ZQA 发动机正时链单元

2. 正时链单元安装步骤

1）将 1 个曲轴链轮垫片安装到曲轴后端，再将机油泵驱动链轮装入曲轴后端。
2）将机油泵链条挂到机油泵链轮和机油泵驱动链轮上，再将曲轴链轮、机油泵链轮同时分别装入曲轴、机油泵转子轴对应位置上。机油泵链轮上的缺口对准转子轴上的缺口，如图 26-16 所示。

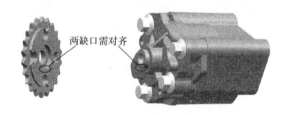

图 26-16　机油泵链轮安装缺口

3）使用机油泵链轮防转工具卡住机油泵链轮，拧紧螺栓至规定力矩。
4）安装机油泵链条导向板，在与链条接触部分需涂抹适量机油。
5）将机油泵链条张紧板扭簧安装到机油泵链条张紧板上，再将两者一起安装到缸体上，并在机油泵链条张紧板与链条接触部分涂抹适量机油。安装完毕，机油泵链条张紧板应转动灵活。
6）用凸轮轴定位工具将进、排气门凸轮轴定位在 1 缸压缩行程上止点位置。
7）将排气 VVT 组件装配到排气凸轮轴上，将排气 VVT 组件螺栓旋入距离贴合面 2mm 的位置，保持排气VVT组件自由转动，并防止排气VVT组件掉落。

8）将进气VVT组件装配到进气凸轮轴上，将进气VVT组件螺栓旋入距离贴合面2mm的位置，保持进气VVT组件自由转动，并防止进气VVT组件掉落。

注意：将VVT垫圈安装到位，不得漏装、多装。安装VVT螺栓前，需在螺栓头部涂抹适量机油。

9）将正时链条导向板安装到正时链条导向板托板上。

10）将2个正时链条导向板螺栓垫片安装到正时链条导向板合件上，再将正时链条导向板合件安装到缸体上，拧紧螺栓至规定力矩。

11）在正时链条托架合件与链条接触部分，以及正时链条导向板合件与链条接触部分，涂适量机油。通过链条导向板将正时链条挂到排气VVT组件链轮、进气VVT组件链轮和曲轴链轮上。

12）将正时链条张紧板垫块及正时链条张紧板，正确安装到正时链条张紧板托板上。

13）将安装张紧板的圆柱销压到气缸盖上。

14）安装正时链条张紧板合件，与链条接触部分涂适量机油，见图26-17。

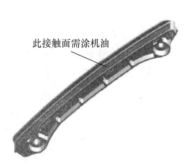

图26-17　涂抹机油的部位

15）安装正时链条张紧器，并在摩擦面上涂适量机油。拔下张紧器锁定销，使链条张紧。

16）将正时链条张紧工具安装到位，见图26-18。

17）拧紧VVT组件螺栓至规定力矩，卸下正时链条张紧工具。注意拧紧VVT组件螺栓时，需用呆扳手卡住凸轮轴，防止凸轮轴转动，否则将损坏凸轮轴。

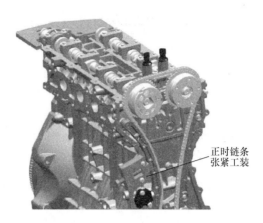

图26-18　安装链条张紧工具

26.1.10　唐-2.0T-487ZQA发动机（2016—　）

该发动机也搭载在S7车型上，相关内容请参考26.1.9小节。

26.1.11　宋-1.5T-476ZQA发动机（2016—　）

该款发动机也搭载在S6车型上，相关内容请参考26.1.7小节。

26.1.12　宋-2.0T-487ZQA发动机（2016—　）

该款发动机也搭载在S6车型上，相关内容请参考26.1.7小节。

26.1.13　宋-2.0L-483QB发动机（2015—　）

该款发动机也搭载在M6车型上，相关内容请参考26.1.2小节。

26.1.14　元-1.5L-473QE发动机（2016—　）

该款发动机也搭载于G5车型上，相关内容请参考26.1.22小节。

26.1.15　元-1.5T-476ZQA发动机（2016—　）

该款发动机也搭载在S6车型上，相关内容请参考26.1.7小节。

26.1.16 秦-1.5T-476ZQA 发动机（2015— ）

该款发动机也搭载在 S6 车型上，相关内容请参考 26.1.7 小节。

26.1.17 速锐-1.5L-473QB/QE 发动机（2012—2015）

该款发动机也搭载于 G5 车型上，相关内容请参考 26.1.22 小节。

26.1.18 速锐-1.5T-476ZQA 发动机（2012—2015）

该款发动机也搭载在 S6 车型上，相关内容请参考 26.1.7 小节。

26.1.19 思锐-1.5T-476ZQA 发动机（2013— ）

该款发动机也搭载在 S6 车型上，相关内容请参考 26.1.7 小节。

26.1.20 G6-1.5T-476ZQA 发动机（2011—2013）

该款发动机也搭载在 S6 车型上，相关内容请参考 26.1.7 小节。

26.1.21 G6-2.0L-483QB 发动机（2011—2013）

该款发动机也搭载在 M6 车型上，相关内容请参考 26.1.2 小节。

26.1.22 G5-1.5L-473QB/QE 发动机（2014— ）

1. 正时链单元拆卸步骤

1）拆下正时带。
2）拆下发电机调节臂的装配螺栓，然后拧松发电机的装配螺栓。
3）拆除惰轮合件。
4）转动曲轴带轮，使其上止点（TDC）标记与指针对齐，如图 26-19 所示。
5）拆下水泵带轮。
6）拆下缸盖罩。
7）拆下曲轴带轮。

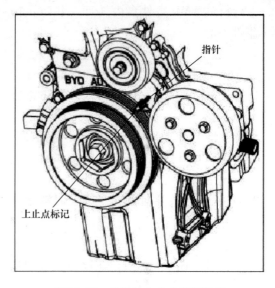

图 26-19 凸轮轴上止点标记设定

8）拆下油底壳。
9）在缸体下方，用千斤顶和木块支撑发动机。
10）使发电机远离正时罩，然后拆下正时罩。
11）给无声正时链张紧器座表面涂上发动机机油。用旋具撬开无声正时链张紧器座上的孔，然后拆除螺栓。
12）拆除无声正时链张紧器座。
13）拆下张紧链板组件和导向链板组件。
14）取下无声正时链条。

2. 正时链单元安装步骤

注意：使无声正时链远离磁场。

1）将曲轴置于上止点（TDC）位置。将曲轴链轮上的 TDC 标记与机油泵上的指针对齐，如图 26-20 所示。

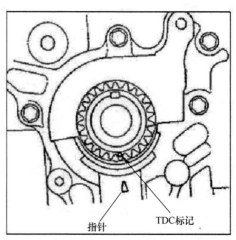

图 26-20 将曲轴设定于 TDC 位置

2）将1号活塞置于上止点（TDC）位置。凸轮轴链轮上的"UP"标记应当位于上部，而凸轮轴链轮的上止点槽应当与缸盖的上边缘对齐，如图26-21所示。

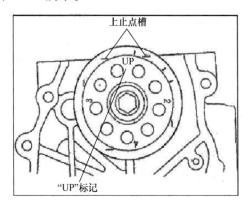

图26-21 将1号活塞置于TDC位置

3）将无声正时链安装在曲轴链轮上，色片要对准曲轴链轮上的TDC标记，如图26-22所示。

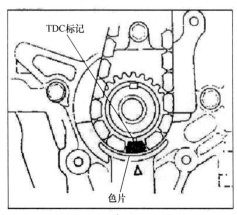

图26-22 安装正时链到曲轴上

4）将无声正时链安装到凸轮轴链轮上，指针要对准三块色片（473QB型发动机），如图26-23所示。

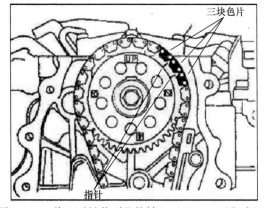

图26-23 将正时链装到凸轮轴上（473QB型发动机）

5）将无声正时链安装到凸轮轴链轮上，指针要与两块色片的中心对齐（473QA型发动机），如图26-24所示。

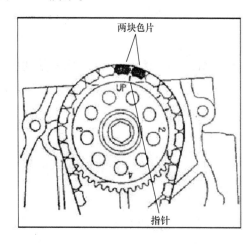

图26-24 将正时链装到凸轮轴上（473QA型发动机）

6）给张紧链板螺栓轴的螺纹涂上发动机机油；并安装张紧链板组件和导向链板组件。

7）安装张紧器座，并轻轻拧上螺栓。

8）给张紧器座的滑动面涂上发动机机油。

9）顺时针旋转张紧器座，来压紧张紧链板组件，安装剩余的螺栓，并将其锁紧。

10）检查正时罩上曲轴前油封有无损坏。如果油封损坏，则更换曲轴前油封。

11）将正时罩配合表面、螺栓和螺栓孔上的旧平面密封胶清除。

12）清洁正时罩配合表面，并进行干燥。

13）将平面密封胶均匀地涂抹在正时罩与缸体配合的面及各孔的内螺纹上。

注意：沿虚线涂敷2~3mm宽的平面密封胶。给正时罩上的缸体上表面接触面涂敷3~4mm宽的平面密封胶。零件涂敷平面密封胶后，如果超过4min或4min以上还没有进行安装，则不得进行安装。正确的做法是，清除旧的残留物，重新涂敷平面密封胶。

14）安装正时罩。

15）安装油底壳。

16）安装曲轴带轮及垫片合件。

17）安装缸盖罩。

18）安装水泵带轮。

19）安装惰轮合件。

20）安装发电机调节臂装配螺栓。

21）安装并调整正时带。

26.1.23 G5-1.5T-476ZQA 发动机（2014—）

该款发动机也搭载在S6车型上，相关内容请参考26.1.7小节。

26.1.24 G3-1.5L-DA4G15S 发动机（2011—）

该发动机正时带维修与三菱4G18发动机一样，相关内容请参考12.2小节。

26.1.25 G3-1.8L-483QA 发动机（2011—）

该发动机正时带维修与483QB相同，相关内容请参考26.1.2小节。

26.1.26 G3-1.5L-473QB/QE 发动机（2013—）

该款发动机也搭载于G5车型上，相关内容请参考26.1.22小节。

26.1.27 F6-1.8L-483QA 发动机（2011—）

该发动机正时带维修与483QB相同，相关内容请参考26.1.2小节。

26.1.28 F6-2.0L-483QB 发动机（2011—）

该款发动机也搭载在M6车型上，相关内容请参考26.1.2小节。

26.1.29 F6-2.4L-4G69 发动机（2011—）

该款发动机正时带维修与三菱4G69发动机一样，相关内容请参考12.3.2小节。

26.1.30 F3-1.5L-473QB/QE 发动机（2012—）

该款发动机也搭载于G5车型上，相关内容请参考26.1.22小节。

26.1.31 F0-1.0L-371QA/QB 发动机（2013—）

1. 正时链单元拆卸步骤

1）拆下紧固螺栓，卸下发电机，拆下多楔带。
2）按顺序拆下水泵进水软管。
3）拆下缸盖罩。
4）拆下曲轴位置传感器。
5）拆下曲轴带轮。
6）拆下油底壳。
7）拆下机油收集器。
8）拆下紧固螺栓，卸下正时罩体，取下主油道上的密封圈。
9）将锁片按顺时针方向拨动，同时按下柱塞，松开张紧板。
10）按紧柱塞的同时，把专用工具插入锁片中的小孔，锁定柱塞，不让其弹出。
11）卸下张紧板的螺栓，取出张紧板，取下正时链条。
12）卸下曲轴链轮，注意取下曲轴上的半圆键。

2. 正时链单元安装步骤

按拆卸相反的顺序安装，应注意以下几点：

1）安装链条前，和拆卸一样，把专用工具插入张紧器锁片的小孔，锁定柱塞不让其弹出。
2）按图26-25所示安装正时链条，正时链条上着色链面朝向外侧，不得反装。把凸轮轴链轮的正时记号对着正上方，并且要把蓝色的链片分别对准进排气凸轮轴链轮的正时记号，还要将黑色的链片对准曲轴链轮上的正时记号。

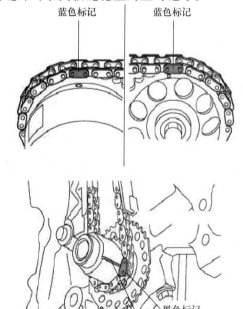

图26-25 正时链正时标记图

3）稍微转动进气凸轮轴，使右边链条张紧，确认链条两侧在导向板和张紧板安装位置，然后取下插入锁片小孔的专用工具；检查张紧器是否自动弹出，压紧张紧板。

4）相关拧紧力矩数据如下：

导向板螺栓：10N·m；张紧板螺栓：20N·m；张紧器螺栓：10N·m。

26.2 吉利

26.2.1 博越 1.8T – 4G18TD 发动机（2016— ）

1. 正时链单元部件分解

发动机正时链单元部件如图 26-26 所示。

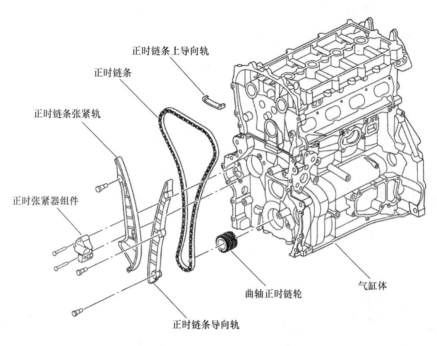

图 26-26 吉利 4G18TDB 发动机正时链单元

2. 正时链单元拆卸步骤

1）拆卸正时链罩。

① 拆卸正时链罩中心处 3 颗固定螺栓，取下正时链罩隔音罩。

② 拆卸正时链罩边缘处 25 颗螺栓，取下正时链罩。

2）拆卸正时链条张紧器。

① 用记号笔在进排气 VVT 和链条上做好原始位置标记，使用合适工具固定链条和凸轮轴。

② 安装正时链条张紧器锁止专用工具，以防拆卸张紧器时张紧器内的弹簧蹦出，见图 26-27。专用工具：15P0025。

③ 拆卸正时张紧器组件 2 颗固定螺栓。

注意：此时不能转动曲轴，以防止曲轴正时链轮滑齿。

3）拆卸机油泵链条组件。

图 26-27 安装张紧器专用工具

① 拆卸机油泵链条张紧轨固定螺栓 1，并同机油泵链条张紧轨 2 一起取下，见图 26-28。

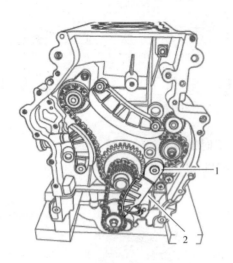

图26-28 拆卸机油泵链条张紧轨

② 取下机油泵链条和曲轴链轮。注意如果链轮损坏，转动不正常则更换机油泵总成。

4）拆卸正时链条。

① 拆卸正时链条张紧轨上的固定螺栓 1 和正时链条导向轨上的固定螺栓 2，见图26-29。

② 取下正时链条导向轨和正时链条张紧轨。

③ 拆卸正时链条上导向轨。

④ 取下正时链条组件。

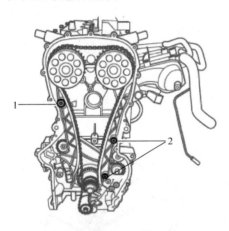

图26-29 拆卸正时链条导轨

5）拆卸平衡轴链条组件。

① 拆卸平衡轴链条紧链器组件。

② 拆卸平衡轴链条张紧轨和上下导轨的 5 个固定螺栓，取下平衡轴链条组件、张紧轨和上下导轨。

3. 正时链单元安装步骤

1）安装平衡轴链条组件。

① 安装平衡轴链条组件，同时转动曲轴或平衡轴，使平衡轴链条上的三个标记 1（蓝色链节）与平衡轴1记号（齿上一圆点）对齐，2（蓝色链节）与平衡轴2记号（齿上一圆点）对齐，3（黄色链节）与平衡轴驱动链轮记号（面上一圆点）对齐，见图26-30。

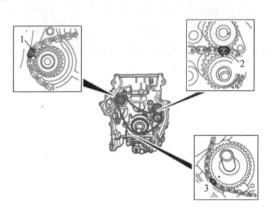

图26-30 发动机正时安装标记

② 安装平衡轴链条导向轨，并紧固平衡轴链条导向轨5颗固定螺栓。力矩：22.5N·m。注意平衡轴链条张紧轨螺栓需涂厌氧型螺纹锁固胶（乐泰243）。

③ 安装并紧固平衡轴链条张紧器，见图26-31。力矩：85N·m。

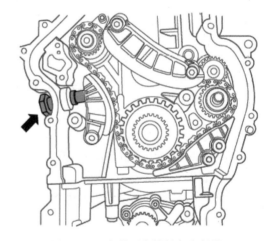

图26-31 安装平衡轴链条张紧器

2）安装机油泵链条组件。

① 安装曲轴链轮。注意曲轴正时链轮1上有凸齿定位记号和平衡轴驱动链轮2上的凹槽相对插入以确保安装到位，见图26-32。

② 安装机油泵链条。

③ 安装机油泵链条张紧轨及机油泵链条张紧轨螺栓，螺栓需涂厌氧型螺纹锁固胶（乐泰243）。力矩：22.5N·m。

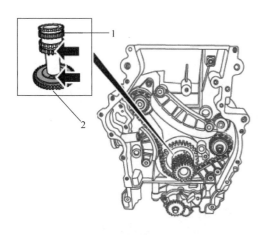

图 26-32 曲轴链轮安装位置

3)安装正时链条。

① 确认正时链条组件上的 3 个正时标记外链节。注意机油泵链条上共有两个正时标记外链节,其中两个正时标记外链节(黄色)与机油泵链轮正时记号对齐;一个正时标记外链节(黄色)与曲轴油泵链轮正时记号对齐。

② 安装正时链条组件使链条的正时标记 1 外链节对正排气 VVT 链轮正时记号(齿中间有一圆点),使链条的正时标记 2 外链节对正进气 VVT 链轮正时记号(齿中间有一点),使链条的正时标记 3 对正曲轴正时链轮记号(曲轴链轮平面上一圆点),见图 26-33。

注意:正时链条上共有三个正时标记外链节,其中两个正时标记外链节(之间相差 10 个链节)与进排气 VVT 链轮正时记号对齐。

注意:如果进排气 VVT 链轮正时记号对齐困难,可转动凸轮轴使其对齐。

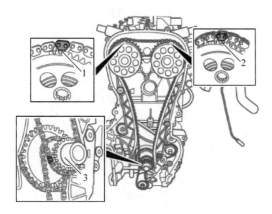

图 26-33 对齐正时标记

③ 安装正时链条上导向轨。注意如果正时链条上导向轨,可以逆时针转动进气凸轮轴使正时链条放松。

④ 安装并紧固正时链条定导向轨上的固定螺栓和正时链条张紧轨上的固定螺栓。力矩:22.5N·m。

4)安装正时链条张紧器,并紧固 2 颗固定螺栓。力矩:10.5N·m。注意拔出张紧器锁止销专用工具。

5)安装正时链罩。

① 安装正时链罩周边的 25 个正时链罩紧固螺栓,但先不要拧紧。注意按照先中间后两边的顺序,分两次拧紧螺栓。力矩:第一次:10N·m;第二次:22.5N·m。

② 安装正时链罩隔音罩及正时链罩中间的 3 个固定螺栓。

26.2.2 博越 2.0L – 4G20 发动机（2016— ）

1. 正时链单元部件分解

正时链单元部件分解如图 26-34 所示。

2. 正时链单元拆卸步骤

1)拆卸正时链条张紧轨组件销轴,取下正时链条张紧轨组件。注意取出过程中注意张紧轨蹄块不要掉落,否则容易造成张紧轨蹄块损坏。

2)拆卸正时链条导向轨组件固定螺栓,取下正时链条导向轨组件。

3)拆卸正时链条护板。

4)拆卸正时链条及曲轴正时链轮。

3. 正时链单元安装步骤

1)确认正时链条上的 3 个链节标记,见图 26-35。

注意:正时链条上共有三个正时标记外链节,其中第 1 个正时标记与曲轴链轮正时标记对齐,第 2、3 两个正时标记(黄色)(之间相差 7 个链节)分别与排气凸轮轴链轮正时标记和进气 VVT 驱动器正时标记对齐。

2)安装正时链条,依次对齐凸轮轴正时链轮上的两个正时标记,见图 26-36。

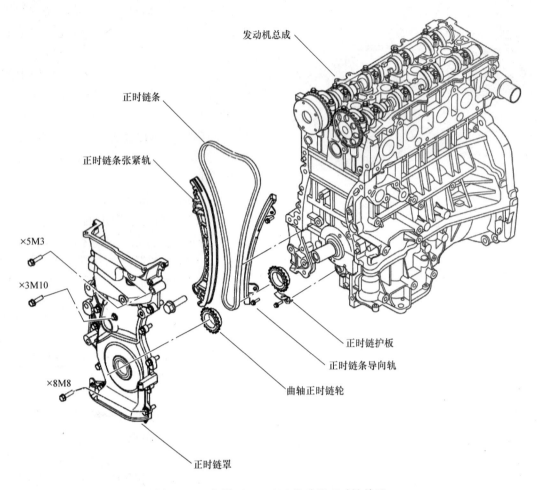

图 26-34 吉利 4G20/4G24 发动机正时链单元

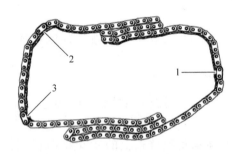

图 26-35 正时链条上的 3 个正时标记

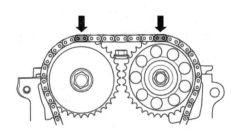

图 26-36 凸轮轴正时链轮上的正时标记

① 将链条的第 2 个正时标记外链节（黄色）对正排气凸轮轴链轮正时标记。

② 将链条的第 3 个正时标记外链节（黄色）对正进气 VVT 驱动器链轮正时标记。

3）安装曲轴正时链轮，对齐链轮与链条的第一个正时标记，见图 26-37。

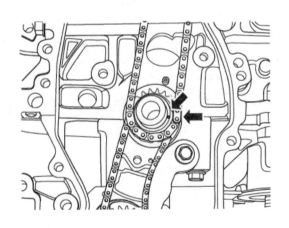

图 26-37 曲轴正时链轮正时标记

4）安装并拧紧正时链条护板及紧固螺栓，见图26-38。拧紧力矩：9N·m。

图26-38 安装护板螺栓

5）安装并拧紧正时链条导轨组件及固定螺栓，见图26-39。拧紧力矩：9N·m。

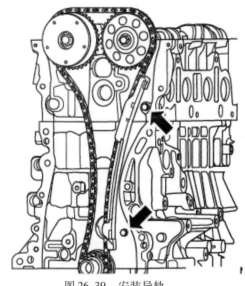

图26-39 安装导轨

6）安装并拧紧正时链条张紧轨组件及正时链条张紧销轴，见图26-40。拧紧力矩：19N·m。

7）使用专用工具安装曲轴前油封。注意：曲轴前油封每次维修须更换新件。

8）安装正时链罩：在正时链罩与缸体、缸盖安装结合面，均匀涂上1596F硅橡胶平面密封剂。

密封剂涂抹直径：4.0mm。注意在安装正时链罩之前，必须检查正时链条上面的标记是否处在正确位置。如果有偏差，请重新安装正时链条。按图26-41所示顺序，拧紧正时链罩固定螺栓及

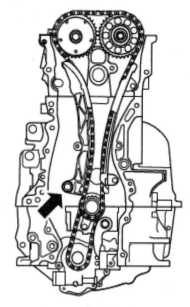

图26-40 安装张紧轨

螺母，共计14处。

拧紧力矩：M6螺栓及螺母——10N·m；M8螺栓——18N·m；M10螺栓——50N·m。

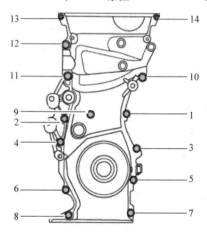

图26-41 正时罩盖螺栓拧紧顺序

9）压入正时紧链器推杆，如图26-42所示，使推杆进入自锁状态。安装正时紧链器组件，装入后，推杆自动弹出。安装2颗M6的固定螺母。拧紧力矩：9N·m。

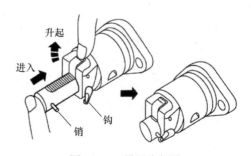

图26-42 设置张紧器

26.2.3 博瑞1.8T-4G18TD发动机（2015— ）

该发动机也搭载于博越车型上，相关内容请参考26.2.1小节。

26.2.4 博瑞2.4L-4G24发动机（2015— ）

该发动机正时带维修与4G20一样，相关内容请参考26.2.2小节。

26.2.5 博瑞3.5L-6G35V发动机（2015— ）

1. 正时链单元部件分解

发动机正时链单元部件如图26-43所示。

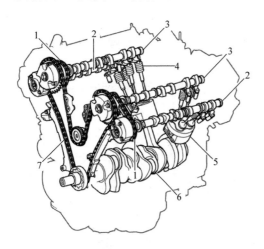

图26-43 吉利6G35V发动机正时链单元
1—正时链条（次级） 2—排气凸轮轴 3—进气凸轮轴
4—气门 5—活塞 6—曲轴 7—正时链条（初级）

2. 正时链单元更换步骤

拆卸步骤如下：
1）旋转曲轴，使第一缸处于压缩行程上止点，拆卸正时链罩。
2）拆卸正时链条张紧器。
3）拆卸正时链条张紧轨。
4）拆卸曲轴正时链轮。
5）拆卸正时链条塑料导向板。
6）拆卸链惰轮固定螺栓，并取出链惰轮。
7）拆卸正时链条导向轨组件固定螺栓，并取下正时链条导向轨组件。
8）拆卸正时链条。

安装步骤如下：
1）安装惰轮轴。
2）安装惰轮组件并紧固惰轮固定螺栓，见图26-44。力矩：60N·m。

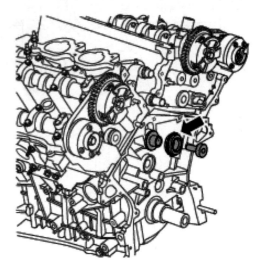

图26-44 安装惰轮组件

3）安装曲轴正时链轮。
4）安装并紧固左侧正时链条导向轨固定螺栓。
5）安装正时链条上部导向轨。
6）安装正时主链条。注意确保凸轮轴承盖正时标记，副链条正时标记（黄色），主链条橙色链板正时标记板，VVT正时标记在一条轴线上。正时链条黄色链板和驱动链轮上凹坑对齐，见图26-45。

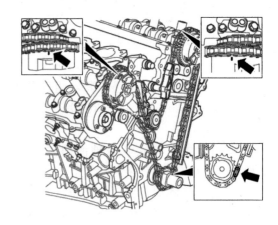

图26-45 正时链条正时标记

7）安装正时主链条张紧轨。
8）安装正时主链条张紧器并紧固固定螺栓。力矩：13N·m。

9)取出正时主链条张紧器限位销。

3. 副传动链更换步骤

拆卸步骤如下：

1）断开蓄电池负极电缆。

2）拆卸正时链条。

3）按压（右）副传动链张紧器组件并插入插销。

4）拆卸右侧进、排气VVT执行器固定螺栓，见图26-46。

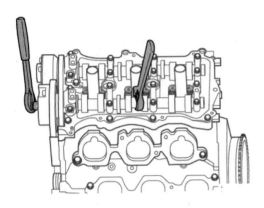

图26-46 拆卸排气侧VVT执行器

5）取出右侧进、排气VVT执行器。

6）拆卸（右）副传动链。注意（左）副传动链、（右）副传动链拆卸、安装方法相似。

在安装副传动链前执行以下检查程序：

1）用147N的力拉紧主、副链条。

2）使用游标卡尺测量15个链节的长度。

副链条最大长度：136.36mm。随机测量3次，如果长度大于最大值，则应更换副链条，见图26-47。

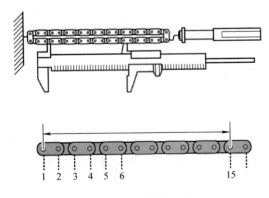

图26-47 副传动链检查

安装程序：

1）安装（右）副传动链。注意副传动链上的两个黄色标记分别与右侧进气VVT执行器和右侧排气VVT执行器对齐，见图26-48。

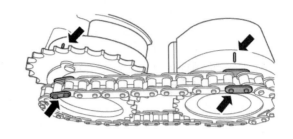

图26-48 对齐正时标记

2）转动右侧进、排气凸轮轴，使其定位销与进、排气VVT执行器上的定位销孔对齐，把进、排气VVT执行器组件推入右侧进、排气凸轮轴的定位销。注意不得用硬物敲击。

3）将进、排气VVT执行器分别紧固于右侧进、排气凸轮轴上。力矩：100N·m。

4）拔出（右）副传动链张紧器组件上的插销。

5）安装正时链条。

6）连接蓄电池负极电缆。

4. 张紧器更换步骤

拆卸步骤如下：

1）断开蓄电池负极电缆。

2）旋转曲轴，如图26-49所示，使1缸处于上止点位置。注意曲轴带轮正时记号与正时链罩上刻度线"0"位对齐。

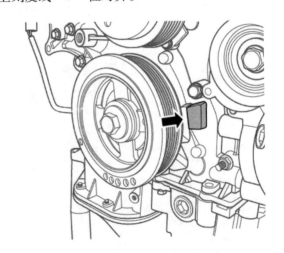

图26-49 旋转曲轴到1缸上止点位置

3）拆卸正时链条罩盖。

4）确认正时链条记号。

注意：确保凸轮轴承盖正时标记，副链条正时标记（黄色），主链条橙色链板正时标记板，VVT正时标记在一条轴线上。正时链条黄色链板和驱动链轮上凹坑对齐。

5）移动挡板释放锁至张紧位置。

6）将锁止销插入到止动板的孔中。

7）拆卸链条张紧器固定螺栓。注意此时不能转动曲轴，以防止正时链轮滑齿。

8）取下正时链条张紧器。

安装程序：

1）如图26-50所示，向上移动正时链条张紧器止动板，推动柱塞，检查移动是否顺畅。如有必要，更换链条张紧器组件。

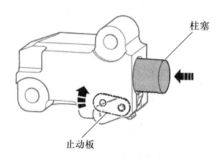

图26-50　检查链条张紧器

2）确认正时链条记号。注意确保凸轮轴承盖正时标记，副链条正时标记（黄色），主链条橙色链板正时标记板，VVT正时标记在一条轴线上。正时链条黄色链板和驱动链轮上凹坑对齐。

3）安装正时主链条张紧轨。

4）安装正时主链条张紧器并紧固固定螺栓，见图26-51。力矩：13N·m。

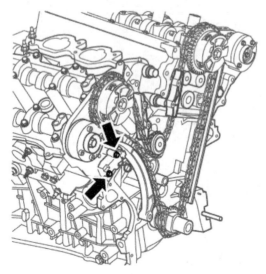

图26-51　安装链条张紧器

5）取出正时主链条张紧器限位销。

6）安装正时链条罩盖。

7）连接蓄电池负极电缆。

26.2.6　帝豪GS-1.3T-4G13TB发动机（2016—　）

1. 正时链单元拆卸步骤

1）断开蓄电池负极电缆。

2）拆卸油底壳。

3）拆卸正时链罩。

4）拆卸正时链条张紧器组件。

5）拆卸正时链条张紧轨组件上的固定螺栓，并取下正时链条张紧轨组件。

6）拆卸正时链条导向轨上的固定螺栓，并取下正时链条导向轨。

7）拆卸正时链条顶部导向轨组件固定螺栓，并取下正时链条导向轨组件。

8）拆卸正时链条。

2. 正时链单元安装步骤

1）安装一个补气管接头，并紧固气缸盖罩上的堵塞，见图26-52。力矩：12.5N·m。

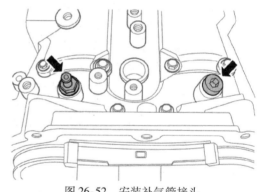

图26-52　安装补气管接头

2）安装并紧固曲轴正时定位堵塞，见图26-53。力矩：12.5N·m。

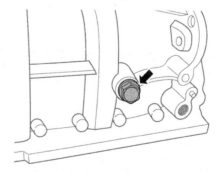

图26-53　安装曲轴正时定位堵塞

3）确认凸轮轴正时工装和曲轴正时专用工具，见图26-54、图26-55。

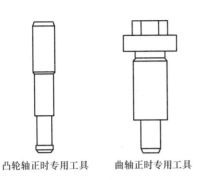

图26-54 两种正时专用工具的区分

4）利用VVT驱动器螺栓转动凸轮轴，使两个标记孔在凸轮轴中心孔正上方，然后将两个凸轮轴正时定位专用工具插入2个工艺孔，保证凸轮轴正时定位专用工具末端插入到凸轮轴凸台小孔内。

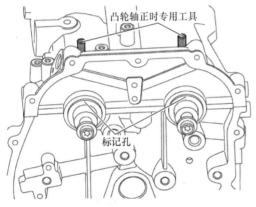

图26-55 安装正时专用工具

5）安装进、排气VVT组件，VVT驱动器螺栓头部涂润滑油，用手拧入VVT驱动器螺栓，暂不拧紧。

注意：安装时拿稳VVT组件，不能掉落在地上，如果掉落即报废。

注意：VVT组件与凸轮轴的安装面部不能有油污。

6）安装减振带轮螺栓，顺时针旋转曲轴将曲轴半圆键槽调至水平向右，装入曲轴正时定位专用工具，左右转动曲轴，曲轴卡死不能转动，确保专用工具末端已插在曲轴第二平衡块的开口槽内，然后用手拧紧曲轴正时定位专用工具，见图26-56。

7）安装正时链条。

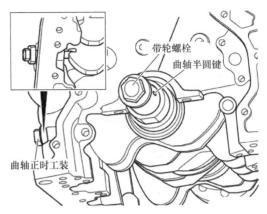

图26-56 安装曲轴定位专用工具

8）安装正时链条导向规组件。

9）安装并紧固正时链条导向规组件固定螺栓。力矩：9N·m，见图26-57。

图26-57 安装导向规组件

10）安装正时链条导向轨。

11）安装并紧固正时链条导向轨定螺栓，见图26-58、图26-59。力矩：23N·m。

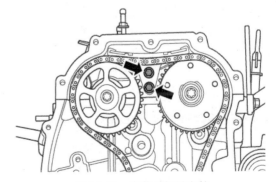

图26-58 安装上部导向轨

12）安装正时链条张紧轨，见图26-60。

13）安装并紧固正时链条张紧轨固定螺栓。

力矩：23N·m。

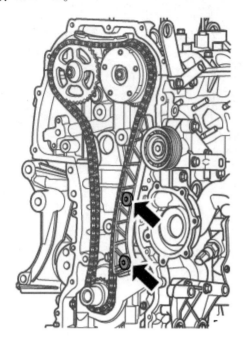

图 26-59　安装导向轨

14）安装正时链条张紧器组件。

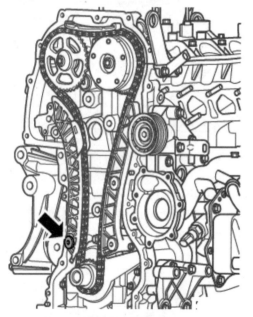

图 26-60　安装张紧轨

15）安装正时链罩。
16）连接蓄电池负极电缆。

26.2.7　帝豪 GS - 1.8L - 4G18 发动机 (2016—)

1. 正时链单元拆卸步骤

1）断开蓄电池负极电缆。

2）拆卸正时链罩。
3）拆卸正时链条张紧器组件。
4）拆卸正时链条张紧轨组件上的固定螺栓，并取下正时链条张紧轨组件。
5）拆卸正时链条导向轨组件上的固定螺栓，并取下正时链条导向轨组件。
6）取下正时链条。

注意：取下正时链条后，不要再转动曲轴和凸轮轴，防止活塞顶到气门。

2. 正时链单元安装步骤

1）确认正时链条上的 3 个黄色链节，第 2 个黄色链节和第 3 个黄色链节之间相隔 6 个链节，见图 26-61。

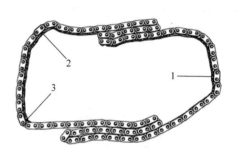

图 26-61　正时链条标记链节位置

2）转动进气凸轮轴和排气凸轮轴使链轮上的正时记号朝正上方，即 1 缸第 1 个进、排气凸轮桃尖向内约成 90°夹角。安装正时链条，使链条的第 2 个正时标记外链节（黄色）对正进气 VVT 驱动器正时记号；使链条的第 3 个正时标记外链节（黄色）对正排气 VVT 驱动器正时记号，见图 26-62。

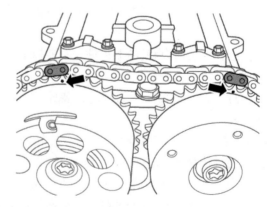

图 26-62　凸轮轴链轮正时标记位置

3）安装凸轮轴专用工具 GT301 - 018 固定凸

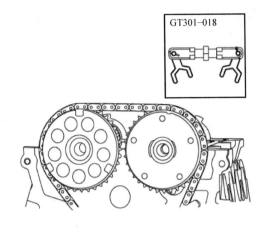

图 26-63 安装凸轮轴固定工具

轮轴,见图 26-63。

4) 转动曲轴使曲轴上的半圆键对准机油泵上的圆点,即 1 缸压缩行程上止点位置,见图 26-64。

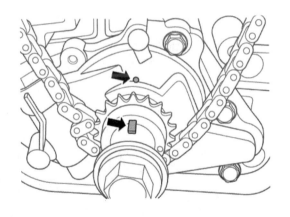

图 26-64 曲轴 1 缸上止点位置

5) 安装正时链条,使第 1 个正时标记外链节(黄色)对正曲轴正时链轮正时记号,见图 26-65。

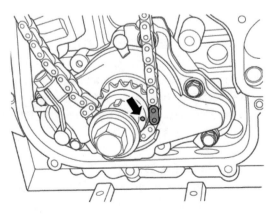

图 26-65 曲轴正时链标记位置

6) 安装好后请在进排气链轮上做好装配记号,以便在取下正时链条张紧器维修工具后再次确认正时记号。

7) 安装正时链条导向轨组件,并紧固固定螺栓。力矩:10N·m。

8) 安装正时链条张紧轨组件,并紧固固定螺栓。力矩:10N·m,见图 26-66。

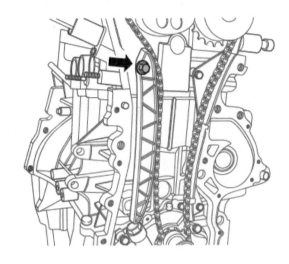

图 26-66 安装正时链张紧轨

9) 安装正时链条张紧器组件。
10) 安装正时链罩。
11) 连接蓄电池负极电缆。

26.2.8 帝豪 GL - 1.3T - 4G13TB 发动机（2016— ）

该款发动机也搭载在帝豪 GS 车型上,相关内容请参考 26.2.6 小节。

26.2.9 帝豪 GL - 1.8L - 4G18 发动机（2016— ）

该款发动机也搭载在帝豪 GS 车型上,相关内容请参考 26.2.7 小节。

26.2.10 新帝豪三厢 - 1.3T - 4G13TB 发动机（2017— ）

该款发动机也搭载在帝豪 GS 车型上,相关内容请参考 26.2.6 小节。

26.2.11 新帝豪三厢 - 1.5L - 4G15 发动机（2017— ）

该发动机正时带维修与 4G18 一样,相关内

26.2.12 帝豪 RS - 1.3T - 4G13TB 发动机（2017— ）

该款发动机也搭载在帝豪 GS 车型上，相关内容请参考 26.2.6 小节。

26.2.13 帝豪 RS - 1.5L - 4G15 发动机（2017— ）

该发动机正时带维修与 4G18 一样，相关内容请参考 26.2.7 小节。

26.2.14 远景 X1 - 1.3L 发动机（2017— ）

该发动机正时带维修与 4G13TB 一样，相关内容请参考 26.2.6 小节。

26.2.15 远景 1.3T - 4G13TB 发动机（2017— ）

该款发动机也搭载在帝豪 GS 车型上，相关内容请参考 26.2.6 小节。

26.2.16 远景 1.5L - 4G15 发动机（2017— ）

该发动机正时带维修与 4G18 一样，相关内容请参考 26.2.7 小节。

26.2.17 远景 SUV - 1.3T - 4G13TB 发动机（2016— ）

该款发动机也搭载在帝豪 GS 车型上，相关内容请参考 26.2.6 小节。

26.2.18 远景 SUV - 1.8L - 4G18 发动机（2016— ）

该款发动机也搭载在帝豪 GS 车型上，相关内容请参考 26.2.7 小节。

26.2.19 金刚三厢 1.5L - 4G15 发动机（2016— ）

该发动机正时带维修与 4G18 一样，相关内容请参考 26.2.7 小节。

26.2.20 金刚 CROSS - 1.5L - 4G15 发动机（2015— ）

该发动机正时带维修与 4G18 一样，相关内容请参考 26.2.7 小节。

26.2.21 吉利 GC7 - 1.5L - 4G15 发动机（2013— ）

该发动机正时带维修与 4G18 一样，相关内容请参考 26.2.7 小节。

26.2.22 海景 1.5L - 4G15 发动机（2015— ）

该发动机正时带维修与 4G18 一样，相关内容请参考 26.2.7 小节。

26.2.23 熊猫 1.0L - 3G10 发动机（2016— ）

1. 正时链单元部件分解

发动机正时链单元部件如图 26-67 所示。

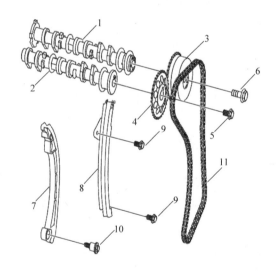

图 26-67 吉利 3G10 发动机正时链
1—进气凸轮轴 2—排气凸轮轴 3—VVT 执行器
4—排气凸轮轴驱动链轮 5—排气链凸轮轴驱动链轮紧固螺栓
6—VVT 执行器紧固螺栓 7—正时链条张紧导轨
8—正时链条导向导轨 9—正时链条导向导轨固定螺栓
10—正时链条张紧导轨固定螺栓 11—正时链条

2. 正时链单元拆卸步骤

1）旋转曲轴，使曲轴带轮正时记号对准 0 号刻度线，如图 26-68 所示。

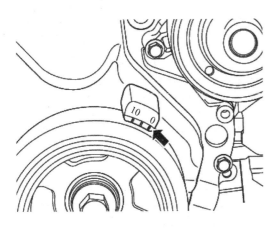

图26-68 曲轴带轮正时标记

2) 确认进气VVT链轮及排气链轮正时记号所处位置如图26-69所示,以保证第1缸处于压缩行程上止点位置,如果位置不正确,重复步骤2) 直至进排气链轮正时记号处于图26-69示位置,并用记号笔在链轮上做好记号。

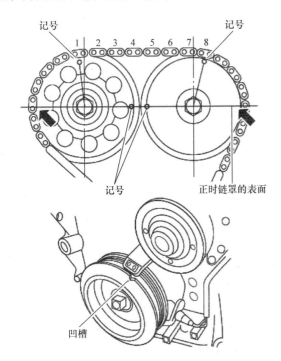

图26-69 凸轮轴正时标记

3) 利用专用工具GL301-020拆卸曲轴带轮。
4) 拆卸正时链条张紧器。
5) 拆卸正时链罩紧固螺栓。
6) 利用撬杆伸入凹槽位置,松动正时链罩。
7) 取出正时链罩。

3. 正时链单元安装步骤

1) 清洁正时链罩及缸体上的残余密封胶。
2) 在正时链罩与缸体安装面均匀涂上专用密封胶,安装正时链罩。注意在安装正时链罩之前,检查正时链条上面所做的记号是否一致,如果有偏差,请重新安装正时链条。
3) 紧固链罩紧固螺栓。
M6 螺栓:力矩:12N·m。
M8 螺栓:力矩:18N·m。
4) 安装正时链条张紧器。
5) 安装曲轴带轮。
6) 使用专用工具GL301-020安装曲轴带轮螺栓,见图26-70。力矩:138N·m。

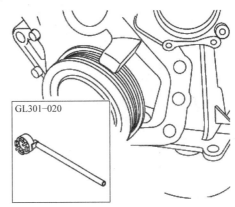

图26-70 用专用工具安装曲轴带轮

26.3 奇瑞

26.3.1 瑞虎3-1.6L-E4G16发动机(2014—)

该款发动机也搭载于艾瑞泽7车型,相关内容请参考26.3.9小节。

26.3.2 瑞虎3X-1.5L-E4G15发动机(2017—)

该发动机正时带维修与E4G16发动机一样,相关内容请参考26.3.9小节。

26.3.3 瑞虎5-1.5T-E4T15B发动机(2017—)

1. 正时链单元拆卸步骤

1) 对正时链罩盖进行拆卸。

2）用8#套筒拆卸固定正时链上导轨的螺栓，取下正时链上导轨总成（共2个M6×15螺栓）。

3）推动活动导轨，将液压张紧器柱塞推入最大压缩位置，用卡销将液压张紧器柱塞卡死，用8#套筒拆卸紧固活动导轨的液压张紧器的两个螺栓，取下液压张紧器总成（共2个M6×25螺栓）。

4）用10#套筒拆卸固定活动导轨上方的螺栓，取下活动导轨总成。（共1个M6×12-10.9）液压张紧器张力较大，拆卸时注意安全。

5）对8#套筒拆卸固定导轨总成上的螺栓，取下固定导轨总成（共2个M6×15）。

6）取下正时链条总成。

2. 正时链单元安装步骤

1）转动曲轴，将曲轴正时定位销通过缸体上进气侧的螺纹孔装在缸体上，定位销的前端插在曲轴平衡块上的定位孔内。四个活塞应当处于同一平面内。见图26-71。

注意：此时，固定相位器的螺栓不能拧紧，相位器应能够相对凸轮轴转动！

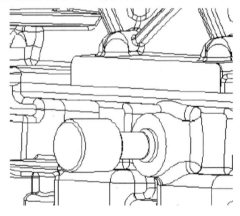

图26-71 安装曲轴定位工具

2）将凸轮轴正时定位专用工具放置在缸盖上平面的后部，分别转动进、排气凸轮轴，将凸轮轴正时定位专用工具水平地卡入两个凸轮轴后端卡槽中，见图26-72。

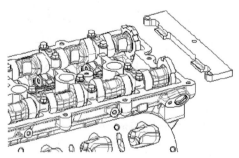

图26-72 安装凸轮轴正时定位专用工具

3）将上导轨总成两个螺栓涂乐泰243胶2-3牙，旋入到凸轮轴第一轴承盖上暂不拧紧。

4）将正时链条分别挂到进、排气相位器、曲轴链轮上，上导轨总成保持水平。

5）用8#套筒将固定导轨总成两个螺栓分别固定到缸盖和缸体上，然后拧紧螺栓。力矩：9N·m+3N·m。

6）用10#套筒将活动导轨总成用螺栓固定到缸盖上，然后拧紧螺栓。力矩：12N·m+2N·m。拧紧后，检查活动导轨是否能绕该螺栓灵活转动，否则拆下检查螺栓和活动导轨总成。

7）用8#套筒将液压张紧器总成用两个螺栓紧固到缸体上拧紧，然后扳动活动导轨压紧液压张紧器柱塞，拔出液压张紧器的锁销使链条张紧。力矩：9N·m+3N·m。

8）正时链条张紧后，依次转动进排气相位器，保证链条在紧边张紧，检查链条是否贴在固定导轨与活动导轨内，并与曲轴链轮和进排气相位器应正常啮合。此过程需保证进气相位器到曲轴链轮啮合点以及进排气相位器之间的链条部分（即与上导轨接触的链条部分）不可松弛，保持上导轨水平，拧紧上导轨螺栓。上导轨螺栓力矩：9N·m+3N·m。

9）用呆扳手分别定位进、排气凸轮轴前端，用内六角套筒把相位器螺栓拧紧至105N·m+5N·m。

10）拆下正时工具，用工具顺时针盘动曲轴两圈，确保无机械干涉，检查正时系统运转是否正常，禁止逆时针盘动。

3. 机油泵链条拆装步骤

（1）拆卸步骤

1）对正时链条进行拆卸。

2）对油底壳进行拆卸。

3）用10#套筒拆卸机油泵活动导轨总成固定螺栓。小心拆下机油泵活动导轨总成。

4）小心取下机油泵链条总成。

（2）安装步骤

1）机油泵链条挂在曲轴链轮和机油泵链轮上。

2）将机油泵活动导轨总成用螺栓旋入，暂不拧紧。

3）检查机油泵活动导轨是否能绕该螺栓灵活转动，否则拆下螺栓和机油泵活动导轨总成检查后重新安装。

4）手工扳动机油泵活动导轨总成，使机油泵活动导轨上弹簧卡入框架上对应限位凸台上，松开机油泵活动导轨总成使机油泵链条张紧，用10#套筒拧紧螺栓，力矩：12N·m+2N·m。

26.3.4 瑞虎7-1.5T-E4T15B发动机（2016— ）

该发动机也搭载于瑞虎5车型上，相关内容请参考26.3.3小节。

26.3.5 瑞虎7-2.0L-D4G20发动机（2016— ）

1. 正时带单元拆卸步骤

1）拆下右悬置软垫总成和发动机右悬置总成。

2）按照附件传动带、传动带张紧器总成及惰轮的拆卸方法，将各部件拆除。

3）拆除扭转减振器后即可拆除正时带罩盖。

4）用6mm内六角扳手将正时带张紧器向张紧力的反方向旋拧，待正时带松弛后即可取下，见图26-73。

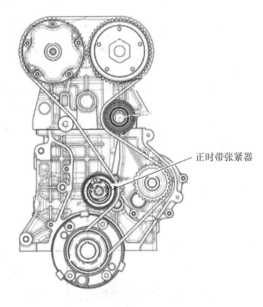

图26-73 拆卸张紧器

2. 正时带单元安装步骤

1）在进排气凸轮轴上装配进气凸轮轴相位器、排气凸轮轴相位器，并用两个M12×1.25的空心螺栓将其初步固定。

2）在排气凸轮轴下方把接触惰轮固定在缸盖上。拧紧力矩为40N·m+5N·m。在进气凸轮轴下方把惰轮装在缸盖上，拧紧扭矩为40N·m+5N·m。

3）将张紧器用一个M8×55的六角法兰面螺栓安装到缸体上，旋入暂不拧紧。

4）将曲轴从一、四缸的上止点的位置顺时针转270°，将曲轴定位销通过缸体上进气侧后部的螺纹孔装在缸体上，定位销的前端插在曲轴平衡块上的孔内，见图26-74。

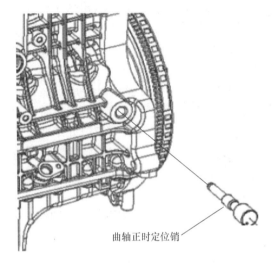

图26-74 安装曲轴正时定位销

5）将凸轮轴正时定位专用工具放置在缸盖上平面的后部，用呆扳手分别转动进、排气凸轮轴，将凸轮轴正时定位专用工具水平地进入两个凸轮轴后端的槽中，见图26-75。

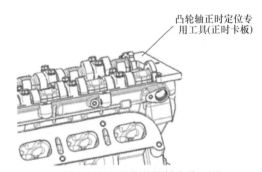

图26-75 安装凸轮轴定位工具

6）装上正时带，使两只凸轮轴正时齿轮、曲轴正时齿轮和水泵轮在正时带的齿形内侧；使张紧器、接触惰轮和惰轮在正时带的正时带外侧。

7）用6mm的内六角扳手按照张紧器上面调节方向调节张紧器调节器，同时用另一扳手固定六角头安装螺栓。

注意：要避免在逆时针旋转调节器时安装螺栓被拧紧。

顺时针旋转调节器直到指针与基座上的正时缺口标记对齐，并再多旋转5°~10°后再返回一定角度，再次逆时针旋转调节器直到调节器上的标记与张紧器臂上的记号再次对齐。然后用10#套筒紧固张紧器螺栓，拧紧力矩为20+5N·m。同时确认传动带已被张紧。

8）以（120±5）N·m的力矩拧紧进排气相位器安装空心螺栓。

注意：同时在凸轮轴上用六角扳手施加一反方向作用力以防止拧紧该螺栓时损坏凸轮轴。

然后装上进排气相位器盖，拧紧力矩30N·m。

9）取下凸轮轴和曲轴正时专用工装，转动曲轴两圈，检查张紧轮张紧状态，正时带张紧力为375~483N，若张紧器对齐标记处于非对齐状态，则松开张紧器螺栓，重新调整张紧器，继续重复上次的步骤，按25N·m+5N·m的力矩拧紧张紧器螺栓。

10）在缸体正时工具专用孔上装上螺塞（加铜垫片），拧紧力矩为40N·m+5N·m。

26.3.6 艾瑞泽3-1.5L-D4G15发动机（2015—　）

1. 正时带单元部件分解

发动机正时带单元结构如图26-76所示。

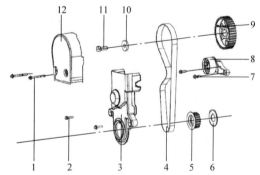

图26-76 奇瑞D4G15发动机正时带
1—螺栓　2—螺栓　3—下正时齿轮盖带密封垫总成
4—正时带　5—曲轴正时齿轮　6—垫片-曲轴正时齿轮
7—螺栓　8—张紧轮总成　9—正时齿轮-凸轮轴
10—垫片-凸轮轴正时齿轮　11—螺栓
12—上正时齿轮盖带密封垫总成

2. 正时链单元拆卸步骤

1）拆下附件传动带。

2）拆下附件传动张紧器。

3）抬高汽车。

4）使用工具盘动发动机至正时位置。

5）拆下扭转减振器。

6）放低汽车，拆下正时带上下罩盖。

7）松开张紧器螺栓，取下正时带。

3. 正时链单元安装程序

1）将曲轴正时齿轮垫片套入曲轴上，套入时凸面朝前。然后将曲轴正时齿轮套入曲轴上。安装有"FRONT"字样的朝前，使用工具盘动曲轴正时齿轮，使曲轴正时齿轮上的上止点记号上对准机油泵上正时标识（凸点），即保证曲轴转至一缸上止点位置。

2）将凸轮轴正时齿轮装配到凸轮轴半圆键上，用工具盘动凸轮轴正时齿轮，使其上部的标记箭头对准缸盖上的凹坑标记处。

3）将曲轴正时齿轮拔出一部分，然后将正时带套入到曲轴正时齿轮上，一起推入到曲轴轴颈上，然后将正时带绕向套入到凸轮轴正时齿轮和水泵带轮以及张紧轮上，这个过程中保持紧边传动带一直张紧。

4）用一个内六角扳手（M6）插入张紧轮中心轴内的内六角螺孔内，逆时针旋转张紧轮至标记位置使正时带张紧。拧紧张紧轮中心轴上的螺栓，力矩值为30N·m+5N·m。

5）装配完成后用测力仪测量紧边正时带的张紧力，保证张紧力在（300±50）N，不合格则重新装配。

6）安装正时带上下罩盖，紧固力矩：8N·m+3N·m。

7）安装扭转减振器。

8）安装附件传动张紧器。

9）安装附件传动带。

26.3.7 艾瑞泽5-1.5L-E4G15发动机（2016—　）

该发动机正时带维修与E4G16发动机一样，相关内容请参考26.3.9小节。

26.3.8 艾瑞泽7-1.5L-E4G15发动机（2016—　）

该发动机正时带维修与E4G16发动机一样，相关内容请参考26.3.9小节。

26.3.9 艾瑞泽7–1.6L–E4G16发动机（2016— ）

1. 正时链单元部件分解

发动机正时链单元部件如图26-77所示。

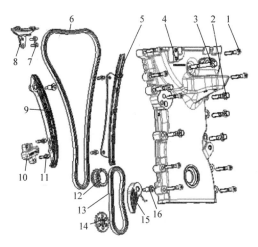

图26-77 奇瑞E4G16发动机正时链单元

1—内六角螺栓；力矩20~25N·m 2—六角法兰面螺栓，
力矩40~45N·m 3—六角法兰面螺栓，力矩40~45N·m
4—正时链罩盖 5—固定导轨总成 6—正时链条
7—螺栓，力矩9~12N·m 8—上导轨总成 9—活动导轨总成
10—张紧器总成 11—螺栓，力矩9~12N·m 12—曲轴链轮
13—机油泵链条 14—机油泵链轮 15—机油泵活动导轨总成
16—活动导轨螺栓，力矩9~12N·m

2. 发动机正时校对方法

1）拆卸缸体进气侧正时用塞，见图26-78。

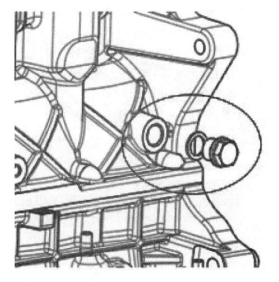

图26-78 拆卸缸体正时塞

2）转动曲轴，对准曲轴正时定位销孔和缸体进气侧对正时螺纹孔。

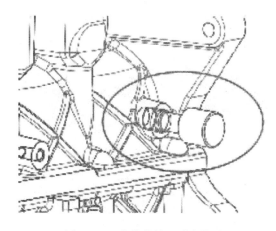

图26-79 安装曲轴正时定位销

3）将曲轴正时定位销通过缸体上进气侧的螺纹孔装在缸体上，定位销的前端插在曲轴平衡块上的定位孔内，见图26-79。

4）将凸轮轴正时定位专用工具放置在缸盖上平面的后部，用呆扳手轴正时定位专用工具水平地卡入两个凸轮轴后端卡槽中，见图26-80。

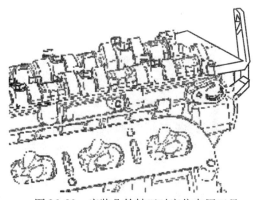

图26-80 安装凸轮轴正时定位专用工具

3. 正时链单元拆卸步骤

1）拆下正时链罩盖

2）推动活动导轨，将液压张紧器柱塞推入最大压缩位置，用卡销将液压张紧器柱塞卡死，见图26-81。

注意：液压张紧器内有大张力弹簧，切勿直接拆卸液压张紧器安装螺栓，以免柱塞突然弹出。

3）用10#套筒将液压张紧器拆卸下来。

4）依次拆卸活动导轨，固定导轨。

5）松开上导轨螺栓，将正时链条取下，拆卸后必须用记号笔标记链条正反面，以便装配时保持同一方向复原。由于链条运动方向的影响，正时链链片两侧的磨损量不一致，因此必须注意

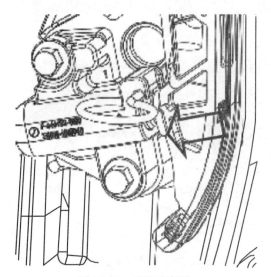

图 26-81 设置张紧器

保持链条的拆装方向一致。

6）使用 30# 扳手卡住凸轮轴，同时使用力矩扳手将 VVT 螺栓拆卸，取下进排气 VVT。

7）拆卸链条上导轨。

8）拆卸机油泵链轮，将机油泵链轮与链条一起取下。拆卸后必须用记号笔标记链条正反面，以便装配时保持同一方向复原。拆卸机油泵活动导轨。

4. 正时链单元安装步骤

按照与拆卸顺序相反的步骤装配。注意装配前需进行发动机正时对准。

1）安装机油泵活动导轨，拧紧力矩 9～12N·m，见图 26-82。用手推动机油泵活动导轨，使其处于最大压缩状态。

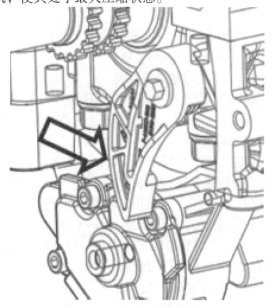

图 26-82 安装机油泵活动导轨

2）安装机油泵链条，将机油泵链条挂上曲轴链轮，装配机油泵链轮，拧紧力矩 20～25N·m。

注意：链条按照拆卸前的正反方向安装。

3）安装进排气相位器：分别安装进排气 VVT，旋入螺栓暂不拧紧。检查是否能灵活转动否则拆下检查排气相位器和螺栓。

4）安装正时链条、上导轨总成：将上导轨总成旋入到凸轮轴第 1 轴承盖上暂不拧紧。然后将正时链条挂到进、排气相位器和曲轴链轮上，安装时应注意链条卡入上导轨两个面之间，并且上导轨面保持水平。

注意：链条按照拆卸前的正反方向安装。

5）将固定导轨固定到缸盖和缸体上，拧紧力矩 9～12N·m。

6）将活动导轨总成用专用螺栓固定到缸盖上，拧紧力矩 9～12N·m。拧紧后，活动导轨应能绕该螺栓灵活转动，否则拆下检查螺栓和活动导轨总成。

7）将液压张紧器总成紧固到缸体上，拧紧力矩 9～12N·m，然后扳动活动导轨压紧液压张紧器柱塞，拔出液压张紧器的锁销使链条张紧，见图 26-83。

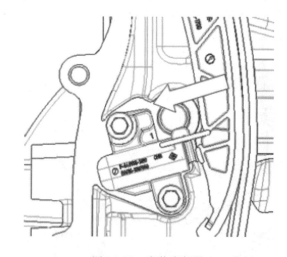

图 26-83 安装张紧器

8）链条张紧后，依次转动进排气相位器，保证链条在紧边张紧，检查链条贴在固定导轨与活动导轨内，并与曲轴链轮和进排气相位器应正常啮合。此过程需保证进气相位器到曲轴链轮啮合点以及进排气相位器之间的链条部分（即与上导轨接触的链条部分）不可松弛，保持上导轨水平，拧紧上导轨螺栓，拧紧力矩 9～12N·m。

9)分别拧紧排气和进气凸轮轴螺栓,拧紧力矩均为105N·m+5N·m。取下曲轴定位销和凸轮轴正时定位专用工具,顺时针盘动曲轴两圈检查正时系统运转是否正常,禁止逆时针盘动。

10)沿正时罩盖内侧边缘用乐泰5910胶涂胶。注意胶要涂在正时罩盖安装螺栓孔的内侧。对应正时罩盖的定位孔将正时罩盖装上,然后分别装上螺栓,M10螺栓拧紧力矩40~45N·m,M8螺栓拧紧力矩为20~25N·m。

26.3.10　E3-1.5L-D4G15 发动机（2013— ）

该发动机也搭载在艾瑞泽3车型上,相关内容请参考26.3.6小节。

26.3.11　E5-1.5L-477F 发动机（2011— ）

发动机正时带单元的安装方法如下:

1. 曲轴正时齿轮的安装

先确认缸盖总成上凸轮轴半圆键方向朝下。将曲轴转至一缸上止点,此时曲轴半圆键在上部,把曲轴正时齿轮垫片套入曲轴上,套入时凸面朝前。然后将曲轴正时齿轮套入曲轴上安装时有"FRONT"字样的朝前,齿轮上的上止点记号朝上,如图26-84所示。

图26-84　设置第一缸上止点位置

2. 凸轮轴正时齿轮的安装

按图26-85所示方向安装凸轮轴正时齿轮,检查齿轮上的上止点位置,应与缸盖第一轴承盖上正时点记号对上。

注意:缸盖第一轴承盖上正时记号不在正上方位置。

安装齿轮垫和螺栓,用手拧入螺栓后,然后拧紧至(95±5)N·m。拧紧时必须锁住凸轮轴。

图26-85　安装凸轮轴正时齿轮

26.3.12　E5-1.6L-E4G16 发动机（2014— ）

该款发动机也搭载于艾瑞泽7车型上,相关内容请参考26.3.9小节。

26.3.13　E5-1.8L-481FC 发动机（2014— ）

1. 发动机正时校对方法

1)拆下发动机正时带上罩盖和下罩盖。

2)松开正时带张紧轮中心螺栓,取下正时带。拧紧力矩:(27±3)N·m。

3)拔掉点火线圈和曲轴箱通风管路。

4)松开气门室罩盖螺栓,取下气门室罩盖。拧紧力矩:(8+3)N·m。

5)转动凸轮轴,将专用工具同时卡入进气和排气凸轮轴后端的卡槽内,见图26-86。

图26-86　安装凸轮轴定位专用工具

6）拧下图26-87所示位置的螺栓。边转动曲轴，边将专用工具旋入，直到曲轴正、反都不能转动为止。此时四个活塞将在同一高度。

注意：此过程需耐心去做，并且旋转曲轴的动作要轻柔，以免弄伤曲轴或气门。此螺栓孔平时安装有螺栓，拆卸时应注意避免润滑油泄漏。

图26-87　拧下螺栓

7）装上正时带，用内六角扳手顺时针转动张紧轮使正时带张紧，使张紧器上指针位于U形槽豁口中间位置。拧紧张紧轮螺栓，见图26-88。紧固进、排气凸轮轴带轮与凸轮轴的紧固螺栓。拧紧力矩：(120±5) N·m。

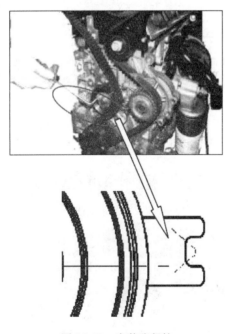

图26-88　安装张紧轮

8）取下正时专用工具，装上气门室罩盖、高压分缸线及正时带罩盖。

2. 正时带单元更换

1）拆下正时带上、下罩盖。

2）松开张紧轮中心螺栓，取下正时带。

3）安装顺序和拆卸顺序相反，请参照拆卸步骤进行。

注意：安装后要重新对正发动机正时，如图26-89所示。

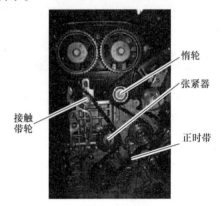

图26-89　正时对正图

26.3.14　旗云2－1.5L－477F发动机（2012— ）

该发动机也搭载在E5车型上，相关内容请参考26.3.11小节。

26.3.15　旗云5－1.8L－481FC发动机（2012— ）

该发动机也搭载在E5车型上，相关内容请参考26.3.13小节。

26.3.16　风云2－1.5L－477F发动机（2015— ）

该发动机也搭载在E5车型上，相关内容请参考26.3.11小节。

26.3.17　A3－1.6L－E4G16发动机（2012— ）

该款发动机也搭载于艾瑞泽7车型，相关内容请参考26.3.9小节。

26.3.18　QQ－1.0L－371F发动机（2013— ）

1. 正时链单元部件位置

发动机正时链单元部件如图26-90所示。

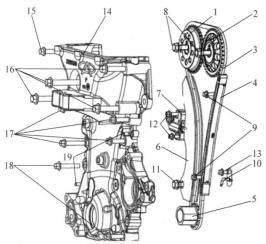

图 26-90 奇瑞 SQR371F 发动机正时链单元

1—进气链轮 2—排气链轮 3—正时链条 4—固定导轨总成 5—曲轴链轮 6—活动导轨总成 7—张紧器总成 8—进排气链轮螺栓 9—固定导轨螺栓 10—正时链条喷嘴 11—活动导轨螺栓 12—张紧器总成螺栓 13—六角法兰面螺栓 14—正时链轮室罩盖机油泵总成 15—六角法兰面螺栓 16—六角法兰面螺栓 17—六角法兰面螺栓 18—六角法兰面螺栓 19—定位销

2. 发动机正时标记对正

1）曲轴正时位置为曲轴半圆键在垂直方向最高位置，见图26-91。

图 26-91 曲轴正时位置

2）凸轮轴正时位置进（排）气链轮上的正时标记点到垂直方向的最高点的位置，见图26-92。

图 26-92 凸轮轴链轮正时位置

3）在装配正式链时，保证链条上的3个标记分别与进、排气链轮上小圆凹槽和曲轴链轮上正时标记对齐，见图26-93。

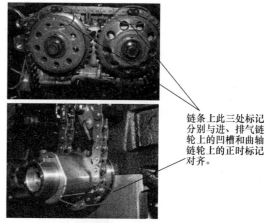

图 26-93 正时链正时标记

3. 正时链单元拆卸步骤

1）拆下正时链罩盖。

2）用8#套筒将张紧器螺栓12拆卸下来，取下张紧器7。

3）依次拆卸活动导轨螺栓11，取下活动导轨6。拆卸固定导轨螺栓9，取下固定导轨4。

4）将正时链条3取下，拆卸后必须用记号笔标记链条正反面。保证安装时候链条正反面和拆卸时一样。

5）使用24#呆扳手卡住凸轮轴，同时使用扭力扳手将进排气链轮螺栓拆卸，取下进气链轮1和排气链轮2。

以上相关部件位置见图26-94。

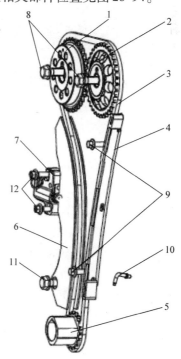

图 26-94 正时链单元部件

4. 正时链单元安装步骤

按照与拆卸顺序相反的步骤装配。注意装配前需进行发动机正时对准。

1）进/排气链轮的安装：安装之前为了防止活塞和气门相撞，把曲轴键槽位置调整到垂直向下。凸轮轴安装到缸盖上之后，用24mm呆扳手卡住进（排）气凸轮轴的六角面处固定凸轮轴，将进（排）气链轮装在进（排）气凸轮轴前端（链轮销槽对凸轮轴前端的销钉），用头部涂胶的链轮螺栓，零件号为371-1007033，固定链轮于凸轮轴，拧紧力矩（55±5）N·m。然后用24mm呆扳手调整进（排）气链轮上的正时标记点到垂直方向的最高点的位置。

2）曲轴链轮的安装：曲轴链轮通过半圆键安装在曲轴上，齿面侧向内，保证进、排气链轮、曲轴链轮齿面在同一个平面内。通过调整曲轴，使半圆键在垂直方向上的最高位置。

3）链条的安装：将链条挂在进、排气链轮上，保证链条上有蓝色标记的外链板与进、排气链轮上小圆凹槽标记对齐，曲轴链轮上正时标记与链条蓝色链板对齐，见图26-95。

图26-95 曲轴链轮正时标记

4）固定导轨的安装：从右侧将固定导轨沿缸体缸盖结合端面送至安装位置，先将下端螺栓固定，螺栓零件号为Q1840616，拧紧力矩为(8±1)N·m；然后将链条下端的蓝色标记与曲轴链轮的正时标记细槽对齐，再将上端螺栓固定，螺栓零件号为Q1840616，拧紧力矩为(8±1)N·m。

5）活动导轨螺栓的安装：用手张紧链条，同时检查并确保曲轴链轮的正时标记细槽与链条蓝色标记对齐，然后将活动导轨送至安装位置，松开链条，先固定活动导轨螺栓，螺栓零件号为：371-1007036，拧紧力矩为(20±2)N·m。

6）张紧器的安装：用手扶住活动导轨，保证导轨与链条不脱离；然后将张紧器放至安装位置，用螺栓固定，螺栓零件号为Q1840625，拧紧力矩为(8±1)N·m，松开活动导轨，然后拔下张紧器销钉即可，见图26-96。

图26-96 安装张紧器

注意：正时系统安装过程中严禁逆时针盘动。对好正时标记安装完成后，未装正时链轮室罩盖之前尽量不要盘动正时系统。液压张紧器安装之初没有油压，张紧器活塞此时在安装位置而非工作位置。

7）安装正时链罩盖：在正时链轮室罩盖安装之前，需要对缸体、缸盖、正时罩盖三角区涂胶，密封胶为乐泰5910，涂胶宽度为1.5~3mm。涂完胶后，将其反扣在发动机的前端上，先用手拧入螺栓，然后拧紧到相应的力矩。

26.4 五菱-宝骏

26.4.1 五菱宏光S-1.2L-LMH发动机

1. 正时链单元拆卸程序

1）按顺时针方向旋转曲轴两圈，将曲轴带轮上的记号对准发动机前盖上的正时检查记号刻线。如果曲轴带轮上有白色标记，则将曲轴带轮上的缺口记号2对准发动机前盖上的正时检查记号 0°刻线（如图 26-97 中所示）。如果曲轴带轮上没有白色标记，则将曲轴带轮上的缺口标记 2 对准发动机前盖上的 20°刻线。

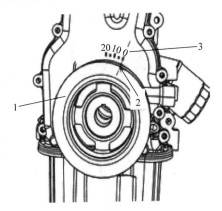

图 26-97　设置 1 缸上止点位置
1—曲轴带轮　2—链轮上正时标记　3—缸体上标记

2）拆下发动机前盖。

3）用直径相当的内六角扳手等 1 顶住锁止销，沿箭头方向压缩正时链张紧器，并用细铁丝等 2 锁死，见图 26-98。

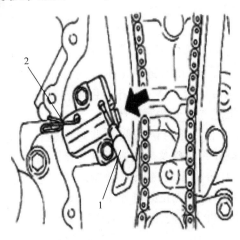

图 26-98　拆下张紧器

4）松开正时张紧器螺栓，拆下正时张紧器（只拆正时链时不需此步骤）。松开进气侧正时链导轨螺栓，拆下进气侧正时链导轨。松开排气侧正时链导轨螺栓，拆下排气侧正时链导轨（只拆正时链时不需此步骤）。

5）拆下正时链。注意：拆下正时链后请勿再旋转曲轴或凸轮轴。

2. 正时链单元安装程序

请注意以下事项并按照拆卸的相反程序安装：

1）顺时针旋转曲轴，让曲轴链轮上的正时标记 g 与缸体上的三角标记 f 对齐，进气凸轮轴上的正时标记 e 与正时链上的色标 d 对齐，排气凸轮轴上的正时标记 b 与正时链上的另一色标 a 对齐，见图 26-99。

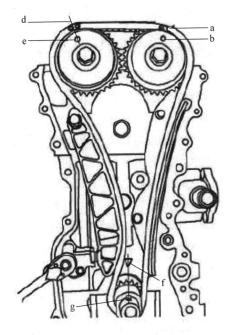

图 26-99　正时标记位置
a—排气侧正时链标记　b—排气链轮正时标记
d—进气侧正时链标记　e—进气链轮正时标记
f—缸体上三角标记　g—曲轴链轮上正时标记

2）拧紧正时链导轨螺栓，拧紧力矩：(10±2)N·m 拧紧正时张紧器螺栓，拧紧力矩：(10±2)N·m。

3）按照拆卸的相反程序进行之后的步骤。

26.4.2　五菱宏光 S-1.5L-L2B 发动机

该款发动机也搭载于别克凯越车型上，相关内容请参考 3.5.1 小节。

26.4.3　五菱宏光 S1-1.5L-L2B 发动机

该款发动机也搭载于别克凯越车型上，相关内容请参考 3.5.1 小节。

26.4.4　五菱宏光-1.2L-LMH 发动机

该款发动机也搭载于五菱宏光 S 车型上，相关内容请参考 26.4.1 小节。

26.4.5　五菱宏光-1.5L-L2B 发动机

该款发动机也搭载于别克凯越车型上，相关

内容请参考 3.5.1 小节。

26.4.6　五菱荣光 – 1.2L – LJY 发动机

该发动机正时带维修与 L2Y 一样，相关内容请参考 26.4.9 小节。

26.4.7　五菱荣光 – 1.5L – L3C 发动机

该发动机正时链单元 1 缸上止点设置与正时拆装与 LMH 发动机相似，相关内容请参考 23.4.1 小节。

下面为正时链正时校对方法：顺时针旋转曲轴，让曲轴链轮上的正时标记 m 朝下。正时链上的色标 n 应与曲轴链轮上的正时标记 m 对齐，色标 e 应与进气凸轮轴链轮上的正时标记 d（此标记在链轮的齿上）对齐，色标 h 应与排气凸轮轴链轮上的正时标记 k（此标记在链轮的齿上）对齐，见图 26-100。

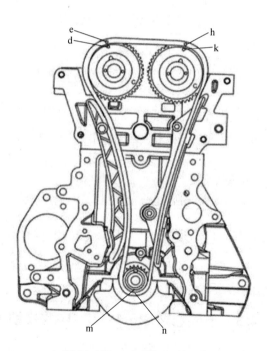

图 26-100　正时链正时标记

26.4.8　五菱之光 – 1.0L – LJ465Q 发动机

张紧力检查：用 30N 的压力，正时带凹陷量 5.5 ~ 6.5mm 为合适。如正时带损坏要按图 26-101 示进行更换。图 26-101 中 1、3（键槽或凹坑记号）应与 2（盒板上的箭头）对齐连成直线，以免气门与活塞运动不同步，顶坏相关的零部件，这是不允许的。这时活塞应处于第一缸压缩上止点的状态。

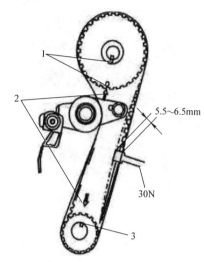

图 26-101　正时带安装

26.4.9　五菱之光 – 1.0L – L2Y 发动机

1. 正时链单元拆卸程序

1）拆下机油泵总成。

2）转动曲轴，使曲轴带轮键竖直向上，与缸体上的三角标记"△"对齐（一、四缸活塞处于上止点），正时链条上的正时标记与凸轮轴链轮上正时标记"O"对齐，否则容易使活塞碰气门，造成气门或活塞损坏。

3）松开正时链条张紧器总成螺栓、进气侧正时链导轨螺栓及排气侧正时链导轨螺栓。

4）拆下正时链条张紧器总成、进气侧正时链导轨及排气侧正时链导轨。

5）拆下正时链条，见图 26-102。

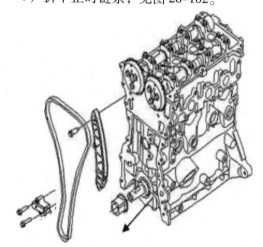

图 26-102　拆卸正时链

2. 正时链单元安装程序

1）安装正时链条。注意事项安装正时链条时，确保正时链条上的正时标志与凸轮轴链轮上正时标志对齐。确保曲轴带轮键竖直向上，与缸体上的三角形标记对齐，见图26-103。

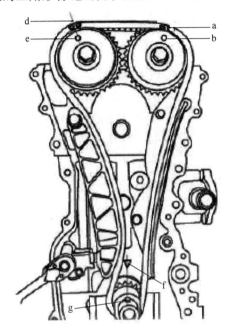

图 26-103　正时标记位置
图注见图 26-99。

2）安装排气侧正时链导轨、进气侧正时链导轨及正时链条张紧器总成。

3）按规定力矩拧紧排气侧正时链导轨螺栓、进气侧正时链导轨螺栓及正时链条张紧器总成螺栓。拧紧力矩：（10±2）N·m。

4）安装机油泵总成。

26.4.10　五菱之光 – 1.2L – LJY 发动机

该发动机正时带维修与 L2Y 一样，相关内容请参考 26.4.9 小节。

26.4.11　五菱征程 – 1.5L – L3C 发动机

该款发动机也搭载于五菱荣光车型上，相关内容请参考 26.4.7 小节。

26.4.12　五菱征程 – 1.8L – LJ479QE2 发动机

该发动机正时带维修与 LJ479QNE2 相同，相关内容请参考 26.4.16 小节。

26.4.13　宝骏 310 – 1.2L – LMH 发动机（2016— ）

该款发动机也搭载于五菱宏光 S 车型上，相关内容请参考 26.4.1 小节。

26.4.14　宝骏 330 – 1.5L – LGV 发动机（2015— ）

1. 正时链单元部件分解

发动机正时链单元部件如图 26-104 所示。

2. 正时链单元拆卸步骤

1）转动曲轴，直到可用凸轮轴锁止专用工具将凸轮轴相位锁止，见图 26-105。

2）取下机体上正时销孔安装的堵塞。

3）用正时销锁止工具插入机体正时销孔和飞轮销孔，将飞轮锁止，见图 26-106。

4）拆下传动带。

5）拧松并取下曲轴带轮到曲轴上的螺栓，废弃这些螺栓。

6）取下曲轴带轮。

7）用带轮拆装专用工具拆卸水泵带轮。

8）拆掉正时链上盖板。

9）拆掉正时链下盖板。

10）拆掉正时链张紧器，并废弃密封垫圈。

11）拆下上导轨安装螺栓，取下上导轨。

12）用机油泵链轮固定专用工具或类似工具拆掉机油泵链轮螺栓。

13）如图 26-107 所示，向右张开机油泵链张紧器 1，将机油泵链轮 2，机油泵链条 3 和驱动机油泵的曲轴链轮 4 同时取下。

注意：曲轴链轮到机油泵齿侧根部有凹坑标识，用于与曲轴链轮配对正时链的区分。

14）拆下机油泵链张紧器。

15）拆下进气调整器螺栓和排气凸轮轴链轮螺栓，并废弃。

16）取下进气调整器和排气凸轮轴链轮。

17）取出曲轴链轮和正时链条。

18）拆掉导轨枢销，从链条仓上端取出张紧轨和链条导轨。

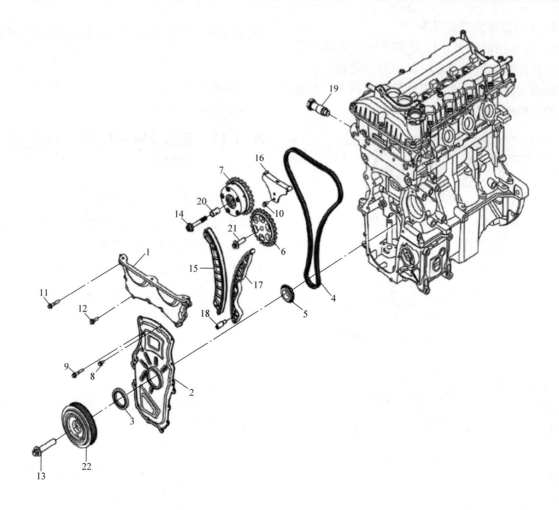

图 26-104　宝骏 LGV 发动机正时链单元

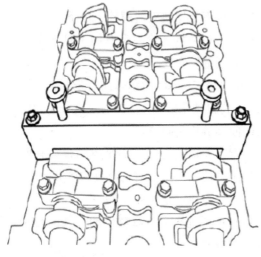

图 26-105　安装凸轮轴正时工具

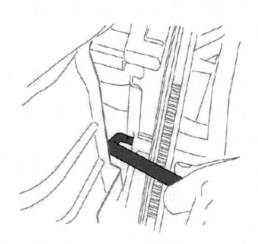

图 26-106　安装飞轮锁止工具

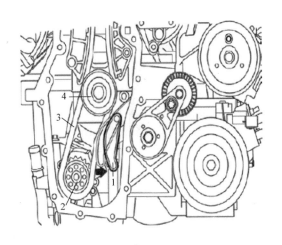

图 26-107 拆卸机油泵链条

3. 正时链单元安装步骤

1) 拆除机体上正时销孔安装的堵塞。

2) 转动飞轮至飞轮销孔与机体销孔对齐。

3) 用飞轮锁止工具插入机体正时销孔和飞轮正时销孔,将飞轮锁死。

4) 用凸轮轴锁止专用工具将凸轮轴相位锁止。

5) 装配前检查各零件是否完好,如有油渍必须擦拭干净。

6) 将链导轨从导轨仓右侧上端放入,分别拧入枢销,最后依次拧紧枢销,力矩:$(25±3)N·m$。

7) 将张紧轨从导轨仓左侧上端放入,分别拧入枢销,最后依次拧紧枢销,力矩:$(25±3)N·m$。

8) 在曲轴前端套入一个曲轴链轮,从缸盖导轨仓上端放入正时链,链条下端套入曲轴链轮,将链条悬挂在上导轨安装凸台上。

9) 进气凸轮轴装配进气调相器,排气凸轮轴装配凸轮轴链轮,螺栓预紧后,将链条装入两个链轮。

10) 在凸轮轴前轴承盖上装上上导轨,并用两只螺栓固定,拧紧力矩$(10±2)N·m$。

11) 换上新的正时液压张紧器垫圈后,在缸盖上拧入正时液压张紧器,并拧紧至$(80±3)N·m$。

12) 将进气调相器和排气凸轮轴链轮拧紧在凸轮轴上,排气凸轮轴链轮螺栓拧紧至$(25±3)N·m+45°$,进气调相器螺栓拧紧至$(75±5)N·m$。

13) 安装机油泵张紧器。

14) 将机油泵链套在曲轴链轮上,然后将曲轴链轮装在曲轴前端。

15) 将机油泵链轮套在机油泵链上。有产品标识的一面朝外。

16) 转动机油泵链轮,使其中心D形孔对准机油泵的D形轴。

17) 将机油泵链张紧器下端向右拉动,将机油泵链轮套在机油泵轴上,并将曲轴链轮推到底。

18) 放开机油泵链张紧器。

19) 检查机油泵链条是否正确压在张紧器的导板面上。

20) 用专用工具套上机油泵链轮,拧上机油泵链轮螺栓,紧固至$(25±3)N·m$。

21) 安装正时链下盖板。

22) 安装正时链上盖板。

23) 安装水泵带轮。

24) 安装曲轴带轮。

25) 安装传动传动带。

26) 取下凸轮轴相位锁止工具。

27) 取下飞轮正时销工具。

28) 装好堵塞。

26.4.15 宝骏510 – 1.5L – L2B 发动机(2017—)

该款发动机也搭载于别克凯越车型上,相关内容请参考3.5.1小节。

26.4.16 宝骏560 – 1.8L – LJ479QNE2 发动机(2015—)

1. 正时链单元部件分解

发动机正时链单元部件如图26-108所示。

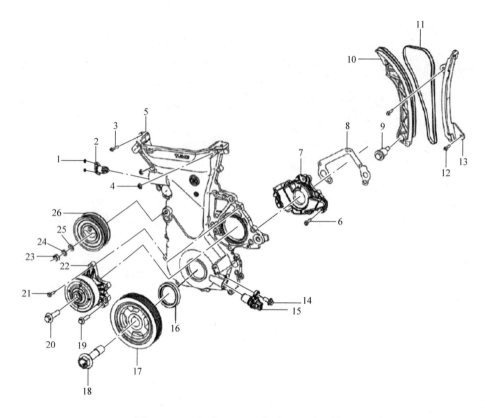

图 26-108 宝骏 LJ479Q 发动机正时链单元

1—螺栓 2—正时链条张紧器 3—螺栓 4—螺母 5—发动机前盖 6—螺栓 7—机油泵总成
8—机油泵垫片 9—排气侧正时链导轨螺栓 10—排气侧正时链导轨 11—正时链条总成 12—螺栓
13—进气侧正时链条导轨 14—螺栓 15—曲轴位置传感器 16—发动机前油封 17—曲轴带轮
18—曲轴带轮螺栓 19—螺栓 20—螺栓 21—螺栓 22—水泵总成 23—张紧轮螺母
24—张紧轮弹簧垫圈 25—带张紧轮平垫圈 26—张紧轮

2. 正时链单元拆卸步骤

1）顺时针转动曲轴，直到曲轴带轮上的缺口标记对准发动机前盖上的 0 位置，以使一缸活塞处于上止点位置，见图 26-109。

2）拆卸凸轮轴罩盖。

3）拆卸发动机前盖。

4）取下曲轴位置信号轮。

5）拧下螺栓 1 和 3，拆下正时链条排气侧导轨 4，拧下螺栓 2，拆下进气侧导轨 5，见图 26-110。

图 26-109 设置气缸 1 上止点位置

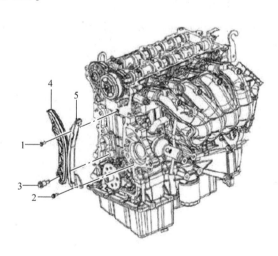

图 26-110 拆卸导轨总成

6）连同曲轴正时链轮一起，拆下正时链条。

3. 正时链单元安装步骤

1）安装曲轴正时链轮半圆键及曲轴链轮。

2）顺时针转动曲轴，直到曲轴半圆键的键槽向上对准机油泵上的凸点，这时第一缸活塞处于上止点。

3）这时曲轴链轮上的正时标记凹点 1 朝向进气侧。

4）排气凸轮轴链轮上的单凹点 2 对准进气 VVT 的缺口 3。

5）正时链条上的黄色链节 4 对准排气凸轮轴链轮上的双凹点标记 5。

6）正时链条上的黄色链节 6 对准进气 VVT 有正时标记文字，有直线处的缺口标记 7。

7）正时链条上的黄色链节 8 对准曲轴链轮上的正时标记凹点 1，对上正时标记位置见图 26-111。

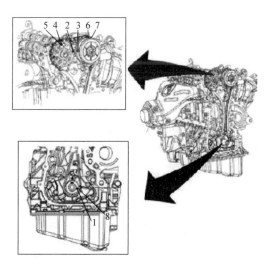

图 26-111　正时标记对准

8）安装正时链条进气侧导轨，紧固螺栓至 $(11\pm2)N\cdot m$。

9）安装正时链条排气侧导轨，紧固螺栓至 $183N\cdot m$。

10）安装曲轴位置信号轮。

11）安装发动机前盖。

12）安装凸轮轴罩盖。

13）压住锁舌后端，锁舌翘起，张紧器柱塞为解锁状态，可灵活运动，若放开锁舌则锁止。在张紧器为解锁状态时，将柱塞压至最短位置，用旁边的小钩子勾住柱塞。见图 26-112。

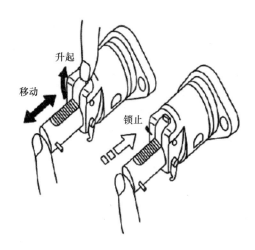

图 26-112　张紧器位置设置

14）将张紧器 2 塞进发动机前盖上的安装孔中并用手压紧，此时小钩子会自动脱落，张紧器处于张紧状态。紧固螺母 1 至 $(13\pm2)N\cdot m$，见图 26-113。

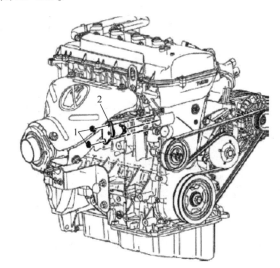

图 26-113　安装张紧器

26.4.17　宝骏 610 – 1.5L – L2B 发动机（2015— ）

该款发动机也搭载于别克凯越车型上，相关内容请参考 3.5.1 小节。

26.4.18　宝骏 630 – 1.5L – L2B 发动机（2014— ）

该款发动机也搭载于别克凯越车型上，相关内容请参考 3.5.1 小节。

26.4.19 宝骏730-1.5L-L2B发动机（2014— ）

该款发动机也搭载于别克凯越车型上，相关内容请参考3.5.1小节。

26.4.20 宝骏730-1.8L-LJ479QNE2发动机（2014— ）

该款发动机也搭载在宝骏560车型上，相关内容请参考26.4.16小节。